La France de 1870 à nos

CHEZ LE MÊME ÉDITEUR

Collection « U »

H. ALMEIDA-TOPOR, *L'Afrique au XXe siècle*, 1993.

J.-C. ASSELAIN, P. DELFAUD, *Précis d'histoire européenne, XIXe-XXe siècle*, 1993.

F. COCHET, G.-M. HENRY, *Les Révolutions industrielles*, 1995.

P. GUILLAUME, *Le Monde colonial (XIXe-XXe siècle)*, 1994.

A. PROST, *Petite histoire de la France au XXe siècle*, rééd. 1996.

G. SOULIER, *L'Europe. Histoire, civilisation, institutions*, 1994.

N. WANG, *L'Asie orientale du milieu du XIXe siècle à nos jours*, 1993.

Collection « Histoire »

Ch.-R. AGERON *et al.*, *La France coloniale*, 2 tomes : *Des origines à 1914 - De 1914 à 1990*, 1991.

Collection « Cursus »

F. ABBAD, *La France des années 20*, 1993.

J.-J. BECKER, *Histoire politique de la France depuis 1945*, 1996.

A. BELTRAN et P. GRISET, *L'Économie française (1914-1945)*, 1994.

S. BERSTEIN, *La France des années 30*, 1995.

D. BORNE, *Histoire de la société française depuis 1945*, 1995.

J. DALLOZ, *La France et le monde depuis 1945*, 1993.

P. DE SENARCLENS, *La Politique internationale*, 1992.

A. DEWERPE, *Le monde du travail en France (1800-1950)*, 1996.

Y. DURAND, *La France dans la Seconde Guerre mondiale*, 1993.

J.-F. ECK, *Histoire de l'économie française depuis 1945*, 1996.

P. GOETSCHEL et E. LOYER, *Histoire culturelle et intellectuelle de la France au XXe siècle*, 1995.

D. LEJEUNE, *Les causes de la Première Guerre mondiale*, 1992.

R. MARX, *Histoire de la Grande-Bretagne*, 1996.

M. VAÏSSE, *Les relations internationales depuis 1945*, 1996.

Collection « Prépas »

F. ABBAD, *La France de 1919 à 1939*, 1996.

B. BRUNETEAU, *Histoire de l'unification européenne*, 1996.

F. MARCARD, *La France de 1870 à 1918*, 1996.

Christian Ambrosi et Arlette Ambrosi

Mise à jour

Bernadette Galloux-Fournier

Agrégée d'histoire
Professeur à l'Institut d'Études Politiques
de Paris et au Lycée Louis-Le-Grand

La France de 1870 à nos jours

Septième édition
mise à jour

ARMAND COLIN

Collection U, série « Histoire »

ISBN : 978-2-200-01493-3

Table des matières

Cinquième partie
L'entre-deux-guerres

Sixième partie
La Deuxième Guerre mondiale et la IVe République

Septième partie
La Ve République

1

La vie politique

1870-1914

1

L'installation de la République (1870-1879)

La chute de l'Empire, provoquée par l'invasion du Palais-Bourbon dans la nuit du 3 au 4 septembre 1870, est liée directement à la défaite de Sedan, connue dans la journée, et à la capture de Napoléon III. La régente Eugénie, désemparée, privée du secours de Thiers, qui refuse son appui, quitte la France sans tenter de résistance. Dans l'après-midi du 4 se forment trois gouvernements, qui marquent chacun une tendance politique distincte : l'un au Palais-Bourbon avec la majorité conservatrice du Corps législatif, le second à la Préfecture avec les députés républicains, dont Gambetta, le troisième à l'Hôtel de Ville avec quelques éléments socialistes, comme Blanqui, Delescluze et Flourens. A la réunion commune, qui se tient à l'Hôtel de Ville, les deux tendances extrêmes sont exclues du gouvernement de Défense nationale formé sous la présidence du général Trochu, commandant militaire de Paris, et dont l'homme principal est Gambetta, chargé de l'Intérieur.

1. La fin de la guerre et la Commune

A. La défaite

L'investissement complet de Paris est achevé par les Allemands le 19 septembre ; le 7 octobre, Gambetta quitte la ville assiégée en ballon pour se rendre à Tours, où il doit animer la « Délégation » que le gouvernement de Défense nationale a chargée d'organiser la résistance en province. Gambetta, avec l'aide de Freycinet, y donne bientôt la mesure de ses talents d'organisateur, également de son sens de l'autorité, en prenant des décisions politiques, qui provoquent en novembre la protestation de J. Grévy. Mais, des trois armées qu'il parvient à former, aucune ne réussit à rompre le cercle qui enferme Paris.

A Paris, les souffrances du siège et les échecs sanglants de toutes les tentatives de sorties provoquent des explosions de colère. Dans un souvenir mythique de la grande Révolution, le peuple parisien s'indigne de la mollesse avec laquelle la guerre est conduite : le 5, puis le 31 octobre, les gardes nationaux insurgés réclament des élections, l'établissement d'un gouvernement révolutionnaire et la levée en masse. Des élections ont en effet lieu à Paris le 5 novembre, mais elles n'empêchent pas J. Favre, chargé des Affaires étrangères, de signer l'armistice du 28 janvier 1871 : les Allemands sont à Vendôme, Dijon, Pontarlier.

Paris a capitulé, et le gouvernement de Défense nationale a entraîné dans la chute de la capitale le reste de la France. Gambetta, réfugié à Bordeaux, s'en indigne, se plaint de n'avoir pas été consulté, tente une résistance ultime pour maintenir le pays dans la guerre, se soumet enfin devant l'injonction de J. Simon, dépêché à Bordeaux avec pleins pouvoirs, et démissionne.

B. L'Assemblée Nationale

Les clauses de l'armistice, conclu pour 21 jours, imposaient l'élection d'une Assemblée nationale, seule autorité légale avec laquelle Bismarck consentît à traiter. Elle fut élue au scrutin de liste, avec possibilité de candidatures multiples, par nostalgie pour la République de 48 et par réaction contre le scrutin uninominal du Second Empire. Les Allemands occupaient encore 26 départements, tout le quart nord-est du territoire, quand on vota, le 8 février, sur les questions qui se posaient implicitement aux électeurs : la paix ou la guerre d'une part, le régime d'autre part. La confusion qui mêlait les deux problèmes, l'attitude pacifiste des conservateurs face à la volonté de guerre de Gambetta, qui symbolisait la République, les conditions d'insécurité dans lesquelles se déroulaient les élections, et qui faisaient rechercher la protection des notables comme un écran contre l'occupant, expliquent les résultats des élections : la majorité de l'Assemblée est royaliste, conservatrice, mais il s'agit d'un malentendu, comme vont le montrer les élections partielles de 1871, qui, la paix revenue et la Commune écrasée, donnent une centaine de républicains sur les 118 sièges à pourvoir. La France est républicaine et conservatrice, si la République doit lui apporter, non l'aventure, mais l'ordre et la sécurité.

C. La Commune (18 mars-28 mai 1871)

Thiers, plébiscité par 26 départements, forme le premier gouvernement avec des légitimistes, des orléanistes et des républicains hostiles à Gambetta. L'Assemblée nationale, ne pouvant encore rentrer à Paris, s'installe à Bordeaux et « confirme la déchéance de Napoléon III et de sa dynastie », mais ne proclame pas la République, bien que Thiers ait été désigné comme « chef du pouvoir exécutif de la République française ». Elle charge le gouvernement d'entamer les pourparlers de paix, dont les Préliminaires sont signés le

26 février : la France doit céder la portion de son territoire limitée par le « liseré vert » imposé par Bismarck, l'Alsace, le tiers de la Lorraine, à l'exception de Belfort, qui compense l'entrée des Allemands dans Paris et leur stationnement dans la capitale jusqu'à la ratification des Préliminaires par l'Assemblée ; une « indemnité » de 5 milliards infligée à la France est assurée par l'occupation de dix-huit départements, libérés à mesure du paiement de l'indemnité, et dont les frais d'occupation sont assumés par la France.

La ratification, obtenue facilement par 546 voix contre 107 malgré la protestation des députés alsaciens-lorrains, ne permit aux Allemands de séjourner à Paris que deux jours, du 1er au 3 mars, mais cette occupation fut suffisante pour achever d'exaspérer Paris.

L'insurrection de la Commune est un mouvement essentiellement parisien, même si des troubles plus ou moins sérieux se produisent à Lyon, Toulouse, Narbonne, Limoges et surtout à Marseille. Les causes en sont nationales et sociales. Paris a toujours été le foyer des révolutions, non seulement parce qu'il était le centre du gouvernement et la capitale intellectuelle où se forgeaient les systèmes socialistes, mais aussi parce que la discrimination sociale y était plus vive, accrue par les transformations d'Haussmann sous le Second Empire. La fièvre obsidionale qui a brûlé les Parisiens pendant la guerre, la famine provoquée par le siège, la conviction d'avoir été trahis ont préparé les esprits à l'insurrection. L'élection d'une assemblée « de ruraux » a accru la méfiance ; l'entrée des « Prussiens » dans Paris a indigné un petit peuple volontiers cocardier.

C'est le 3 mars que les gardes nationaux, qui ont conservé leurs armes, se fédèrent pour la défense de la République. La décision prise par l'Assemblée de Bordeaux de supprimer la solde des gardes nationaux parisiens et le moratoire qui suspendait depuis le 13 août 1870 le paiement des échéances confirma les gardes nationaux parisiens dans leur méfiance contre l'Assemblée. La décision, prise par celle-ci le 10 mars, de s'installer à Versailles et non à Paris fit franchir un degré de plus à l'escalade de la rupture. Le 18 mars enfin, quand Thiers voulut faire récupérer les canons et les fusils qui se trouvaient encore à Paris, la foule ameutée fusilla deux généraux dont le commandant des troupes chargées de l'opération. Ce fut l'évacuation précipitée ordonnée par Thiers par affolement, par tactique ou par politique, l'abandon des forts et de l'armement, qui refermèrent Paris sur lui-même et en firent une nouvelle fois une ville assiégée, enfermée d'un côté par les troupes allemandes d'occupation, de l'autre par les troupes des « Versaillais ».

Sursaut national et populaire contre la défaite, tentative de révolution sociale, il est difficile de donner une teinte politique claire à l'insurrection. Parmi les 90 membres du conseil général de la Commune élu le 26 mars, une vingtaine de modérés démissionnent très vite ; les membres de la Ire Internationale se retrouvent aux côtés des blanquistes (sans Blanqui, arrêté à la veille du 18 mars) et des jacobins comme Delescluze et Pyat qui se réfèrent sans cesse à 1793 : une minorité ouvrière qui s'inquiète surtout de réformes sociales, une majorité d'intellectuels qui pensent d'abord à la politique. Le mouvement n'avait ni l'unité de pensée ni les chefs qui lui auraient permis de s'imposer au gouvernement de Versailles.

Les diverses mesures prises ou envisagées témoignent de l'« esprit général » du mouvement. A côté de mesures circonstancielles comme le prélèvement de 7 millions de francs à la Banque de France, qui n'était qu'un remboursement, de l'obligation faite à tous les citoyens valides de servir dans la garde nationale ou du remplacement des fonctionnaires, il s'agissait d'une modification structurelle de la société : abolition de la conscription ; séparation de l'Église et de l'État ; interdiction du travail de nuit aux ouvriers boulangers et des retenues sous forme d'amendes sur les traitements et salaires ; instruction laïque, gratuite et obligatoire ; création d'un ministère du Travail et généralisation des syndicats. Le projet prévoyait surtout une transformation révolutionnaire du système de production par la dévolution aux syndicats de l'appareil productif et la création de coopératives ouvrières de production dont les dirigeants seraient élus par les sociétaires, suivant le principe « la terre au paysan — l'outil à l'ouvrier — le travail pour tous ».

Le conseil général n'eut pas le temps de procéder à des réformes importantes. Dès le 3 avril, les bataillons de gardes nationaux commandés par des chefs improvisés furent écrasés au mont Valérien, à Châtillon, à Rueil. Le 21 mai, les forces du général de Galliffet ayant pénétré par la porte du Point du Jour engagèrent des combats de rues meurtriers durant la « semaine sanglante », pendant laquelle brûlèrent les Tuileries, la Cour des Comptes, l'Hôtel de Ville, le Palais de Justice, et où furent fusillés les 78 otages saisis par les « Fédérés » en réponse aux exécutions sommaires faites par les « Versaillais ». Le 31 mai tombèrent les derniers insurgés au « Mur des Fédérés », au Père Lachaise.

Le nombre des victimes est impossible à préciser ; aux 880 morts « versaillais », on oppose les 6 500 morts officiellement reconnus, qui furent en réalité de l'ordre de 20 000. Parmi les 300 000 dénonciations, les 40 000 arrestations, les tribunaux militaires prononcèrent 270 condamnations à mort, dont 26 exécutées, et 13 450 condamnations, dont 7 500 à la déportation en Nouvelle-Calédonie.

La portée de ce mouvement révolutionnaire est immense, car il a permis à Karl Marx de tirer la leçon de l'échec sur le plan de la stratégie révolutionnaire et la « Commune de Paris » a servi par la suite d'exemple à de nombreux soulèvements semblables ; il a brisé pour plusieurs années, au moins jusqu'à l'amnistie de 1879, le mouvement socialiste ; il a ravivé au contraire dans les campagnes la crainte des « partageux », et la mort de Mgr Darboy, archevêque de Paris, fusillé avec seize autres ecclésiastiques, pris parmi les otages, a renforcé dans le clergé la tendance au conservatisme politique et social : la République est redevenue synonyme de persécution religieuse.

2. La « reconstruction » de Thiers (1871-1873)

A. La paix

La paix définitive dut être négociée durant la guerre civile ; Thiers et J. Favre, assistés de Pouyer-Quertier, ministre des Finances, et d'Alphonse de Rothschild, régent de la Banque de France, finirent par conclure à Francfort, le 10 mai 1871, un traité qui corrigeait et précisait les Préliminaires : la France conservait un territoire plus grand autour de Belfort, mais cédait en Lorraine les centres sidérurgiques de Moyeuvre et Hayange ; l'indemnité serait versée en or ou en devises étrangères par tranches, jusqu'en 1874, la libération des départements occupés intervenant progressivement au prorata des versements. L'option était permise pour les Alsaciens-Lorrains jusqu'au 1er octobre 1872, mais sous condition de quitter le pays. Enfin, la France accordait à l'Allemagne, sur le plan douanier, le « traitement de la nation la plus favorisée » (le « Sedan industriel »).

B. L'organisation politique et administrative

L'Assemblée nationale, dont la seule mission devait être la ratification de la paix, n'était pas officiellement une Constituante ; cependant, le souci des notables de sortir le plus rapidement possible du provisoire la conduisit à adopter des mesures qui anticipaient sur le futur régime du pays.

La loi municipale d'avril 1871 accorde aux communes l'élection des maires sauf à Paris, où un maire élu pourrait faire contrepoids au gouvernement. Toutefois, Thiers fait donner provisoirement au gouvernement la désignation des maires dans les préfectures, chefs-lieux d'arrondissements et villes de plus de 20 000 habitants (l'élection sera généralisée, sauf à Paris, par la loi d'avril 1884).

La loi départementale d'août 1871 tranche le conflit entre l'Assemblée et Thiers au profit de ce dernier : les préfets sont maintenus ; le conseil général, élu à raison d'un conseiller par canton, est chargé d'établir le budget du département et se fait représenter entre les sessions par une commission départementale, qui contrôle l'exécution du budget.

La « Constitution Rivet » du 31 août 1871 établit les bases provisoires d'un régime parlementaire. Thiers est responsable devant l'Assemblée comme chef du pouvoir exécutif, et se trouve désigné comme président de la République ; chacun de ses actes doit porter le contreseing ministériel, ce qui devrait être en principe le signe de son irresponsabilité. L'Assemblée s'attribuait formellement le pouvoir constituant « attribut essentiel de la souveraineté dont elle est investie ».

C. Les mesures financières

Il avait été prévu à Francfort que la France effectuerait un premier versement de 500 millions un mois après le rétablissement du calme à Paris, puis le restant serait réglé en trois étapes, un milliard en 1871, cinq cents millions le 1er mai 1872, trois milliards portant intérêt à 5 % avant le 2 mars 1874. En outre, le Trésor payait l'entretien des troupes d'occupation, plus d'un million par jour à l'origine. Il convenait donc, pour beaucoup de raisons, d'obtenir une évacuation rapide du territoire. Bismarck finit par y consentir malgré les objections de l'état-major prussien, car il avait besoin d'une encaisse-or suffisante pour réaliser la réforme monétaire de 1871, qui remplaçait le thaler par le mark.

Un premier emprunt de 2 milliards émis en juillet 1871, sous la garantie d'un syndicat de banquiers conduits par Rothschild, trouva en vingt-quatre heures 330 000 souscripteurs, qui offrirent près de 5 milliards, dont le cinquième venu de l'étranger. Un deuxième emprunt de 3 milliards, garanti par Rothschild et par la Banque de Paris et des Pays-Bas, qui venait de se former, fut émis en juillet 1872 ; l'émission à 84,50 F pour 100 F, la possibilité de ne verser à la souscription que 14,50 F, le cours élevé où se trouvaient alors les titres étrangers et les créances commerciales qu'il était avantageux de vendre, expliquent le succès de l'emprunt : plus de 900 000 souscripteurs offrirent près de 44 milliards, dont 26 vinrent de l'étranger. Thiers n'eut aucune peine à garder 3,5 milliards, qui lui permirent d'achever les versements et d'obtenir le départ des dernières troupes allemandes en septembre 1873.

Il n'en restait pas moins que l'indemnité et les dépenses provoquées par la guerre et la Commune avaient ajouté 9 milliards aux 12 milliards de la dette publique antérieure, ce qui absorbait 37 % des dépenses budgétaires. Il fallait trouver de nouvelles ressources ; au lieu d'accepter la création d'un impôt sur le revenu proposé par Gambetta, Pouyer-Quertier préféra augmenter les taxes existantes, ajouter à l'ancienne fiscalité directe une cinquième contribution portant sur le revenu des valeurs mobilières, et faire voter un tarif douanier à caractère fiscal et protectionniste. L'équilibre budgétaire est presque atteint en 1873.

D. La loi militaire (27 juillet 1872)

Dans les années qui ont suivi la défaite, on a vécu dans une sorte de ferveur mystique, qui portait les esprits à espérer une « revanche » prochaine, et la première grande revue militaire qui eut lieu à Longchamp le 29 juin 1871 fut l'occasion d'une manifestation nationale prolongée par les refrains populaires du moment. La loi de 1872 a pourtant un second objectif : faire de cette armée, qui vient de vaincre la Commune, la garante de l'ordre social retrouvé et la grande école de la discipline nationale. C'est pourquoi l'armée, tenue à l'écart des passions politiques, sera la « grande muette », à laquelle on refuse le droit de vote. C'est dans cet esprit que les députés orléanistes acceptent le principe du service obligatoire, en limitant les exemptions aux membres du clergé et de l'enseignement, et aux soutiens de famille. La création de la « Réserve » et de la « Territoriale » permettait d'avoir les moyens d'une mobilisation générale qui avait manqué sous l'Empire.

E. La chute de Thiers (24 mai 1873)

Thiers s'était engagé devant l'Assemblée en 1871 à ne pas user de son prestige en faveur de l'une ou l'autre des solutions politiques, république ou monarchie. Ce « Pacte de Bordeaux » se trouva dépassé quand la question de la libération du territoire eut été réglée. Il se disait décidé à faire « un essai loyal des institutions républicaines ». Il se fût d'ailleurs condamné lui-même, s'il avait favorisé une restauration monarchique qui ne pouvait conduire au trône que le duc de Bordeaux, comte de Chambord, fils de la duchesse de Berry que Thiers avait déconsidérée quand il était ministre de l'Intérieur de Louis-Philippe. Les monarchistes lui reprochaient également ses opinions voltairiennes et sa passivité devant la montée du péril radical. Condamné à droite, il l'était aussi à gauche par Gambetta, qui ne lui pardonnait pas d'avoir accepté, en 1871, l'abrogation des lois d'exil contre les membres des familles royales, et de maintenir une Assemblée qui n'était pas constituante et ne reflétait pas la véritable opinion du pays.

Se faisant « commis voyageur » de la République, Gambetta, assagi pour inspirer confiance, devenu « opportuniste », avait fait en 1872 un voyage à travers tous les départements : c'est à Grenoble qu'il prophétise le 26 septembre 1872 « la venue et la présence dans la politique d'une couche sociale nouvelle ». La majorité de l'Assemblée est déjà inquiète, quand, le 28 avril 1873, est élu à Paris, contre Charles de Rémusat, ministre des Affaires étrangères, l'instituteur lyonnais radical Barodet. Le 24 mai, après l'interpellation du duc de Broglie demandant « un gouvernement décidé à lutter contre le radicalisme et à rétablir l'ordre moral », l'Assemblée vote l'ordre du jour invitant Thiers à faire prévaloir une politique résolument conservatrice. En donnant sa démission, Thiers attendait son rappel. Mais il fut remplacé aussitôt par Mac-Mahon, duc de Magenta.

3. L'ordre moral et l'échec de la restauration (1873-1879)

Mac-Mahon est un militaire, non un homme politique comme l'était Thiers ; il laissera donc gouverner ses ministres ; élu par l'Assemblée nationale, il s'est toujours considéré comme son mandataire ; monarchiste, il met un point d'honneur à ne pas utiliser sa fonction pour favoriser la restauration de la monarchie ; mais il obéit à l'Assemblée et à sa propre conscience, quand il déclare : « Avec l'aide de Dieu... nous continuerons... le rétablissement de l'ordre moral dans notre pays, nous maintiendrons la paix intérieure et les principes sur lesquels repose la société. »

A. L'ordre moral

L'ordre moral, en effet, est assuré par le ministère du duc de Broglie, nommé vice-président du Conseil. Gouvernement des centres, qui revient à la doctrine du parti de l'ordre de 1849, il entend enrayer les progrès du radicalisme, assurer le respect de l'ordre social, épurer l'administration et la magistrature, mettre en pratique le régime parlementaire, s'appuyer sur l'Église : en mai 1873 une centaine de députés conduisent un pèlerinage au couvent de la Visitation à Paray-le-Monial, où la France est consacrée au Sacré-Cœur, tandis que les légitimistes prennent l'initiative de l'érection d'une basilique sur la colline de Montmartre où avaient eu lieu les premiers martyres chrétiens et les premières morts de la Commune.

B. L'échec de la restauration

La restauration pourtant échoue en octobre 1873 devant l'obstination mise par le comte de Chambord (Henri V) à ne pas renoncer au drapeau blanc. N'y a-t-il pas en réalité des raisons plus profondes à son refus d'accepter le drapeau tricolore? Celui-ci représente toute la Révolution, il est le symbole même d'une société fondée sur une philosophie libérale qui conviendrait aux orléanistes, mais non aux légitimistes; accepter une concession sur les principes, ce serait, pour le comte de Chambord, ouvrir la voie à des concessions futures.

Devant l'échec, le centre gauche et une partie du centre droit jugent qu'il est imprudent de tarder à donner au pays des institutions, même provisoires. En novembre 1873, la première loi constitutionnelle confie la présidence à Mac-Mahon pour sept ans, et une commission où dominent les royalistes est chargée de rédiger une Constitution, en attendant un revirement de la part du comte de Chambord, ou sa disparition, qui ferait du candidat orléaniste, le comte de Paris, le prétendant.

C. La «Constitution» de la IIIe République

Les trois lois constitutionnelles qui forment ce que l'on appelle la «Constitution» de la IIIe République, furent votées en février et juillet 1875 : loi relative à l'organisation du Sénat; loi relative à l'organisation des pouvoirs publics; loi sur les rapports des pouvoirs publics. La Constitution ne forme pas un tout et n'est précédée par aucun préambule; il n'y a pas d'affirmation explicite de la République ni d'énoncé des principes, qui n'auraient pu être que républicains.

Le pouvoir législatif appartient au Parlement formé de la Chambre des députés et du Sénat; les noms mêmes des assemblées rappellent la Restauration et l'Empire, non la République. Les 615 députés, âgés de 25 ans au moins, sont élus pour 4 ans; la candidature multiple est maintenue; la loi électorale de novembre 1875 fixe leur désignation au scrutin uninominal par les citoyens mâles et majeurs (21 ans) à l'exception des militaires, des faillis, des criminels; le vote est facultatif, égalitaire et secret (mais l'enveloppe et l'isoloir ne seront introduits qu'en 1912). Parmi les 300 sénateurs, âgés au minimum de 40 ans, 75 sont inamovibles, désignés par l'Assemblée nationale, puis par cooptation (jusqu'à la révision de 1884). Les 225 sénateurs élus sont désignés par un collège départemental composé des députés, conseillers généraux et d'arrondissements du département, et de délégués municipaux à raison de un délégué par commune; ils sont élus pour 9 ans et renouvelés par tiers tous les trois ans.

Députés et sénateurs ont des pouvoirs communs et des pouvoirs particuliers. Les uns et les autres bénéficient de l'immunité, jugent de la validation de leurs membres, perçoivent une indemnité ; ils ont également l'initiative des lois (proposition de loi), sauf en matière financière, où l'initiative appartient aux députés ; ils procèdent, réunis en Assemblée nationale, à la révision de la Constitution, votée à la majorité absolue, à l'élection du président de la République, à la ratification des traités. Les sénateurs donnent en outre leur accord pour la dissolution de la Chambre (sans que le Sénat puisse lui-même être dissous) et peuvent être constitués en Haute Cour pour juger les atteintes à la sûreté de l'État.

Le pouvoir exécutif appartient au chef de l'État, qui prend le nom de président de la République (amendement Wallon, voté en janvier 1875 par 353 voix contre 352). Élu pour sept ans à la majorité absolue par l'Assemblée nationale et rééligible, il a l'initiative par l'intermédiaire de ses ministres (projets de lois), promulgue les lois dans les trois mois, peut demander aux Chambres par un message une nouvelle délibération, possède le droit de grâce (le droit « régalien »), dispose de la force armée, nomme à tous les emplois civils et militaires, dissout la Chambre sur l'avis conforme du Sénat, et fait dans ce cas procéder dans les trois mois à de nouvelles élections, négocie les traités, bénéficie de l'irresponsabilité ; aussi tous ses actes doivent-ils être contresignés par des ministres solidairement responsables devant *les* Chambres de la politique générale du gouvernement.

Le régime est parlementaire, mais les pouvoirs de l'exécutif sont considérables ; la Constitution est l'œuvre de notables qui ont cherché à consolider l'ordre politique et social ébranlé par la Commune. Appuyé sur un Sénat que son mode d'élection et son âge ne peuvent que rendre conservateur, le président de la République a les moyens, s'il le veut, d'être un roi sans couronne. Mais les députés, plus jeunes, élus directement par le suffrage universel, disposant des finances, ne doivent-ils pas se considérer comme les véritables dépositaires de la souveraineté populaire ?

D. Les élections

Le Sénat fut formé le premier, le 30 janvier 1876 : les conservateurs y étaient en légère majorité. La Chambre fut élue ensuite les 20 février-6 mars ; malgré les maires et l'administration mise en place par l'ordre moral, 340 députés étaient résolument républicains, élus par Paris, le Nord-Est, le nord du Massif central, la moitié sud du pays ; 153 étaient conservateurs, envoyés par le Nord et l'Ouest : l'épreuve de force était inévitable.

E. La crise du 16 mai 1877

La lutte entre le Président et la Chambre naît d'une différence de conception sur la nature du régime : pour Mac-Mahon, qui nomme à tous les emplois, les ministres sont l'émanation de sa propre autorité; il consent à ce que l'un d'eux porte le nom de président du Conseil, mais celui-ci n'est que le représentant du Président. D'autre part, les deux Chambres ont les mêmes pouvoirs; la méfiance de l'une d'elles seulement ne suffit pas à renverser le ministère. Le 16 mai, il adresse au président du Conseil Jules Simon une lettre de désaveu de sa politique; aussitôt, J. Simon démissionne; il est remplacé par le duc de Broglie, qui reprend la politique d'ordre moral interrompue depuis deux ans, épure l'administration, puis, mis en minorité par 363 voix contre 156, fait dissoudre la Chambre le 25 juin.

La campagne électorale est violente; le gouvernement et Mac-Mahon lui-même y participent; le système des candidatures officielles réapparaît. L'opposition républicaine a pris comme porte-drapeau Thiers, mais celui-ci meurt le 3 septembre, et ses obsèques sont l'occasion de manifestations. En août, Gambetta a lancé la menace envers le président de la République : «Quand la France aura fait entendre sa voix souveraine, il faudra se soumettre ou se démettre.» Les élections du 14 octobre 1877 donnent à nouveau la majorité aux républicains : 326 sièges contre 207 aux conservateurs et 82 indécis. Mac-Mahon refuse d'envisager un coup d'État; il se soumet et forme un ministère de centre gauche (Dufaure). L'année suivante est calme : c'est celle de la première exposition universelle d'après-guerre, mais aussi celle du centenaire de la mort de Voltaire, que le Conseil municipal de Paris célèbre avec faste. Quand, en janvier 1879, les élections partielles du sénat donnent également la majorité aux républicains, Mac-Mahon abandonne la partie; sommé de procéder à l'épuration des officiers généraux, il préfère se démettre le 30 janvier et l'Assemblée nationale le remplace aussitôt par Jules Grévy. Elle décide en même temps la première révision de la Constitution : elle fixe le siège des assemblées à Paris. Elle adoptera enfin *la Marseillaise* comme hymne national et le 14 juillet comme fête nationale (décision effective le 6 juillet 1880).

Bibliographie

Ouvrages généraux sur l'histoire politique de la IIIe République

L'ouvrage de base reste *l'Histoire de France contemporaine* de la collection Lavisse (Hachette, 1921), où les tomes VII et VIII sont l'œuvre de SEIGNOBOS. On complétera par F. GOGUEL, *Géographie des élections françaises de 1870 à 1951,* Cahiers de la Fond Nat. des Sciences Pol. (Armand Colin, 1951), et *La politique des partis sous la Troisième République,* t. I, 1871-1932 (Seuil, 1958); D. LEJEUNE, *La France du début de la IIIe République (1875-1896)*, (Paris, coll. Cursus, Armand Colin, 1993); on se reportera aussi à l'*Atlas Historique de la France contemporaine (1800-1965)* (Armand Colin, 1966); on peut également consulter *Histoire de France,* publiée sous la direction de REINHARD et DUFOURCQ, 2 vol. (Larousse, 1954-1955); sous la direction de L.H. PARIAS, *Histoire du peuple français* (Sant'Andrea, 1951-1953); Y. LEQUIN (sous la direction de),

Histoire des Français, XIXe-XXe *siècle* (Paris, Armand Colin, 3 vol., 1983-1984); P.M. BOUJU et DUBOIS, *La IIIe République (1870-1940)* (PUF, Que sais-je, 12e éd. 1992); J. CHASTENET, *Histoire de la IIIe République (1870-1940),* 7 vol. (Hachette, 1952-1963) publiée également dans Hachette-littérature (1973-1974); G. et E. BONNEFOUS, *Histoire politique de la IIIe République,* 7 vol. (PUF 1965-1967); G. BONNET, *Miracle de la France, 1870-1919* (Fayard, 1965); R. ARON, *Les grandes heures de la IIIe République,* 6 vol. (Lib. Acad. Perrin, 1967-1968); G. BOURGIN, *La IIIe République (1870-1914),* éd. revue par J. NERE, coll. U2, Armand Colin, 1969; M. AGULHON, *La République de 1880 à nos jours* (Paris, Hachette, 1990); J.-M. MAYEUR, *Les débuts de la IIIe République (1871-1898),* t. 10 de la *Nouvelle Histoire de la France contemporaine* (Seuil 1973); et *La vie politique sous la Troisième République (1870-1940)* (Paris, Seuil, 1984); R. REMOND, *Introduction à l'histoire de notre temps,* t. II, *Le* XIXe *siècle, 1815-1914* et t. III, *Le* XXe *siècle, de 1914 à nos jours* (Seuil, coll. Points-Histoire, 1974); J.-P. AZEMA et M. WINOCK, *La IIIe République (1870-1940)* (Calmann-Lévy 1973); J. ESTEBE, *Les ministres de la République entre 1871 et 1914* (Fond. Nat. des Sciences Pol., 1983); P. AVRIL et autres, *Le personnel politique français (IIIe-Ve République)* (coll. Quadrige, PUF, 1988); J. TOUCHARD et divers, *Histoire des idées politiques*, t. 2, *Du* XVIIIe *siècle à nos jours* (coll. Thémis, 11e éd. PUF, 1989); G. et S. BERSTEIN, *La Troisième République, les noms, les thèmes, les lieux* (Paris, M.A. éditions, 1987).

Ouvrages particuliers sur la période

Sur la Commune

J. BRUHAT, E. TERSEN, *La Commune de 1871* (Éd. Sociales); J.A. FAUCHER, *La véritable histoire de la Commune, 72 jours qui ont à jamais ébranlé l'histoire du monde :* t. I, *Paris la Rouge*; t. II, *Les Roses de mai* (Éd. du Gerfaut, 1969); A. PLESSIS, *De la fête impériale au mur des Fédérés (1852-1871)* (coll. Points, Seuil, 1973); J. ROUGERIE, *Paris libre, 1871* (Seuil, 1971); sous la direction du même, *Jalons pour une histoire de la Commune de Paris* (PUF, 1973); du même, *La Commune* (Que sais-je?, 1992); Colloque de l'Institut M. Thorez, *Voici l'aube-L'immortelle Commune de Paris* (Éd. Sociales, 1972); W. SERMAN, *La Commune de Paris* (Fayard, 1986).

Sur les débuts et l'ordre moral

D. HALEVY, *La République des ducs* (Paris, 1937) et sur Mac-Mahon : F. PISANI-FERRY, *Le coup d'État manqué du 16 mai 1877* (Laffont, 1965); P. BARRAL, *Les fondateurs de la IIIe République* (coll. U, Armand Colin, 1968).

Sur les institutions

J.-J. CHEVALIER, *Histoire des institutions et des régimes politiques de la France moderne (1789-1958)* (Dalloz 1986); on lira le texte des lois constitutionnelles dans M. DUVERGER, *Constitutions et Documents politiques* (coll. Thémis, 12e éd. 1989); ou dans *Les Constitutions de la France depuis 1789* (Garnier-Flammarion); J. ELLUL, *Histoire des Institutions*, t. V, *Le* XIXe *siècle* (9e éd. 1989, PUF); Ph. ARDANT et O. DUHAMEL (sous la direction de), *L'histoire institutionnelle, 1789-1989* (*Pouvoirs*, n° 50, PUF, 1989).

Sur la presse

C. BELLANGER, J. GODECHOT, P. GUIRAL, F. TERROU, *Histoire générale de la presse française,* 4 vol. (PUF, 1970-1975).

Sur Thiers

P. GUIRAL, *Adolphe Thiers* (Fayard, 1986).

Documents

La Commune

Au peuple de Paris, à la garde nationale

Citoyens,

Assez de militarisme! Plus d'états-majors galonnés et dorés sur toutes les coutures! Place au peuple, aux combattants, aux bras nus! L'heure de la guerre révolutionnaire a sonné.

Le peuple ne connaît rien aux manœuvres; mais quand il a un fusil à la main, un pavé sous les pieds, il ne craint pas toutes les stratégies de l'école monarchiste. Aux armes, citoyens, aux armes! Il s'agit, vous le savez, de vaincre ou de tomber dans les mains impitoyables des réactionnaires et des cléricaux de Versailles, de ces misérables qui ont (de parti pris) livré la France aux Prussiens, et qui nous font payer la rançon de leur trahison.

Si vous voulez que le sang généreux qui a coulé comme de l'eau depuis six semaines ne soit pas infécond; si vous voulez vivre libres, dans la France libre et égalitaire, épargner à vos enfants et vos douleurs et vos misères, vous vous lèverez comme un seul homme, et, devant votre formidable résistance, l'ennemi, qui se flatte de vous soumettre au joug, en sera pour sa honte des crimes inutiles dont il s'est souillé depuis deux mois.

Citoyens, vos mandataires combattront et mourront avec vous, s'il le faut; mais au nom de cette glorieuse France, mère de toutes les révolutions populaires, foyer permanent des idées de justice et de solidarité, qui doivent être et seront les lois du monde, marchez à l'ennemi, et que votre énergie révolutionnaire lui montre qu'on peut vendre Paris, mais qu'on ne peut ni le livrer ni le vaincre.

Dans *Le Tribun du Peuple,* 8 prairial an 79 (24 mai 1871)
Le délégué à la guerre, Ch. Delescluze.

Lettre de Mac-Mahon à Jules Simon (16 mai 1877)

Monsieur le Président du Conseil,

Je viens de lire dans le *Journal officiel* le compte rendu de la séance d'hier. J'ai vu avec surprise que ni vous ni M. le Garde des Sceaux n'aviez fait valoir à la tribune les graves raisons qui auraient pu prévenir l'abrogation d'une loi sur la presse, votée il y a moins de deux ans sur la proposition de M. Dufaure[1], et dont, tout récemment, vous demandiez vous-même l'application aux tribunaux... Cette attitude du chef de cabinet fait demander s'il a conservé sur la Chambre l'influence nécessaire pour faire prévaloir ses vues. Une explication, à cet égard, est indispensable, car, si je ne suis pas responsable comme vous envers le Parlement, j'ai une responsabilité envers la France, dont, aujourd'hui plus que jamais, je dois me préoccuper. Agréez...

Dans Pisani-Ferry, *op. cit.,* p. 147.

1. La Chambre avait voté le 12 mai l'abrogation de la loi de 1875 sur la presse, et rendu aux jurys la décision sur les délits de presse; J. Simon n'avait pas pris parti au cours des débats.

2

La République opportuniste (1879-1899)

A partir de 1879 la République peut être considérée comme solidement installée, et le régime va évoluer rapidement : la Chambre des députés joue le premier rôle, et le Sénat, que les Constituants avaient voulu la principale assemblée, ne renverse que deux ministères jusqu'en 1914, celui de Léon Bourgeois en 1896 et celui de Briand en 1913. On passe également très vite d'un régime parlementaire, reposant sur un équilibre entre les deux pouvoirs, exécutif et législatif, à un régime d'assemblée, où le législatif étouffe le président de la République et le président du Conseil.

Les causes de l'évolution tiennent aux circonstances, à l'évolution des structures, et aux lacunes laissées par la Constitution, qui était d'abord apparue comme provisoire.

La crise du 16 mai, la victoire républicaine et la démission de Mac-Mahon ont définitivement affaibli l'autorité du président de la République : c'est un effacement volontaire de la part du chef de l'État, comme l'indique déjà le message adressé le 7 février 1879 par Jules Grévy : « Soumis avec sincérité à la grande loi du régime parlementaire, je n'entrerai jamais en lutte contre la volonté nationale, exprimée par ses organes constitutionnels. » Les présidents n'oseront jamais plus user de leur arme principale qu'était la dissolution. D'autre part, l'élection du président par le Parlement, dont il pourrait être l'adversaire par le jeu de la rivalité des pouvoirs, ne peut entraîner la désignation de personnalités marquantes, décidées à utiliser leurs pouvoirs. Le président gardera un certain rôle dans la diplomatie, mais se contentera, à l'intérieur, d'exercer une légère influence par personnes interposées. Le moindre de ses actes est contrôlé, ses discours sont approuvés par le Conseil des ministres et, quand il paraît en public, un ministre est toujours à ses côtés.

La Constitution va de moins en moins répondre aux nouvelles conditions sociales. Le régime a été conçu par des notables ayant conservé la philosophie politique des libéraux de la monarchie censitaire. Les formes nouvelles de production et d'échanges, la désintégration de la cellule sociale de base groupée autour du notable et du curé, l'expansion des chemins de fer vont transformer les rapports entre l'élu et ses électeurs, et la notion même de parlementaire. Les députés de 1871 étaient encore ceux de la France entière et non les représentants d'une circonscription; l'apparition de partis, de groupes de pression, d'intérêts régionaux divergents, font évoluer la fonction parlementaire vers la représentation d'un département, d'une circonscription, ou d'un groupement politique. L'élu reste sous la dépendance du parti ou du comité électoral auquel il doit sa place. La formation des partis compromet l'unité nationale, mais rend mieux compte des oppositions d'intérêts ou de pensée entre les couches sociales mieux diversifiées. La noblesse, qui fournissait 34 % des députés en 1871, en donne 23 % en 1893, la part de la haute bourgeoisie passe de 36 à 32 %, celle de la moyenne et petite bourgeoisie de 27 à 40 % (Dupeux, *La Société française,* p. 188).

La diffusion de l'enseignement par le vote des lois scolaires, le regroupement des ouvriers en syndicats, aussi réduit qu'il fût, l'apparition de partis socialistes posent en termes nouveaux le choix électoral. La personnalité du candidat, surtout en milieu urbain, compte moins qu'autrefois, et laisse une place plus importante au programme politique.

La Constitution comportait des lacunes, qui ont été comblées par l'élaboration des règlements des Assemblées. Les députés et sénateurs sont répartis en commissions spécialisées, qui examinent tout projet ou proposition de loi, les mettent en forme, désignent un rapporteur pour les présenter à l'Assemblée c'est le texte de la commission qui est discuté, non celui du ministre, qui n'a d'autre ressource que de solliciter quelque député ami pour qu'il présente un amendement, ou de retirer son projet; les commissions parlementaires deviennent vite les véritables organes de gouvernement. Les Assemblées sont maîtresses de leur ordre du jour; fixant le calendrier du travail législatif, elles peuvent « enterrer » un projet, citer à tout moment un ministre, lui imposer un débat; le gouvernement est aux ordres des Assemblées. Le président du Conseil est sans cesse exposé aux demandes d'interpellation, les ministres sont assaillis de questions écrites ou orales auxquelles ils sont tenus de répondre. Le gouvernement n'a d'autorité sur la Chambre que celle que lui donne la personnalité de son chef, J. Ferry, Waldeck-Rousseau, ou plus tard Clemenceau.

L'absence de partis solidement constitués, le nombre des groupes parlementaires, le scrutin uninominal généralement appliqué, conduisent à une grande instabilité ministérielle, mais aussi à une grande stabilité des hommes au pouvoir, qui conservent le même poste dans différentes formations ou passent sans difficulté d'un département à l'autre. De janvier 1876 à 1914 ont été formés 49 gouvernements donnant une durée moyenne de 9 mois et 13 jours.

1. Les tendances politiques

A. La droite

A droite, les conservateurs évoluent peu jusqu'à l'affaire Dreyfus.

Les légitimistes perdent leur candidat, Henri V, qui meurt en 1883, et refusent pour la plupart de se rallier à la branche cadette de Philippe d'Orléans. Plus que le dévouement à un homme, le légitimisme demeure une forme d'esprit et représente une conviction profonde sur la nature transcendante de la société, une soumission à l'Église, et une forme d'action sociale dont Albert de Mun est le théoricien; sa position ultramontaine lui fera accepter l'encyclique *Rerum Novarum* en 1891 et le ralliement en 1892. Les fils de famille légitimistes acceptent de servir la République dans l'armée ou la diplomatie, ou se consacrent à l'Église.

Les orléanistes demeurent gallicans, et beaucoup d'entre eux admettent le régime, même s'ils restent dans l'opposition; la plupart accepteraient d'endosser l'opinion de Jean Casimir-Périer aux fêtes du centenaire de Vizille en 1888 : «Les principes de la Révolution nous restent, modifiés et convertis en instruments d'ordre et de protection... L'avenir est à la société telle que la Révolution l'a faite; l'avenir est à la République, qui, dans l'ordre politique, est la consécration définitive de l'œuvre entreprise par nos pères» (P. Barral, *Les Périer dans l'Isère au XIX*[e] *siècle,* PUF, 1964). Les orléanistes se préoccupent peu de régime et de religion, pourvu que les hommes d'affaires détiennent le pouvoir politique ou économique.

Les bonapartistes ont été affaiblis par la mort du prince impérial, tué en 1879 au service des Anglais; le prince avait désigné comme son successeur non le prince Jérôme-Napoléon, son oncle, mais le fils de celui-ci et de Clotilde, le prince Victor; une scission parmi les bonapartistes ne prendra fin qu'avec la mort de Jérôme en 1891 ; une fois passée la crise boulangiste, une partie de la clientèle s'orientera vers une forme du radicalisme proche du bonapartisme démocratique, adversaire des notables et de l'Église, volontiers jacobin.

Affaiblis sur le plan parlementaire, les conservateurs pèsent encore d'un grand poids dans le pays. L'évolution des structures sociales n'a pas fait disparaître dans les régions rurales les liens financiers qui unissent les notables à leur clientèle, ou, dans les villes, la force d'un certain patronat paternaliste; les milieux d'affaires restent légitimistes ou orléanistes; la fonction publique, l'armée, appartiennent encore à des hommes qui ont commencé leur carrière sous l'Empire; l'Église et ses écoles ou collèges forment une partie des cadres supérieurs de la nation. La presse conservatrice demeure importante : *L'Univers,* repris par Eugène Veuillot à la mort de son frère Louis en 1883, *La Gazette de France, Le Journal de Paris, Le Pays,* dirigé par Cassagnac, et surtout *La Croix,* quotidien à partir de 1883.

B. La majorité

Elle appartient aux «opportunistes» partagés entre la *Gauche Républicaine* de J. Ferry et l'*Union Républicaine* de Gambetta. Ce dernier semble avoir oublié son programme de Belleville pour devenir un homme de gouvernement. Il le déclarait en 1872 : «L'âge héroïque, l'âge chevaleresque est passé; soyons un parti pratique, un parti de gouvernement»; et, quand il est élu président de la commission du budget en 1877 : «Nous avons voulu entrer dans la commission du budget pour nous mettre en face des réalités... sans illusions et sans précipitation; uniquement inspirés par un esprit d'économie, de maturité et de sage réforme, nous nous garderons de rien livrer à l'aventure, persuadés qu'en ces délicates matières on ne devance ni le temps ni l'opinion»... «Ma méthode consiste à sérier les questions, à leur donner des numéros d'ordre et d'urgence.»

Les deux tendances opportunistes, réunies par la mort de Gambetta en 1882, relèvent d'une philosophie assez voisine de celle des radicaux; spiritualistes sans croyances métaphysiques ou protestants libéraux éloignés du dogme, proches du positivisme par leur foi en la science et dans la perfectibilité indéfinie de l'homme par l'enseignement, ils sont libéraux dans toutes les acceptions du terme; conservateurs de l'ordre politique et social, ils ne cherchent pas à remettre en cause les fondements de la Constitution de 1875, qui assure le triomphe d'une république bourgeoise; leur anticléricalisme est à la fois d'inspiration philosophique, parce qu'ils croient «au triomphe définitif du bien sur le mal, à la raison et à la démocratie» (J. Ferry), à la recherche du bonheur, et de but politique, parce qu'il leur semble être le moyen d'assurer la République. Ils font confiance à l'enseignement pour dégager les élites et assurer la promotion sociale. Ils sont opportunistes, car les grands principes, ceux de 89, ne peuvent être traduits dans les faits que progressivement.

Une fois réalisée l'œuvre scolaire, les opportunistes se trouvèrent menacés sur leur gauche par les radicaux et les socialistes; l'échec du boulangisme les libérant provisoirement du danger à droite, ils tendirent à se rapprocher des conservateurs et de l'Église; cette nouvelle attitude facilita le «ralliement» en 1892, mais coupa les opportunistes en deux tendances que l'affaire Dreyfus acheva de séparer : progressistes ou centre droit de la tendance Méline, qui enterraient l'anticléricalisme, et républicains de gauche de Poincaré et Waldeck-Rousseau, qui poursuivaient la lutte contre les congrégations.

C. La gauche

Elle est formée par les *radicaux* et les *socialistes.* Gambetta avait été radical, Barodet également; Clemenceau, président du Conseil municipal de Paris en 1875 et député de la Seine, Eugène Pelletan, sénateur, ont repris le programme de Belleville de 1869, que Gambetta semblait avoir abandonné, pour en demander l'application « radicale ». Plus qu'un mouvement politique, le radicalisme veut être une forme de pensée, un état d'esprit ; sous l'invocation de Condorcet, il s'inspire de la philosophie libérale, de l'individualisme, dans une vue optimiste des « progrès de l'esprit humain » s'il est éclairé ; le progrès se fait par la raison ; on attend de l'évolution morale et matérielle de chacun l'amélioration progressive de la société ; le radicalisme se développe surtout en milieu scientifique (Littré, Combes, Clemenceau sont des médecins), s'appuie sur la philosophie néocriticiste de Renouvier ou sur le spiritualisme de Vacherot (*Le Nouveau Spiritualisme,* 1884), ou de Ferdinand Buisson.

Comme les opportunistes, les radicaux ont beaucoup de liens avec la maçonnerie ; celle-ci a retrouvé en 1864 le droit d'élire son grand maître, et les jeunes ont afflué, Gambetta, Crémieux, J. Simon, H. Brisson, Floquet, Ferry, Combes. Le rite écossais compte environ 6 000 membres, beaucoup moins que le Grand-Orient, qui en a 16 000 en 1882, 33 000 en 1914. Ce dernier a évolué vers le rationalisme, et a modifié en 1884 l'article Ier de la Constitution de 1849 ; tandis qu'elle affirmait à cette date l'existence de Dieu et l'immortalité de l'âme, tout en regardant la liberté de conscience comme un droit propre à chaque homme, la Constitution de 1884 considère les conceptions métaphysiques comme étant du domaine de l'appréciation individuelle seule et se refuse à toute affirmation dogmatique. La maçonnerie est de recrutement bourgeois à cause de son niveau intellectuel et de la cotisation élevée qu'elle exige ; elle est donc conservatrice sur le plan social et économique ; elle inspire le programme radical, qui voit l'émancipation ouvrière dans le développement de l'artisanat et celle de l'agriculture dans la petite propriété. On retrouve l'inspiration de la grande Révolution dans la pensée que la petite propriété individuelle est la garantie de l'indépendance du citoyen.

Après la chute de Mac-Mahon les radicaux ont précisé leur doctrine avec Charles Floquet, qui forma la gauche radicale, avec Clemenceau, qui donna au radicalisme une teinte jacobine dans *La Justice* (1880). En 1881, les électeurs de Montmartre présentèrent à Clemenceau un programme comme l'avaient fait ceux de Belleville envers Gambetta en 1869 : sur le plan politique la révision de la Constitution, la suppression du Sénat et du président de la République — sur le plan économique l'impôt sur le revenu et sur les successions, la nationalisation des chemins de fer — en matière sociale l'institution du divorce, la séparation des Églises et de l'État, des lois sur la durée du travail, la création de caisses de retraite pour la vieillesse, l'abolition du livret, la responsabilité patronale en cas d'accident : ce sera le programme du radical-socialisme. Les radicaux se présentent comme l'aile marchante des républicains ; mais leur socialisme n'est que l'intervention de l'État dans le domaine économique et social ; ils sont dépassés à leur tour par les socialistes, qui se reconstituent après 1879.

2. La politique opportuniste (1879-1885)

A. Le premier ministère Jules Ferry (septembre 1880-novembre 1881)

Après les ministères Waddington et Freycinet (février 1879-septembre 1880), qui font voter l'amnistie et lancent l'offensive contre les congrégations, Jules Ferry forme son premier gouvernement. Il fait aboutir la loi du 16 juin 1881 sur la gratuité de l'école primaire, et réalise deux réformes libérales : la loi du 30 juin 1881 établit la liberté de réunion, supprime l'autorisation préalable et n'impose une déclaration que pour les réunions politiques — la loi du 29 juillet 1881 sur la presse ne prévoit ni autorisation préalable, ni cautionnement, ni censure; mais elle définit des délits de presse, incitation au crime, propagation de fausses nouvelles, provocation de militaires à la désobéissance, offenses au chef de l'État, délits qui sont jugés par les jurys, sauf pour les diffamations envers les particuliers, qui relèvent des tribunaux correctionnels.

Les élections de 1881 apportent l'écrasement de la droite, qui n'a plus que 90 députés, et le succès de l'Union Républicaine de Gambetta, qui occupe le tiers de la Chambre. Jules Ferry, renversé sur la question tunisienne, laisse la place à Gambetta.

B. Le «Grand Ministère» de Gambetta (novembre 1881-janvier 1882)

Gambetta n'a jamais été au pouvoir depuis la Défense nationale; bien qu'il se soit sérieusement amendé dans son comportement, il continue à éveiller la méfiance par son goût pour l'autorité, son militarisme, son programme de nationalisations, son aventurisme extérieur. Il ne peut pas obtenir le concours des principaux opportunistes, croit gagner l'appui de la droite en nommant le général de Miribel comme chef d'état-major, et tombe rapidement sur son projet de révision de la Constitution. Retiré à Ville-d'Avray, il meurt le 31 décembre 1882 dans des conditions restées suspectes, après un accident survenu en nettoyant une arme à feu.

C. Le deuxième ministère Jules Ferry (février 1883-mars 1885)

Il est formé après les trois ministères très éphémères de Freycinet, Duclerc et Fallières. Ferry achève la réalisation du programme libéral par la loi du 5 avril 1884 sur les libertés municipales, qui donne à toutes les communes sauf à Paris l'élection du maire, et la loi du 21 mars 1884, dite «loi Waldeck-Rousseau», sur la liberté d'association professionnelle (syndicats).

Gambetta ayant disparu, la réforme constitutionnelle devient possible et se trouve réalisée en août 1884 : les membres des familles ayant régné sont inéligibles à la présidence de la République — les prières publiques prévues à l'ouverture des sessions parlementaires sont supprimées — et surtout les articles de la loi de février 1875 relatives à l'organisation du Sénat perdent leur caractère constitutionnel : une simple loi, votée en décembre 1884, permet ensuite de prévoir la disparition progressive des sénateurs inamovibles et de restreindre la prépondérance rurale au Sénat en attribuant aux villes un nombre de délégués sénatoriaux en rapport avec leur population.

Après la chute de Ferry, tombé sur la question du Tonkin, le ministère Brisson fit voter en 1885 une loi interdisant le séjour en France des chefs de famille impériale et royale, et décider l'introduction du scrutin de liste départemental à deux tours pour les prochaines élections.

3. La République en danger? Les crises de 1885 à 1899

C'est au moment où la République semblait solidement installée qu'elle est apparue aux contemporains comme sérieusement en danger : c'est la bourrasque du boulangisme, plus grave que la menace présentée par le général Boulanger.

A. Le boulangisme

a) Les causes. Sur un fond d'antiparlementarisme latent s'inscrit une phase économique dépressive, marquée par le krach de l'Union Générale en 1882, banque créée récemment par les conservateurs. Le sentiment national, aiguisé par l'isolement français en face de la Triple Alliance que Bismarck a formée en 1882, a été canalisé par la Ligue des Patriotes créée cette même année, d'inspiration gambettiste, et présidée en 1885 par Déroulède, connu pour ses *Chants du Soldat* (1872). Le scrutin de liste, appliqué aux élections d'octobre 1885, a favorisé les deux extrêmes, conservateurs, qui ont plus de 200 députés, et gauche radicale et socialiste; l'instabilité ministérielle en est accrue. Crise économique, sentiment de frustration nationale chez un peuple resté cocardier, faiblesse de l'exécutif, les conditions sont remplies pour une aventure.

b) Georges Boulanger. Il possède le panache qui peut entraîner les foules; magnifique soldat favorisé par la fortune, général à 43 ans, passant pour l'un des rares généraux républicains, il est choisi par Freycinet en février 1886, puis par Goblet en 1887, comme ministre de la Guerre; il élabore le projet de loi militaire qui sera voté en 1889, abaissant de 5 à 3 ans la durée du service, supprimant la plupart des exemptions, soumettant les séminaristes à la loi générale. Il se rend populaire dans la troupe par des améliorations de détails, introduit le fusil à répétition «Lebel», affirme ses opinions en excluant de l'armée le duc d'Aumale et le duc de Chartres. Son attitude énergique dans «l'affaire Schnaebelé», affaire d'espionnage d'où la guerre avec l'Allemagne pouvait sortir, l'a fait surnommer le «Général Revanche».

En mai 1887 Boulanger ne fait pas partie du ministère Rouvier; autour de lui se cristallise une opposition qui cherche à l'utiliser pour renverser les opportunistes, de la gauche (Rochefort et l'*Intransigeant)* à la droite (la duchesse d'Uzès, qui finance sa publicité), et à la Ligue des Patriotes : il est le « grand dégoût collecteur ». Nommé au commandement du XIIIe Corps à Clermont-Ferrand, son départ donne lieu à des scènes délirantes d'enthousiasme. Le scandale fait autour du gendre de Grévy, Wilson, accusé de trafic de décorations, accule le président de la République à la démission et affaiblit encore les opportunistes. Le ministère Tirard croit se débarrasser de Boulanger en le retirant à l'activité ; il le rend au contraire disponible pour la politique.

D'avril à août 1888, Boulanger se présente cinq fois à des élections partielles, et chaque fois, grâce au scrutin de liste, il est plébiscité par l'ensemble du département : Dordogne, Nord (deux fois), Somme, Charente ; enfin, le 27 janvier 1889, Boulanger est élu à Paris. Il semble alors que tout lui soit permis ; et pourtant, il refuse de marcher sur l'Élysée et donne à Constans, ministre de l'Intérieur, le temps de se reprendre. Celui-ci effraie assez la maîtresse de Boulanger, Marguerite de Bonnemain, pour qu'elle s'enfuie en Belgique ; il dissout la Ligue des Patriotes, fait déférer ses dirigeants en Haute Cour, interdire aux prochaines élections les candidatures multiples, et rétablir le scrutin uninominal. Le 19 avril 1889, Boulanger s'enfuit à Londres puis à Bruxelles ; il se suicidera en 1891 sur la tombe de sa maîtresse.

c) Pourquoi ce refus de franchir le pas? Boulanger a-t-il jamais voulu prendre le pouvoir? a-t-il refusé de sortir de la légalité? Il n'a pas l'étoffe d'un homme politique, encore moins celle d'un révolutionnaire. Du reste, le pouvoir pris, l'aurait-il conservé? L'attitude des chefs militaires, jaloux de sa carrière rendent l'hypothèse improbable ; n'était-il pas préférable d'attendre les élections imminentes, qui lui seraient favorables?

d) Mais, Boulanger disparu, le boulangisme s'estompe. L'exposition universelle de 1889 contribue à le faire oublier, et les élections n'apportent que 38 boulangistes, à côté de 120 radicaux ou socialistes, 200 opportunistes, 172 conservateurs. La République sort renforcée d'une crise dont on a exagéré l'importance, et Léon XIII va être encouragé à conseiller aux catholiques le « ralliement ».

B. Le scandale de Panama

Le scandale de Panama a éclaté en février 1889 ; étouffé aussi longtemps qu'a duré le danger boulangiste, il est provoqué par la mise en liquidation de la compagnie formée par Lesseps et Eiffel pour creuser le canal ; elle laisse un passif de 1 280 millions, qui ruine beaucoup de petits épargnants. Le scandale est double : celui des milieux financiers et de la presse, qui ont retiré de gros bénéfices de l'affaire, et celui des milieux politiques, que l'on soupçonne d'avoir été achetés par la compagnie pour autoriser une émission à lots. En 1892, Drumont dénonce dans *La Libre Parole* 104 parlementaires et donne les noms de trois banquiers israélites qui auraient servi d'intermédiaires. Le procès des administrateurs de la compagnie se termine en février 1893 par la condamnation de Lesseps et d'Eiffel ; le procès de corruption aboutit à l'abandon des poursuites contre les parlementaires, faute de preuves seul le ministre des Travaux publics, qui avait avoué, est condamné.

Les conséquences du scandale sont importantes ; les hommes compromis sont écartés pour un temps de la vie publique et leur effacement provisoire permet la venue d'hommes nouveaux comme Poincaré, Barthou, Leygues. L'antisémitisme répandu par Drumont depuis qu'il a publié *La France Juive* en 1886 a trouvé un aliment nouveau. D'autre part les épargnants français, devenus méfiants envers les placements industriels et commerciaux, vont rechercher plus encore les fonds d'État, français et étrangers.

C. Les attentats anarchistes et la réaction à droite

Actes d'isolés qui affectent peu le régime, peut-être sont-ils en relation avec le trouble moral qui accompagne le scandale de Panama, mais ils sont surtout liés à la vague d'attentats qui affectent l'ensemble du monde : mort d'Alexandre II en 1881, d'Élisabeth d'Autriche en 1898, de Humbert Ier d'Italie en 1900, du président américain McKinley en 1901. En 1892 Ravachol, qui avait lancé des bombes dans des restaurants, est arrêté et exécuté. En décembre 1893 la bombe lancée par Auguste Vaillant à la Chambre provoque, dans l'affolement qui suit, le vote de plusieurs lois répressives : loi sur la presse, punissant de 5 ans de prison la provocation au meurtre, à l'incendie, au vol ; loi sur la détention de matières explosives ; loi assimilant les anarchistes à des malfaiteurs et les punissant des travaux forcés.

Le 24 juin 1894, le président Sadi Carnot est poignardé à Lyon par l'anarchiste Caserio pour s'être refusé à grâcier Vaillant. L'élection de Jean Casimir-Périer, orléaniste rallié, propriétaire des mines d'Anzin, traduit les craintes des modérés devant les désordres et le déplacement provisoire de la République vers la droite, que les élections de 1893 avaient déjà manifesté.

Cette orientation est confirmée par la loi du 27 juillet 1894 qui soumet les délits de presse aux tribunaux correctionnels. L'ensemble de ces lois de répression, qualifiées de « lois scélérates » par les socialistes, et qui pour certaines peuvent toucher l'extrême gauche, provoquent une coupure plus nette entre la droite et la gauche. Casimir-Périer, directement attaqué par Jaurès, démissionne en janvier 1895 ; les modérés et la droite élisent Félix Faure, qui après avoir levé l'hypothèque radicale par l'échec du premier ministère Léon Bourgeois, charge Méline de former un ministère homogène modéré (avril 1896-juin 1898). Le nouveau bloc de centre droit constitué avec les conservateurs se présente comme « progressiste », tendance de juste milieu qui laisse dans l'ombre la question religieuse, l'impôt sur le revenu, les questions sociales, et cherche à réaliser la république conservatrice autrefois évoquée par Thiers. Mais le bloc ne résistera pas à l'affaire Dreyfus.

D. L'affaire Dreyfus (1894-1899)

L'« affaire Dreyfus » est d'abord un épisode d'espionnage très complexe mais qui s'inscrit dans l'atmosphère empoisonnée de la campagne d'antisémitisme lancée par Drumont et *La Libre Parole* au moment de la faillite de la Banque de l'Union Générale puis du scandale de Panama. L'incident se transforme en « affaire » quand il prend une tonalité politique en opposant la gauche et la droite sur un problème fondamental : faut-il laisser condamner un innocent au nom de la raison d'État? ou bien les droits de la personne humaine sont-ils supérieurs à toute autre considération?

A l'automne 1894, on apporte au général Mercier, ministre de la Guerre, une « lettre bordereau » anonyme concernant la livraison de documents secrets, dont on saura par la suite qu'il s'agit de notes sur le frein hydraulique du canon de 120 — sur les troupes de couverture (à la frontière) — sur le nouveau manuel d'artillerie — sur la campagne projetée à Madagascar. Le 29 octobre, *La Libre Parole* annonce l'arrestation d'un espion et en livre le nom le 1er novembre : le capitaine Alfred Dreyfus, officier d'état-major depuis 1893 et récemment affecté au 2e Bureau ; il appartient à une riche famille israélite de manufacturiers alsaciens qui a opté pour la France en 1871. Les raisons de l'acte qui lui était attribué n'étaient pas discernables. Cependant, devant la campagne poursuivie par *La Libre Parole,* le ministre se décide à déférer Dreyfus devant le tribunal militaire. Le procès, ouvert le 19 décembre, se déroule à huis clos ; le général Mercier transmet aux juges un dossier secret, dont ni l'accusé, ni son avocat n'ont connaissance, au vu duquel Dreyfus est condamné le 22 décembre 1894, à l'unanimité, à la dégradation et à la déportation perpétuelle à la Guyane.

Le frère du condamné, Mathieu, charge alors le journaliste Bernard Lazare de lancer une campagne de presse pour faire rouvrir le procès et réhabiliter le capitaine : il trouve l'appui de Joseph Reinach, qui écrit dans *Le Siècle,* et de Clemenceau, qui va faire paraître peu après (1897) *L'Aurore.* Or, en mars 1896 le commandant Picquart, du service de renseignements, a communication d'une correspondance pneumatique (« le petit bleu ») adressée par l'attaché militaire allemand au commandant Esterhazy, dont le comportement général est infiniment plus suspect que celui de Dreyfus. Picquart, persuadé de reconnaître l'écriture d'Esterhazy dans la « lettre bordereau » qui est à l'origine de l'affaire, convaincu que le dossier secret soumis aux juges ne concerne pas Dreyfus, fait part de ses conclusions au ministre. Puis le 6 novembre 1896, Bernard Lazare publie à Bruxelles *Une erreur judiciaire : la vérité sur l'affaire Dreyfus*, où il précise le contenu du bordereau ; il trouve alors l'appui du sénateur Scheurer-Kestner, qui demande la réouverture du procès. Mais le lieutenant-colonel Henry a versé au dossier une correspondance attribuée aux attachés militaires allemand et italien qui confirmerait la culpabilité de Dreyfus, puis Picquart, nommé lieutenant-colonel, est envoyé en Tunisie, et le 4 décembre 1897 le président du Conseil, Méline, déclare à la Chambre :

«Il n'y a pas d'affaire Dreyfus.» Cependant le nom du commandant Esterhazy a été communiqué à la presse et celui-ci demande à être jugé par un conseil de guerre qui, le 11 janvier 1898, à l'unanimité, le reconnaît non coupable.

Le 13 janvier 1898, Zola fait paraître dans *L'Aurore* une *Lettre à Monsieur Félix Faure, président de la République* avec le titre *J'accuse,* imaginé par Clemenceau : il accuse le premier conseil de guerre d'avoir condamné un innocent, soit par antisémitisme, soit par respect pour l'état-major, et le second conseil d'avoir commis le crime «d'acquitter sciemment un coupable». Déféré en cours d'assises, en février, Zola fut condamné à 3 000 F d'amende, un an de prison, la radiation de la Légion d'honneur (procès cassé ensuite pour vice de forme).

L'affaire dépasse la personne de Dreyfus : d'un côté les «dreyfusards» la Ligue des droits de l'homme fondée à l'initiative du sénateur Trarieux, la plupart des radicaux, peu de socialistes, qui se déclarent en général non concernés par l'affaire, les éléments antimilitaristes de la bourgeoisie, qui vient d'être frappée par la loi militaire de 1889 — de l'autre les «antidreyfusards» les écrivains Barrès, Brunetière, Lemaître, Coppée, la Ligue des Patriotes, reformée en 1895 par Déroulède, la Ligue antisémite de J. Guérin, soutenus par *La Libre Parole* et par *La Croix,* et bientôt par la Ligue de la Patrie Française fondée en décembre 1898.

En août il est démontré que la pièce décisive fournie en 1896 par Henry est un faux (le «faux patriotique» diront les antidreyfusards) que son auteur avoue; il est emprisonné au mont Valérien, où il se suicide le 31 août. Dès lors la révision devient inévitable : les affrontements dans la rue et jusque dans les familles se multiplient. En février 1899, aux obsèques de Félix Faure (remplacé par Émile Loubet), Déroulède essaie en vain d'entraîner un régiment sur l'Élysée; le nouveau président est insulté et malmené sur le champ de courses d'Auteuil. Le 3 juin 1899 enfin la Cour de cassation annule le jugement de 1894 pour non-communication du dossier secret et renvoie le procès Dreyfus devant un nouveau conseil de guerre à Rennes.

Le danger couru par la République, la crainte des troubles que risque d'entraîner la prochaine révision font l'unité de la gauche avec les radicaux, jusque-là divisés, une partie des progressistes, qui éclatent en deux tendances, celle de Méline et celle de Waldeck-Rousseau, jusqu'aux socialistes, pour former un «bloc républicain» qui renverse Dupuy le 12 juin en demandant un «ministère décidé à défendre avec énergie les institutions républicaines et à assurer l'ordre public». L'«Affaire» a eu des conséquences politiques en provoquant un reclassement des partis — religieuses, en raison des prises de position de l'Église — militaires en suscitant des manifestations d'antimilitarisme — extérieures, en affaiblissant la position de la France pendant la crise de Fachoda, qui rapproche la Grande-Bretagne de l'Allemagne.

Bibliographie

Sur les idées politiques

D. HALEVY, *La fin des Notables* (Paris, 1930); Claude NICOLET, *le Radicalisme* (PUF, Que sais-je?); J. KAYSER, *Les grandes batailles du radicalisme, 1820-1901* (Paris, 1962); E. VATRE, *Henri Rochefort ou la Comédie politique au XIXe siècle* (Éd. Lattès, 1984); F. CHATELET, O. DUHAMEL, E. PISIER, *Histoire des idées politiques* (Mémento, Thémis 2e éd. 1989); M. WINOCK, *La fièvre hexagonale, les grandes crises politiques, 1871-1968* (Paris, Calmann-Lévy, 1986).

Sur le mouvement antisémite

H. ANDICS, *Histoire de l'antisémitisme* (Albin Michel, 1967), et surtout L. POLIAKOV, *De Voltaire à Wagner, Histoire de l'antisémitisme* (Calmann-Lévy, 1968); S. BERSTEIN, *Les trois âges de l'antisémitisme, in : L'Histoire*, n° 148, octobre 1991.

Sur Gambetta

J. CHASTENET, *Gambetta* (Fayard, 1969); G. WORMSER, *Gambetta dans les tempêtes* (Paris, 1964).

Sur le boulangisme

A. DANSETTE, *Le boulangisme* (Fayard, 1946); mais on ne manquera pas de lire BARRES, *Le roman de l'énergie nationale (L'appel au soldat, Les Déracinés, Leurs Figures)* paru de 1897 à 1902; J. NÉRÉ, *Le Boulangisme et la presse* (Coll. Kiosque, Armand Colin, 1964); H. GUILLEMIN, *Nationalistes et «Nationaux» (1870-1940)* (Gallimard, 1974).

Sur Panama

J. BOUVIER, *Les deux scandales de Panama* (Coll. Archives, Julliard).

Sur l'affaire Dreyfus

P. MIQUEL, *L'affaire Dreyfus* (PUF, Que sais-je?, 8e éd. 1992); M. BEAUMONT, *Aux sources de l'affaire* (Les Productions de Paris, 1959); M. THOMAS, *L'affaire sans Dreyfus* (Fayard, 1961); H. DARDENNE, *Lumières sur l'affaire Dreyfus* (Nouvelles Éd. Latines, 1964); J. J. KAYSER, *L'affaire Dreyfus* (Gallimard, 1946); R. GAUTHIER, *Dreyfusards* (Coll. Archives, Julliard, 1965); J.D. BREDIN, *L'Affaire* (Julliard, 1983); J.A. CHERASSE et P. BOUSSEL, *Dreyfus ou l'intolérable vérité* (Éd. Pygmalion, 1985); M. THOMAS, *Esterhazy ou l'envers de l'affaire Dreyfus* (Éd. Vernal-Lebaud, 1989); P.R. LECLERCQ, *L'Affaire Dreyfus* (Éditions du Rocher, 1994); P. BIRNBAUM, *L'Affaire Dreyfus, la République en péril* (Paris, Gallimard, 1994).

3

La République radicale (1899-1914)

Le déplacement de la majorité vers la gauche devient plus net avec la Belle Époque et se précipite à mesure que l'on approche de la guerre. Les causes en sont multiples : l'effet des lois scolaires se fait sentir sur la génération qui arrive à l'âge électoral — le malaise à peu près permanent dans l'agriculture, en particulier dans la viticulture, victime d'abord du phylloxéra, puis de la surproduction, fait pénétrer dans les campagnes le radicalisme et même le socialisme — au contraire les secteurs secondaire et tertiaire sont entrés dans une phase A de progression rapide, mais de type capitaliste, avec des chutes brusques et une hausse des prix qui est mal suivie par la hausse des salaires — l'affaire Dreyfus a durci les positions et transformé la vie politique par la formation de partis.

C'est aussi l'arrivée d'un nouveau personnel politique de plus humble origine, s'opposant plus nettement aux membres de la noblesse et de la haute bourgeoisie, qui représentent encore cependant la moitié des parlementaires. Cette « couche sociale nouvelle », annoncée par Gambetta, n'ayant pas les moyens financiers de supporter les frais d'une campagne électorale, est soutenue par des comités locaux qui maintiennent ensuite leur surveillance, pour faire du député non plus comme autrefois le représentant de la France entière, mais celui d'une circonscription ou d'un département. Les nouveaux venus, avocats, instituteurs, professeurs, médecins, introduisent l'habitude du tutoiement, solidaires même dans des groupes opposés ; ils ont inspiré à Robert de Jouvenel, rédacteur en chef de *l'Œuvre,* sa satire *La République des camarades* (1913) ; n'ayant pas de fortune personnelle, ils font porter l'indemnité parlementaire de 9 000 à 15 000 F en 1906.

Le régime d'assemblée est mis en place en 1910 par la réforme des commissions, qui sont désormais permanentes et désignées à la représentation proportionnelle, ce qui fait de chacune d'entre elles un Parlement miniature pourvu de ses fonctionnaires propres détachés des administrations centrales; la réforme a pour conséquence d'officialiser les groupes et de renforcer la campagne en faveur de la désignation des députés suivant la représentation proportionnelle, qui domine la vie politique dans l'immédiat avant-guerre : la politisation des élections en sera plus forte.

Le monde extérieur pénètre dans les campagnes par la vulgarisation de la presse, faite de journaux d'information à grand tirage, à côté d'une presse d'idées qui survit difficilement : *Le Petit Parisien,* repris par Jean Dupuy en 1888, tire à 775 000 exemplaires en 1900, à 1,5 million en 1914; *Le Petit Journal,* qui avait été le premier à utiliser les presses rotatives de Marinoni en 1867, tire à 900 000; *Le Matin,* dirigé par Bunau-Varilla, a ses fils spéciaux; *Le Journal,* qui tire comme *Le Matin* à 800 000, est célèbre pour ses reportages et ses feuilletons littéraires; *Le Figaro,* dirigé par Gaston Calmette, s'attache comme les autres journaux à ne pas prendre trop nettement position sur le plan politique pour conserver une clientèle variée. Il n'en est pas de même de *L'Écho de Paris,* journal de la bourgeoisie catholique, où écrivent P. Bourget, Barrès, R. Bazin — ni de *La Petite République,* journal socialiste où écrivent J. Guesde, Jaurès, Millerand. Les journaux provinciaux ont autant d'importance que les journaux parisiens : *Le Petit Marseillais,* républicain modéré, *Le Petit Méridional,* quotidien radical de Montpellier, *La Dépêche,* organe radical-socialiste dirigé à Toulouse par les frères Sarraut, *L'Ouest-Éclair,* journal de la démocratie chrétienne fondé à Rennes en 1899 par Desgrées-du-Lou. En 1914 paraissent en France près de 6 000 publications, dont 2 400 à Paris, qui dispose de 48 quotidiens.

1. Les partis

Le ralliement d'abord, l'affaire Dreyfus ensuite, ont entraîné un reclassement des tendances.

A. La droite

Parmi les anciens conservateurs, une partie des légitimistes, dociles aux consignes venues de Rome, forme la «droite ralliée», groupée dans l'*Action Libérale Populaire* en 1902. Les progressistes se sont scindés sur l'affaire Dreyfus, et, tandis que les partisans du Bloc républicain suivaient Waldeck-Rousseau dans l'*Alliance Républicaine Démocratique*, ou Républicains de Gauche, anticléricaux, les autres formaient avec Méline un centre droit proche des conservateurs dans la *Fédération Républicaine.*

Le fait nouveau est l'apparition d'une nouvelle droite, nationaliste, urbaine, puisant dans ce caractère urbain une allure révolutionnaire que n'avait pas l'ancienne droite conservatrice et rurale. Cette droite est militariste, cocardière, «plus cléricale que véritablement religieuse» (Rémond), antiparlementaire, passionnée, favorable à l'action directe, donnant la primauté au politique plus qu'à l'économique. Elle a trouvé son moule, la ligue, son théoricien, Charles Maurras. La Ligue de la Patrie française, qu'avaient formée des académiciens en 1898, décline après 1904; la Ligue des Patriotes a été frappée par l'exil de Déroulède entre 1900 et 1905; elle se borne à maintenir le culte du souvenir des provinces perdues. Le Comité d'Action française fut créé en avril 1898 par Henri Vaugeois et Maurice Pujo pour défendre le «faux Henry» et fit paraître une revue qui devint un quotidien en 1908; le comité s'était transformé en 1905 en une ligue qui joua un rôle par l'importance des idées répandues plus que par le nombre des adhérents; elle apportait en effet à la droite une philosophie et un programme qui lui avaient jusqu'ici manqué.

En juillet 1900, Maurras posa dans le vieux journal royaliste *La Gazette de France* la question : «Oui ou non, l'institution d'une monarchie traditionnelle, héréditaire, antiparlementaire et décentralisée est-elle de salut public?»; des réponses reçues, il tira l'*Enquête sur la monarchie.* Maurras s'apparentait aux ultras de la Restauration par son hostilité envers la Révolution, qui avait «atomisé» la France, par sa haine de l'individualisme, et sa conception des rapports entre l'homme et la société; il est ultra par sa défense de la monarchie, qui peut seule assurer la décentralisation et la liberté contre un pouvoir concentré à l'excès par le régime napoléonien; mais il s'éloigne des ultras par son absence de romantisme, dans ses références historiques, pensant à Louis XIV plus qu'à saint Louis dans sa justification de la monarchie fondée non sur le droit divin, mais sur l'utilitarisme, dans son attitude envers le christianisme, dépouillé de toute référence théologique, et n'apparaissant plus que comme un garant de l'ordre et de la hiérarchie; c'est le théoricien d'un nationalisme issu de Taine et de Renan, intégral comme celui de Barrès, mais se rattachant aux «quarante rois qui ont fait la France» et n'ayant pas les mêmes fondements : ... «la façon dont s'élabore sa doctrine est aux antipodes du romantisme... ce n'est pas par intuition ni par adhésion mystique qu'il se rallie à la monarchie, mais par une déduction qui se veut absolument rationnelle...» (P. Milza, *Les Fascismes, op. cit.*, p. 44).

On ne saurait négliger, avec le développement de la sociologie, l'exposé de thèses à tendances raciales, situées dans la ligne où Gobineau avait publié en 1853-1855 son *Essai sur l'inégalité des races humaines*, où il voulait démontrer la supériorité de la race nordique. Gustave Le Bon, médecin et sociologue, utilise les lois scientifiques de l'évolution des espèces pour montrer dans *Les lois psychologiques de l'évolution des peuples* (1894) et *La Psychologie des foules* (1895) que les individus comme les ensembles d'individus sont déterminés par les générations qui les ont précédés. Lapouge fait appel à l'inconscient des peuples, qui est le résultat de leur évolution biologique, pour expliquer leur attachement à leur terre et à leurs traditions.

B. La gauche

La gauche est surtout radicale; le radicalisme s'est implanté dans les campagnes et leur a emprunté leur caractère conservateur; la philosophie reste la même, rationaliste, anticléricale, confiante dans le progrès par l'enseignement, individualiste dans sa défense du «petit»; mais les tendances en sont multiples; le solidarisme de Léon Bourgeois (*Essai d'une philosophie de la solidarité,* 1902) est inspiré par la fraternité des loges maçonniques et par la *Science de la morale* de Renouvier (1869), qui implique la mise de l'État au service du citoyen comme garant de l'égalité; le radicalisme critique et négateur d'Émile Chartier, dit Alain, qui, dans ses *Propos,* parus en 1906, recherche les moyens de sauver l'individu; être radical, c'est se dresser contre «les pouvoirs». «Il faut obéir et résister par raison.» «Par l'obéissance le citoyen assure l'ordre, par la résistance il assure la liberté; celle-ci ne peut être garantie que par l'institution d'un troisième pouvoir, que la science politique n'a pas défini, et que j'appelle le contrôleur. Ce n'est pas autre chose que le pouvoir, continuellement efficace, de déposer les rois et les spécialistes à la minute, s'ils ne conduisent pas les affaires selon l'intérêt du plus grand nombre... La démocratie serait, à ce compte, un effort perpétuel des gouvernés contre les abus du pouvoir.» Le radicalisme de Joseph Caillaux, inspecteur des Finances, venu du centre droit, est affairiste et technocratique, tandis que celui de Clemenceau est jacobin.

A travers ces dissemblances, les radicaux se veulent tous les acteurs de «la révolution de la justice et de la liberté» (Clemenceau). Après les élections municipales de Paris, qui ont été un succès pour la droite, ils forment en 1901 à Paris le Parti républicain radical et radical-socialiste, sur le modèle du Parti Ouvrier, avec les comités à la base, les fédérations départementales, le congrès annuel, qui désigne le comité exécutif siégeant rue de Valois (les «Valoisiens»), mais avec beaucoup plus de souplesse que le parti de Guesde. Le programme en est ébauché par Camille Pelletan; il ne diffère de celui de 1881 que par l'abandon de la révision constitutionnelle, devenue inutile depuis que la Gauche démocratique est entrée en force au Sénat. La nouvelle formation apparaît comme un parti de petits bourgeois, orienté à gauche par son anticléricalisme et un programme social fondé sur l'association du salariat à la propriété industrielle et commerciale, mais opposé au collectivisme par son respect de la propriété privée; c'est ce qu'affirme encore Édouard Herriot, rapporteur du programme de 1907, le parti se refuse à reconnaître, même en théorie, l'existence de classes en lutte les unes contre les autres, il réprouve toute manifestation violente, défend la propriété, «dont il ne veut ni commencer, ni même préparer la suppression»; il est socialiste par ses projets de nationalisations, de création d'un impôt sur le revenu, l'intervention de l'État dans les rapports entre le capital et le travail.

Les *socialistes* sont en progrès constants. Le Parti Unifié, section française de l'Internationale Ouvrière, est formé en 1905, sans compromission avec le révisionnisme : «Le parti socialiste est fondé sur les principes suivants :

entente et organisation internationale des travailleurs, organisation politique et économique du prolétariat en parti de classe pour la conquête du pouvoir et la socialisation des moyens de production et d'échanges, c'est-à-dire la transformation de la société capitaliste en une société collectiviste ou communiste». Pourtant, hors du parti, subsistent des républicains socialistes comme Millerand, Viviani, Briand, qui ont refusé de se plier à l'ordre de l'Internationale condamnant la participation au pouvoir. Néanmoins, la SFIO l'emporte en 1906 avec 53 sièges contre 18 aux républicains socialistes, en 1910 avec 78 contre 24, en 1914 avec 103 sièges contre 27. En juin 1914 Viviani, républicain socialiste, forme le ministère qui se trouve devant la guerre.

2. La vie politique

Elle est marquée par une stabilité politique remarquable jusqu'en 1909, due au danger que semble avoir couru la République durant l'affaire Dreyfus, et qui a conduit à la formation d'un bloc de défense républicaine, à l'unité de la gauche dans la politique anticléricale, à la personnalité des hommes, Waldeck-Rousseau, Clemenceau. A partir de 1909 au contraire, l'instabilité est plus grande que jamais : neuf ministères jusqu'à la guerre.

A. Waldeck-Rousseau (juin 1899-juin 1902)

Passé à gauche en 1899, jacobin soucieux de l'autorité de l'État, il fait entrer dans son ministère à la fois le général de Galliffet, «le fusilleur de la Commune», et Millerand, qui pose le «cas Millerand», c'est-à-dire le problème de la participation d'un socialiste à un ministère bourgeois. Soutenu par les républicains de gauche, auxquels il appartient, par les radicaux et une partie des socialistes, Waldeck-Rousseau dispose d'une forte majorité.

Il fait arrêter les chefs des ligues nationalistes, Buffet, Déroulède, J. Guérin, président de la Ligue antisémite, qui soutient un siège de 38 jours contre la police («le fort Chabrol»); ils sont déférés en Haute Cour et exilés (jusqu'à l'amnistie de 1905).

Galliffet écarte les généraux hostiles à la révision, transfère au ministre de la Guerre la décision des promotions, qui était jusqu'ici le privilège d'une commission formée par les généraux les plus anciens.

Dreyfus est jugé à Rennes en septembre 1899 par un conseil de guerre paralysé par le jugement précédent; il est condamné à 10 ans de réclusion, en bénéficiant de circonstances atténuantes. Galliffet déclare : «L'incident est clos», et le fait grâcier par le président de la République; mais la grâce est une reconnaissance de culpabilité : les dreyfusards demanderont donc une affirmation de son innocence. L'exposition de 1900 avec ses ballets russes, sa grande roûe, la première ligne du métropolitain, achève de détourner les esprits.

Waldeck-Rousseau veut régler la question des congrégations, qui forment un État dans l'État par leurs établissements d'enseignement, leur richesse, qui leur permet de soutenir les journaux hostiles au régime, sans avoir d'existence légale. Dès mars 1900, la congrégation des Assomptionnistes est dissoute. Puis Waldeck-Rousseau soumet au Parlement la loi sur les associations (1901), qui distingue entre les associations de fait, librement constituées, les associations autorisées par une loi, qui bénéficient de la personnalité juridique, et les associations reconnues d'utilité publique, qui peuvent en outre recevoir des dons, des legs et des subventions publiques. Les congrégations religieuses devaient être autorisées par décret; mais le Parlement aggrava le projet, en leur imposant le vote d'une loi.

La loi scolaire de 1902 confirme la promotion de l'enseignement moderne sur les humanités, et donne la même valeur aux quatre sections du « Baccalauréat de l'enseignement secondaire ».

B. Le triomphe radical

Les élections de 1902 sont l'écrasement de la droite et du centre droit (165), le triomphe des radicaux (200) et des républicains de gauche (180). Le bloc républicain, vainqueur, forme avec les socialistes la délégation des gauches pour faire le lien entre le gouvernement et la majorité; elle sera le véritable gouvernement. Waldeck-Rousseau, malade, se retire, en conseillant à Émile Loubet de faire appel à Émile Combes.

Émile Combes, né en 1835 près de Castres, a fait ses études au séminaire grâce à un oncle ecclésiastique, et a débuté comme professeur au petit séminaire d'Albi; puis, attiré par la philosophie spiritualiste, il s'est tourné vers la médecine et s'est installé en Charente-Inférieure. Élu maire de Pons en 1875, sénateur en 1885, vice-président du Sénat, il représente avant tout le radicalisme anticlérical, très lié à la maçonnerie. Il fait appliquer de façon très restrictive la loi sur les congrégations, et, après la rupture avec le Vatican, prépare la loi de Séparation.

Delcassé, aux Affaires étrangères, fait aboutir l'Entente cordiale en 1904. Camille Pelletan, ministre de la Marine, entend démocratiser un corps qui reste en grande partie entre les mains de l'aristocratie; il épure les postes clefs, donne aux maîtres mécaniciens la possibilité de devenir officiers par la création d'un corps d'officiers mécaniciens, freine la réalisation du programme de constructions navales par souci d'économie. Le général André, déjà ministre de la Guerre avec Waldeck-Rousseau, supprime l'obligation de la dot pour les femmes d'officiers, organise une promotion interne pour les sous-officiers, impose aux saint-cyriens un an de service dans un corps de troupe avant d'entrer à l'École, prépare la loi militaire (votée en mars 1905) qui réduit le temps de service de 3 à 2 ans et supprime ce qui restait des exemptions. Ces mesures, s'inscrivant dans le contexte du conflit religieux et d'un antimilitarisme accru par l'affaire Dreyfus, indisposent l'armée et, pour certaines d'entre elles, inquiètent beaucoup de républicains. En octobre 1904 éclate le scandale des fiches : André fait enquêter sur les convictions religieuses des officiers, et transmet les renseignements au Grand-Orient; giflé par un député en pleine assemblée, il est contraint de démissionner en novembre 1904; le ministère étant ainsi affaibli, Combes, que les socialistes ne soutiennent plus depuis le congrès d'Amsterdam, démissionne en janvier 1905.

Son successeur Rouvier, homme d'affaires, fondateur de la Banque française pour le Commerce et l'Industrie, fait voter la loi de séparation des Églises et de l'État en décembre 1905, mais il se trouve devant les condamnations portées par le pape et les troubles parfois sanglants provoqués par les inventaires des biens d'église. Il est remplacé par le ministère Sarrien, dans lequel Briand est aux Cultes et Clemenceau à l'Intérieur. Tous deux s'entendent pour appliquer la loi avec modération, car les troubles sociaux qui précèdent et accompagnent le congrès d'Amiens (1906) suscitent alors un mouvement de panique à Paris.

Clemenceau arrive pour la première fois à la présidence du Conseil en octobre 1906, après les élections qui ont donné aux « Valoisiens » 240 sièges. Il détient l'Intérieur à cause des troubles qui continuent, donne la Guerre au général Picquart, les Finances à Caillaux, et crée un ministère du Travail pour Viviani. A 65 ans, il a conservé sa fougue et son mauvais caractère; autoritaire et social à sa manière, il entend faire des réformes sans accepter qu'on les lui impose; adversaire de Jaurès, il ironise sur ses utopies. En réalité, des réformes promises, il ne peut faire aboutir que l'unification des retraites des cheminots, le rachat du réseau de l'Ouest dans des conditions onéreuses pour l'État, le vote de l'impôt sur le revenu par la Chambre, sans parvenir à le faire accepter par le Sénat (1909).

Clemenceau fait face en effet aux violents mouvements de grève qu'il brise par la force ou par la révocation des fonctionnaires; il doit calmer également la révolte du Midi viticole et réprimer les mutineries qui éclatent à cette occasion. Il achève de régler avec Briand la situation des Églises et du clergé. Il liquide enfin l'affaire Dreyfus : en juillet 1906, la Cour de cassation annule le jugement de Rennes et réhabilite Dreyfus, qui est réintégré dans l'armée.

Clemenceau s'était attiré beaucoup de haines politiques par sa hauteur et sa brutalité; sa chute fut obtenue par surprise sur une question secondaire (juillet 1909); elle mettait fin à l'unité de la gauche, que l'intensité des luttes sociales et la vigueur de la répression avaient déjà entamée. Du reste la liquidation de la question religieuse faisait disparaître le seul ciment qui pouvait lier les groupes de gauche, et les républicains de gauche pouvaient prendre leur véritable place, à droite ou au centre droit.

C. L'instabilité ministérielle (1909-1914)

Le péril extérieur devient plus précis depuis la conférence d'Algésiras (1906) et à la faveur de la première crise balkanique (1908-1909); pourtant, c'est seulement à partir de la nomination de Joffre comme chef d'état-major, en 1911, qu'un redressement de l'armée se produit, et le danger n'est vraiment ressenti qu'en 1912. Jusque-là, c'est la question du mode de scrutin qui passionne les débats.

a) La réforme électorale. Au scrutin uninominal, qui a été la règle depuis 1875, avec une exception en 1885, une partie de la Chambre voudrait substituer la représentation proportionnelle, qui politiserait davantage les élections, en donnant plus de poids aux partis solidement structurés ; les petites formations devraient se regrouper, les influences locales et les notables auraient moins d'importance, la campagne électorale coûterait moins cher, et le second tour disparaîtrait avec ses marchandages ; les conservateurs, les socialistes, les républicains de gauche sont favorables à la réforme, les radicaux, parti de notables, lui sont hostiles. Briand, qui a succédé à Clemenceau, ne tranche pas le débat ; il est paralysé par les grandes grèves de l'automne 1910 à Paris et par la grève des cheminots, qu'il parvient à briser.

b) Poincaré. Après un bref passage de Monis et de Caillaux, qui a le temps cependant de résoudre la crise marocaine (1911), Raymond Poincaré forme son premier gouvernement (janvier 1912-janvier 1913). Il a cinquante et un ans ; né à Bar-le-Duc, fils d'un ingénieur des Ponts et Chaussées, il a fait une brillante carrière au barreau ; député de la Meuse en 1887, sénateur en 1903, il se signale au Parlement par sa mémoire prodigieuse, ses discours qu'il prononce sans notes ; il fait partie de la gauche quand le scandale de Panama, en écartant provisoirement les hommes politiques compromis, lui permet de détenir l'Instruction publique en 1893, les Finances en 1895. Il évite ensuite de participer aux gouvernements pour assurer sa situation professionnelle, tout en restant député. Dreyfusard en 1899, il suit Waldeck-Rousseau dans la scission des progressistes, puis les républicains de gauche dans leur évolution vers la droite. Il revient au gouvernement comme ministre des Finances dans le gouvernement Sarrien (1906).

Poincaré appartient à cette bourgeoisie lorraine peu préoccupée de réformes politiques et sociales, mais attentive à l'équilibre budgétaire et au problème allemand ; patriote, il a l'appui de la droite ; laïque, anticlérical, il n'effraie pas la gauche radicale ; il veut redresser le prestige français et confirmer les alliances ; de caractère autoritaire, il entend donner un nouveau style au gouvernement ; prenant les Affaires étrangères, il ranime la diplomatie, resserre les liens avec la Russie, tandis que son ministre de la Guerre Millerand cherche à donner une nouvelle popularité à l'armée par les défilés, les après-midi de musique militaire et l'action dans la presse, au moment où Jaurès, dans l'étude qu'il vient de publier en 1911, *L'Armée nouvelle,* dénonce l'armée traditionnelle et se prononce en faveur d'un service court sous forme de milices.

Poincaré n'a que le temps de faire voter, avec l'appui de la droite, la réforme électorale attendue, qui sera du reste repoussée par le Sénat en 1913. Élu président de la République en 1913, il adresse au Parlement un message qui semble annoncer un retour au rôle personnel du président en politique intérieure et extérieure.

c) Les trois ans. Sous le ministère Briand la situation s'aggrave dans les Balkans ; en outre une nouvelle loi militaire allemande, déposée au Reichstag le 14 janvier et votée le 3 juillet 1913, prévoit de porter les effectifs de 623 000 à 820 000 hommes en 1914. Devant les inquiétudes de Joffre, qui doit néanmoins laisser des effectifs importants au Maroc, Poincaré appuie le dépôt d'un projet de loi portant le service à trois ans et charge son ami Barthou de remplacer Briand pour le faire voter.

La « loi Barthou » est votée le 19 juillet 1913 par les républicains de gauche et la droite contre les radicaux-socialistes et les socialistes, qui dénoncent la « folie des armements » ; le Sénat l'approuve à une forte majorité. Elle porte la durée du service de deux à trois ans et ramène l'âge d'incorporation de 21 à 20 ans, de façon que l'on puisse appeler en même temps les classes 1912 et 1913 ; les effectifs sont ainsi portés à 850 000 hommes, dont 100 000 stationnés outre-mer.

La loi de trois ans est l'enjeu des élections d'avril-mai 1914 ; ses adversaires radicaux et socialistes, qui ont formé une coalition électorale, sont largement vainqueurs avec 103 sièges pour les socialistes, 263 radicaux de différentes tendances. Pourtant Poincaré parvient à faire maintenir la loi grâce à l'appui du Sénat ; il appelle Viviani, socialiste indépendant, qui accepte de surseoir à son abrogation, et, en contrepartie, le Sénat adoptait le 2 juillet l'impôt sur le revenu auquel il s'opposait depuis 1909. C'est ce ministère qui va se trouver placé devant la crise d'août 1914, et cette Chambre qui va traverser la guerre jusqu'en 1919.

Bibliographie

On se reportera pour cette période aux ouvrages signalés antérieurement. On ajoutera : D. LEJEUNE, *La France de la Belle Époque, 1896-1914*, Paris (Coll. Cursus, Armand Colin, 1991) ; R. BLOCH, *Histoire du parti radical-socialiste* (Coll. Hier et Demain, Libr. générale de droit et de jurisprudence, 1968) ; J. CHASTENET, *La France de Monsieur Fallières* (Fayard, 1957) ; J.T. NORDMANN, *Histoire des Radicaux 1920-1973* (Coll. Mouvements d'idées, La Table Ronde, 1974) ; M. REBERIOUX, *La République radicale (1898-1914)* (Coll. Points, Histoire, Seuil, 1975) ; J.N. JEANNENEY, *François de Wendel en République, l'argent et le pouvoir* (éd. abrégée de la thèse, Seuil, 1976) ; A. CONTE, *Le Premier janvier 1900* (Plon, 1975) ; J. DEFRASNE, *La gauche en France de 1789 à nos jours*, 3e éd. (Que Sais-je? PUF, 1993) ; J. RABAUT, *Jaurès assassiné 1914* (Diffusion PUF, 1984) ; F. CARON, *La France des patriotes, 1851-1918* (Paris, Fayard, 1985).

Sur Waldeck-Rousseau

P. SORLIN, *Waldeck-Rousseau* (Armand Colin, 1966).

Sur Émile Combes

M. SORRE, *Mon ministère, 1902-1905,* Introduction et Notes (Plon, 1956) ; F. VINDÉ, *L'affaire des fiches (1900-1904) – Chronique d'un scandale* (Éd. Universitaires, 1989).

Sur Clemenceau

A. ZEVAES, *Clemenceau* (Julliard, 1949) ; J. JULLIARD, *Clemenceau, briseur de grèves*, coll. Archives (Julliard, 1965) ; G. WORMSER, *La République de Clemenceau* (PUF, 1961) ; Ph. ERLANGER, *Clemenceau* (Grasset, 1968) ; G. MONNERVILLE, *Clemenceau* (Fayard, 1968) ; J.B. DUROSELLE, *Clemenceau* (Fayard, 1988).

Sur Poincaré

J. CHASTENET, *Raymond Poincaré* (Julliard, 1948) ; P. MIQUEL, *Poincaré* (Fayard, 1961) ; G. WORMSER, *Le Septennat de Poincaré* (Fayard, 1977).

Sur Caillaux

J.D. BREDIN, *Caillaux* (Hachette folio, 1980).

Sur l'Action française et le nationalisme

On lira les œuvres mêmes de Maurras et E. WEBER, *L'Action française* (Paris, Fayard, 1985) ; R. GIRARDET, *Le Nationalisme français 1871-1914* (Paris, Seuil, 1983) ; ZEEV STERNHELL, *Maurice Barrès et le nationalisme français* (Armand Colin, 1972) ; *La droite révolutionnaire 1885-1914, les origines françaises du fascisme* (Éd. du Seuil, 1978) ; *L'Idéologie fasciste en France* (Seuil, 1983) ; J.-P. RIOUX, *Nationalisme et Conservatisme, La ligue de la patrie française, 1899-1904* (Beauchesne, 1977) ; R. RÉMOND, *La Droite en France* (1re éd., Aubier-Montaigne, 1954, devenu à la 4e éd. en 1982 *Les Droites en France*) ; J.F. SIRINELLI (sous la direction de), *Histoire des droites*, 3 vol. (Paris, Gallimard, 1992) ; A. CHEBEL D'APPOLLONIA, *L'extrême droite en France, de Maurras à Le Pen* (Bruxelles, Complexe, 1988) .

Documents

Résultats des élections en 1914

Groupes	*Nombre de voix*	*Nombre de sièges*	*Pertes ou gains sur 1910*
Socialistes SFIO	1 413 044	103	+ 25
Républicains socialistes	326 927	27	+ 3
Radicaux-Socialistes	1 530 188	140	+ 19
Radicaux indépendants	1 399 830	96	+ 27
Républicains de gauche	819 184	57	– 14
Union républicaine	1 588 075	96	– 7
Conservateurs	1 297 722	73	– 50

D'après M. Duverger,
Constitutions et Documents politiques, Thémis, PUF.

Le traditionalisme de Barrès

C'est peu de dire que les morts pensent et parlent pour nous; toute la suite des descendants ne fait qu'un même être... C'est comme un ordre architectural que l'on perfectionne: c'est toujours le même ordre. C'est comme une maison où l'on introduit d'autres dispositions: non seulement elle repose sur les mêmes assises, mais encore elle est faite des mêmes moellons, et c'est toujours la même maison... Les ancêtres que nous prolongeons ne nous transmettent intégralement l'héritage accumulé de leurs âmes que par la permanence de l'action terrienne. C'est en maintenant sous nos yeux l'horizon qui cerna leurs travaux, leurs félicités ou leurs ruines que nous entendrons le mieux ce qui nous est permis ou défendu. De la campagne, en toute saison, s'élève le chant des morts... Chacun de nos actes qui dément notre terre et nos morts nous enfonce dans un mensonge qui nous stérilise. Comment ne serait-ce point ainsi? En eux, je vivais depuis les commencements de l'être, et des conditions qui soutinrent ma vie obscure à travers les siècles qui me prédestinèrent me renseignent assurément mieux que les expériences où mon caprice a pu m'aventurer depuis une trentaine d'années...

M. Barrès, *Un homme libre – appendice*
Réponse à René Doumic.

La naissance de l'Action Française

Chacun ne cessait d'affirmer que la rééducation nationale indispensable ne se concevait plus qu'au feu d'une doctrine. Quelle doctrine? Celle de Barrès, nette et précise, était surtout profondément émouvante...; des échos unanimes répondaient aux magies et aux charmes d'un thème plein d'éloquence et de poésie, qui ouvrait sur la morale et la religion. Mais il restait toujours à en tirer la direction politique... Les premiers adhérents de l'*Action Française...* ne songeaient point au déroulédisme, mais à Barrès. Les données barrésiennes étaient individuelles et ils les acceptaient; mais, comme c'était le cas de Barrès lui-même, les droits de l'« individu » les préoccupaient infiniment moins que ses devoirs ou encore que ses conditions d'existence et de force, ou enfin que ses limites d'individu... Notre discussion aboutit, et il en sortit quatre articles, dont chacun formulait ce dont nous étions tombés d'accord. Ce furent là, certainement, les quatre idées mères et principes générateurs de l'*Action Française...*

1. L'homme individuel n'a pas d'intérêt plus pressant que de vivre en société : tout péril social enferme de graves périls pour l'individu.

2. De toutes les formes sociales usitées dans le genre humain, la seule complète, la plus solide et la plus étendue, est évidemment la nationalité... Si les nations étaient supprimées, les plus hautes et les plus précieuses communications économiques ou spirituelles de l'univers seraient également compromises et menacées: nous aurions à craindre un recul de la civilisation. Le nationalisme n'est donc pas seulement un fait de sentiment; c'est une obligation rationnelle et mathématique.

3. Entre Français, citoyens d'un État évidemment trahi par la faction qui le gouverne, et menacé de rivalités redoutables, toutes les questions pendantes, tous les problèmes diviseurs doivent être coordonnés et résolus par rapport à la nation.

Les groupements naturels des Français doivent se faire autour du commun élément national. Par-dessus leurs diversités politiques, religieuses et économiques, ils doivent se classer suivant le plus ou moins d'intensité et de profondeur de leur loi française.

4. Le devoir des Français conscients de ces vérités est aujourd'hui de les formuler aussi publiquement et aussi souvent que possible afin d'y ramener leurs compatriotes aveugles ou négligents...

Ch. Maurras, *Au Signe de Flore*, Grasset, 1933.

Le radicalisme

... Le drame intérieur, et en somme la vie du radicalisme, sont faits de l'antagonisme entre deux directions jacobines contraires, deux filles ennemies de la société mère. D'un côté le tempérament autoritaire, centralisateur, le patriotisme militant, le dossier de légiste, tout ce qui s'épanouit pour le Jacobin dans sa fonction de représentant en mission sous la république, de préfet sous Napoléon : Merlin, Jean Bon, Fouché. De l'autre côté, le comité, le club, la cellule politique constituée par les bons citoyens de chaque localité, réunis en société fermée, correspondant entre eux par la société mère : Robespierre. Bien que les deux natures s'équilibrent comme elles le peuvent dans le radical moyen, ainsi qu'elles le faisaient dans le Jacobin moyen, on n'en distinguera pas moins, chez les chefs, deux types divergents de radical : le radical de proconsulat et le radical de comité.

Albert Thibaudet, *Les idées politiques de la France*
(p. 147-148), Stock, 1932.

... En 1890, Léon Bourgeois, ministre de l'Instruction publique en fait, et de l'Éducation nationale en puissance, terminait, dans le grand amphithéâtre de la Sorbonne, son discours aux lauréats du Concours Général par un portrait du jeune Français de demain... « Je vois très nettement se dessiner à mes yeux ce que devra être... le jeune Français de demain, le citoyen de notre République aux premiers jours du siècle qui va s'ouvrir. Il est agile et vigoureux, il est habitué aux règles d'une simple et saine hygiène; il a subi les entraînements qui donnent la souplesse et la force; il a le corps droit, le front haut, le regard franc; il entre dans la vie avec modestie et avec confiance, comme il sied aux jeunes athlètes bien préparés à tous les combats. Il a les yeux ouverts sur l'espace qui entoure le point du monde où l'a placé sa naissance et sur le temps qui l'a précédé. Il sait les lois générales des nombres et des lignes; il sait ce que sont les forces physiques, la pesanteur, le son, la lumière, l'électricité, la chaleur; il sait qu'elles ne sont peut-être que les diverses apparences d'un mouvement unique et qu'elles obéissent toutes à des lois semblables dont un certain nombre d'exemples ont suffi à lui montrer l'éternelle fixité... » (et Léon Bourgeois termine son discours sur) : « la Réforme et la Renaissance l'éveillant pour ainsi dire de la longue nuit du passé, et lui mettant au front comme une aurore le rayon de la liberté de penser; la France moderne, de Descartes à Voltaire, achevant dans une langue d'une force et d'une précision définitives l'affranchissement de son esprit, et faisant enfin, dans l'explosion de 1789, tomber autour de lui les dernières entraves, et le dressant, au milieu du monde, dans la hauteur de tous ses droits et le rayonnement de toutes ses libertés » *(ibid.*, p. 176-177).

4

Socialisme et syndicalisme entre 1871 et 1914

En 1871 le mouvement ouvrier se décompose ; vaincu dans l'échec de la Commune, dispersé à travers de multiples tendances, il laisse disparaître aussi la Ire Internationale, qui avait été créée à Londres en 1864. En mars 1872 Thiers fait interdire en France toute association internationale ayant pour but l'abolition de la propriété, de la famille, de la religion ; mais surtout, l'Internationale meurt à Philadelphie en 1876 de la contradiction fondamentale qui opposait Bakounine à Karl Marx.

Par ailleurs les associations ouvrières sont toujours soumises à la loi Le Chapelier de 1791. Les articles 291, 414, 415 et 416 du Code pénal (1810) punissaient les délits de coalition et d'association et la loi de 1834 avait imposé l'autorisation, même aux associations inférieures à 20 personnes ; en 1864 cependant, l'article 416 du Code pénal a été modifié pour permettre les coalitions (grèves), à condition que la liberté du travail fût respectée. En 1852 une loi sur les sociétés de secours mutuel a prévu le versement de subventions par l'État à celles qui seraient « approuvées ». Depuis 1860 étaient apparues des chambres syndicales, auxquelles le ministre de l'Intérieur a promis la tolérance dont bénéficiaient les chambres patronales ; mais les syndicats n'ont toujours pas d'existence légale.

1. La multiplicité des mouvements

A. Les débuts

La première manifestation officielle du socialisme est apparue en février 1876 aux élections législatives : un candidat est présenté à Paris dans le Ve arrondissement. La même année se tient à Paris le premier Congrès ouvrier, qui réunit les délégués d'une centaine de chambres syndicales ; les tendances y sont très diverses, mais la majorité s'affirme ouvrière, sans aucun rapport avec les partis politiques : elle demande la liberté de réunion et d'association, des réformes sociales telles que la journée de huit heures pour les femmes, la suppression du travail de nuit dans les manufactures, l'égalité des salaires masculins et féminins. La crise du 16 mai retarde la réunion du IIe Congrès qui se tient à Lyon en 1878; on s'y montre à nouveau modéré et l'on rejette les thèses collectivistes. Le mouvement ouvrier n'a pas encore d'orientation précise.

Elle va lui être donnée par Jules Guesde, journaliste condamné à 5 ans de prison pour sa sympathie envers la Commune; il s'est réfugié en Suisse, puis en Italie; il rentre en France en 1876 et collabore à plusieurs journaux; il est à ce moment plus anarchiste que marxiste; mais il se trouve à Paris en contact avec des socialistes allemands, correspond avec Bebel et Liebknecht, et fait paraître le 18 décembre 1877 le premier numéro de *L'Égalité,* qui apparaît d'emblée conforme au collectivisme : «L'évolution naturelle et scientifique de l'humanité la conduit à l'organisation collective du sol et des instruments de travail»; interrompue par la police le 14 juillet 1878, la publication ne reprend qu'en juillet 1880. Guesde tente alors de fusionner les deux mouvements, ouvrier et socialiste, en réunissant à Marseille, en 1879, des représentants des cercles d'études, des délégués d'associations ouvrières, anarchistes, mutuellistes, collectivistes, qui forment le IIIe Congrès ouvrier socialiste de France; celui-ci décide de présenter aux élections des candidatures ouvrières et de constituer pour cela un parti, la *Fédération du Parti des travailleurs socialistes,* groupant des chambres syndicales, des groupes d'études sociales, des coopératives de consommation. Elle est rejointe après une amnistie promulguée en 1880 par un grand nombre d'exilés de la Commune.

Il s'agit là du premier véritable parti formé en France, avec des groupes d'études sociales à la base, des fédérations au niveau du département, un congrès annuel, instance suprême désignant le Comité exécutif. Le programme, élaboré par Guesde et Lafargue, le gendre de Karl Marx, fut présenté à Londres à celui-ci, qui le fit précéder de «Considérants»; les revendications portent essentiellement sur des réformes sociales, première étape vers l'appropriation collective des moyens de production, qui reste le véritable but. L'esprit est donc marxiste, mais le parti est partagé entre plusieurs tendances : à gauche, les blanquistes rejettent la duperie du suffrage universel, préconisent une agitation permanente entretenue par une minorité agissante (filiation babouviste) — à droite, les réformistes avec Paul Brousse, solidaires du marxisme dans le but à atteindre, «une société communiste dans laquelle chacun, donnant selon ses forces, recevra selon ses besoins», s'en séparant sur l'approche du socialisme et sur la rigidité du parti : Brousse développe la thèse des services publics et du socialisme municipal où les ouvriers feront leur apprentissage avant de conquérir le pouvoir sur le plan national par le suffrage universel — au centre J. Guesde, formé au socialisme allemand, est le théoricien du marxisme orthodoxe, hostile à l'autonomie du mouvement syndical, à la grève et aux coopératives, méfiant envers toute les déviations qui peuvent distraire du seul véritable objectif, la conquête de l'appareil de l'État, favorable à un parti fortement structuré et centralisé. De plus, à coté du parti, quelques socialistes indépendants, partisans d'un socialisme évolutif, mutuelliste et corporatif, se groupent dans l'Alliance socialiste républicaine, qui fait paraître *La Revue Socialiste.*

B. *La première scission*

Aux élections de 1881 les diverses tendances ne réunissent encore que 60 000 voix, plus de la moitié obtenues à Paris ; un seul élu, Clovis Hugues, à Marseille ; Guesde n'a recueilli à Roubaix que 494 voix sur 11 000. La rivalité entre Brousse et Guesde, qui était encore modérée au IVe Congrès du Havre en 1880, s'exaspère au Ve Congrès de Reims en 1881, et se manifeste au cours d'une élection partielle à Montmartre, où Brousse fait paraître *Le Prolétaire* contre *L'Égalité.* Au VIe Congrès de Saint-Étienne, en septembre 1882, la scission est consommée : J. Guesde forme le *Parti Ouvrier,* Brousse la *Fédération des Travailleurs Socialistes.* Les socialistes ont leurs théoriciens, il manque encore les animateurs : en 1885 Millerand est encore élu comme radical, et Jaurès, élu dans le Tarn, siège avec les opportunistes.

2. La rupture entre le socialisme et le syndicalisme (1884-1899)

A. Les progrès du socialisme

L'idée socialiste se répand en France à la faveur de la stagnation relative de l'économie qui se prolonge jusqu'en 1896, des crises qui hâchent cette évolution, et plus particulièrement de la crise agricole qui entraîne un certain exode rural ; il se forme un prolétariat instruit grâce aux lois scolaires et encadré par les syndicats ; les scandales économiques ou financiers (exécution du Plan Freycinet, Panama) favorisent la contestation du régime.

Le socialisme français s'appuie sur une organisation internationale ; en 1889 deux congrès se réunissent à Paris à l'occasion de l'Exposition universelle qui commémore le centenaire de la Révolution ; l'un réunit les « possibilistes » de Brousse et les délégués des Trade-Unions britanniques, rue de Lancry ; l'autre les guesdistes et les Allemands, rue Pétrelle, où est lancée l'idée de manifester chaque année la solidarité internationale, en faisant du premier mai la journée du travail, comme l'avaient fait le 1er mai 1882 les organisations américaines, « de manière que, dans tous les pays et dans toutes les villes à la fois, les travailleurs mettent le même jour les pouvoirs publics en demeure de réduire légalement la journée de travail à 8 heures, et d'appliquer les autres résolutions du Congrès international de Paris ». La IIe Internationale ainsi créée s'organise au IIe Congrès de

Bruxelles en 1891 dans une perspective nettement marxiste, qui renforce la position de J. Guesde.

Le socialisme a trouvé ses porte-parole, Millerand et surtout Jaurès. Alexandre Millerand, avocat, collaborateur de *La Justice,* le journal de Clemenceau, est arrivé au socialisme par la conviction d'une évolution naturelle et progressive liée aux progrès des sciences et de la concentration capitaliste ; hostile à l'action violente, attendant le pouvoir du suffrage universel, il est patriote en même temps qu'internationaliste. En 1893, il a pris la direction de *La Petite République,* organe commun aux socialistes, et a fondé avec Viviani la Fédération républicaine socialiste de la Seine, voulant « grouper tous les socialistes qui ne veulent pas enfermer leurs affirmations doctrinales dans une formule qui ne pourrait pas contenir les aspirations multiples du monde moderne »...

Jean Jaurès, né à Castres en 1859, la même année que Millerand, est un ancien normalien devenu professeur de philosophie au lycée d'Albi, puis à la faculté de Toulouse ; élu à la Chambre en 1885 sur une liste républicaine il s'est passionné pour les questions sociales sans s'attacher à l'étude économique ; battu en 1889, il semble avoir adhéré au socialisme à la suite des grandes grèves de Carmaux de 1889-1892 et sous l'influence de Lucien Herr d'abord, bibliothécaire à l'École normale, et de J. Guesde ensuite, qu'il rencontra en 1892 ; mais il y était déjà porté par la thèse qu'il soutint en 1891 sur les origines du socialisme allemand ; en 1893 il fut élu à Carmaux comme républicain socialiste avec l'appui des guesdistes.

Jaurès croit au socialisme comme à l'affirmation suprême du droit de l'individu à la liberté ; n'étant pas économiste, il ne fait pas de l'économie le moteur unique de l'évolution historique, mais, sans doute sous l'influence de L. Herr, il attache une grande valeur aux idées morales et à l'action des personnalités ; plutôt que de remplacer une classe dominante par une autre, il souhaiterait fondre toutes les classes dans une communauté nationale, puis internationale ; le patriotisme est fait de raison, de la prise de conscience par chaque nation de sa réalité historique, mais il n'y aura de véritable patrie que quand elle sera celle de tous par la socialisation. Il n'est pas insensible à l'émotion religieuse : dans *La Question religieuse et le Socialisme* (1891), il annonce la mort des religions révélées mais la survivance d'un « sens du divin » qui s'épanouira dans la société collective. Dans *L'Histoire Socialiste de la Révolution Française,* qui forme les quatre premiers volumes de *L'Histoire Socialiste* (1789-1900), parue entre 1901 et 1904, Jaurès se révèle historien marxiste en recherchant comment, dans la révolution bourgeoise, s'est formée une force prolétarienne destinée à s'opposer à elle et à la dépasser ; mais cette interprétation de la Révolution ne porte pas Jaurès à négliger la force des idées, l'action des individus, le sentiment humanitaire de certains ; il écrit « sous la triple inspiration de Marx, de Michelet et de Plutarque ». Porté par son intense chaleur humaine, Jaurès cherche à réintroduire le sens de la fraternité et de la coopération internationale qui avaient semblé vouloir s'épanouir avant 1848.

Parallèlement au socialisme se développe une tendance anarchiste qui a adopté le bakouninisme individualiste et libertaire. Émile Pouget, qui fait paraître *Le Père Peinard* en 1894, se distingue de Sébastien Faure, qui publie *Le Libertaire* en 1895, sur le rôle du syndicat, essentiel pour le premier, inefficace pour le second; mais ils se retrouvent dans la définition de l'anarchie donnée par S. Faure : « C'est la négation du principe d'autorité dans l'organisation sociale, et la haine de toutes les contraintes qui procèdent des institutions basées sur ce principe... L'autorité revêt trois formes principales, engendrant trois groupes de contraintes : 1. la forme politique, l'État; 2. la forme économique, le capital; 3. la forme morale, la religion. » (Dans Maitron, *Le mouvement anarchiste en France,* 2e éd. 1955.) Ils ne veulent donc ni gouvernement révolutionnaire, qui conduit au despotisme, ni parti politique, mais l'action de masse et l'utilisation de la violence comme la meilleure expression de la force vitale conduisant à la révolution sociale par le bas, et non à la révolution politique par le haut. Il est souvent difficile de distinguer l'anarchisme du simple gangstérisme, dont l'image est donnée par *La bande à Bonnot,* auteur des premières agressions en automobile en 1911.

En 1889, après l'aventure boulangiste, 20 députés socialistes sont portés à la Chambre, et 38 en 1893, après Panama; mais, sur le nombre, 21 sont indépendants, 17 appartiennent à des partis rivaux : 5 aux guesdistes du Parti ouvrier — 5 au Parti ouvrier socialiste révolutionnaire, qui s'est séparé des possibilistes au congrès de Chatellerault en 1890, sous la direction d'Allemane, « communaliste » et hostile au centralisme comme Brousse, mais plus antimilitariste et plus ouvriériste que lui — 4 aux blanquistes du Comité révolutionnaire central (qui deviendra le Parti socialiste révolutionnaire en 1898) — 3 aux broussistes de la Fédération des Travailleurs socialistes.

Pour sortir de cette division, facteur de faiblesse, 20 députés d'origines diverses formèrent en 1886, au moment des grèves de Decazeville, le premier « groupe ouvrier » à la Chambre. Ils remportent un succès en 1895 en obtenant la démission du président de la République, Jean Casimir-Périer, vivement attaqué par Jaurès dans un procès où l'orateur défendait un journaliste accusé d'offense au chef de l'État. En 1896, les républicains socialistes du XIIe Arrondissement à Paris invitent toutes les municipalités socialistes à envoyer des représentants à un banquet qui a lieu le 30 mai à la Porte Dorée, à Saint-Mandé; Guesde, Brousse, Jaurès, Millerand, Viviani sont présents; Millerand y fait adopter un programme commun, comportant la conquête des pouvoirs politiques par le suffrage universel, la substitution progressive de la propriété sociale à la propriété capitaliste, la défense de la patrie. Au moment de l'affaire Dreyfus, le groupe parlementaire publie en janvier 1898 un manifeste invitant les ouvriers à ne pas prendre parti dans une affaire qui ne les concerne pas; mais en octobre, quand la République semble en danger devant les menaces nationalistes, un Comité de vigilance est formé en commun par tous les partis socialistes, et le 11 juin 1899 une manifestation organisée pour la défense de la République réunit 100 000 personnes.

Pourtant, cette unité, qui semblait en si bonne voie, est remise en question quand Millerand accepte d'entrer dans le cabinet Waldeck-Rousseau comme ministre de la Prévoyance sociale (22 juin 1899).

B. Les organisations syndicales

a) La loi Waldeck-Rousseau (1884). Le syndicalisme naissant pose le problème des rapports entre syndicalisme et socialisme. En effet, la loi votée le 21 mars 1884 sous l'inspiration de Waldeck-Rousseau abroge la loi de juin 1791, dite loi Le Chapelier, qui interdisait les associations professionnelles, et l'article 416 du Code pénal qui punissait les contrevenants.

Art. 2. Les syndicats ou associations professionnelles, même de plus de 20 personnes, exerçant la même profession... peuvent se constituer librement sans l'autorisation du gouvernement.

Art. 3. Les syndicats professionnels ont exclusivement pour objet l'étude et la défense des intérêts économiques, industriels, commerciaux et agricoles. Les questions politiques et religieuses leur sont interdites. Les syndicats professionnels ne peuvent exercer directement ni une industrie, ni un commerce. Mais le syndicat peut faciliter la formation dans son sein de sociétés coopératives, industrielles et commerciales.

Les syndicats doivent déposer leurs statuts, la liste des responsables ; ils peuvent ester en justice, posséder des immeubles, organiser un enseignement professionnel. La loi refuse le droit syndical aux fonctionnaires ; elle maintient les articles 414 et 415 du Code pénal qui punissent les atteintes à liberté du travail et les violences.

Le congrès constitutif de la Fédération nationale des syndicats, qui se tint à Lyon en 1886, réunit 248 groupements ; il se déclara socialiste révolutionnaire, décidé à lutter pour la socialisation des moyens de production ; le congrès de Bordeaux tenu en 1888 décida de convoquer à Paris pour l'année suivante un congrès socialiste international ; la Fédération nationale participa donc en 1889 à la réunion socialiste de la salle Pétrelle, qui jeta les bases de la IIe Internationale ; à cette date le syndicalisme français semblait suivre la voie du syndicalisme allemand dans sa dépendance envers le socialisme dont il était le moyen d'action ; il ne comptait encore que 140 000 adhérents.

La loi Waldeck-Rousseau concerne aussi les employeurs et conduit, en face de syndicats ouvriers, à la formation de Chambres syndicales patronales, telles que l'Union des Houillères du Nord et du Pas-de-Calais, formée en 1891 ; les affrontements deviennent ainsi plus violents et marquent chaque année la célébration du 1er mai : en 1891 à Fourmies la troupe intervient et l'on relève 10 morts ; il en résulte une grève générale du bassin houiller, Anzin excepté, et la première négociation commune patrons-employés, par l'intermédiaire de leurs organisations respectives : c'est la Convention d'Arras de 1891, qui n'a pas encore de reconnaissance légale, le régime du travail n'admettant encore que le contrat individuel, seul prévu par le Code de commerce en 1807.

b) Les Bourses du Travail. Elles sont une expression plus originale du regroupement ouvrier. A la place des fédérations liées au parti ouvrier elles sont des organisations horizontales réunissant les ouvriers non d'après la profession, mais d'après le lieu du travail. Le 3 février 1887, sur l'initiative du conseil municipal de Paris, est ouverte la première bourse grâce à une subvention municipale ; l'animateur en sera Fernand Pelloutier jusqu'à sa mort en 1901 ; issu d'une famille bourgeoise, ancien élève du Petit Séminaire de Guérande, il a été guesdite, fondateur avec Briand du parti socialiste de Saint-Nazaire, collaborateur de *La Démocratie de l'Ouest,* de *L'Ouest Républicain,* puis il a rompu avec Guesde et s'est mêlé aux milieux anarchistes. En 1891, les 39 bourses du travail groupant 375 000 ouvriers ont pour mission de former la « capacité de la classe ouvrière » ; elles sont définies comme un « service de mutualité, d'enseignement et de propagande ». En 1892, la Fédération des bourses du travail est formée au congrès de Saint-Étienne ; elles sont proudhoniennes, bakouninistes, non guesdistes, et préconisent la grève générale.

C. L'échec de l'unité

L'éclatement se fait sur la question de la grève générale ; au congrès de Nantes, qui réunit en 1894 les syndicats, fédérations syndicales et bourses du travail, le principe en est admis malgré les guesdites. C'est la marque de la pénétration anarchiste dans les syndicats : après les attentats des années précédentes, et la démonstration de leur vanité, les anarchistes se tournent vers une forme de lutte plus constructive et vont orienter la doctrine syndicale française.

Ayant rompu avec les guesdistes, les syndicats ne fusionnent pourtant pas avec les bourses ; Pelloutier refuse de noyer une organisation qui paraît à ce moment beaucoup plus dynamique dans une nébuleuse syndicale sans structure suffisante ; aussi la Confédération Générale du Travail (CGT), créée à Limoges en 1895, ne regroupe-t-elle qu'un nombre limité de syndicats. Pelloutier accepte seulement en 1897 la formation d'un Comité confédéral accolant sans les fondre le Comité fédéral des bourses et le Comité national des fédérations syndicales ; chaque organisation reste autonome. Dans un mouvement syndical en plein essor, la CGT ne parvient pas à regrouper les forces ouvrières ; du moins fait-elle paraître en décembre 1900 le premier numéro de *La Voix du Peuple,* dirigé par Émile Pouget.

3. Tendance à l'unité, succès et échecs (1900-1914)

A. Le problème socialiste

L'entrée d'un socialiste, Millerand, dans le ministère Waldeck-Rousseau, posait une question de principe : un socialiste peut-il contribuer à la direction, donc à la sauvegarde, d'un État bourgeois ? L'acuité du problème était encore aggravée par la présence aux côtés de Millerand du général de Galliffet, le fusilleur de la Commune (qui devait du reste céder la place en 1900 au général André). L'opinion des socialistes n'était pourtant pas unanime : face à l'intransigeance de Guesde, Jaurès, Viviani voulaient que l'on tînt compte des réformes sociales que Millerand était capable de faire aboutir. Le congrès de la salle Japy approuva Guesde : la lutte des classes ne permet pas l'entrée d'un socialiste dans un gouvernement. La scission se précisa en mai 1901 au congrès de Lyon : « Millerand, en entrant au ministère sous sa responsabilité, et sur son initiative personnelle, n'a pas engagé le socialisme, qu'il ne représente pas. » Le socialisme se coupe en deux : le Parti socialiste français, avec Jaurès, les indépendants, les broussistes, les allemanistes, favorables à la participation, qui se formera l'année suivante au congrès de Tours — le Parti socialiste de France, formé à Ivry en 1901 avec Guesde et Vaillant; le manifeste de Guesde reprend les thèmes habituels du marxisme : « Parti de la Révolution, et, par conséquent d'opposition à l'État bourgeois, s'il est de son devoir d'arracher toutes les réformes susceptibles d'améliorer les conditions de lutte de la classe ouvrière, il ne saurait, par la participation au pouvoir central, par le vote du budget, par des alliances avec des partis bourgeois, fournir aucun des moyens pouvant prolonger la dominante sur la classe ouvrière. »

Aux élections de 1902 le PSF obtient 34 sièges, le PSDF 12 sièges; Jaurès, Millerand, Briand sont élus; Guesde est battu. Le PSF participe au Bloc et à la Délégation des gauches, dont Jaurès fut l'un des principaux animateurs; le PSDF s'y refuse. Jaurès apparaît bien comme le représentant du socialisme français, réformiste plus que révolutionnaire; son talent oratoire, son enthousiasme l'emportent sur l'orthodoxie de Guesde; son audience est encore accrue par la publication de *l'Humanité,* dont le premier numéro paraît le 18 avril 1904.

Il ne reste plus à Guesde qu'à en appeler au socialisme international, dominé par les Allemands, qui avaient condamné la participation au congrès de Dresde en 1903. Le congrès de la IIe Internationale tenu à Amsterdam en août 1904 vit s'affronter Jaurès et Guesde; le premier mettait en avant les améliorations acquises en faveur des travailleurs; le second les traitait de « miettes ». Le congrès donna raison à Guesde : « Le congrès condamne de la façon la plus énergique les tentatives révisionnistes tendant à changer notre tactique éprouvée et victorieuse, basée sur la lutte des classes. »

Jaurès se soumit; les socialistes cessèrent de soutenir le Bloc des Gauches et contribuèrent à la démission de Combes en janvier 1905. Le congrès de la salle du Globe d'avril 1905 créa enfin le Parti socialiste unifié, section française de l'Internationale ouvrière (SFIO) auquel Millerand, Viviani, Briand refusèrent d'adhérer pour rester indépendants ou « républicains socialistes ». J. Guesde avait triomphé en obtenant, grâce à l'appui international, la fusion des tendances concurrentes. Dès lors, les succès s'amplifièrent; renforcé par les crises cycliques qui affectent une économie en expansion rapide, par la crise du Midi viticole, qui permet l'implantation socialiste en milieu rural, le parti, qui n'a pourtant que 35 000 adhérents, obtient 53 sièges en 1906, et les républicains socialistes 18; 78 et 24 en 1910. En 1914, bénéficiant de son opposition à la loi de trois ans, la SFIO obtient 103 sièges.

B. Le renforcement du syndicalisme

a) La CGT a trouvé ses organisateurs : Victor Griffuelhes, ancien blanquiste, du syndicat des cuirs et peaux, élu secrétaire confédéral en 1901 — Merrheim, ancien guesdiste, secrétaire en 1909 de la Fédération des métaux — Pierre Monatte, animateur des syndicats de mineurs. Elle a aussi trouvé son théoricien, Georges Sorel, dont les *Réflexions sur la violence* paraissent en 1908 ; ancien polytechnicien, ingénieur des Ponts et Chaussées, qui a abandonné sa carrière pour se consacrer au syndicalisme, ayant subi l'influence de Bergson et de Péguy, Sorel croit à la violence prolétarienne, mais surtout une violence en pensée, qui doit traduire le refus du prolétaire à l'égard de l'idéologie bourgeoise ; il faut alimenter un mythe, la force irrationnelle, faite d'images, d'idées et de sentiments, qui maintient le prolétariat sous tension et le stimule par la dynamique de l'action : ce mythe sera la grève générale.

La mort de Pelloutier, en 1901, favorise le renforcement de la CGT ; le septième congrès de Montpellier (1902) permet de regrouper dans la CGT les deux sections, qui restent autonomes : l'ensemble des fédérations d'industrie et de métiers, et l'ensemble des bourses du travail ; le Comité confédéral et le Bureau confédéral regroupent les comité et bureau des deux organisations (la fusion ne sera complète qu'en décembre 1918). La CGT groupe alors 56 bourses, 29 fédérations, 373 syndicats.

La CGT ne rassemble pourtant encore que 122 000 syndiqués sur plus de 600 000. A côté d'elle se sont formés, d'abord dans le Centre puis dans la région parisienne, des syndicats dits « jaunes », qui reçoivent l'appui patronal, mais qui disparaissent en 1908 — les fonctionnaires, qui n'ont toujours pas le droit syndical, ont utilisé la loi de 1901 pour se regrouper en amicales, vite devenues de véritables syndicats illégaux et réunis en 1904 dans une éphémère fédération des fonctionnaires — Zirnheld, employé à la Banque de France, a créé en 1906 un syndicalisme chrétien parmi les employés du commerce et de l'industrie — et puis subsiste une poussière de syndicats locaux, qui forment la majorité. En 1905, sur 7,4 millions de travailleurs du commerce et de l'industrie, 860 000, soit 11 %, sont syndiqués, et 200 000 sont à la CGT ; le taux des travailleurs syndiqués est important dans les mines (60 %), dans le livre (31 %) ; il est faible dans la métallurgie (16 %), le bâtiment (11 %), le textile (9 %).

b) L'épreuve de force (1906-1909). La CGT a décidé en 1904 qu'à partir du 1er mai 1906 le travail serait arrêté à la huitième heure. On s'attend à des troubles sérieux, peut-être à la révolution sociale et une véritable panique s'empare de l'opinion publique. La crise marocaine de 1905-1906 qui a pu faire craindre la guerre a conduit les syndicalistes à penser que la tension extérieure était entretenue à dessein pour détourner la pensée ouvrière de la question sociale. Le 10 mars se produit l'accident de Courrières qui coûte 1 100 morts et engendre la colère des mineurs ; les grèves qui suivent portent Clemenceau, ministre de l'Intérieur, à faire arrêter Griffuelhes préventivement à la veille du 1er mai. C'est donc dans un état de tension extrême que s'est réuni le congrès d'Amiens du 8 au 16 octobre 1906.

La « Charte d'Amiens » confirme que la CGT groupe « en dehors de toute école politique, tous les travailleurs conscients de la lutte à mener pour la disparition du salariat et du patronat ». Les organisations syndicales n'ont pas « à se préoccuper des partis et des sectes, qui, en dehors et à côté, peuvent poursuivre, en toute liberté, la transformation sociale... En ce qui concerne les individus, le Congrès affirme l'entière liberté, pour le syndiqué, de participer, en dehors du groupement corporatif, à telle forme de lutte correspondant à sa conception philosophique ou politique... » C'est donc une solution « anarcho-syndicaliste » indépendante à l'égard de tout parti politique comme devait le préciser Monatte au congrès anarchiste d'Amsterdam en 1907 : « La classe ouvrière, devenue majeure..., entend ne plus se reposer sur personne du soin de sa propre émancipation... »

L'épreuve de force entre Clemenceau, devenu président du Conseil, et les syndicats, s'engage en mars 1907 : grève des électriciens à Paris, brisée par les soldats du génie, grève des mineurs, brisée par l'occupation militaire du carreau des mines, grève des postiers et des instituteurs, brisée par 313 révocations, grèves à Nantes, dans les Vosges ; en même temps les vignerons du Midi se soulevaient et provoquaient la mutinerie du 17e de ligne. En 1908 les grèves sont plus sanglantes encore, à Draveil, Villeneuve-Saint-Georges ; arrêtés le 1er août, Griffuelhes et Pouget sont emprisonnés jusqu'au 31 octobre.

Ce vaste mouvement est un échec ; il a coûté 20 morts, 667 blessés ; la révolution n'a pas eu lieu ; Griffuelhes démissionne en février 1909 ; il est remplacé par Niel, puis, après un nouvel échec de la grève des Postes brisée par 800 révocations, Léon Jouhaux est élu secrétaire confédéral en juin 1909. La défaite des cheminots dans leur grève de 1910 achève d'éloigner Jouhaux du syndicalisme révolutionnaire, pour l'orienter vers un programme constructif de réformes économiques et sociales.

En 1914 l'ensemble du mouvement syndical groupe environ un million de membres sur lesquels 700 000 sont à la CGT ; la croissance est donc remarquable, malgré les échecs des années précédentes ; mais le taux est encore faible : 12 % des travailleurs du commerce et de l'industrie sont syndiqués, dont 9 % à la CGT.

4. Socialisme et syndicalisme devant la guerre

A. Les socialistes

Antimilitaristes, les socialistes sont en général patriotes, dans la tradition de la gauche française, hostiles au service militaire trop long, favorables comme Jaurès dans *L'armée nouvelle* (1911) aux milices nationales. Quelques-uns, mais ils sont rares, vont comme Gustave Hervé, exclu de l'Université en 1901, fondateur de *La Guerre sociale* en 1908, jusqu'à rejeter le patriotisme et à insulter le drapeau. Le pacifisme de Jaurès le porte à se fier au pacifisme des sociaux-démocrates allemands. Au congrès international de Stuttgart, en 1907, il demande une action concertée contre la guerre, voulue par le capitalisme, sous forme d'une grève générale dans tous les pays concernés. Guesde est sceptique sur l'éventualité d'une telle insurrection : « S'il y a un seul moment où elle est impossible, c'est lors d'une déclaration de guerre, lorsque la peur commune fait taire toutes les autres préoccupations » (Limoges 1906). Il préconise une action par les moyens parlementaires et par la propagande dans l'opinion.

B. Les syndicats

La position de la CGT semble à première vue plus nette : au congrès d'Amiens (1906) elle a voté l'ordre du jour affirmant que « la propagande antimilitariste et antipatriotique doit devenir toujours plus intense et toujours plus audacieuse. Dans chaque grève, l'armée est pour le patronat ; dans chaque pays européen, dans chaque guerre... la nation ouvrière est dupe et sacrifiée au profit de la classe patronale... ». Au congrès de Marseille, en 1908, la résolution adoptée déclare qu'il faut « au point de vue international faire l'instruction des travailleurs, afin qu'en cas de guerre entre puissances les travailleurs répondent à la déclaration de guerre par une déclaration de grève révolutionnaire » ; mais il existe une minorité importante qui s'élève contre cette attitude soit par réflexion (l'adversaire n'agirait pas de même), soit par patriotisme. Pour plus de prudence, et pour parer à toute menace de subversion en cas de guerre, Malvy, ministre de l'Intérieur en 1914, a fait dresser une liste de personnes à arrêter au moment de la mobilisation (carnet B).

Bibliographie

On pourra se reporter d'abord aux ouvrages de la collection Que sais-je? : *Le syndicalisme dans le monde et Le syndicalisme en France* de G. LEFRANC ; *Les Internationales ouvrières (1864-1943)* d'A. KRIEGEL ; J.-P. BRUNET, *Histoire du socialisme en France de 1871 à nos jours* (1989).

Sur le socialisme, les ouvrages essentiels restent : J. DROZ, le socialisme démocratique (coll. U, Armand Colin, 1966) ; J. DROZ, *Histoire générale du socialisme* (Paris, PUF, 1972) ; D. LIGOU, *Histoire du socialisme en France (1871-1962)* (PUF, 1962) ; G. LEFRANC, *Le mouvement socialiste sous la Troisième République (1875-1940)* (Payot, 1977) et *Les Gauches en France* (Payot, 1973) ; D. LINDENBERG et P. A. MEYER, *Lucien Herr, Le socialisme et son destin* (Calmann Lévy, 1977) ; Ch. ANDLER, *La vie de Lucien Herr (1864-1926)* (Maspéro, 1977).

Sur Jaurès

V. AURIOL, *Jean Jaurès présenté par V. A.* (PUF, 1962); G. LEFRANC, *Jaurès et le socialisme des intellectuels* (Aubier-Montaigne, 1968); H. GOLDBERG, *Jean Jaurès* (Fayard, 1970). Une vue large et claire est donnée par C. VILLARD, *Socialisme et communisme français* (coll. U2, Armand Colin, 1967); M. GALLO, *Le Grand Jaurès* (Laffont, 1984).

Sur le mouvement syndical

L'ouvrage de base est E. DOLLEANS, *Histoire du mouvement ouvrier* (3 vol., Armand Colin, 1953); R. BRECY, *Le mouvement syndical en France*, 1871-1921 (Mouton); J. BRON, *Histoire du mouvement ouvrier français*, t. I, *Le droit à l'existence du début du XIXe siècle à 1884* (Les Éditions ouvrières, 1968); E. DOLLEANS et M. CROZIER, *Mouvements ouvrier et socialiste, chronologie et bibliographie, 1750-1928* (Les Éditions ouvrières, 1950); M. LEROY, *Histoire des idées sociales en France* (3 vol., Gallimard, 1954-1962); H. DUBIEF, *Le syndicalisme révolutionnaire* (Coll. U, Armand Colin, 1969); M. PERROT, *Les ouvriers en grève* (2 vol., Paris, Mouton, 1973); E. SHORTER et Ch. TILLY, *Strikes in France*, 1830-1968 (Cambridge University Press, 1974); M. CHARZAT, *Georges Sorel et la révolution au XXe siècle* (Hachette, essais 1977); M. LAUNAY, *Le syndicalisme chrétien en France de 1885 à nos jours* (Paris, Desclée, 1984).

Sur la tendance anarchiste

J. MAITRON, *Histoire du mouvement anarchiste en France* (1880-1914), Paris, 1951; *Ravachol et les anarchistes* (coll. Archives, Julliard, 1964); J. MAITRON, *Le mouvement anarchiste en France* (Paris, Gallimard, 1992).

Documents

Les effectifs syndicaux

	1894	*1897*	*1900*	*1902*	*1913*
Syndicats patronaux	122 000	189 000	170 000	185 000	421 000
Syndicats ouvriers	408 000	431 000	492 000	614 000	1 027 000
Syndicats mixtes	29 000	34 000	28 000	34 000	50 000
Syndicats agricoles	384 000	448 000	513 000	592 000	976 000

Bourses du travail

Nombre de Bourses		*Nombre des unions de syndicats*			*Nombre des membres*		
		patronaux	*ouvriers*	*mixtes*	*patronaux*	*ouvriers*	*mixtes*
1893	28	29	61	11	87 000	327 000	3 000
1897	55	46	94	9	–	–	–
1900	75	54	73	11	105 000	433 000	3 000
1906	125	107	167	10	220 000	757 000	4 000
1913	141	180	207	10	365 000	941 000	11 000

D'après *Ann. Stat.*, 1914.

Textes

En 1906, la CGT organise des manifestations contre la guerre au moment de la conférence d'Algésiras.

Guerre à la guerre!

Travailleurs, demain nous serons peut-être en face d'un fait accompli : la guerre déclarée. Depuis cinq ans un parti colonial français, dont Delcassé fut l'homme lige, prépare la conquête du Maroc. L'Allemagne, militariste et capitaliste, désireuse elle aussi d'avoir sa part du butin, s'est interposée. En juin 1905, la déclaration de guerre ne fut évitée que par le départ de Delcassé. Depuis lors, la guerre est à la merci du moindre incident. La presse sait ces choses et elle se tait. Pourquoi? C'est parce qu'on veut mettre le peuple dans l'obligation de marcher, prétextant d'honneur national, de guerre inévitable parce que défensive. Or le peuple ne veut pas la guerre! S'il était appelé à se prononcer, unanimement il affirmerait sa volonté de paix. La classe ouvrière n'a aucun intérêt à la guerre. Elle seule en fait les frais — payant de son travail et de son sang! C'est donc à elle qu'il incombe de dire qu'elle veut la paix à tout prix!

Travailleurs!... En Allemagne comme en France la communion d'idées est formelle sur ce point : le prolétariat des deux pays se refuse à faire la guerre. Donc, par notre action commune et simultanée, forçons nos gouvernements respectifs à tenir compte de notre volonté :

Nous voulons la paix. Refusons-nous à faire la guerre
dans Dolléans, *op. cit.*, t. II, p. 132.

Les origines des Cahiers de la Quinzaine

En 1898 Péguy avait fondé la maison d'édition «Librairie socialiste» rue Cujas, à l'angle de la rue Victor-Cousin, devenue ensuite une société anonyme : «La Société nouvelle de librairie et d'édition». Le congrès socialiste de 1899 a désigné un comité pour épurer les rédacteurs des journaux socialistes. Péguy, n'ayant pu se faire éditer, fonde sa propre revue.

Quand, en décembre 1899, je sortis écœuré du congrès de Paris, du premier congrès national, écœuré du mensonge et de l'injustice nouvelle qui s'imposerait au nom d'un parti nouveau, la résolution me vint en un coup de révolte spontanée, de publier ce que mes amis sentaient, disaient, pensaient, voulaient, croyaient, savaient. C'était une résolution singulièrement audacieuse, puisque toute la puissance de la vieille et de la nouvelle autorité allait me retomber sur les reins, puisque je n'avais pas un sou vaillant, puisque j'étais épuisé, puisque je ne savais pas si j'écrirais ni ce que j'écrirais. Ma finance était épuisée, puisque les trois cinquièmes qui m'en sont demeurés étaient immobilisés pour au moins deux ans dans la fondation de la même Société Nouvelle. Mes forces étaient épuisées par le travail que j'avais fait *dans le rang* depuis que j'étais devenu socialiste et dreyfusiste...

Je me présentais sans aucun retard devant le Conseil d'administration de la Société Nouvelle. Je demandai, simple formalité, que la Maison éditât la publication que je préparais... Je parlais encore et j'indiquais rapidement le plan de l'opération, que les conseillers m'interrompirent. Et au ton de leur interruption j'eus l'impression soudaine et ineffaçable que ces cinq administrateurs n'étaient plus mes camarades, et n'étaient pas mes amis. Et non seulement cela, mais ils n'étaient plus les mêmes hommes, les hommes que j'avais connus, que je croyais que je connaissais... Le seul fait que ces hommes exerçaient une autorité, une autorité anonyme, le cinquième de l'autorité totale dans un monde clos... les avait faits méconnaissables... On me demanda ce qu'il y aurait là-dedans; ce que je mettrais dans le premier numéro. Je bafouillais... Léon Blum, très courtoisement, me dit : « Péguy, je ne veux pas traiter avec vous la question au fond. Ce que vous préparez me semble inopportun. Vous venez ou trop tard ou trop tôt... » Simiand intervint, et, confondant ses fonctions d'administrateur de La Société Nouvelle avec sa situation de critique sociologique, il me dit : « Je vois ce que c'est : tu veux faire une revue pour les imbéciles »... Herr m'acheva : « Jusqu'ici, me dit-il, fortement avec l'assentiment du Conseil nous vous avons trop souvent suivi par amitié dans des aventures qui nous déplaisaient. Maintenant c'est fini. Vous allez contre ce que nous préparons depuis plusieurs années. Vous êtes un anarchiste. » Je lui répondis que ce mot ne m'effrayait pas. « C'est bien cela, vous êtes un anarchiste : nous marcherons contre vous de toutes nos forces... »

Pour Moi (28 janvier 1901), 5e Cahier de la 2e Série.
Dans la Pléiade, Gallimard, p. 1273.

2

La vie économique et sociale

1871-1914

5

L'évolution économique et financière (1871-1914)

1. La conjoncture

Période d'épanouissement du capitalisme libéral, la deuxième moitié du XIXe siècle est celle de la deuxième révolution industrielle, marquée par l'utilisation du pétrole et de l'électricité. Bergès utilise les chutes d'eau en 1873 et Deprez transporte le courant en 1883. L'éclairage électrique se répand avec la lampe à filament d'Edison en 1879; le courant électrique est utilisé pour la traction et le chauffage en 1900, pour l'électrolyse et la métallurgie. Le moteur à explosion est inventé entre 1860 et 1880, breveté par Forest en 1881. L'agriculture utilise la moissonneuse-lieuse en 1878, le tracteur à essence en 1908. La chimie organique passe au stade de l'utilisation industrielle après les travaux de Berthelot sous le Second Empire. L'achèvement du viaduc de Garabit en 1884, de la tour Eiffel pour l'Exposition universelle de 1889 illustrent la place prise par le fer dans les ouvrages d'art comme dans les constructions navales, le bâtiment, les chemins de fer, où le rail d'acier est généralisé après 1880. L'invention faite en 1878 par les Anglais Thomas et Gilchrist pour traiter les fontes phosphoreuses permet de valoriser les gisements de Lorraine; la capacité moyenne des hauts fourneaux passe de 150 m^3 en 1850 à 750 en 1900. Les progrès du *machinisme* et la *rationalisation* des méthodes de travail accroissent le *rendement* et la *productivité;* le taylorisme et le travail à la chaîne, mis en pratique aux États-Unis vers 1900, sont introduits en France par Fayol, directeur de la société Commentry-Fourchambault.

Cependant l'économie française ne semble pas en mesure de suivre l'essor de sa rivale allemande. Après deux années de forte récupération après la guerre, la crise mondiale de 1873 touche peu la France, préservée d'une spéculation désordonnée par la ponction des emprunts de libération et par la politique de déflation de Thiers. La prospérité se poursuit jusqu'en 1882, favorisée par le programme de grands travaux dit « Plan Freycinet » de 1878, l'augmentation des dépenses publiques prévues par les lois scolaires, les premières expéditions coloniales, et la faiblesse du taux d'escompte, maintenu à 2 %. L'aristocratie foncière réalise une partie de ses biens dont le revenu diminue à cause de la chute des prix agricoles, et ajoute son capital à celui de la bourgeoisie pour participer aux affaires, entraînant les classes moyennes et les paysans dans la spéculation mobilière.

Le reflux coïncide, fin 1881, avec la formation du ministère Gambetta, dont les projets économiques effraient la Bourse ; quelques jours après sa chute s'effondre, le 2 février 1882, l'Union Générale, la première banque d'affaires créée par les milieux conservateurs catholiques en 1878, engagée imprudemment dans des opérations aventureuses en Europe centrale par son directeur Bontoux ; le krach est d'une grande portée politique et financière ; imputé par les conservateurs à des manœuvres de la haute banque israélite, il radicalise le mouvement antisémite dont Drumont marque les progrès en publiant *La France juive* en 1886 ; la faillite entraîne d'autre part une méfiance chez les épargnants qui se détournent des banques et des investissements pour s'orienter vers les fonds d'États français et étrangers.

De 1882 à 1896 la stagnation mondiale se répercute en France. Une légère reprise entre 1885 et 1889 est à caractère spéculatif et se termine par la faillite du Comptoir d'Escompte et de Panama en 1889. Les prix baissent, le Français épargne, et prête aux États étrangers. Enfin, à partir de la fin du siècle, le renversement de la conjoncture mondiale provoque une reprise, qui devient très nette à partir de 1904, coupée par des arrêts en 1900, 1901, 1907 et 1911 ; entre 1898 et 1913, l'indice de la production industrielle progresse de 64 %, soit 4,3 % par an ; mais la reprise est trop tardive pour que la France puisse compenser le retard pris durant près d'un quart de siècle. Les causes de ce retard sont complexes : faiblesse des sources d'énergie, sans doute, mais surtout vieillissement démographique et manque d'audace des entrepreneurs et des épargnants ; le détournement des capitaux vers l'étranger explique-t-il la relative stagnation française par la faiblesse des investissements intérieurs, ou bien les appels modérés des entrepreneurs français sont-ils à l'origine de l'orientation des capitaux, portés à l'étranger?

2. Les finances et la monnaie

A. La monnaie

La France est toujours, en principe, un pays bimétalliste depuis la loi de germinal an XI (1803) ; mais l'augmentation de la production mondiale de métal argent et la dépréciation qui en résulte vis-à-vis de l'or, avec lequel le rapport légal est toujours de 1/15,5, conduit l'Union latine (France, Belgique, Italie, Suisse) à arrêter la frappe de l'argent en 1878 ; l'argent perd son pouvoir libératoire illimité, et l'or est seul utilisé dans les paiements internationaux ; ce « bimétallisme boiteux » est encore en vigueur en 1914.

La Banque de France possède le monopole d'émission du billet depuis 1848. Le cours forcé avait été établi dès le 12 août 1870, et le plafond d'émission porté de 1 800 à 2 400 millions; en décembre 1870 avaient été mises en circulation des coupures de 20 F, puis les municipalités, séparées de leur source d'approvisionnement, avaient émis pendant la guerre des bons de monnaie de 5 et 10 F. Il en résultait en janvier 1871 une diminution de moitié de l'encaisse (550 millions) et une augmentation de 50 % de la circulation fiduciaire (2 035 millions). La guerre et la Commune avaient coûté 9 milliards, faisant passer la dette publique de 12 à 21 milliards. Néanmoins le change s'était maintenu à Londres, atteignant au maximum 26,19 F en octobre 1871 (pair à 25,25).

Thiers maintint le cours forcé, et fit porter le plafond à 3 200 millions. Il s'efforça ensuite, avec son ministre des Finances Pouyer-Quertier, d'accroître les ressources de l'État pour rembourser à la Banque les avances consenties au Trésor et faire face au paiement des intérêts de la dette qui représentaient 37 % des dépenses. Il fit repousser l'impôt sur le revenu, « source d'inquisition fiscale », demandé par Gambetta, et préféra se tourner vers l'augmentation des impôts existants, à quoi il ajouta le monopole des allumettes et une taxe sur le revenu des valeurs mobilières. Le tarif douanier voté en juillet 1872 permet d'avoir des ressources supplémentaires et de restreindre les importations, afin d'augmenter l'encaisse de la Banque de France par les excédents commerciaux. En 1875, les billets de 5 et 2 F furent retirés de la circulation. Le 1er janvier 1878, on pouvait revenir à la convertibilité, qui ne fut plus mise en question jusqu'en 1914; tout billet peut être immédiatement converti contre de l'or sur la base de 290 mg d'or fin pour 1 F. Le franc est une monnaie solide qui n'a jamais été dévaluée et que le Français aime à thésauriser, sachant bien que le fait d'épargner lui rapporte une plus-value en période de baisse des prix, comme c'est le cas entre 1882 et 1900.

Le privilège de la Banque venant à expiration en 1897, Jaurès proposa la nationalisation, mais elle fut repoussée par la Chambre. Le privilège fut reconduit jusqu'en 1920, le capital porté à 182 millions par l'émission d'actions de 1 000 F, sous condition de nouvelles obligations imposées à la Banque : l'avance permanente de 180 millions consentie au Trésor ne porte plus intérêt; la Banque émettra gratuitement les rentes et bons du Trésor, et en assurera le service; le nombre des succursales est porté de 94 à 112; le plafond est élevé à 5 milliards (5,8 en 1907).

Le conseil général de la Banque de France (gouverneur, deux sous-gouverneurs, 15 régents, 3 censeurs) eut toujours une politique prudente, s'attachant à avoir une couverture métallique égale au moins à 70 % de la circulation, le reste étant couvert par les effets réescomptés. La circulation fiduciaire n'augmente que de 65 % entre 1872 et 1900, et de 41 % entre 1900 et 1913. L'insuffisance de la circulation métallique et fiduciaire en période d'expansion oblige à compenser le manque de moyens de paiement par la création de monnaie de banque; la monnaie scripturale représente près de la moitié de la masse monétaire en 1913.

B. Les banques

La France a été dotée sous le Second Empire d'un système bancaire qui, sans atteindre l'ampleur du système britannique ou allemand, a une importance mondiale. La haute banque, protestante ou israélite, subsiste (Hottinguer, Mallet, Neuflize, Vernes, Rothschild, etc.) ; mais plusieurs de ces anciennes « Maisons » ont senti le besoin de se grouper, et ont formé en 1874 la Banque Parisienne, qui deviendra en 1904 la Banque de l'Union Parisienne, banque d'affaires liée aux industriels comme Schneider, et participant à la constitution de plusieurs banques russes.

Les banques nées sous le Second Empire se sont constituées en sociétés anonymes suivant les lois de 1863 et 1867. Le Crédit Lyonnais, sous la direction prudente d'H. Germain, est surtout banque de dépôts, recherche les « bas de laine », et limite l'importance de son portefeuille pour se consacrer au crédit à court terme ; en 1882, la direction du groupe passe à la succursale parisienne. Le Comptoir d'Escompte, devenu en 1889 le Comptoir National d'Escompte de Paris, se limite également aux opérations de banque pure ; la Société Générale pour le développement du commerce et de l'industrie fait le lien entre les deux types de banques de dépôts et d'affaires, ainsi que le Crédit Industriel et Commercial.

Mais, depuis 1871, se sont créées de véritables banques d'affaires, dont le propre est de participer directement à la création d'entreprises, et d'immobiliser une partie importante de leur capital directement ou par l'intermédiaire de filiales. Le Crédit Mobilier, réorganisé en 1871, a des affaires françaises (sucre Say), contribue à fonder le Crédit franco-égyptien, la Banque de Bolivie, et plusieurs banques en Russie. La Banque de Paris et des Pays-Bas, née en 1872 de la fusion de la Banque de Paris et de la Banque des Dépôts des Pays-Bas, s'est intéressée en France au gaz et à l'électricité, aux grands magasins (Printemps), aux compagnies d'assurances ; à l'étranger, elle participe à la Banque russo-asiatique créée en 1910, à la Banque Commerciale Italienne, possède des filiales en Amérique du Sud, domine le Maroc depuis 1903 ; elle a contribué, avec le Comptoir d'Escompte et la Société Générale, à la création de la Banque de l'Indochine, en 1875, institut d'émission et banque d'affaires couvrant tout l'Extrême-Orient, puis en 1901 de la Banque française pour le Commerce et l'Industrie (BFCI), présidée par Rouvier, qui a des intérêts multiples en France et à l'étranger.

Le développement bancaire prouve l'abondance des capitaux ; mais ces établissements ne s'adressent pas aux petites entreprises, qui ne trouvent pas dans les banques locales un appui suffisant. D'autre part les Français préfèrent souvent la thésaurisation ou le placement dans les caisses d'épargne ; celles-ci, d'abord caisses privées, sont tenues de verser la plus grande partie de leurs fonds à la Caisse des Dépôts et Consignations, pour ne garder qu'un fonds de roulement ; elles sont en outre obligées de placer 90 % de leurs bénéfices en fonds d'État. En 1882 a été fondée la Caisse Nationale d'Épargne, qui ouvre ses guichets dans tous les bureaux de postes ; malgré les facilités qu'elle apporte, elle possède encore en 1913 un retard sur les caisses privées; plus de 4 millions de livrets nouveaux sont ouverts entre 1900 et 1913, et les dépôts passent de 10,6 à 15 milliards; l'épargnant n'est plus seulement le bourgeois ou le paysan, mais aussi le salarié; celui-ci représente en 1910 près du quart des détenteurs de livrets.

C. Les placements

L'épargnant, quand il le peut, achète de la rente ou des obligations de chemins de fer dont l'intérêt est garanti par l'État; mais, après les emprunts de libération, l'État fait modérément appel au crédit; de 20 milliards en 1873, la dette publique monte à 26 en 1890, et à 32 milliards en 1913 : 25,3 milliards en consolidés, 5,1 milliards au titre des chemins de fer, 1,5 pour la dette flottante. L'épargnant est donc conduit à se tourner vers les valeurs industrielles ou les fonds étrangers. Jusqu'en 1897, les placements étrangers sont légèrement inférieurs aux investissements internes avec une moyenne de 500 millions par an; l'ensemble des émissions diminue dans une proportion égale entre 1899 et 1903 par suite de la crise mondiale; à partir de 1904, la hausse est très rapide et les fonds étrangers deviennent plus importants : 1 350 millions par an en moyenne, avec un maximum de 2,5 milliards en 1910. En 1913, sur un portefeuille total de 125 milliards de francs, les titres étrangers représentent le tiers; 31 % du portefeuille sont représentés par des rentes, 37 % par des obligations, 32 % par des actions; le Français préfère les valeurs sûres, plutôt que les valeurs à revenu variable. Sur les 45 milliards placés à l'extérieur 12,36 sont allés en Russie, sur lesquels 18 % seulement sont investis dans des sociétés; les colonies n'ont absorbé que 9 % de ces investissements extérieurs. Le revenu total des valeurs mobilières françaises (rentes non comprises) représente environ 2,8 milliards en 1914, soit un rendement de 3 à 4 %; celui des valeurs étrangères 2,3 milliards, soit 5 %.

L'importance de ces sorties de fonds conduit à poser une double question : ces capitaux n'ont-ils pas manqué au pays lui-même pour son développement interne? D'autre part, ont-ils été utilisés par les bénéficiaires pour financer l'achat de marchandises françaises? La Russie fait la plus grande partie de ses échanges avec l'Allemagne et le Royaume-Uni; le total cumulé des exportations françaises vers la Russie entre 1888, date du premier emprunt russe, et 1913, ne représente que 8 % des fonds qui lui ont été avancés durant cette période. La Serbie, autre débiteur important, achète bien du matériel d'armement au Creusot, mais se fournit en Allemagne pour le matériel ferroviaire. Du moins ces pays sont-ils alliés; il n'en est pas de même pour l'Autriche-Hongrie, ni pour l'Empire ottoman, qui drainent une partie importante des prêts français. C'est là l'une des raisons de l'opposition entre Caillaux, partisan de l'internationalisme bancaire, et Poincaré, favorable à des prêts sélectifs : « Finalement, le fameux duel Caillaux-Poincaré ne traduit-il pas l'opposition entre deux mentalités opposées : pour Poincaré on ne doit pas réaliser d'actions économiques communes avec des États politiques hostiles; on subordonne l'économique au politique. Pour Caillaux, l'avenir est à l'ouverture des frontières, au capital international, et il ne faut point s'embarrasser de querelles stériles ou dépassées; politique et économique doivent aller de pair» (R. Girault, «Portrait de l'homme d'affaires français, 1914», *Revue d'Hist. Mod. et Contemp.*, juillet-septembre 1969).

Portefeuille étranger de la France (milliards de F)

1872	*1880*	*1888*	*1890*	*1898*	*1902*	*1906*	*1908*	*1912*	*1914*
7	12/15	18	20	30	30/31	35	35/40	43/45	45/50

D. Le budget

Des trois rubriques principales représentant les dépenses ordinaires : service de la dette, services civils et charges militaires, la première diminue en pourcentage entre 1872 et 1913 grâce à l'augmentation générale des dépenses ordinaires, qui sont passées de 3,7 à 4,7 milliards, mais aussi à la conversion réussie des rentes 4 et 4,5 % en 3 % en 1889; la part du service de la dette dans les dépenses tombe de 37 à 27 %. Les services civils sont réduits par la disparition du budget des cultes, mais très alourdis par les charges nouvelles de l'enseignement et des travaux publics, qui ne figurent plus au budget extraordinaire depuis 1890; les charges militaires, qui n'atteignaient pas le quart des dépenses en 1872, en forment 36 % en 1913. Les Français payaient 16 F par habitant pour charges militaires sous le Second Empire, 45 F en 1913.

Les contributions indirectes (boissons, transports, sucres, sels, tabac, poudres, allumettes) représentent une part un peu moins importante que sous le Second Empire, 29 % au lieu de 38 %, mais elles restent la principale ressource de l'État. Les droits de timbre et d'enregistrement viennent ensuite avec 21,7 % des recettes; les contributions directes, les «quatre vieilles», foncière, mobilière, patente, portes et fenêtres, en troisième position seulement avec 11,4 %; l'impôt sur le revenu, voté par le Sénat le 2 juillet 1914, ne sera perçu qu'à partir de 1916 et d'une façon modeste : 2 % des revenus nets au-dessus de 5 000 F avec abattement supplémentaire de 2 000 F pour les personnes mariées et de 1 000 F par personne à charge. Les autres ressources sont fournies par les domaines, les douanes, en augmentation sensible depuis le retour au protectionnisme (15,6 % en 1913), la taxe sur les valeurs mobilières et quelques ressources diverses de peu d'importance.

3. La production

A. Agriculture

L'agriculture reste l'activité principale, et les agriculteurs sont l'objet des soins attentifs, sincères ou intéressés, des hommes politiques. Dans toutes les couches sociales l'origine terrienne est proche, et le paysan apparaît comme le meilleur dépositaire des vertus ancestrales. Aussi défend-on le petit producteur contre la concurrence extérieure par des droits protecteurs qui freinent l'exode rural, maintiennent dans les campagnes une densité de peuplement excessive, accentuent l'opposition entre le gros producteur qui profite au mieux des prix élevés et le petit agriculteur qui résiste difficilement.

Une certaine amélioration a été introduite par la diffusion de l'enseignement, l'organisation de cours agricoles, la création de stations d'essais, l'introduction des semences hybrides. La consommation d'engrais est multipliée par six entre 1886 et 1913 et le rendement moyen du blé est passé de 10,5 à 14 q; mais il est de 21 en Angleterre et de 34 au Danemark, et l'agriculture est en état de crise à peu près permanente jusqu'en 1913. La crise mondiale a fait baisser les prix jusqu'en 1900, puis la concurrence s'est accrue : aux exportateurs anciens de céréales, Europe centrale, Russie, États-Unis, s'ajoutent l'Australie, l'Argentine, le Canada; le blé américain rendu au Havre vaut 25 % de moins que le blé français. Les anciens oléagineux, colza, olivier, sont concurrencés par l'arachide, la margarine; le chanvre et le lin perdent les deux tiers de la superficie occupée sous le Second Empire; la maladie du ver à soie, puis la concurrence des cocons japonais, font disparaître les magnaneries de la vallée du Rhône et des Cévennes; les plantes tinctoriales, garance, safran, pastel reculent devant les colorants chimiques, tirés de l'aniline; l'élevage lui-même est menacé, depuis que les navires réfrigérés permettent de faire venir la viande d'outre-mer.

La superficie cultivée en blé n'augmente plus depuis 1868; la production moyenne se maintient autour de 9 millions de tonnes, sauf en 1891, 1897 et 1910, plus stable qu'autrefois grâce aux engrais, aux machines et à l'utilisation de blé de printemps. L'avoine et l'orge sont en léger progrès, tandis que le seigle diminue de moitié et que le méteil disparaît. La France n'exporte plus que des quantités infimes de blé depuis 1878, elle importe au contraire jusqu'à 2 millions de tonnes en 1911. Le prix du blé baisse de 34 F le quintal en 1871 à 18 F en 1895, puis la hausse générale des prix le fait remonter à 27 F en 1913; la consommation du froment s'est donc généralisée mais n'augmente pas en proportion de la croissance de la population, la nourriture s'orientant plutôt vers la viande, les fruits et les légumes.

La betterave industrielle s'est définitivement installée comme un excellent assolement sur les terres à blé; de 300 000 t en 1872, la production de sucre est passée à 880 000 en 1913 et présente des difficultés d'écoulement bien que la consommation par habitant soit passée de 6 à 16 kg par an, mais le prix de 12 sous le kilo est encore élevé. L'élevage bovin ne fait plus de progrès depuis 1900 et le troupeau ovin a diminué de 20 %. Du moins peut-on noter un progrès dans la spécialisation, beurres des Charentes et de Normandie, viande du Charolais, primeurs du Vaucluse et du Roussillon. La production de viande et de produits laitiers est déficitaire, alors que la consommation augmente avec l'amélioration du niveau de vie; aussi les prix ont-ils monté de 20 à 30 % entre 1901 et 1913.

Le problème du vin, aux prix beaucoup plus spéculatifs que ceux du blé, prend une tonalité plus politique. Le développement des transports sous le Second Empire a répandu la consommation du vin, ce qui a incité les producteurs du Midi, de l'Hérault, des Pyrénées, de l'Aude, du Gard, à abandonner les autres cultures pour se consacrer à la vigne. Le vignoble a gagné 200 000 ha entre 1860 et 1870, et la production oscillait entre 60/70 millions d'hectolitres, dont 5 à 6 % seulement étaient exportés. Le phylloxéra, apparu d'abord dans le Gard en 1865, s'est propagé, surtout à partir de 1880, dans le Charolais, les Charentes, puis dans l'est des départements du Midi. La production tomba à 23 millions d'hectolitres en 1889, et l'on dut jusqu'en 1891 importer de fortes quantités avec des subventions de l'État, pour que le consommateur ne fût pas détourné du vin par la pénurie. A cette date le vignoble était reconstitué, mais il fallut attendre jusqu'en 1900 pour retrouver le chiffre normal de 67 millions d'hectolitres.

Les conséquences de la crise étaient sévères : le vignoble avait perdu 1 million d'hectares (1,6 au lieu de 2,6 millions d'hectares); il avait été replanté en plaine avec des hybrides américains donnant des rendements supérieurs et une qualité moindre; beaucoup de petits producteurs, incapables de replanter leurs vignes, avaient dû s'exiler et vendre leurs terres à des banquiers, des industriels, ou des sociétés, qui disposaient de grandes propriétés, surtout dans la basse vallée du Rhône, produisant à meilleur compte que le petit vigneron; le rendement moyen était monté de 20 à 40 hectolitres à l'hectare; enfin, des concurrents nouveaux avaient profité de l'absence momentanée des vins français : Californie, Afrique du Sud, Australie, et l'Algérie, qui continue à expédier vers la France 4 à 6 millions d'hectolitres de vins de coupage, même après 1900.

Les prix baissent depuis 1881; de 40 F l'hectolitre, ils s'effondrent jusqu'à 15 F entre 1905 et 1909, dans la période qui coïncide avec le ministère Clemenceau. Le comité de défense formé par Marcelin Albert provoque en juin 1907 des troubles violents à Carcassonne, Montpellier, Béziers; le 17e de ligne, envoyé contre les manifestants, se mutine; Clemenceau fait arrêter quelques meneurs et voter en même temps une loi sur la fraude qui prescrit la surveillance de la vente du sucre, la déclaration obligatoire du volume des vendanges; mais c'est seulement la mauvaise récolte de 1910 qui fait remonter les cours jusqu'à 30 F.

Les remèdes adoptés par les gouvernements de la IIIe République apparaissent comme des mesures de sauvegarde plus que comme le fruit d'une politique d'ensemble pour remédier à ce qui est une crise des structures non adaptées à des conditions économiques nouvelles. La France rurale prend l'habitude d'attendre le salut de l'État; le Parlement y est attentif, et en particulier le Sénat, plus proche des milieux ruraux. En 1881, Gambetta donne un ministère particulier à l'agriculture; Méline se fait le défenseur du protectionnisme; mais le remembrement progresse peu, et l'exode rural est découragé; la pénétration du machinisme libère partiellement le producteur des incertitudes climatiques, mais les nouvelles conditions de commercialisation le soumettent davantage aux incertitudes du marché.

L'agriculture manque de capitaux ; le Crédit Foncier, qui aurait dû prêter sur hypothèque jusqu'à la moitié des besoins, n'a consenti en réalité que 15 % de ses prêts à l'agriculture. La loi de 1884 a autorisé la formation d'associations professionnelles, sociétés de secours mutuel, aux ressources financières fournies par les adhérents, donc insuffisantes. En 1899 sont créées des caisses régionales de crédit agricole, alimentées par des versements privés et des avances de l'État ; en 1913, les 105 caisses régionales ne groupent que 151 000 adhérents et n'ont fourni que 113 millions. Les coopératives, apparues dans le Midi au moment du phylloxéra, sont légalement reconnues en 1884 ; elles peuvent se former en sociétés anonymes, alimentées au moyen de parts versées par les membres ; elles achètent le matériel, les semences, conservent la production, se chargent parfois de la vente ; à Béziers, elles ont pris une couleur politique en liaison avec la propagation du socialisme, pour mettre directement en contact les associations de producteurs et les groupements de consommateurs organisés par les syndicats. Les coopératives se sont développées surtout dans l'élevage (2 600 « fruitières ») en Charente et dans le Jura, et dans les régions vinicoles : de 2 500 et 500 000 membres en 1900, elles passent à 5 407 et 1 029 000 membres en 1914.

B. Industrie

La concentration est plus faible qu'en Allemagne ou même en Angleterre. Quelques grosses sociétés, Schneider, Kuhlmann, Péchiney, de Wendel, Saint-Gobain, s'appuient sur des banques qu'elles ont fondées et qui leur évitent de recourir au marché des capitaux. Une certaine intégration existe chez les maîtres de forges, autrefois propriétaires de forêts, qui ont acquis des mines de charbon, tel de Wendel, qui possède la mine Ham en Allemagne, et Orange-Nassau aux Pays-Bas. Le Comité des Forges, formé sous le Second Empire pour des motifs politiques, n'est qu'un groupement de défense, qui ne s'occupe ni de production ni de commercialisation. Le Comptoir métallurgique de Longwy a été créé en 1877 sous forme de société anonyme pour acheter la production de ses membres et l'écouler sur le marché intérieur. Des ententes semblables ont été nouées entre producteurs de charbon (Comité central des Houillères, 1892), constructeurs de matériel de chemin de fer, de navires, de matériel de guerre. Les rapprochements sous forme d'unions, comptoirs et chambres syndicales, sont plus nombreux après 1900 mais réalisés dans un but de défense patronale face au renforcement de la CGT. L'Union des industries métallurgiques et minières, dont le Comité des Forges assure le secrétariat, est créée en 1900 comme organisme d'information et de défense contre le mouvement ouvrier, non comme groupement économique ayant pouvoir de décision sur la production et la vente. Une véritable cartellisation apparaît dans quelques secteurs : cartel des verres et glaces, animé par Saint-Gobain, Comptoir de vente des superphosphates, accords internationaux fixant les prix et les zones de vente pour l'aluminium et les rails. Mais nulle part n'existe de concentration analogue aux syndicats allemands.

a) Charbon. La principale faiblesse de la France est sa pauvreté en sources d'énergie ; le charbon, qui demeure le combustible essentiel et la matière première de base de l'industrie chimique, est cher et de qualité médiocre, difficile à extraire. La production en est passée de 17 à 40 millions de t, et le rendement par mineur de 540 à 735 kg ; mais il faut importer le tiers de la consommation, et le prix du charbon national est élevé, en partie par suite de la lourdeur des salaires, qui représentent la moitié du prix de revient, et des conditions d'extraction.

Principaux centres charbonniers (millions de t)

	1875	*1909*	*1913*
Pas-de-Calais	3,2	18,4	21,4
Nord	3,4	6,5	7,5
Loire	3,3	3,7	3,7
Gard	1,7	2	2
Saône-et-Loire	–	1,9	1,9
Divers	5,4	4,6	4,3
	17	37,1	40,8

b) Métallurgie. Elle a bénéficié de la découverte qui permit l'utilisation de la « minette » lorraine ; les minerais venaient auparavant des gisements éluviaux de l'Est et du pourtour du Massif central ; le procédé Thomas-Gilchrist, acheté aussitôt par de Wendel, fit pousser l'exploration du bassin lorrain, puis mettre en exploitation les gisements de Normandie par la société allemande August Thyssen ; l'utilisation industrielle de la minette commence en 1890 et porte la production de minerai de fer à 22 millions de t en 1913, dont 45 % sont exportés, surtout vers l'Allemagne.

La sidérurgie repose presque entièrement sur la fonte au coke : sur 131 hauts fourneaux (1913), 129 utilisent le coke. La perte de la Lorraine a d'abord fait du Centre le principal foyer sidérurgique avec un quart des hauts fourneaux ; en même temps, le besoin de fournir en rails les lignes de chemin de fer conduisait à se rapprocher des ports, par où arrivait le minerai d'Espagne et d'Afrique du Nord, et à fonder des unités sidérurgiques à Beaucaire (1873), Balaruc (Sète, 1879), Le Boucau (1880), Trignac (1879), Isbergues (1881). Mais, en 1880, la société de Wendel (Lorraine annexée) fonda en France, en association avec Schneider, la société de Wendel et Cie, qui permit de concentrer à Jœuf et sur le bassin minier la production sidérurgique. Le Centre, qui donnait en 1873 le tiers de la production de fonte, n'en fournit plus que 3,4 % en 1913, alors que l'Est en fournit les trois quarts, le Nord 20 %. Les 203 établissements sidérurgiques en activité en 1913 emploient 118 000 ouvriers, mais ils n'ont produit que 4,7 millions de t d'acier, qui placent la France loin derrière l'Allemagne (17).

Production de fonte (68 usines en activité, 131 HF, 76 fours électriques, en 1913)

Nature de la fonte	*Au coke* (tonnes)	*Au charbon de bois* (tonnes)	*Au four électrique* (tonnes)
De première fusion	143 093	–	330
De moulage	809 366	894	–
D'affinage	527 861	4 142	–
Bessemer	124 336	–	–
Thomas	3 508 837	–	–
Sans manganèse	7 122	–	–
Fontes spéciales (spiegels, ferro-manganèse, ferrochromes)	52 903	–	–

Bergès met au point à Lancey (Isère) l'utilisation des chutes d'eau, d'abord pour la papeterie, ensuite pour l'électrométallurgie, qui est installée à La Praz (1900), à Ugine (1908). La mise au point du procédé Héroult en 1885 fait de l'aluminium un métal industriel ; en 1889 est fondée à Salindres, dans le Gard, l'usine Henri Merle de la société Péchiney, et la même année sont ouvertes les fonderies d'aluminium de Froges dans les Alpes ; avec 13 000 tonnes de métal en 1913, la France est au 3e rang derrière les États-Unis et l'Allemagne.

c) L'industrie textile conserve sa primauté ; le travail de la laine emploie, en 1913, 170 000 personnes, des femmes pour 70 % ; la mécanisation s'est étendue, et a commencé à concentrer la filature dans le Nord, la Marne, la Normandie, le tissage restant plus dispersé ; la France importe également d'Argentine et d'Australie des peaux de moutons qui ont donné naissance à l'importante industrie de délainage autour de Mazamet. Le coton appartient toujours à une industrie de pointe avec une plus grande mécanisation. La perte de l'Alsace a déplacé les centres de filature dans le Nord et en Normandie ; le tissage en reste important aussi dans les Vosges et la Loire ; comme pour la laine, les prix ont baissé de 55 % depuis le Second Empire. Le travail de la soie, par contre, est en déclin devant la concurrence du coton et celle de la rayonne, qui commence à être produite industriellement à la fin du XIXe siècle ; les filatures utilisent pour 90 % la matière première importée, et ne peuvent subsister qu'à l'aide de primes. Le développement du machinisme a conduit à la séparation du travail, dévidage, moulinage, dans les vallées de la Drôme, de l'Ardèche, du Gard, tissage et teinture à Lyon et Saint-étienne.

d) L'industrie chimique, qui emploie 127 000 personnes en 1910, est très en retard par rapport aux puissantes sociétés allemandes et suisses, dont elle dépend en partie ; en 1913, les deux tiers des usines de colorants sont des filiales de sociétés étrangères ; la production pharmaceutique est presque entièrement allemande ou suisse, malgré les efforts de Camille Poulenc. L'industrie du verre est importante avec Saint-Gobain, qui s'intéresse aussi aux phosphates de Gafsa ; Kuhlmann, près de Lille, fabrique engrais et colorants ; le caoutchouc est traité à Clermont-Ferrand par les frères Édouard et André

Michelin, qui prennent la direction de l'entreprise en 1889, et par Bergougnan, qui s'y est installé en 1886; en 1893, Dunlop a installé une filiale à Argenteuil.

L'industrie française, malgré un essor remarquable depuis 1904, a pris un très grand retard sur sa rivale allemande; elle ne représente plus en 1913 que 6 % de la production mondiale, au lieu de 9 % en 1869.

4. Les transports et le commerce

A. Les transports

En 1878, Gambetta, président de la commission du budget, profita de la pause que connaissait la construction des chemins de fer pour relancer l'idée de la nationalisation et élaborer avec Freycinet et Léon Say le «Plan Freycinet», qui fut voté en juillet 1879. Sur les 5,4 milliards de dépenses prévues, 3,7 allaient aux chemins de fer, 1 125 millions aux voies navigables, 430 aux ports, 150 aux routes.

Le Second Empire avait laissé un bon réseau routier disposé en étoile autour de Paris; la longueur des routes nationales ne fut pas étendue et l'on fit porter l'effort sur les chemins vicinaux, dont la longueur passa de 320 000 à 538 000 km. Le réseau fluvial fut légèrement aménagé en des points précis : dans l'Est, pour pallier la perte de l'axe rhénan, par l'aménagement de la branche nord du canal de l'Est, le canal de la Meuse à la Saône et le canal de l'Oise à l'Aisne; l'estuaire de la Seine est doublé par le canal de Tancarville en 1887, et celui de la Loire par le canal de Nantes à Paimbœuf en 1892. La flotte de commerce décline malgré les primes à la production accordées par les lois de 1893 et 1902; en 1913, avec 1,45 million de tonneaux, dont 800 000 à vapeur, la France n'arrive plus qu'au 6e rang, et le pavillon français n'assure que 26 % du trafic; les trois cinquièmes des navires français appartiennent à trois compagnies, la Compagnie Générale Transatlantique (1854), qui s'est installée au Havre en 1873, les Messageries Maritimes (Marseille, 1851) et les Chargeurs Réunis (1872).

Le Plan Freycinet permit surtout l'achèvement du réseau ferré, dont la longueur passa de 21 000 km en 1876 à 49 000 en 1913. La grande affaire était de savoir si les lignes construites seraient propriété de l'État et exploitées par lui, ou concédées aux compagnies et rattachées aux six réseaux existants; Gambetta fut battu sur ce point; après sa disparition, la loi Rouvier de 1883 abandonna toute idée de nationalisation et céda les lignes aux compagnies jusqu'en 1958, tout en maintenant à leur profit la garantie accordée en 1859. La situation des compagnies resta bonne jusqu'en 1914, sauf pour l'Ouest, rattaché au réseau de l'État en 1908.

La construction des voies ferrées n'a pas cependant été le stimulant espéré par Gambetta pour l'industrie française; on exporte du minerai de fer, mais on importe du matériel anglais ou allemand. Le développement du réseau a d'autres conséquences : il favorise le commerce intérieur, harmonise les prix alimentaires, renforce la communauté nationale, ouvre les campagnes à l'attrait des villes. Le trafic marchandises a décuplé entre 1869 et 1913 ; le tarif moyen est descendu de 6,17 à 4,12 centimes la tonne kilométrique et de 5,43 à 3,39 centimes par voyageur kilométrique.

La deuxième révolution des transports est marquée par la vulgarisation du « vélocipède » et de l'automobile. La bicyclette, dont le nom apparaît en 1880, donne naissance à une industrie importante, concentrée pour 25 % dans la région parisienne ; le million est dépassé en 1901 ; plus de 3,5 millions sont en circulation en 1914. L'automobile profite des découvertes de Forest et de l'Allemand Benz. Après le marquis de Dion, qui a déposé un brevet de moteur à explosion en 1889, Peugeot produit sa première voiture en 1890 et Panhard-Levassor en 1891 avec une licence Daimler. En 1894, *le Petit Journal* organise la première course entre Paris et Rouen avec 26 voitures ; le Salon de l'automobile se tient au Palais de l'Industrie à partir de 1897, puis au Grand Palais, qui vient d'être construit pour l'exposition universelle, en 1901. La société des frères Renault est fondée en 1899 avec un capital de 60 000 F. En 1913 la France est le premier producteur européen avec 45 000 véhicules.

B. Le commerce

Le régime commercial est caractérisé par l'abandon du libéralisme et le retour à des droits élevés, soit pour des raisons fiscales, soit par protectionnisme. Après la première entorse apportée au régime antérieur par Thiers et Pouyer-Quertier en 1872, la crise de 1881, entraînant une baisse générale des prix et les plaintes des agriculteurs, conduit au vote d'un tarif général en mai 1881, devant servir de base à des négociations sur de nouveaux traités de commerce. On y remplace les droits *ad valorem* par des droits spécifiques plus élevés, mais le gouvernement applique encore la clause de la nation la plus favorisée, dont profite automatiquement l'Allemagne suivant l'article 11 du traité de Francfort. De nouvelles plaintes des agriculteurs entraînèrent à nouveau des hausses à partir de 1884 et une guerre douanière avec l'Italie qui durera jusqu'à la chute de Crispi en 1898.

En 1889, la question douanière intéresse aussi les industriels ; l'année suivante, Méline forme l'Association de l'industrie et de l'agriculture, qui conduit la bataille pour le protectionnisme contre les libéraux menés par Léon Say. La loi du 11 janvier 1892 est le triomphe de Méline : elle autorise le gouvernement à dénoncer les traités de commerce et à les remplacer par un tarif autonome servant de base à des conventions bilatérales, plus faciles à dénoncer. Le tarif minimum sera appliqué aux pays accordant la réciprocité, le tarif général aux autres. Les colonies sont partagées en deux groupes : colonies dites assimilées, Algérie, Antilles, Réunion, Madagascar, Indochine, Gabon, considérées comme territoire métropolitain, sauf pour le sucre, soumis au tarif étranger — colonies non assimilées, qui acceptent les produits français en franchise, mais dont les produits paient le tarif minimum à leur entrée en France.

Le « tarif Méline » de 1892 était plus protectionniste dans son esprit que dans son application : il ne comportait pas de limitations quantitatives ; par la suite la situation fut fortement aggravée malgré le renversement de la conjoncture, et le Parlement donna toute liberté au gouvernement (loi du « cadenas », 1897) pour modifier le tarif par simples décrets.

De profonds changements apparaissent dans le contenu des échanges : aux exportations, les vins, qui formaient 8 % des ventes en 1869, n'en représentent plus que 4 % en 1910, et la part des produits textiles est tombée de 27 à 16 %. La France exporte davantage de matières premières, de produits manufacturés, beaucoup moins de denrées alimentaires; elle importe beaucoup plus de produits manufacturés. La France n'est pas encore un pays hautement industrialisé; l'Angleterre et l'Allemagne lui fournissent chacune 13 % de ses importations. Aussi la balance est-elle déficitaire depuis 1876, sauf en 1905. La balance des comptes est cependant très largement excédentaire grâce aux ressources du tourisme et aux revenus du capital : situation dangereuse, si l'on se souvient de l'orientation des placements français, et preuve que les Français vivent aux dépens du reste du monde.

Balance des paiements courants (1913) (en millions de F)

Solde commercial	– 1 540
Tourisme	+ 750
Fret-assurances-transit	+ 340
Revenus du capital	+ 1 775
Revenus du travail	– 29
Solde	+ 1 296

5. Fortune nationale – Revenu national

La France a en 1913 la réputation d'un pays riche, qui suscite l'envie; la fortune nationale privée est estimée à 300 milliards, 2,5 à 4 fois ce qu'elle était sous le Second Empire; sa composition fait apparaître aussitôt la crise agricole : la propriété foncière était estimée vers 1860 à 65 milliards; elle est montée à 91 milliards en 1881, mais la chute des prix agricoles l'a ramenée en 1912 au niveau de 1860. La propriété bâtie au contraire a plus que triplé en valeur, non seulement parce que le nombre d'immeubles urbains a augmenté, mais aussi parce que l'urbanisation a fait doubler les loyers et accru la valeur des immeubles. Enfin, la fortune mobilière est celle qui a le plus augmenté : jusqu'en 1900, accroissement moyen de 1,6 milliard par an, puis une moyenne de 3,5 entre 1900 et 1913; la fortune financière, 125 milliards environ, représente 40 % de la fortune privée contre 11 % à la fin du Second Empire. En même temps, la concentration des fortunes s'est renforcée : en 1913, 60 % de la fortune nationale appartiennent à moins de 1 million de personnes.

On constate les mêmes phénomènes dans l'évolution du produit national : diminution relative du revenu agricole par rapport aux autres sources entre 1872 et 1910; la valeur de la production industrielle a doublé, le revenu agricole a augmenté de 50 %; cela explique le sentiment de frustration ressenti par la paysannerie malgré une amélioration certaine. Le taux de croissance annuelle du produit national est de 1,1 % contre 3 % en Allemagne. La faiblesse démographique compense partiellement la modeste croissance du revenu national ; celui-ci semble être passé de 19 à 43 milliards, ou de 535 à 1 095 F par habitant ; mais, s'il est vrai que le niveau de vie général s'est élevé, en partie grâce au malthusianisme démographique, une disparité plus grande s'est affirmée entre les revenus, entre ouvriers et paysans, entre riches et pauvres : 0,12 % des Français disposent de 5,5 % du revenu national, ou 86 % d'entre eux n'ont que 54 % du revenu.

Bibliographie

Généralités

H. Bonin, *Histoire économique de la France depuis 1880* (Paris, Masson, 1988) ; J.-Ch. Asselain, *Histoire économique de la France* (Paris, Seuil, 2 vol., 1984) ; F. Caron, *Histoire économique de la France, XIXe-XXe siècle* (Paris, Armand Colin, 1982) ; J. H. Clapham, *Economic Development of France and Germany, 1815-1914* (Cambridge University Press, 1961) ; H. See, *Histoire économique de la France*, t. II (Armand Colin, 1951) ; P. Bairoch, *Commerce extérieur et développement économique de l'Europe au XIXe siècle* (Mouton, 1976) ; A. Rowley, *Évolution économique de la France du milieu du XIXe siècle à 1914* (SEDES, 1982) ; F. Braudel et E. Labrousse (sous la direction de), *Histoire économique et sociale de la France*, 8 vol., t. IV : *L'ère industrielle et la société d'aujourd'hui (1880-1980)* (PUF, 1979-1983) ; X. Browaeys et P. Chatelain, *La France au travail* (PUF, 1984) ; A. Beltran et P. Griset, *La croissance économique de la France 1815-1914* (Armand Colin, 1988).

Sur la monnaie

A. Neurisse, *Histoire du franc* (PUF, Que sais-je?, 1965) ; R. Sedillot, *Le franc, histoire d'une monnaie* (Sirey, 1953).

Sur les banques

H. Bonin, *L'argent en France depuis 1880, banquiers, financiers, épargnants* (Paris, Masson, 1989) ; M. Lescure, *Les banques, l'État et le marché immobilier en France à l'époque contemporaine, 1820-1940* (Paris, EHESS, 1982) ; G. Potut, *La Banque de France, du franc germinal au franc contrôlé* (Plon, 1961) ; R. Bigo, *Les Banques françaises au cours du XIXe siècle* (Sirey, 1947) ; J. Bouvier, *Un siècle de banque française. Les contraintes de l'État et les incertitudes des marchés* (Hachette, 1973).

Sur l'agriculture

M. Auge-Laribe, *La politique agricole de la France, 1880-1932* (PUF, 1950) ; J. C. Toutain, *Le produit de l'agriculture française de 1789 à 1964* (Cahiers de l'ISEA, juillet 1961).

Sur l'industrie

Levasseur, *Questions ouvrières et industrielles en France sous la IIIe République* (Paris, Rousseau, 1970) ; T. J. Markovitch, *L'industrie française de 1789 à 1964* (Cahiers de l'ISEA, juillet 1965) ; B. Gille, *La sidérurgie française au XIXe siècle* (Genève, Droz, 1968) ; F. Caron, *Histoire de l'exploitation d'un grand réseau. La Compagnie du chemin de fer du Nord 1846-1937,* École Pratique des Hautes Études (Mouton, 1973); M. GILLET, *Les Charbonnages du nord de la France au XIXe siècle,* École Pratique des Hautes Études (Mouton, 1973).

Sur la fiscalité

J. BOUVIER, J. WOLFF et R. SCHNERB, *Deux siècles de fiscalité française, XIXe-XXe siècles,* Histoire, Économie, Politique, École Pratique des Hautes Études (Mouton, 1973).

Sur les capitaux

Ch. A. MICHALET, *Les placements des épargnants français de 1815 à nos jours* (PUF, 1968); R. POIDEVIN, *Les relations économiques et financières entre la France et l'Allemagne de 1898 à 1914* (Armand Colin, 1969) et *Finances et relations internationales 1887-1914* (coll. U2, Armand Colin, 1970).

Documents

Émissions de valeurs mobilières

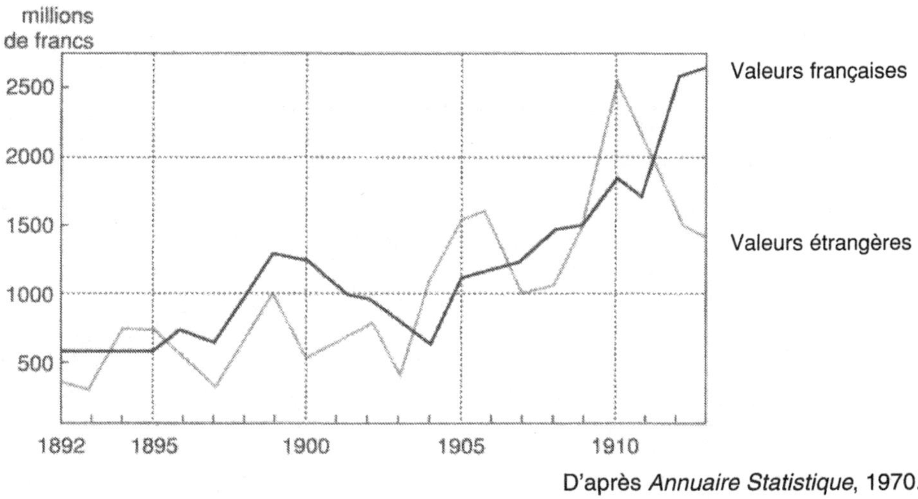

D'après *Annuaire Statistique*, 1970.

La Fortune privée française (en millions de F)

	1866/1870	*1886/1890*	*1896/1898*	*1908*
Valeurs mobilières	6 930	40 782	54 138	104 446
Autres avoirs mobiliers	47 754	52 262	45 647	57 000
Immobilier et foncier	64 718	96 096	96 449	133 000
	119 402	189 140	196 234	294 446

D'après C.A. Michalet, *op. cit.*

Pensions civiles versées en 1897

	Nombre de personnes	*Sommes* (en F)
Pensions militaires (loi du 18 avril 1831)		
Guerre	98 884	93 133 190
Marine	39 417	34 608 125
Pensions civiles (loi du 9 juin 1853)	88 500	72 800 000
Pensions civiles 1790	577	650 000
Ancienne liste civile et domaines de Louis-Philippe	33	8 922
Pensions des grands fonctionnaires de l'Empire	12	87 000
Aux survivants des blessés de 1848	232	118 320
Indemnités viagères aux victimes du coup d'État du 2 décembre 1851	17 544	4 235 000
	245 199	205 640 557

D'après *Annuaire statistique.*

Cours moyen annuel des rentes

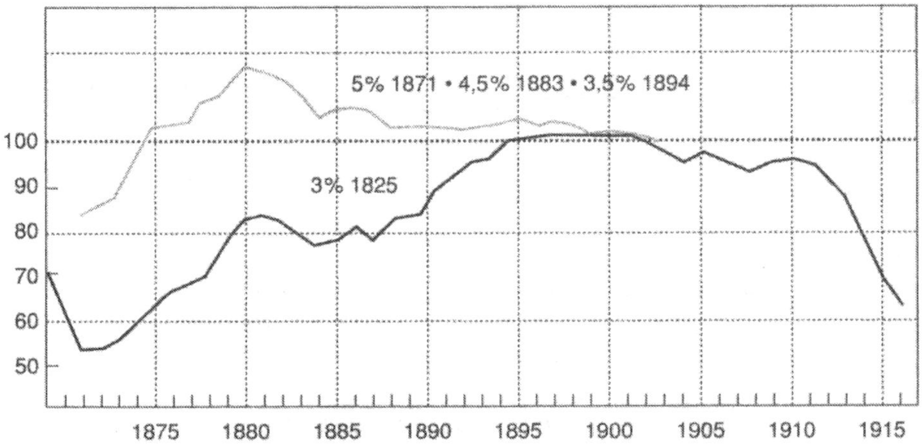

• 3% 1825 - Rente perpétuelle. Loi du 27 avril 1825 créant la rente 3% à l'occasion du milliard des émigrés.

• 5% 1871 - Loi du 21 juin 1871 autorisant l'emprunt de 2 milliards et loi du 15 juillet 1872, un nouvel emprunt de 3 milliards - Convertie ensuite en 4,5 puis 3,5%, puis 3%.

• On pourra mettre en rapport l'évolution des rentes avec l'évolution de la conjoncture économique ou politique.

6

La société française (1871-1914)

1. Démographie

A. Évolution numérique

Le facteur démographique est peut-être l'élément le plus important et le plus facilement perceptible de l'évolution de la France : en 1914 la France est un pays vieux. En 1871, après la perte de l'Alsace-Lorraine, la population s'élevait à 36,1 millions; au dernier recensement, en 1911, elle n'atteignait que 39,6 millions : le taux d'accroissement annuel, qui était de 0,58 % sous la monarchie de Juillet, était déjà tombé à 0,36 % sous le Second Empire; il descend encore à 0,2 % ensuite, et 0,13 à partir de 1901, tandis que le taux allemand est de 1,1 %, celui du Royaume-Uni de 0,9 %, celui de l'Italie de 0,7 %. Dans le temps où la population française augmente de 9,7 % entre 1872 et 1911, la population allemande augmente de 51 %, celle du Royaume-Uni de 48 %, celle de l'Italie de 41 % en dépit d'une importante émigration que ne connaît pas la France, pays au contraire d'immigration. Depuis 1890, à sept reprises, le nombre des décès est supérieur à celui des naissances; la moindre épidémie d'influenza suffit à rendre une année négative. Le taux net de reproduction reste au-dessous de 100 depuis 1890 : le remplacement des générations n'est plus assuré; par contre la durée de vie moyenne est plus longue : de 39 ans pour les hommes et 40,6 pour les femmes sous le Second Empire, elle passe à 45,35 et 48,72 en 1900, 48,49 et 52,41 en 1913 : 13 % de la population a plus de 60 ans, 25 % a moins de 15 ans.

La mortalité a diminué : de 860 000 en moyenne sous le Second Empire, le nombre de décès est descendu à 703 000 en 1913, et le taux de mortalité de 23,7 à 17,7; il est de 15,6 à Paris, ville à population jeune et renouvelée, de 19,6 dans les villes de plus de 100 000 habitants, de 18,7 dans les petites villes de moins de 10 000 habitants; la moyenne reste plus élevée en ville (18,68) qu'à la campagne (16,5). La diminution de la mortalité s'explique aisément; c'est son caractère anormalement élevé qui est plus difficile à expliquer, car le taux de mortalité est de 13,8 en Angleterre, de 15 en Allemagne; la mortalité infantile est particulièrement forte, elle n'est descendue que de 18 % sous le Second Empire à 11,2 : insuffisance de l'hygiène, alcoolisme, semblent les causes d'un délabrement physique inquiétant, qui ne permet de classer en service militaire actif que le tiers du contingent.

Le nombre de naissances, qui avoisinait le million sous le Second Empire, descend rapidement jusqu'en 1890, puis à nouveau à partir de 1901, pour se situer à 745 000 en 1913; le taux de natalité s'abaisse de 26‰ à 18,7; les régions rurales gardent encore un taux moyen plus élevé que celui des villes, 19‰, mais l'écart diminue à mesure que la population jeune quitte les campagnes; 20,4 pour les petites villes, 18,3 pour les villes moyennes, 17,12 pour Paris. En 1914, 75 % des familles comptent moins de 3 enfants; le nombre des naissances illégitimes est considérable : 1 enfant sur 4 à Paris, 18 % dans les villes de plus de 100 000 habitants.

Il est difficile de cerner les causes de la dénatalité; la guerre de 1870 (500 000 pertes démographiques), dont les effets se font sentir à partir de 1892; l'âge élevé des époux au moment du mariage (36 % des hommes ont plus de 35 ans); peut-être l'introduction du divorce en 1884, qui fait passer le nombre des ruptures de 1 657 cette année-là à 14 000 en 1913; la crise économique entre 1880 et 1896, mais il n'y a pas d'amélioration ensuite; l'embourgeoisement progressif d'une population qui cherche à mieux vivre, à épargner pour doter la fille, installer le fils; le déclin religieux certainement; le développement de l'instruction; les avortements et les pratiques anticonceptionnelles... toutes ces causes s'inscrivent dans un processus d'origine lointaine puisqu'il était déjà sensible au XVIIIe siècle.

La dénatalité varie suivant les régions : forte dans les régions montagneuses, dans le Midi à cause de la crise agricole, en Normandie à cause du développement de l'élevage, en général dans les régions agricoles qui n'offrent pas assez d'emplois, elle est faible dans les régions industrielles comme le Nord et dans les zones demeurées catholiques comme l'Ouest. Elle varie aussi suivant la couche sociale : la haute bourgeoisie, dont les enfants ont un nombre limité de débouchés, est touchée, mais plus encore la bourgeoisie moyenne, celle des professions libérales, dont les membres sont souvent soucieux de voir un fils leur succéder; la petite bourgeoisie, fraîchement issue des campagnes, conserve un taux plus élevé; les couches populaires ont perdu la forte natalité qu'elles avaient autrefois; les agriculteurs sont portés par le droit successoral à avoir peu d'enfants, et les ouvriers, dont les enfants ne peuvent plus travailler avant 13 ans depuis l'obligation scolaire, redoutent les charges familiales en l'absence d'allocations.

Le danger démographique n'a pas échappé aux contemporains : dès 1874 le docteur Adolphe Bertillon jetait un cri d'alarme dans sa *Démographie figurée de la France*; mais les pouvoirs publics restèrent indifférents; les défenseurs de la famille appartenaient surtout aux milieux catholiques, et la lutte contre l'Église empêchait qu'ils puissent trouver audience. Les premiers efforts furent l'œuvre de quelques entrepreneurs de l'Isère à partir de 1884, puis du Nord et de Champagne, où les employeurs comme Léon Harmel, inspirés par le catholicisme social, accordèrent des primes à la naissance. Les compagnies de chemins de fer attribuèrent aussi à leurs agents un supplément de salaire suivant les charges de famille. En 1896, le fils du docteur Bertillon lança le mouvement nataliste en créant l'Alliance nationale contre la dépopulation ; il finit par alerter les pouvoirs publics, qui accordèrent en 1900 des allocations aux postiers, autorisèrent en 1904 les conseils généraux à verser des aides, fournirent en 1913 un supplément familial aux militaires jusqu'au grade de commandant. La loi d'assistance aux familles nombreuses, votée en 1913, accorda des secours aux familles de quatre enfants sous réserve d'un salaire maximum ; enfin, la loi de 1914 qui créa l'impôt sur le revenu prévoyait des abattements pour charges de famille : c'était un secours, non une allocation reconnue comme un droit.

B. Les mouvements migratoires

a) L'immigration étrangère. Le Français n'émigre pas ; jusqu'en 1884, le contingent annuel d'émigrants (l'Empire colonial mis à part) ne dépasse pas 5 000 ; c'est seulement dans la phase aiguë de la crise du phylloxéra, entre 1884 et 1891, que les départs sont plus importants (32 000 en 1889). Par contre, la faiblesse démographique entraîne un fort courant d'immigration ; la loi de 1889 a favorisé les naturalisations et accordé la nationalité française aux enfants d'immigrés nés en France ; pour 6 789 naturalisations entre 1871 et 1888, on en compte 83 348 entre 1889 et 1913. En 1911 subsistent 1 160 000 étrangers, soit près de 3 % de la population totale, sur lesquels 20 % sont dans la région parisienne, 21 % dans le Sud-Est, 16 % dans le Nord, 6 % en Meurthe-et-Moselle. Les Italiens forment 37 % du nombre, les Belges 25 %, les Espagnols et les Allemands 9 %.

b) Les migrations internes. Les causes de l'exode rural sont répulsives et attractives : d'une part la crise agricole, l'émiettement du sol entraîné par le droit successoral, la rudesse de la vie campagnarde, d'autre part l'attrait des villes favorisé par les transports, les offres d'emploi dans l'industrie, le genre de vie urbain, l'espoir d'une promotion sociale, l'ouverture psychologique due au service militaire et à l'enseignement. La population rurale (agglomérations de moins de 2 000 habitants) est passée de 26,5 millions en 1861 à 22,1 en 1911 ; l'exode est important jusqu'en 1891, correspondant à la crise viticole, puis il diminue jusqu'à ne plus compter que 60 000 départs annuels entre 1901 et 1905, enfin il augmente brusquement à partir de 1906 avec la forte poussée industrielle. En 1876, près de 76 % de la population était rurale ; en 1911, la proportion est descendue à 55,8 %.

Les villes ont bénéficié à la fois de cet apport et de la plus grande partie de l'immigration. En 1911, 14,4 % des Français vivaient dans des villes de plus de 100 000 habitants, 11,6 % dans des villes de 20 000 à 100 000 habitants ; la France compte 15 villes de plus de 100 000 habitants (mais le Royaume-Uni 43 et l'Allemagne 45). La population parisienne est passée de 1 million d'habitants en 1850 à 2,2 en 1880 et 2,9 en 1911, ce qui sera son maximum ; la banlieue augmente de 800 000 habitants entre 1880 et 1911 ; Marseille passe de 195 000 en 1850 à 586 000 en 1911, Lyon de 177 000 à 524 000.

Il reste cependant que la proportion de population rurale est encore très élevée, beaucoup plus que dans les autres pays industrialisés (23 % en Angleterre) ; la politique opportuniste a freiné, par ses mesures protectionnistes, le dépeuplement des campagnes, soit par attachement sentimental à la terre, soit dans l'espoir de conserver une clientèle rurale et conservatrice par tradition. Cette densité d'occupation rurale est un obstacle aux progrès de la production et un frein au développement industriel.

C. La population active

La population active est donc peu nombreuse et âgée ; en 1911, elle compte 21 millions de personnes, 13,2 millions d'hommes et 7,7 millions de femmes. Sur le nombre 8,57 millions sont dénombrés comme « patrons » ou indépendants, dont 3,9 millions de femmes, 4,6 millions d'hommes qui sont en grande partie des agriculteurs ; la population active masculine dans l'agriculture semble être descendue de 7,3 millions en 1862 à 4,7 en 1913 ; en 1876 la population active masculine était pour 52 % dans le secteur primaire, 26 % dans le secteur secondaire, 22 % dans le secteur tertiaire ; en 1906, les proportions sont passées à 44 %, 30,5 %, 25,5 % ; le secteur tertiaire se gonfle de petits boutiquiers et de débitants de boissons, alors que manquent les véritables agents commerciaux semblables à ceux que possède l'Allemagne pour son commerce extérieur. La population ouvrière est âgée et s'adapte mal aux nouvelles techniques ; la population agricole, trop nombreuse, impose le maintien de prix trop élevés et se défend par des barrières douanières pour se protéger contre la concurrence. A travers une certaine évolution la population fait preuve d'une remarquable stabilité, mais le poids humain de la France dans le monde est devenu très faible et le malthusianisme démographique doit entraîner un malthusianisme économique.

2. L'évolution de la société

L'évolution sociale de la France subit le double effet de la conjoncture économique et de la démographie ; c'est pourquoi les mutations sociales n'y sont pas rapides ; on peut cependant discerner des variations plus ou moins sensibles suivant les couches sociales, et surtout très différentes entre la capitale et la province. Celle-ci conserve davantage sa hiérarchie sociale, la tradition de ses fêtes civiles et religieuses, son rythme de vie quotidien et saisonnier, fait des promenades traditionnelles, des longues discussions dans les cafés ou des réunions de salons; Paris, en regard, se transforme très vite depuis la fin du siècle jusqu'à la guerre, dans ces années auxquelles les générations d'après-guerre songeront avec nostalgie, en ne voyant dans cette «Belle Époque» que la surface brillante, et oubliant toutes les crises sociales qui l'ont traversée.

Paris s'identifie en effet au mythe de la «Belle Époque». Les omnibus à impériale, attelés à deux ou trois chevaux, laissent la place depuis 1897 aux tramways électriques, autobus à moteur, taxis que la bataille de la Marne a rendus célèbres. La première ligne du métropolitain, Vincennes-Maillot, est inaugurée le 16 juillet 1900. Depuis 1884, le préfet de la Seine, Poubelle, a imposé aux propriétaires l'emploi de récipients auxquels on a donné son nom. La plupart des rues sont encore éclairées par des becs de gaz, mis en fonctionnement chaque soir par le classique allumeur de réverbère. L'éclairage électrique, tenté en 1878 sur la place de l'Opéra, a été depuis étendu aux grandes artères. Paris est la ville où se presse le «monde», le «Tout-Paris», la ville des cafés-concerts et des théâtres; Bruant prend en 1885 la direction du *Chat Noir* et y interprète ses chansons populaires et sentimentales; Mounet-Sully brille dans le théâtre classique depuis 1872, Réjane débute au vaudeville en 1875, Lucien Guitry commence sa longue carrière dans *La Dame aux Camélias* en 1878, Sarah Bernhardt crée avec lui *l'Aiglon* en 1900. En 1909, Serge de Diaghilev fait triompher au Châtelet ses nouveaux ballets avec Tamara Karsavina, Nijinski, Fokine.

Les théâtres de quartiers mettent à la portée des employés et cousettes, d'un public de «poulailler», les pièces nouvelles, tandis qu'un public d'avant-garde applaudit depuis 1887 aux pièces réalistes ou naturalistes du Théâtre Libre d'Antoine. C'est le Paris des champs de courses, Auteuil, Longchamp, celui de Boniface de Castellane, qui, enrichi par son mariage avec la fille de Gould, le roi des chemins de fer américains, fait du Maxim's, qui inspire la pièce de Feydeau en 1899, le carrefour du monde célèbre.

Paris est aussi la ville des expositions universelles. La première, en 1878, fut celle de la renaissance après la défaite; elle s'étendait sur le Champ de Mars, l'esplanade des Invalides, la colline de Chaillot, où l'on avait construit le Trocadéro. La deuxième, en 1889, célébra le centenaire de la Révolution, c'est pourquoi la plupart des pays européens refusèrent d'y participer officiellement; elle réussit pourtant brillamment avec ses deux grandes réalisations, la Galerie des Machines et la tour Eiffel. La troisième enfin, en 1900, fut le triomphe du luxe, la manifestation de la «Belle Époque» avec la construction du pont Alexandre III, la perspective des Invalides, du Grand et du Petit Palais, sa grande roue et la reconstitution du Paris au Moyen Âge.

Il y a pourtant deux Paris : le Paris luxueux des quartiers de l'Ouest, de la chaussée d'Antin, des avenues rénovées sous le Second Empire avec ses hôtels particuliers et ses appartements bourgeois encombrés de meubles et de «chinoiseries», calfeutrés de coussins, de tentures et de tapis, le Paris du Modern Style, qui, en réaction contre les lignes d'autrefois, multiplie l'enchevêtrement des courbes jusque dans le décor des stations de métro, et le Paris ouvrier ou simplement bourgeois, qui n'a pas été transformé par Haussmann. Les travaux du Second Empire sont en façade ; dans l'immédiat voisinage des grandes percées et dans les quartiers de l'Est, à Belleville et à Ménilmontant subsistent les vieux immeubles et les taudis, les rues grouillantes d'un petit peuple remuant et cocardier, meilleur représentant de la tradition et de la verve parisiennes : Gavroche et Crainquebille ne sont pas morts.

Le fait nouveau est la croissance d'une banlieue résidentielle et industrielle ; dans le temps où la population croissait de 50 %, celle de la banlieue croissait de 150 % : maisons de campagne et guinguettes vers la vallée de Chevreuse et Versailles, paysages industriels aux portes de la capitale, vers La Villette, La Chapelle, Puteaux, berceau de l'automobile, où de Dion fonde son atelier en 1882, Billancourt, où les frères Renault construisent en 1898 leur première voiture, Levallois, où s'installent les usines Delage, Latil, Packard, entre 1900 et 1914. Paris est devenu un centre de grosse industrie, mais en même temps s'est renforcé le clivage entre deux populations et deux types de quartiers qui s'ignorent.

A. Les classes dirigeantes

La position sociale ne se définit plus par la naissance, mais par la puissance ou par la fortune, les deux forces sociales se trouvant souvent confondues.

a) L'ancienne aristocratie subsiste, mais elle n'a pu survivre qu'en engageant une partie de sa fortune foncière dans les affaires mobilières, ou en s'unissant par mariage à la haute bourgeoisie financière et industrielle. Milieu fermé lecteur du *Gaulois* ou du *Figaro,* donnant le ton à la vie mondaine, conservant ses rites, ses manifestations traditionnelles, les bals annuels, les courses, les transports à Deauville. L'aristocratie ne dédaigne pas de donner ses fils à la diplomatie, à l'armée ou à la marine, parfois à l'Église.

b) Une haute bourgeoisie de banquiers, grands industriels, formant des dynasties mêlées au « Monde » ou aspirant à y pénétrer, les Say, Casimir-Périer, H. Germain, Schneider, membres de la Haute Banque, détenteurs du pouvoir économique. Les fils tiennent les hauts postes de la fonction publique, dont la faiblesse des traitements est compensée par la fortune privée ; souvent ils reviennent au secteur privé après quelques années passées au service de l'État, ils « pantouflent », tissant ainsi un réseau de liens entre l'administration et l'économie. L'École libre des Sciences politiques a été fondées par E. Boutmy en 1872 pour donner au pays les cadres qui lui avaient manqué.

Très différente, la haute bourgeoisie provinciale, lyonnaise ou du Nord, faite de banquiers, filateurs, métallurgistes, identifiant l'entreprise à la famille, conserve son caractère traditionnel de travail, d'austérité ; elle est conservatrice ou libérale, catholique ou protestante, souvent tournée vers le paternalisme par le souci d'autorité et les convictions d'une mission providentielle.

c) Les membres des professions libérales, dont la force sociale est liée à celle des couches précédentes, avocats célèbres, chirurgiens et médecins, notaires et hommes de loi qui parviennent à fréquenter les salons.

d) Le personnel politique. Le nouveau personnel entre dans la voie parlementaire avec l'espoir de devenir ministre ; bien que traités de « politiciens » par les anciens, qui voyaient dans la carrière politique un honneur plus qu'une puissance, ils gardent des liens avec la haute société ; opposés à la haute bourgeoisie sur le plan politique, les opportunistes lui restent liés sur le plan social.

B. Moyenne et petite bourgeoisie

Couche intermédiaire difficile à définir, correspondant à la nouvelle couche sociale invoquée par Gambetta. Elle se distingue par la nature de ses activités, non manuelles ; par sa recherche des diplômes et son attachement mythique au baccalauréat ; par la solidité des liens familiaux, qui créent une cellule isolée et soudée ; par son travail et son sens de l'épargne — le bourgeois n'achète pas à crédit — par son logement, qui tente d'imiter celui du grand monde, appartements de couleurs sombres, isolés du monde extérieur, mal éclairés, aux lourdes tentures, où les repas de midi et du soir rassemblent la famille dans la salle à manger Henri II aux sièges recouverts de cuir de Cordoue ; par son soin du vêtement, chapeau, col dur, jaquette ou redingote, veston vers 1900, chapeaux à plumes et à voilettes pour les femmes ; par l'éducation donnée aux enfants, garçons destinés à prendre la succession du père ou à préparer examens et concours, filles ménagères, instruites au pensionnat, sans ouverture vers une vie professionnelle que la femme mariée ne connaîtra pas, bien que quelques professions commencent à s'offrir à elle, la dentisterie en 1892, le barreau en 1900 et surtout l'enseignement.

a) Au niveau supérieur, une bourgeoisie moyenne de banquiers provinciaux, petits industriels, membres des professions libérales, ingénieurs, journalistes, professeurs, magistrats, indépendants ou salariés mais notables, jouant un rôle important en province par le prestige de leur culture, animant sociétés et académies, qui achètent des rentes ou des valeurs mobilières pour constituer une dot à leurs filles ou pour avoir enfin le plaisir et l'honneur de l'oisiveté du rentier, entourés de la considération générale.

b) Au niveau inférieur, la masse immense des « classes moyennes », récemment issues de la paysannerie, bourgeoises par le genre de vie, par la volonté farouche de progression vers la « bonne bourgeoisie », prolétaires par le niveau de vie et les attaches conservées avec le monde ouvrier ou rural, premier degré de la promotion sociale que donne l'instruction, petits commerçants, petits employés, petits fonctionnaires, réservoir du radicalisme hostile aux « gros », défenseur des « petits » tels que les définissait Ferdinand Buisson : « Petits bourgeois, petits patrons, petits commerçants, petits propriétaires ruraux, petits employés, petits fonctionnaires ont découvert qu'ils sont plus près de la classe ouvrière que de la haute banque... Les radicaux sont l'âme d'un parti bourgeois qui a l'âme d'un parti peuple. » On compte en France en 1910 près de 1,5 million de patentes, et 480 000 débits de boissons, un pour 53 adultes.

C. Les fonctionnaires

a) Leur importance s'accroît avec l'augmentation du nombre des ministères, la complexité de l'administration, le développement de l'enseignement et des communications : ministères de l'Agriculture et des Beaux-Arts en 1881, des Colonies en 1894, de la Prévoyance sociale et du Travail en 1906; un ministère compte de 12 à 14 départements. Les effectifs civils passent de 320 000 sous le Second Empire à 468 000 en 1914 (sans le clergé).

Effectifs des fonctionnaires (1914)

Instruction publique	150 100	Intérieur	1 800
PTT	122 800	Travail	1 500
Finances	73 100	Affaires étrangères	1 100
Armées (civils)	71 200	Colonies	1 300
Travaux publics, transports	21 400	Industrie	900
		Militaires de carrière	152 000
Justice	14 900		
Agriculture	8 400		620 500

L'augmentation est très faible dans les ministères anciens et pour un même ministère dans les fonctions supérieures. La croissance est sensible parmi les petits fonctionnaires; 21 % sont des femmes, surtout dans les Postes et l'Enseignement. Les membres de l'enseignement mis à part, le recrutement s'est fait d'abord par le surnumérariat, puis les concours de recrutement ont été généralisés, en dernier lieu pour la magistrature en 1906.

b) Leur condition. Le fonctionnaire reçoit un traitement annuel, dont le douzième lui est versé chaque mois; en 1913, le facteur parisien débute à 1 400 F par an et culmine à 2 100, l'instituteur termine sa carrière à 2 500, le professeur de Faculté à 15 000, le chef de bureau de ministère à 12 000 F. Les postiers seuls perçoivent des allocations familiales depuis 1900. Par contre, les fonctionnaires bénéficient depuis la loi de 1853 d'une pension de retraite moyennant une retenue de 5 % sur le traitement, avec un maximum de pension égal à 50 % du traitement des six dernières années et un minimum de 750 F par an; sécurité de l'emploi, privilège de la retraite, prestige de la fonction forment des attraits remarquables malgré le discrédit que Courteline a voulu attacher à *Messieurs les ronds de cuir* (1893).

Mais le fonctionnaire de l'administration, serviteur de l'État, est soumis sans contrepoids à l'autorité de ses supérieurs; il réclame donc un statut officiel et le droit syndical. L'État tolère les syndicats formés parmi les cheminots de son réseau, les ouvriers des manufactures de tabac et des allumettes, il les interdit aux employés et agents administratifs. En 1907 Clemenceau, affronté à une grève des facteurs et des instituteurs, leur refuse à nouveau le droit syndical, et se trouve dans la situation paradoxale d'être appuyé par la droite et attaqué par la gauche. En 1909 une Fédération des Fonctionnaires illégale déclenche à nouveau parmi les postiers une grève qui est brisée par Barthou avec 800 révocations. En août 1910 un syndicat des instituteurs réunit à Chambéry 6 000 participants en un congrès dont les manifestations d'antimilitarisme entraînent la dissolution du syndicat.

En 1914 les fonctionnaires se plaignent des abus des déplacements, demandent la stabilité de l'emploi et la formation de conseils de discipline élus.

D. La société militaire

a) La recrutement. Les lois militaires de 1872, 1889, 1905 ont abouti à la disparition à peu près totale des exemptions, de sorte que la France est le seul pays, étant donné la situation démographique où elle se trouve, à être contraint de lever tout le contingent des hommes « bons pour le service » : le Français paie l'« impôt du sang ». La diminution du temps de service en 1905 n'a pas fait baisser l'effectif total, qui est passé, pour les troupes stationnées en France et en Afrique du Nord, de 440 000 en 1873 à 573 000 en 1910; la loi de 3 ans adoptée en 1913 porte l'effectif à 770 000 hommes. D'autre part, depuis 1871, ont été formées des unités coloniales encadrées par des Européens, auxquelles Mangin fit obtenir en 1900 un statut organique; les forces coloniales apportaient en 1914 une contribution de 80 000 hommes.

Le nombre d'officiers encadrant cette armée a très peu varié : de 20 297 en 1873, le nombre d'officiers descend à 15 842 en 1885 et remonte à 23 130 en 1901 pour diminuer encore de 1 500 unités en 1910. La variation est fonction de la situation faite à l'officier dans la nation.

b) La condition de l'officier. La défaite et l'espoir d'une revanche prochaine ont d'abord attiré vers le service les fils de la haute bourgeoisie et de l'aristocratie; les écoles religieuses dirigeaient une proportion croissante de leurs élèves vers Saint-Cyr et Polytechnique; par ailleurs, la diminution du revenu des propriétés terriennes, la fermeture de certaines carrières administratives aux familles conservatrices, ajoutaient à l'élan patriotique pour alimenter les cadres de l'armée. Dans la période 1871-1890, le recrutement par concours fournit la moitié des officiers; le reste est tiré des sous-officiers qui sont passés par Saint-Maixent ou Versailles, mais sans avoir l'espoir de parvenir aux mêmes grades supérieurs que leurs camarades.

Après le boulangisme l'esprit antimilitariste se répand dans une bourgeoisie qui est atteinte par la loi militaire de 1889, dans les milieux républicains, qui voient dans l'armée une source de dépenses inutiles, une école de paresse et de vices, et parmi les milieux révolutionnaires, pour qui l'armée est le soutien du régime social. Les cadres de l'armée issus de milieux catholiques ont été aussi heurtés par les lois religieuses de 1901 et 1905, dont ils ont été parfois obligés d'assurer l'exécution. L'officier, rejeté par une opinion qui ne croit plus à la revanche, et qui souvent ne la souhaite pas, frappé par le déferlement des passions dans l'affaire Dreyfus, atteint par les mesures de Galliffet et d'André, cherche sa raison d'être. De 1890 à 1900, le nombre des candidats à Saint-Cyr diminue de moitié. La situation matérielle est également dure : contraint à des changements fréquents de garnison, souvent chargé d'une famille nombreuse mais privé de vie familiale, le capitaine a une solde de 5 000 F par an.

Dans cette incertitude sur le sens de sa mission, l'officier peut trouver deux issues : soit l'aventure coloniale, qui le sort de la routine et lui restitue l'indépendance créatrice, telle que l'ont définie les *Instructions* de Gallieni en 1898 («ne ruiner que pour mieux bâtir») et les vues de Lyautey en 1900 (*Rôle colonial de l'armée*) soit l'action sociale, telle que l'a exposée Lyautey dans un article paru en 1891 dans la *Revue des deux mondes (Du rôle social de l'officier dans le service militaire universel*); Lyautey, déçu par le caractère de l'enseignement reçu, séduit par la doctrine sociale d'Albert de Mun, y développe les idées qui seront reprises peu après dans *Rerum Novarum* sur la réconciliation des classes et la mission éducative des couches dirigeantes; le rôle de l'officier en particulier, dans une société où il n'a plus le monopole de la fonction guerrière, doit être celui d'un éducateur social. Il rejoignait ainsi, mais par une autre voie et en partant d'une autre philosophie, les vues radicales sur la finalité de l'armée.

A partir de 1906 s'opère un redressement dû aux menaces de guerre et au développement d'une philosophie nouvelle, qui reportent l'attention des milieux intellectuels sur le rôle de l'armée comme agent de discipline nationale et de patriotisme; les efforts des ministres de la Guerre Millerand et Messimy, de Joffre, chef d'état-major en 1911, pour resserrer les liens entre la nation et son armée, ne sont pas sans effets sur l'Union Sacrée en 1914.

E. La société rurale

a) La structure. La France est en très grande partie un pays de propriété privée; celle-ci couvre 48 millions d'hectares ou 88 % du territoire, le reste appartenant à l'État (1 million) ou aux communes (4,5). L'exode rural n'a pas entraîné de changements profonds dans la structure : en 1862, sur 3 186 000 exploitations supérieures à 1 ha, 75 % avaient moins de 10 ha, 20 % couvraient entre 10 et 40 ha, 5 % avaient plus de 40 ha. En 1913, sur 3 500 000 exploitations, 74 % sont inférieures à 10 ha, 22 % ont entre 10 et 40 ha, 4 % ont plus de 40 ha; mais la première catégorie couvre 23 % de la superficie, la deuxième 31 %, la troisième 46 %; 150 000 exploitants disposent de près de la moitié de la terre. Entre 1862 et 1913, quelques milliers de grandes propriétés appartenant à l'aristocratie surtout ont été partagées, mais la grande propriété domine encore nettement à côté d'une petite exploitation largement majoritaire en nombre; en outre, les 3,5 millions d'exploitations supérieures à 1 ha sont éparpillées en 125 millions de parcelles, surtout sur les terres pauvres de la moitié Sud et de l'Ouest.

La structure agraire n'a pas évolué vers la concentration, mais au contraire vers un morcellement plus grand. Par contre, parfois la grande propriété a changé de main, acquise aux dépens de l'ancienne noblesse par des industriels, banquiers, ou des membres des professions libérales.

Quelques dizaines d'exploitations emploient plus de 50 salariés, mais les deux tiers des exploitations se contentent de la main-d'œuvre familiale, quitte à employer des saisonniers, parfois étrangers, qui se déplacent en équipes pour les vendanges, les moissons, la campagne sucrière ou les travaux d'entretien. Sur une population active évaluée en 1911 à 8,5 millions, les ménages «patrons» forment plus de 5 millions de personnes : 61 %; les ouvriers et employés agricoles sont au nombre de 2 400 000 pour les hommes, 890 000 pour les femmes; encore faudrait-il connaître sur ce nombre la part des aides familiaux. Le nombre des salariés de l'agriculture a fortement diminué par l'exode rural, auquel ils ont été les plus sensibles, soit à cause de l'attrait exercé par la ville, soit par l'introduction du machinisme, adopté par les exploitants devant la hausse des salaires; le salaire quotidien du journalier est monté de 2,50 F par jour en moyenne en 1892 à 4 F en 1913, soit une hausse de 60 % pour 20 % de hausse des prix.

Le faire-valoir direct domine largement et tend à augmenter, mais souvent le propriétaire exploitant, n'ayant pas assez de terre, doit être en même temps fermier, métayer ou ouvrier agricole; d'où la difficulté des statistiques. L'enquête agricole de 1892 révèle que 80 % des exploitations, couvrant 60 % de la superficie cultivée, sont en faire-valoir direct; 14 % couvrant 27 % sont en fermage, surtout au Nord et dans le Bassin parisien; le métayage, encore fréquent dans l'Ouest, ne concerne que 6 % des exploitations mais couvre 13 % de la superficie : les fermes et métairies sont en général d'une étendue plus grande que les domaines exploités directement par le propriétaire.

b) *La condition matérielle.* Tous les revenus agricoles ont augmenté entre 1850 et 1914, plus pour le fermier que pour le propriétaire exploitant; mais les prix agricoles sont plus sensibles que les prix industriels à la conjoncture après une hausse rapide jusqu'en 1880, ils baissent jusqu'en 1895 et remontent ensuite fortement; les variations sont très sensibles suivant les années; la remarque est vraie surtout pour les vignerons, qui n'ont pas encore surmonté la crise du phylloxéra d'abord, puis celle de la surproduction. L'enquête de 1908 montre combien les viticulteurs sont encore endettés. La rente foncière (perçue par le propriétaire non exploitant) suit la montée des prix jusqu'en 1880, baisse avec les prix ensuite, mais ne regagne pas après 1895 tout le terrain perdu. Le propriétaire payé en nature a été le plus atteint par la baisse des prix entre 1880 et 1895, ce qui explique la baisse relative de la fortune foncière et du revenu agricole dans la fortune nationale et le revenu national.

Il faut ajouter que, si le travail à domicile se maintient dans quelques régions comme la Picardie, ou la région lyonnaise, l'industrie rurale tend à disparaître, enlevant à l'agriculteur une ressource d'appoint essentielle.

Cependant l'amélioration est nette, même si elle est moins sensible qu'en ville ; le plancher de terre battue est plus rare, les fenêtres ont des vitres, les toits de tuiles ou d'ardoises se répandent, l'étable tend à être séparée de la maison d'habitation, l'éclairage au pétrole apparaît. L'alimentation est meilleure, on consomme davantage de sucre, de viande, le service militaire contribue à répandre la consommation du vin ; les catalogues des grands magasins et les ventes par correspondance, en répandant au loin les vêtements urbains, font reculer les costumes typiquement agricoles et régionaux. Les diversités traditionnelles tendent à s'atténuer par les communications, la pénétration des journaux, l'armée, l'école.

c) *Une mutation limitée.* Mélange de conservatisme, de tradition et de progrès, la société rurale est attachée à la propriété privée, mais se sépare lentement de la tradition, à mesure que la dépendance à l'égard de l'Église et du hobereau disparaît. C'est dans les milieux ruraux que se retrouve la plus forte proportion d'illettrés ; en 1911, 16 % des patrons paysans sont recensés comme illettrés, et 21 % de leurs épouses ; 13 % des ouvriers, qui sont plus jeunes, 18 % des ouvrières : l'effet des lois scolaires est visible, mais le retard sur le milieu urbain est sensible, où 8 % des ouvriers sont illettrés et 10 % des ouvrières. Pourtant, l'école apparaît au paysan plus qu'à l'ouvrier facteur de promotion sociale : instituteurs et petits fonctionnaires forment la première étape d'une ascension souvent rapide à la génération suivante. Le radicalisme a pénétré largement dans les campagnes quand il est apparu comme un équilibre entre l'ordre et la liberté, entre le conservatisme et le mouvement. Le rapport est évident entre l'évolution économique et politique ; l'agriculteur est revendicatif en période de difficultés économiques, soucieux d'intervention de l'État protecteur, modéré et satisfait en période de prospérité. En général, l'école et le progrès économique ont répandu l'individualisme et l'indépendance envers le notable, en même temps que l'essor des communications ouvrait les esprits en établissant les contacts avec les milieux urbains.

Ces changements entraînent le recul des traditions, des fêtes folkloriques, des patois, des anciennes confréries, qui se transforment en sociétés de chasse ; la fête patronale demeure, mais tend à devenir laïque, et les marchés locaux sont concurrencés par la ville. René Bazin lance un cri d'alarme en 1889, mais les félibres, groupés autour de Mistral, livrent un combat en retraite, en s'efforçant de conserver le patrimoine du passé provençal.

L'Ouest sans doute mériterait une mention à part dans le respect qu'il conserve au recteur et au noble, mais il commence lui aussi à être pénétré par la démocratie chrétienne, qui est la tendance au mouvement.

d) *Un monde divers.* Le monde rural n'est pas fait seulement d'agriculteurs. Il a souvent son château, où se réunissent, autour du propriétaire noble ou du bourgeois qui a pris sa place, les notables locaux ; la vie intellectuelle y est faible, mais on joue, ou l'on donne des soirées agrémentées de concerts, on y discute les nouvelles apportées par les journaux; si l'on n'est pas libéral, on fréquente l'église, où l'on dispose du banc d'œuvre et dont on forme la fabrique. L'audience du curé a diminué, mais il fait encore figure d'homme de savoir et de conseil; il est en lutte avec l'instituteur, nouveau petit notable aux idées « avancées », qui en impose par sa culture; les notaires, médecins, vétérinaires, juges de paix sont souvent d'opinions contraires, tout en s'accordant sur le point essentiel de la conservation des choses.

L'autonomie rurale se complète avec les métiers manuels et commerçants, cabaretiers, épiciers, qui font crédit et que l'on règle quand se produit une rentrée d'argent; maréchaux-ferrants, forgerons, tisserands, cordiers, charrons, boulangers, charpentiers et maçons font encore du village une unité économique complète en rapport avec quelque banque locale dont on connaît personnellement le directeur. Néanmoins une évolution est déjà sensible dans le Nord, qui tend à faire du paysage rural un paysage strictement agricole. Le milieu rural reste le plus divers, et, malgré une participation active à la vie nationale, jamais il n'y eut de parti paysan.

F. Les travailleurs de l'industrie

a) La condition professionnelle. Sur une population industrielle estimée en 1911 à 7 474 000 personnes, les patrons, hommes et femmes, sont recensés pour 2 079 000. Sur le nombre, plus de la moitié sont des artisans travaillant sans main-d'œuvre; l'évolution des techniques, les machines, en ont fait diminuer le nombre; les meuniers reculent devant les minotiers, les cordonniers devant les industriels de la chaussure, les tailleurs et couturières devant la confection; les anciennes sociétés de compagnonnages ont à peu près disparu; l'artisan a fait son apprentissage chez un autre artisan, souvent chez son père.

Les travailleurs à domicile sont encore nombreux, travaillant à la pièce pour le compte d'un fabricant ou d'un grand magasin, dans le tissage, la lingerie, dentelle, broderie, ganterie, horlogerie, le travail des pierres précieuses; il est plus dépendant que tout autre envers l'entrepreneur, qui fixe le tarif.

La concentration en usine ou en atelier reste faible; pour 900 000 employeurs on compte 5,4 millions de salariés, hommes et femmes; en comparant les résultats publiés par l'Office du Travail, créé en 1891, et ceux du dernier recensement professionnel de 1906, il semble que le nombre d'employeurs ait diminué de 10 %, que le nombre de salariés ait augmenté de 18 %, artisans devenus salariés, ou travailleurs agricoles passés à l'industrie; par rapport au Second Empire, la diminution serait de 43 % pour les employeurs, l'augmentation de 80 % pour les salariés. Néanmoins, l'entreprise est petite : en 1906, la moyenne est de 711 salariés par entreprise dans la métallurgie, 449 dans les mines, 96 dans la verrerie; mais un tiers des salariés travaille dans des entreprises de moins de 10 ouvriers et la moitié des entreprises en ont moins de 50, ou encore, sur 900 000 entreprises, 1 % emploie plus de 50 ouvriers; 84 % ont de 1 à 4 salariés, 14 % de 5 à 50, 1 % de 51 à 500, 0,08 % plus de 500 salariés. L'emploi des femmes et des enfants est prédominant dans certaines branches particulières : fabrique de perles (98 %), chapellerie (90 %), bonneterie (84 %).

Jusqu'à la fin du siècle la durée du travail était très variable suivant les entreprises, le moment de l'année et l'urgence des commandes ; en 1890, Albert de Mun citait un atelier de couture parisien où l'on avait travaillé 44 heures en trois jours ; le chômage saisonnier variait aussi beaucoup ; en 1891, on a travaillé à Paris de 287 à 312 jours dans le livre, de 265 à 360 parmi les terrassiers, de 276 à 300 dans le textile ; la moyenne pour l'ensemble des industries était de 290 jours ; le chômage néanmoins est faible : 10 % à la fin du siècle, 5 % en 1913. La loi du 19 mai 1874 sur le travail des enfants et des filles mineures dans l'industrie interdit aux enfants de travailler avant 12 ans et limite la durée à 12 heures par jour jusqu'à 16 ans, interdit le travail de nuit (21 heures-5 heures) aux garçons jusqu'à 16 ans, aux filles jusqu'à 21 ans ; le travail souterrain est interdit aux filles et aux femmes ; des inspecteurs du travail se répartissent les 15 circonscriptions du territoire.

La législation devient plus importante et mieux appliquée à partir de 1890, surtout quand le Conseil supérieur du travail, dont la création avait été décidée en 1891, eut été organisé par Millerand avec 60 membres délégués élus par les employeurs et les employés, et des personnalités nommées. Le livret ouvrier, dont Napoléon III avait confirmé l'obligation en 1854, est supprimé en 1890. Le travail des enfants est à nouveau réglementé en 1892 par la loi qui porte l'interdiction à 13 ans, réduit à 10 heures la durée jusqu'à 16 ans avec maximum de 11 heures, la journée étant coupée par un ou plusieurs repos représentant au moins une heure. La loi (Millerand) du 30 mars 1900 sur le travail dans les établissements industriels prévoit de ramener à 10 heures et demie en 1902 et à 10 heures en 1904 la durée du travail dans les ateliers mixtes. Enfin, la journée du mineur est réduite à 8 heures en 1905.

L'obligation du repos hebdomadaire, supprimée en 1880, fut d'abord rétablie par le décret du 10 mars 1889 sur les conditions de travail dans les marchés passé pour le compte de l'État. Elle fut généralisée par la loi du 13 juillet 1906 pour tous les employés et ouvriers, le dimanche étant le jour de repos, sauf nécessité de service.

Dans les conflits du travail, la loi du 27 décembre 1892 a introduit une procédure facultative d'arbitrage à la suite d'une grève des mineurs de Carmaux ; elle fut utilisée par Waldeck-Rousseau en octobre 1899 dans un conflit entre Schneider et les ouvriers du Creusot qui avaient demandé l'intervention du président du Conseil ; mais ce précédent n'eut guère de suites.

La loi du 12 juin 1893 sur l'hygiène et la sécurité eut peu d'effets malgré les interventions des inspecteurs du travail jusqu'au vote de la loi du 9 avril 1898 sur les accidents du travail : l'ouvrier accidenté ne pouvait jusque-là se retourner contre le patron que s'il faisait la preuve de sa faute ; la loi rend le patron responsable et prévoit le versement d'une pension des deux tiers du salaire en cas d'incapacité permanente, d'une rente annuelle de 20 % à la femme en cas de décès, avec majoration pour charges de famille.

b) La condition matérielle. Les renseignements sur les salaires nominaux deviennent plus précis avec la création de l'Office du Travail en 1891. Le mineur qui gagnait en moyenne 840 F par an en 1869, en touche 1 330 en 1900 et 1 562 en 1912. La moyenne des salaires était en 1872 de 4,5 F par jour à Paris, de 3 F en province; elle passe à 7 et 4,50 en 1901, à 8 et 5,25 en 1913. La femme, pour le même travail, gagne 25 à 50 % de moins que l'homme, sauf dans certaines branches hautement qualifiées comme le travail des métaux précieux ou des pierreries (9,25 à Paris). Les variations sont naturellement considérables : le gain annuel varie à Paris de 680 F dans certaines entreprises de confection à 2 560 F dans les fabriques de porcelaine.

Salaires horaires moyens à Paris

	Maçon (F)	*Charpentier* (F)	*Terrassier* (F)
1862	0,525	0,6	0,4
1873	0,55	0,6	0,4
1880	0,75	0,8	0,55
1900	0,8	0,9	0,55
1910	0,95	1	0,8

Depuis le Second Empire jusqu'à la veille de la guerre, les salaires ont en général augmenté de 60 à 80 %; pour avoir un aperçu de l'évolution du pouvoir d'achat, il faut tenir compte des prix : le kilogramme de pain, qui valait à Paris 0,36 F en 1870, vaut 0,34 F en 1909 et 0,43 en 1913; le kg de viande de bœuf est passé de 1,32 F à 1,40 et 1,83. Les produits de l'élevage, les fruits et les légumes, dont la consommation a augmenté, sont plus chers; les autres produits alimentaires, les textiles et les produits manufacturés ont baissé ou moins fortement augmenté; d'une façon générale, on peut estimer que l'ensemble des prix a baissé, suivant l'évolution de la conjoncture, de 28 % entre 1872 et 1885, tandis que les salaires augmentaient de 12 % dans la même période; la baisse des prix se ralentit ensuite entre 1885 et 1901, soit 8 %, alors que les salaires augmentent plus rapidement, 34 %, entraînant une amélioration très nette du pouvoir d'achat; enfin, la reprise économique fait remonter les prix de 18 % entre 1901 et 1911, alors que les salaires n'augmentent que de 5 %; il en résulte une baisse du salaire réel, qui explique en partie les grands troubles sociaux de la « Belle Époque », et dans tous les cas, sur l'ensemble de la période, une paupérisation relative par rapport aux profits du capital.

Néanmoins, la condition matérielle s'est améliorée depuis le Second Empire; l'ouvrier parisien se nourrit mieux, tend à imiter le bourgeois dans son habillement de confection, son mobilier, ses distractions; il lit le journal, fréquente parfois les salles de spectacle, profite de son jour de repos pour fréquenter les bords de la Marne, écouter les concerts dans les jardins publics, ou cultiver un petit jardin en banlieue. Mais il ne bénéficie ni de congés payés ni d'assurances sociales, ni d'allocations familiales. Il n'a de recours que dans les sociétés de secours mutuels, soit libres, soit approuvées et dotées de subventions de l'État ou des collectivités locales; elles sont en 1913 au nombre de 2 440 pour la première catégorie, concernant 400 000 personnes adultes, et de 16 400 pour la seconde catégorie, concernant 4 millions de personnes; moyennant une cotisation moyenne de 10 F par an, elles versent des secours pour couvrir les frais médicaux et pharmaceutiques, des indemnités journalières de 1,40 F, des aides aux veuves et aux vieillards. Quant aux retraites elles concernent surtout les fonctionnaires, qui bénéficient d'une pension depuis le Second Empire (305 000 bénéficiaires en 1914) et les cheminots, dont le régime a été uniformisé par la loi du 21 juillet 1909, qui prévoit une pension à 50, 55 ou 60 ans suivant les catégories, égale à la moitié du salaire moyen. Les lois de février 1906 et avril 1910 ont commencé à s'intéresser aux autres salariés en autorisant le versement de cotisations aux sociétés de secours mutuels, qui pourraient attribuer à 65 ans une modique pension augmentée d'une allocation de l'État. L'hostilité patronale, l'indifférence des salariés ont réduit à peu de chose ce début de législation; la fonction publique et les chemins de fer conservent tout leur attrait dans ce domaine.

Bibliographie

Généralités

Histoire du Peuple français, publiée sous la direction de L. H. PARIAS, t. IV, G. DUVEAU, *de 1848 à nos jours* et t. V, J. M. MAYEUR, F. BEDARIDA, A. PROST, J. L. MONNERON, *Cent ans d'esprit républicain* (Paris, Nouvelle Librairie de France, 1958-1964); J. CHASTENET, *La France de M. Fallières* (Fayard, 1949); G. DUPEUX, *La Société française, 1789-1970* (coll. U, Armand Colin, 1973); P. SORLIN, *La Société française,* t. I, *1840-1914;* t. II, *1914-1968* (Arthaud, 1969-1971); P. GUIRAL, *La Société française vue par les romanciers 1815-1914* (coll. U2, Armand Colin 1969); J. B. DUROSELLE, *La France et les Français,* t. I, *La France de la Belle Époque (1900-1914)* (Paris, Bordas, 1973); F. BRAUDEL et E. LABROUSSE (sous la direction de), *Histoire économique et sociale de la France,* notamment le tome III, *L'avènement de l'ère industrielle (1789-1880)* par P. LEON, PUF 1976; E. SULLEROT, *Histoire Sociologique du travail féminin* (Éd. Gonthier, 1968); G. DUBY (sous la direction de), *Histoire de la France urbaine,* t. 4, *La ville à l'âge industriel* (Seuil, 1983); Y. LEQUIN, *Histoire des Français, XIXe-XXe siècle. La Société* (Armand Colin, 1983-1984); J. P. ARON et autres, *La femme du XIXe siècle* (coll. Historiques, Diff. PUF, 1984); G. DUBY et Ph. ARIES (sous la direction de), *Histoire de la vie privée,* t. 4, *De la Révolution à la Grande Guerre* (Seuil, 1987); Ch. CHARLE, *Histoire sociale de la France au XIXe siècle* (Paris, Seuil, 1991); T. ZELDIN, *Histoire des passions françaises*, 5 vol. (Paris, Seuil, 1981).

Sur la démographie

M. HUBER, H. BUNLE, F. BOVERAT, *La population de la France* (Hachette, 1943); L. CHEVALIER, *Démographie générale* (Dalloz, 1951); L. BOURGEOIS-PICHAT, «Évolution de la population française depuis le XVIIIe siècle», Revue *Population,* n° 4, 1951; M. REINHARD et A. ARMENGAUD, *Histoire générale de la population mondiale*

(Montchrestien, 1961); J. TOUTAIN, *La population de la France de 1700 à 1959* (ISEA, 1963); pour la population active : L. CAHEN, «Évolution de la population active en France depuis cent ans d'après les dénombrements quinquennaux», dans *Études et Conjonctures*, mai-juin 1963; J. DUPAQUIER (sous la direction de), *Histoire de la population française*, t. 3, *De 1789 à 1914* (PUF, 1988); Y. LEQUIN, *La Mosaïque France, Histoire des étrangers et de l'immigration en France* (Larousse, 1988); P. MILZA, M. AMAR, *L'immigration en France de A à Z* (Paris, Armand Colin, 1990); G. NOIRIEL, *Le Creuset français. Histoire de l'immigration, Paris, XIXe-XXe* (Seuil, 1988).

Sur la bourgeoisie

E. BEAU DE LOMÉNIE, *La responsabilité des dynasties bourgeoises* (Denoël, 1943); R. PERNOUD, *Histoire de la bourgeoisie en France* (Seuil, 1962); M. PERROT, *Le mode de vie des familles bourgeoises, 1873-1953* (Armand Colin, 1961); J. LHOMME, *La grande bourgeoisie au pouvoir (1830-1880)* (PUF, 1960); C. MORAZE, *La France bourgeoise, XVIIIe-XXe siècles* (1947); F. PONTEIL, *Les classes bourgeoises et l'avènement de la démocratie* (Albin Michel, 1968); A. DAUMARD, *Les bourgeois et la bourgeoisie en France depuis 1815* (Aubier, 1987).

Sur les paysans

M. AUGE-LARIBE, *L'évolution de la France agricole, op. cit.*; G. WALTER, *Histoire des paysans en France* (1963); J. TOUTAIN, *Le produit de l'agriculture française depuis le XVIIIe siècle* (ISEA, 1961); M. GERVAIS, C. SERVOLIN, J. WEIL, *Une France sans paysans* (Seuil, 1965); Ph. GRATTON, *Les luttes de classes dans les campagnes* (Paris, Anthropos, 1971); G. DUBY et A. WALLON, *Histoire de la France rurale* (Seuil, 1977); J. PITIE, *L'exode rural*, coll. Que sais-je? (PUF, 1978); A. MOULIN, *Les paysans dans la société française de la Révolution à nos jours* (Paris, Seuil, 1988); J. P. HOUSSEL (E.A.), *Histoire des paysans français du XVIIIe siècle à nos jours* (Horwath, 1976); A. DEWERPE, *Le monde du travail en France, 1800-1950* (Paris, Armand Colin, 1989).

Sur les ouvriers

E. LEVASSEUR, *Questions ouvrières et industrielles en France sous la IIIe République* (Paris, Rousseau, 1907); M. BOUVIER-AJAM, *Histoire du travail en France*, t. II (Lib. gén. du Droit); sous la direction de L. H. PARIAS, *Histoire générale du travail et des travailleurs*, t. III, C. FOHLEN et F. BEDARIDA, *L'ère des révolutions* (Nouv. Lib. de France, 1959); M. COLLINET, *L'ouvrier français, essai sur la condition ouvrière, 1900-1950* (Éd. Ouvrières, 1951); Y. LEQUIN, *Les ouvriers de la région lyonnaise (1848-1914)*, 2 vol. (Presses Univ. de Lyon, 1977); B. PLESSY et L. CHALLET, *La vie quotidienne des mineurs au temps de Germinal* (Hachette Littérature, 1984).

Sur la pratique religieuse

On se reportera aux travaux de Gabriel LEBRAS, notamment à l'*Introduction à l'histoire de la pratique religieuse en France* (PUF, 1942); G. CHOLVY et Y. M. HILAIRE, *Histoire religieuse de la France contemporaine*, t. I *(1800-1880)* – t. II *(1880-1930)* (Bibl. Hist. Privat, 1985-1986).

Sur la société militaire

G. PEDRONCINI, *Histoire militaire de la France*, t. III, *de 1871 à 1940* (Paris, PUF, 1993); R. GIRARDET, *La société militaire dans la France contemporaine 1815-1939* (Plon,

1953); J. RABAUT, *L'antimilitarisme en France (1810-1975), Faits et Documents* (Hachette 1975); W. SERMAN, *Les officiers français dans la Nation. 1848-1914* (Aubier-Montaigne, 1982); P. ORDIONI, *Le pouvoir militaire en France*, t. II, *De la Commune de Paris à la Libération* (Éd. Albatros, 1981).

La répartition de la fortune nationale au XIXe *siècle*

Elle a été étudiée par Adeline DAUMARD (et autres), *Les fortunes françaises au* XIX*e* *siècle,* Paris-La Haye (Mouton, 1974).

Documents

Répartition de la population active en 1911

	Totale	*Agriculture*	*Industrie*	*Commerce*	*Professions libérales*
Hommes	13 212 207	5 280 475	4 950 929	1 218 006	395 535
Femmes	7 719 014	3 237 755	2 523 112	834 893	154 255
		Domestiques	*Services publics*	*Guerre*	*Marins*
Hommes		158 524	491 763	617 975	100 003
Femmes		770 924	182 761	–	3 231

Annuaire Statistique, 1914-1915.

Règlement général des ateliers (1876)

Art. I. Entrée et sortie de l'ouvrier. Chaque ouvrier entré dans l'établissement aura la liberté de quitter durant la première huitaine, et ses patrons auront de même le droit de le congédier. Passé ce temps, il est considéré comme faisant partie de l'établissement, et se soumettant au présent règlement, jusqu'au moment où il quitte. A dater de ce jour, les patrons et les ouvriers sont tenus à une dénonciation réciproque d'une huitaine. La dénonciation se fera seulement pendant la journée de jeudi de chaque huitaine au contremaître de la salle ou au comptable, et finira le jeudi soir suivant; elle sera inscrite sur un registre avec sa date... Cependant seront renvoyés sur-le-champ et sans huitaine :

1. Les ouvriers qui insulteraient l'un des patrons ou un des employés;
2. ceux qui seraient coupables de cabales;
3. ceux dont la conduite serait un scandale permanent et troublerait l'ordre de l'atelier.

Art. II. Temps de travail. L'entrée et la sortie des ateliers seront annoncées tous les jours par le son de la cloche. L'entrée se fera à 5 heures du matin, été comme hiver. Si l'on marche par quart, les sorties seront réglées comme suit :

Une demi-heure pour déjeuner, 8 heures à 8 heures 1/2;

Une heure pour dîner, midi à 1 heure;

Et une demi-heure pour goûter, 4 heures à 4 heures 1/2.

Art. III. Nettoyage de chaque jour. Chaque jour il sera fait dans chacune des salles de l'établissement un nettoyage d'une demi-heure. La journée pourra ainsi être portée à douze heures et demie, savoir : douze heures de travail effectif, et une demi-heure de nettoyage. Tous les ouvriers y seront tenus sans augmentation de salaire.

Art. IV. Travail des enfants. Aucun enfant ne sera admis à l'atelier avant l'âge de douze ans révolus. Il devra suivre jusqu'à cet âge les écoles de l'établissement. Les enfants de douze à seize ans, qui travaillent à l'établissement, devront assister à l'école une heure par jour; une demi-heure sera prise sur le temps libre, et une demi-heure sur le temps de travail.

Art. V. Exactitude des rentrées. Les grilles seront fermées cinq minutes après le son de la cloche. Les concierges tiendront note des retardataires. Si le retard n'excède pas dix minutes, l'amende sera de 0,05 F.

Art. XIV. Dimanche. Les ateliers sont fermés les dimanches et fêtes, ces jours étant réservés au service de Dieu. Les ouvriers sont engagés à remplir en ces jours les devoirs que leur impose notre sainte religion. Les nettoyages mêmes sont absolument interdits. On ne tolère que le travail pour les réparations urgentes, travail qui ne pourra se faire que sur l'ordre écrit d'un patron.

Art. XV. Police. Toute discussion politique ou religieuse est interdite; les jurements, les blasphèmes, les propos contraires à la décence sont sévèrement réprimés. Ceux qui se battraient dans l'intérieur de l'établissement seront punis, pour la première fois d'une amende de 1 F, et en cas de récidive renvoyés sous huitaine. Ceux qui, sans nécessité, quittent leur métier, ou vont dans une salle où ils n'ont pas besoin d'aller, sont punis d'une amende de 10 centimes...

Art. XVII. Accidents. L'article 319 du Code pénal punit ceux qui, par imprudence et inobservation des règlements auront involontairement commis un homicide, ou fait une blessure, ou en auront été involontairement la cause. Il est donc expressément recommandé de veiller à la stricte observation des règlements particuliers, affichés à côté du présent règlement, pour la mise en route et le nettoyage des machines. Ceux qui n'en observeront pas tous les points auront seuls la responsabilité de leurs actes.

Art. XVIII. Paye. La paye se fera chaque semaine le jeudi, au bureau. Les gains des membres de la famille, détaillés sur un billet de paye, seront remis au chef de famille ou à celui qu'il aura désigné.

Léon Harmel, *Manuel d'une corporation chrétienne.*
Tours 1877, Document A.

Billet de paie

Famille Muno Joseph Huitaine du 13 au 19 mars 1876					
Dû			*Gains*		
	F	Cent		F	Cent
Loyers	3	05	Adolphe	33	20
Caisse de secours	3	15	Jean	33	15
Avance	–	–	Louis	12	
Marchandises	10		Henri	9	
			Mélanie	10	20
			Alexandrine	10	20
			Total	107	75
			Reste	91	55

Ibid., p. 324.

Doctorats en droit et en médecine conférés par les facultés (1869-1913)

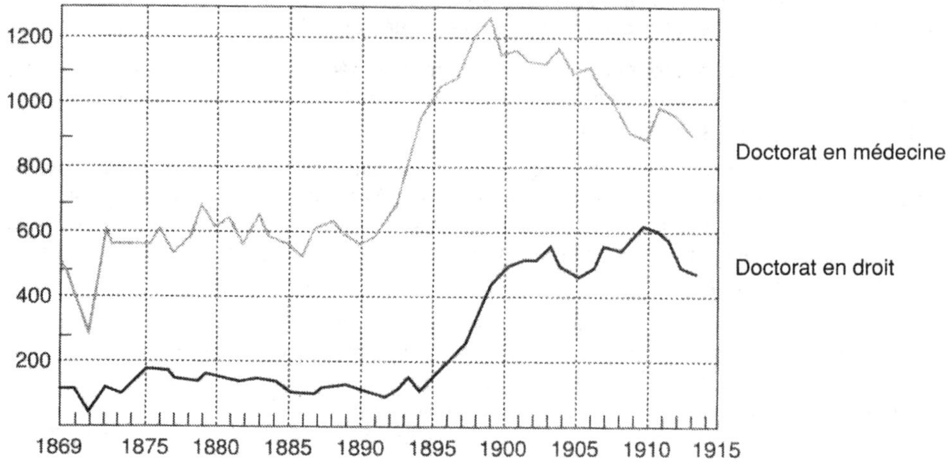

D'après *Annuaire Statistique*, 1914-1915

Le diplôme d'officier de santé a été supprimé par la loi du 1-12-1892.

Nombre annuel de divorces prononcés (1884-1913)

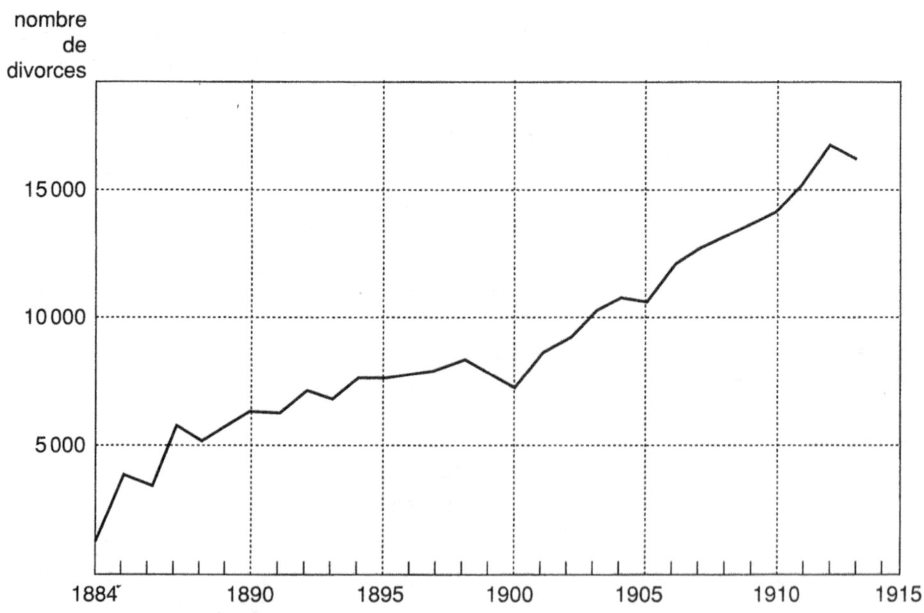

Le divorce a été rétabli en 1884

7

La vie spirituelle et religieuse (1871-1914)

La génération de 1848 avait été séduite par les prophètes romantiques, dont la vision unitaire du monde était en harmonie avec une croyance religieuse ; la nouvelle génération, formée au cours de la révolution économique du Second Empire, se reconnaît dans les théoriciens à l'esprit positif, qui se refusent à rechercher les causes premières pour ne s'attacher qu'aux causes secondes en partant de l'analyse des faits. La pensée d'Auguste Comte inspire toutes les lois scolaires françaises et les programmes établis pour l'enseignement primaire.

La confiance dans les progrès indéfinis de la science est exprimée dans les romans de vulgarisation ou d'avant-garde avec lesquels Jules Verne (1828-1905) passionne plusieurs générations. Dans ce culte de la science, que Renan manifeste encore en 1890 en publiant *L'Avenir de la science,* écrit quarante ans plus tôt, le spiritualisme a toujours sa part, dans un néocriticisme kantien qui s'efforce avec Renouvier de réaliser complètement la personne humaine en faisant disparaître les trois aliénations fondamentales, la matière, l'humanité et Dieu. Beaucoup de penseurs vont plus loin en adoptant le darwinisme et l'évolutionnisme spencérien. La métaphysique disparaît dans une recherche de la connaissance scientifique exacte qui enferme l'homme dans une évolution biologique, morale et psychologique où n'entrent en jeu que des phénomènes physiques. Taine (*De l'intelligence,* 1870) fait de l'homme un animal supérieur déterminé par la race et le milieu. Durkheim (1858-1917) jette les bases d'une science sociologique qui libère la morale des impératifs catégoriques et la fait dépendre des traditions sociales ; elle est la science des mœurs, et les obligations morales ne relèvent que des interdictions primitives.

Puis, vers 1890, une évolution est sensible ; non qu'il y ait entièrement rupture avec la période précédente ; les études sociologiques prennent au contraire une ampleur nouvelle avec Durkheim et Lévy-Bruhl (*La morale et la science des mœurs,* 1903), et l'attrait nouveau de la géographie humaine (Vidal de la Blache, E. Reclus), mais on commence à sentir une sorte d'insuffisance de la connaissance fondée sur la seule recherche des lois de la nature. La causalité ne suffit plus à satisfaire la curiosité intellectuelle, le déterminisme apparaît comme une hypothèse utile qui ne permet pas d'atteindre le fond des choses. Dans sa thèse soutenue en 1889 (*Essai sur les données immédiates de la conscience*), Bergson trouve dans l'intuition le moyen d'atteindre la réalité des choses, où l'« immédiat » n'est pas encore déformé par une science qui ne fournit à l'homme que les moyens d'agir sur les choses. L'influence de la philosophie bergsonienne se fait sentir aussi bien chez Georges Sorel, pour inspirer le mythe de sa théorie sociale, que chez Péguy, dont l'affectivité religieuse doit plus au sentiment qu'à la raison.

1. La question religieuse dans le dernier quart du XIXe siècle

La défaite, puis la Commune, ont provoqué d'abord un choc mystique, canalisé par la congrégation des Assomptionnistes, qui fait paraître *Le Pèlerin* depuis 1873, et utilisé par l'ordre moral. Les épreuves subies par la France ont été ressenties par beaucoup comme une expiation des erreurs commises depuis la Révolution. Les légitimistes surtout mirent en mouvement les foules vers le souvenir du saint curé d'Ars (Jean-Baptiste Vianney, mort en 1859 dans la Dombes), vers les pèlerinages traditionnels (Paray-le-Monial) ou vers les lieux d'apparitions récentes (La Salette, 1846-Lourdes, 1858) ils reprirent l'idée de l'érection d'une basilique à Montmartre, en souvenir des premiers martyrs chrétiens (Denis, Eleuthère, Rufisque) et des premières victimes de la Commune ; le monument, construit par souscription nationale sur les plans d'Abadie, ne sera consacré qu'en 1919. Mais la véritable situation religieuse ne peut être appréciée que par l'état du clergé et par la vie religieuse.

A. La situation du clergé

Toujours définie par le Concordat de 1801, elle se dégrade. Les effectifs du clergé séculier diminuent de 55 800 en 1875 à 50 400 en 1890, auxquels s'ajoutent environ 5 000 professeurs de grands séminaires. Le nombre d'ordinations s'abaisse et ne suffit plus au remplacement des prêtres âgés. La faiblesse du recrutement est peut-être imputable à la position moins notable du clergé dans la société rurale, à l'insuffisance de la rémunération (450 francs par an pour un desservant, 900 francs pour un curé) et à la diminution du casuel, mais elle est due surtout à une crise de vocations. Le curé, pasteur de ses ouailles, gardien de la morale, vitupérant les bals et les cabarets, très pieux, dogmatique, a par ailleurs une formation théorique trop faible pour lutter contre l'expansion du rationalisme ; on lui reproche son autorité et sa compromission avec la noblesse et la bourgeoisie. Les évêques ne forment pas un épiscopat; recrutés dans la bonne bourgeoisie, parmi les vicaires généraux, ils sont de bons administrateurs, maîtres de leur diocèse, et, depuis l'ordre moral, en majorité ultramontains.

En contraste avec le clergé séculier, le clergé régulier bénéficie d'un meilleur recrutement : en 1877 il compte 30 000 hommes, 127 000 femmes, c'est-à-dire un nombre plus élevé qu'en 1789. Les congrégations sont toujours régies par la loi de 1825 qui soumettait leur reconnaissance à un décret pour les congrégations féminines, à une loi pour les congrégations masculines. Elles se sont reconstituées pour la plupart, mais cinq congrégations d'hommes seulement ont une existence légale (Frères des Écoles chrétiennes, Lazaristes, Sulpiciens, Missions Étrangères, Pères du Saint-Esprit). Quant aux jésuites, interdits depuis 1764, ils ont ouvert depuis la loi Falloux une soixantaine de collèges.

B. L'Église et le Régime, le «Ralliement»

Avec la souplesse qui a caractérisé tout son pontificat, Léon XIII a compris très tôt que la République était solidement implantée et qu'il était vain de songer à une restauration monarchique. Dès 1880, dans son encyclique *Diuturnum,* il admettait que «ceux qui doivent gouverner peuvent, dans certains cas, être choisis par la volonté et le jugement de la multitude, sans que la doctrine catholique y fasse obstacle».

La mort, en 1882/1883 de Gambetta, Louis Veuillot et du prétendant Henri V, fit disparaître les principaux obstacles à un rapprochement et l'année suivante, dans *Nobilissima Gallorum Gens,* Léon XIII appelait à l'unité des catholiques devant la République. A l'approche des élections de 1885, treize députés catholiques tentèrent de former l'Union Conservatrice pour lutter moins contre la République que contre les lois scolaires. L'échec de la crise boulangiste enfin acheva de convaincre Léon XIII dans sa recherche d'un accord avec un régime décidément bien établi.

De leur côté les anciens opportunistes, placés devant le péril montant de la gauche, étaient prêts à la trêve religieuse. Le président Carnot, en voyage à travers la France, se montrait aimable envers le clergé; Freycinet, Ferry faisaient campagne pour la conciliation; Léon XIII saisit cet appel et c'est suivant ses directives que le cardinal Lavigerie, recevant à Alger 45 officiers de l'escadre, lança le 12 novembre 1890 le toast qui invitait à adhérer sans arrière-pensée à la forme du gouvernement, puis il écouta *la Marseillaise.* Pourtant Léon XIII laissa encore passer deux ans avant de se prononcer ouvertement : désir de ne pas paraître intervenir dans les affaires françaises, ou hésitation devant l'opposition qui éclatait tant dans l'épiscopat que dans les milieux conservateurs. Le 16 février 1892 enfin «l'encyclique aux Français» *Au milieu des sollicitudes* appela les catholiques à adhérer au régime. Une partie des orléanistes avec le comte de Paris s'éleva contre cette «intervention étrangère» dans la vie politique française; mais *L'Ami du clergé,* l'organe le plus lu dans les presbytères, se soumit avec beaucoup de légitimistes par dévouement envers le pape et par adhésion aux idées sociales contenues dans *Rerum Novarum* (1891).

La majorité opportuniste accueillit avec faveur cette ouverture; dans le ministère Casimir-Périer en mars 1894 Spuller, ancien gambettiste, ministre de l'Instruction publique, salua «cet esprit nouveau... qui tend, dans une société aussi profondément troublée que celle-ci, à ramasser tous les Français autour des idées de bon sens, de justice et de charité». Mais la montée du radicalisme allait rapidement troubler cette bonne entente entre l'Église et l'État.

C. La vie religieuse

En dépit des apparences, l'ordre moral n'a pas suscité un important réveil religieux. L'Église conserve, certes, une grande force : par son action sur la noblesse et la bourgeoisie, par sa presse, *L'Univers,* de Louis puis Eugène Veuillot, et *La Croix,* revue en 1880, quotidien à un sou en 1883, par ses établissements scolaires, en particulier par ses collèges, qui présentent aux concours d'entrée aux grandes écoles ceux qui seront les cadres du pays. Un certain triomphalisme introduit par les influences ultramontaines tend à dissimuler le recul de la pratique et de la foi, en dépit du développement de la christologie (adoration perpétuelle et nocturne, vénération du Sacré-Cœur) et du culte marial, favorisé par les pèlerinages qu'organise *le Pèlerin;* à Lyon, on achève la Basilique de Fourvière; en 1883 est posée la première pierre de l'église du Rosaire à Lourdes, qui est consacrée en 1889.

La distribution de la pratique religieuse est à peu près, plus fortement marquée seulement, celle que l'on aurait constatée avant la Révolution : une zone de déchristianisation autour du Massif central, couvrant l'Yonne, la Creuse, la Haute-Vienne, la Corrèze — des régions de conformisme dans les bassins aquitain et parisien, le Midi — des zones de pratique plus fervente dans l'Ouest et le Nord. Les milieux intellectuels sont ébranlés par les arguments des chercheurs rationalistes qui s'efforcent de mettre la Bible en contradiction avec la science (découverte du crâne de Néanderthal en 1856). L'exégèse, ou analyse critique et interprétation des deux Testaments, fait pénétrer en France le «modernisme», qui rejette l'authenticité intégrale des données bibliques pour n'en faire que des romans pieux, un ensemble de règles morales? ou l'expression des aspirations mythiques d'une société finissante. La critique biblique est marquée surtout par les travaux d'Alfred Loisy, professeur d'Écriture sainte à l'Institut Catholique de Paris, qui fait paraître une revue, *l'Enseignement biblique*, où il publie une série d'études sur l'Ancien et le Nouveau Testament. Il y présente une image du Christ formée lentement par la conscience des premières sociétés chrétiennes, expression de milieux intellectuels imprégnés de la philosophie de Platon et d'Aristote, dans une élaboration progressive de la christologie.

La déchristianisation du monde rural s'est accentuée, celle des villes se confirme et s'explique en partie par la rareté des constructions religieuses en milieu urbain, sans accord avec l'exode rural. La religion tend à s'identifier à la petite bourgeoise provinciale, convaincue que l'ordre social est lié à la discipline qu'impose l'Église. Un effort est tenté cependant pour reconquérir les masses.

D. L'action sociale

En dépit des tentatives de Le Play sous le Second Empire, paternalistes et morales, le catholicisme social n'avait pas eu en France le succès qu'il avait trouvé en Autriche ou en Allemagne. Il a été réaffirmé en 1871 par de nouveaux animateurs, comme le comte Albert de Mun et le marquis de La Tour du Pin, prisonniers en Allemagne pendant la guerre, frappés par le drame de la Commune, qui fondent à la Noël 1871 les premiers Cercles catholiques d'ouvriers; La Tour du Pin expose en 1883 dans la *Revue de l'Œuvre des Cercles* la doctrine lentement élaborée : contre le capitalisme libéral, qui laisse l'ouvrier isolé, il faut reconstituer les corporations, leur faire reconnaître une existence officielle, leur donner une autonomie, une propriété inaliénable, une fonction de formation professionnelle et d'entraide. Le mouvement échoue très rapidement par suite du caractère paternaliste des comités protecteurs qui organisent les cercles; en 1878, sur les 8 000 membres protecteurs, la plupart sont légitimistes. Par contre, la tentative de Léon Harmel, filateur champenois du Val des Bois, a plus de portée; il développe en 1877, dans son *Manuel d'une corporation chrétienne,* l'idée d'une autonomie ouvrière, sans intervention imposée des élites sociales; en 1885, il conduit à Rome un premier pèlerinage de patrons et d'ouvriers.

E. Protestantisme et Judaïsme

Bien qu'affaibli par la perte de l'Alsace, le protestantisme tient une place hors de proportion avec le nombre de ses 600 000 fidèles, calvinistes pour la plupart : le monde universitaire, bancaire, industriel, politique (en 1879 cinq ministres sur neuf sont protestants) est dominé par les réformés. Le «Réveil», qui était apparu avant 1870, est prolongé par le pasteur Auguste Sabatier, professeur de théologie à Strasbourg, puis, après l'annexion, fondateur de la faculté de théologie protestante de Paris en 1877.

Le synode national de 1872 a établi une profession de foi orthodoxe, mais un grand nombre est formé de libéraux adhérant au modernisme, à une sorte de «positivisme protestant», qui tire sa force de l'exemple donné par les peuples anglo-saxons ou prussien en pleine ascension, alors que les catholiques latins du Midi paraissent en déclin. Ils admettent un compromis entre le positivisme et le dogmatisme vieux luthérien ou catholique; s'appuyant sur l'école allemande de Tubingen, qui est à la source de la recherche exégétique, où les textes bibliques sont étudiés pour la première fois en toute liberté, suivant les règles de la critique moderne, ils inspirent toutes les réformes scolaires du moment. Opposant la démocratie religieuse, l'individualisme, à l'esprit d'autorité et au cléricalisme catholiques, ils sont républicains, proches des spiritualistes et de la maçonnerie, favorables à la séparation des Églises et de l'État.

La maçonnerie se recrute aussi parmi les israélites, qui ont été renforcés par un repli important d'Alsace. Les 100 000 Juifs se partagent également entre libéraux, appartenant à l'intelligentsia ou à la bourgeoisie françaises, et Juifs immigrés plus récemment d'Europe centrale dans l'Est ou à Paris, exerçant de petits métiers, soucieux de s'intégrer dans la communauté nationale, en restant beaucoup plus fidèles à leur appartenance religieuse. La force de l'antisémitisme a été accrue en 1882 par la faillite de l'Union Générale, la première banque catholique, dont on a imputé la chute à la bourgeoisie juive. Drumont s'est rendu célèbre en 1886 en publiant *La France Juive,* et il exaspère l'opinion au moment de l'affaire de Panama; il crée *La Libre Parole* à cette occasion en 1892, et commence en novembre sa campagne contre les intermédiaires israélites compromis dans l'affaire.

2. L'enseignement (1871-1914)

L'œuvre scolaire de la IIIe République est demeurée comme sa réalisation la plus importante; opportunistes et radicaux se sont en effet attachés soit à développer l'enseignement primaire, soit à donner à l'ensemble de l'enseignement un esprit nouveau. On peut y trouver plusieurs raisons : raison philosophique, conforme à l'opinion positiviste et libérale qui veut dégager l'esprit de l'obscurantisme; raison religieuse, qui conduit à lutter contre l'enseignement confessionnel; raison politique, qui vise à affermir la République en affaiblissant l'Église, appui des conservateurs; raison sociale, qui cherche à donner à chacun l'espoir d'une promotion et à désamorcer ainsi les aspirations révolutionnaires.

A. La situation

L'enseignement primaire a reçu un commencement d'organisation avec la loi Guizot de 1833, qui créait des Écoles normales, et imposait aux communes de plus de 6 000 habitants d'avoir une école. La loi Falloux de 1850 a confirmé la liberté accordée aux écoles religieuses, et Victor Duruy a développé le système des bourses entre 1863 et 1869. En 1879, sur les 5 millions d'enfants scolarisés, les trois cinquièmes fréquentent les écoles publiques laïques et un cinquième les écoles publiques tenues par les congrégations; le restant fréquente les écoles privées, soit laïques (5 %), soit confessionnelles (14 %). Quelle que soit l'école, l'instituteur, nommé par la municipalité pour les écoles publiques, doit donner l'enseignement religieux et subit le contrôle du curé.

L'enseignement secondaire public a été organisé en 1810 par l'Université impériale dans les lycées, ou dans les collèges communaux qui sont à la charge des municipalités; mais la loi Falloux de 1850 a accordé la liberté de l'enseignement secondaire. Duruy a pu créer pour les jeunes filles quelques collèges secondaires peu fréquentés : la bourgeoisie confie encore ses filles aux religieuses ou aux pensionnats privés. L'enseignement secondaire reste un enseignement de classe, fondé sur les humanités, ne recherchant pas l'ouverture vers l'enseignement professionnel, bien que Duruy ait créé en 1865 un enseignement spécial sans latin, à base scientifique; sur les 6 257 diplômes de bachelier délivrés en 1870, 63 % concernent les Lettres. Les professeurs sont formés en principe par l'École normale supérieure, qui conduit en trois ans à l'agrégation; mais, en 1876, sur 2 400 professeurs, 860 seulement sont agrégés.

A côté de l'enseignement supérieur public, créé par Napoléon, l'Assemblée nationale a autorisé, par la loi de juillet 1875, la formation d'établissements libres, qui, sous certaines conditions, sont habilités à prendre le nom de facultés et celui d'universités si trois facultés y sont représentées; leurs étudiants peuvent subir les examens devant un jury mixte composé de professeurs publics et privés. Ainsi ont été créées les universités de Paris, Angers, Lyon, Toulouse et Lille.

Le Conseil supérieur créé par la loi Falloux comprend encore des évêques, des pasteurs, un rabbin, de hauts magistrats; de même en province, où l'évêque siège au Conseil académique.

B. La première offensive contre les congrégations

J. Ferry, ministre de l'Instruction publique dans le ministère Waddington, fait voter la loi du 9 août 1879, qui prévoit la création d'une École normale d'institutrices par département dans un délai de 5 ans — la loi du 27 février 1880, qui assure aux établissements supérieurs publics le monopole de la collation des grades; l'article 7 de cette dernière loi interdisait l'enseignement aux membres des congrégations non autorisées; l'article ayant été disjoint par le Sénat, la Chambre demande à Freycinet, successeur de Waddington, d'appliquer les «lois relatives aux congrégations non autorisées».

C'est donc par décret du 24 mars 1880 que Freycinet oblige «la société non autorisée dite de Jésus» à se dissoudre dans les trois mois et les autres congrégations à demander l'autorisation sur laquelle il sera statué par une loi (hommes) ou un décret (femmes). Le 29 juin les maisons jésuites furent fermées, mais J. Ferry, président du Conseil en septembre 1880, fit appliquer le décret avec modération pour les autres congrégations : 261 couvents furent fermés, 5 643 religieux expulsés. Par la suite la politique de rapprochement avec l'Église, qui fut celle des progressistes, permit à ces religieux, sauf aux jésuites, de réintégrer leurs maisons. Par contre, plusieurs mesures concernant les rapports de l'Église et de la vie publique demeurèrent en vigueur : en

1880, on supprime l'obligation du chômage les dimanches et jours de fêtes religieuses; la loi sur la presse de 1881 fait disparaître parmi les délits l'outrage à la morale religieuse; les lois de 1883 suppriment l'accompagnement militaire des processions, la garde des palais épiscopaux; la loi militaire de 1889 astreint les séminaristes et les membres du clergé au service militaire; enfin la loi Naquet de 1884 réintroduisait le divorce, que la Restauration avait supprimé.

C. J. Ferry développe un enseignement concurrent de l'enseignement religieux

a) *L'enseignement privé reste libre*; la loi du 16 juin 1881 impose à tous les maîtres l'obligation du brevet de capacité et soumet l'ouverture d'une école à l'autorisation du maire; mais la loi du 30 octobre 1886 reconnaît la liberté des méthodes et des programmes.

b) *Les lois sur l'enseignement primaire* sont préparées par la création de l'École normale supérieure de Fontenay (filles) en 1880 et de Saint-Cloud (hommes) en 1882. La loi du 16 juin 1881 rend l'école gratuite pour concurrencer l'enseignement confessionnel et confie son entretien à la commune.

La loi du 28 mars 1882 remplace l'enseignement religieux par l'instruction morale et civique, et impose l'obligation scolaire pour tous les enfants de 6 à 13 ans.

La loi du 30 octobre 1886 prolonge l'enseignement primaire élémentaire par des écoles primaires supérieures conduisant au brevet simple (ou élémentaire) après trois ans d'études, et par des cours complémentaires conduisant au brevet supérieur après 5 ans d'études. Les instituteurs sont nommés par le préfet et deviennent par la loi du 19 juillet 1889 fonctionnaires de l'État, rémunérés par le Trésor.

Désormais, l'armature est complète et les moyens de promotion sociale sont fournis par l'enseignement primaire supérieur, moderne, mieux adapté à la préparation de la vie professionnelle; mais l'unité de formation nationale n'est pas complète, puisque subsistent, à côté de l'école laïque, l'école confessionnelle et les classes primaires des lycées.

c) *L'enseignement secondaire* est étendu aux jeunes filles par Camille Sée (lois de 1880-1882), qui crée les lycées féminins sur le modèle des lycées de garçons.

L'École normale de Sèvres est créée en 1881 pour former les professeurs. Il faudra cependant beaucoup de temps pour que la bourgeoisie accepte de confier ses filles aux lycées d'État; leur carrière scolaire normale se termine encore par le diplôme de fin d'études secondaires ou le brevet supérieur; l'égalité des deux enseignements masculin et féminin ne sera vraiment réalisée qu'en 1924, et, jusqu'à cette date, les jeunes filles ne seront que tolérées à l'examen du baccalauréat. Néanmoins, dès 1883, on avait ouvert 23 établissements féminins comptant près de 3 000 élèves; en

1898, le nombre est passé à 39 établissements, dont 5 à Paris, recevant 8 000 élèves; à côté, 105 lycées de garçons, dont 13 à Paris; reçoivent 52 000 élèves.

Les programmes ont lentement évolué avec la propagation de la philosophie dominante; le Plan d'études pour l'enseignement secondaire adopté en août 1880 reporta en sixième les débuts du latin et supprima l'exercice des vers latins. En 1891, Léon Bourgeois transforma l'enseignement spécial en un enseignement moderne, remplaçant le latin et le grec par les études littéraires et les langues et sanctionné par un baccalauréat particulier. Enfin, la réforme de Georges Leygues fit adopter en 1902 un Plan d'études qui partageait la scolarité secondaire en deux cycles de 4 et 3 ans, et faisait de l'enseignement du second degré un ensemble homogène, divisé en sections (latin-grec, latin-langues, latin-sciences, sciences-langues) et conduisant à un examen unique à mentions diverses, le « baccalauréat de l'enseignement secondaire ».

La place plus faible laissée aux humanités traduisait l'évolution de la culture, les préoccupations sociales et politiques, et un faible effort pour s'adapter à un monde économique nouveau. On tendait à développer les Écoles nationales professionnelles et l'enseignement technique, pour lequel une École normale fut fondée en 1912. Néanmoins, l'enseignement secondaire demeure en 1913 le privilège d'un petit nombre qui est toujours attiré surtout par les études classiques : la France dispose à cette date de 343 lycées et collèges de garçons, fréquentés par 100 000 élèves dont 30 000 dans les classes primaires; 138 établissements féminins ayant 33 000 élèves dont 13 500 dans les classes primaires. Le baccalauréat a été délivré à 7 582 jeunes gens, sur lesquels 4 788 sont des « classiques ». Le nombre d'étudiants est faible également dans l'enseignement supérieur, 42 000 étudiants français et 6 188 étrangers.

L'effort de la IIIe République a donc porté surtout sur l'enseignement primaire, et les conséquences en sont très importantes. L'analphabétisme a presque disparu : en 1892, 8 % des hommes qui se marient signent le registre d'une croix, 12 % des femmes; en 1912, la proportion est tombée à 1,3 % et 2,9 %. Le moyen d'une promotion encore difficile est mis à la disposition des masses, surtout de la paysannerie, et contribue à la mobilité sociale. Les instituteurs, devenus fonctionnaires, s'opposent au curé dans les campagnes; pénétrés des « mots clefs » de morale, de dévouement, de civisme, croyant à la venue du règne de la justice par l'instruction, ils sont le plus souvent des « saints laïques », dévoués à la République, répandant par l'unité de langue et de formation l'unité nationale, et, dans leur grande majorité, pénétrant les jeunes esprits d'un patriotisme jacobin qui s'alimente au livre de lecture de G. Bruno (Madame Fouillée) *Le Tour de la France par deux enfants* (réédité en 1975, au total 8 millions d'exemplaires). Les instituteurs sont responsables de l'affermissement de la République et de l'élan national en 1914.

3. L'évolution de la question religieuse après 1900

A. Les rapports de l'Église et de l'État

L'attitude prise par l'Église dans l'affaire Dreyfus, puis la formation du Bloc républicain d'abord, de la Délégation des gauches ensuite, ont conduit à l'adoption des mesures réclamées par le radicalisme.

a) *Les congrégations.* La congrégation des Assomptionnistes fut poursuivie dès novembre 1899 pour violation de l'article 291 du Code pénal, et dissoute en mars 1900; le journal *La Croix* dut passer sous direction laïque. Puis la loi Waldeck-Rousseau de 1901, aggravée par la Chambre en ce qui concerne les associations religieuses, obligea les 753 congrégations non autorisées (147 d'hommes, 606 de femmes) à demander le vote d'une loi leur reconnaissant une personnalité juridique; environ le tiers des congrégations d'hommes, les deux tiers des congrégations féminines acceptèrent de s'y soumettre. Les élections de 1902 ayant conduit à la victoire des radicaux et à la formation du ministère Émile Combes, les congrégations furent aussitôt frappées : en juillet 1902 les préfets font dissoudre les congrégations qui n'avaient pas demandé l'autorisation, et fermer les 2 500 écoles qu'elles dirigeaient; en mars 1903, Combes fait rejeter toutes les demandes sauf 5 (Pères Blancs, Missions Africaines, Trappistes, Cisterciens, Saint-Jean de Dieu), qui s'ajoutent aux 5 congrégations déjà autorisées. Enfin, la loi du 7 juillet 1904 interdit l'enseignement même aux congrégations autorisées, dont les 12 000 établissements devaient être fermés dans les dix ans. L'application de ces mesures donna lieu un peu partout à des manifestations, notamment à la Grande-Chartreuse, mais les biens des congrégations revinrent à l'État et il ne subsistait plus en 1913 que 295 écoles religieuses; la plupart s'étaient du reste transformées en établissements privés, la loi Falloux de 1850 demeurant en vigueur. Le 2 août 1914, le ministre de l'Intérieur, Malvy, prescrivit de suspendre l'application des lois.

b) *La rupture du Concordat* (1905). Les premiers heurts entre Paris et le Vatican se produisirent en 1901 à l'occasion de nominations d'évêques, pour lesquelles la formule de nomination utilisée par le pape n'était pas conforme aux prescriptions du Concordat. En 1903, le remplacement de Léon XIII par Pie X, qui n'avait pas la même souplesse que son prédécesseur, accrut la tension; quand, en mars 1904, le président Émile Loubet se rendit à Rome pour rendre à Victor-Emmanuel III la visite que celui-ci lui avait faite à Paris l'année précédente, Pie X se plaignit de cette reconnaissance implicite de la spoliation que les papes avaient subie en 1870. La note secrète de la protestation adressée aux souverains européens ayant été publiée dans le premier numéro de *l'Humanité* le 18 avril 1904, la Chambre française vota le 30 mai la rupture des relations diplomatiques.

E. Combes déposa en novembre un projet de loi portant dénonciation du Concordat; mais c'est son successeur Maurice Rouvier qui fit voter la loi de séparation des Églises et de l'État, dont Briand fut rapporteur; votée par 341 voix contre 233, la loi assurait la liberté de conscience, garantissait la liberté de culte, abrogeait le Concordat; la République ne reconnaît, ne salarie, ne subventionne aucun culte; les biens des Églises sont dévolus à des associations cultuelles, formées en vertu de la loi de 1901, qui en auront la jouissance gratuite et perpétuelle; Ribot avait fait ajouter l'obligation de dresser les inventaires, avant d'effectuer la transmission, afin d'assurer la conservation des trésors historiques; les municipalités avaient la charge de la police des cultes.

La loi fut condamnée par l'encyclique *Vehementer Nos* du 11 février 1906, parce qu'elle violait l'ordre divin exigeant « une harmonieuse concorde entre les deux sociétés religieuse et civile »; elle fut cependant appliquée malgré des troubles parfois sérieux au moment des inventaires, et quelques associations cultuelles furent formées; mais celles-ci à leur tour durent se dissoudre après l'encyclique *Gravissimo Officii Munere* du 10 août 1906. Clemenceau et son ministre Briand usèrent de souplesse pour régulariser la situation nouvelle, suspendant les inventaires là où les troubles menaçaient, faisant assimiler les offices religieux à des réunions publiques, et les curés à des « occupants sans titres »; les biens, ne pouvant être remis aux associations prévues, furent confiés aux municipalités ou aux œuvres laïques de bienfaisance; le Conseil d'État enfin résolut les nombreux litiges qui s'élevèrent entre les municipalités, le clergé et les fidèles.

B. Le réveil catholique

Celui-ci apparaît en philosophie avec la thèse soutenue en 1893 par Maurice Blondel : *L'action, Essai d'une critique de la vie et d'une science de la pratique* — en littérature avec les œuvres de Paul Bourget (*Le Disciple,* 1889) — et les articles de Brunetière dans la *Revue des deux Mondes;* il est répandu dans les milieux intellectuels et universitaires par *La Quinzaine,* qui paraît depuis 1894, le *Bulletin de la Semaine* depuis 1904; la presse reste importante avec *L'Univers,* dirigé par Pierre Veuillot, jusqu'en 1914, *La Croix, Le Pèlerin,* en Bretagne *l'Ouest-Éclair,* fondé en 1899 par Desgrées-du-Lou.

Le recrutement du clergé avait souffert de l'obligation du service militaire : les ordinations étaient tombées de 4 700 en 1889 à 3 310 en 1894; puis il s'améliore pour atteindre 4 680 en 1900 et demeurer ensuite autour de ce nombre. Les religieux français représentent en 1914 les deux tiers des 6 000 missionnaires catholiques répandus dans le monde, en particulier aux colonies, où la loi sur les congrégations est peu appliquée.

La dévotion est toujours centrée sur la christologie et le culte marial; les congrès se tiennent régulièrement sur les lieux des apparitions, à Paris rue du Bac, à La Salette, surtout à Lourdes, où des pèlerinages sont organisés tous les ans, particulièrement en 1901, où est inaugurée l'église du Rosaire; un congrès marial est tenu à Lyon en 1900 dans la nouvelle église de Fourvière, construite sur l'ancien forum de Trajan, où avaient eu lieu les premiers martyres chrétiens, et en 1908 Pie X étend à l'Église universelle la fête de Notre-Dame de Lourdes en faisant célébrer le cinquantenaire des apparitions. A côté de ces manifestations de masses, Léon XIII puis Pie X se sont efforcés de donner au clergé la formation qui lui avait manqué : l'enseignement du thomisme est répandu dans les séminaires et par les revues, l'*Ami du clergé,* la *Revue du clergé français,* et saint Thomas d'Aquin est proclamé patron des universités et écoles catholiques.

Le même effort est fait pour contrôler l'exégèse. Mgr d'Hulst, recteur de l'Institut catholique, avait déjà favorisé jusqu'à sa mort en 1896 un renouveau théologique en rapport avec les sciences modernes et le rationalisme. Les papes encouragent l'École biblique et la *Revue Biblique,* qui paraît en France depuis 1892 sous la direction du père Lagrange, dominicain; ils tentent ainsi d'enrayer la propagation du modernisme, sans y parvenir totalement : l'abbé Hébert présentait dans les *Annales de philosophie religieuse* les dogmes comme de simples symboles dépourvus de fondement historique; il quitta l'Église en 1903; le père Laberthonnière, oratorien, développait une philosophie de l'immanence qui plaçait dans le monde lui-même la source de sa finalité; condamné en 1906, il se soumit; le philosophe Le Roy, qui essayait de concilier philosophie, science et religion, fut condamné en 1907; la crise suscitée par Loisy fut plus grave par suite du rayonnement de l'auteur : privé de sa chaire à l'Institut catholique en 1893, il publia encore *l'Évangile et l'Église* en 1902 : tout en affirmant l'originalité du christianisme sur les philosophies et les religions qui l'avaient précédé, il s'opposait au dogmatisme traditionnel et revendiquait une adaptation à la liberté de pensée moderne; le livre fut aussitôt condamné; Loisy lui-même fut excommunié en 1908. L'année précédente, Pie X avait publié le décret *Lamentabili sine exitu* ramassant en 65 propositions les erreurs du «modernisme». Ces querelles de théologiens eurent cependant moins de retentissement que les nouvelles théories politiques et sociales.

C. Une démocratie chrétienne

Le catholicisme devait-il demeurer dans le domaine de l'action sociale, ou agir sur la politique pour conduire aux réformes? Le problème avait été posé vers 1894 par l'initiative des «abbés démocrates». Les cercles ouvriers d'A. de Mun déclinaient, l'ACJF (Action catholique de la Jeunesse française), fondée en 1886, était gênée par son paternalisme; les cercles d'études sociales, inaugurés en 1891 par Léon Harmel, s'étendaient peu. Le mouvement nouveau se distingua des précédents par l'intervention de jeunes membres du clergé, convaincus que l'action sociale devait conduire à l'action politique, pour aboutir à une «démocratie chrétienne» suivant l'expression qui lui fut donnée par une revue d'éducation ouvrière du Nord. Les animateurs en furent les abbés Naudet, fondateur de la *Justice sociale,* Garnier, directeur du *Peuple Français,* Trochu, l'un des fondateurs de l'*Ouest-Éclair,*

Lemire, qui fut élu à Hazebrouck, en 1893, contre un candidat conservateur. Ils reconnaissaient les inégalités naturelles, la diversité des classes, le droit à la propriété, mais faisaient du peuple sinon la source, du moins, le dépositaire du pouvoir, demandaient l'intervention de l'État pour faire admettre une législation sociale, la création d'un ministère du Travail, souhaitaient un syndicalisme puissant, fait non pour la lutte des classes, mais pour l'organisation du travail et la protection des travailleurs. Venant après *Rerum Novarum* (1891), le mouvement fut encouragé d'abord par Léon XIII.

La force de ce mouvement ecclésiastique vient de ce qu'il se rencontre avec un mouvement laïque semblable né au même moment : le 10 janvier 1894 paraît le premier numéro de la revue *Le Sillon,* que publient Renaudin et Marc Sangnier. Ce dernier, jeune polytechnicien, se consacre à partir de 1898 à la nouvelle action; le programme repose sur la démocratie et le catholicisme; il faut creuser le sillon dans les esprits et dans les âmes, pour y semer non la lutte des classes, mais l'égalité mystique réalisée par l'unité de la foi. Tandis que les mouvements précédents se donnaient pour but de ramener la bourgeoisie à son rôle dirigeant en lui faisant prendre conscience de ses responsabilités, *Le Sillon* donne aux ouvriers eux-mêmes un rôle d'éducateurs et leur ouvre une promesse de promotion politique et sociale dans une nouvelle démocratie.

Les moyens d'action sont d'abord les Instituts populaires créés à partir de 1901 à l'appel de Faguet, Bourget, Brunetière, Doumic, pour concurrencer les Universités populaires apparues en 1899 (*cf.* Paul Bourget, *L'Étape,* 1902), puis les réunions populaires, protégées par la jeune garde, en chemise blanche et cravate noire. Dans *Graves de Communi,* pourtant, Léon XIII condamne en 1901 le terme «socialisme chrétien» (ambigu), et se montre prudent à l'égard de celui de «démocratie chrétienne», car «dans les circonstances actuelles, il ne faut l'employer qu'en lui ôtant tout sens politique, et en ne lui attachant aucune autre signification que celle d'une bienfaisante action chrétienne parmi le peuple». C'était refuser toute originalité au *Sillon.*

A partir de 1904, *Le Sillon* participe aux «Semaines sociales», qui débattent en 1907 à Amiens du problème du syndicalisme; on y rejette les syndicats mixtes, et Zirnheld, président du syndicat des employés, y étudie les rapports entre syndicat et politique, syndicat et religion : Sangnier lie les trois formes d'action. En 1905, il réclame le droit à l'action politique, exalte la Déclaration des droits de l'homme, se déclare l'héritier des grands républicains révolutionnaires, tient des réunions en faveur des insurgés russes; en 1906, il se dit laïque et refuse à la hiérarchie le contrôle de son action politique et sociale; en 1907, il élargit *Le Sillon*, et lance dans son journal *l'Éveil démocratique* un appel à tous ceux, catholiques ou non, qui ont les mêmes préoccupations; il lance en 1910 *La Démocratie.*

La hiérarchie s'inquiète de la «fermentation libérale» qui secoue les séminaires et obtient de Pie X en août 1910 une «Lettre à l'épiscopat français», qui est la condamnation du *Sillon*, erreur moderniste et libérale. Marc Sangnier se soumit et fonda en 1912 *la Jeune République,* mouvement politique sans référence religieuse; il sera plus tard l'un des fondateurs du Mouvement républicain populaire. Il restait de cet immense enthousiasme une extrême variété de mouvements, qui, à travers les coopératives, mutuelles, caisses de crédit rural, associations familiales ou professionnelles, témoignaient d'une prise de conscience nouvelle des problèmes socio-politiques.

Bibliographie

Sur l'enseignement

J. OZOUF (E.A.), *La République des instituteurs* (Paris, Seuil, 1992); J. OZOUF, *Nous, les maîtres d'école : Autobiographies d'instituteurs de la Belle Époque* (Paris, 1967); Mona OZOUF, *l'École, l'Église et la République, 1871-1914* (Kiosque, 1963); A. LEON, *Histoire de l'enseignement en France* (PUF, Que sais-je?, 6e éd., 1990); G. DUVEAU, *Les Instituteurs* (Seuil, 1957); A. PROST, *Histoire de l'enseignement en France, 1800-1967* (coll. U, Armand Colin); F. MAYEUR, *L'enseignement secondaire des jeunes filles sous la IIIe République* (Éd. Fondat. Nat. Sc. Polit., 1977); L.H. PARIAS (sous la direction de), *Histoire générale de l'enseignement et de l'éducation en France,* 4 vol. (Nouv. Librairie de France, 1983); F. MAYER, A. PROST, *Histoire générale de l'enseignement et de l'éducation en France* (Nouv. Librairie de France, 1986).

Sur le catholicisme en général

Histoire de l'Église depuis les origines jusqu'à nos jours, sous la direction de FLICHE et MARTIN (Bloud et Gay); LECANUET, *L'Église de France sous la Troisième République,* 4 vol. (Paris, 1930-1932); L.V. MEJEAN, *La séparation des Églises et de l'État* (PUF, 1959); Ch. POULET, *Histoire de l'Église de France* (Beauchêne, 1959-1962); Y. LEPOINTE, *Les rapports de l'Église et de l'État en France* (Que sais-je?, PUF, 1960); A. LATREILLE, E. DELARUELLE, R. REMOND, *Histoire du catholicisme en France,* t. III (Spes., 1962); A. DANSETTE, *Histoire religieuse de la France contemporaine,* t. II (Paris, 1965); P. LESOURD et Cl. PAILLAT, *Dossier secret de l'Église de France,* t. II, *De la Révolution à nos jours* (Presses de la Cité, 1968); G. CHOLVY et Y.M. HILAIRE, voir chapitre précédent; R. REMOND, *L'anticléricalisme en France* (PUF, 1985); X. DE MONCLOS, *Histoire religieuse de la France* (Que sais-je?, PUF, 1988); R. REMOND (sous la direction de), *Histoire de la France religieuse* (Paris, Seuil, 1992).

Sur les questions de doctrine

E. POULAT, A. HOUTIN, F. SARTIAUX, *Alfred Loisy, sa vie, son œuvre* (CNRS, 1960); A. VERBIST, *Les grandes controverses de l'Église contemporaine de la Révolution à 1965* (Éd. Rencontres, 1969); E. POULAT, *Le catholicisme devant l'ébranlement de son système d'emprise* (Archives de sociologie des religions, n° 28, 1969); du même, *Intégrisme et catholicisme intégral* (coll. Religions et sociétés, Castermann, 1969); du même, *Histoire, Dogme et Critique dans la crise moderniste,* 2e éd. (Castermann, 1979); Cl. TRESMONTAN, *La Crise moderniste* (Seuil, 1979); J.-B. DUROSELLE et J.-M. MAYEUR, *Histoire du catholicisme* (Que sais-je?, 7e éd, PUF, 1993).

Sur le catholicisme et la question sociale

J. DE FABREGUES, *Le Sillon de Marc Sangnier* (Perrin, 1964); J. CARON, *Le Sillon et la Démocratie chrétienne* (Plon, 1967); P. DROULERS, *Politique sociale et christianisme, le Père Desbuquois et l'Action populaire, 1903-1918* (Éd. ouvrières, 1969); E. POULAT, *Christianisme et Monde ouvrier* (Éd. ouvrières, cahier n° 1 du Mouvement social, présenté par BEDARIDA et J. MAITRON, 1975); P. PIERRARD, *L'Église et les ouvriers en France (1840-1940)* (Hachette littérature, 1984); *La vie quotidienne du prêtre français au XIXe siècle* (Hachette, 1986); *Histoire des curés de campagnes de 1789 à nos jours* (Plon, 1989); J.-M. MAYEUR, *Catholicisme social et Démocratie chrétienne, Principe romain, expériences françaises,* CERF, 1986; J.-L. CHABOT, *La Doctrine sociale de l'Église* (Que sais-je?, PUF, 1989).

On trouvera le texte des encycliques dans : Abbé A. DEROO, *Encycliques, Messages et Discours de Pie IX, Léon XIII...* (Lille, 1961).

Sur le protestantisme, l'ouvrage fondamental reste *l'Histoire générale du protestantisme* de E. LEONARD, t. II, *Déclin et Renouveau* (PUF), *idem.* (Coll. Quadrige, 3 vol., PUF, rééd. 1988); R. MANDROU et autres, *Histoire des protestants en France* (Privat, 1977); J. BAUBEROT, *Histoire du protestantisme* (Que Sais-je?, PUF, 1993); A. ENCREVE, *Les protestants en France de 1800 à nos jours* (Paris, 1985).

Sur la franc-maçonnerie

P. CHEVALLIER, *Histoire de la franc-maçonnerie française,* t. II, *La maçonnerie missionnaire du libéralisme (1800-1877)* (Fayard, 1974), J.A. FAUCHER, *Les francs-maçons et le pouvoir de la Révolution à nos jours* (Perrin, 1986); D. LIGOU (sous la direction de), *Dictionnaire de la franc-maçonnerie* (PUF, 1991), P. NAUDON, *Histoire générale de la franc-maçonnerie* (3e éd., PUF, 1987) et *La franc-maçonnerie* (Que sais-je?, PUF, 12e éd., 1993).

Sur les Juifs

B. BLUMENKRANZ (sous la direction de), *Histoire des Juifs de France* (Éd. Privat, 1972); Ph. BOURDREL, *Histoire des Juifs de France* (Albin Michel, 1974); Michaël R. MARRUS, *Les Juifs en France à l'époque de l'affaire Dreyfus* (Éd. Complexe, PUF, 1985); M. GRAETZ, *Les Juifs en France au XIXe siècle* (Fayard, 1989).

Documents

Lettre à l'Épiscopat français sur Le Sillon (25 août 1910)

... Un jour vint où *Le Sillon* accusa des tendances inquiétantes; Pouvait-il en être autrement? Ses fondateurs, jeunes, enthousiastes, et pleins de confiance en eux-mêmes, n'étaient pas suffisamment armés de science historique, de sainte philosophie et de forte théologie pour affronter sans péril les difficiles problèmes sociaux vers lesquels ils étaient entraînés par leur activité et leur cœur, et pour se prémunir, sur le terrain de la doctrine et de l'obéissance, contre les infiltrations libérales et protestantes.

En premier lieu, il convient de relever sévèrement la prétention du *Sillon* d'échapper à la direction de l'autorité ecclésiastique. Les chefs du *Sillon* en effet allèguent qu'ils évoluent sur un terrain qui n'est pas celui de l'Église... que le sillonniste est tout simplement un catholique voué à la cause des classes laborieuses, aux œuvres démocratiques, et puisant dans les pratiques de sa foi l'énergie de son dévouement... A qui ferait-on croire que les sillonnistes catholiques n'ont en vue, dans leur activité sociale, que les intérêts temporels des classes ouvrières? La vérité est que les chefs du *Sillon* se proclament des idéalistes irréductibles, qu'ils prétendent relever les classes laborieuses en relevant d'abord la conscience humaine, qu'ils ont une doctrine sociale et des principes philosophiques et religieux pour reconstruire la société sur un plan nouveau, qu'ils ont une conception spéciale de la dignité humaine, de la liberté, de la justice, et de la fraternité, et que, pour justifier leurs rêves sociaux, ils en appellent à l'Évangile, interprété à leur manière, et, ce qui est plus grave encore, à un Christ défiguré et diminué.

Le Sillon... réclame, au nom de la dignité humaine, la triple émancipation politique, économique et intellectuelle; la cité future à laquelle il travaille n'aura plus de maîtres ni de serviteurs; les citoyens seront tous libres, tous camarades, tous rois. Un ordre, un précepte serait un attentat à la liberté; la subordination à une supériorité quelconque serait une diminution de l'homme, l'obéissance une déchéance... Est-ce que toute société de créatures indépendantes et inégales par nature n'a pas besoin d'une autorité qui dirige leur activité vers le bien commun et qui impose sa loi?

Il fut un temps où *Le Sillon*, comme tel, était formellement catholique. En fait de force morale il n'en connaissait qu'une, la force catholique, et il allait proclamant que la démocratie serait catholique ou qu'elle ne serait pas. Un moment vint où il se ravisa. Il laissa à chacun sa religion ou sa philosophie. Ce fut l'époque du *plus grand Sillon.* On appela à la construction de la cité future tous les ouvriers de toutes les religions et de toutes les sectes... Récemment le nom du *plus grand Sillon* a disparu, et une nouvelle organisation est intervenue... Que faut-il penser d'une association où toutes les religions et même la libre pensée peuvent se manifester hautement et à leur aise? Que penser d'un catholique qui, en entrant dans son cercle d'études, laisse son catholicisme à la porte pour ne pas effrayer ses camarades, qui, « rêvant d'une action sociale désintéressée, répugne de la faire servir au triomphe d'intérêts, de coteries ou même de convictions quelles qu'elles soient? » Telle est la profession de foi du nouveau Comité démocratique d'action sociale, qui, dit-il, « brisant l'équivoque entretenue autour du plus grand *Sillon*, tant dans les milieux réactionnaires que dans les milieux anticléricaux, est ouvert à tous les hommes... » Que vont-ils produire? Une construction purement verbale et chimérique, où l'on verra miroiter pêle-mêle, et dans une confusion séduisante, les mots de liberté, de justice, de fraternité et d'amour, d'égalité et d'exaltation humaine, le tout basé sur une dignité humaine mal comprise. Ce sera une agitation tumultueuse, stérile pour le but proposé, et qui profitera aux rumeurs de masses moins utopistes.

Nous ne connaissons que trop les sombres officines où l'on élabore ces doctrines délétères qui ne devraient pas séduire des esprits clairvoyants. Les chefs du *Sillon* n'ont pu s'en défendre : l'exaltation de leurs sentiments, l'aveugle bonté de leur cœur, leur mysticisme philosophique mêlé d'une part d'illuminisme, les ont entraînés vers un nouvel évangile... au point que, leur idéal étant apparenté à celui de la Révolution, ils ne craignent pas de faire entre l'Évangile et la Révolution des rapprochements blasphématoires qui n'ont pas l'excuse d'avoir échappé à quelque improvisation tumultueuse...

Extraits de A. Deroo
Encycliques, Messages et Discours.

Nombre d'élèves (2 à 6 ans) dans les écoles maternelles (1876-1913)

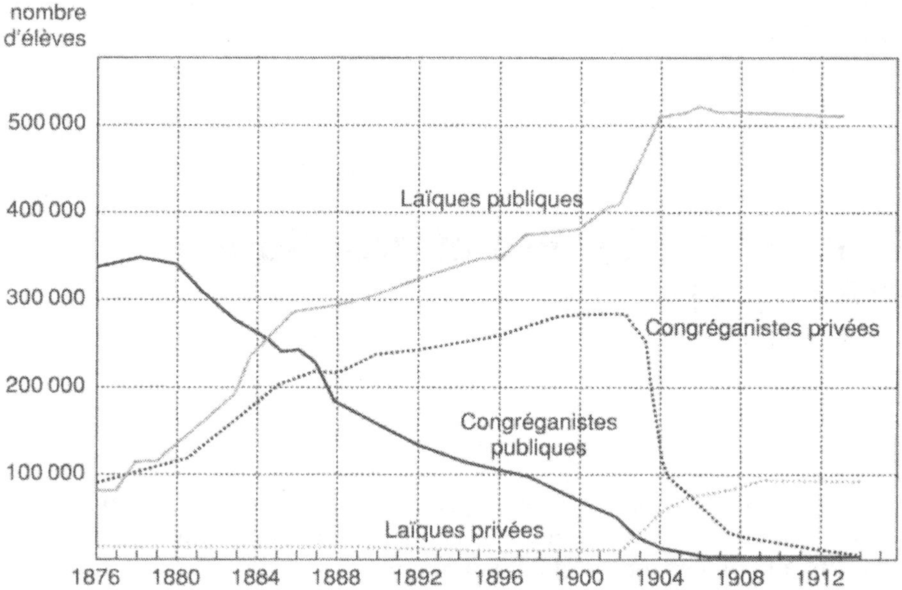

D'après *Annuaire Rétrospectif de la France*, 1966

Nombre d'élèves dans les écoles primaires élémentaires et supérieures (1876- 1913)

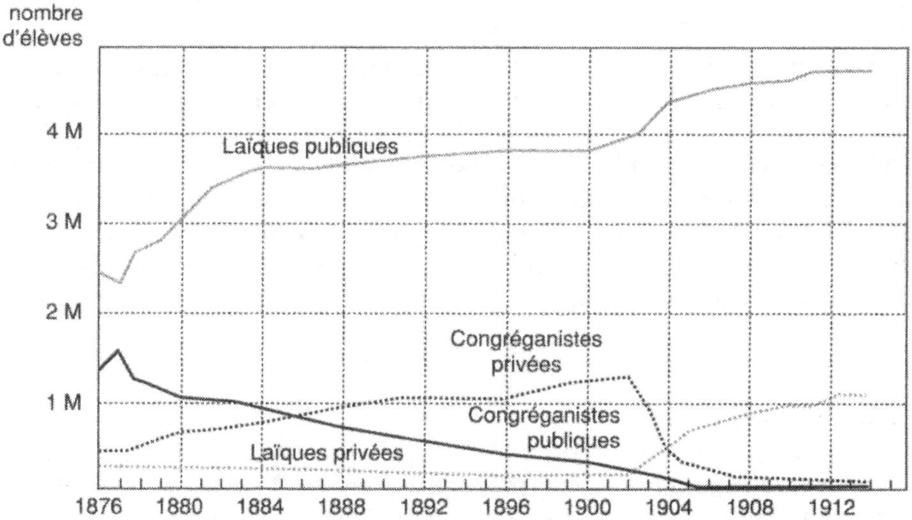

D'après *Annuaire Rétrospectif de la France*, 1966.

8

L'activité littéraire et artistique (1871-1914)

Avec le début de la IIIe République coïncide, sans que l'on puisse systématiser, un tournant de la ligne littéraire principale ; les derniers romantiques touchent à la fin de leur vie et de leur œuvre.

1. Les survivants

Lamartine, détourné de son activité républicaine par les soucis d'argent et les compilations, s'est éteint en 1869. George Sand s'est retirée dans le Berry ; la « dame de Nohant » traduit en générosité humanitaire ses rêves démocratiques d'antan ; elle meurt en 1876.

De cette génération, seul Victor Hugo, bientôt octogénaire, entre activement dans un monde nouveau ; revenu à la hâte de Guernesey à Bruxelles, puis à Paris après un exil de dix-neuf ans, il est élu député de Paris, puis en 1876 sénateur inamovible. Ses funérailles nationales, en 1885, et la ferveur de la population à son égard récompensent le « rêveur sacré » qui avait dans tous les genres et sur tous les tons proclamé l'espérance républicaine. Mais avec lui, même si les idées qu'il a défendues sont appelées à survivre et à se développer, se clôt un monde.

2. Le naturalisme

Le naturalisme n'est pas né précisément en 1870 ; sans doute était-il en germe dans le réalisme de Balzac, de Stendhal, de Flaubert. Pourtant, par certains traits, c'est bien d'une école nouvelle qu'il s'agit.

A. Le poids de l'histoire

Zola avait acquis une villa près de Poissy, à Médan. Le «groupe de Médan», Zola, Huysmans, Maupassant, Paul Alexis, Henry Céard, Léon Hennique, publie en 1880, sous le titre les «Soirées de Médan» un recueil de six nouvelles, où chacun des jeunes auteurs fixe selon son choix un aspect de la guerre. Maupassant, en particulier, donne dans *Boule de Suif* une peinture durable des misères d'un pays vaincu. L'intérêt de ce mince recueil est de montrer à quel point, en cette période, l'histoire pèse sur les Lettres. La guerre, la défaite, semblent avoir chassé les derniers rêves romantiques; les romans de Balzac paraissent des constructions imaginaires en comparaison des visions dépouillées et cruelles de Maupassant ou de Paul Alexis.

B. «Explorer les basses classes»

Stendhal, Balzac, Flaubert, s'étaient intéressés surtout à la société bourgeoise; les humbles restaient des personnages secondaires et épisodiques : ainsi la grande Nanon, servante d'*Eugénie Grandet,* ou Rosanette, la pittoresque fille galante de l'*Éducation Sentimentale.* Chez les naturalistes, les «gens du peuple» sont au premier plan. Connus aujourd'hui par leur *Journal* et par le prix littéraire qu'ils ont fondé, les frères Goncourt sont à l'origine de la vocation et du choix de Zola. En 1864 les Goncourt, dans *Sœur Philomène,* avaient peint, derrière une aventure romanesque, la vie d'hôpital dont la documentation méticuleuse leur avait été fournie par le poète Louis Bouilhet, interne des hôpitaux et disciple du père de Flaubert. En 1865, dans *Germinie Lacerteux,* ils avaient montré la déchéance par le vol, l'alcool, la prostitution, d'une servante dont le modèle était leur propre servante. Répondant au public scandalisé, les Goncourt avaient fait valoir le droit du romancier à «explorer les basses classes» : c'est bien en ce domaine que Zola développe son œuvre. En 1870 il a déjà construit l'arbre généalogique des *Rougon-Macquart;* les vingt volumes de l'œuvre font vivre plus de mille personnages dans la société du Second Empire : y sont représentés plus intensément les financiers (*La Curée, L'Argent,* 1891), les commerçants (*Le Ventre de Paris, Au Bonheur des Dames*), les bourgeois (*Pot-Bouille*), les paysans (*La Terre,* 1887), les ouvriers surtout, dont le rôle politique et social venait de croître avec l'essor économique du Second Empire (*L'Assommoir,* 1887, *Germinal,* 1885, *La Bête Humaine,* 1890). Les décors prennent un relief puissant : la mine, la Bourse, les Halles de Paris, qui viennent d'être construites, les Grands Magasins, forme nouvelle du grand commerce, la locomotive; les vices aussi : alcoolisme, violence, prostitution.

Aussi Zola rencontra-t-il bien des obstacles depuis les premières lignes de *La Fortune des Rougon* en 1869 jusqu'à la publication du *Docteur Pascal* en 1893; l'opinion de gauche était réticente : Zola n'avait-il pas desservi le peuple en le montrant dans sa vie quotidienne, dans sa vie privée, moins louable que dans sa vie de travailleur? Les lecteurs de la bourgeoisie étaient choqués et refusaient d'admettre que «tout ce qui est dans la nature est dans l'art»; en particulier le langage «véridique» de *La Terre* parut un affront porté à la fois à la décence morale et à l'art. Mais Zola, souvent découragé, était aussi stimulé par l'opposition qu'il rencontrait; surtout, son entreprise reposait à ses yeux sur des principes irréfutables.

C. Le roman expérimental

Zola est disciple de Taine; le déterminisme qu'exercent, sur la société et la littérature, la race, le milieu, le moment, est accueilli par Zola comme la garantie d'une littérature et d'une critique de caractère scientifique. *L'Introduction à la médecine expérimentale* de Claude Bernard (1865) lui a été révélée par Henry Céard, et le *Traité philosophique et physiologique de l'hérédité naturelle* du docteur Lucas l'a définitivement convaincu de la possibilité d'une étude psychologique et sociale qui, au cœur du roman, ne laisserait plus de place au hasard romanesque. Les traits de la race et de l'hérédité se manifestant sur cinq générations de personnages, à propos de qui Zola peut dire comme dans la préface de *Thérèse Raquin* que chacun est un «cas curieux de physiologie». La rigueur de sa documentation le persuade qu'il fait œuvre de savant. Pourtant, au cœur même du groupe de Médan, son ami Henry Céard découvre le sophisme fondamental du «roman expérimental» : le médecin peut légitimement susciter une expérience et sa vérification en laboratoire; mais, dans la création imaginaire, la vérification du romancier n'est qu'illusion.

Zola termine néanmoins avec optimisme la série des Rougon-Macquart : dans *Le Docteur Pascal* (1893) le médecin déterministe triomphe de la foi de sa nièce, et cette conclusion est un acte de confiance dans l'avenir de la science.

Après son engagement dans l'affaire Dreyfus, Zola publie *Les trois villes : Lourdes,* 1894; *Rome,* 1896; *Paris,* 1897, où il répète le triomphe de la science sur la religion dans le personnage de l'abbé Froment, pour qui le passage de la foi au positivisme reste aussi décevant que pour le vieux Renan.

Les Quatre Évangiles : Fécondité, 1899; *Travail*, 1901; *Vérité*; 1903 et *Justice*, inachevé, montrent par leur titre seul comment Zola vieillissant glisse de l'étude du réel au rêve humanitaire, du présent à l'avenir, du peintre au prophète.

Flaubert, qui n'avait pas vu la fin de l'œuvre, reconnaissait en Zola un colosse. Œuvre colossale en effet, dont la valeur documentaire demeure malgré le souffle épique, malgré une sorte d'enthousiasme romantique, malgré le choix «populiste» avant la lettre, qui fausse les proportions du tableau social. Demeure aussi, au-delà de la prétention au positivisme, un témoignage certainement sincère.

D. Le naturalisme souriant : Alphonse Daudet

Ce méridional (1840-1897) doit sa survie littéraire aux *Lettres de mon Moulin* (1869), aux *Contes du Lundi* (1873) et aux aventures de Tartarin, œuvres où le lecteur soupçonne peu les préoccupations du naturalisme. Les *Contes du Lundi* expriment les douleurs de la défaite, les *Lettres* mettent en scène paysans et artisans modestes de Provence; Tartarin incarne l'exagération et l'exubérance du Midi; mais il n'y a dans ces œuvres ni l'ampleur de la fresque, ni le poids de documentation qui caractérisent le naturalisme. En réalité, les romans naturalistes de Daudet semblent les plus oubliés, éclipsés par ceux de Zola peut-être, ou perdus dans le sillage du réalisme balzacien. C'est pourtant d'un regard aigu que Daudet a observé le personnage et l'entourage de Morny dans *Le Nabab* (1877), Gambetta sans doute dans *Numa Roumestan* (1880), les intrigues qui entourent la Coupole dans *l'Immortel* (1888), les chaînes d'une liaison dangereuse dans *Sapho* (1884). Sans doute est-ce le sourire parfois amer, plus souvent amusé, de Daudet qui dérobe au lecteur la certitude d'un naturalisme puissant.

3. Contre le naturalisme

A. La dislocation du groupe

C'est dans le groupe de Médan même que le roman naturaliste a d'abord été attaqué. La publication de *La Terre* en 1887 a été accueillie par un *Manifeste des Cinq* : ces anciens disciples de Zola, au nombre desquels L. Descaves, P. Margueritte, J.H. Rosny, répugnent aux excès de la « littérature véridique » et y dénoncent un effort vers la gauloiserie. A leur conviction s'ajoute la prudence dictée par les lois de 1881 et 1882 qui sévissent contre les outrages aux mœurs.

D'autre part Maupassant, voué par les leçons de Flaubert à l'observation du réel, persuadé que le nouvelliste et le romancier doivent décrire les cuisines aussi bien que les trônes ou les bureaux, reste éloigné de Zola par le respect qu'il porte à la pureté de la langue; il ne veut l'affaiblir ni la corrompre.

Enfin Huysmans, après avoir servi la cause du Naturalisme dans *Marthe, histoire d'une fille,* édité à Bruxelles en 1876, dans *En ménage* (1878), dans *A vau l'eau* (1882), tente d'appliquer aux mystères de la magie et de la foi l'investigation scientifique (*A rebours,* 1887; *Là-bas,* 1891); à de telles œuvres, Barbey d'Aurevilly ne prévoyait d'autre suite que le suicide ou la croix; comme son héros Durtal, Huysmans poursuit son itinéraire spirituel (*En route,* 1895, *La cathédrale,* 1898, *L'oblat,* 1903) jusqu'à l'abbaye bénédictine où, à l'agonie, il prétend en plaisantant n'avoir pas renié le naturalisme.

B. Anatole France (1844-1924)

A. France avait d'abord adhéré au positivisme. Mais, comme son maître Renan, il est bientôt partagé entre les séductions d'un rationalisme universel et la conviction que, dans nos pensées, dans nos sentiments, dans nos œuvres, demeure un élément de liberté et de mystère qui en fait le prix. Les prétentions scientifiques du roman naturaliste l'exaspèrent tout autant que la grossièreté du nouveau langage. Il en vient à affirmer que tout en nous est subjectif et individuel ; quand il s'agit de l'homme, les notions de lois et d'expérimentation sont illusoires. L'œuvre littéraire, pour l'écrivain comme pour ses lecteurs, appartient à l'impressionnisme ; l'inexplicable seul, beauté, vertu, génie, a du charme.

L'opposition des doctrines littéraires n'empêche pas Anatole France de soutenir E. Zola dans l'affaire Dreyfus en 1897 ; France est un démocrate défenseur des Droits de l'homme, et persuadé que la démocratie assure la liberté de l'individu, de l'individualisme même dont il est épris. Mais son ami politique reste son adversaire littéraire, et son œuvre le prouve.

Le Crime de Sylvestre Bonnard, membre de l'Institut (1881) conte les aventures d'un savant humaniste, bibliophile acharné et cœur généreux, aventures où les servantes deviennent princesses, où l'imaginaire bouleverse le réel, où l'auteur révèle ses goûts de lettré ironique. *Thaïs* (1890) est le roman historique de la rencontre du paganisme et du christianisme. Les quatre romans de *l'Histoire contemporaine* [notamment *L'Orme du Mail* (1896)] ont pour héros un humble professeur de province, M. Bergeret ; par son regard pénétrant et à travers son ironie socratique, nous voyons toute la société contemporaine, hommes politiques, femmes du monde, officiers, ecclésiastiques ; l'affaire Dreyfus est évoquée au tome III, *L'Anneau d'Améthyste* ; ni les milieux étudiés, ni le style brillant et nuancé n'apparentent cette fresque à celle de Zola.

Les romans de l'enfance : *Le livre de mon ami,* 1885 ; *Le Petit Pierre,* 1918, sont l'œuvre d'un être délicat, tourné vers le passé, vers le rêve, vers sa propre personne. Il rouvre discrètement le récit psychologique et le plaisir de conter.

C. Paul Bourget (1852-1935)

Disciple de Taine et de Sainte-Beuve, il s'est d'abord fait connaître dans la critique littéraire. Les *Essais de psychologie contemporaine* (1883) et les *Nouveaux Essais* (1885) affirment, comme *Nos actes nous suivent,* la responsabilité de l'écrivain et du penseur : la volupté tourmentée de Baudelaire, le scepticisme de Renan, son dilettantisme, la platitude fangeuse du Naturalisme sont dénoncés par Bourget comme les sources des maux du temps. Le naturalisme ne présente que des ratés, or l'avortement n'est pas la loi de la nature, et Bourget nie la vérité de l'entreprise naturaliste. Existent pour Bourget des êtres capables d'énergie, d'idéal, aptes à surmonter leur nature : l'écrivain qui leur donne vie, le critique qui les fait connaître contribuent à la santé de la société.

Dans les romans, Bourget, délibérément moraliste et parfois moralisateur, illustre ses thèses. *Le Disciple* (1889), roman inspiré d'un fait divers comme *Le Rouge et le Noir* de Stendhal, incarne en Robert Greslou un nouveau Julien Sorel, capable d'expérimenter sur une jeune fille les théories psychologiques de son maître Adrien Sixte : cet essai de déterminisme conduit les deux jeunes gens à une mort tragique, et le vieux maître consterné renie son positivisme, quand il en voit les effets.

L'Étape (1903) montre dans la famille du professeur Monneron les dangers d'une ascension sociale trop rapide, où les êtres se trouvent projetés dans un milieu dont ils ne connaissent ni les pièges, ni les traditions; ce risque compromet le bonheur de l'individu dans sa réussite même, et l'équilibre de la société. Sans contester la valeur de la démocratie, Bourget pense que l'évolution sociale doit se faire par étapes, et son roman, très moderne dans son fond, a suscité des discussions passionnées.

Un divorce (1904) envisage également l'intérêt des individus et celui de la société. Bourget, achevant son évolution et son investigation des maux et des remèdes, défend la tradition religieuse et souhaite un réveil du christianisme.

En dépit de la lourdeur des démonstrations, P. Bourget a attiré l'intérêt et la faveur de tous ceux que le positivisme avait lassés.

D. Maurice Barrès (1862-1923)

Maurice Barrès avait reçu au lycée de Nancy l'enseignement spiritualiste de Jules Lagneau. La découverte de Baudelaire et de Flaubert achèvent de développer en lui le goût de l'analyse, et la trilogie du *Culte du Moi (Sous l'œil des Barbares,* 1888; *Un Homme libre,* 1889; *Le Jardin de Bérénice,* 1891) peut apparaître comme un réveil du romantisme et de l'égotisme stendhalien, ou comme l'annonce de l'épicurisme de Gide. Il s'agit en effet pour Philippe, le héros de Barrès, de multiplier les émotions et l'analyse de ces émotions; de même, au cours de ses voyages et durant toute sa vie, ce sont des aspects de lui-même que Barrès a cherchés dans les sites illustres (*Du Sang, de la volupté, de la mort,* 1894; *Gréco ou le Secret de Tolède,* 1912; *Un Jardin sur l'Oronte,* 1922). Ce dilettantisme fit rapidement de Barrès le prince de la jeunesse; il offrait à une génération désabusée, dans le culte du Moi, un but immédiat.

Ce n'était pour Barrès qu'une étape. Rapidement, il découvrait que la personnalité de l'individu ne se développe que dans l'enracinement, dans les liens avec le sol natal et avec les morts; ainsi, le déterminisme de Taine, qui insistait sur le pouvoir de la race, conduisait Barrès à chercher ses propres lois dans la terre lorraine et dans le culte de la patrie; l'individualisme se change sans contradiction en nationalisme, et l'indépendance en engagement. Député boulangiste de Nancy en 1889, député de Paris en 1906, président de la Ligue des Patriotes après Déroulède, à l'affût de la vérité dans l'affaire de Panama et dans l'affaire Dreyfus, Barrès compose entre 1896 et 1903 la trilogie du *Roman de l'énergie nationale*; le premier roman, *Les Déracinés*

(1897), le plus célèbre, montre sept jeunes lorrains qui, venus à Paris pour y réussir comme Rastignac, se trouvent incapables de s'y adapter. Par contre, l'héroïne de *Colette Baudoche* (1909) incarne les vertus de la race développées au contact de la terre natale. Jusqu'à la guerre, Barrès ne cesse pas d'entretenir dans ses romans et dans ses articles la fidélité aux provinces perdues et à l'intégrité nationale. Cette ferveur patriotique lui fait reprendre la tradition religieuse (*La Colline inspirée,* 1913) comme un élément essentiel de l'énergie et de la vérité nationales. L'influence de Barrès, plus lyrique que celle de Bourget, peut se comparer à celle de Chateaubriand dans le *Génie du Christianisme.*

E. *Charles Péguy (1873-septembre 1914)*

Péguy ne peut être séparé de Barrès, bien que les formes littéraires et le cheminement de la pensée soient chez eux différents. De très humble origine, Ch. Péguy, appuyé par ses maîtres, entre au lycée d'Orléans, prépare l'ENS, est reçu en 1894 rue d'Ulm, il adhère au groupe socialiste. Puis il trouve dans l'affaire Dreyfus l'occasion d'exprimer son désir de justice et de vérité. Sa rigueur, son refus de l'opportunisme vont faire de lui un indépendant. Comme Barrès il découvre le sens de la patrie et l'exigence de la foi; Jeanne d'Arc, l'héroïne d'Orléans, en est pour lui le symbole; il la chante en poète (1897); puis, brouillé avec ses amis socialistes, il fonde les *Cahiers de la Quinzaine (*1900) dont il supportera presque seul tout le poids pendant quatorze ans, et grâce auxquels son influence spirituelle sera considérable.

Revenu à la foi, sinon à la pratique religieuse, c'est encore en poète qu'il chante *Le Mystère de la charité de Jeanne d'Arc* (1911), *La Tapisserie de Notre-Dame* (1913), célébrant à chaque occasion les valeurs traditionnelles de l'âme française. Sa mort au début de la bataille de la Marne, prenant valeur d'exemple, donne un nouveau prestige à son influence.

4. Le Théâtre

Le théâtre naturaliste. Il est issu d'abord du roman, et les œuvres de Zola, Daudet, Maupassant ont été adaptées à la scène par les auteurs eux-mêmes ou par d'autres (*Thérèse Raquin,* 1873; *L'Assommoir,* 1879; *Nana,* 1881; *Le Nabab,* 1880; *Mademoiselle Fifi,* 1896). Aucune de ces adaptations n'a eu de succès.

Henry Becque (1837-1899), qui n'avait jamais vu le succès de ses pièces *Les Corbeaux,* 1882, *La Parisienne,* 1885, a trouvé la gloire posthume. *Les Corbeaux,* au répertoire de la Comédie-Française, présentent un tableau réaliste et puissant d'une famille exploitée et ruinée à la mort du père par l'entourage rapace; pièce sombre qui a dû ses échecs passagers à l'absence de toute concession esthétique, en faveur de l'âpre vérité.

Le théâtre naturaliste de Becque a trouvé un prolongement dans le «Théâtre Libre» (1887-1896), fondé par un employé de la Compagnie du Gaz, Antoine. Accueillant les jeunes auteurs, renouvelant sans cesse ses programmes, Antoine est allé à la faillite, mais son mérite a été de révéler les auteurs étrangers, Ibsen (*Le Canard Sauvage*), Tolstoï (*La Puissance des Ténèbres*). C'est lui qui a vu les débuts de Curel et de Courteline. Surtout, il a fait évoluer les décors vers le plus sûr réalisme, le jeu des acteurs vers la spontanéité, leur faisant oublier la présence de la salle pour plus de naturel.

Le public a peu apprécié un théâtre de réalisme violent ou au contraire de grisaille sans beauté; mais il avait pris au Théâtre Libre le dégoût de l'académisme. Octave Mirbeau (*Les Affaires sont les Affaires,* 1903), Jules Renard (*Poil de Carotte,* 1900) ont apporté leur contribution au théâtre naturaliste.

Le théâtre idéaliste. En réaction contre le naturalisme, il ouvre la scène à l'imaginaire, au rêve, à la poésie, à la quête spirituelle.

Paul Fort (1872-1960) fonda en 1890 le «Théâtre d'art» qui adaptait à la scène des poèmes de Rimbaud, Verlaine, Mallarmé, Laforgue. Repris en 1892 par Lugné-Poe, le Théâtre d'art est devenu le Théâtre de l'Œuvre, où étaient représentées, de France ou de l'étranger, des pièces poétiques apparentées au mouvement symboliste.

Maurice Maeterlinck, Saint-Pol-Roux, Rémy de Gourmont ont conquis un public épris de beauté et de pureté, comme par protestation contre le naturalisme.

Mais Claudel (1868-1955) prend la première place; *Tête d'Or* (1890), *La Ville* (1893), les différentes versions qui aboutiront à l'*Annonce faite à Marie* (1912), la trilogie de *l'Otage* (1914), *l'Échange* (1890), *Partage de Midi* (1906) ont pour Claudel moins d'importance littéraire que l'intention spirituelle; Claudel semble compenser son existence errante de diplomate par l'approfondissement intérieur et la célébration de sa foi; depuis sa «conversion» de 1886 il se sent homme de Dieu, appelé à témoigner du caractère catholique du christianisme; son œuvre est pleine de symboles métaphysiques, mais aussi d'expressions très claires du dogme, de l'amour chrétien, du sacrifice et de la communion des saints. Théâtre riche et touffu, dont le sommet est *Le Soulier de Satin* (1924).

Le théâtre à thèse a connu une grande faveur en cette période, malgré la déformation du réel que comporte presque inévitablement le désir de prouver. Paul Hervieu (1857-1915) a porté à la scène des drames de famille : *Les Tenailles* (1895), *Le Dédale* (1903), *La Course au flambeau* (1901), qui font ressortir l'importance de la cellule familiale; c'est par la famille que P. Hervieu veut redonner à la société santé et hauteur morale.

Eugène Brieux (1858-1932) doit à son humble origine un intérêt particulier porté aux humbles et aux problèmes sociaux. Les questions familiales l'émeuvent (*Les trois filles de M. Dupont,* 1897; *Le Berceau,* 1898); les réalités politiques et sociales inspirent *L'Engrenage* (1894), *Les Bienfaiteurs* (1897). *La Robe Rouge* (1900) est une satire mordante du monde judiciaire, mêlée à un drame conjugal.

Le théâtre psychologique, moins influencé par les événements et les mœurs du temps, reste apprécié par sa gratuité même. Des noms s'y sont illustrés : Georges de Porto-Riche, consacré au « théâtre d'amour » dans la tradition de Racine et de Musset; Jules Lemaître, Maurice Donnay, Alfred Capus, Armand de Caillavet et Robert de Flers, Henry Bernstein, Sacha Guitry.

Le théâtre poétique a été tenté d'abord par les poètes du Parnasse et du Symbolisme : Théodore de Banville (*Gringoire,* 1866); Leconte de Lisle (*Les Erynnies,* 1873); Henri de Bornier (*La fille de Roland,* 1875, dont l'inspiration héroïque a entretenu dans le public le sentiment patriotique); Catulle Mendès (*Briséis,* 1893, *Médée,* 1898). Il faut connaître encore Michel Zamacoïs (*La fleur merveilleuse,* 1910) et Edmond Rostand (1868-1918) (*Cyrano de Bergerac,* 1897, *L'Aiglon,* 1900, *Chantecler,* 1910).

Le théâtre comique. A la limite du vaudeville et de la farce, l'œuvre de Georges Courteline (1861-1929) retient l'intérêt par l'invention des situations, la création des types (*Boubouroche,* 1893) la description bouffonne du réel (*Le gendarme est sans pitié, Le commissaire est bon enfant*).

Tristan Bernard (1866-1947), après avoir tenté différents métiers remporte un triomphe au théâtre avec *Les Pieds Nickelés* (1895). Viennent ensuite *L'Anglais tel qu'on le parle* (1899), *Le Petit Café* (1911), etc.

Alfred Jarry (1873-1907), après avoir collaboré au Mercure de France et au Théâtre de l'Œuvre, crée sur cette scène en 1896 *Ubu Roi,* qu'il avait composé à quinze ans, et qui veut exprimer l'énormité de la bêtise des adultes jugée par un adolescent. La pièce fit scandale et eut un succès de scandale.

5. Poètes

L'École Parnassienne, fondée en 1866 par les « tétrarques » Leconte de Lisle, Baudelaire, Gautier, Banville, touche à sa fin. *Les Trophées* de J.-M. de Hérédia (1893), recueil mince et parfait de 118 sonnets, montrent l'impasse où conduit le culte de l'Art pour l'Art avec son désir de fuir l'épanchement lyrique aussi bien que l'engagement social : la matière et l'inspiration manquent à ces vers ciselés, à ces miniatures raffinées, à ces rimes savantes. La poésie devient un luxe alexandrin, sommet de l'art pour les uns, décadence déjà pour les autres.

Verlaine (1844-1896) s'était lié en 1866, par les *Poèmes Saturniens,* aux ambitions du Parnasse. Il s'en est détaché très tôt, pour exprimer la « chanson grise », qui est sa voix la plus intime. A travers les *Fêtes Galantes* (1869) se dessinent les plaisirs délicats d'un cœur triste. Puis *La Bonne Chanson* (1870) dit la joie de fiançailles trop naïves; les *Romances sans paroles* (1874) évoquent l'orageuse liaison de Verlaine avec Rimbaud; *Sagesse* (1881) célèbre un retour à Dieu avec une candeur qui est inconscience ou pureté.

Ce lyrisme voilé n'est pas un retour au romantisme. Verlaine contribue à fonder le symbolisme, issu de Baudelaire, des correspondances des sensations entre elles, des analogies entre l'âme et le monde extérieur. Mais son langage musical, sa confession murmurée ne donnent pas l'impression d'une révolution littéraire, impression que Mallarmé par contre impose à ses proches.

Arthur Rimbaud (1854-1891), le compagnon maudit de Verlaine, quoique plus jeune de dix ans, ou parce que plus jeune, a ressenti les événements et s'y est jeté avec passion. A la veille de la guerre, lycéen à Charleville, il raille en vers les journaux et les fonctionnaires de l'Empire, le patriotisme inconsistant de la province, puis pleure sur la monstruosité de la guerre. A la nouvelle de la Commune, il se précipite à Paris, fait rapidement l'expérience de son inutilité à la caserne Babylone, et à seize ans cesse de croire au pouvoir de l'action; écœuré du réel, il décide de se faire voyant, de dérégler ses sens et d'échapper à la connaissance rationnelle pour saisir des vérités occultes et rendre à l'humanité l'amour et le bonheur. Il a pressenti dans le *Bateau Ivre* l'éblouissement de l'expérience prochaine et le souvenir désespéré qu'il en gardera; pourtant, errant, affamé, à travers la Belgique et l'Angleterre, accompagné de Verlaine, il vit l'extraordinaire aventure qu'il relate dans *Une Saison en Enfer* et *Illuminations*; mais ces poèmes en prose disent, en même temps que les étincelles de joie, les remords et l'échec de celui qui s'aperçoit que son entreprise est le double dérisoire de celle du Christ. Rimbaud cesse brusquement d'écrire (1873). Son influence ne cesse de grandir; nul avant lui n'avait pareillement identifié la tentative littéraire et l'aventure spirituelle. En ce sens, Rimbaud a donné une valeur décisive à la poésie.

Stéphane Mallarmé (1842-1898), sacré Prince des poètes après Verlaine, avait d'abord imité Baudelaire dans les contradictions du spleen et de l'idéal.

Mais, après un séjour en Angleterre dont le but est la lecture directe d'Edgar Poe, pris entre un poste médiocre de professeur d'anglais et une vie familiale morose, cet homme effacé fascine tous les poètes qui l'entourent. Il opte pour la poésie hermétique, pour un langage secret et réservé aux initiés, puisque la poésie est domaine sacré comme les religions à mystères. Il voue un travail inlassable et souvent stérile à détourner les mots de leur sens utilitaire, pour exploiter leur sonorité, leurs rencontres, leurs rythmes; la musique domine la signification, qui paraît vulgaire à Mallarmé, et réservée à la prose. Dans cette étude méthodique du langage Mallarmé, en plus de trente ans, ne fixe que quelques centaines de vers. *Hérodiade* change de forme et reste inachevé. *L'Après-midi d'un Faune,* assez différent par sa sensualité des autres poèmes de Mallarmé, doit sa gloire à Debussy. Dans l'obscurité de ces vers laborieux, ceux qui restent aisément dans notre mémoire sont ceux que Mallarmé appréciait le moins. Il n'y avait pourtant en lui ni orgueil, ni snobisme, mais une grande affabilité, comme en ont témoigné les habitués des Mardis de la Rue de Rome, et par ailleurs une exigence esthétique qui aboutissait au silence : et c'est ce drame du poète hanté par la Beauté que Mallarmé a le plus souvent évoqué.

Paul Valéry (1871-1945) n'a été connu jusqu'en 1917 que des lecteurs de revues symbolistes et de lycéens fanatiques. Au collège de Sète, puis au lycée de Montpellier, Valéry découvre Baudelaire, Rimbaud, Poe ; Mallarmé lui est révélé par le roman *A Rebours* de Huysmans, puis par Pierre Louys, qui encourage Valéry et publie dans sa revue *La Conque* en 1891 certains des poèmes qui constituent *L'Album de vers anciens* (1920). Valéry entre aussi en relations avec Gide. Mais son maître est Mallarmé. Brusquement, après la « crise de Gênes » (1892), Valéry renonce à la poésie comme forme de pensée trop vague et trop entachée de sentiments à son gré.

Jusqu'en 1913, où il commence *La Jeune Parque,* Valéry n'avoue d'autre but que d'observer et de maîtriser parfaitement son intellect. Des œuvres en prose, *Introduction à la Méthode de Léonard de Vinci* (1895), *La Soirée avec Monsieur Teste* (1896), sa correspondance, ses cahiers, montrent cette passion de la lucidité, de l'intelligence, renouveau du rationalisme en marge du symbolisme, dont nous verrons la portée et les limites dans la maturité de Valéry. Installé à Paris en 1894, il fréquente les Mardis de Mallarmé, rencontre les peintres Degas, Renoir, fréquente les concerts, mais ne recherche pas la gloire, qu'il méprise.

6. Les isolés

André Gide (1869-1951) entre dans la vie littéraire à la même époque et dans le même groupe que Valéry. Pierre Louys, Mallarmé, Valéry l'incitent à écrire dans les revues symbolistes. En 1891, il publie à ses frais *Les Cahiers d'André Walter,* puis les *Poésies d'André Walter. Le Traité du Narcisse* (1891), *Le Voyage d'Urien* (1893) illustrent un symbolisme sans conviction. *Les Nourritures Terrestres* (1897) font de Gide un maître à penser, un maître à jouir, dont l'influence se maintient bien au-delà de la Première Guerre mondiale. Maladie et guérison, voyage avaient été pour Gide l'occasion de s'affranchir de l'influence familiale, du puritanisme de son éducation, de toute contrainte morale et sociale, pour exciter tous ses désirs et en tirer délectation d'épicurien et d'esthète. Le ton de frère aîné qu'il prend envers Nathanaël, envers ses lecteurs, plein de jeunesse et d'expérience enthousiaste, était bien fait pour susciter la ferveur des disciples ; il ne leur apportait pourtant pas d'autre raison de vivre que leur plaisir. *L'Immoraliste* (1902), *Saül* au théâtre (1903), *La Porte Étroite* (1909) font alterner le scrupule moral et l'exaltation de la liberté. Dans le même temps, Gide fonde en 1908, avec Jacques Copeau et Jean Schlumberger, la *Nouvelle Revue Française,* qui eut pour directeurs Jacques Rivière et Jean Paulhan. En 1914, *Les Caves du Vatican,* « sotie » ou roman joyeux, défend et illustre dans le personnage de Lafcadio l'acte gratuit, l'acte sans cause que justifie la seule « disponibilité », l'impulsion instinctive de son auteur. L'œuvre entraîne la rupture de Gide avec ses amis catholiques, Francis Jammes, Paul Claudel : Gide n'a rien voulu modifier de ce qu'il avait écrit du Pape, ni de certains traits de mœurs de Lafcadio. La sotie paraît à la NRF au début de 1914 : acte gratuit en effet dans un pays qui sent venir la guerre.

Marcel Proust (1871-1922); fils de médecin, lié par son enfance aux bords du Loir et à la vie parisienne, Proust fait longtemps figure de dilettante. Sans doute est-il d'autant plus touché par l'affaire Dreyfus que sa famille maternelle est israélite. Mais la vie mondaine l'attire, et son premier ouvrage *Les Plaisirs et les Jours* (1896), recueil d'études et de nouvelles, ne s'ouvre pas sans raison par une préface d'Anatole France. Ce n'est qu'après l'aggravation de son état de santé et après la mort de ses parents (1903-1905) que Proust fait retraite et commence *A la Recherche du Temps Perdu;* en 1913, à compte d'auteur, paraît *Du côté de chez Swann.* Déjà se révèlent la pénétration de l'analyse, le charme du passé, la mélancolie du narrateur, le mystère des paysages et des monuments. Mais rien ne laisse prévoir l'ampleur et la nouveauté de cette création romanesque.

7. Le mouvement artistique

Jamais les arts classiques, auxquels s'ajoute cette forme nouvelle qu'est le cinéma, n'ont connu en France un épanouissement semblable à celui qui l'anime jusqu'à la Première Guerre mondiale. Elle est, non seulement par ses artistes nationaux, mais aussi par les artistes étrangers qui trouvent chez elle l'atmosphère de liberté et les motifs d'inspiration qu'exige la création, le centre universel, dont les galeries d'exposition, les cafés, les ateliers d'artistes, les musées, attirent du monde entier les amateurs d'art. Jamais aussi il n'y eut une telle interférence entre les diverses branches qui se rattachent à une série d'«écoles» successives, sans supprimer pour autant l'originalité temporaire des isolés.

A. L'architecture

L'architecture était encore restée avec Viollet-le-Duc († 1879) éminemment religieuse; avec l'effacement du romantisme, le succès du réalisme et la tendance à l'utilitarisme elle perd sa fonction spirituelle et didactique pour devenir fonctionnelle ou simplement décorative; mettons à part la Basilique du Sacré-Cœur de Montmartre, érigée entre 1875 et 1910 sur les plans d'Abadie dans un style byzantin largement contesté : elle répond autant à une protestation politique qu'à l'affirmation de la foi populaire; les édifices religieux relèvent en général du style néogothique. Les architectes préfèrent attacher leur talent à la construction de bâtiments publics en profitant de l'utilisation de plus en plus large du fer, du béton et du verre. Le palais du Trocadéro, construit pour l'exposition de 1878 sur la colline de Chaillot témoignait encore chez Davioud d'une influence orientale; mais le pavillon de l'industrie, à la même exposition, la Galerie des machines, la Tour de l'ingénieur Eiffel à l'exposition de 1889 marquent le triomphe du métal. A Lyon sont édifiés le théâtre des Célestins, la fontaine des Jacobins, à Paris le Comptoir d'Escompte, les magasins du Printemps, le théâtre des Champs-Élysées (par les frères Perret, 1912).

Au tournant du siècle l'architecture conserve sa finalité fonctionnelle mais, sous l'influence de l'École de Nancy, apparue vers 1890, la Belle Époque se caractérise par un retour en force de l'imagination. En réaction contre les lignes du classicisme passé, le *modern'style* représente une réapparition du baroque dans la surabondance de sa décoration; révélé au public à l'exposition universelle de 1900, il se développe en lignes courbes et fuyantes, en volutes et en arrondis, en balcons et en pignons; le pont Alexandre III, le Grand et le Petit Palais (1900) de Deglane et Girault ont d'abord étonné par leurs colonnes, leurs frontons et leurs statues aériennes. Les arts décoratifs répondent à la même verve; ils s'inspirent de la nature, de la flore et de la faune marine; les verres et les marqueteries d'Émile Gallé cherchent à susciter l'émotion et le rêve; Majorelle, Daum, Guimard, Charpentier déroulent dans la verrerie, l'ébénisterie et la céramique leurs lignes fuyant à l'infini et, dans la décoration intérieure des maisons bourgeoises, surchargent plafonds et murs de «pâtisseries» qui sembleraient sacrifier au culte dionysiaque. Les grilles d'entrée des stations de métro dues à Guimard (1900) témoignent de cette influence dans leurs verrières imitées des coquilles Saint-Jacques.

Ce retour à l'imaginaire, qui coïncide avec la diffusion de la philosophie bergsonienne, se maintient jusqu'à la guerre. Il n'empêche pas en même temps de construire des bâtiments publics ou des demeures privées rectilignes en béton ou en ciment armé qui permettent, grâce à l'apparition du chauffage central, d'agrandir les ouvertures en baies plus lumineuses.

B. La sculpture

Les dernières œuvres de Carpeaux, sculpteur officiel du Second Empire, traduisent le même mouvement délicat, mais aussi la grâce un peu mièvre d'un académisme finissant (*Les Quatre Parties du Monde,* 1872, coulé en bronze pour la fontaine de l'Observatoire). La sculpture se renouvelle ensuite pour exprimer plus de force et de passion dans l'attitude et la physionomie des personnages; les figures de Rodin sont inquiètes et tourmentées; l'artiste veut transposer un vitalisme douloureux et la force des sentiments en coulant dans le bronze, par le geste ou l'expression de ses personnages, la profondeur et l'intensité de ce qu'ils ressentent (*Les Bourgeois de Calais,* 1885-1895; *Le Penseur,* 1904). Bourdelle, son élève, cherche à exprimer la même force passionnée dans *Héraclès bandant son arc,* 1908. Dalou qui avait émigré après la Commune à Londres, où il avait introduit l'école naturaliste, est rentré à Paris en 1879, au moment de l'amnistie, et travaille jusqu'en 1899 au *Triomphe de la République,* place de la Nation. L'influence de l'impressionnisme puis du cubisme se fait ensuite sentir au début du siècle, en particulier chez Maillol (1861-1944), qui doit à Gauguin, en particulier à ses gravures sur bois, l'harmonie plus calme de ses céramiques puis de ses sculptures attentives à la forme et à l'observation très étudiée du mouvement.

C. La musique

Napoléon III avait déjà tenté de mettre l'art musical à la portée du grand public par la création des Concerts Pasdeloup en 1861 ; l'effort a été poursuivi par la création des Concerts Colonne au Châtelet (1874), des Concerts Lamoureux (1880) et de la Schola Cantorum (1894) dont la première mission fut la rénovation de la musique religieuse, et qui s'ouvrit à la musique profane. Le Second Empire avait été dominé par la musique de théâtre, l'opérette, l'opéra comique et l'opéra, qui empruntait son souffle à Wagner. Après la défaite, les compositeurs ont tendance à se détourner de l'inspiration wagnérienne et à se tourner vers l'opéra italien, ou bien ils s'efforcent de retrouver la musique française du XVIIIe siècle et son maître Rameau. Saint-Saëns, qui avait admiré Wagner, fonde en 1871 la Société nationale de musique, où César Franck participe à l'œuvre de rénovation musicale par la profondeur des sentiments qu'il exprime dans un style nouveau, alliant Bach à Beethoven. Pourtant Offenbach, qui avait caractérisé la fête galante du Second Empire, donne encore *La Fille du Tambour Major* en 1878, mais le public a besoin d'une inspiration plus profonde et d'une sonorité plus puissante, qu'il trouve dans *L'Arlésienne* (1873) ou *Carmen* (1875) de Bizet, dans *Samson et Dalila* de Saint-Saëns (1877). L'expression devient plus légère avec Lalo, qui interprète une légende bretonne dans *Le Roi d'Ys* (1888) ou avec Chabrier, qui fait jouer *España* par les Concerts Lamoureux en 1883. Massenet renoue avec le romantisme dans *Manon* (1884), *Werther, Thaïs, Le Jongleur de Notre-Dame* (1904). Gustave Charpentier s'inspire avec lyrisme de la vie des ouvriers parisiens dans un roman musical, *Louise* (1900).

La musique s'adapte aux nouvelles tendances de la poésie et des arts en empruntant au symbolisme, à l'impressionnisme, une forme intellectuelle plus dépouillée et en fin de compte plus typiquement française ; Gabriel Fauré, d'abord inspiré par Wagner, se débarrasse de la lourdeur allemande dans ses œuvres instrumentales ou vocales (*La bonne chanson* de Verlaine, 1892). Claude Debussy est le meilleur exemple peut-être d'une synthèse qui unit peinture, musique et poésie par sa façon de traduire en touches claires le tableau ou le poème qui l'inspire : en 1894 il emprunte à Mallarmé les thèmes du *Prélude à l'après-midi d'un faune* ; en 1902 le drame musical de *Pélléas et Mélisande* est tiré de Maeterlinck ; entre 1903 et 1905 il compose les trois pièces qui forment *La Mer.* En ce début de siècle Ravel est déjà célèbre par ses œuvres pour piano (*Habanera,* 1895) et se confirme dans ses œuvres dramatiques (*Ma Mère l'Oye,* 1912) qui se prolongent jusqu'en 1925 (*L'Enfant et les Sortilèges*). Mais la Belle Époque, qui correspond aux débuts du fauvisme et de l'expressionnisme, voit aussi l'introduction d'une forme de musique révolutionnaire répandue par l'Autrichien Schonberg, et qui prendra toute son ampleur après la guerre : c'est le divorce avec la tonalité classique, la mélodie traditionnelle, comme le cubisme rompait au même moment avec la perspective de la Renaissance ; l'atonalité et la polytonalité représentent les premières expériences de la « musique concrète », où les différents éléments de l'ensemble musical évoluent comme autant de morceaux indépendants les uns des autres par une tonalité propre où la percussion et le bruit saccadé prennent une importance nouvelle.

Presque tous les musiciens ont écrit également une musique pour les ballets qui ne sont plus un simple divertissement chorégraphique, mais sont devenus un art moderne faisant appel aux meilleurs compositeurs et décorateurs ; les amateurs français, de plus en plus nombreux, sont particulièrement attirés par les « ballets russes », qui ont trouvé leur ordonnateur en Serge de Diaghilev et leurs interprètes en Fokine et Nijinski.

D. La peinture

La peinture est celui des Beaux-Arts où la France brille d'un éclat jamais atteint. La longue rivalité qui avait opposé Ingres à Delacroix ne s'est pas arrêtée à la mort de celui-ci en 1863 ; Ingres a continué à régner en maître sur les Salons jusqu'à sa propre disparition en 1867 ; déjà la relève est assurée par les peintres qui ont fait scandale sous le règne de l'« ingrisme » : l'impressionnisme est né ; le terme leur sera attribué par le journaliste Louis Leroy commentant pour le *Charivari* du 25 avril 1874 un tableau de Claude Monet, *Impression, soleil levant* ; mais la jeune école essaie d'exposer ses œuvres depuis plus de dix ans ; le précurseur, le chef d'école, Édouard Manet, s'est vu interdire le Salon officiel en 1862 pour *Le Déjeuner sur l'Herbe,* et a dû présenter sa toile au « Salon des refusés » ; mais il suscitait l'admiration de Baudelaire. Les années suivantes c'est *Olympia, Le Fifre,* qui excitent les fureurs des classiques ; à la fin de l'Empire le petit groupe formé autour de lui avec Pissarro, Renoir, etc. se réunissait au café Guerbois, 9, avenue de Clichy ; ce fut « l'École des Batignolles ».

Plusieurs d'entre eux émigrèrent à Londres durant la guerre, où ils subirent l'influence des paysages de Turner, et ils eurent la bonne fortune d'y connaître Durand-Ruel, qui acheta leurs œuvres, et les exposa à Paris, sans succès du reste ; ils exposèrent ensuite au Salon des indépendants, créé en 1884, puis chez Nadar, boulevard des Capucines ; mais c'est seulement quand Durand-Ruel eut présenté leurs œuvres à New York que vinrent le succès et la fin de la misère.

Les impressionnistes ne cherchaient pas à rendre sur leurs toiles l'exactitude du paysage perçu, mais à exprimer l'impression qu'il faisait naître en eux ; ils peignaient avec un éventail limité de couleurs qui excluait le noir, en des tons clairs et nets, sans demi-teintes, en appliquant directement la teinte choisie, à plat, sans la mélanger à d'autres coloris ; le dessin comptait peu, les lignes étaient absentes, les contours et les ombres marqués simplement par le contraste entre les teintes crues dont les oppositions suggéraient les formes ; peinture sensible, non intellectuelle, où la vision colorée participant affectivement au paysage était indifférente aux plans et aux volumes.

Outre Édouard Manet et Claude Monet, dont les quarante-huit tableaux de *Nymphéas* couvrent la période 1898-1908, les représentants les plûs nets de l'école sont Pissarro et l'anglais Sisley dans leurs paysages de l'Ile-de-France et de la région parisienne, Degas dans ses peintures de danseuses, Renoir dans ses nus (*Les Baigneuses,* 1885), Berthe Morisot, Seurat, le hollandais Jongkind dans ses aquarelles de marines et de haute montagne. Gauguin a d'abord appartenu à l'école sous l'influence de Pissarro, puis il s'en détache quand il s'installe en 1886 à Pont-Aven en Bretagne, où, avec Émile Bernard, il évolue vers une peinture plus symbolique et plus haute en couleurs dans les tableaux qu'il rapporte de ses voyages aux tropiques. Toulouse-Lautrec n'appartient à l'école qu'au début ; il rappelle Degas par ses peintures de danseuses, ses scènes de café-concert, mais s'oriente très vite vers le dessin, qui lui permet de fixer dans leur attitude de scène les vedettes du temps (*La Goulue, Valentin le désossé*). Van Gogh vint en 1886 à Paris, où il découvrit les impressionnistes ; ses tableaux hautement colorés, où dominent l'ocre et le jaune, traduisent dans les multiples autoportraits et dans les paysages qu'il accumule près d'Arles d'abord, puis à Auvers-sur-Oise chez le docteur Gachet le drame intérieur de sa quête mystique et bientôt la folie, qui le porta au suicide en 1890.

L'impressionnisme se prolonge au-delà de la guerre, mais une évolution se produit vers 1890, à mesure que se répand la philosophie bergsonienne (*Les données immédiates de la conscience,* 1889), que les premiers résultats des recherches d'Einstein sur la relativité paraissent en 1905, que se développent aussi la réaction contre la bourgeoisie triomphante dans son classicisme traditionnel et l'influence des arts étrangers, estampes japonaises et sculptures nègres diffusées par Vlaminck. Cézanne, dont Zola s'est inspiré pour son roman *L'œuvre* (1886), en est le précurseur. Familier d'Auvers-sur-Oise, puis retiré en Provence, Cézanne demeurait impressionniste par la chaleur des tons (*Les joueurs de cartes,* 1890) tout en cherchant à concilier la forme et la couleur ; il faisait des études de physique, de mathématiques, étudiait le processus de la vision ; aussi, à mesure qu'il avançait dans la recherche des volumes, son dessin se précisait, en contraste avec les incertitudes lumineuses des impressionnistes. Il cherchait à allier à la sensation directe un souci de composition pour retrouver au-delà des détails fournis par l'œil l'harmonie essentielle de la nature. La première exposition de Cézanne chez Vollard en 1895, puis l'exposition posthume de 1907 ont influencé le Fauvisme, qui apparaît au Salon d'automne en 1905. Le nom lui fut donné par le critique Louis Vauxcelles qui, ayant à rendre compte du Salon, appela la « Cage aux Fauves » la salle où exposaient ces artistes dont les précurseurs, vers 1890, s'étaient donné le surnom de « nabis », en souvenir des prophètes de la Bible. L'inspiration s'apparentait à celle de Van Gogh et de Gauguin, mais elle exprimait une réaction contre l'impressionnisme ; elle répondait à l'enseignement donné par Gustave Moreau aux Beaux-Arts : « Je ne crois pas à la réalité de ce que je vois ni de ce que je touche, mais uniquement à celle de mon sentiment intérieur. »

Il s'agit donc d'exprimer sur une toile non la nature telle qu'elle est, mais l'impression que donne le paysage, produire par l'intensité de la couleur le choc émotionnel, «jeter un pot de couleurs à la figure du public». Chaque ton sera porté à sa plus haute intensité; on utilisera les tons rouge, bleu, vert, jaune, citron, séparés entre eux par un blanc de la toile pour mieux les faire ressortir. L'inspiration provenait de la révélation de l'art nègre, naïf et spontané, où l'artiste africain avait su représenter les corps par des méthodes plus simples que celles de l'art affecté légué par la Renaissance; la peinture sera naïve chez le «douanier» Rousseau ou provocante chez Vlaminck. Derain, Van Dongen appartiennent à l'école. Matisse, ancien clerc d'avoué, a d'abord été classique, puis impressionniste sous l'influence de Pissarro, fauve en 1906 (*Les Tapis rouges, Les Poissons rouges*); la forme de l'objet et l'espace sont suggérés par des traînées de lumière crue en supprimant les transitions. Raoul Dufy, ancien employé de commerce, a, lui aussi, été impressionniste avant d'être fauve en essayant de tout exprimer par la couleur; il reviendra ensuite à une affirmation plus nette du dessin; Othon Friesz suit la même évolution, peintre de la couleur s'orientant ensuite sous l'influence de Cézanne vers une couleur plus modérée et une forme plus précise. Ils conduisent au cubisme.

On a voulu voir dans le cubisme une influence de l'art nègre; celle de Cézanne, et, tout au moins sur Picasso, celle de l'art catalan, sont plus évidentes; la nouvelle école réagit surtout contre la sensibilité des impressionnistes pour revenir à une peinture intellectuelle qui décompose l'objet en volumes et en plans, en sphères et en cylindres, en cônes et en cubes, permettant au spectateur de le reconstituer mentalement suivant sa propre vision intérieure. La ligne d'horizon, qui existait encore chez Cézanne, disparaît chez les cubistes; le tableau n'est plus harmonieusement construit autour d'un motif privilégié mais il s'étale dans un désordre apparent qui traduit l'analyse effectuée par l'œil. Le problème que Picasso, Braque, Léger ont voulu résoudre est celui de la projection d'un volume ou d'un relief sur un plan; comment suggérer les formes et les volumes sans utiliser les zones d'ombre et de lumière? Ils y parviennent par l'utilisation de figures géométriques et de plans recoupés; dans *Les Demoiselles d'Avignon* (1906-1907) Picasso étudie surtout le problème du nez, qui est finalement rabattu sur le visage. Georges Braque peint les arbres comme des cylindres et les maisons comme des cubes; ces peintres exposent à partir de 1908 dans la galerie que vient d'ouvrir un Allemand, Kahnweiler; ils reçoivent l'appui de Guillaume Apollinaire, qui écrit en 1913 *Les peintres cubistes, méditations esthétiques,* d'André Salmon et de Max Jacob, qui adoptent d'enthousiasme cette peinture conceptuelle où la coloration parfois vive n'a pas de rapport avec l'éclairage, la lumière du moment. Avec Juan Gris, Albert Gleizes, Robert Delaunay, Jean Metzinger, tout se réduit en plans devant permettre à celui qui les voit de reconstituer les volumes; cela permet à l'artiste de choisir dans la symbolique représentation la partie même qu'il imagine sans la voir et le mouvement dont cet objet est animé. La nouvelle école domine le Salon des indépendants de 1911 et se poursuivra après la guerre tout en revenant à une peinture plus figurative.

E. Le cinéma

Les progrès réalisés en matière de pellicule photographique permirent en 1892 à Reynaud de présenter les premiers dessins animés au musée Grévin en bandes d'une durée d'un quart d'heure; le moment décisif vint en 1895, quand Louis Lumière, dirigeant d'une importante usine de produits photographiques à Lyon, et travaillant à partir du Kinétoscope inventé l'année précédente par Edison, mit au point un cinématographe; le 28 décembre 1895 il donna au Grand Café, boulevard des Capucines à Paris, la première projection triomphale; il projeta ensuite des scènes de la vie de ses usines, des scènes familiales ou familières (l'arrivée d'un train).

Dès 1896 furent tournés les premiers films de fiction ou d'histoire et l'on put utiliser les trucages. Lumière fut également le créateur des actualités et monta en 1896 le film du couronnement du tsar Nicolas II. Dès lors et jusqu'en 1908 le cinéma français est dominé par Méliès et Pathé; les studios de Montreuil pour le premier, de Vincennes pour le second, inondent le monde entier de leurs productions. En 1899 Méliès donne son premier long métrage dans un film d'actualité, *L'affaire Dreyfus*; mais sa production restait artisanale et il succomba en 1908 sous la concurrence des sociétés puissantes qui s'étaient formées en France et ailleurs. Pathé au contraire formait un holding, qui vendait ses films à des milliers d'exemplaires, mais aussi ses appareils et ses pellicules. Le cinéma évoluait vers le grand spectacle, cherchait les sujets d'anticipation ou d'épouvante, empruntait à la littérature ou à l'histoire; en 1908 *L'Assassinat du duc de Guise* fut considéré comme un chef-d'œuvre d'étude psychologique; en 1913 Feuillade entamait sa série des *Fantomas,* Zecca tournait *La Comtesse noire,* Capellani *Germinal,* mais les sociétés italiennes et anglo-saxonnes, dotées de moyens plus puissants, menaçaient le domaine où la France avait fait figure de précurseur.

Bibliographie

A. COMPAGNON, *La Troisième République des lettres, de Flaubert à Proust* (Paris, 1983); M. CRUBELLIER, *Histoire culturelle de la France, XIXe-XXe siècles* (Paris, 1974); A. BURGUIERE, A. REVEL, *Histoire de la France,* t. IV, *Les formes de la culture* (Paris, Seuil, 1993); G. DUMUR (sous la direction de), *Histoire des spectacles* (Paris, 1965); G. SADOUL, *Le cinéma français* (Paris, 1962); M. RHEIMS, *La sculpture au XIXe siècle* (Paris, 1972); J.L. FERRIER, *L'aventure de l'Art au XXe siècle* (Paris, Hachette, 1990); M. FAURE, *Musique et société du Second Empire aux années vingt* (Paris, 1985); A.M. THIESSE, *Le Roman au quotidien, lecteurs et lectures à la Belle Époque* (Paris, le chemin vert, 1984).

3

La politique extérieure

1871-1914

9

L'expansion coloniale

En 1870 la France possède déjà des colonies plutôt qu'un empire colonial, en ce sens que ce sont des éléments dispersés. De l'Ancien Régime elle avait conservé, en 1815, en Amérique, Saint-Pierre-et-Miquelon ainsi que le droit de pêche exclusif sur les bancs de Terre-Neuve, la Martinique et la Guadeloupe et quelques postes en Guyane — en Afrique, les trois comptoirs du Sénégal, Saint-Louis, Gorée et Rufisque, et l'île Bourbon, devenue l'île de la Réunion dans les Mascareignes — en Asie, enfin, les comptoirs de l'Inde, Chandernagor, Yanaon, Pondichéry, Karikal et Mahé. La Restauration et la monarchie de Juillet avaient ajouté l'Algérie, Assinie et Grand Bassam en Côte-d'Ivoire, Mayotte et Nossi-Bé dans les Comores, dans le Pacifique les îles Marquises et Tahiti. Le Second Empire, enfin, avait construit le Sénégal, acquis Obock à la sortie de la mer Rouge, commencé à former l'Indochine française par l'acquisition de la Cochinchine et le protectorat accordé au Cambodge, annexé dans le Pacifique les îles Loyalty et la Nouvelle-Calédonie. Mais les hésitations des différents régimes ont montré qu'il n'y avait pas de véritable politique coloniale. La IIIe République au contraire, du moins à partir de 1880, a témoigné d'une volonté de puissance que l'on retrouve du reste chez les autres États européens.

1. La formation de l'Empire

A. Causes de l'expansion

a) Cause intellectuelle. Faidherbe avait déjà encouragé les enquêtes ethnographiques, et les voyages de découverte avaient eu déjà pour raison profonde la curiosité scientifique. La Société de géographie, créée à Paris en 1821, qui a végété jusqu'en 1870, prend une importance nouvelle et essaime en province ; elle ne cache pas que la science n'est pas sa seule préoccupation, mais le souci est également national, politique, économique, afin d'encourager la mission civilisatrice de la France; puis d'autres sociétés se sont fondées, d'ethnologie, de botanique, d'acclimatation, des comités, le Jardin colonial de Nogent et l'Union coloniale de 1889.

b) Cause économique. L'Europe est devenue un foyer de consommation accrue de thé, cacao, tabac, sucre, etc.; il faut donc s'assurer un marché d'approvisionnement. Inversement l'industrie a besoin de débouchés pour une production accrue par le machinisme, d'autant plus que le protectionnisme va s'étendre. P. Leroy-Beaulieu, économiste, professeur au Collège de France, a montré en 1870, dans un mémoire à l'Académie des sciences morales, l'intérêt économique des colonies; c'est la thèse d'Eugène Étienne dans une brochure publiée en 1897, et celle du parti colonial formé à la Chambre par J. Siegfried et G. Hanotaux.

c) Cause financière. « Les colonies sont, pour un pays riche, un placement de capitaux des plus avantageux » (J. Ferry). L'accumulation de capitaux inemployés provenant des excédents de la balance des paiements fait baisser le taux d'intérêt et rechercher des investissements plus rentables. Pour J. Ferry les territoires conquis devaient être des colonies de capitaux. Il faut cependant reconnaître que les Français ont préféré prêter à des pays européens plutôt que d'investir dans leurs territoires coloniaux.

d) Cause nationale. Le sentiment commun à tous les pays d'Europe est celui de la supériorité de la civilisation européenne : dans son discours du 28 juillet 1885, J. Ferry affirme les droits et les devoirs des races supérieures. La France a en outre une raison particulière : il faut effacer la défaite par l'action; « la politique de recueillement ou d'abstention c'est tout simplement le grand chemin de la décadence » (Ferry).

e) Cause morale et religieuse. Le XIXe siècle est un siècle d'évangélisation, surtout après 1870; l'Europe retrouve sa vocation missionnaire, comme au XVIe siècle, pour convertir, mais aussi pour améliorer les conditions de vie des indigènes. C'est aussi le cas des missions laïques, telle l'installation du docteur Schweitzer à Lambaréné (AEF) en 1913.

f) Causes individuelles. Ce sont souvent les initiatives de missionnaires, d'explorateurs, de militaires ou d'aventuriers, qui mettent le gouvernement devant le fait accompli. Les colonies sont aussi un excellent exutoire pour les populations des départements pauvres, qui trouvent aux colonies un moyen de promotion sociale : la masse des petits Blancs, pour qui la vie en métropole resterait médiocre, et qui ont l'espoir d'acquérir pouvoir et richesse. A ces raisons s'ajoute bientôt la faiblesse démographique de la France, qui pousse à chercher aux colonies une main-d'œuvre à bon marché et une force militaire d'appoint.

Contre cette tendance coloniale le mouvement anticolonial reste faible : il peut être le fait des paysans, qui forment l'essentiel de l'armée, et qui ont l'impression de financer les expéditions en payant la part la plus grande de l'impôt. Il peut être suscité par le nationalisme, les expéditions affaiblissant la France et la détournant de la revanche. Certains radicaux-socialistes mettent en cause la forme d'exploitation de l'indigène par les grandes compagnies. A partir de 1900 les seuls véritables adversaires de la colonisation sont les socialistes. Paul Louis publie *Le Colonialisme* en 1905 dans la Bibliothèque socialiste; il condamne l'exploitation capitaliste de l'indigène, la concurrence apportée à la main-d'œuvre européenne et la possibilité, par la création de superbénéfices, de payer un sursalaire aux ouvriers français pour les écarter de la révolution.

B. Une période d'effacement (1871-1879)

Les années qui suivent la défaite sont une période de recueillement.

a) En Algérie. Les colons ont applaudi à la chute de l'Empire et formé partout des Comités de salut public contre l'armée; ceux-ci ont conduit rapidement à l'anarchie; en France, le gouvernement de Défense nationale accorda le 24 octobre 1870 la citoyenneté française aux juifs indigènes (décret Crémieux). Une insurrection éclata en janvier 1871, qui gagna toute la Kabylie et ne prit fin qu'avec la sévère répression du vice-amiral Gueydon en 1871-1872. Le gouvernement d'ordre moral rétablit le calme parmi les colons comme parmi les indigènes, mais l'expansion vers le sud fut stoppée.

b) En Égypte, le Khédive, endetté, cherchant à vendre les 176 600 actions (sur 400 000) du canal de Suez qu'il possédait, les offrit au gouvernement français en 1875; le ministère conservateur préoccupé par l'ordre moral les refusa et le Khédive les céda au Trésor britannique, ouvrant ainsi ce qui allait être la question d'Égypte.

c) En Indochine se posait la question de la pénétration vers la Chine par le fleuve Rouge au Tonkin, voie qui avait été reconnue par le commerçant Dupuis. En 1873, l'amiral Dupré envoya Francis Garnier en mission à Hanoï, mais celui-ci fut tué peu après par des irréguliers chinois et, au lieu d'en tirer vengeance, la France signa avec l'empereur d'Annam, le traité Philastre de 1874 qui reconnaissait au souverain la propriété du Tonkin.

C. L'action de Jules Ferry (1880-1885)

Au cours de ses deux ministères (septembre 1880-novembre 1881 et février 1883-mars 1885) J. Ferry a donné l'impulsion décisive à la conquête coloniale.

a) Afrique. La pénétration vers le sud est reprise à partir de l'Algérie, ce qui pose le problème du chemin de fer transsaharien dont trois tracés possibles sont étudiés par les missions envoyées en 1879-1880 : la mission Pouyane part d'Oran vers Figuig et Colomb-Béchar — la mission Choisy relie Alger aux oasis de Laghouat et El Goléah — la mission Flatters longe les confins tunisiens, mais est massacrée en 1881, ce qui est la cause directe de l'intervention en Tunisie.

En 1878, au Congrès de Berlin, Bismarck et Salisbury avaient poussé les Français à intervenir en Tunisie, le premier pour les écarter de la revanche, le second pour les détourner de l'Égypte. Les intérêts français étaient du reste déjà importants à travers plusieurs compagnies de chemins de fer et la Société marseillaise de crédit, qui avait acquis des domaines. La Tunisie était aussi une position stratégique en Méditerranée, et se trouvait convoitée par l'Italie, dont les intérêts étaient plus importants encore que ceux de la France. L'intervention conduisit rapidement au traité du Bardo du 12 mai 1881, complété par la Convention de la Marsa du 8 juin 1883, qui faisait de la Tunisie un protectorat français. Paul Cambon en fut le premier résident jusqu'en 1886.

A la suite du massacre de marins naufragés, un corps de débarquement intervint à Madagascar, où la reine Ranavalo II céda Diégo-Suarez et reconnut un vague protectorat.

En Afrique occidentale, le capitaine Gallieni reconnut le tracé du chemin de fer Sénégal-Niger, mais il fut arrêté et assiégé par Ahmadou près de Ségou, et dut être dégagé par Borgnis-Desbordes, qui conclut en 1881 un traité de commerce pour le Haut Niger; contrarié ensuite par un prophète musulman, Samory, qui avait constitué une bonne armée, Gallieni lui imposa en 1887 un traité qui reconnaissait à la France la rive gauche du Niger et un protectorat mal délimité à l'est.

En Afrique équatoriale, la rivalité entre Stanley et Savorgnan de Brazza conduisit ce dernier à faire trois voyages d'exploration dans les bassins de l'Ogooué et du Congo entre 1876 et 1885 au cours desquels il signa plusieurs traités avec les chefs indigènes. La question du Congo fut provisoirement réglée par la Conférence de Berlin (1884-1885) qui internationalisa les fleuves Congo et Niger, créa l'État du Congo confié au roi des Belges, chargé d'y faire disparaître l'esclavage, avec droit de préemption pour la France en cas d'aliénation.

L'Égypte fut la seule région où l'on enregistra un recul français. Il y avait été créé un condominium franco-britannique pour gérer la dette du Khédive Ismaïl; mais le renvoi des deux contrôleurs, suivi de la révolte du colonel Arabi conduisit les Anglais à intervenir, seuls, pour écraser le soulèvement, la Chambre française ayant suivi Clemenceau dans son hostilité envers une entreprise qui aurait détourné des forces du Rhin alors que la Triple Alliance venait d'être signée.

b) Asie. Les Pavillons noirs, irréguliers chinois, s'étaient répandus au Tonkin et empêchaient la remontée du fleuve Rouge. Le gouvernement français envoyait au gouverneur de Cochinchine Le Myre de Vilers des consignes de prudence, mais celui-ci força les événements en envoyant le commandant Rivière, qui, pour négocier en position de force, enleva en avril 1882 la citadelle de Hanoï, ce qui lui permit de conclure une convention conciliante, qui plaçait le sud du Tonkin sous influence française. En mai 1883, Rivière fut tué par les Pavillons noirs; J. Ferry négocia d'abord avec les Chinois, qui reconnurent par le traité de Tien-Tsin, en mai 1884, le protectorat français sur l'Annam; puis, à la suite de l'incident de Bac-Lé, où un détachement français était tombé dans une embuscade, J. Ferry envoya dans la mer de Chine la flotte de l'amiral Courbet, qui bloqua les côtes chinoises, et une expédition terrestre qui procéda à l'occupation systématique du Tonkin, campagne terminée par « l'incident de Lang-Son », où les troupes françaises subirent un échec sans influence sur les négociations en cours, mais qui, enflé par une dépêche et un virulent discours de Clemenceau, entraîna la chute de J. Ferry; il fut Ferry le Tonkinois, comme il avait été Ferry le Tunisien et Ferry famine en 1870, quand il était chargé du ravitaillement de Paris. Le traité conclu avec la Chine le 9 juin reconnaissait à la France le protectorat sur l'Annam et le Tonkin, donnait à des sociétés françaises la préférence pour la construction de voies ferrées dans le sud de la Chine, et imposait de 4 % seulement les marchandises françaises importées.

D. La rivalité franco-britannique (1885-1904)

La conquête lancée par J. Ferry fut continuée malgré une opinion publique de plus en plus réticente et l'hostilité des radicaux, qui se laissèrent néanmoins entraîner. C'est en même temps une période d'organisation.

a) Asie. La pacification du Tonkin et de l'Annam, poursuivie par le colonel Gallieni et le commandant Lyautey, n'est achevée qu'en 1896. L'Indochine française achève de se constituer avec l'installation du protectorat au Laos en 1893, venant après les explorations de Camille Gautier, de Pavie et du capitaine Cupet; une protestation siamoise est arrêtée par une démonstration navale à Bangkok, qui oblige le Siam à reconnaître la frontière du Mékong et la détention par le Laos d'une bande de territoire de 25 kilomètres de large sur la rive droite du fleuve. Par le traité de 1907 le Siam restitue au Cambodge les provinces de Battembang, de Sisophon et de Siem Réap.

b) Afrique. La pénétration vers les oasis du Sahara est reprise avec les colonnes de méharistes formées par le commandant Laperrine. En 1902 sont formés les Territoires du Sud rattachés à l'Algérie, au moment où Charles de Foucauld s'installe à Tamanrasset. Le contentieux franco-italien sur la Tunisie est levé par l'accord de septembre 1896 : l'Italie reconnaît le protectorat français, reçoit en échange des avantages économiques et un statut privilégié pour ses nationaux.

En Afrique orientale, Djibouti est fondée en 1888 et l'on commence la construction de la voie ferrée Djibouti-Addis Abeba.

En Afrique occidentale, c'est une période d'explorations et de conquêtes : Binger explore la boucle du Niger et la Côte-d'Ivoire — le docteur Bayol visite la Guinée et signe des traités qui en font une colonie en 1899 — le colonel Monteil traverse l'Afrique du Sénégal à la Tripolitaine. Dans d'autres cas il s'agit de très dures expéditions : au Soudan, où Ahmadou puis Samory font une véritable guerre jusqu'en 1898 — au Niger, où le colonel Bonnier entre à Tombouctou en 1893, mais est massacré — au Dahomey, où

Behanzin finit par être capturé en 1893 : la région devient le Territoire du Bénin — en Mauritanie enfin, où il faudra former la colonne Gouraud en 1909, mais la conquête ne sera achevée qu'en 1912 par Mangin.

Partout la France s'est heurtée à l'Angleterre; il faut attendre l'accord général de 1899 pour que les frontières des possessions respectives soient fixées avec précision; la France put alors envoyer trois missions, qui devaient converger vers le Tchad : la mission Gentil, partie de Brazzaville, la mission Voulet-Chanoine partie de Dakar, devenue mission Joalland après des incidents troubles, enfin la mission du géologue Foureau et du colonel Lamy, partie d'Alger vers le sud; Lamy devait être tué au cours d'un accrochage avec un chef musulman, Rabah, au sud du Tchad.

L'Égypte constituait aussi un élément de discorde entre la France et l'Angleterre, qui en avait fait sa chasse gardée depuis le renoncement français de 1875. En novembre 1894 Delcassé, puis Hanotaux qui lui succéda, voulurent ouvrir à nouveau cette question en envoyant la mission Marchand, forte de 210 hommes dont 21 Européens, depuis le Congo jusqu'au Nil; parti en mars 1897, Marchand parvint à Fachoda, colline dominant le fleuve sur le haut Nil, le 10 juillet 1898. Il y fut rejoint par 3 000 hommes des forces anglaises de lord Kitchener, qui lui conseilla d'évacuer la position pour éviter un regrettable incident; venant après de nombreuses autres vexations, cette nouvelle humiliation pouvait provoquer une guerre franco-britannique, qui n'aurait satisfait que l'Allemagne, en un moment où la France, plongée dans l'affaire Dreyfus, était bien incapable de se lancer dans une aventure extérieure. Delcassé revenu au pouvoir préféra céder et signer avec l'Angleterre la Convention de mars 1899 qui délimitait les zones d'influence respective. A Madagascar enfin le protectorat imposé en 1885 était mal accepté par les indigènes; l'expédition du général Duchêne, rendue très meurtrière par les fièvres, conduisit à annexer l'île comme colonie en 1895 et Gallieni, aidé de Lyautey, put y appliquer ses règles de pacification : l'action politique et psychologique doit précéder l'action militaire, il faut pacifier en tache d'huile, en gagnant à mesure qu'on avance les populations par la reconstruction des villages, la création d'écoles, de marchés, de dispensaires.

E. La question marocaine (1904-1911)

a) L'Entente cordiale. Le rapprochement franco-britannique est marqué par le règlement du contentieux colonial réalisé par l'accord du 8 avril 1904. Celui-ci comprend trois éléments : une Convention concernant l'abandon par la France de ses droits privilégiés à l'égard des bancs de Terre-Neuve (le French Shore), la navigation sur la Gambie, la cession à la France des îles de Los en face de Konakry, une rectification de frontière au Soudan et au Tchad, de sorte que la France pût construire la route de Zinder — une déclaration par laquelle l'Angleterre a liberté d'action en Égypte, la France au Maroc — des articles secrets, qui prévoient le changement de statut de l'Égypte et du Maroc, le partage du Siam en zones d'influence, la création d'une commission pour régler la question des Nouvelles-Hébrides (devenues condominium en 1906). Ce règlement, venant après l'accord franco-italien de 1900 et suivi par la Convention franco-espagnole de septembre 1904, qui fixait des zones d'influence respectives au Maroc, paraissait résoudre la question de l'empire chérifien, auquel s'intéressait tout particulièrement la Banque de Paris et des Pays-Bas. Son acquisition par la France avait l'avantage d'unifier l'Afrique française du Nord et de permettre la réalisation du transsaharien, qui devait passer en territoire marocain.

b) *Les trois crises marocaines.* La situation du sultan du Maroc est incertaine et des troubles ont éclaté à la frontière algéro-marocaine, provoquant chez les Français l'application du droit de suite. Or le gouvernement allemand et son chancelier V. Bulow s'élèvent contre la prétention de Delcassé d'avoir réglé la question marocaine par les accords conclus avec l'Angleterre, l'Espagne et l'Italie. L'action allemande est peut-être moins dictée par la défense des intérêts allemands, qui sont faibles, que pour monnayer un accord avec la France sur d'autres points, ou simplement par souci du prestige allemand. V. Bulow profita d'un voyage de Guillaume II en Méditerranée pour lui faire faire une escale politique à Tanger le 31 mars 1905; ce que l'on appelle le «discours de Tanger» est un ensemble d'allocutions prononcées par l'empereur allemand pour rappeler la souveraineté du sultan, réclamer la liberté du commerce et défendre les intérêts allemands, mais la presse donna au compte rendu un ton plus menaçant que V. Bulow ne l'eut souhaité. Le sultan reçut avec faveur la suggestion de demander l'ouverture d'une conférence internationale, qui réglerait la question commerciale et celle de la sécurité au Maroc. Delcassé, confiant en l'appui anglais, voulait refuser d'y engager la France; Rouvier, président du Conseil, et la majorité des ministres, conscients que la France n'était pas en état de risquer la guerre, préférèrent accepter la conférence, au risque même de laisser apparaître comme une capitulation devant l'Allemagne la démission de Delcassé acquise le 6 juin.

La conférence d'Algésiras sur le Maroc (janvier-avril 1906) fut néanmoins un semi-échec allemand, en ce sens qu'elle n'y prévoyait d'intervention ni politique ni militaire de la part de l'Allemagne : la sécurité serait assurée par des forces françaises à Rabat, Safi, Mogador, Mazagan, forces espagnoles à Tétouan et Larache, forces mixtes franco-espagnoles à Casablanca et Tanger. Le commerce y serait libre, sans préférence pour quiconque. La pénétration française était gênée, non empêchée.

Grâce à la liberté commerciale les Allemands s'implantèrent en force au Maroc par l'intermédiaire de la firme Mannesmann; l'action des Français au contraire fut faible. En mars 1907 la situation politique du Maroc se détériora de nouveau, des troubles éclatèrent qui entraînèrent la déposition du sultan et le massacre d'Européens; en août des forces françaises pénétrèrent dans l'intérieur pour rétablir l'ordre, dépassant ainsi les conclusions d'Algésiras. L'affaire s'envenima encore en septembre, quand six déserteurs de la Légion furent arrêtés au moment où ils allaient embarquer sur un navire allemand porteurs de sauf-conduits délivrés par le consul d'Allemagne. Le conflit sera soumis à la Cour de La Haye, qui donnera raison à la France. L'Allemagne était par ailleurs portée à ne pas envenimer les choses par l'éclatement de la crise bosniaque de 1908, qui pouvait conduire à une guerre austro-russe : elle consentit en février 1909 à signer un accord qui reconnaissait la position de la France au Maroc et promettait d'associer les nationaux des deux pays dans des entreprises communes; c'est ainsi que l'Union des mines associa Krupp à Schneider, que la Banque du Maroc emprunta à un consortium international.

Mais très vite cette collaboration avorta. De même au Congo on échoua dans la formation d'une compagnie qui aurait associé les intérêts français à ceux de la société allemande du sud-Cameroun. En mars 1911 de nouveaux troubles éclatèrent à Fez, qui conduisirent le ministère Monis à envoyer une expédition qui délivrerait le sultan et les Européens, puis évacuerait l'intérieur aussitôt le calme revenu. Le chancelier allemand Bethmann-Hollweg s'éleva contre le dépassement de l'acte d'Algésiras, et, le 1er juillet 1911, fit mouiller la canonnière allemande *Panther* devant Agadir pour y prendre un gage. Des négociations difficiles, où la France fut plus soutenue par l'Angleterre que par la Russie, sortit l'accord du 4 novembre 1911, qui réglait le contentieux allemand sur le Maroc : l'Allemagne promettait de ne pas entraver l'action de la France au Maroc en échange de la liberté commerciale; la France recevait aussi une portion du Cameroun allemand (le « bec de canard » entre Chari et Logone), mais cédait à l'Allemagne trois bandes de territoire joignant à travers la zone française le Cameroun au Congo.

Le traité fut mal accueilli en Allemagne, où l'on ne vit que l'échec sur le Maroc, et en France, où l'on reprocha à Caillaux ses concessions au Congo; cela permit cependant la signature, le 30 mars 1912, du traité de Fez avec le sultan, qui établissait le protectorat français; la « question du Maroc » était réglée sur le plan international; restait la pacification du pays, qui fut menée par le premier résident français, Lyautey, aidé de Gouraud et de Mangin; en 1914 Lyautey tenait les plaines mais non l'intérieur, qui ne sera soumis qu'en 1932.

La France possédait en 1914 le deuxième Empire colonial en superficie, 11 millions de km^2, 48 millions d'habitants; il venait très loin derrière l'empire britannique, 30 millions de km^2, 400 millions d'habitants.

2. L'administration

On a longtemps hésité entre deux thèses, assimilation ou association. L'assimilation c'est l'implantation des lois françaises, le gouvernement direct à partir de Paris, la centralisation suivant la tendance latine confirmée par la tradition jacobine : il faut viser à faire des indigènes des citoyens à part entière et leur permettre d'accéder à tous les postes. Les grands coloniaux, Brazza, Gallieni, Lyautey et Ferry lui-même se sont prononcés pour le maintien des autorités et des coutumes locales, pour l'adaptation, non l'implantation des lois françaises. Cette association peut elle-même prendre trois aspects : maintien du pouvoir local avec un simple contrôle et une protection de la part de la France, ou bien gouvernement direct par le Parlement français légiférant pour les colonies et chargeant le représentant français de faire appliquer ses lois, ou bien autonomie plus grande sur place du gouverneur aidé par les cadres locaux; on a évolué de l'assimilation à l'administration indirecte sous l'influence de la géographie humaine (Vidal de la Blache, Élisée Reclus) et de la sociologie.

Les colonies ont d'abord été rattachées à la marine; elles en furent détachées pour la première fois par Gambetta, qui en fit un sous-secrétariat particulier rattaché au Commerce et c'est seulement en 1894 qu'une loi créa le ministère des Colonies. Les chefs traditionnels furent en général remplacés par des cadres plus européanisés et plus dociles, puis la diffusion de l'enseignement créa au bout de deux générations des cadres nouveaux impatients de secouer la tutelle des administrateurs français. Quant aux autochtones ils furent le plus souvent soumis au « statut de l'indigénat » qui donnait à l'administration des pouvoirs étendus, mais apportait une sécurité jusque-là inconnue.

A. L'Algérie : « Un prolongement de la France »

L'Algérie relève du ministère de l'Intérieur; la Constitution de 1875 a maintenu le gouverneur et la division en trois départements, et la loi électorale lui a accordé six députés et trois sénateurs élus par les citoyens français; les départements sont partagés en arrondissements et communes, soit communes de plein exercice assimilées aux communes françaises, soit mixtes, avec une représentation européenne et une représentation indigène, soit indigènes avec administrateurs et juges musulmans. Le système a d'abord tendu à l'assimilation par l'implantation des lois françaises, le gouverneur n'ayant aucune autonomie. On aboutit à la paralysie, et J. Ferry dénonça « l'erreur fondamentale qui veut faire de l'Algérie un prolongement de la France ». Le gouverneur Jules Cambon fit aboutir la réforme, qui, en 1896, détacha les services civils, sauf la Justice, les Cultes et l'Enseignement, des ministères parisiens et les plaça sous l'autorité du gouverneur, qui, avec de hauts fonctionnaires, formait un Conseil supérieur de 60 membres dont sept indigènes.

Enfin le décret du 23 août 1898 créa les Délégations financières, assemblée représentative des intérêts économiques, formée de 24 délégués européens élus par les Français et 21 représentants indigènes soit nommés, soit élus. Les Délégations votaient le budget présenté par le gouverneur, approuvé ensuite par le ministre de l'Intérieur, ainsi que les emprunts et programmes de travaux publics. Le système fonctionna correctement sous le gouverneur Jonnart (1900-1901 et 1903-1911); il s'agissait non d'autonomie, mais de décentralisation.

B. Les Colonies

Il y faut distinguer les vieilles colonies, dont tous les habitants sont, par naissance, citoyens français, élisant donc conseils municipaux, conseils généraux, députés et sénateurs[1] — les lois métropolitaines y sont appliquées mais adaptées — et les colonies nouvelles, dont les habitants sont sujets français bénéficiant d'une certaine autonomie administrative, financière, en général d'une représentation locale, mais sans déléguer au Parlement français et relevant entièrement des administrateurs français sortis pour la plupart de l'École coloniale, créée en 1889 à cet effet.

a) L'Afrique occidentale française (AOF) a été formée en 1895 par la réunion de cinq colonies, Sénégal, Guinée, Côte-d'Ivoire, Dahomey, et d'un ensemble dit Sénégambie et Niger, où ont été individualisés ensuite le Niger (1911), la Haute-Volta (1918) et le Soudan (1920); la Mauritanie, territoire militaire, ne sera également une colonie qu'en 1920. Chaque territoire a son lieutenant-gouverneur, qui a la haute main sur les cercles et subdivisions, dirigés par les administrateurs des colonies et formés à la base de royaumes, tribus, communautés. Le village est l'unité religieuse, économique, administrative; les indigènes y sont soumis par l'administration à la corvée et à l'impôt. L'ensemble forme une entité administrative et économique avec un gouverneur général installé à Dakar en 1904, véritable proconsul analogue aux gouverneurs de province de l'ancienne Rome, entouré d'un Conseil de gouvernement de 40 membres issus des bureaux administratifs; il cumule les fonctions administratives, militaires, judiciaires, dispose d'un budget autonome alimenté par les douanes, les impôts et les emprunts; ses arrêtés ont force de loi; il ne relève que du ministre.

b) L'Afrique équatoriale n'était pas entièrement pacifiée en 1914; en 1910 elle ne disposait encore que d'une administration vague dirigée par un Commissaire général à Brazzaville et un lieutenant gouverneur au Gabon. On y a ajouté en 1903 le Moyen Congo et l'Oubangui-Chari-Tchad, où cette dernière région était encore un territoire militaire. Enfin en 1910 fut organisée la Fédération d'Afrique équatoriale française (AEF), le Tchad recevant son organisation propre. Chaque colonie est divisée en circonscriptions et subdivisions dirigées par un administrateur civil ou un militaire suivant son degré de pacification.

c) Madagascar. Gallieni préconisa d'abord l'association en évitant l'administration directe par le recrutement de chefs locaux, chacun dans sa race. Mais il fut remplacé en 1905 et l'on s'orienta au contraire vers l'assimilation

1. Martinique, Guadeloupe, Guyane, Saint-Pierre-et-Miquelon, Inde Française, communes de plein exercice du Sénégal.

et la centralisation sans pour autant favoriser les naturalisations, ce qui créait un malaise à la veille de la guerre.

d) *Cochinchine.* C'est la seule colonie d'Indochine ; administrée d'abord par un amiral et des officiers de marine, elle a reçu en 1879 une administration civile ; partie intégrante du territoire français elle est sous le régime de l'administration directe par un lieutenant gouverneur entouré d'un Conseil colonial ; un collège restreint élit un député à la Chambre française. La Cochinchine appartient en outre à l'ensemble des territoires indochinois.

C. Les Protectorats

Ils relèvent des Affaires étrangères ; en principe le statut de chaque territoire est fixé par le traité d'origine ; il prévoit le maintien du gouvernement local et des lois nationales ; en fait, et malgré J. Ferry, on est passé du simple contrôle, qui n'aurait dû apporter que conseils et protection, à un régime d'administration directe, où les souverains, maintenus, ont dû céder la réalité du pouvoir à des représentants de la France.

a) *En Indochine,* les rois du Cambodge et du Laos, l'empereur d'Annam ont été conservés avec leurs représentants dans les provinces ; mais ils sont doublés par un résident et des chefs de province français. Le Tonkin, détaché de l'Annam, restait un territoire militaire. A partir de 1887 l'administration directe et l'effacement des pouvoirs indigènes s'affirment ; les administrateurs sortis de l'École coloniale tiennent tous les postes importants. Eugène Étienne, sous-secrétaire d'État chargé des colonies, crée en 1887 la Fédération indochinoise, où auraient dû se fondre tous les territoires, mais qui conserve en réalité la distinction entre les quatre protectorats de l'Annam, du Laos, du Cambodge et du Tonkin, et la colonie de Cochinchine. Paul Doumer, qui fut gouverneur général de 1896 à 1902, fut le créateur de la nouvelle administration reposant sur la centralisation et l'administration directe ; le gouverneur général, chef civil et militaire, est assisté du Conseil supérieur formé par les hauts fonctionnaires et le député de Cochinchine ; il dispose de l'autonomie financière avec ses ressources propres fournies par les impôts habituels et trois régies directes de l'opium, de l'alcool et du sel.

La perception des impôts par de petits fonctionnaires européens, la mise à l'écart des autorités locales traditionnelles, la résistance contre une civilisation étrangère provoquèrent un mécontentement renforcé par la défaite russe devant les Japonais. Albert Sarraut, gouverneur à partir de 1911, revint à une politique d'association de l'indigène à l'administration, à l'autonomie de chaque territoire, créa un Conseil de gouvernement et des organes représentatifs.

b) *En Tunisie,* le bey demeure avec son propre gouvernement mais très vite le résident français a présidé le Conseil des ministres et placé sous ses ordres tous les services administratifs. De 1883 à 1890 Paul Cambon fit créer huit directions techniques dirigées par des fonctionnaires français et se substituant aux ministres, qui demeurèrent cependant. A la base les chefs locaux sont maintenus, doublés par des contrôleurs civils français ou des officiers des affaires indigènes. En 1896 fut créée une conférence consultative formée par les délégués des Chambres de commerce et d'agriculture françaises et les délégués élus des Français.

c) *Au Maroc,* Lyautey, premier résident, a trouvé le lieu idéal pour appliquer les données de l'expérience que lui avaient apportée sa collaboration avec Gallieni et sa propre conception du rôle social de l'officier; le décret du 11 juin 1912 lui a donné pleins pouvoirs, il est ministre des Affaires étrangères du sultan, chef civil et militaire. L'administration locale antérieure est maintenue, mais en outre le Maroc est divisé en régions, territoires et cercles dirigés par des officiers français. A mesure que la pacification avance on nomme à partir de 1913 des contrôleurs civils.

On assiste donc, quelle que soit la nature du régime au départ, à une sorte d'unification de l'administration par l'accaparement du pouvoir réel au profit d'administrateurs civils ou de militaires français.

3. La colonisation

A. Peuplement européen

Il faut distinguer entre les territoires où le climat permet l'implantation de colons sur des terres cultivables et dans les villes (mais le plus souvent l'acquisition des terres ne peut se faire qu'aux dépens des indigènes), et les territoires où le climat ne convient pas à l'Européen, ce qui conduit à une exploitation par grandes compagnies.

En Algérie les terres étaient soit propriété collective, soit propriété religieuse : la loi de 1873 a imposé l'immatriculation, c'est-à-dire l'individualisation des terres, ce qui en a libéré une grande superficie; en outre 446 000 hectares ont été confisqués en Kabylie sur les plateaux de Sétif et de Constantine à la suite de la révolte de 1871. De 1871 à 1875 ont été installées 1 300 familles dont un millier de familles alsaciennes sur des lots de terre de 40 à 60 hectares; l'arrivée des colons reste ensuite importante jusqu'en 1885 à cause du phylloxéra : en 1884 la superficie totale concédée s'élevait à 500 000 hectares sur lesquels vivaient 8 500 familles. A partir de 1900 la colonisation individuelle est terminée. L'octroi de l'autonomie financière permet à la Banque d'Algérie et au Crédit Foncier d'accorder des prêts à de grandes sociétés, qui revendent en lots importants ou font travailler les indigènes. En 1914 on ne compte que 20 000 exploitations couvrant environ 2 millions d'hectares et faisant vivre 50 000 personnes, soit 7 % seulement de la population européenne; celle-ci s'est entassée dans les villes, où vivent 630 000 européens dont 500 000 Européens français et 70 000 israélites.

Aussi Alger, qui avait 30 000 habitants en 1830, en a 180 000, Oran atteint 125 000 et Constantine 70 000. Sur 680 000 Européens, 480 000 sont nés en Algérie et ont acquis en quelque sorte une communauté de pensée particulière, notamment dans leurs contacts avec les indigènes, car ceux-ci ont été également conduits à se concentrer en milieu urbain, où ils se trouvent déracinés.

En Tunisie le gouvernement, averti par le précédent algérien, n'a pas recherché la colonisation officielle, mais a d'abord laissé s'installer des colons individuels, Italiens, Maltais ou Algériens. Le gouvernement français s'est borné en 1885 à décider l'immatriculation des terres, ce qui permit entre 1885 et 1892 d'acheter 440 000 hectares, mais ce fut surtout le fait de grandes sociétés, telles que la Compagnie des Batignolles ou la Société Marseillaise de crédit. En 1892 Paul Bourde, directeur de l'agriculture, souligna dans un rapport adressé à Maurice Rouvier, résident, l'intérêt des terres du Sahel pour les cultures fruitières et en particulier l'olivier; cette suggestion conduisit le bey à mettre en vente 500 000 hectares, qui furent vendus en propriété privée à des Italiens, des Français ou des Tunisiens en lots de 50 à 100 hectares; ces propriétaires confiaient leur lot soit en métayage à des exploitants tunisiens, soit par un système suivant lequel le fermier indigène recevait la propriété de la moitié de l'oliveraie une fois celle-ci en exploitation. En 1914 les Français avaient acheté environ 3 000 grandes exploitations, les Italiens près de 2 000, plus petites; la population française atteignait 46 000 personnes, 2,4 % de la population, les israélites étaient 50 000, les Italiens 88 000; comme en Algérie les Français étaient surtout concentrés dans les villes, dans l'administration ou le secteur tertiaire.

L'Algérie et la Tunisie ont été, avant 1914, les seules régions susceptibles de peuplement; celui-ci a été faible et surtout urbain; le Maroc pouvait être aussi terre à peuplement, et il a reçu 60 000 Européens, mais le protectorat est trop proche, et la guerre arrête une immigration qui s'annonçait importante.

L'Afrique noire était faiblement peuplée et les terres disponibles y étaient abondantes. Le décret de 1904 a reconnu le principe que la terre appartient à l'État; celui-ci la concède à la collectivité, ou la transforme en propriété individuelle par immatriculation; mais il n'y a pas eu plus de quelques centaines de planteurs; les 16 000 blancs qui se trouvaient installés en 1914 en AOF, soit 1 % de la population, étaient agents de compagnies de commerce, négociants, fonctionnaires ou missionnaires. Ils étaient moins nombreux encore en AEF, dite « la cendrillon des colonies », où le décret de 1899 avait créé le système des concessions attribuées à 40 compagnies, qui se partageaient 70 % du pays en lots de 1 à 14 millions d'hectares; ces compagnies détenaient le pouvoir d'État et imposaient le travail forcé; à la suite de l'enquête menée par une commission envoyée en 1905 et de l'émotion soulevée en France par le scandale de l'exploitation indigène, le gouvernement révisa les contrats, mais le travail forcé ne devait pas disparaître, et il devait soulever l'indignation d'A. Gide dans son *Voyage au Congo* en 1925-1926. En 1914 ne vivaient pas plus de 2 000 Européens en AEF.

Le même système des grandes compagnies a été appliqué à Madagascar, et si le peuplement européen est passé de 6 000 à 14 000, c'est le fait de l'île voisine de la Réunion. Madagascar a surtout attiré des Mauriciens, Indiens, Chinois, nombreux dans le secteur tertiaire. En Indochine l'implantation française est encore faible, 25 000 personnes sur 20 millions, la plupart administrateurs, fonctionnaires, petit personnel d'encadrement sur les plantations, employés des sociétés; ce sont surtout celles-ci qui s'intéressent à l'exploitation des terres depuis 1890. La Nouvelle-Calédonie présente la particularité d'avoir été terre de transportation jusqu'en 1898; peuplée de colonies pénitentiaires, puis d'immigrants, elle a 14 000 colons en 1914; mais l'île est riche par ses mines, non par sa terre.

Il n'y a pas eu dans tout l'Empire un mouvement d'installation comparable à l'occupation de l'Ouest américain ou au peuplement de l'Empire britannique. La situation démographique française ne le permettait pas plus que les conditions physiques et climatiques des terres conquises.

B. Mise en valeur

a) *Les capitaux* ont été fournis soit par les ressources locales, surtout à partir de 1900, quand les territoires ont reçu l'autonomie financière, soit par les emprunts que cette autonomie permettait de lancer en métropole, soit par les succursales de banques françaises, soit par les banques coloniales : Crédit Foncier, Banque de Tunisie, Banque d'Indochine, Banque du Sénégal, devenue en 1901 Banque d'AOF; mais il faut distinguer entre le colon, Européen et surtout indigène, pour qui l'argent est rare et cher, et sur qui pèse l'usure (une amorce de solution est apportée par les SIP, Sociétés Indigènes de Prévoyance, créées à partir de la loi de 1901) — les grandes sociétés, qui cherchent plutôt à tirer un profit immédiat qu'à investir — et les gouvernements coloniaux, qui investissent dans les travaux publics. Les résultats sont faibles : l'ensemble de l'empire a toujours manqué de ressources; sur les 45 milliards de francs placés par les Français à l'extérieur en 1914, l'Empire n'a reçu que 4 milliards, soit 9 %; on peut comparer avec l'Angleterre, qui, sur 90 milliards de francs d'investissements extérieurs en a placé 45 % dans son empire.

b) *Voies de communication.* On n'a pas cherché à construire de routes, sauf en Afrique du Nord, où l'exigeaient les besoins de la pacification, mais on a utilisé les voies d'eau, et l'on a surtout construit des voies ferrées et des ports en fonction de l'exploitation et de l'exportation des ressources naturelles. En Afrique du Nord l'Algérie a 3 300 kilomètres de voies ferrées en 1914, la Tunisie 1 500; aux ports d'Oran et d'Alger, qui existaient déjà, sont ajoutés les ports de Tunis-la-Goulette construit entre 1888 et 1893, et le port de Casablanca, commencé en 1913. En AOF ce sont 2 600 kilomètres de pénétration qui sont construits à partir de la côte, et en AEF l'idée est seulement lancée d'une voie qui partirait de Pointe-Noire. Le port de Dakar est aménagé entre 1904 et 1910. En Indochine, on a construit par tronçons un transindochinois qui ne sera achevé qu'en 1936, et le chemin de fer du Tonkin vers la Chine, presque achevé en 1914. A Madagascar, 370 kilomètres unissent Tananarive à Tamatave; à la Réunion, une petite voie de 127 kilomètres fait un demi-tour de l'île; enfin à Djibouti, la société qui devait conduire la voie ferrée à Addis-Abeba fait faillite en 1907, et une nouvelle compagnie formée en 1909 poursuivait les travaux en 1914. La France a construit dans l'Empire en 1914 12 000 kilomètres de voies, et la plupart ne sont encore que des tronçons.

c) *Transformations agricoles.* On se heurtait, soit comme en Afrique du Nord, aux Antilles, en Indochine, à un problème de surpeuplement des terres, soit comme en Afrique Noire à une pénurie de main-d'œuvre due à l'ancienne traite et aux guerres tribales. On a néanmoins fait effort dans trois directions : 1. amélioration des cultures existantes par la recherche agronomique, les études météorologiques, la lutte pour la conservation des sols et contre la sécheresse par la construction de barrages, les recherches des instituts Pasteur contre les maladies des plantes et des animaux; 2. la mise en culture de terres nouvelles prises sur les plaines marécageuses d'Algérie, les deltas et plateaux indochinois, le sahel tunisien et les steppes d'Afrique occidentale; 3. l'introduction de cultures nouvelles comme le blé tendre, les cultures maraîchères et la vigne en Afrique du Nord, l'olivier en Tunisie, les oléagineux et le cacao en Afrique Noire, le caoutchouc en Indochine. Il faut remarquer que plusieurs de ces cultures vont bientôt concurrencer les productions françaises. Les résultats sont importants dans la production vivrière, dont les progrès permettent de faire disparaître les famines. Les vignes, qui sont européennes pour 87 %, se sont développées à la faveur du phylloxéra qui a sévi en France, et fournissent 8 millions d'hectolitres, dont 7 exportés vers la France; les arachides, qui s'exportent encore en coques, les bananes de Guinée, le cacao sont à leurs débuts, ainsi que l'hévéa d'Indochine; le coton n'a pas réussi. La ressource essentielle de l'Afrique Noire reste le bois, surtout l'okoumé. Tout cela est peu de choses à côté des réussites britanniques; les possibilités naturelles sont nombreuses, mais se heurtent à l'insuffisance des communications, au manque de main-d'œuvre en Afrique Noire, à la timidité des capitaux, qui préfèrent s'investir dans des entreprises plus immédiatement rentables comme les mines.

d) *Ressources minières.* En réalité l'Empire n'a pas compensé la faiblesse de la métropole en ressources minières. Le charbon est présent au Tonkin, d'où 500 000 tonnes d'anthracite sont exportées vers la France. On exploite en Algérie et en Tunisie de riches hématites, mais la production ne dépasse pas 1 400 000 tonnes; parmi les faibles gisements de métaux non ferreux, zinc, plomb, étain, le seul important est le nickel calédonien, qui donne lieu à une concentration en mattes à Yaté. Enfin l'Afrique du Nord offre de grands espoirs avec les phosphates, dont la production, surtout tunisienne, atteint déjà 2,4 millions de tonnes, plaçant la France au deuxième rang mondial.

La vraie richesse de l'Empire serait là, s'il y avait de la part des sociétés françaises une véritable volonté d'entreprendre; la reprise économique très nette que connaît la France après 1904 n'a pas conduit à un dynamisme suffisant et cette production minière n'a pas donné naissance à une activité industrielle. Seules sont importantes les industries artisanales traditionnelles ou les industries à base de produits agricoles comme le tabac en Algérie, les huileries en Tunisie, les rizeries et quelques filatures en Indochine. L'extraction minière est conçue en fonction de l'économie française et n'a pas amorcé le processus d'industrialisation.

e) Commerce extérieur. Dans le cadre du retour français au protectionnisme la loi du 2 avril 1889 a d'abord rétabli le monopole de pavillon, supprimé par Napoléon III, et créé une union douanière franco-algérienne; puis la loi même de 1892 a enlevé aux conseils généraux l'initiative laissée par le Second Empire et a distingué entre colonies «assimilées» (au territoire métropolitain), sauf pour le sucre, qui supporte le tarif étranger, et les colonies «non assimilées» dont les produits paient à leur entrée en France le tarif minimum; les marchandises françaises entrent partout sans droits, et les produits étrangers paient les mêmes droits qu'à leur entrée en France. Cependant en 1913, sur un commerce global de l'Empire de 3 milliards de francs, plus d'un milliard se fait avec l'étranger. Ce commerce est généralement équilibré, mais l'Empire, important des produits fabriqués et vendant des produits bruts, achète à la France plus qu'il ne lui vend : les comptes sont équilibrés par les recettes militaires, les traitements des fonctionnaires, et les emprunts; avec l'étranger la balance est favorable, de sorte que les excédents contribuent à la bonne situation de la balance française.

C. Action sociale

Le résultat le plus immédiat de la conquête française fut la fin des guerres tribales, et, si l'esclavage ne disparut pas entièrement, du moins fut-il en régression. Outre les effets indirects apportés par l'économie les efforts de la France se sont portés dans trois domaines :

a) L'action sanitaire menée par les médecins coloniaux et les instituts Pasteur. En Indochine trois instituts furent fondés; à Tunis l'institut fut fondé en 1893 d'abord pour étudier la vinification puis pour s'occuper de bactériologie; en AOF est créé le laboratoire de bactériologie, qui deviendra Institut Pasteur en 1923; en AEF la Société de Géographie est à l'origine de l'Institut Pasteur de Brazzaville qui lutte contre la maladie du sommeil, la fièvre jaune et le paludisme.

b) L'action religieuse n'a pas été entravée par les gouvernements radicaux la loi de 1901 a même entraîné un afflux de missionnaires; pères du Saint-Esprit, missions africaines, pères blancs, Lazaristes, Picpusiens, etc., se sont partagé les secteurs d'évangélisation. La mission crée une chapelle, une école, un dispensaire, et, outre son action religieuse, son rôle sanitaire et intellectuel est considérable, en contribuant non seulement à donner l'enseignement, mais à fixer les langues indigènes. Le résultat proprement religieux est très variable et le plus souvent faible ; il est à peu près nul en pays musulmans, plus prometteur en pays animistes (Dahomey, Côte-d'Ivoire), à Madagascar, où se poursuit la rivalité entre missions catholiques et protestantes ; on peut parler de succès en Indochine, où la pénétration était plus ancienne ; les persécutions de 1885 avaient entraîné la mort de 40 000 catholiques, dont huit missionnaires français ; la progression a repris aussitôt, et en 1914 on compte 600 000 catholiques, surtout au Tonkin et en Cochinchine avec un clergé indigène important.

c) *L'enseignement* n'a reçu une véritable impulsion qu'à partir des lois de J. Ferry, et en général ont coexisté trois types d'enseignement : celui que les missions ont continué à donner, et qui a formé beaucoup des chefs politiques futurs — l'enseignement coranique dans les pays musulmans, handicapé souvent par la disparition des biens religieux qui les faisaient vivre —, l'enseignement officiel français, d'abord axé sur l'assimilation, puis mieux adapté au pays. Les résultats sont médiocres : en Afrique du Nord la scolarisation indigène varie de 6 à 12 %, en Afrique Noire de 1 à 10 %, en Indochine elle ne dépasse pas 4 %. L'enseignement secondaire s'adresse surtout aux Européens ; l'enseignement supérieur n'existe qu'en Algérie, où les effectifs musulmans sont minimes, et à Tunis, où l'université de la Grande Mosquée, dont l'enseignement est surtout religieux, a été maintenue. Les insuffisances ou les erreurs de l'œuvre scolaire sont en contradiction avec la volonté d'assimilation d'abord, puis avec la politique d'association, en contribuant à refuser l'accès à une autre forme de culture à une population par ailleurs déracinée.

Les colonies n'ont pas joué le rôle qu'on en attendait, ni sur le plan de la colonisation, ni sur le plan économique, ni sur le plan financier ; elles ont joué le rôle d'exutoire pour les individualités éprises d'aventures et ont donné aux Français une sensation de prestige, à l'armée un appoint important et une zone d'action ouverte aux initiatives que les officiers ne pouvaient pas mettre en application en métropole. La colonisation a apporté aux indigènes une amélioration indéniable dans l'alimentation, l'hygiène, la paix, les regroupements. Mais le développement économique s'est fait en fonction de la métropole en sorte que la poussée démographique a accentué le surpeuplement des terres, l'entassement dans les faubourgs des villes ou l'émigration. L'éclatement des cadres traditionnels et communautaires de la société par l'introduction des conceptions individualistes françaises a laissé le paysan isolé, manquant de capitaux, victime de l'usure, et a conduit à un processus général de prolétarisation, tandis qu'une petite élite intellectuelle, formée surtout dans les écoles religieuses et les universités françaises, aspirait en vain à jouer un rôle plus important.

Il y a ainsi un problème politique aggravé par la guerre russo-japonaise de 1904-1905 pour l'Extrême-Orient, ainsi que par la formation du Kuo-min-tang en Chine, par le mouvement jeune turc de 1908 pour les pays musulmans. En Indochine, à côté des anciens cadres mandarins dépouillés de leur autorité se crée une classe de lettrés formés dans les écoles françaises, qui demandent dans un premier temps l'association. En Tunisie s'est organisé en 1907 un groupement «jeune tunisien», qui lance un journal et réclame une constitution «Destour»; il est encouragé par la guerre italo-turque de 1911 et provoque cette même année une insurrection vite réprimée. En Algérie enfin est également créé en 1900 un mouvement «jeune algérien» parmi quelques intellectuels formés dans les universités françaises, qui, loin de réclamer l'indépendance, demandent des réformes sociales, une participation indigène à l'administration et plus tard l'assimilation soit avec le statut civil musulman, soit même pour certains en acceptant le statut civil français. En février 1914 la Chambre française demande dans un ordre du jour l'amélioration du statut des indigènes, mais la guerre interrompt ce début d'interrogation. Cette amorce d'opposition est encore très limitée et ne suscite pas encore de troubles profonds; l'Empire est calme et il va le montrer pendant la guerre en permettant le rappel de troupes européennes et en participant pleinement à l'effort de guerre français; en 1914 cependant le problème est posé.

Bibliographie

Généralités

M. TACEL, *La France et le monde au XXᵉ siècle* (Paris, Masson, 1989); G. HARDY, *La Politique coloniale et le Partage de la terre aux XIXᵉ et XXᵉ siècles* (Albin Michel); du même, *Histoire de la colonisation française* (Paris, 1953); une mise au point d'ensemble a été faite par H. BRUNSCHWIG dans la *Revue Historique*, juillet-septembre 1959 et avril-juin 1970; du même, *Mythes et Réalités de l'impérialisme colonial français* (Armand Colin, 1960) et *La Colonisation française, du Pacte colonial à l'Union française* (Calmann-Lévy, 1949); H. BLET, *Histoire de la colonisation française*, 3 vol. (Arthaud, 1946-1950); M. BRUGUIÈRE, *Le chemin de fer du Yunnan* (Pedone, 1963); J. GANIAGE, *L'Expansion coloniale de la France sous la Troisième République 1871-1914* (Payot, 1960-1968); R. GIRARDET, *L'Idée coloniale en France 1871-1962* (La Table Ronde, 1972); C.R. AGERON, «J. Ferry et la Question algérienne». *Revue d'Hist. Mod. et contemp.* avril-juin 1963; *L'Anticolonialisme en France de 1871 à 1914* (PUF, 1973); *France coloniale ou Parti colonial* (PUF, 1978); P. GUILLEN, *L'Allemagne et le Maroc de 1870 à 1905* (PUF, 1967); C. COQUERY-VIDROVITCH, *Le Congo au temps des grandes Compagnies concessionnaires 1898-1930* (Thèse Mouton, 1972); J. BOUVIER et R. GIRAULT, *L'Impérialisme français d'avant 1914* (Paris-La Haye, Mouton, 1975); J. THOBIE, *Intérêts et Impérialisme français dans l'Empire ottoman, 1895-1914* (publications de la Sorbonne, Impr. Nation., 1983); *La France impériale 1880-1914* (Éd. Megrelis, 1982); P. GUILLEN, *Politique étrangère de la France – L'Expansion (1881-1898)* (Imprim. Nation., 1984); J.L. MIEGE, *Expansion européenne et Décolonisation de 1870 à nos jours* (2ᵉ éd., Nouv. Clio, PUF, 1986); G. COMTE, *L'Empire triomphant 1871-1938*, t. I, *Afrique occidentale et équatoriale* (Denoël, 1988); M. LE ROY et le Club de l'Horloge, *L'Occident sans complexe* (Éd. Carrère, 1987); YACONO, *Histoire de la colonisation* (Que sais-je?, PUF, 5ᵉ éd. 1988).

Document

Commerce extérieur des colonies (en millions en F) (1894-1913)

Colonies	*1894*		*1900*		*1913*	
	Importation	*Exportation*	*Importation*	*Exportation*	*Importation*	*Exportation*
Algérie	283	265	324	242	729	563
Tunisie	42	37	61	42	144	178
Afrique Noire	82	64	150	101	275	282
Asie	71	124	190	166	316	389
Amérique	70	67	63	81	59	65
Océanie	11	9	15	12	27	27
Total	599	566	803	644	1 550	1 504

D'après *Annuaire Statistique*, France 1914.

10

Les relations extérieures (1871-1914)

Les pertes démographiques de la guerre s'élevaient à 140 000 morts militaires, au manque de 160 000 naissances, et à 400 000 décès civils supplémentaires, pertes dont les effets se feront sentir vers la fin du siècle. La France a cédé en Alsace-Lorraine des régions riches, l'axe du Rhin et 1,5 million d'habitants. La guerre et la Commune ont coûté 9 milliards de francs; la France a perdu la place qu'elle avait en Europe et par contrecoup la naissance de l'Empire allemand la rend plus vulnérable. Pourtant la guerre et l'invasion ne l'ont pas atteinte dans ses forces vives; la communauté nationale est sortie renforcée par l'épreuve, son crédit extérieur est intact, comme vont le montrer les emprunts de libération et la stabilité du change. Aussi les craintes de Bismarck ne sont pas apaisées par la victoire, on peut même dire sans paradoxe qu'elles sont avivées par l'annexion des départements alsaciens-lorrains voulue par l'état-major dans la mesure où il est obsédé par la crainte d'une revanche française; pour éviter celle-ci il faut isoler la France et entourer l'Allemagne d'un cercle d'amis et d'alliés.

1. L'isolement français (1871-1887)

La France ayant achevé de verser l'indemnité due à l'Allemagne le 5 septembre 1873, avec une anticipation de deux ans, le dernier soldat allemand quitta le territoire le 15 du même mois.

A. Les premières alertes (1871-1882)

La France se reconstituait avec une étonnante rapidité sur les plans économique et militaire. La revue de 120 000 hommes passée à Longchamp le 29 juin 1871, où le peuple communia dans une ardente ferveur patriotique, puis la loi militaire du 27 juillet 1872 inquiétèrent Bismarck; la chute de Thiers, le 24 mai 1873, le préoccupa aussi en lui faisant craindre soit une restauration de la monarchie qui trouverait peut-être des alliances en Europe, soit une république gambettiste plus portée à la revanche. Bismarck y répondit par une «entente des trois empereurs», conclue avec Alexandre et François-Joseph, qui garantissait le *statu quo* en Europe. En 1873-1875 la période de l'Ordre moral que traverse la France coïncide avec la lutte contre le catholicisme (*Kulturkampf*) en Allemagne. Bismarck se dit inquiet des interventions des évêques français en faveur des catholiques allemands : de Broglie s'efforça de l'apaiser en tempérant ses évêques et en suspendant *L'Univers,* mais, en mars 1875, le vote d'une nouvelle loi militaire française qui renforçait l'armée parut justifier les craintes de Bismarck en une volonté de revanche de la part de la France; et, en avril, le *Post,* journal officieux de l'état-major allemand, envisageait une guerre préventive; puisque la revanche ne pouvait être que «la pensée intime de la France» pourquoi attendre qu'elle se fut reconstituée et eût trouvé des alliances? La menace n'eut pas de suites grâce à l'intervention de lord Derby pour les Anglais et celle d'Alexandre II, qui prit la menace assez au sérieux pour faire avec son chancelier Gortchakov le voyage de Berlin en mai afin d'effacer les velléités belliqueuses allemandes. Il n'en restait pas moins que la France, jadis arbitre de l'Europe, en était à quémander la protection anglo-russe.

L'attention mondiale se détourna ensuite vers l'Orient, où se développait la crise balkanique dans laquelle la France n'eut aucune part, elle qui y jouait autrefois les premiers rôles. Au congrès de Berlin qui mit fin à la crise (juin-juillet 1878), Anglais et Allemands encouragèrent les Français à se lancer vers les colonies, les premiers pour les détourner de l'Égypte, les seconds pour leur faire oublier la revanche. Et en effet la France se lance dans des campagnes coloniales qui détournent son attention du Rhin. Cependant une partie importante de l'opinion poursuivait l'idée de revanche : c'était la forme jacobine d'un nationalisme qui se portait vers l'Europe et qui appartenait surtout à la gauche française; cette tendance enfermait ses espoirs dans la reconstitution de l'armée, «l'arche sainte», glorifiée par le roman et la chanson populaires, exaltée dans toutes ses manifestations extérieures par le petit peuple des villes.

La justification en fut donnée par Renan, qui s'interrogeait sur le sens du mot *nation,* par Henri Martin, disciple de Michelet, qui écrivait une *Histoire de France* populaire, par Taine, qui commençait à écrire en 1876 les *Origines de la France contemporaine.* La revanche passait par la régénération intellectuelle de la jeunesse; il s'agissait, par l'enseignement de l'histoire, par l'instruction morale et civique, d'enseigner le goût du sacrifice que célèbrent les *Chants du soldat* de Déroulède (1872); tous les programmes de l'enseignement primaire sont orientés vers la revanche. Celle-ci est entretenue par la *Ligue des patriotes,* fondée le 18 mai 1882 sous le patronage de Ferdinand Buisson, Joseph Reinach, Waldeck Rousseau pour «développer les forces morales et civiques de la nation»; Paul Bert, ministre de l'Instruction publique dans le Grand Ministère de Gambetta (novembre 1881), créa une commission d'éducation militaire et encouragea avec Jean Macé la formation de bataillons militaires civiques chez les jeunes.

B. La réponse allemande

Contre cette menace Bismarck parvint à isoler la France : après avoir signé une alliance (Duplice) avec l'Autriche en octobre 1879, puis un traité avec la Russie (1882), il se rapprocha de l'Italie ; la gauche nationaliste y était arrivée au pouvoir avec Crispi en 1876, puis le nouveau roi Humbert Ier avait encouragé le resserrement des liens économiques avec l'Allemagne, principal fournisseur de matières premières et client important pour les produits italiens. L'installation des Français en Tunisie porta le gouvernement italien à oublier les raisons du litige qui séparait l'Italie de l'Autriche (terres irrédentes), pour conclure avec celle-ci et l'Allemagne en mai 1882 un traité d'alliance défensive (Triple Alliance ou Triplice) renouvelable tous les cinq ans. Les parties contractantes interviendraient avec toutes leurs forces en cas d'attaque de l'une d'entre elles par la France. Enfin Bismarck était sûr de l'Angleterre, où une fille de Victoria avait épousé le Kronprinz. Cela n'empêchait pas Bismarck, au contraire, d'appuyer la France dans ses opérations coloniales : ainsi lors de l'intervention française au Tonkin après la mort du commandant Rivière en 1883, ou lors de la conférence de Berlin sur le Congo ; Bismarck parlait à l'ambassadeur de France d'intérêts communs franco-allemands. La manœuvre allemande visait à brouiller la France et l'Angleterre sur les questions coloniales, et à faire oublier aux Français la ligne bleue des Vosges en les orientant vers les colonies.

C. La crise de 1887

La chute de J. Ferry en 1885, son remplacement par Freycinet qui freinait les opérations coloniales, mirent fin aux tentatives d'apaisement d'autant plus facilement qu'en France le mouvement nationaliste, entretenu par la Ligue des Patriotes, dont Déroulède était devenu président en 1885, se développait à travers la crise boulangiste. La présence au gouvernement du « général Revanche » inquiétait Bismarck, qui rencontrait d'autre part des difficultés à faire renouveler pour sept ans par le Reichstag les crédits militaires, et qui, de ce fait, avait besoin d'une crise extérieure. Il prit soin d'abord de renouveler la Triplice en février 1887, soit avec une avance de trois mois, en la complétant par deux notes austro-italienne et germano-italienne qui la transformaient en fait en une alliance offensive, puisqu'elle laissait à l'Italie la faculté de juger si quelque progrès français en Afrique du Nord pouvait justifier l'application du traité. Bismarck pouvait compter en Angleterre sur l'amitié de lord Churchill, chancelier de l'Échiquier, qui voyait en la France un ennemi commun, et il put faire signer un accord anglo-italien sur le *statu quo* en Méditerranée.

C'est dans cette situation d'isolement complet que la France se trouva affrontée à l'incident Schnaebelé, d'où la guerre aurait pu sortir. Le 20 avril 1887 fut connu l'enlèvement, à la suite d'une provocation, de l'agent du contre-espionnage français Schnaebelé, dont on sut bientôt qu'il allait comparaître devant la cour de Leipzig pour espionnage. Boulanger demandait une riposte énergique et une mobilisation partielle ; il se heurta au président du Conseil Goblet, au ministre des Affaires étrangères Flourens et au président de la République Grévy, qui préférèrent employer la diplomatie ; le gouvernement obtint la libération de Schnaebelé le 29 juin, puis la disparition de Boulanger du ministère de la Guerre avec la chute du ministère Goblet rassura Bismarck, qui avait par ailleurs obtenu les crédits militaires demandés.

2. La fin de l'isolement français (1887-1904)

A. La crise morale française

Période de crise économique mondiale jusqu'en 1896, période aussi d'impérialisme politique et économique où se forgent les rivalités coloniales, c'est l'époque où s'estompe en France l'idée de revanche. En Allemagne l'arrivée sur le trône de Guillaume II en 1888 entraîne la chute de Bismarck en 1890 et l'explosion d'un pangermanisme qui conduit à la Weltpolitik. En France, une fois calmée la ferveur provoquée par le boulangisme, c'est la naissance d'un certain divorce entre l'armée et la nation, qui fait apparaître ou développe un antimilitarisme accru par la loi de 1889, qui réduisait à trois ans le temps de service, mais supprimait la plupart des exemptions et portait la durée de l'obligation militaire à 25 ans.

A vrai dire le mouvement antimilitariste touche moins le peuple que la bourgeoisie ; celle-ci, mécontente de l'obligation qui lui est faite de servir, supportant mal les contraintes de la vie de garnison, fait le succès des œuvres de Courteline (*Les Gaîtés de l'escadron*, 1886 – *Le Train de 8 h 47*, 1888) ; plus âpres sont les critiques apportées par Abel Hermant dans *Le Cavalier Miserey* (1887), portant en sous-titre *Mœurs militaires contemporaines.* La même année Lucien Descaves publie *La Caserne* et en 1889 *Sous offs,* qui vaut à son auteur d'être traduit par Freycinet en cour d'assises, où d'ailleurs, défendu par Millerand, il est acquitté. En 1888 c'est *Biribi,* de Georges Darien, témoignage de son passage aux compagnies disciplinaires.

A cette forme littéraire et bourgeoise de l'antimilitarisme s'ajoute l'idéologie pacifiste qui tend à pénétrer les milieux de l'enseignement et s'appuie sur un mouvement international qui s'est organisé entre 1878 et 1889, traduit par le congrès universel de la Paix en 1904. Il existe également une forme d'antimilitarisme révolutionnaire représentée par Gustave Hervé ou Georges Sorel, exprimée par l'*Internationale,* qui voit dans l'armée la force de répression de la bourgeoisie utilisée pour briser les grèves. L'armée est atteinte enfin par l'affaire Dreyfus, et les mesures militaires prises par les ministres Galliffet, André, Pelletan sont considérées par les cadres militaires comme des brimades qui refoulent plus que jamais l'armée dans son rôle de « grande muette ». Celle-ci s'interroge sur le sens de sa mission, se referme sur elle-même, se jette dans l'aventure coloniale où elle retrouve un peu d'initiative. C'est dire que l'armée s'éloigne de son rôle premier, la préparation à la guerre, car la situation internationale semble moins tendue depuis que la France est sortie de son isolement.

B. L'alliance franco-russe

Tout semblait séparer la France de la Russie : le régime républicain décidément installé en France, l'asile que celle-ci donnait aux révolutionnaires russes, les liens de parenté entre la tsarine Alix de Hesse et Guillaume II, la fréquentation des universités allemandes par la jeunesse russe ; d'une façon générale les sympathies russes sont toujours allées à l'Allemagne. Plusieurs faits expliquent cependant ce rapprochement contre nature.

a) La rivalité austro-russe dans les Balkans, et notamment en Bulgarie, où le candidat autrichien Ferdinand de Saxe-Cobourg a été élu roi en 1887. Bismarck eut beaucoup de peine à obtenir des Russes cette même année le renouvellement du traité de 1881, et Flourens, ministre français des Affaires étrangères, fit proposer au tsar un appui français en Orient, qui fut refusé.

b) Les emprunts russes, la Russie, engagée dans une industrialisation rapide, n'obtenait plus les capitaux nécessaires en Angleterre ou en Allemagne ; les Français au contraire cherchaient à placer leurs économies en fonds d'État russes, le gouvernement français y poussait, la presse faisait campagne en faveur, et les banques françaises penchaient vers les investissements directs.

c) La démission de Bismarck, en mars 1890, qui avait toujours cherché à la fois l'alliance autrichienne et l'appui russe — Guillaume II et le baron de Holstein, qui inspirait l'attitude de la Wilhelmstrasse, voulaient une position plus nette en faveur de l'Autriche et provoquèrent le non-renouvellement du traité germano-russe en 1890. Dès ce moment les rapports franco-russes devinrent meilleurs et le sous-chef d'état-major français assista aux manœuvres de l'armée russe.

d) L'arrestation en France de nihilistes redonna aux Russes une certaine confiance dans un régime républicain qu'ils avaient jusque-là méprisé. La France étant elle-même aux prises avec les attentats anarchistes entre 1892 et 1894, son gouvernement prit des mesures de répression en faisant voter les « lois scélérates ».

e) Enfin la Triple Alliance, qui venait à échéance le 30 mai 1892, fut renouvelée par anticipation le 6 mai 1891 et le gouvernement anglais se rapprochait encore de l'Allemagne et de l'Italie, en un temps où la rivalité coloniale anglo-russe se renforçait en Asie. C'est alors le gouvernement russe qui demanda aux Français un geste de solidarité : ce fut la visite de la flotte française à Kronstadt, en juillet 1891, qui amorça le processus de l'alliance franco-russe.

L'aboutissement fut néanmoins très long, comme si les Russes n'étaient parvenus à ce revirement qu'à contre-cœur. La première étape fut représentée par un échange de lettres entre le chancelier russe de Giers et son ambassadeur à Paris d'une part, entre Ribot, ministre des Affaires étrangères et ce même ambassadeur d'autre part : les deux gouvernements se concerteraient sur toutes questions de nature à mettre en cause la paix, et notamment si l'une des deux parties était menacée. On était encore loin d'une alliance, mais c'était le premier accord conclu par la France depuis 1871. La deuxième étape fut marquée par la signature d'une convention militaire, le 17 août 1892, venant après une visite de Giers à Paris et des conversations d'état-major. La difficulté venait de ce que le principal adversaire était pour la France l'Allemagne, il était l'Autriche pour la Russie. On conclut que la Russie emploierait toutes ses forces disponibles, soit 800 000 hommes, si la France était attaquée par l'Allemagne ou l'Italie appuyée par l'Allemagne; la France apporterait 1 300 000 hommes si la Russie était attaquée par l'Allemagne ou l'Autriche appuyée par l'Allemagne; dans le cas où l'une des puissances de la Triple Alliance mobiliserait, la France et la Russie mobiliseraient spontanément; le traité était secret et conclu pour la même durée que la Triple Alliance.

Pour que la convention devînt alliance il y fallait la ratification par les deux chefs d'État. Les Russes hésitaient à nouveau, inquiets du scandale de Panama qui secouait la France; c'est encore l'attitude de l'Allemagne qui eut raison de leurs hésitations : le gouvernement impérial entamait contre la Russie une guerre de tarifs douaniers, et semblait s'accommoder d'envisager une lutte sur deux fronts, puisque Schlieffen élaborait son premier plan stratégique qui prévoyait la liquidation première du front russe. En France au contraire c'était l'enthousiasme : on signait l'accord commercial de juin 1893 et les milieux financiers français n'avaient pas de peine à collecter les fonds destinés au gouvernement ou aux industries russes. La visite de l'escadre russe à Toulon, en octobre 1893, provoquant en France des mouvements de joie populaire étonnants envers un pays absolutiste comme la Russie, emporta la décision russe : la ratification fut acquise en décembre 1893 du côté russe, en janvier 1894 du côté français.

C'était pour la France la fin de l'isolement, et chez les Français une confiance absolue dans le «rouleau compresseur russe». Il faut cependant remarquer :

– que, l'alliance étant strictement défensive, elle interdisait implicitement une initiative française de revanche pour reprendre les territoires perdus;

– que les hésitations avec lesquelles les Russes ont accepté l'alliance montrent qu'ils demeurent germanophiles. Nicolas II, tsar en 1894, a la même sympathie que son père envers l'Allemagne et subit l'ascendant de son épouse;

– que la France risque d'être entraînée dans des difficultés balkaniques qui s'accordent mal avec ses intérêts ;

– que le drainage des fonds français va s'intensifier notamment à travers des banques d'affaires mixtes telles que la Banque russo-chinoise créée en 1895. Les dangers n'apparaissaient pas dans l'euphorie du moment. De nouveaux accords conclus par Delcassé en 1899-1900 après Fachoda resserrèrent encore les liens : la convention militaire n'était plus limitée dans le temps à la durée de la Triplice et la finalité du traité n'était plus seulement le maintien de la paix mais le maintien de l'équilibre en Europe. En 1900 on envisagea la possibilité d'une guerre et d'un soutien réciproque contre l'Angleterre, clause qui disparut en 1904 à la faveur du rapprochement franco-britannique.

C. Les relations franco-britanniques

En Asie comme en Afrique se sont heurtés les impérialismes français et britannique :

– en Indochine, où la pénétration française semblait menacer la Birmanie et l'Inde ;

– en Afrique orientale, où la construction de Djibouti menaçait la sortie de Suez ;

– en Afrique occidentale et équatoriale où les frontières respectives n'étaient pas fixées ;

– en Égypte enfin où Hanotaux et Delcassé voulaient remettre en question la mainmise britannique. L'envoi de la mission Marchand sur le haut Nil et le risque d'affrontement qui s'ensuivit à Fachoda avec les forces de lord Kitchener (juillet 1898), surexcitèrent les opinions publiques des deux pays et l'on put croire qu'une guerre franco-britannique était imminente ; elle était pourtant inconcevable dans l'état de division où l'affaire Dreyfus plongeait la France et d'impréparation militaire où elle se trouvait. Delcassé décida le rappel de Marchand et en mars 1899 une convention franco-anglaise délimita les zones d'influence autour du Tchad.

Les Anglais, et plus précisément Joseph Chamberlain, étaient décidés à sortir du « splendide isolement » dans lequel ils s'étaient jusque-là maintenus ; la rivalité coloniale avec les Français et avec les Russes, unis par leur récente alliance, les liens de parenté et la sympathie que les Anglo-Saxons avaient toujours nourrie envers les Allemands portaient Chamberlain vers l'Allemagne ; par contre l'expansion industrielle de l'Allemagne, son agressivité commerciale et surtout le vote par le Reichstag en 1898 du premier septennat maritime, qui allait créer la flotte de guerre allemande, inquiétaient les Anglais. C'est cependant vers l'Allemagne que Chamberlain se tourna en 1898 et 1901, mais toutes ses tentatives de rapprochement furent rejetées par les Allemands, qui se refusaient à le compenser par des concessions. La mort de Victoria en 1901, son remplacement par Édouard VII, jaloux de son neveu

Guillaume II et par ailleurs parfait connaisseur de la France, facilitèrent les efforts de Delcassé et de Ribot vers un rapprochement franco-britannique. Édouard VII sut retourner l'opinion française en sa faveur au cours de sa visite en France le 1er mai 1902; le voyage fait en réponse à Londres par Émile Loubet et Delcassé en juillet 1903 acheva d'aplanir les difficultés et l'on put aboutir à l'accord du 8 avril 1904, entente strictement coloniale, qui n'apportait aucune aide positive à la France, mais supprimait toute cause de conflit entre la France et l'Angleterre.

D. Rapprochement franco-italien

Les relations franco-italiennes sont restées mauvaises aussi longtemps que la gauche italienne est restée au pouvoir, c'est-à-dire jusqu'à la défaite d'Adoua en 1896, qui entraîna la chute de Crispi; mais la situation économique était aggravée par la guerre douanière que se livraient les deux pays, et l'Italie avait besoin de la Bourse de Paris pour y placer ses emprunts. Le rapprochement fut l'œuvre de Barrère, ambassadeur à Rome, appuyé par Delcassé, qui cherchait à détacher l'Italie de la Triple Alliance, tandis que les soyeux lyonnais et les viticulteurs français y étaient hostiles; il trouva une réponse favorable chez le marquis Visconti-Venosta, ministre italien des Affaires étrangères, appuyé par le nouveau roi Victor Emmanuel III à partir de 1900.

Dès 1896 le contentieux tunisien était levé; en novembre 1898 un accord commercial appliquait à l'Italie le tarif douanier minimum prévu par la loi Méline; en décembre 1900 un accord colonial secret laissait aux Italiens les mains libres en Tripolitaine, à la France la liberté d'action au Maroc. Enfin en juin 1902, après qu'une escadre italienne eut fait une visite amicale à Toulon, un échange de lettres entre Barrère et Visconti-Venosta promit la neutralité italienne en cas de guerre franco-allemande : promesse en contradiction avec les engagements italiens pris envers la Triple Alliance, et qui, pour cette raison, devait demeurer secrète; elle n'empêcha pas en effet l'Italie de renouveler son adhésion à la Triplice jusqu'à la guerre. Ce «tour de valse» italien, comme le qualifia V. Bulow, fut illustré en octobre 1903 par la visite que fit Victor Emmanuel à Paris, et que Émile Loubet lui rendit à Rome en avril 1904.

Cette série d'accords français fut complétée en septembre 1904 par la signature avec l'Espagne d'une convention qui délimitait les zones d'influence espagnole au Maroc autour d'Ifni et de Tétouan, et d'influence française sur le reste du pays. La situation était donc renversée au profit de la France, et, sans connaître exactement la teneur des accords signés, les Allemands commençaient à parler d'encerclement. Il faut noter cependant que les initiatives prises par la Russie en Extrême-Orient allaient la conduire à la guerre avec le Japon, affaiblissant par là même sa position en Europe; quant à l'entente franco-britannique elle mécontentait la Russie et ne promettait rien à la France en cas de guerre avec l'Allemagne.

3. La formation des deux blocs (1904-1914)

Les rivalités européennes s'aggravèrent à partir de 1905 : on entrait dans une phase mondiale de progression économique très rapide qui avivait les rivalités commerciales. L'Allemagne était devenue non seulement la première puissance militaire, mais aussi la deuxième puissance économique derrière les États-Unis, inquiétant d'autant plus l'Angleterre qu'elle accélérait son programme naval. La Russie, vaincue en Extrême-Orient, secouée par la révolution de 1905, affaiblissait la position de la France. L'Autriche était aux prises avec des difficultés internes et se sentait menacée par la Serbie, où Pierre Ier était roi depuis 1903. La France, prospère, investissait fortement à l'extérieur, non seulement, comme l'aurait souhaité Poincaré, dans les pays amis, mais aussi, comme le conseillait Caillaux, en Europe centrale; les placements en Russie étaient passés de 7 milliards en 1902 à 12 milliards en 1914, soit 29 % des 45 milliards de francs investis au-dehors par les Français; ils avaient également placé 3,5 milliards en Autriche-Hongrie et autant dans l'Empire ottoman.

La France subissait encore les effets de l'affaire Dreyfus, et l'hostilité envers l'armée s'accroissait dans les milieux ouvriers, comme semblaient l'attester les congrès syndicaux (Amiens, 1906), ce qui portait Jaurès à proposer en 1911 une *Armée nouvelle*, qui serait la nation en armes. Pourtant, à partir de 1907, se forma un nouvel état d'esprit sous l'effet de la diffusion d'une philosophie nouvelle et de l'acuité de la menace allemande; le vieux jacobinisme renouait avec la mission que l'histoire semblait avoir confiée à la France dans la défense du droit, de la justice et de la liberté; à coté de ce patriotisme dépouillé d'agressivité cocardière les nationalismes de Maurras ou de Barrès, celui de Péguy, qui était dans la tradition de Michelet, retrouvaient la réalité passionnelle et charnelle de la nation. Toutes ces tendances se rejoignaient dans une évocation de l'épopée militaire de la France popularisée par l'imagerie et rapprochant la nation de son armée dans un nouvel enthousiasme encouragé par Millerand puis Messimy, ministres de la Guerre, par la nomination de Joffre au commandement suprême en 1911. Barrès achevait son roman de l'énergie nationale et se tournait vers les *Bastions de l'Est* (*Colette Baudoche,* 1909 – *La Colline inspirée,* 1913). En 1914 les esprits étaient prêts à la guerre.

A. Les crises marocaines

La première crise marocaine (*cf.* la Question coloniale) fut voulue par V. Bulow pour séparer la France de l'Angleterre, mettre fin « aux desseins agressifs » de la politique française, tester les accords récents français, sans souhaiter aller jusqu'à la guerre, et peut-être conduire à un rapprochement franco-germano-russe en isolant l'Angleterre. En effet Guillaume II avait profité du désarroi des Russes après leur défaite devant le Japon pour obtenir de Nicolas II un traité d'alliance défensive conclu à Björkö, en Finlande, à l'insu des ministres des Affaires étrangères ; on devait inviter la France à y participer, mais Rouvier, tout en acceptant de conclure avec l'Allemagne un accord sur le Maroc, savait que l'opinion française refuserait d'aller plus loin, et Lamsdorff, ministre russe des Affaires étrangères, comprenant combien ce traité était en contradiction avec l'alliance franco-russe, en fit remettre l'application *sine die.* La conférence d'Algésiras mit en évidence l'isolement de l'Allemagne, qui ne fut appuyée que par l'Autriche, tandis que l'Italie elle-même appuyait la France.

La position française fut encore renforcée en 1907 par la signature d'un accord colonial anglo-russe, qui faisait disparaître toutes les difficultés existant en Extrême-Orient. On parla désormais de *Triple Entente* en face de la *Triple Alliance* ou *Triplice.* On doit cependant remarquer que le groupement France-Angleterre-Russie était formé par trois traités distincts, dont un seul comportait une alliance, tandis que l'Allemagne, l'Autriche et l'Italie étaient liées par un traité unique et commun.

B. Les crises balkaniques

Les relations austro-russes se tendirent à nouveau quand la Russie, vaincue à l'Est, reporta son attention vers les Balkans et Constantinople, tandis qu'en Autriche un Allemand de Bohême, Aehrenthal, arrivait aux Affaires étrangères et qu'en Serbie Pierre Ier, roi depuis 1903, développait l'idée d'une Grande Serbie qui eût englobé tous les Slaves du sud, Bosniaques et Croates compris. Depuis 1905, l'Autriche avait entamé contre la Serbie une guerre économique et en 1908, pour l'asphyxier en l'empêchant d'acquérir une façade maritime aux dépens de l'Empire ottoman, elle annexa la Bosnie-Herzégovine. La Russie était directement concernée par cette avancée autrichienne dans les Balkans, mais la France aussi, qui avait contribué à créer la Serbie, qui y investissait, et à qui elle fournissait le matériel militaire. Mais, tandis que l'Allemagne appuyait l'Autriche, transformant ainsi implicitement la Triplice en alliance offensive, le ministre français Stephen Pichon prévint son allié russe que le traité de 1893 ne pourrait pas s'appliquer dans une situation que l'opinion française ne comprenait pas. La Russie et la Serbie durent s'incliner.

Une nouvelle crise surgit en 1912 : encouragés par la faiblesse témoignée par l'Empire ottoman dans sa guerre contre l'Italie en 1911, les États balkaniques, Grèce, Serbie, Bulgarie, formèrent en 1912 une Ligue balkanique appuyée par la Russie et manifestement dirigée contre la Turquie. La France pouvait être entraînée dans des hostilités, d'autant plus que Poincaré, président du Conseil, s'efforçait de resserrer les liens avec la Russie. Une convention d'état-major, signée en juillet 1912, définit la collaboration des deux flottes et des armées, envisagea des délais plus courts pour une mobilisation russe, tandis que Poincaré, en visite à Saint-Pétersbourg, promettait de nouveaux crédits pour améliorer les communications intérieures russes, tout en conseillant la modération dans la question balkanique. Cette mise en garde n'empêcha pas la Ligue balkanique d'entrer en guerre contre l'Empire ottoman en octobre 1912 et d'en être rapidement victorieuse. Mais une deuxième guerre balkanique éclata en août 1913 pour le partage des dépouilles : d'une part la Bulgarie, isolée, cliente de l'Autriche; d'autre part une coalition groupant autour de la Serbie, cliente de la France et de la Russie, la Roumanie, le Monténégro et l'Empire ottoman. L'armée serbe, équipée de matériel français, écrasa l'armée bulgare, équipée de matériel allemand; les Français en tirèrent une confiance accrue dans leur armement et la Serbie en acquit un prestige plus grand qui aurait pu faire d'elle le «Piémont des Balkans» et menacer les provinces slaves de l'Empire austro-hongrois; la Russie appuyait les ambitions serbes; le problème était donc de savoir si la France appuierait la Russie au cas où celle-ci serait en guerre contre l'Autriche appuyée par l'Allemagne selon le schéma prévu en 1893.

En 1914 la Triple Alliance semble plus ferme que la Triple Entente; le traité unissant l'Allemagne, l'Autriche et l'Italie a été renouvelé par anticipation pour six ans en décembre 1912 et complété par deux conventions germano-italienne et austro-italienne. La position de l'Italie est, sans doute, devenue incertaine, mais elle se range encore aux côtés des pays de l'Europe centrale. Quant à l'alliance austro-allemande elle ne laisse apparaître aucune faille. Du côté de l'Entente les déceptions ont été nombreuses : la France a mal soutenu la Russie dans les crises balkaniques et la Russie a peu soutenu la France dans les crises marocaines. Devenu président du Conseil puis président de la République, Poincaré s'efforce de réanimer l'alliance, et, avec Viviani, rend visite au tsar en juillet 1914. Les Anglais se sont rapprochés des Russes en 1907 mais conservent une hostilité profonde envers le régime tsariste et la France qui essaie de les unir plus étroitement a échoué en mai-juin 1914. L'entente cordiale franco-britannique semble solide, et, en 1911, des conversations ont eu lieu entre états-majors français et anglais; mais en février 1912 le secrétaire britannique à la guerre, lord Haldane, dont on sait les sympathies germaniques, est envoyé à Berlin, où les Allemands proposent de ralentir leurs constructions navales en échange d'une promesse de neutralité en cas de guerre non provoquée; lord Grey refuse de s'engager. Inversement en novembre 1912 de nouveaux échanges ont lieu entre chefs militaires français et britanniques, qui aboutissent à une convention navale répartissant les secteurs d'action respectifs; Poincaré aurait souhaité davantage, mais se heurte lui aussi au refus de lord Grey. Anglais et Allemands ont au contraire uni leurs capitaux dans l'exploitation du pétrole de l'Empire ottoman et conclu en mai 1914 un accord sur leurs colonies africaines et sur la prolongation du Bagdadbahn, chemin de fer construit par les Allemands vers le golfe persique. La position de la Grande-Bretagne ne permet pas de préjuger de son attitude en cas de guerre.

Bibliographie

On se reportera au volume de la collection Cursus publié par Armand Colin :

P. Milza, *Les relations internationales de 1871 à 1914* (1990) (on y trouvera une bibliographie suffisante) ou à l'*Histoire des relations internationales* de P. Renouvin, t. VI, *Le* XIXe *siècle, l'apogée de l'Europe* (Hachette); pour la suite des événements, J. Droz, *L'Histoire diplomatique de 1648 à 1919.*

On consultera aussi les trois volumes de la collection «Peuples et Civilisations», les tomes XVII *(1860-1878)*, XVIII *(1878-1904)* et XIX *(1904-1918)*; R. Girault, *Diplomatie européenne, nations et impérialismes, 1871-1914* (Paris, Masson, 1995); R. Girault, *Emprunts russes et Investissements français en Russie* (1887-1914), Armand Colin, 1973.

Sur les responsabilités de la guerre

D'une façon générale, le volume XIX de la collection «Peuples et Civilisations», P. Renouvin, *La Crise européenne et la Première Guerre mondiale* (PUF, 1962); R. Poincaré, *Les Responsabilités de la guerre 1914-1918* (Payot, 1932); J. Isaac, *Un Débat historique, le problème des origines de la guerre* (Paris, 1933); J. Droz, *Les Causes de la Première Guerre mondiale,* essai d'historiographie (Seuil, 1973); R. Poidevin, *Finances et Relations internationales* (coll. U2, Armand Colin) et *Les Origines de la Première Guerre mondiale* (PUF, 1975); voir aussi D. Lejeune, *Les causes de la Première Guerre mondiale* (Paris, «Cursus», Armand Colin, 1993); P. Renouvin, «Les Documents diplomatiques français (1871-1914)» dans la *Revue Historique* de juillet-septembre 1961 et A. Pingaud, *Histoire diplomatique de la France pendant la Grande Guerre* (Paris, 1938, 3 vol.); G.H. Soutou, *L'or et le sang* (les buts de guerre économiques) (Fayard, 1989); J. Doise, M. Vaïsse, *Diplomatie et outil militaire, 1871-1969* (Paris, «Points», Seuil, 1992).

4

La Première Guerre mondiale et ses conséquences

11

La France pendant la Première Guerre mondiale

Le 28 juin 1914, l'archiduc héritier d'Autriche, François-Ferdinand, et sa femme sont abattus à Sarajevo, en Bosnie, territoire dépendant de l'Autriche, par des Bosniaques membres d'un mouvement secret panserbe; le gouvernement autrichien ayant reçu aussitôt une promesse d'appui allemand est décidé à supprimer le danger serbe en allant au besoin jusqu'à une guerre générale. On a attendu cependant jusqu'au 23 juillet pour remettre l'ultimatum à la Serbie, de sorte que Poincaré et Viviani, en visite à Saint-Pétersbourg les 21/23 juillet, ne reçoivent la nouvelle qu'en arrivant à Stockholm, sur le chemin du retour, le 25 juillet. Il est difficile d'apprécier dans quelle mesure Poincaré est indirectement responsable de la guerre par l'appui qu'il a promis au gouvernement russe; il a confirmé qu'il exécuterait toutes les obligations imposées par l'alliance, mais a conseillé d'éviter toute mesure qui pourrait entraîner une réplique allemande; pourtant, il est certain que l'occasion s'est offerte à lui de faire renaître la question d'Alsace-Lorraine, et de se débarrasser du militarisme prussien : ce seront les deux buts initiaux de la guerre du côté français. Le 28 juillet, l'Autriche-Hongrie déclare la guerre à la Serbie; depuis trois jours, les Russes ont commencé à mobiliser. Quelles sont les réactions en France?

L'opposition à la guerre qui menace peut venir de la CGT et du parti socialiste; devant la menace de grève ou de troubles, Malvy, ministre de l'Intérieur, a fait dresser la liste des responsables syndicaux et politiques à arrêter en cas de mobilisation; mais la CGT n'est pas d'accord avec Jaurès sur le sens à donner à la grève : il s'agit pour elle de la transformer en grève générale révolutionnaire, tandis qu'elle est pour Jaurès le moyen d'imposer la paix. Pourtant, quand l'ultimatum est remis à la Serbie, l'unité, ce vieux rêve de Jaurès, tend à se faire entre syndicalistes et socialistes; le 27, à l'appel de *La Bataille Syndicaliste,* 30 000 personnes manifestent devant *Le Matin,* le plus belliqueux des journaux parisiens; le même jour, Dumoulin, Jouhaux et

Jaurès sont à Bruxelles, où ils rencontrent leurs camarades allemands, Legien pour les syndicats, Haase pour les socialistes, sans aboutir à une position commune ; le 29, l'interdiction d'un meeting pacifiste à la salle Wagram dégénère en bagarres ; Jaurès croit encore à la pression populaire, en France comme en Allemagne, pour éviter la guerre. Le 30 juillet, une réunion commune est tenue par les responsables syndicaux et socialistes ; Jouhaux propose une manifestation massive à Paris, que Jaurès refuse pour l'immédiat, de crainte d'affoler l'opinion pacifiste, mais non révolutionnaire, et de laisser croire aux Allemands que la France est au bord de la guerre civile. On sait par ailleurs que les syndicats allemands ont assuré le chancelier qu'ils n'entraveraient pas la mobilisation.

Le 31 juillet, Jaurès fut assassiné au café du Croissant par Raoul Villain, un déséquilibré ; sa disparition allait achever l'effondrement du camp pacifiste. Le même jour, un ultimatum allemand était adressé à la Russie et Bethmann-Hollweg chargeait son ambassadeur à Paris de demander au gouvernement français, en forme d'ultimatum (18 heures), quelle serait son attitude en cas de guerre germano-russe ; au cas improbable où la France resterait neutre, l'Allemagne réclamait comme gages Toul et Verdun, qu'elle restituerait après la guerre. Le même soir, à 22 heures, le Comité confédéral de la CGT décidait d'annuler les résolutions (pacifistes) des congrès antérieurs et de se rallier aux déclarations du parti socialiste en « s'asseyant sur les principes » ; seul, Péricat avait plaidé pour l'insurrection contre la guerre.

Le 1er août, la déclaration de guerre allemande est adressée à la Russie ; les socialistes et responsables syndicaux français savent qu'ils ne seraient pas suivis s'ils s'opposaient résolument à la guerre ; Malvy le sait aussi, qui ordonne de surseoir à l'application du « carnet B ». Au député allemand H. Muller, venu les consulter, les socialistes annoncent qu'ils voteront les crédits militaires si la France est attaquée ; la CGT publie un communiqué où elle reconnaît son échec, car « le prolétariat n'a pas assez unanimement compris tout ce qu'il fallait d'efforts continus pour préserver l'humanité des horreurs de la guerre… ».

Le 2 août, premier jour de la mobilisation, Vaillant, Guesde, Sembat, Renaudel annoncent qu'ils feront leur devoir ; Gustave Hervé lui-même oublie son antimilitarisme forcené et transformera *La Guerre Sociale* en *La Victoire*.

Le 3 août, l'Allemagne, imputant à la France 17 violations de frontière, lui déclarait la guerre ; le 4, les socialistes votèrent à l'unanimité les crédits militaires ; aux obsèques de Jaurès, Léon Jouhaux promettait de soutenir l'effort de défense nationale ; dans son message au Parlement, Poincaré pouvait annoncer que « la France sera héroïquement défendue par tous ses fils, dont rien ne brisera devant l'ennemi *l'union sacrée* ». Pourquoi cette volte-face syndicale et socialiste? Est-ce une résurgence du vieux patriotisme qui a toujours animé la gauche française depuis la Révolution? Est-ce un recul devant la réaction spontanée des masses qui ne suivraient pas un ordre de grève générale en un pareil moment? ou la conviction qu'il ne s'agit pas d'un heurt entre deux impérialismes, mais de la résistance opposée par la France pacifique à une guerre allemande d'agression? Rosa Luxembourg et Lénine accuseront la «trahison des chefs» et le «manque de capacité des classes prolétariennes dans la lutte contre l'impérialisme».

1. L'Union sacrée (1914-1916)

Tous les chroniqueurs contemporains sont d'accord pour témoigner de la ferveur ou de la résolution avec laquelle on entra dans une guerre «franche et joyeuse», qui devait conduire rapidement jusqu'à Berlin, mais au regard de l'histoire, cet enthousiasme de la mobilisation semble pourtant avoir été largement majoré et l'unanimité a concerné les apparences plus que le fond. Dès août 1914 l'espoir d'une reconquête triomphante de l'Alsace-Lorraine avait disparu et l'on s'enfonça très vite dans une guerre d'usure où furent sacrifiées les forces démographiques les plus vives de la nation.

A. Les opérations

Le plan conçu par Schlieffen et mis en application par Moltke faisait porter le plus gros de l'effort contre la France pour la liquider rapidement et se reporter ensuite contre la Russie; il impliquait l'entrée en Belgique et l'encerclement général de l'armée française, qui serait refoulée par l'aile droite marchante allemande vers la Suisse et les Vosges, et contrainte de combattre le dos à la frontière. Le commandant en chef français, Joffre, sachant les intentions ennemies, comptait sur une résistance belge suffisante pour avoir le temps de lancer une offensive en Alsace-Lorraine en corrélation avec l'offensive russe, et donner tout son sens à cette guerre.

Le 2 août, le roi des Belges Albert Ier fut sommé de laisser passer les armées allemandes, et, sur son refus, le 4 août l'artillerie allemande écrasait Liège, mais le soir même l'Angleterre se joignait à la France. Les Allemands occupèrent rapidement presque toute la Belgique et, le 15 août, ils étaient à la frontière française, tandis que les offensives lancées par Joffre à l'Est échouaient. Le 24 août commença la retraite qui devait conduire les forces françaises du nord jusqu'à la Marne, où les Allemands furent arrêtés les 6-10 septembre. Chacun des adversaires tenta ensuite de tourner le front opposé par le nord; cette «course à la mer» aboutit à la fin de l'année à la constitution d'un front continu de la mer du Nord aux Vosges. Le 11 août, la France avait déclaré la guerre à l'Autriche-Hongrie, qui l'avait elle-même déclarée à la Russie le 6, et l'Angleterre avait imité la France le 12.

De décembre 1914 à février 1916, le front se stabilise; de part et d'autre il faut refaire les stocks de munitions; le soldat s'enterre et connaît toutes les souffrances de la guerre de tranchées. On tente cependant quelques percées coûteuses qui échouent : sur Saint-Mihiel, au sud de Verdun, en avril 1915, en Artois (mai) et en Champagne (septembre). La guerre s'étend aux Dardanelles, où les Franco-Anglais essaient en vain de passer les Détroits, et en Grèce, où le général Sarrail se trouve bloqué à Salonique.

Le 21 février 1916, les Allemands lancent l'attaque sur le saillant de Verdun, défendu par le général Pétain; la bataille, la plus importante de la guerre, met 300 000 hommes hors de combat de chaque côté; mais les Allemands ont dû arrêter leur offensive le 1er juillet, après une avance maximum d'une dizaine de kilomètres, pour porter des renforts sur la Somme, où l'armée franco-anglaise a lancé une contre-offensive avec l'aide des chars. A la fin de l'année, le général Nivelle, qui a remplacé le général Pétain, reprend les forts de Vaux et de Douaumont, annulant les succès allemands : le front est à nouveau stabilisé.

B. Problèmes politiques

Le 26 août, Viviani a remanié le gouvernement pour réaliser l'union nationale; Delcassé, Millerand, Briand, sont ministres ainsi que J. Guesde, devenu ministre d'État, et Marcel Sembat, ministre des Travaux publics. Jouhaux, de son côté, participe au Comité du secours national. Contre cette Union sacrée, peu de résistances : à la CGT Merrheim et Monatte essaient de former un groupe d'opposition autour de la *Vie Ouvrière,* mais le journal disparaît presque aussitôt; quelques tracts sont rédigés par le syndicat des instituteurs et par les groupes féministes («femmes socialistes, éveillez-vous»). Chez les socialistes, une faible opposition se groupe autour de Paul Faure; Pierre Laval, et du *Populaire du Centre,* contre une guerre voulue par le tsar. Les articles publiés par Romain Rolland en Suisse, dans le *Journal de Genève,* à partir du 22 septembre 1914, eurent davantage d'échos; il y condamnait le militarisme prussien, mais se refusait à l'identifier au peuple allemand. Ces articles, interdits en France par la censure, furent d'abord diffusés clandestinement par des pacifistes, puis en fin de compte publiés sous le titre *Au-dessus de la mêlée* en novembre 1915. Au Parlement, l'opposition est nulle; le gouvernement, qui s'est transporté à Bordeaux le 2 septembre, a pratiquement les pleins pouvoirs jusqu'en décembre 1914.

Quand la prévision d'une guerre longue s'affirme, le Parlement et les socialistes commencent à s'émouvoir. En janvier 1915 Millerand, ministre de la Guerre, est attaqué par Clemenceau au nom de la commission sénatoriale de l'armée pour l'insuffisance de la préparation; la commission souhaiterait envoyer des missions de contrôle dans les usines et à l'armée, mais Joffre s'y refuse et Millerand l'appuie. La IIe Internationale s'inquiète, elle, de l'extension de la guerre (mai 1915); en septembre 1915, deux syndicalistes français, Merrheim, des Métaux, et Bourderon, des Tonneliers, assistent, avec Trotsky, Lénine, Ledebour, à la conférence de Zimmerwald, qui conclut à la transformation de la guerre impérialiste en guerre révolutionnaire; les deux représentants français font connaître le Manifeste sous la forme d'une *Lettre aux abonnés de la Vie Ouvrière*, sans grand succès.

Viviani démissionne en octobre 1915, sans avoir été mis en minorité, devant l'attitude de Joffre qui refuse toujours un contrôle parlementaire. Dans le ministère Briand (octobre 1915-décembre 1916), le catholique conservateur Denys Cochin est sous-secrétaire aux Affaires étrangères, Gallieni est à la Guerre, et Sembat est toujours ministre; l'Union sacrée est renforcée, mais Gallieni s'oppose plus directement à Joffre et lit, le 7 mars 1916, une note où il condamne le quartier général qui dépasse son rôle strictement militaire; Briand l'abandonne et le remplace en août par le général Roques, ami de Joffre; le conflit d'autorité est provisoirement réglé.

Cependant, au congrès du parti socialiste de décembre 1915, le XIIe depuis l'unité, le premier depuis la guerre, trois tendances apparaissent : les majoritaires avec Cachin, Sembat, Thomas, sont toujours partisans de l'Union sacrée jusqu'à la victoire; les minoritaires, Laval, Longuet, se prononcent pour une paix blanche; enfin, un faible courant «zimmerwaldien» apparaît, fortifié par la présence à Paris de nombreux immigrés russes (Trotsky). Au congrès de Kienthal (ou IIe Zimmerwald), qui se tient en Suisse en avril 1916, trois députés français sont présents, Brizon, Blanc et Raffin-Dugens; le congrès demande aux socialistes des 23 organisations présentes de refuser la participation au gouvernement et le vote des crédits militaires.

Au Parlement, la bataille de Verdun a réveillé les critiques et le gouvernement doit accepter en juin 1916 la réunion des Chambres en «comité secret», puis la création d'un «contrôle parlementaire aux armées». On reproche au gouvernement de se laisser mener par le commandement et de manquer d'énergie; Briand remplace en décembre Joffre par Nivelle et remanie son gouvernement le 13 décembre; le nombre des ministres est diminué; un comité de guerre plus efficace comprend, autour du président du Conseil, les ministres de la Guerre, de la Marine, de l'Armement et des Finances; et surtout J. Guesde et M. Sembat ne sont plus ministres; en effet, au XIIIe congrès socialiste qui se tient à Paris quelques jours plus tard, les anciens minoritaires, partisans d'une paix sans annexion et sans indemnité, sont presque à égalité avec les majoritaires. Au moment où se préparent les grandes offensives de 1917, l'Union sacrée est en voie de liquidation.

C. L'effort de guerre

On avait prévu une guerre courte et constitué les stocks en conséquence; dès septembre, ceux-ci sont épuisés; mais, ce qui était plus grave, l'invasion a fait perdre à la France la moitié de sa production de charbon, 69 % de la capacité de production de fonte et d'acier, 90 % de son industrie lainière. Les récoltes de 1914 ont pu être faites, mais la mobilisation a affecté la masse paysanne et appelé 57 % des ouvriers; en 1915 la production de blé baisse de 26 %; les réquisitions militaires accaparent les transports et distraient de la consommation civile une part importante de la production diminuée; la guerre a paralysé certains secteurs et provoqué le chômage alors que les travailleurs manquent dans la production de guerre.

	1913	*1914*	*1915*	*1916*	*1917*	*1918*
Production de fonte (millions de t)	5,2	2,7	0,58	1,3	1,4	1,3
Hauts fourneaux à feu	131	83	34	50	53	58

Il faut improviser une industrie métallurgique, rappeler du front les ouvriers mobilisés, utiliser les femmes (300 000 ouvrières dans les usines d'armement) et les prisonniers de guerre ; le ministre de l'Armement s'entoure de conseillers, grands industriels comme Étienne Mercier, pour passer avec les firmes importantes des contrats de livraison. Eugène Schneider est officiellement chargé de coordonner l'ensemble des industries d'armement ; André Citroën construit en 1915 en quelques semaines son usine du quai de Javel, capable de livrer 20 000 obus de 75 par jour. Louis Renault travaille pour l'aviation et fabrique des munitions, puis se lance dans la fabrication des chars ; Marius Berliet, qui s'intéressait avant-guerre aux transports routiers, monte ses usines en 1915 ; Marcel Boussac est chargé par le gouvernement de coordonner l'industrie textile vosgienne et crée en 1915, pour la construction aéronautique, une industrie de la toile d'avion. Les entreprises existantes enflent brusquement leur capacité de production avec les crédits et les commandes de l'État, de nouvelles se fondent, créées parfois par l'État lui-même. Le nombre des pièces d'artillerie de gros calibre passe de 740 à 2 000 ; on fabriquait 4 000 obus de 75 par jour en 1914 ; on en tourne 116 000 en 1916.

Tout cela coûtait cher ; en 1914 les dépenses avaient doublé ; en 1915 elles ont quadruplé ; en 1916 elles sont multipliées par six ; les recettes au contraire diminuent, de 4,9 milliards en 1913 à 4,1 en 1915. Le déficit cumulé des trois années 1914-1916, qui s'élève à 50 milliards, ne peut être comblé que par l'emprunt : bons de la Défense nationale, créés en septembre 1914, de 5 F à 100 000 F, de 1 mois à 1 an ; obligations de la Défense nationale, créées en février 1915, remboursables à partir de 1925 ; bons du Trésor ordinaires. Pour consolider cette dette flottante, un emprunt à long terme est lancé en 1915, émis à 88 F, portant intérêt à 5 % ; les 3 millions de souscripteurs apportèrent plus de 13 milliards, dont 6 milliards d'argent frais ; un autre emprunt, émis en octobre 1916, rapporta 10 milliards ; l'effort de guerre fut également financé par l'inflation ; la circulation fiduciaire passa ainsi de 5,6 à 15,5 milliards. L'inflation faisait monter les prix : ceux-ci n'ont pas bougé en 1914, mais en 1916 l'indice du prix de la viande est à 144 (100 en 1913), celui des pommes de terre à 167, l'indice général à 190 ; les salaires industriels ont augmenté de 25 % ; les traitements des fonctionnaires n'ont pas bougé.

La production nationale, malgré la mobilisation industrielle, n'est pas suffisante : il faut importer ; en 1914, dans la prévision d'une guerre courte, on n'a pas importé davantage, mais en 1915 les importations sont passées à 11 milliards (8,4 en 1913) et 20,6 en 1916 ; dans le même temps, les exportations sont passées à 3,9 et 6,2 milliards (6,8 en 1913) ; en trois ans, le déficit atteint 24 milliards, alors que les rentrées invisibles sont presque nulles ; il est couvert par de l'or et des valeurs étrangères apportés par les Français et surtout par les emprunts contractés auprès des banques anglaises, qui servent d'intermédiaires auprès des banques américaines; un crédit de 1 400 millions de francs a été ouvert par la Banque d'Angleterre contre le transfert à Londres du tiers de la somme en or. La monnaie risquait de supporter le contrecoup de l'inflation, d'autant plus qu'à la déclaration de guerre les épargnants s'étaient rués sur les banques de dépôts et les caisses d'épargne; des billets de 20 et de 5 F, imprimés en 1913, ont été aussitôt mis en circulation; mais la loi du 5 août 1914 a imposé le cours forcé; les retraits des caisses d'épargne ont été limités; un moratoire a été accordé aux sociétés jusqu'à la fin de la guerre; pourtant, le change officiel ne baisse que de 10 %; d'une part, en effet, la France et l'Angleterre ont décidé en février 1915 de mettre en commun leurs ressources financières; d'autre part, les réserves or de la Banque de France ont augmenté grâce aux apports des épargnants français : l'encaisse or est passée de 3,34 milliards en 1913 à 4,3 en 1915, 4,9 en 1916.

A la fin de 1916 le ravitaillement des armées est à peu près assuré, mais au prix de lourds sacrifices; les travailleurs à revenu fixe, les rentiers, souffrent particulièrement de la diminution du pouvoir d'achat, alors que de scandaleuses fortunes commencent à s'édifier grâce à la guerre; les ouvriers compensent leurs pertes par une augmentation de la durée du travail, d'autant plus épuisante que la cadence de production est accélérée. Pourtant, l'Union sacrée fait accepter l'épreuve : en 1915, on ne compte que 55 000 journées chômées pour cause de grèves, et 236 000 en 1916; le sacrifice n'est-il pas plus léger que celui des hommes au front? En deux ans et demi de guerre, on compte déjà 900 000 morts ou disparus.

2. L'année critique : décembre 1916-novembre 1917

A. Les opérations

La révolution russe de mars 1917 eut des répercussions à l'ouest par l'affaiblissement progressif du front oriental qu'elle entraîna jusqu'à la révolution bolchevique de novembre et à l'armistice de Brest-Litovsk du 15 décembre, qui permit aux Allemands de transférer à l'ouest une partie de leurs forces. Cette défection fut compensée par l'entrée en guerre des États-Unis le 6 avril 1917, mais les effets en furent d'abord faibles; il fallut que la France fournît les batteries de 75 et de 155, les mitrailleuses et les fusils-mitrailleurs, avant que les usines américaines puissent à leur tour ravitailler l'armée; pourtant, dès juillet 1917, la première division américaine arrivait en France et, à la fin de l'année, c'étaient 365 000 hommes qui avaient débarqué à Pauillac, La Pallice, Saint-Nazaire ou Brest; les alliés étaient assurés d'être ravitaillés sans limitation et d'obtenir pour cela les crédits nécessaires. L'aide militaire américaine n'était pas encore décisive; elle était essentielle pour relever le moral des armées alliées épuisées.

En effet les alliés, encouragés par les demi-succès de 1916, avaient décidé de tenter la grande offensive qui devait assurer la percée en 1917; pour cela Joffre, jugé trop timide, fut remplacé en décembre 1916 par Nivelle, l'homme de Verdun. Une offensive anglaise était prévue sur Cambrai et Saint-Quentin, conjuguée avec une offensive française sur l'Aisne (Chemin des Dames). Hindenburg, averti par l'intensité des préparatifs alliés, organisa sa ligne fortifiée sur Lens, Saint-Quentin, Reims; quand l'offensive se déclencha, le 16 avril 1917, elle se trouva devant des ouvrages s'étendant sur 10 km de profondeur et elle échoua avec des pertes énormes. L'inutilité du sacrifice provoqua des mutineries que le commandement attribua à la propagande des «rouges», mais qui étaient en réalité le résultat de trente-trois mois de guerre et la conséquence immédiate des derniers sacrifices inutiles. Le soldat prenait conscience que le courage individuel ne suffisait pas à vaincre la puissance matérielle; c'était aussi l'opinion du nouveau commandant en chef, Pétain, qui avait remplacé Nivelle dès le 15 mai (« J'attends les Américains et les tanks»); économe de ses hommes, proche de la troupe, soucieux de son état moral et matériel, il parvint à redresser le moral et la confiance par quelques opérations limitées mais réussies; néanmoins, près de 3 500 hommes durent être jugés, dont 550 furent condamnés à mort, 49 exécutés, les autres condamnés aux travaux forcés ou à la prison. Dès le 10 juin, le calme était revenu, mais le danger restait aussi grand à l'arrière.

B. Les difficultés politiques

Le ministère Briand, remanié le 13 décembre 1916, en butte à l'hostilité de la Chambre, n'avait pas reçu l'autorisation d'agir par décrets-lois, comme il l'avait demandé; après avoir tenté de renforcer son autorité en appelant Lyautey au ministère de la Guerre, Briand démissionna en mars 1917. Le ministère Ribot (mars-septembre 1917), où Painlevé avait remplacé Lyautey, porta le poids de l'offensive Nivelle; en outre, la révolution russe trouva un écho en France, où l'agitation ouvrière et la propagande pacifiste s'intensifièrent; elles trouvaient force dans la lassitude morale et la dégradation du pouvoir d'achat, car en 1917 l'indice des prix atteignait 215 alors que les salaires n'avaient augmenté que de 27 %, les salaires féminins de 38 %. Péricat forma un comité de défense syndicaliste, noyau du futur parti communiste, qui organisa des manifestations contre la guerre suivies par 10 000 personnes. Le 1er mai, la protestation grandit encore quand intervint la puissante Fédération des Métaux (Merrheim), dont les effectifs étaient passés de 7 000 à 200 000; en mai-juin, on comptait près de 300 000 grévistes à Paris, Saint-Étienne, dans les usines d'armement; 1,5 million de journées de travail ont été perdues. Malvy, toujours ministre de l'Intérieur, hésitait à sévir pour ne pas envenimer une situation qu'il ne maîtrisait pas.

Le malaise fut aggravé par une série de scandales, qui firent déferler sur la France entière une chasse à l'espion. Alméreyda, anarchiste qui avait créé en 1913 *Le Bonnet rouge,* fut arrêté en août 1917 et mourut en prison; le député

Turmel, accusé d'avoir reçu de Suisse des sommes mystérieuses, mourut également en prison; Bolo, dit Bolo pacha, aurait été financé par la Deutsche Bank pour acheter *Le Journal;* Mata Hari, danseuse hollandaise convaincue d'espionnage, fut fusillée en octobre 1917. Le soupçon n'épargnait pas les hommes politiques les plus en vue : Caillaux, compromis par ses attaches avec des personnages douteux, était accusé d'avoir pris des contacts avec des représentants neutres ou ennemis pour amorcer la négociation d'une paix blanche; Malvy lui-même était soupçonné d'être en relations avec des Allemands; en juillet 1917, il subit une violente attaque de la part de Clemenceau qui l'accusait de faiblesse devant les troubles, dénonçait sa collusion avec les milieux syndicaux et même anarchistes. La chute de la tension nationale était marquée par les velléités de négociation de Briand, qui aurait cherché à utiliser les bons offices de la comtesse de Mérode pour proposer aux Allemands qu'ils restituent l'Alsace-Lorraine contre le maintien dans ces provinces de leur exploitation minière, la signature d'un traité de commerce et la liberté d'action à l'est; Briand abandonna la partie en septembre 1917, peut-être devant les réactions d'une opinion mise en éveil par les procès de trahison. Painlevé envisagea à son tour de traiter par l'intermédiaire de l'Autriche; il aurait fait aux Allemands des concessions sur les plans commercial et colonial; puis il renonça le 7 octobre.

Dans ces conditions, la situation politique se détériorait; Malvy démissionna le 31 août; les socialistes cessèrent de soutenir le gouvernement et Ribot s'en alla le 7 septembre. Le ministère Painlevé, formé sans les socialistes, fut renversé le 13 novembre par une coalition de la droite et des socialistes. L'opinion se partagea à nouveau en deux blocs, la droite et la gauche; c'est l'année où M. Barrès analysait dans ses articles de l'*Echo de Paris* les *diverses familles spirituelles de la France.*

C. *Les difficultés financières n'étaient pas moindres*

Les dépenses de l'année atteignirent 37 milliards pour 6,2 milliards de recettes. En juillet 1917, une réforme fiscale aurait dû les accroître, mais ses effets ne se feront sentir qu'après la guerre : le produit de la contribution mobilière, de la patente et des portes et fenêtres était laissé à la disposition des départements et communes; cette perte était compensée pour l'État par l'impôt sur le revenu, qui commençait à produire en 1917, augmenté de cinq *cédules* ou contributions portant sur les différentes catégories de revenus, bénéfices industriels et commerciaux, chiffre d'affaires des magasins à succursales, bénéfices de l'exploitation agricole, traitements et salaires, bénéfices des professions non commerciales. Le Trésor devait toujours faire appel aux avances de la Banque de France, faisant passer la circulation à 20 milliards, et aux emprunts à court et long terme. L'intervention américaine permit d'obtenir les crédits nécessaires aux importations; les 21 milliards de déficit pour l'année furent en partie couverts par 12 milliards de crédits à court terme, dont 7,5 fournis par les États-Unis; pourtant, dans l'atmosphère de confiance créée par l'appui américain, on ne se soucia guère de l'inflation et de l'endettement; en 1917, l'État a taxé le prix du blé à 50 F le quintal, soit deux fois le prix de 1914; le prix moyen de l'hectolitre de vin est de 98 F près de trois fois le prix d'avant-guerre; mais on ne pense pas encore au rationnement; la carte de pain n'est instituée qu'en janvier 1918, et, pour les autres denrées alimentaires, le 1er avril de la même année.

3. Clemenceau et la victoire

A. La situation politique

Poincaré fait taire les vieilles rancunes contre Clemenceau, qui est porté au pouvoir le 17 novembre 1917 par l'opinion publique. Le «Tigre» a 76 ans; il avait fondé en 1913 *L'homme libre,* devenu en 1914, quand la censure fut instituée, *L'homme enchaîné,* dans lequel il n'avait cessé de dénoncer les scandales, les hommes, la mollesse de la conduite de la guerre. Il fut accueilli avec faveur même par la droite et par Maurras, qui l'avait dénoncé en 1916 comme «le destructeur sinistre». Avec Clemenceau, c'est le jacobinisme qui est au pouvoir, le salut public incarné par un homme décidé à tout sacrifier à la guerre : «Ma politique étrangère et ma politique intérieure c'est tout un : politique intérieure, je fais la guerre; politique étrangère je fais la guerre; je fais toujours la guerre.» C'est un gouvernement personnel qui se heurtera à l'autre homme de caractère qu'est Poincaré, et qui témoigne à la Chambre un mépris qu'elle ne lui pardonnera pas. Pourtant, la loi du 10 février 1918 ne lui donne le droit de légiférer par décrets qu'en matière économique.

Son ministère est fait d'hommes de second plan, Pams, Pichon, Klotz, Clémentel; le véritable gouvernement est ailleurs, parmi les conseillers de Clemenceau : le général Mordacq, son chef de cabinet, qui a laissé quatre volumes de Mémoires sur le ministère; Georges Mandel, déjà attaché à son cabinet en 1908, à 23 ans; André Tardieu, reçu premier à l'École normale supérieure, premier au concours des Affaires étrangères, entré au *Temps* où il tenait la chronique de politique étrangère, élu député en 1914; il sera envoyé en mission aux États-Unis.

Clemenceau fit aussitôt sentir sa terrible autorité; le 11 décembre, il demanda l'ouverture de poursuites contre Malvy et Caillaux; ils seront déférés en Haute Cour et condamnés, le premier en 1918, le second en 1920; on fait la chasse aux «embusqués»; la censure est renforcée; par ses fréquentes visites aux armées, Clemenceau relève le moral des troupes; des actions sont engagées contre des syndicalistes et des socialistes, qui sont arrêtés ou envoyés au front. La répression clemenciste, s'ajoutant à l'émotion soulevée par la révolution d'octobre et l'armistice germano-russe, fit tomber les effectifs du parti socialiste de 28 000 à 14 000. Les majoritaires du parti acceptèrent à nouveau, à la veille des premières offensives allemandes, de participer au gouvernement. La CGT évoluait plus nettement encore; elle avait déjà participé à des organismes publics, œuvres d'entraide du Comité national de secours, commissions d'enquêtes sur les conditions de travail, commissions de contrôle des affectations spéciales; à partir de 1917, elle accepta les procédures de conciliation et d'arbitrage obligatoire sur les accords de salaires dans les établissements travaillant pour la Défense nationale; elle fut présente en février 1918 à la conférence socialiste et syndicaliste de Londres qui approuva les 14 points de Wilson et étudia les conditions de la paix; elle amorçait ainsi une attitude constructive qui allait se préciser ensuite. L'animateur en était Merrheim, ébranlé par la révolution russe, persuadé de l'impossible conciliation entre la tendance libertaire et le bolchevisme, qui à la Conférence nationale des fédérations et bourses du travail tenue à Clermont-Ferrand en décembre 1917, affirma sa volonté de lutte contre le gouvernement et d'appui à la Défense nationale.

Cependant, à la CGT comme au parti socialiste, une minorité était séduite par le bolchevisme; elle tenta en mars 1918 un mouvement parti de la base, non contrôlé par les chefs syndicalistes, pour dénoncer la vie chère, la poursuite de la guerre, les actions contre les militants syndicalistes, l'arrestation de Malvy et de Caillaux; la grève sauvage continua jusqu'en mai, toucha 180 000 travailleurs, surtout à Paris, Saint-Étienne, Lyon, fit perdre près d'un million de journées de travail sans que Clemenceau eût osé agir contre les grévistes. Pourtant, il ne s'agit que d'un petit nombre, puisqu'au 13e congrès de la CGT, le premier depuis la guerre, l'attitude modérée de Jouhaux est approuvée par les quatre cinquièmes des mandats.

En même temps, la production de guerre était fortement poussée. Au moment de l'armistice, la France possédait 3 600 avions, 30 % de plus que tous les alliés réunis; elle disposait d'une arme que les Allemands avaient négligée, 3 400 chars Saint-Chamond et Renault; les usines livraient 700 avions et 600 chars par mois; dès mars 1918, le stock d'obus de 75 avait été porté à 30 millions; durant la dernière offensive alliée, l'artillerie française put tirer plus de 300 000 obus par jour, et chaque mois 9 millions en étaient fabriqués.

B. Les opérations

Les premiers mois de 1918 furent dramatiques. Pressés d'aboutir avant que les Américains ne puissent décider du sort de la guerre, renforcés par les divisions venues du front russe, les Allemands lancèrent au printemps trois offensives; un bombardement de Paris les précéda, effectué par des avions et par « la grosse Bertha », ensemble de canons qui tiraient depuis l'Aisne, à 120 km de la capitale; celle-ci reçut, jusqu'au 9 août 1918, 367 obus qui firent 256 victimes.

La première offensive allemande, lancée le 21 mars au sud-ouest de Saint-Quentin à la charnière entre les armées française et anglaise, démontra par son succès (avance allemande de 60 km) la nécessité d'un commandement unique. Le 26 mars à Doullens, au cours d'une conférence réunissant Poincaré, Clemenceau, lord Milner et Haig, Foch fut « chargé par les gouvernements britannique et français de coordonner l'action des armées alliées du front ouest ».

Il put donc mieux combiner sa défense pour arrêter la deuxième offensive de Hindenburg, qui perça cependant de 35 km sur Armentières en avril, puis la troisième, déclenchée le 27 mai sur l'Aisne, qui reporta les Allemands sur la Marne, à Château-Thierry. Cette dernière offensive, où on avait reculé de 80 km, suscita à la Chambre de vifs remous ; le gouvernement fut interpellé et invité à prendre des sanctions contre les généraux ; Clemenceau refusa et l'emporta difficilement au milieu d'une assemblée houleuse par 307 voix contre 110.

Du reste, la quatrième offensive allemande, lancée le 15 juillet sur Reims, fut déjouée par Mangin qui contre-attaqua le 18 et enfonça les lignes allemandes avec l'appui des Américains et de 375 chars Renault.

Désormais les alliés avaient une supériorité écrasante en artillerie, en avions et en chars. Les offensives générales lancées sur tous les fronts aboutirent à la capitulation des alliés de l'Allemagne à la fin octobre ; le 2 novembre, les premières mutineries se produisaient en Allemagne même ; le 5, les armées allemandes se trouvaient sur une ligne allant de Bruxelles à Mézières ; le 8 novembre, la délégation allemande conduite par Erzberger se présenta à Rethondes où eurent lieu les négociations d'armistice ; celui-ci, accepté le 10 novembre, entra en vigueur le 11 à 11 heures du matin.

Bibliographie

Sur l'assassinat de Jaurès

J. RABAUT, *Jaurès assassiné* (Bruxelles, Complexe, 1984) ; M. LE CLERE, *L'assassinat de Jean Jaurès* (éd. Mame, 1970). Sur l'opinion publique il est indispensable de lire Roger MARTIN DU GARD, *Les Thibault. L'Été 1914* (1936) ; voir aussi J.B. DUROSELLE, *Histoire de la Grande Guerre, La France et les Français 1914-1920* (Ed. Richelieu, Bordas, 1974) ; J. BECKER, *L'Opinion publique française et les débuts de la Première Guerre mondiale,* thèse 1976 ; Sur les incidences économiques : OLPHE-GAILLARD, *Histoire économique et financière de la guerre 1914-1918* (Rivière, 1925) ; P. MICQUEL, *La Grande Guerre* (Paris, Fayard, 1983) ; MARC FERRO, *La Grande Guerre, 1914-1918* (Paris, Gallimard, 1969).

Sur la question ouvrière

Elle sera vue plus particulièrement dans A. ROSMER, *Le mouvement ouvrier pendant la Première Guerre mondiale* (Mouton, 1959) ; A. KRIEGEL et J.J. BECKER, *1914, La guerre et le mouvement ouvrier français* (coll. Kiosque, Armand Colin, 1964).

Sur le déroulement des opérations et la diplomatie

On se reportera au volume XIX de la collection «Peuples et Civilisations», P. RENOUVIN, *La crise européenne et la Première Guerre mondiale* (PUF) et, du même, *La Première Guerre mondiale* (Que sais-je? 1993) ; C. DIGEON, *La crise allemande de la pensée française, 1870-1914* (Paris, PUF, 1959) ; J.J. BECKER, *Comment les Français sont entrés dans la guerre* (Paris, FNSP, 1977) ; sur l'aspect plus technique des opérations : L. KOELTZ, *La guerre de 1914-1918, Les opérations militaires* (Sirey, 1966) ; on lira avec circonspection les *Carnets secrets* d'Abel Ferry (Grasset, 1957) ; G. PEDRONCINI, *Histoire militaire de la France*, t. III, *De 1871 à 1940* (Paris, PUF, 1993).

Il est indispensable de comprendre la vie des combattants et de l'arrière par la lecture de *Vie et mort des Français, 1914-1918,* de A. DUCASSE, J. MEYER, G. PERREUX (Hachette, 1959) ; E.-Maria REMARQUE, *A l'Ouest rien de nouveau (*1929) ; H. BARBUSSE, *Le Feu* (1916) ; M. GENEVOIX, *Les Éparges* (1919) ; R. DORGELÈS, *Les Croix de bois* et *Le Cabaret de la belle femme* (1919) ; J. MEYER, *La vie quotidienne du soldat français pendant la Grande Guerre* (Hachette, 1967) ; G. PERREUX, *La vie quotidienne des civils en France pendant la Grande Guerre* (Hachette, 1966) ; J.J. BECKER, *La France en guerre 1914-1918* (Éd. Complexe, 1989) ; S. AUDOIN-ROUZEAU, *1914-1918, Les combattants des tranchées* (Paris, Armand Colin, 1986) ; J.J. BECKER, *Les Français dans la Grande Guerre* (Paris, Robert Laffont, 1980) ; J.J. BECKER, S. BERSTEIN, *Victoire et frustations (1914-1929)* (Paris, Seuil), *Nouvelle histoire de la France contemporaine*, vol. 12, 1990 ; P. RENOUVIN, *Les formes de gouvernement de guerre* (Paris, PUF, 1925) ; J.J. BECKER, S. AUDOIN-ROUZEAU (sous la direction de), *Les sociétés européennes et la guerre de 1914-1918* (Centre d'histoire de la France contemporaine, université Paris X-Nanterre, 1990) ; G. PEDRONCINI, *Les mutineries de 1917* (Paris, PUF, 1967), *14-18, Mourir pour la patrie*, Seuil (*L'Histoire*, n° 107), 1992.

12

Bilan amer d'une victoire

1. Les conséquences de la guerre

A. Les clauses de la paix et les avantages de la victoire

Pour les Français, la victoire de 1918 fut d'abord une victoire française; la guerre s'était surtout déroulée en France, les armées les plus nombreuses avaient été françaises, et il en découlait un légitime sentiment de fierté nationale; la France était la puissance victorieuse, conservant après la paix, seule des grandes puissances, une force militaire fondée sur le service militaire obligatoire, qui faisait d'elle un redoutable partenaire ou adversaire. La France faisait illusion; bien peu étaient en mesure de comprendre sur le moment que, sans les Américains, la victoire eût été plus incertaine, et que le succès dissimulait en réalité la ruine du pays. Clemenceau avait dit le 11 novembre : «Nous avons gagné la guerre, il va falloir gagner la paix.» Il savait les difficultés qu'il y aurait à concrétiser les principes abstraits contenus dans les 14 points de Wilson du 8 janvier 1918; car on manquait de programme de discussions malgré la formation du comité d'études présidé par Lavisse. Clemenceau savait que la France n'avait gagné la guerre que grâce à ses alliés, et qu'il n'y avait pas d'hégémonie française possible en Europe; il fallait donc compter sur les ex-alliés sur tous les plans, défensif comme financier, et il était prêt à des sacrifices importants pour obtenir cet appui.

Trois questions opposaient surtout Clemenceau au bloc anglo-saxon :

a) La question territoriale : Clemenceau demandait non seulement le retour de l'Alsace-Lorraine, qui était acquis, mais la frontière de 1814, c'est-à-dire en particulier la Sarre. Lloyd George refusa en invoquant le danger de créer une «nouvelle Alsace-Lorraine». La France dut se contenter de la propriété des mines de la Sarre, incluse par ailleurs dans le système économique français jusqu'au référendum qui aurait lieu dans le délai de quinze ans.

b) La question des garanties contre une nouvelle agression allemande. Clemenceau demandait une occupation permanente et internationale de la rive gauche du Rhin (Rhénanie) ; il n'obtint qu'une occupation temporaire de trois zones (Cologne-Coblence-Mayence) libérées de cinq ans en cinq ans, et définitivement démilitarisées ; on lui offrit en échange un pacte mutuel de garantie, qui entrerait en vigueur quand il aurait été ratifié par les trois partenaires ; signé le 28 juin 1919, il fut ratifié par les Communes, mais devint aussitôt caduc par le refus du Sénat américain de ratifier le traité.

c) *La question des réparations.* Le ministre français des Finances, Klotz, avait déclaré : « L'Allemagne paiera. » Mais Wilson avait aussitôt fait exclure l'éventualité d'un remboursement des frais militaires ; le président américain, ainsi que Keynes, le représentant britannique, étaient favorables à un forfait pour les réparations civiles ; Clemenceau tenait pour une estimation exacte des réparations matérielles et humaines ; il fut seulement convenu que l'Allemagne verserait un acompte de 20 milliards de marks d'ici 18 mois, et que le reste serait fixé par une commission des réparations présidée par un Français (qui fut Jonnard, puis Poincaré). C'est pourtant dans l'euphorie de la certitude que l'Allemagne paierait que fut votée par le Parlement français la loi du 17 avril 1919 décidant que la reconstruction serait à la charge de l'État, étant entendu que les victimes seraient indemnisées non d'après la valeur vénale de leurs biens, mais suivant le coût de leur reconstruction.

Ces incertitudes ou ces échecs expliquent en partie les débats véhéments que suscita à la Chambre française la ratification du traité, remis aux Allemands le 7 mai, accepté par l'Assemblée de Weimar après un ultimatum le 23 juin ; il y faut ajouter la haine ou la rancœur à l'encontre de Clemenceau, qui avait délibérément écarté les parlementaires des négociations. La Chambre finit par voter la ratification le 2 octobre 1919 par 372 voix contre 53 et 72 abstentions, le Sénat le 11 octobre à l'unanimité.

La guerre avait néanmoins apporté à la France des avantages économiques sérieux : si, durant les hostilités, l'appui apporté par les Anglais et les Américains avait fait négliger la construction navale, les autres branches de l'activité industrielle avaient bénéficié des commandes de l'État et de la nécessité de remplacer les régions industrielles occupées par l'ennemi ; la capacité sidérurgique du territoire non occupé avait augmenté de 40 % par l'installation de nouveaux fours Martin et de fours électriques ; la perte provisoire du Nord a fait installer l'industrie textile en d'autres régions, surtout en Normandie, et ce transfert ou l'importance des commandes a permis à des entreprises d'importance moyenne d'accéder au rang national, tandis que des firmes comme Schneider, de Wendel, Michelin, Renault accroissaient leur puissance. Le retour des départements perdus en 1871 apportait une riche terre alsacienne, le charbon du bassin de Moselle, 3,5 millions de tonnes, le complément du bassin de fer lorrain, 21 millions de tonnes, et 56 hauts fourneaux en état de marche, produisant 4 millions de tonnes de fonte, presque autant que toute la production française en 1914, 39 000 métiers à coton, 7 000 métiers à laine de la région de Mulhouse, l'accès au Rhin enfin comme voie internationale.

En outre le traité de Versailles promettait aux industriels français des prestations gratuites de charbon durant dix ans, et la possibilité d'utiliser les brevets allemands sans contrepartie; enfin la France recevait mission de canaliser le Rhin, ce qui lui donnait la possibilité de détourner le fleuve en construisant le futur grand canal d'Alsace. En Europe centrale et orientale la décomposition de l'Autriche-Hongrie et de l'Allemagne, l'effacement de la Russie, permettaient aux industriels français de s'implanter sérieusement dans les pays nouvellement créés, Pologne, Tchécoslovaquie, Yougoslavie. La France obtiendra en outre une partie des colonies allemandes (la plus grande partie du Cameroun et du Togo) et la conférence de San Remo en 1920 lui confiera les mandats sur la Syrie et le Liban. Elle va accéder à la production de pétrole du Proche-Orient.

B. Le prix de la victoire

a) Les pertes humaines, survenant dans une situation démographique déjà mauvaise en 1914, étaient irréparables sur le plan qualitatif, car la guerre avait privé la France des meilleurs éléments de sa jeunesse, qui auraient dû former les cadres de la nation, et sur le plan quantitatif, car la faible natalité ne pouvait pas combler les vides; malgré le retour des Alsaciens-Lorrains, la France n'avait que 39,7 millions d'habitants en 1919. On avait mobilisé 8 660 000 hommes, dont 289 000 hommes de troupes coloniales, sur lesquels 5 millions avaient combattu; les pertes militaires s'étaient élevées à 1 350 000 morts européens, soit 15 % des mobilisés, 27 % des combattants, 10,5 % de la population active masculine — 70 000 coloniaux, soit 24 % (360 000 morts en 1914, 320 000 en 1915, 275 000 en 1916, dont 160 000 à Verdun, 145 000 en 1917, 250 000 en 1918); sur les 2 800 000 blessés, 600 000 étaient invalides, 56 000 amputés; 630 000 femmes étaient veuves de guerre, et 750 000 enfants orphelins; aux pertes dues aux hostilités il faut ajouter 250 000 décès civils supplémentaires provoqués notamment par la «grippe espagnole» de 1918, et environ 1 500 000 naissances empêchées, sans qu'il y ait eu en 1920-1921 de véritable «récupération» (790 000 naissances en 1913, 830 000 en 1920, mais 380 000 en 1916). Les «pertes démographiques» avoisinaient ainsi 3 millions. L'État s'était engagé, par les lois du 31 mars et du 24 juin 1919, à assurer une pension aux invalides et aux victimes civiles.

b) Le prix économique et financier. Les opérations de guerre, qui se sont surtout déroulées en France, les destructions systématiques opérées par les Allemands au cours de leur retraite, et qui ont ramené la production de charbon des mines du Nord à 600 000 tonnes en 1919 au lieu de 19 millions, ont ruiné la partie la plus riche du territoire; il faudra reconstruire ou restaurer les 280 000 maisons détruites et les 420 000 endommagées, les établissements industriels, les 54 000 kilomètres de routes et les 1 112 kilomètres de voies ferrées, les 6 000 ouvrages d'art; deux millions d'hectares de terres cultivables sont provisoirement inutilisables, bouleversés par les bombardements, encombrés par le million d'obus non éclatés qui en seront retirés, par les 375 000 kilomètres de barbelés. Le coût de la reconstruction, surévalué en 1919 à 134 milliards courants, imposera en fin de compte au Trésor entre 1919 et 1926 une charge de 84 milliards, soit environ 30 milliards de francs-or, le quart de la fortune française en 1914.

En négligeant pour le moment les dépenses nécessitées par la reconstruction et les pensions promises, la guerre a coûté 140 milliards de dépenses supplémentaires à l'intérieur, qui ont été fournis pour 3 milliards par les impôts nouvellement créés, 17 milliards par les avances de la Banque de France, 120 milliards par les emprunts, dont 79 à court terme (dette flottante). Les dépenses extérieures, pour leur part, c'est-à-dire le déficit de la balance des paiements, se sont élevées à 53 milliards de francs-or, couverts par la perte de la moitié du portefeuille étranger et par l'apparition d'une dette extérieure de 33,6 milliards que la France ignorait en 1914 (14 envers le Royaume-Uni, 18,5 envers les États-Unis); cette dette à court terme, remboursable en or, ne peut évidemment pas être épongée sans versements de la part de l'Allemagne, ce qui explique l'âpreté avec laquelle on s'attache en France à lier les réparations à la dette extérieure.

De même la dette flottante fait peser sur la monnaie une grave menace en cas de demandes excessives de remboursement; le Trésor ne pourrait honorer ses engagements qu'en faisant appel à la Banque de France, c'est-à-dire en l'obligeant à accroître la circulation fiduciaire; certes, l'encaisse-or est passée pendant la guerre de 3,3 à 5,7 milliards grâce aux apports des particuliers; mais la convention conclue avec la Banque de France le 24 avril 1919 a porté le plafond d'émission à 40 milliards et celui des avances au Trésor à 27 milliards; en 1920, la circulation fiduciaire va atteindre 38 milliards de francs; les billets ne sont plus convertibles, et ne sont plus couverts que pour 21 % par de l'or, au lieu de 60 %. Jusqu'en mars 1919, les accords contractuels franco-britanniques ont dissimulé l'inflation et la baisse du franc sur les marchés extérieurs a été peu sensible; mais les prix intérieurs sont à l'indice 360 en 1918 (100 en 1914), et l'inflation doit se poursuivre avec la politique de facilité qui est menée dans l'espoir des réparations. Le budget de 1919 n'est adopté qu'en août après le vote de huit douzièmes provisoires; pour 13 milliards de recettes il prévoit 11 milliards de dépenses ordinaires, mais 29 milliards de « dépenses recouvrables », pensions, dommages, frais d'occupation, qui devraient être remboursés par les réparations; il faut emprunter à nouveau sous forme de bons du Crédit national, établissement nouveau créé pour la reconstruction, qui émet des obligations et des bons à court terme garantis par l'État — et échanger contre des billets de la Banque de France les bons de monnaie émis pendant la guerre dans les zones occupées. L'indice des prix de gros est à 500 en 1920, quand il est à 290 en Angleterre, 230 aux États-Unis. La livre, qui valait 25,18 F en 1914, passe à 52,7 en 1920, le dollar de 5,16 à 14,3.

Peut-on éteindre la dette par un prélèvement sur le capital, ou par une banqueroute que les Français, dans leur mentalité de vainqueurs, ne comprendraient pas? Peut-on procéder à une déflation qui risquerait de freiner la reprise économique et la reconstruction? Faut-il accepter une dévaluation qui atteindrait ceux qui, pendant la guerre, ont fait confiance à l'État, et qui accepteraient mal que la victoire se traduise pour eux par la ruine?

C. Les conséquences psychologiques et sociales

La guerre a duré trop longtemps pour que les règles habituelles de la morale individuelle et collective n'aient pas été bouleversées ; l'échelle des valeurs est renversée ; la « fureur de vivre » se déchaîne (*Le Diable au corps* de Radiguet est de 1923) après l'angoisse et les souffrances ; on a légalement vécu dans le meurtre, et la réadaptation aux règles de la vie en société est difficile. L'après-guerre est marquée par une crise de la morale traditionnelle, dont le succès du surréalisme est la traduction poétique et politique ; on a importé d'Amérique le jazz, et l'on danse lascivement au rythme lent du tango ; c'est une recherche de libération et d'abandon dans le plaisir, qui explique le succès remporté par André Gide, mal apprécié avant guerre. On veut oublier ; ce ne sont pas les *Croix de Bois* de Roland Dorgelès qui obtiennent le Goncourt en 1919, mais *A l'ombre des jeunes filles en fleurs* de Proust. La guerre a pu apparaître à beaucoup comme la faillite d'une civilisation ; elle a fait surgir un vertige intellectuel issu de ce monde de l'absurde. Elle a provoqué de nombreux drames familiaux chez les pères habitués au front à une société d'hommes, ou livrés aux plaisirs faciles de l'arrière, chez les épouses et les enfants, privés de la présence du chef de famille. Le nombre des divorces, qui était de 15 000 en 1914, monte à 41 000 en 1920 et ne descendra pas ensuite au-dessous de 21 000.

La guerre a atténué le problème religieux qui avait tenu tant de place avant 1914 ; il subsiste certes dans certaines régions comme l'Ouest, et chez certains radicaux ; mais la mobilisation de 25 000 prêtres et religieux, dont 4 600 ont été tués, a fait naître une fraternité du front, en sorte que la question ne passionne plus l'opinion publique et ne coupe plus avec autant d'intensité la droite conservatrice et la gauche radicale ou socialiste ; la question religieuse, tout en demeurant un critère électoral, tend à être dépassée par les problèmes économiques et sociaux, ou extérieurs. Cela sera surtout vrai à partir de l'évolution du catholicisme vers la gauche sous l'influence du personnalisme d'Emmanuel Mounier et sous celle du Vatican après la condamnation de l'Action française en 1926.

La guerre a été aussi pour la femme une étape décisive d'émancipation et de promotion ; elle a remplacé l'homme dans les usines ; les mères ont été chargées de l'éducation des enfants ; les veuves, portant seules le poids matériel et moral que la tradition bourgeoise ne les avait pas habituées à assumer, sont devenues chefs de famille, au moins pour 370 000 d'entre elles, qui ne se remarieront pas. La femme devient moralement et socialement majeure, et beaucoup de professions nouvelles vont lui être ouvertes. Dans la bourgeoisie traditionnelle le préjugé contre le travail féminin diminue ; les jeunes filles représentent 13 % des effectifs étudiants en 1920, 15 % en 1922, contre 10 % en 1914, et, dans les lycées, les effectifs féminins sont passés de 23 000 à 125 000. La mode féminine elle-même, jupe courte et cheveux coupés, témoigne de cette émancipation. *La Garçonne,* de Victor Margueritte, paraît en 1922. Il ne faut pas exagérer cette émancipation, qui est moins forte que dans les pays anglo-saxons ; la femme est encore vouée à certaines professions, emplois de bureau, Postes, Enseignement, les postes de direction lui sont en général fermés et le

Code civil est encore en vigueur; à travail égal la femme ne bénéficie pas d'un salaire égal, et elle n'obtient pas encore le droit de vote, qui lui est refusé à deux reprises par le Sénat; ce sera le combat de l'Union française pour le suffrage des femmes, puis, en 1925, celui de l'Union nationale pour le vote des femmes.

Le bouleversement est aussi grand sur le plan social; la guerre, en estompant dans les tranchées les clivages sociaux, aurait pu faire naître une catégorie nouvelle de citoyens, liés par leurs souvenirs et une fraternité nouvelle; et il est vrai que les associations d'anciens combattants ont compté jusqu'à 900 000 adhérents; mais, outre que celles-ci ne se sont guère préoccupées que d'entraide et de revendications particulières, les «familles spirituelles» ont rapidement retrouvé leurs anciennes divisions, et l'«esprit ancien combattant» ne parvient pas à prendre de racines politiques en dehors de quelques moments très particuliers comme en 1934; il demeure marqué par une solidarité affective, dont les retombées effectives sont difficilement mesurables mais néanmoins présentes durant toute la période de l'entre-deux-guerres.

Par contre les divergences sociales sont plus marquées encore. L'aristocratie, la bourgeoisie, qui avaient fourni les cadres militaires, ont été sévèrement frappées par la mort et ont souffert de la diminution de leurs revenus par l'inflation : rentiers, propriétaires fonciers ou immobiliers, dont les fermages et les loyers n'ont pas suivi la hausse des prix, membres de la fonction publique, dont l'éventail des traitements s'est refermé; à côté des cadres traditionnels s'est développée, comme en toute période troublée, une nouvelle bourgeoisie de parvenus qui a bénéficié de la guerre; l'armée avait de grands besoins qu'elle devait vite satisfaire, et le prix comptait peu; les «fournisseurs aux armées» ont échafaudé des fortunes rapides qui ont fait scandale.

Le paysan éprouve plus que d'autres un sentiment de frustration; il a formé la piétaille, celle qui a payé au plus haut l'impôt du sang; près de la moitié des morts ont été paysans; souvent le fils unique a disparu, et dans les régions détruites les parents âgés n'ont guère le cœur à remettre en route une exploitation; les fermes se louent mal, beaucoup de jeunes préfèrent travailler en ville, surtout parmi les ouvriers agricoles, dont le nombre a diminué de 500 000; il est vrai que les familles restées à la terre ont pu vendre facilement leur production, rembourser leurs dettes pendant la guerre, et parfois acheter du bien; mais le paysan, qui aime épargner, voit fondre ses économies avec l'inflation, et il paie les produits industriels de plus en plus cher, alors que le prix de ses propres produits va baisser.

Les ouvriers ont sans doute subi moins de pertes que les agriculteurs; 600 000 d'entre eux étaient affectés spéciaux dans les usines, et ils ont compté pour 20 % parmi les morts, mais leur condition s'est aggravée : alors que les prix ont augmenté de 230 % les salaires n'ont fait que doubler; la diminution du pouvoir d'achat a pu être compensée pendant la guerre par l'allongement du temps de travail, mais le déséquilibre apparaît dès 1918 avec la réduction des horaires et le chômage, résultant d'une démobilisation rapide. Les conditions de travail demeurent plus pénibles qu'avant guerre; on a imposé des cadences et une rationalisation qui ont accru la productivité en transformant qualitativement le travail; le système Taylor est appliqué sous le nom de système Bedaux; il soumet l'ouvrier à un rythme épuisant; la nécessité d'utiliser une main-d'œuvre non qualifiée a répandu dans les usines le travail à la chaîne; la diffusion du machinisme et la division du travail cassent l'esprit d'équipe, font des compagnons des ouvriers spécialisés affectés à une machine dans un travail déshumanisé qui réduit le besoin de qualification ouvrière; on voit naître un sous-prolétariat souvent peu instruit, qui n'a pas l'expérience et la formation politique de ses aînés. Cette situation sociale de tension, qui a fait brusquement monter les effectifs de la CGT à 1 600 000 membres en septembre 1919 au lieu de 700 000 en 1914, se produit en même temps que parvient l'écho de la révolution bolchevique et des troubles révolutionnaires qui affectent l'Allemagne et l'Italie.

Tout se prête au bouleversement sauf la CGT; celle-ci a multiplié durant la guerre les contacts avec l'État et les employeurs; on a vu pour la première fois le syndicalisme ouvrier participer à certains organismes publics; cette attitude nouvelle a été maintenue en 1918 : la CGT élabore le «Programme minimum» d'où sortiront plus tard les nationalisations; elle entre donc dans le système, elle n'est plus une «anti-société» mais un partenaire responsable qui s'efforce d'améliorer la condition ouvrière et qui participe aux relations internationales en adoptant les «14 points» de Wilson. Jouhaux est membre de la délégation française à Versailles. La CGT est présente au congrès d'Amsterdam en août 1919, où la majorité formée par les Anglo-Saxons se borne à réclamer pour les ouvriers une meilleure participation à la direction de l'économie et une plus grande part dans la distribution des biens de consommation; Jouhaux est secrétaire adjoint de la Fédération syndicale internationale.

Pourtant une minorité importante existe déjà en 1918, qui ne veut pas abandonner la tradition révolutionnaire; au XIIIe congrès de 1918 les minoritaires, conduits par P. Monatte et Rosmer, ont 28 % des mandats et 38 % au congrès suivant de 1919. Monatte a fait reparaître *La Vie Ouvrière* et forme un comité des syndicats minoritaires, devenu en septembre 1919 le Conseil des syndicats révolutionnaires, lié au premier parti «communiste» que Péricat vient de fonder; il profite du malaise social qui a fait éclater dès janvier 1919 des grèves dans les transports publics et les chemins de fer. Le gouvernement essaie de prendre les devants pour désarmer le mouvement. Il fait voter la loi du 25 mars 1919, qui donne une valeur légale et un statut juridique aux conventions conclues entre syndicats d'employeurs et d'employés. D'autre part, la loi du 23 avril 1919 fixe la durée maximum du travail à 8 heures par jour, 48 heures par semaine sans diminution de salaire; la loi aura peu d'effets sur le moment, car elle prévoit des règlements d'administration publique pour être appliquée, et ces deux mesures n'ont pas atténué la rancœur des syndicats parisiens, qui ont maintenu l'ordre de grève pour le 1er mai; le mouvement est violent, provoque un mort et des dizaines de blessés; la CGT rompt alors avec Clemenceau et Jouhaux démissionne de la délégation française à Versailles; les grèves continuent, aussi violentes, faisant perdre dans l'année 15 millions de journées de travail; mais les éléments révolutionnaires sont impuissants à entraîner les métallurgistes, qui apparaissent comme le fer de lance d'une éventuelle révolution, sur le domaine politique; Merrheim ne cherche pas à étendre les grèves en province et se borne à la conclusion de conventions collectives comportant une augmentation des salaires de 20 à 25 %. Les grèves sont restées sur le plan de la revendication économique, elles n'ont pas conduit à la lutte révolutionnaire.

D. Les difficultés politiques

Elles sont l'aboutissement des haines accumulées contre Clemenceau, des secousses que la révolution d'octobre en Russie a provoquées dans le parti socialiste et du malaise social. Les partis socialistes nationaux ont révélé leurs tensions internes à la conférence internationale de Berne de février 1919 et celles-ci n'ont pu qu'être aggravées par la formation de la IIIe Internationale à Moscou (mars). Le 19 février, Clemenceau fut blessé dans un attentat par un ouvrier ébéniste. En mars, l'acquittement de l'assassin de Jaurès, Villain, jugé comme un déséquilibré par un jury encore sous le coup de la guerre, provoqua un immense mouvement de protestation. C'est dans ce contexte général que se tint en avril le congrès socialiste où les anciens majoritaires, tel Renaudel, se trouvèrent mis en minorité devant une majorité nouvelle conduite par Longuet et Paul Faure, qui demandaient l'épuration du parti et l'adhésion à la nouvelle Internationale. Peu après, le 13 juin, le ministre de la Marine, G. Leygues, rendait compte des mutineries qui s'étaient produites dans le corps expéditionnaire envoyé à Odessa contre les bolcheviques et sur les navires de guerre qui l'accompagnaient; après l'évacuation d'Odessa par les forces françaises, le 6 avril, des marins s'étaient révoltés sur le *France* et le *Jean Bart* à Sébastopol, et avaient participé à des manifestations avec les ouvriers russes; le drapeau rouge avait été hissé sur le *Guichen* en escale en Grèce; à Toulon même une sédition avait éclaté sur le *Provence.* Les troubles sont, certes, localisés, mais c'est dans un climat tendu, dans l'obsession de la révolution bolchevique, dont la menace est figurée par l'image de «l'homme au couteau entre les dents», que vont se dérouler en novembre 1919 les premières élections depuis 1914.

2. Les prolongements intellectuels de la guerre (1919-1939)

Le bilan artistique et littéraire d'une guerre ne se fait pas aussi aisément qu'un bilan économique; c'est «Mozart assassiné». Du moins faut-il compter les morts et dénombrer les vivants.

A. Les écrivains disparus

Charles Péguy est tombé à Villeroy le 5 septembre 1914, à 41 ans. Ses dernières œuvres ou esquisses avaient mis en valeur la tradition de Corneille et de Victor Hugo, celle de Descartes renouvelé par Bergson. Pleinement conscient des problèmes modernes, il voulait y répondre à la lumière de la grâce et d'un lyrisme ardent.

Ernest Psichari (1883-1914), petit-fils de Renan, engagé dans l'armée coloniale après des études de philosophie et guidé par Péguy, avait vécu en Mauritanie l'expérience militaire et spirituelle du désert qu'il prête à son héros Maxence dans le *Voyage du Centurion,* publié en 1915. Dès 1913, dans l'*Appel aux Armes,* Psichari avait voulu concilier l'exigence chrétienne et le devoir national, comme Péguy dans les *Cahiers de la Quinzaine*; il était engagé dans la voie des Dominicains quand la guerre l'a abattu en Belgique en 1914. Son témoignage a eu l'adhésion de toute une génération.

Alain Fournier (1886 - Les Éparges, 22 septembre 1914) a exprimé tout autrement l'idéalisme et le besoin d'absolu de la jeunesse. Il les a transposés dans l'aventure du *Grand Meaulnes,* élève étrange d'une école de Sologne; et le cadre quotidien contraste avec les aspirations indomptables d'un être sauvage et doux, parfois présent, toujours tourné vers ailleurs, dont le rêve inquiet se prête à mille lectures.

Guillaume-Apollinaire de Kostrowitsky, fils naturel d'un officier italien, connu sous le nom de sa mère et par la gloire qui allait s'attacher à ses deux prénoms, né à Rome, élevé à Monaco puis en France, avait obtenu sa naturalisation à la faveur de son engagement dans l'armée française. Peu connu du public, mais lié d'amitié avec les peintres Picasso, Derain, Dufy, avec Max Jacob et avec les poètes du Bateau-Lavoir, auteur de plaquettes et de nouvelles, puis des poèmes d'*Alcools* en 1913, il avait plu par un mélange de naïveté et de hardiesse dans l'état d'âme et dans la versification; par nostalgie du passé, il se plongeait dans les formes les plus modernes de la vie et dans l'anticipation; par fantaisie native, par curiosité technique et picturale, il publiait en 1918 les *Calligrammes*, où le vers dans sa typographie se tord pour épouser la forme de l'objet décrit : ainsi la Colombe poignardée et le Jet d'eau, spectacle pour le regard autant que texte pour l'esprit.

Apollinaire est mort des suites d'une blessure reçue en 1916, peut-être aussi de la grippe espagnole. Sans doute était-il difficile de prévoir sa gloire posthume, et l'hommage qui lui a été fait des innovations du surréalisme; il est vrai qu'il avait créé l'épithète «surréaliste», mais on doit se demander s'il aurait volontiers patronné une École et s'il l'aurait dirigée ou suivie dans toutes ses activités.

B. Les survivants

Si certaines voix que nous devions percevoir plus tard ne se sont pas fait entendre au lendemain de la guerre, c'est qu'atteignaient alors leur pleine puissance ceux dont le nom était déjà connu : Gide, Valéry, Claudel, Proust, qui dominent l'entre-deux-guerres, et s'imposent comme des classiques, tandis que le surréalisme implante sa révolution.

André Gide a près de 50 ans à la fin de la guerre. Certaines des œuvres nouvelles vont confirmer la première manière par la présentation littéraire et par l'attitude morale. Gide évite le roman ; ses courtes narrations sont des « soties » ou des « récits » ; l'étoffe romanesque reste mince et dissimule peu la source autobiographique ; la désinvolture, l'égoïsme, le cynisme masquent sans l'étouffer la préoccupation morale de l'homme qui, même en son âge mûr, fait référence aux valeurs dont il prétend s'affranchir. Aussi le lecteur est-il piqué de curiosité par l'auteur qui s'exhibe ou se dérobe dans *La Symphonie Pastorale* (1919), *Si le Grain ne meurt* (1920), *Corydon* (1924). La liberté dans laquelle Gide joue avec son existence ne l'empêche pas de se discipliner dans le travail. Il cherche à surprendre et y parvient dans son seul roman, *Les Faux Monnayeurs* (1925) où il inaugure le procédé du miroir, grâce auquel le romancier se regarde écrire son roman et compose un roman qui est l'histoire du roman. Par cette acuité du don critique, et malgré les antinomies de tempérament, Gide fait songer à ses contemporains Valéry et Proust, aptes eux aussi à épier leur démarche créatrice.

Là ne s'arrête pas la diversité de Gide : deux grands voyages, au Congo (1925), en URSS (1936), coïncident avec un double engagement contre le colonialisme, puis dans le communisme. La déception du voyage à Moscou (*Retour d'URSS*, 1936) le renvoie à son dilettantisme. Mais, dans le domaine des confidences personnelles, il fait un nouveau pas en publiant son *Journal 1889-1939*. Pendant cinquante ans déjà, il a tout vu et tout dit, et occupé la scène littéraire.

Paul Valéry avait une attitude toute contraire. Ennemi de la confidence et de la gloire, au service de son esprit avec une lucidité idolâtre, il n'aurait sans doute jamais repris la création poétique sans l'insistance de ses amis : Gide et Gaston Gallimard donnent l'impulsion aux quatre années d'élaboration de *La Jeune Parque* (1917), qui compte 512 vers ; Jacques Rivière confie à la NRF le *Cimetière Marin* (1920), tandis que l'*Album de Vers anciens* (1920) rassemble les poèmes de jeunesse. En 1922, *Charmes* réunit les poèmes des cinq dernières années ; dans cette œuvre poétique, Valéry ne s'est pas écarté de la lucidité ; il méprise l'inspiration et le hasard ; dans ces vers d'un abord difficile, tout est calculé pour satisfaire l'esprit par le moyen des images et des rythmes ; Valéry a analysé avec rigueur les exigences du plaisir poétique ; elles lui ont posé des problèmes qu'il a lui-même comparés aux difficultés mathématiques. Avec orgueil, il avait choisi d'être lu difficilement par quelques lecteurs, plutôt que d'être lu aisément par la foule ; avec humilité, il laissait ensuite à son œuvre la liberté d'être reçue et interprétée par chacun à sa guise. Ainsi avait-il rendu hommage à son maître Mallarmé.

Critique de sa propre création poétique, Valéry a écrit au gré des circonstances un grand nombre d'articles et d'études littéraires, publiés dans les différents tomes de *Variété* entre 1924 et 1944. C'est l'œuvre critique la plus pénétrante du XXe siècle, la plus intelligente et la plus claire. Elle révèle la précision et la sûreté qui se dégageaient aussi du cours de Poétique de Valéry au Collège de France en 1937, et de tous les discours et conférences que son renom désormais lui imposait.

Saisi par la gloire, dès 1925 Valéry ne peut plus être l'homme secret qu'il estimait. Il ne peut plus taire ses pensées sur le monde actuel, ses craintes sur l'avenir de l'Europe et de la civilisation : « Nous autres, civilisations, nous savons maintenant que nous sommes mortelles » (*La Crise de l'Esprit,* 1919). La tristesse altère parfois la sérénité de Monsieur Teste, et le scepticisme entame sa foi dans l'esprit (*La Politique de l'Esprit,* 1932). La guerre de 1939 ne l'a pas surpris ; mais il ne s'y est pas conduit en sceptique.

Paul Claudel, ministre plénipotentiaire à Rio de Janeiro pendant la guerre, puis à Copenhague en 1920, est ambassadeur à Tokyo en 1922, puis à Washington de 1928 à 1933, enfin à Bruxelles jusqu'en 1936. Cependant, il poursuit son œuvre ; au théâtre, *Le Pain dur* (1914) et *Le Père humilié* (1916) complètent la trilogie de *L'Otage* : pièces sombres, marquées par le pessimisme de la guerre, et qui témoignent du matérialisme, du culte de l'argent, du recul de la spiritualité dans le monde. Mais, en 1924, *Le Soulier de Satin* montre dans une forêt de symboles, à travers des horizons immenses, le triomphe de la grâce sur le péché, et, par les vertus du sacrifice, la délivrance des âmes captives. Paul Claudel, qui, pour lui-même, a surmonté ses angoisses, veut communiquer sa paix et sa foi dans une œuvre surabondante.

De 1936 à sa mort en 1955, Claudel ne cesse de lire et de commenter la Bible dans une sorte d'exégèse lyrique et personnelle : *Un poète regarde la Croix* (1938), *Présence et Prophétie* (1942). C'est le prolongement apaisé et en même temps visionnaire des *Cinq Grandes Odes* (1904) et de la *Cantate à trois voix.* Mysticisme ardent, qui atteint plus largement le public à la faveur de la scène.

Marcel Proust, lui aussi, développe les promesses de l'avant-guerre. *A la recherche du temps perdu* s'est accru dans la solitude de la maladie et de la guerre. En 1919, *A l'ombre des jeunes filles en fleurs* reçoit le prix Goncourt refusé aux *Croix de Bois* de Roland Dorgelès : choix significatif du désarmement intellectuel. Malgré son acharnement, et à cause d'incessantes additions, Proust ne parvient pas à achever la publication avant sa mort (1922). *Le temps retrouvé* (1927) est posthume. Pourtant, qui veut comprendre le roman de Proust doit aller au-delà des souvenirs de Combray, au-delà du snobisme du Faubourg Saint-Germain, au-delà des anomalies de Sodome et Gomorrhe, jusqu'au dénouement, où le narrateur découvre le sens de la vie et la matière de sa vocation. Alors, à la peinture d'une société décadente et aux analyses subtiles d'un solitaire en quête de vérité, se superpose une aventure spirituelle ; et l'œuvre révèle la puissance de sa construction.

C. Nouveaux talents

La guerre devait longtemps occuper l'esprit des écrivains, et, de 1918 à 1939, il n'y a pas d'éclipse dans les réflexions qu'elle suscite. L'horreur, la pitié, l'admiration accompagnent les témoignages ou les transpositions épiques ; à propos de cette guerre, c'est la guerre qui est en question, avec des dimensions que ni l'histoire ni la littérature n'avaient encore atteintes. *Le Feu*

(1916) d'Henri Barbusse; *La Vie des Martyrs* (1916) et *Civilisation* (1918) de Georges Duhamel; *Les Croix de Bois* (1919) de Roland Dorgelès; *La Maison des Hommes vivants* (1919) de Claude Farrère; *Une Relève* (1919) de J. et J. Tharaud; *Sous Verdun* (1916), *Nuits de Guerre* (1917), *Les Éparges* (1923) de Maurice Genevoix; *La Chanson de Vaux-Douaumont* (1916-1917), *La Vie héroïque de Guynemer* (1918) d'Henri Bordeaux; *La Guerre à vingt ans* (1924) de Philippe Barrès, révèlent des noms qui auront grande importance dans l'histoire des lettres et de la pensée.

Des poètes aussi consacrent leur art à l'événement qui paraît unique ou éternel : *Les Ailes rouges de la Guerre* (1917) d'E. Verhaeren; *Le Cantique de l'aile* (1922) d'E. Rostand; *Poèmes de France* (1916) de Paul Fort; *Cinq poèmes pour le temps de guerre* (1916) de Fr. Jammes; *La Couronne douloureuse* (1917) de F. Gregh; *Poèmes de Guerre* (1922) de P. Claudel.

Avec plus de recul, Jules Romains, dans *Les Hommes de Bonne Volonté* (27 volumes de 1932 à 1947), plonge ses personnages romanesques dans le cadre de l'histoire, et consacre deux volumes à Verdun. Dans *Les Thibault* (9 volumes de 1922 à 1940), Roger Martin du Gard a montré l'avant-guerre, puis le conflit et ses conséquences douloureuses à travers l'existence et les réactions très différentes des membres d'une famille.

Sur un tout autre ton, et sous apparence d'ignorer les exigences et la morale de la guerre, Raymond Radiguet faisait scandale avec *Le Diable au Corps* (1923). Du même coup, il intégrait à la tradition du roman psychologique une société et des personnages délibérément contemporains. A la grande fresque du roman-fleuve inauguré par Romain Rolland, il opposait une sobriété, une densité surprenantes chez un auteur de vingt ans, une lucidité dans l'analyse surprenante chez un ami des surréalistes. Le roman posthume *Le Bal du Comte d'Orgel* (1924) appelle la comparaison avec *La Princesse de Clèves.*

Jean Cocteau, dans sa manière très personnelle, semblait aussi prendre la guerre à la légère dans le court roman de *Thomas l'Imposteur* (1922). Bientôt, dans *Siegfried* (1928), Giraudoux veut à la scène estomper la nécessité tragique de la guerre, quitte à revenir sur cet optimisme en présence de l'hitlérisme [*La Guerre de Troie n'aura pas lieu* (1935)].

Ainsi romans, poésie, théâtre, ne cessent de méditer sur la guerre. C'est aussi en prenant argument dans les horreurs de la guerre que s'est d'abord défini le surréalisme.

D. Le surréalisme

On peut parler d'un mouvement plutôt que d'une école, tant les essais et les personnalités, les éléments de doctrine et les réalisations sont divers et même divergents. On peut parler de mouvement artistique, et si l'on parle de mouvement littéraire, il faut y mettre d'abord une restriction considérable : ce mouvement littéraire en effet veut détruire toute littérature, toute pensée même, et désagréger le langage. La notion de Beauté y perd sa valeur, l'idée du vrai et du bien, chère aux moralistes, y est dépréciée et ridiculisée. Encore faut-il ajouter que ces affirmations, admises dans l'ensemble, sont rejetées par certains, tant est grande l'anarchie de ce groupe.

Ses origines sont dans le mouvement Dada, fondé à Zurich en 1916 par Tristan Tzara, et auquel ont appartenu Breton, Éluard, Aragon, Soupault : le nom même, né du hasard, indiquait l'intention de dérision et de destruction dans tous les domaines.

Pour le fondateur du surréalisme *André Breton* (1896-1966) l'expérience de la guerre avait été décisive, bien plus importante que le timide héritage d'Apollinaire. Breton, étudiant en médecine, est affecté à des centres neuropsychiatriques, et étudie les travaux de Freud. Il y découvre le pouvoir des rêves, libérateurs de l'inconscient, et prévoit pour la littérature qu'il veut créer le même rôle de libération et d'« authenticité », à condition que l'écriture soit dégagée de toute contrainte de la raison, de l'habitude ou de la société ; ainsi naît le projet d'une « écriture automatique », à laquelle Breton propose de parvenir par le sommeil, par le rêve éveillé, par l'hallucination, la surprise, le choc en présence d'objets insolites, la rencontre fortuite, bref par tout ce qui met en déroute la pensée et la conscience. Avec *Les Champs magnétiques* (1920) Breton, associé à Ph. Soupault, donne, après des mois d'ascèse surréaliste, un premier exemple d'écriture automatique. Il est convaincu que la création poétique a les mêmes racines que l'automatisme du rêve, et il espère pénétrer par là dans les mystères de l'inconscient ; les explorations de Nerval et de Rimbaud l'encouragent.

En 1924 le premier *Manifeste du Surréalisme* contient la définition fameuse : « Surréalisme, n.m. Automatisme psychique pur, par lequel on se propose d'exprimer, soit verbalement, soit par écrit, soit de toute autre manière, le fonctionnement réel de la pensée. Dictée de la pensée, en dehors de tout contrôle exercé par la raison, en dehors de toute préoccupation esthétique ou morale. »

L'attitude de révolte est préconisée en tout domaine, mais Breton reproche à Dada de n'être que démolition, et c'est de façon plus positive qu'il envisage la révolte. Par ailleurs, Breton veut garder au mouvement surréaliste sa liberté, il ne veut l'asservir à aucun mot d'ordre politique, d'où de nombreux débats avec Aragon et Pierre Naville. Il ne s'agit pas pourtant pour Breton d'enfermer le surréalisme dans des tentatives esthétiques ; mais, par l'écriture surréaliste, Breton propose de libérer l'homme de tous les tabous ; par cette libération à l'égard de la famille, de la patrie, de la foi, de la morale sexuelle, doit se faire jour une révolution de la condition humaine et de l'existence.

C'est par opportunisme et pour échapper à un idéalisme inefficace que Breton lance son groupe dans le « scandale », notamment à l'occasion de la guerre du Rif. Dans les années 1925-1926, l'influence de Freud paraît moins importante que celle de Marx, Lénine et Trotsky. En 1928 pourtant, le roman de *Nadja* témoigne surtout de « l'acquis » surréaliste dans le domaine de l'art ; un acquis sans doute, mais qui doit beaucoup à l'*Aurélia* de Nerval ; seulement, c'est dans les rues de Paris, dans la foule, dans la vie quotidienne, que le promeneur se heurte à des fantômes, à des êtres et à des objets insolites, qui lui font pressentir le monde occulte et surtout son propre univers enclos en lui. Œuvre étonnante, où le fantastique et l'humour jouent leur rôle de choc et d'ensorcellement; œuvre où le lecteur découvre plus de lucidité que d'automatisme.

En 1930, le *Second Manifeste du Surréalisme* dénonce avec violence l'asservissement à une idéologie, où Breton voit un nouveau conformisme, une régression des forces psychiques; le monde économique et social ne contient pas, ne résout pas tous les problèmes. Avec une violence égale Breton s'attaque à Desnos, Soupault, Artaud, qu'il accuse de jouer seulement avec les mots. A travers ces invectives, Breton essaie de ressaisir l'unité du groupe. Mais Aragon resserre les liens avec le parti communiste, dont Breton s'écarte définitivement en 1935. C'est dans une solitude croissante qu'il compose *Les Vases communicants* (1932), *L'Amour fou* (1937). Breton célèbre l'amour de rencontre, l'amour sans cause, l'amour fou qui n'atteindra sa plénitude qu'après la disparition de l'idée de péché, entre des êtres « disponibles » : c'est le souhait que Breton fait pour un tout petit enfant, sa fille, en des pages simples et graves.

Louis Aragon (1897) avait participé auprès de Breton et Soupault à la fondation de la revue *Littérature*. Le recueil de poèmes *Feu de joie* (1920) frappe par la nouveauté du langage : des assonances, jeux de mots, calembours, des rythmes imprévus dépourvus de ponctuation, des images cocasses veulent exprimer les sensations fugitives d'un être plein de jeunesse et de fantaisie. Parfois grincent la révolte surréaliste et le désir d'anéantir, mais la poésie apparaît ici surtout comme un jeu et comme un plaisir. Bientôt, l'engagement politique éloigne Aragon de Breton; inscrit au parti communiste en 1926, Aragon est plus préoccupé désormais de servir une idéologie que d'enrichir un art. Dans *Le Mouvement perpétuel* (1926) Aragon tourne en ridicule toute tradition poétique et semble n'écrire que pour dégrader la valeur de l'écriture. En prose, par contre, *Le Paysan de Paris* (1926) offre le charme de l'insolite, de la flânerie, du « merveilleux quotidien », qui est à la même époque le charme de *Nadja*. En 1933 *Les Cloches de Bâle* ouvrent le cycle du « Monde réel » qui s'achève en 1951 avec *Les Communistes*. Aragon est pleinement un écrivain engagé; il incarne en Diane le monde de l'argent et de l'intrigue, en Catherine la militante qui s'épuise dans la grève des taxis de 1911 et écoute au congrès socialiste de Bâle le discours de Clara Zetkin. Construction de la fiction autour du monde réel, ce premier roman contribue beaucoup à la gloire d'Aragon.

Paul Éluard, Robert Desnos, Max Jacob, Pierre Reverdy ont partagé avec Breton et Aragon l'exigence de liberté dans le langage, et le désir de changer la vie par cet affranchissement de la parole. Mais, dans la mesure où le lyrisme a chez eux repris ses droits tout en profitant du renouveau verbal, ces poètes ont atteint insensiblement un public plus vaste que n'a pu le faire André Breton. A la veille de la Seconde Guerre mondiale la pensée surréaliste, malgré ses congrès internationaux, n'intéressait que des spécialistes, et restait en retrait par rapport à la peinture de Max Ernst et de Francis Picabia.

E. La condition humaine

Tandis que les surréalistes demandaient à Freud et à Marx de susciter un homme nouveau, le public lettré trouvait auprès de jeunes romanciers une peinture de la condition humaine qui répondait plus directement à l'angoisse croissante.

François Mauriac (1885-1970), qui, dès cette première période de sa carrière littéraire, ne se limite pas au roman, doit surtout à l'abondance et à la qualité de son œuvre romanesque une gloire rapide et durable. Toujours lié à ses attaches bordelaises, toujours guidé par sa vocation catholique, il a pour ses origines un amour sans aveuglement; dès ses premiers romans (*L'Enfant chargé de chaînes,* 1913, et surtout *Le Baiser au lépreux,* 1922) Mauriac se gardait de la littérature édifiante et s'efforçait de révéler les abîmes obscurs des âmes. De 1923 à 1927 *Le Fleuve de feu, Genitrix, Le Désert de l'Amour, Thérèse Desqueyroux* (1927) affirment chez Mauriac l'art supérieur de concilier l'exceptionnel et le commun, le monstrueux et le normal, pour susciter chez le lecteur révolte et compréhension à la faveur d'une expression pénétrante et lucide, qui laisse subsister le mystère des êtres. Ainsi Thérèse Desqueyroux est-elle coupable? n'est-elle pas victime? La terrible mère de Genitrix est-elle une caricature de l'amour maternel ou la dénonciation courageuse de la réalité? Le lecteur, avec l'auteur, se débat au milieu de questions qui ne le laissent pas en repos. *Le Nœud de vipères* (1932) confirme une vision très sombre des liens familiaux. C'est dans des études religieuses : *Vie de Jean Racine* (1928), *Dieu et Mammon* (1929), *Blaise Pascal et sa sœur Jacqueline* (1931), *Vie de Jésus* (1937) que Mauriac laisse apparaître la Grâce et l'Espérance.

Georges Bernanos (1888-1948), marqué lui aussi par sa province d'origine, l'Artois, et par son engagement religieux, a fait entendre tardivement sa voix avec moins d'aisance naturelle que Mauriac; soutenu et gêné par un caractère violent et des convictions explosives, il s'est heurté à tous les obstacles. Au temps de ses études, il fréquente Maurras et Daudet. Il s'engage en 1914 et fait la guerre de tranchées. Après la guerre, un petit emploi, des charges de famille, «une vie de chien». En 1926 *Sous le Soleil de Satan* préfigure les manœuvres criminelles de la *Thérèse Desqueyroux* (1927) de F. Mauriac. L'héroïne, Mouchette, après avoir tué son premier amant, et incapable de faire apparaître son crime au médecin auprès de qui elle cherche appui, se trouve isolée, enfermée dans sa faute, possédée de Satan. L'abbé Donissan l'aide à se délivrer de cette possession, mais lui-même se heurte partout à la tentation démoniaque, comme si la communion des saints ne lui avait permis de transmettre la grâce qu'en assumant le péché. Plus que les romans de Mauriac, le roman de Bernanos repose sur la théologie du salut, interprétée il est vrai de façon très personnelle.

L'Imposture (1927), *La Joie* (1929) illustrent aussi sous forme romanesque le rachat de la faute par la communion des saints. Des âmes tourmentées sont le champ de lutte de Dieu et de Satan. *Le Journal d'un curé de campagne* (1936) est le roman le plus accessible à Bernanos. Un prêtre apparaît à nouveau au centre du roman grâce à la confidence qu'apporte son journal : il fait ressortir le poids sur le monde des fautes inavouées et montre dans le dénuement absolu, moral plus que matériel, le vrai sens de la pauvreté.

A la même époque, Bernanos révélait son talent orageux de polémiste. Ses convictions nationalistes, son long séjour aux Baléares, avaient fixé son attention sur la guerre d'Espagne et tourné ses sympathies vers Franco. Mais bientôt *Les Grands Cimetières sous la lune* (1938) mêlaient dans une même réprobation tous les partis et tous les pays. D'un chaos de faits et d'idées se dégage l'impression pessimiste que l'Église et les chrétiens, tout asservis aux intérêts temporels, se sont détachés de leur vocation spirituelle et ont laissé Dieu se retirer du monde.

Julien Green (né en 1900) a lui aussi bâti ses romans autour d'une profonde inquiétude spirituelle, travestie parfois sous des dehors fantastiques chers à son âme anglo-saxonne. *Léviathan* (1929) réunit dans une atmosphère de faits divers des personnages médiocres et obsédés, qui ne trouvent leur grandeur que dans la perversion et le crime; le titre, en nous rappelant le monstre de la Bible, nous invite à voir chez ces êtres, comme chez les personnages de Bernanos, une malédiction satanique.

Antoine de Saint-Exupéry (1900-1944), bien que sa *Citadelle* posthume contienne un frémissement de transcendance, a cherché les valeurs de l'homme non pas dans ses rapports avec Dieu, mais dans l'exaltation réciproque de la pensée et de l'action. Pilote de ligne au début des grandes liaisons aériennes, il trouve dans ses expériences du danger et dans les risques de ses compagnons une image de l'Homme qu'il répugne à nommer héroïsme. Les récits qu'il bâtit autour de ses aventures aériennes, *Courrier Sud* (1930), *Vol de Nuit* (1931) *Terre des Hommes* (1939) ramènent l'attitude du héros à la mesure de l'homme, en l'appuyant sur la conscience professionnelle, sur la solidarité de l'équipe, sur la maîtrise de soi. C'est une sorte d'humanisme de l'action, que Saint-Exupéry conclut par sa disparition au cours d'une mission volontaire (juillet 1944). Son œuvre et son exemple ont eu une grande influence sur la jeunesse; sa survie littéraire souffre sans doute d'une allure de reportage qui ne donne à ses livres que le poids de l'actualité.

André Malraux (1901-1976) a développé une œuvre considérable et multiple à partir de convictions proches de celles de Saint-Exupéry : l'engagement dans l'action, l'attachement à la destinée terrestre, le poids de l'événement historique donnent à la vie de ses héros une singulière densité. Mais à cela s'ajoute la présence d'une recherche tragique du sens de la vie; s'ajoute le génie créateur; s'ajoutent une culture profonde, une méditation sur l'homme, sur l'art, qui surgit tantôt en fresques oratoires, tantôt en éclairs et en traînées de lumière d'un point à un autre. *La Condition Humaine* (1933) porte l'écho des années que Malraux a passées en Extrême-Orient (de 1923 à 1927) en explorations archéologiques et en interventions dans la lutte du Kuo-min-tang. Dans le désordre fiévreux de l'action révolutionnaire dominent le visage du terroriste Tchen, ceux du vieux Gisors d'Hemmelrich personnages qui déjà deviennent des mythes et atteignent l'éternité de l'art.

C'est ensuite la lutte contre le totalitarisme qui mobilise la pensée et l'action de Malraux ; en 1936 il participe à la guerre d'Espagne comme aviateur chez les républicains. *L'Espoir* (1937), après avoir fait la part du lyrisme dans les débuts de la révolution, montre les difficultés de l'organisation, l'opposition des caractères et la fraternité qui doit sauver les hommes de la solitude et de l'échec : tel est l'espoir qui peut relever la condition humaine, ramenée à ses dimensions terrestres.

F. Théâtre et Poésie

On peut non seulement juxtaposer, mais associer les deux termes de théâtre et poésie : le théâtre qui précède la Deuxième Guerre mondiale se revêt d'une apparence de fantaisie, de lyrisme, de gratuité même, qui contraste avec l'inquiétude portée par le genre romanesque.

Jean Giraudoux (1882-1944) avait d'abord tourné vers l'essai et le roman ses réflexions de combattant de la guerre de 1914, puis de diplomate et de germaniste. C'est son amitié avec Jouvet qui le conduit au théâtre. *Siegfried* (1928), adapté de son propre roman, *Amphitryon 38* (1929), *Intermezzo* (1933), *La Guerre de Troie n'aura pas lieu* (1935), *Électre* (1937) dominent l'immédiat avant-guerre. Théâtre chatoyant, tout en jeux de mots et en scintillements d'idées, dans une langue qui veut être aussi limpide et insaisissable que celle de La Fontaine ; mais la légèreté, soulevant et emportant le dialogue, laisse un dépôt de réflexions qui tourbillonnent autour de l'amour, de la liberté, de la guerre inévitable. Le théâtre de l'époque s'en trouve éclairé d'une lumière précieuse.

Jean Anouilh (1910-1987) est le plus fécond de nos auteurs dramatiques. Après avoir exercé différents métiers, il voue sa vie au théâtre sous l'influence de *Siegfried* de Giraudoux et de son interprète Louis Jouvet. L'avant-guerre voit ses *Pièces Roses* : *Le Bal des voleurs* (1938) est un jeu bâti sur d'aimables conventions, sur la convention qui veut que l'on s'amuse pour passer le temps. Les *Pièces Noires* ont fait la gloire d'Anouilh, en particulier *Le Voyageur sans bagage* (1937) et *La Sauvage* (écrite en 1934, créée en 1938 par les Pitoëff). *Le Voyageur sans bagage* reprend le thème de *Siegfried* de Giraudoux, l'histoire d'un jeune amnésique de guerre : Gaston refuse toutes les familles qui reconnaissent en lui leur fils, surtout il rejette le passé qu'on lui offre, l'image de lui-même qu'on lui propose. Entrer dans la vie lui paraît une horrible compromission ; et lui, le personnage sans mémoire, sur qui rien n'a marqué, incarne une enfance et une pureté qu'Anouilh ne cessera de célébrer.

La Sauvage définit mieux la manière d'Anouilh, en accentuant l'aspect médiocre, trivial, presque ignoble d'un couple de ratés, à qui s'oppose par ses dons Thérèse, leur fille : ils lui font horreur, elle voudrait les oublier ; et pourtant, au moment de choisir, elle reste du côté de la misère, que seul comprend celui qui l'a partagée. Pièces sombres, personnages déchirés ; Anouilh, dans cette première époque, impose une impression d'intransigeance et de pureté.

Car son dégoût et son idéal s'attachent à la misère humaine sans idéologie, sans parti pris ; si la haine commence à grincer, elle est vite adoucie de pitié, et d'une pitié sans fadeur. Mais Anouilh saurait-il ne pas se répéter? Saurait-il éviter le double écueil de la satire systématique et de la morale larmoyante?

Vingt-cinq ans entre deux guerres. L'abondance et la variété des génies ne révèlent pas l'épuisement, mais une gravité, une exigence, une diversité de recherche qui sont la revanche de l'esprit.

G. Le mouvement artistique

La guerre, ses horreurs et ses absurdités ont fait éclater les tendances à une certaine forme de nihilisme intellectuel et artistique que l'on retrouve dans le mouvement *Dada,* né en Suisse en 1916 sous l'influence de Tristan Tzara et de Picabia, vers l'époque où l'Union sacrée, commune à tous les pays en guerre, était remise en question. En empruntant son nom aux balbutiements d'un enfant, le mouvement voulait indiquer qu'il tendait à retrouver l'homme dans la spontanéité d'un jeune âge que la civilisation artificielle, parce que bourgeoise, n'a pas encore perverti. Rompant avec tout ce que la tradition avait encore pu sauvegarder dans les écoles antérieures, les peintres évoquent n'importe quoi avec n'importe quoi, papier collé sur la toile, lambeaux de journaux, bouts de ficelle, signes écrits. Le dadaïsme se diffuse surtout en France et en Allemagne avec Max Ernst, mais dès 1920 il évolue vers le *surréalisme* ; sous l'influence d'André Breton et de la psychanalyse, les peintres comme les poètes demandent leur libération aux rêves et à l'inconscient ; il s'agit encore d'un non-conformisme forcené qui recherche le scandale et la provocation, qui, par la force des choses, est doté d'un élan révolutionnaire. Max Ernst traduit son rêve par des formes étranges mais avec des traits rigoureusement définis ; l'Espagnol Juan Miró étonne également par les matériaux qu'il emploie, par ses sujets qui ne sont que prétextes à des juxtapositions de couleurs, taches miroitantes qui frappent la vue sinon la raison ; Salvador Dali rejoint les surréalistes en 1928 et illustre les œuvres de Lautréamont et d'Éluard. Le même goût pour l'étrange se retrouve en sculpture chez Hanz Arp, qui contribuera plus tard à l'illustration du bâtiment de l'Unesco, chez Germaine Richier, dont le *Christ* de l'église d'Assy fera scandale en rompant avec l'iconographie traditionnelle, chez le Suisse Giacometti, fixé à Paris, dont les personnages émaciés expriment un sentiment plus qu'ils ne traduisent une forme. Beaucoup de ces peintres évolueront vers l'art non figuratif ou abstrait, où l'artiste, utilisant différents matériaux, cherche à exprimer par le jeu complexe des couleurs la diversité d'interprétation de leur affrontement.

C'est le triomphe de l'individualisme, dans la mesure où l'artiste ne se préoccupe plus de la forme réelle de l'objet mais de la vision de l'objet par le spectateur, à commencer par l'artiste lui-même. Qu'est-ce, d'ailleurs, que la réalité sinon celle que l'imagination de l'artiste lui fait découvrir dans l'objet ou dans le rêve? La réalité n'est ni une, ni objective, mais multipliée à l'infini par la variété des visions et subjectivée par l'état affectif de celui qui la découvre; elle n'est que pour lui; dans la tache de couleur informelle, l'artiste a mis sa propre vision, mais il permet à quiconque la perçoit de l'identifier à son propre rêve de la réalité.

Tendance certes dominante, qui sera confirmée par la Seconde Guerre mondiale, mais non exclusive des autres modes d'expression. L'impressionnisme se prolonge chez Suzanne Valadon et son fils Utrillo († 1955), chez Marie Laurencin et chez Pierre Bonnard († 1947). Matisse poursuit son œuvre jusqu'en 1954 avec la décoration de la chapelle du Rosaire des Dominicaines de Vence; Raoul Dufy s'adonne à tous les genres, tapisseries, eaux-fortes, gravures sur bois, et réalise pour l'exposition universelle de 1937 sa gigantesque fresque *La Fée Électricité.* Picasso est passé par une courte période surréaliste, puis revient à un cubisme plus modéré dans les figures anguleuses et heurtées de *Guernica,* également présenté à l'exposition de 1937. Paris demeure le centre mondial de la peinture; l'«École de Paris» rassemble des peintres d'origine internationale, Espagnols comme Picasso, Hollandais comme Van Dongen, Italiens comme Modigliani, Russes comme Chagall, et même Japonais comme Foujita.

Les mêmes remarques peuvent être faites pour la *musique,* où l'influence de Schonberg diffuse la polytonalité et renforce l'expression sonore des instruments. Honegger (*Pacific 231,* 1923), Darius Milhaud, Georges Auric, Francis Poulenc sont classiques dans l'inspiration et modernes par le style de la phrase à la fois subtile et sonore. Maurice Ravel (*Boléro,* ballet, 1928), Albert Roussel, Florent Schmitt restent plus classiques dans leur recherche d'une esthétique pure et aérienne.

L'architecture est dominée par les conceptions du Suisse Le Corbusier; le talent de l'architecte ne doit pas s'attacher seulement à la réalisation des riches demeures mais à celle des grands ensembles qui satisfassent l'œil et l'esprit tout en respectant la vocation fonctionnelle des bâtiments montés sur pilotis pour accroître la légèreté, ouvrir de larges baies inondées de lumière, augmenter la place disponible. L'utilisation plus grande du verre et du béton implique l'usage presque exclusif de la ligne droite; le style géométrique domine, la légèreté des matériaux permet les constructions audacieuses, plus souples que la pierre, mais aussi plus dures et rectilignes. La décoration intérieure est plus dépouillée; le *modern style* est condamné par l'exposition des Arts décoratifs en 1925; le style est sec, presque rébarbatif dans son dépouillement. Ce caractère sera amplifié ou dévié après la Deuxième Guerre mondiale, par la nécessité de construire ou de reconstruire vite, en éléments préfabriqués, des ensembles massifs et stéréotypés; il faudra attendre les années 50 pour concevoir de nouvelles structures parfois audacieuses dans leur forme, dont l'illustration est donnée par le Centre national des industries et des techniques créé en 1959 à la Défense de Paris.

De même la *décoration* fait appel au symbolisme des couleurs dans les tapisseries de Jean Lurçat, qui se fixe à Aubusson en 1939, et à l'illustration «cinétique» de Jean Vasarely dans l'utilisation des formes géométriques qui donnent l'illusion du mouvement ou de la répétition infinie.

La *sculpture* a retrouvé après 1918 son caractère strictement classique dans les nombreuses commandes officielles de l'État et des municipalités pour commémorer la guerre, statues et monuments aux morts; Landowski domine l'art officiel. Bourdelle conserve jusqu'à sa mort, en 1928, l'influence de Rodin et la force d'expression qu'il avait su mettre dans l'*Héraclès* de 1909; la plastique des femmes de Maillol reste lourde mais il sait aussi atteindre une extrême légèreté de mouvement dans sa *Vénus* de 1924. Despiau († 1946) s'attachait au modelé en commençant par dessiner avec soin les modèles qu'il sculptait ensuite; Henri Laurens († 1954) a travaillé la pierre, le bois, gravé des eaux-fortes, illustré des œuvres littéraires en conservant à sa plastique les arêtes vives et les formes étonnantes du cubisme; plus nettement classiques demeurent Gimond et Paul Belmondo, qui concilient la forme moderne un peu rugueuse et le figuratif traditionnel.

Le *cinéma* français, qui avait dominé le marché mondial du film avant 1914, fut écrasé par la guerre et la concurrence américaine. La firme Pathé, ruinée, abandonna la production pour se limiter avec Gaumont à la distribution des films étrangers, américains surtout, qui séduisaient le public français. La production française est à peine touchée par la vague d'expressionnisme et de surréalisme qui produit des chefs-d'œuvre ailleurs; quelques témoignages de la nouvelle orientation sont donnés par Picabia dans *Entracte,* par Fernand Léger avec *Ballet mécanique* et surtout par l'association Dali-Buñuel dans *Un Chien andalou* (1928). L'inspiration française reste classique en portant à l'écran les œuvres littéraires consacrées; J. de Baroncelli donne *Ramuntcho, Les Trois Mousquetaires, Le Père Goriot* (1922), *Pêcheur d'Islande* (1924). Jacques Feyder adapte *Crainquebille* (1923) et *Thérèse Raquin*; ou bien on réalise de grandes fresques historiques : *Le Miracle des loups* de Feyder (1924), *Napoléon* d'Abel Gance (1927); les Renoir, Léon Poirier, M. L'Herbier, M. Carné cherchent encore leur voie. En 1929, à la veille de la crise, le cinéma français, réduit au marché national, comptait peu; ce fut l'année où débuta le «parlant», et les cinéastes français lui furent d'abord hostiles, dans la crainte qu'il fît passer au second plan le jeu des acteurs. C'est pourtant à partir de lui, et malgré la faillite des sociétés Pathé et Gaumont, que le cinéma français connut un essor éblouissant en empruntant à toutes les sources d'inspiration : inspiration poétique avec *Jean de la Lune* de J. Choux (1930), *Sous les Toits de Paris, Le Million, A nous la liberté* de René Clair (1930-1932), *Pension Mimosas* de Feyder (1935), *Carnet de Bal* de Duvivier (1937); inspiration sociale qui est surtout celle de Jean Renoir avec *Les Bas Fonds* (1936), *La Grande Illusion* (1937), *La Bête Humaine* (1938), *La Règle du jeu* (1939); évocation historique et socio-psychologique avec *La Kermesse héroïque* de Feyder en 1936; on voit des écrivains tourner eux-mêmes leurs propres œuvres (Pagnol, Sacha Guitry) ou s'associer à des cinéastes dont ils composent le scénario (Cocteau, Prévert et M. Carné). Le succès s'explique sans doute par la recherche de sujets le plus souvent nationaux, où les Français pouvaient se reconnaître et par la présence concomitânte de réalisateurs de talent et de grands comédiens comme Fernandel, Raimu, Gabin, Pierre Fresnay, Pierre Brasseur, Michel Simon, etc.

Bibliographie

S. BERSTEIN, P. MILZA, *Histoire de la France au XXe siècle*, t. I, *1900-1930* (Bruxelles, Complexe, 1990) ; B. DROZ, A. ROWLEY, *Histoire générale du XXe siècle*, première partie : *jusqu'en 1949* (Paris, Seuil, 1986) ; Ph. BERNARD, *La fin d'un monde, 1914-1929* (Paris, Seuil, 1975) ; P. RENOUVIN, *L'armistice de Rethondes, 11 novembre 1918* (Paris, Gallimard, 1968) ; M. LAUNAY, *Versailles, une paix bâclée ?* (Bruxelles, Complexe, 1981) ; J.J. BECKER, S. BERSTEIN, *Victoire et frustrations, 1914-1929* (Paris, Seuil, 1990) ; A. PROST, *Les anciens combattants et la société française* (Paris, FNSP, 1977, 3 vol.) ; A. BONY, *Les années vingt* (Paris, Éditions du Mail, 1989) ; R. REMOND (avec la collaboration de J.-F. SIRINELLI), *Notre siècle, 1918-1988* (Paris, Fayard, 1988).

Sur les aspects culturels

O. BARROT, P. ORY, *Entre-deux-guerres. La création française, 1919-1939* (Paris, F. Bourin, 1990) ; P. GOETSCHEL, E. LOYER, *Histoire culturelle et intellectuelle de la France au XXe siècle* (Paris, Armand Colin, 1994) ; R. WOHL, *The generation of 1914*, Cambridge, Massachusetts (diffus. Londres, Weidenfeld & Nicholson, 1988) ; P. ORY, J.-F. SIRINELLI, *Les intellectuels en France de l'Affaire Dreyfus à nos jours* (Paris, Armand Colin, 1992) ; M. NADEAU, *Histoire du surréalisme* (Paris, 1970) ; J.-P. JEANCOLAS, *Quinze ans d'années trente. Le cinéma des Français, 1929-1944* (Paris, Stock, 1983) ; F. GARÇON, *De Blum à Pétain, Cinéma et société française, 1936-1944* (Paris, Le Cerf, 1984).

Documents

Évolution des prix et du salaire journalier moyen de l'ouvrier mineur
(1913 = 100)

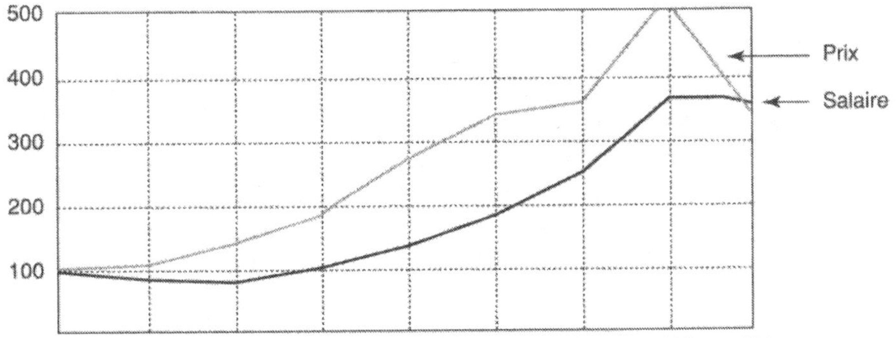

Évolution de l'ensemble des prix de gros (1913 = 100)

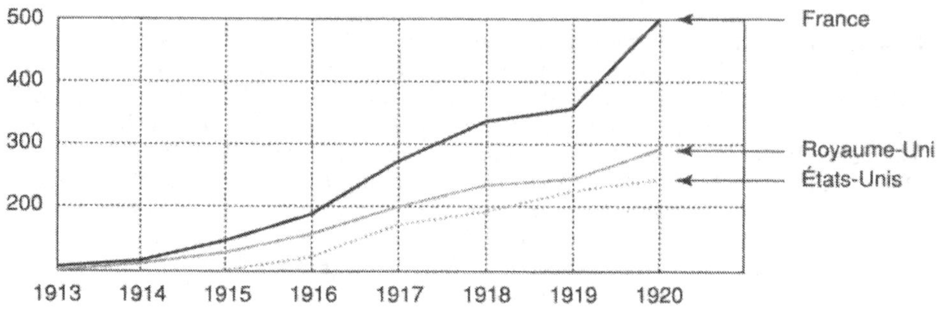

D'après *Annuaire Statistique*, France, 1926.

Évolution des prix de gros des produits alimentaires (1913 = 100)

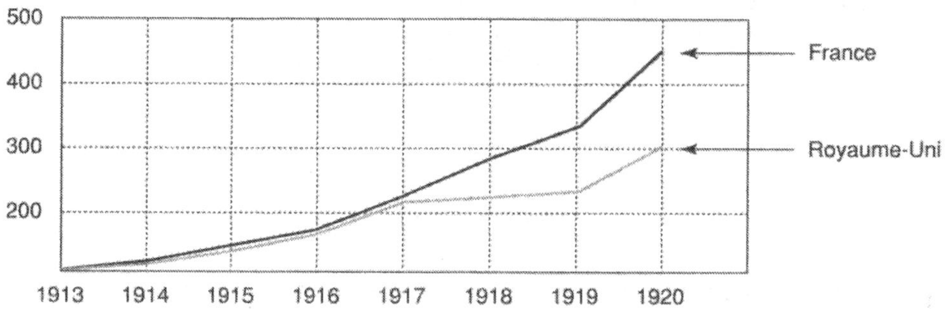

D'après *Annuaire Statistique*, France, 1926.

5

L’entre-deux-guerres

1919-1939

13

Une difficile reconstruction (1919-1926)

1. Le Bloc national (novembre 1919-mai 1924)

La législature avait commencé en mai 1914 et avait traversé toute la guerre. La Chambre et le Sénat n'avaient donc plus d'autorité suffisante.

A. Les élections de novembre 1919

On discuta en mars de la réforme électorale qui avait déjà passionné les dernières années de l'avant-guerre. La Chambre vota par 287 voix contre 138 un système complexe qui alliait le scrutin de liste départemental et la représentation proportionnelle. Le droit de vote accordé aux femmes par la Chambre leur fut refusé par le Sénat par crainte de l'influence du clergé (il en sera de même en 1922 et en 1932). La gauche allait à la bataille en ordre dispersé; les radicaux ne pouvaient pas faire liste commune avec les socialistes, trop révolutionnaires; à droite au contraire, la coalition était possible dans un Bloc national où se regroupaient les anciens progressistes, les républicains de gauche, les conservateurs. La campagne de presse fut active jusqu'au 11 novembre où une grève générale des ouvriers imprimeurs priva les Parisiens de leurs journaux; à gauche *L'Humanité* (depuis 1904), *Le Populaire,* devenu quotidien socialiste en 1918, *L'Œuvre,* revue fondée par Gustave Téry en 1902, devenue quotidien en 1915, organe radical, anticlérical, épaulé par *Le Canard enchaîné* (1915) de Maurice Maréchal; à droite *Le Temps, Le Figaro, L'Écho de Paris*, où écrivent Barrès et de Kérillis, journal des milieux nationalistes et catholiques, *L'Action Française,* qui présente Léon Daudet à Paris. La presse d'information est la plus importante : *Le Petit Parisien* tire à 1,5 million, *Le Petit journal* de Loucheur à 850 000, *Le Matin* à 650 000.

Le Bloc national fut vainqueur avec une marge très faible de 300 000 voix, mais avec 368 sièges contre 195 ; on avait surtout voté contre les sortants : 247 seulement étaient réélus. A gauche, les socialistes avaient plus de voix que les radicaux-socialistes, mais moins d'élus ; Longuet, Laval, Renaudel étaient battus ; Blum était élu pour la première fois. Il y avait en réalité une grande stabilité de la carte électorale et le Bloc national ne dominait cette « Chambre bleu horizon » que par le jeu de ses alliances ; l'unité était impossible à maintenir sur les questions de politique intérieure entre Léon Daudet, Tardieu ou Louis Marin ; le seul point qui les unît était la question extérieure : méfiance envers la SDN et les Anglo-Saxons, dureté envers l'Allemagne qui devait payer, ferme assurance de la supériorité française ; les questions économiques et financières étaient au second plan et presque ignorées.

Les élections au Sénat confirmèrent la stabilité ; les radicaux le dominaient et le Bloc n'y avait qu'une très faible majorité. Poincaré, dont le mandat présidentiel arrivait à expiration, s'était fait élire sénateur de la Meuse et entreprenait une nouvelle carrière politique. Après les élections, Clemenceau remania légèrement son gouvernement ; la grande affaire était l'élection du président de la République ; Clemenceau avait laissé poser sa candidature, mais, soumis à une attaque de couloirs de la part de Briand, qui mettait en avant son athéisme, il se retira, et le président de la Chambre, P. Deschanel, fut élu à une forte majorité (734 voix sur 856). Le 18 janvier 1920 Clemenceau quitta la scène politique et se retira dans une retraite boudeuse à Mouilleron-en-Pareds, en Vendée, où il mourut en 1929 à l'âge de 89 ans.

B. Le problème socialiste

Le ministère Millerand, formé le 18 janvier 1920, était en principe appuyé sur une majorité de droite. Il donna en effet aussitôt satisfaction au Bloc national en déposant un projet de loi portant reprise des relations diplomatiques avec le Vatican ; la loi, votée par la Chambre en mars, fut ajournée par le Sénat.

Le ministère fut très vite confronté avec la menace de contagion révolutionnaire favorisée par les succès des armées rouges en Russie et par la situation économique et sociale. Le parti socialiste avait brusquement gonflé ses effectifs à la fin de la guerre : de 14 000 en 1918, les adhérents étaient montés à 130 000 en 1919, 178 000 en 1920 ; ce recrutement de masse s'était fait surtout parmi les paysans démobilisés, venus au parti par pacifisme, antimilitarisme, désir de justice sociale ; à la place des anciennes multiples tendances à critère idéologique, deux tendances seulement apparaissaient en fonction de l'adhésion à la IIIe Internationale ou de son rejet. Au congrès de Strasbourg de 1920 la majorité condamna la collaboration du parti à la Défense nationale pendant la guerre et se prononça pour le retrait de la IIe Internationale. A cette date, en Russie, les rouges semblaient définitivement vainqueurs des blancs malgré les interventions française, anglaise et japonaise; en Allemagne, les Spartakistes avaient été sans doute écrasés, mais de nouvelles émeutes communistes avaient lieu dans la Ruhr, et en Italie s'étendaient les grèves révolutionnaires.

En mars, le Conseil national du parti décida d'envoyer à Moscou deux délégués à titre d'observateurs : Cachin et Frossard ne partirent que le 31 mai; ils étaient à Moscou le 16 juin, au moment où s'ouvrait le deuxième congrès du Komintern, coïncidant avec la victoire bolchevique sur les Polonais de Pilsudski, qui devaient évacuer l'Ukraine. Les deux délégués français reçurent de Zinoviev, secrétaire de l'Internationale, les «neuf conditions», qui deviendront bientôt les «vingt et une conditions» mises par les bolcheviques à l'entrée du parti français dans l'Internationale.

Les conditions sont examinées au congrès extraordinaire de Tours en décembre 1920. Jules Guesde s'est déjà élevé contre la soumission exigée du parti et contre la scission du mouvement ouvrier; mais le principal porte-parole des adversaires de l'adhésion est Léon Blum, qui apparaît désormais comme le chef du socialisme français.

Léon Blum a 48 ans; issu d'une famille de petits industriels aisés sans être riches, reçu à l'École normale en 1890, exclu à la suite d'échecs universitaires, il est entré au Conseil d'État. Esprit cultivé, d'une grande finesse, plus porté aux choses de l'art et de la littérature qu'aux problèmes politiques, assidu des salons et des antichambres, dandy sceptique à l'ironie brillante, il a collaboré à la *Revue Blanche,* fondée en 1889. Il vint au socialisme par l'affaire Dreyfus sous l'influence de Lucien Herr et de Jaurès et adhéra au parti en 1902, sans en être un militant, trop épris d'indépendance pour se plier à une discipline, révolté, épris de justice sociale et de dignité humaine, peu doctrinaire; il a publié en 1907 une étude sur *Le Mariage* qui fit scandale (car l'auteur y recommandait une éducation sexuelle prénuptiale des deux époux); en 1914, une étude sur *Stendhal et le beylisme.* Il fut pendant la guerre chef de cabinet de Marcel Sembat, estima juste la cause de la défense nationale; en 1919, il était entré au conseil d'administration de *L'Humanité;* il est resté l'intellectuel raffiné, puriste de langage, enthousiaste, d'esprit jeune, éperdument attaché à l'unité du parti.

Blum s'oppose à la nature monolithique du nouveau parti que l'on voudrait constituer, à la dictature de son comité directeur devenue «système de gouvernement»; il refuse l'action clandestine et la dépendance envers Moscou, inacceptables pour un grand parti officiel — il admet dans certains cas la nécessité d'une défense nationale — il s'élève contre une soumission du syndicalisme avec lequel on doit faire l'unité d'action mais sans l'absorber — il estime prématurée l'action révolutionnaire. Pourtant, l'intervention de Clara Zetkin, organisatrice du mouvement féminin en Allemagne, et l'injonction par télégramme de Zinoviev, qui exige l'éviction des «reconstructeurs», emportent la décision. Le 30 décembre, une majorité de 3 252 mandats se prononce pour l'adhésion à la IIIe Internationale, contre 1 022 mandats aux reconstructeurs partisans de la fidélité à la IIe Internationale. La répartition des journaux se fit en fonction de la scission : la plupart des actionnaires de *L'Humanité* étant parmi les majoritaires, le journal devint l'organe communiste; les socialistes conservèrent *Le Populaire* et les journaux de province, *Le Populaire du Centre* (Limoges), *Midi Socialiste*

(Toulouse), *Le Droit du peuple* (Grenoble), *Le Cri du peuple* (Lille), *La Montagne* (Clermont-Ferrand).

La section française de l'Internationale communiste se constitua autour de cellules de base réparties suivant le lieu du travail, non suivant le domicile, comme c'était le cas pour la SFIO ; les cellules, d'effectifs variables, organes de réflexion et de formation, se groupaient en sections puis en fédérations ; le congrès national, réuni plus rarement que chez les socialistes, élisait le comité central qui désignait à son tour le bureau politique. Les principes du centralisme démocratique laissaient à la base la désignation des responsables et autorisaient la discussion des questions à l'ordre du jour ; mais, une fois la décision prise par le sommet, celle-ci s'imposait à tous les échelons. Beaucoup, parmi les adhérents qui affluèrent au parti, n'étaient pas prêts à cette discipline ; venus au communisme par sentiment plus que par doctrine, persuadés de l'imminence de la révolution et du caractère formel des conditions imposées par Moscou, ils se partagèrent en plusieurs fractions : des gauchistes, comme Souvarine, qui avait été des premiers à applaudir la révolution bolchevique, mais qui reprochait au parti son adhésion au jeu parlementaire, l'appel lancé aux « social traîtres », et qui supportait mal la dictature bolchevique ; une gauche comme Treint, autoritaire et disciplinée, un centre comme Frossard et Cachin, supportant la discipline sans l'accepter ; une droite qui espérait encore la réconciliation avec les socialistes ; il faudra un long apprentissage de la discipline, émaillé de départs et d'exclusions, pour que l'unité soit réalisée, d'autant plus difficilement que Treint et Souvarine faisaient preuve d'un sectarisme autoritaire. Le IVe congrès du Komintern en 1922 exigea des épurations massives en visant particulièrement les gauchistes et les francs-maçons ; le parti devint alors plus spécifiquement ouvrier avec l'adhésion de Monmousseau et de Monatte, qui venaient du syndicalisme révolutionnaire et le départ de son secrétaire général Frossard, qui rejoignit la SFIO en 1924 ; en août 1924 c'est pour la première fois un ouvrier, Pierre Semard, qui devint secrétaire général. Mais les effectifs avaient diminué au long des crises : pour 109 000 cartes distribuées en 1921, il n'y en a plus que 55 000 en 1923.

Léon Blum s'efforçait en même temps de reconstituer le parti socialiste (la « vieille maison »). Il gardait encore des bases solides parmi les anciens cadres, de sorte que le nombre d'adhérents remonta de 30 000 à 50 000 en 1921, 110 000 en 1925. Mais sa composition n'était plus la même ; il avait peu d'adhérents à Paris, recrutait surtout dans le Nord, et, dans la moitié sud, parmi les agriculteurs et les fonctionnaires ; la base ouvrière s'était effritée, sauf parmi les mineurs du Nord. Le programme était réformiste plus que révolutionnaire : dans l'immédiat, la suppression du Sénat, le vote des femmes et la représentation proportionnelle (trois points sur lesquels il était en désaccord avec les radicaux), la défense de la laïcité (sur laquelle il s'accordait avec eux), un impôt sur le capital et des nationalisations (autres points de litige), des réformes sociales (la semaine de 40 heures, l'assurance chômage, un statut de la fonction publique avec droit syndical). A plus long terme, le parti envisageait son arrivée au pouvoir, mais avec une extrême prudence, et, sans exclure absolument la violence, comme mesure extrême, il préférait la voie légale du parlementarisme; Léon Blum distinguait la conquête du pouvoir de l'exercice du pouvoir; la première hypothèse ne pouvait être réalisée que dans l'aboutissement déterminé d'une évolution inéluctable. Blum continue à penser que «la révolution est un phénomène naturel»; cependant il faut pour cela que la modification radicale des rapports de production ait été préparée par toute l'évolution économico-sociale antérieure : «Je ne suis pas un légalitaire en ce qui concerne la conquête du pouvoir; mais je déclare catégoriquement que je le suis en ce qui concerne l'exercice du pouvoir; je pense que si, par l'effet du jeu parlementaire, dans le cadre des institutions existantes, nous étions appelés à exercer le pouvoir, nous devrions l'exercer légalement, loyalement, sans commettre cette espèce d'escroquerie qui consisterait à profiter de notre présence à l'intérieur du gouvernement pour transformer l'exercice du pouvoir en conquête du pouvoir»...

En cas de participation au pouvoir il s'agirait donc de gérer une société demeurée capitaliste au mieux de l'intérêt des classes travailleuses.

En fait, le parti socialiste, menacé sur sa gauche, va être contraint de recruter sur sa droite, c'est-à-dire d'admettre la légalité républicaine, d'autant plus qu'il va s'appuyer sur la IIe Internationale, reconstituée à Hambourg en mai 1923, où dominent les travaillistes et les sociaux-démocrates allemands.

C. Le problème syndical

Le mouvement syndical est en plein essor au lendemain de la guerre. Les différents syndicats chrétiens qui étaient apparus depuis 1887 se sont regroupés en 1919 dans une Confédération française des travailleurs chrétiens (CFTC), qui compte 140 000 membres[1]. La CGT poursuit de son côté son évolution avec la création, en 1920 du Conseil économique et social en association avec d'autres organisations syndicales; elle élabore un programme constructif de nationalisations comportant une gestion tripartite des représentants de la collectivité, des producteurs et des consommateurs, de sorte que les ouvriers puissent faire leur apprentissage de la gestion dans

---

1. L'article I des statuts adoptés en février 1920 faisait référence à l'encyclique *Rerum Novarum* de 1891 : «La Confédération entend s'inspirer dans son action de la doctrine sociale définie dans l'encyclique *Rerum Novarum.* Elle estime que la paix sociale, nécessaire à la prospérité de la patrie, et l'organisation professionnelle, assise indispensable de cette paix, ne peuvent être réalisées que par l'application des principes de justice et de charité chrétienne... Elle entend réaliser ces transformations non par la lutte des classes, mais par l'éducation et la collaboration des éléments producteurs réunis dans des groupes distincts, reliés par des organismes mixtes où l'indépendance et les droits de chacun seront respectés...»

un cadre capitaliste, en attendant la prise en main totale de l'économie. Cette perspective n'exclut pas dans l'immédiat les revendications habituelles sur les salaires ou le temps de travail. En même temps Clémentel, ministre du Commerce, a favorisé en 1919 le groupement de 1 400 syndicats patronaux dans la Confédération générale de la production française, ce qui devrait faciliter la conclusion de conventions collectives et entraîner une concertation permanente entre le capital et le travail, favorable à l'expansion économique.

Ces efforts se sont heurtés d'une part aux intentions patronales qui ont vu surtout dans la CGPF une arme plus efficace contre les mouvements ouvriers, d'autre part à une fraction de la CGT qui a adhéré très tôt aux thèses de Moscou et formé des comités syndicalistes révolutionnaires, préparant la révolution que l'on croyait imminente; utilisant les mouvements revendicatifs partis de la base sur des problèmes de travail et de salaires, ces comités ont organisé à partir de février 1920, dans les chemins de fer d'abord puis dans les autres branches, des grèves révolutionnaires que Millerand parvint à briser par des arrestations (Monmousseau), des licenciements (22 000 cheminots), le remplacement des grévistes par des volontaires. Le 11 mai il fit intenter une action contre la CGT pour violation de la loi de 1884 (action politique des syndicats); condamnée en juillet 1921 par le tribunal correctionnel, la CGT fit appel du jugement qui l'obligeait à se dissoudre et l'affaire fut arrêtée à ce stade. Les dernières grèves sanglantes (3 morts) eurent lieu en septembre 1920.

Ces échecs, puis la crise économique, qui émoussaient la combativité ouvrière, la baisse des prix accompagnant une hausse sensible des salaires, qui faisait disparaître la distorsion résultant de la guerre, enfin la défaite des armées rouges sous Varsovie, en août 1920, qui éloignait la perspective d'une révolution mondiale, incitèrent la minorité de la CGT à faire sécession : au congrès confédéral de Lille de juillet 1921 les partisans de Moscou recueillirent 1 325 mandats contre 1 572 en faveur de l'ancienne CGT fidèle à la charte d'Amiens.

La CGTU (unitaire) formée au congrès de Saint-Étienne en juin 1922 adhéra à l'Internationale syndicale rouge; elle annonçait 360 000 adhérents recrutés surtout dans le monde ouvrier. L'ancienne CGT en annonçait 450 000 et recrutait surtout parmi les employés, les fonctionnaires (bien que ceux-ci n'eussent pas le droit syndical); ce poids des effectifs fonctionnaires allait changer la tactique, l'orienter vers les négociations, les luttes strictement corporatives, porter les adhérents ouvriers eux-mêmes à rechercher surtout la stabilité de l'emploi et la hausse du niveau de vie, faire reculer la volonté révolutionnaire au profit de la revendication économique.

D. Problèmes économiques et financiers (1920-1922)

Contraint de démissionner en septembre 1920 pour raisons de santé, Paul Deschanel fut remplacé facilement (685 voix sur 786) à la présidence de la

République par Alexandre Millerand, dont la gauche pouvait craindre une tendance au gouvernement personnel; dans son message aux Chambres il envisageait en effet une réforme de la Constitution et il choisit comme chef du gouvernement Georges Leygues, dont il espérait la docilité; celui-ci, accusé de mollesse devant l'Allemagne, fut remplacé par Briand (janvier 1921-janvier 1922); la majorité du Bloc national se donnait un ministère dirigé par un républicain socialiste, comprenant 6 radicaux et 3 membres seulement du groupe majoritaire; Barthou était à la Guerre, Doumer aux Finances, Sarraut aux Colonies, Loucheur aux régions libérées. En avril 1921 Briand fit voter l'amnistie pour délits commis pendant la guerre (Caillaux et Malvy en étaient exclus) et en décembre il acheva de faire approuver la réconciliation avec le Vatican. Il avait en effet besoin d'un répit politique pour régler les seules questions qui lui tenaient à cœur, l'entente internationale et l'appui anglo-saxon.

a) La situation économique et financière était en effet mauvaise et expliquait l'âpreté des revendications françaises sur l'Allemagne. L'inflation s'était accrue à cause du déséquilibre budgétaire subsistant malgré une pression fiscale accrue : impôt sur le revenu en 1914, maintenant régulièrement perçu — impôts cédulaires créés en 1917 sur les bénéfices industriels et commerciaux, sur les salaires et traitements publics et privés — impôt sur le chiffre d'affaires créé en juin 1920. Néanmoins les frais de la reconstruction, le poids de la dette avaient doublé en valeur constante les dépenses par rapport à l'avant-guerre; les dépenses recouvrables (dues à la guerre) représentaient la moitié des dépenses totales : de février à octobre 1920 on dut encore emprunter 44 milliards à long terme; la dette flottante passa de 79 à 119 milliards, et le plafond des avances de la Banque de France à l'État fut porté à 27 milliards, le plafond d'émission à 40 milliards. Le déficit des échanges extérieurs contraignit à emprunter 5 milliards de plus en Grande-Bretagne et aux États-Unis; cependant la baisse des prix due à la crise mondiale de 1921 et la détérioration du change pouvaient faciliter une reprise des exportations Si la production parvenait à reprendre son essor en réalisant rapidement sa reconversion.

La reconstruction industrielle était stimulée par le retour de l'Alsace-Lorraine, qui augmentait la capacité de certaines branches comme le textile et la métallurgie. En outre un nouvel état d'esprit liait la haute administration et les affaires, permettant à l'État d'intervenir par la loi du 27 mai 1921 dans le programme d'aménagement du Rhône, par la loi du 29 octobre 1921 de corriger le régime des chemins de fer d'intérêt général en prenant à sa charge le déficit de 6 milliards subi pendant la guerre et remettant aux compagnies les dettes contractées envers l'État depuis 1883, en faisant des mines de potasse d'Alsace et des mines de charbon de la Sarre des propriétés domaniales. Et pourtant, malgré les appuis de l'État, malgré les besoins de la reconstruction, et malgré l'inflation, l'industrie française souffrait de la crise mondiale et n'avait pas retrouvé en 1921 ses niveaux de 1913 : 73 pour le charbon, 64 pour la sidérurgie, 60 pour le textile (100 en 1913).

Cette lenteur de la reconstruction, la ruine des anciens détenteurs de fortunes mobilières écrasés par l'inflation, l'apparition des nouveaux riches venant après les souffrances des années de guerre contribuaient à faire durer l'affaissement moral. L'opinion publique était déroutée, scandalisée par les nouvelles fortunes qui contredisaient les vieilles traditions de l'épargne et du travail, angoissée par la hausse des prix et par l'absurdité d'une situation où l'on constatait l'existence de 120 000 chômeurs alors qu'il y avait tant à reconstruire, irritée que la victoire n'ait pas apporté la fin des privations; elle accusait le déficit budgétaire, réclamait le retour à la convertibilité de la monnaie, et, pour cela, l'Allemagne devait payer.

b) Les réparations et les dettes interalliées. La dette allemande envers la France seule était évaluée par les experts français à 209 milliards de francs-or (134 pour les destructions, 75 pour les pensions), en négligeant les 145 milliards de frais militaires. L'Allemagne pouvait-elle payer une pareille somme? Les Anglais redoutaient que les réparations n'empêchent son relèvement, ne créent un vide économique en Europe, et n'ouvrent la voie aux aventures politiques. Le représentant britannique, Keynes, qui avait publié en 1919 *Les Conséquences économiques de la paix,* aurait voulu limiter les versements à 52 milliards, dont 13,5 auraient été considérés comme déjà versés en nature. Les nombreuses conférences tenues en 1920-1921 ne purent que fixer le pourcentage des réparations revenant à chaque bénéficiaire : 52 % à la France, 22 % à la Grande-Bretagne, 10 % à l'Italie, etc. La baisse du mark et les troubles communistes de la Ruhr en 1920 semblaient confirmer les appréhensions britanniques.

En mars 1921, cependant, la conférence de Londres adressa un ultimatum à l'Allemagne et, en l'absence de réponse, des forces franco-anglo-belges occupèrent Düsseldorf et Duisbourg. Le 5 avril, Briand déclarait au Sénat : « Je vous assure que demain, si, l'échéance arrivée, l'Allemagne essaie par de nouvelles tergiversations, de se soustraire à ses obligations, c'est une main ferme qui s'abattra sur son collet»... Le 30 avril, la commission des réparations fixa à Londres l'« État des paiements », qui évaluait les réparations à 126 milliards, et prévoyait le versement d'une annuité fixe de 2 milliards de marks-or et d'une annuité variable, égale à 26 % des exportations allemandes. Pour pouvoir mobiliser immédiatement cette créance, dont le gouvernement français avait besoin pour indemniser aussitôt les sinistrés, la commission pouvait émettre 50 milliards de bons garantis par les versements allemands. Le cabinet Wirth accepta le 11 mai ce programme et le ministre chargé des réparations, Rathenau, signa avec Loucheur en octobre 1921 les accords de Wiesbaden sur des versements en nature.

c) L'échec de Briand. C'était un succès apparent pour Briand, puisque l'Allemagne effectua en effet deux versements de 1 milliard de marks-or chacun en août et en novembre; l'accord représentait pourtant une réduction de la créance française; il risquait du reste d'être remis en cause par les Anglo-Saxons, auxquels Briand était, de son côté, prêt à faire de sérieuses concessions pour obtenir leur appui diplomatique, et l'on se demandait d'autre part si l'Allemagne était en état de payer : en effet, dès que l'État des paiements fut connu le mark commença à baisser : de 60 marks en 1921 le dollar passait à 192 en janvier 1922 (et 9 000 à la fin de l'année); inflation et hausse des prix qui favorisaient tous les troubles, troubles communistes dans la Ruhr, attentats nationalistes qui entraînèrent l'assassinat d'Erzberger en août 1921.

Briand se trouvait devant une offensive de la presse anglo-saxonne qui attaquait l'attitude «impérialiste» de la France en un moment où la situation des finances françaises aurait nécessité un appui des banques anglaises et américaines : rivalité franco-britannique au Proche-Orient dans l'attribution des mandats à la France sur la Syrie et le Liban, qui obligeait à l'intervention du général Gouraud à Damas — appui donné par les Français à Mustapha Kémal en Turquie, alors que les Anglais occupaient encore Constantinople — accord entre Rathenau et Stinnes en voyage à Londres, en octobre 1921, et Lloyd George sur une reconstruction de l'Europe. Briand ressentit l'isolement français à la conférence de Washington (novembre 1921-février 1922) qui traitait du désarmement naval et n'accorda à la France qu'un tonnage de grosses unités égal à celui de l'Italie. Puis, en décembre 1921, les Américains refusèrent à nouveau de lier la créance française sur l'Allemagne (créance politique) à la dette française envers les États-Unis (dette commerciale). Briand accepta néanmoins de participer en janvier 1922 à la conférence de Cannes, où, sous l'égide de Lloyd George, les représentants français, anglais, italiens, belges adoptèrent le projet d'une grande conférence économique et financière, où seraient invités Russes et Allemands, afin de réinsérer ceux-ci dans le circuit du commerce mondial, dont la rupture était la cause de la crise économique, et dont le rétablissement, qui passait par le règlement des questions des réparations et des dettes russes, remettrait globalement en ordre l'économie européenne.

Poincaré, président de la commission des Affaires étrangères du Sénat, attaqua vivement l'intention prêtée à Briand de payer un pacte franco-britannique par le renoncement partiel aux créances françaises sur l'Allemagne et la Russie. Millerand, et c'était un fait sans précédent, tint un conseil des ministres en l'absence du président du Conseil et contraignit ainsi Briand à la démission le 12 janvier 1922.

E. Le ministère Poincaré (15 janvier 1922-8 juin 1924)

a) Les relations franco-anglaises étaient mauvaises. La conférence prévue par Briand se tint à Gênes d'avril à mai 1922, mais n'aboutit qu'à la reconnaissance du Gold Exchange Standard, dont la livre et le dollar étaient les principaux bénéficiaires. Barthou, qui dirigeait la délégation française, n'obtint rien des Russes; leur représentant, Tchitchérine, offrait, en échange de l'annulation des dettes et d'un emprunt, la restitution des biens nationalisés; Barthou fit échouer le projet malgré Lloyd George, et l'on apprit pendant la conférence que l'Allemagne et la Russie venaient de s'entendre par le traité de Rapallo. Les rapports franco-britanniques devinrent plus mauvais encore quand Poincaré fit évacuer les Détroits par les forces françaises, obligeant les Anglais à abandonner Constantinople, et assurant le succès de la révolution turque, qui fut reconnu par le traité de Sèvres en 1923. Enfin l'Allemagne, pourtant en pleine prospérité économique, demandait un moratoire devant l'effondrement du mark. Dans une nouvelle conférence tenue à Londres en août 1922 Poincaré offrit encore une compensation des dettes avec les alliés, et la prise de « gages productifs » en Allemagne (contrôle des exportations, ligne douanière sur le Rhin, prélèvements sur la production allemande) ; les Anglais refusèrent ; la position française se durcit quand Barthou devint en octobre président de la Commission des réparations ; Poincaré décida d'agir seul.

b) L'occupation de la Ruhr est effectuée le 11 janvier 1923 par trois divisions franco-belges ; le but de l'opération était économique, mais surtout politique : Poincaré savait que le profit serait mince, mais il avait besoin d'un gage, au moment où s'ouvriraient des négociations avec l'Angleterre ; car il fallait que l'Allemagne fût obligée de payer des réparations pour avoir moins de facilité à réarmer, et pour que l'on pût contrôler son industrie, principal agent de réarmement ; si l'Allemagne continuait à ne pas avoir des dépenses militaires, ou très peu, elle devait pouvoir payer ; enfin, ne pouvait-on pas utiliser le profond sentiment populaire que l'on croyait discerner dans la Rhénanie en faveur de la France pour y faire triompher l'autonomisme?

Le gouvernement allemand rompit les relations avec la France et la Belgique, arrêta les fournitures, décréta la résistance passive ; les sidérurgistes allemands annulèrent leurs commandes de minerai de fer en Lorraine et s'adressèrent à la Suède ; les chemins de fer furent paralysés ; les hauts fourneaux s'éteignirent, 400 000 ouvriers étaient en grève ; en mai, Léo Schlageter fut fusillé pour avoir fait sauter un train militaire, et 13 ouvriers de Krupp furent tués au cours d'une échauffourée.

Pourtant, la Mission interalliée de contrôle des usines et des mines (MICUM) parvint à remettre en route l'économie de la Ruhr avec des cheminots, des mineurs, des ingénieurs français et belges ; la crise qui s'abattit sur l'Allemagne, incapable de se priver des ressources de la Ruhr, acheva l'effondrement du mark et obligea Stresemann à conseiller la fin de la résistance passive le 26 septembre 1923.

L'affaire avait coûté 20 morts du côté français, 76 morts chez les Allemands ; elle avait rapporté 900 millions de marks-or dont un tiers de bénéfice pour la France. Pourtant, Poincaré ne tira pas parti de son succès.

c) L'échec de Poincaré. Dès août les Anglo-Saxons avaient lancé l'idée d'une commission d'experts à laquelle les Etats-Unis acceptèrent de participer ; Poincaré s'y résolut le 27 octobre : ce sera le *Plan Dawes.*

Pourquoi cette capitulation de Poincaré? Tout d'abord, c'est un modéré inquiet des répercussions qu'a eues son initiative à l'intérieur et à l'extérieur.

En France même il se trouve devant une opposition renforcée ; les communistes, Cachin, Monmousseau avaient encouragé les ouvriers allemands à la résistance au cours d'un voyage dans la Ruhr ; arrêtés à leur retour en France, ils bénéficièrent d'un non-lieu. Poincaré ne peut plus compter sur une opinion publique « bleu horizon », qui est lassée par la lutte et répond mieux aux appels de Briand. Herriot et les radicaux, qui l'ont soutenu pour ne pas affaiblir sa position internationale, sont hostiles à l'occupation et seront vraisemblablement vainqueurs aux prochaines élections. Il n'est pas dans la nature de Poincaré de s'appuyer sur la droite classique et de se couper du radicalisme.

A l'extérieur l'occupation de la Ruhr a eu en Allemagne des effets dramatiques, l'effondrement monétaire, la crise communiste et le sursaut du nationalisme dont Hitler a essayé de profiter à Munich le 8 novembre 1923. Poincaré subit la pression anglo-saxonne, car la Grande-Bretagne redoute un rapprochement germano-soviétique et cherche à ramener l'Allemagne dans le camp occidental. Il en vient à estimer, comme Briand, qu'un pacte de garantie allié est plus important que les réparations.

Enfin la situation financière et monétaire était mauvaise ; après le redressement de 1921-1922 la chute du franc avait repris à partir de mai 1922 ; aux insuffisances de la reconstruction s'ajoutaient le déficit budgétaire et les craintes suscitées par les émeutes de droite et de gauche qui faisaient fuir les capitaux ; l'occupation de la Ruhr accentua la spéculation à la baisse du franc. Ce fut la première panique financière d'après-guerre : le 8 mars 1924 la livre était à 116 francs, le dollar à 24 ; Poincaré dut faire appel au crédit de la Banque d'Angleterre, qui lui accorda un prêt de 4 millions de livres à 6 % gagé sur l'encaisse de la Banque de France par l'intermédiaire de la Banque Lazard. La Banque Morgan accorda 100 millions de dollars à 3 mois et à 6,5 % ; mais il convenait à Poincaré d'avoir une souplesse diplomatique plus grande. Les deux prêteurs avaient mis des conditions de redressement budgétaire. Poincaré obtint le droit d'agir par décrets-lois pendant 4 mois ; il put renforcer le contrôle des changes, faire voter le 22 mars 1924 un budget d'austérité qui augmentait les impôts de 20 %. Épuisé par ces mois de lutte parlementaire, Poincaré démissionna aussitôt après les élections.

2. Le Cartel (1924-1926)

Les élections qui eurent lieu en mai 1924 au scrutin de liste départemental à un tour se firent sur la question allemande, mais aussi sur la question fiscale et sur la « question Millerand ».

Herriot avait multiplié ses condamnations de la politique de Poincaré, et Briand avait appelé la France à être « fille de la Révolution... couverte par le bouclier du monde entier ». La situation monétaire s'était redressée après les mesures prises par Poincaré ; au début de mai, le dollar était redescendu à

15 F, la livre à 65, mais les électeurs supportaient mal la pression fiscale. Millerand, contre toutes les règles acquises sous la IIIe République, intervint dans la bataille électorale : dans son discours prononcé à Évreux le 14 octobre 1923, il fit l'éloge du Bloc national et suggéra une révision de la Constitution qui laisserait moins de place au législatif. Cette menace présidentielle rapprocha les radicaux et les socialistes; le congrès radical de février 1924 fixa le programme autour de cinq points : hostilité aux décrets-lois, maintien de la loi de huit heures, fidélité à la SDN, laïcité, opposition à Millerand; une minorité cependant avec Albert Sarraut et Chéron, plus proche des modérés, quitta le parti pour former une fédération radicale dissidente. Le congrès socialiste tenu au même moment finit par accepter le cartel, que nous «subissons comme la peste ou le choléra». *Le Quotidien* («le journal honnête pour les honnêtes gens») fut lancé par souscription publique pour soutenir la campagne du Cartel. Les communistes, sur les directives de Zinoviev, se présentèrent seuls pour pouvoir compter leurs voix.

Les élections donnèrent une faible majorité de voix à droite (300 000), mais la majorité des sièges à gauche; les communistes, qui se présentaient pour la première fois, avaient 880 000 voix et 26 sièges. Tardieu, Léon Daudet, étaient battus.

A. La réaction contre le Bloc national

Le Cartel, surpris de sa victoire, cherche à s'assurer le contrôle des postes importants. Il y trouve un obstacle, le président de la République.

a) Contre Millerand. Le groupe radical adressa aussitôt un ultimatum à Millerand : «Considérant que M. Alexandre Millerand, président de la République, a, contrairement à l'esprit de la Constitution, soutenu une politique personnelle; considérant qu'il a ouvertement pris parti pour le Bloc national; considérant que la politique du Bloc national a été condamnée par le pays, estime que le maintien à l'Élysée de M. Millerand blesserait la conscience républicaine... », etc. Après plusieurs vaines tentatives pour former des ministères avec lesquels la Chambre refusa d'entrer en contact, Millerand démissionna le 11 juin 1924[1]. Il fut remplacé le 13 par Gaston Doumergue, avocat de Nîmes, appartenant à la Gauche démocratique, président du Sénat. Le 14, Édouard Herriot forma son premier ministère : il prit les Affaires étrangères, donna les Finances à Clémentel (puis à De Monzie en avril 1925), l'Intérieur à Chautemps; le ministère était radical, les socialistes soutenaient mais ne participaient pas.

1. Thiers avait démissionné en 1873; Mac-Mahon en 1879; Grévy en 1887; Casimir-Périer en 1895; Deschanel en 1920.

b) A *l'intérieur.* En juillet, une nouvelle et plus large amnistie pour faits de guerre fut votée, dont bénéficièrent Caillaux et Malvy. Les cheminots révoqués en 1920 furent réintégrés. Herriot semblait décidé à soumettre les départements recouvrés à la législation française, mais, devant l'opposition des Alsaciens-Lorrains, il dut se résigner à y maintenir le Concordat. Par contre, il supprima l'ambassade française au Vatican malgré Briand, et n'y laissa qu'un chargé de mission. En même temps, Herriot procédait massivement à l'épuration de la haute administration.

c) A l'extérieur. Herriot reconnut le gouvernement soviétique en octobre 1924, tout en réservant les droits des Français détenteurs de fonds russes, et entama des pourparlers économiques avec les Soviets. Il poursuivit la politique de rapprochement avec l'Angleterre et l'Allemagne dans le cadre de la SDN ; on se mit d'accord à la conférence de Londres de juillet-août 1924 pour mettre en sommeil la commission des réparations, pour que l'Allemagne appliquât le Plan Dawes, que la France évacuât la Ruhr et cessât tout appui au séparatisme rhénan. La détente internationale et la confiance de Briand envers Stresemann conduisirent en octobre 1925 à l'accord de Locarno, qui comportait la reconnaissance par l'Allemagne de ses frontières occidentales, une garantie de ces mêmes frontières par l'Angleterre et l'Italie, contre l'évacuation de la zone de Cologne par les forces françaises et la promesse faite à l'Allemagne d'un siège permanent au conseil de la SDN.

B. Les échecs du Cartel

a) Difficultés politiques, les Ligues. Le parti communiste s'est réorganisé après le cinquième congrès du Komintern (juin-juillet 1924) dans le sens d'une plus grande bolchevisation ; il applique désormais la tactique « classe contre classe » en incluant les socialistes parmi les alliés objectifs de la droite. L'occasion de manifester leur force fut donnée aux communistes le 23 novembre 1924 lors de la translation des cendres de Jaurès au Panthéon ; leur imposante participation au cortège fit renaître dans la bourgeoisie la « grande peur » du « péril rouge » que Herriot semblait incapable de neutraliser et renforça les nouvelles structures que la droite avait commencé à se donner sous la forme des *Ligues.*

L'avant-guerre avait vu la formation de la Ligue des Patriotes, de la Ligue de la Patrie française, de la Ligue antisémite, qui avaient repris à l'ancienne « Sainte Ligue » la vocation de lutte contre l'hérésie. Après la guerre la droite conservatrice s'est regroupée sous l'égide de Millerand dans la *Ligue républicaine nationale.* La *Ligue des jeunesses patriotes,* les « J. P. », créée par Taittinger en 1924, eut tout de suite un caractère beaucoup plus activiste, suscité peut-être par l'arrivée au pouvoir de Mussolini en Italie ; se signalant par le port du béret et d'un imperméable bleu marine les membres défilaient en formations paramilitaires ; leur programme politique antiparlementaire, nationaliste, visait à un renforcement de l'exécutif ; leur programme économique et social retournait à un néocorporatisme qui condamnait à la fois le profit capitaliste et le syndicalisme. Leurs premiers heurts sanglants avec les communistes eurent lieu rue Damrémont le 23 avril 1925 et leur coûtèrent deux morts.

D'un tout autre caractère était le *Mouvement du redressement français,* intéressant par les personnalités qu'il regroupait, club de recherches fondé en 1925 par Ernest Mercier, grand industriel qui s'était intéressé après la guerre à tout ce qui concernait l'électricité et le pétrole. Il appartenait à une équipe de polytechniciens, qui, tels leurs aînés du XIXe siècle, s'occupaient de théories sociales, économiques et politiques : ces néo-saint-simoniens formèrent comme Lucien Romier, Alibert ou Pucheu, que l'on retrouvera plus tard autour du maréchal Pétain, une équipe qui cherchait comment donner à la France un développement économique à l'américaine, reposant sur la standardisation, la concentration; parallèlement il fallait un pouvoir fort exercé par les techniciens de l'économie; socialement le mouvement faisait campagne pour l'actionnariat ouvrier.

L'offensive laïque du Cartel s'était trouvée aux prises avec un mouvement catholique formé par le général de Castelnau, qui s'était distingué pendant toute la durée de la Grande Guerre, où il avait perdu trois fils : la *Fédération nationale catholique,* appuyée par la hiérarchie et même par une partie de cette bourgeoisie républicaine qui venait de porter le Cartel au pouvoir; le Manifeste des cardinaux et archevêques de France, publié le 11 mars 1925, condamnait l'État laïque et la législation antérieure à la guerre; les réunions de la Fédération, troublées par l'extrême gauche, provoquèrent des affrontements meurtriers.

La seule formation qui pût présenter un réel danger pour le régime restait la *Ligue d'action française.* Après une période d'effacement pendant la guerre, où il avait soutenu avec Barrès l'Union nationale, Maurras avait repris ses attaques contre « la bête », la démocratie née de la Révolution; lui-même restait un théoricien éloigné de l'action, attaché surtout à la formulation de la doctrine et à la rédaction des éditoriaux du journal qui s'adressait à 35 000 abonnés. L'action était dévolue aux camelots du roi, qui recherchaient systématiquement l'affrontement avec l'extrême gauche et organisaient parfois des expéditions punitives.

Cependant l'Action française fut affaiblie en 1925-1926 par deux événements : en 1925 la rupture avec G. Valois, l'une des figures prestigieuses de la Ligue, venu du syndicalisme révolutionnaire, qui, déçu par l'inaction de Maurras et séduit par la Marche sur Rome des chemises noires italiennes, prit modèle sur Mussolini pour fonder le *Faisceau des combattants et des producteurs* et habiller ses membres de chemises bleues. Plus grave pour l'Action française fut en 1926 la publication par Pie XI de la condamnation qui avait été portée contre elle par Pie X en 1914 pour des motifs philosophiques plus que politiques. Le moment choisi par Pie XI relève peut-être d'une opportunité politique, donner au Cartel un gage de conciliation, en désolidarisant l'Église des adversaires de la République; mais c'est aussi le moment d'un changement profond de la politique de l'Église, qui avait jusqu'ici toujours témoigné ses préférences pour la droite, et qui désormais va de plus en plus appuyer à gauche. Les évêques français durent signer un acte d'adhésion à la condamnation officielle publiée le 20 décembre 1926, et qui entraîna des débats de conscience déchirants chez les catholiques. Le journal perdit 45 % de ses lecteurs et la Ligue végéta ensuite jusqu'en 1933.

b) Difficultés coloniales. En Indochine, la génération montante d'intellectuels formés à la pensée française et d'une bourgeoisie enrichie par l'essor économique fit naître en 1924 un parti progressiste qui demandait la formation d'une république vietnamienne associée à la France. En 1925 s'était formée à Canton l'Association de la jeunesse révolutionnaire vietnamienne, animée par Nguyen Aï Quoc, dit Ho Chi Minh; celui-ci avait milité en France dans le parti socialiste, puis, après le congrès de Tours en 1920, avait adhéré au parti communiste; après un séjour à Moscou il gagna ensuite la Chine, où, grâce à l'appui de Tchang Kaï-Chek, il put regrouper les réfugiés politiques.

La conférence de San Remo, en 1920, avait confirmé l'attribution à la France d'un mandat sur le Grand Liban et sur la Syrie, qui était une mosaïque de peuples formant un ensemble d'États autonomes. Si la présence française fut acceptée assez facilement au Liban par les deux confessions chrétienne et musulmane, elle le fut moins bien dans les territoires syriens, mieux pénétrés par les idées jeunes turques, où l'on confrontait l'attitude de l'administration française omniprésente à la politique anglaise plus libérale dans les États arabes voisins; aussi la France avait-elle à faire face à des troubles sérieux chez les Alaouites et au Djebel Druze, où un soulèvement déclenché en juillet 1925 s'étendit à Damas et ne fut apaisé qu'en 1927 par le successeur du général Sarrail.

Plus sérieuse encore fut l'affaire marocaine. Lyautey avait à peu près achevé la pacification de la zone française en 1923, s'efforçant d'appliquer scrupuleusement les principes du protectorat, c'est-à-dire la conservation des traditions économiques, culturelles et politiques tout en cherchant à moderniser le pays par l'implantation des Européens. Dans la zone espagnole du nord au contraire, le cadi de Melilla, Abd-el-Krim, avait infligé au général Silvestre en 1921 une sévère défaite qui le rendit maître des montagnes; en avril 1925 il porta la guerre sainte dans la zone française, et la situation devint assez grave pour que le gouvernement Painlevé envoyât le maréchal Pétain en remplacement de Lyautey, brutalement rappelé en France. Cette «guerre du Rif» nécessita l'envoi de 70 bataillons en renforts, ce qui fut l'occasion pour le parti communiste de lancer un comité d'action contre la guerre, présidé par M. Thorez, et d'entretenir autour de la question marocaine une agitation permanente favorisée par la situation économique. Néanmoins, une offensive concertée avec les Espagnols permit de capturer Abd-el-Krim le 27 mai 1926 et de le déporter à la Réunion; la pacification ne sera complète qu'en 1934.

c) Difficultés financières. Le redressement monétaire réussi en mai 1924 avait été de courte durée ; durant deux ans, le Cartel se débattit dans des difficultés qui aboutirent à une véritable faillite en 1926.

Pourtant la situation économique était bonne ; l'indice industriel dépassait largement celui de 1913 ; la balance commerciale était à peine déficitaire, et la balance des comptes était largement positive grâce au tourisme, aux services et aux réparations ; l'encaisse de la Banque de France était parfaitement stable. Mais la hausse des prix était due à l'inflation provoquée par le déficit budgétaire, aux désordres dans la rue, à la panique entretenue pour des fins politiques : le Cartel se trouvait devant le « mur d'argent »[1] ; la presse, en agitant la menace d'un impôt sur le capital et de la hausse des prix, incitait les épargnants à retirer leurs fonds des caisses d'épargne et des banques, les porteurs de bons à court terme à en demander le remboursement, et tous ceux qui avaient des liquidités à s'en défaire pour acheter des biens durables. En janvier 1925 la circulation fiduciaire dépassa les 40 milliards fixés par la loi : le plafond était « crevé ». De Monzie proposa un prélèvement de 10 % sur le capital, mais le Sénat renversa le ministère sur ce projet. La stabilisation de la livre à sa parité d'avant-guerre ne put qu'aggraver la crise, favoriser les exportations françaises, et accroître la fuite des capitaux.

Caillaux, récemment amnistié, était ministre des Finances du gouvernement Painlevé formé le 17 avril 1925 ; on attendait de lui qu'il rassurât les capitalistes à l'intérieur et à l'extérieur ; il entama en effet avec les États-Unis et la Grande-Bretagne des négociations qui conduiront aux accords Mellon-Bérenger du 24 avril 1926 et Caillaux-Churchill du 12 juillet 1926, consolidant la dette de guerre (devant l'hostilité de l'opinion, les accords ne seront ratifiés qu'en juillet 1929). Mais les socialistes refusèrent le budget d'austérité qu'il proposait. Les trois ministères Briand qui se succédèrent entre novembre 1925 et juillet 1926 tombèrent également sur les projets financiers, et il fallut porter le plafond d'émission à 58,5 milliards en décembre 1925, le plafond des avances au Trésor à 39,5. Caillaux, à nouveau ministre des Finances du 10e ministère Briand, essaya en vain d'obtenir de nouvelles avances de la Banque de France et demanda les pleins pouvoirs pour appliquer un plan d'assainissement financier qui le fit renverser par Herriot le 17 juillet 1926. Celui-ci fut renversé à son tour le 21 juillet, le jour de sa présentation, quand De Monzie, revenu aux Finances, avoua que le Trésor était vide : la circulation fiduciaire était arrivée à 53 milliards, les prix de gros étaient à 854 (100 en 1913), la livre à 243 (25,25), le dollar à 49 (4,90).

1. Le « mur d'argent » symbolisait les grandes féodalités financières, le Comité des Forges, l'Union générale des industries métallurgiques et minières, le Comité central des Houillères, la Banque de France, dont les régents sont de grands banquiers.

L'évolution des prix frappe particulièrement les salariés et les fonctionnaires; les hausses de salaires de 1920-1921, coïncidant avec la baisse des prix de détail, avaient permis au salaire réel de dépasser le niveau de 1913; le pouvoir d'achat semble avoir été maximum entre 1922 et 1924; la hausse des prix est ensuite trop rapide pour que les salaires puissent suivre, malgré la position de force où se trouvent les travailleurs dans une période de croissance économique et de pénurie de main-d'œuvre; en juillet 1926, le salaire réel est revenu au niveau de 1913.

Bibliographie

Généralités

J. BAINVILLE, *Les conséquences politiques de la paix* (Fayard, 1920); J. CHASTENET, *Histoire de la IIIe République*, t. IV, *Jours inquiets et jours sanglants 1906-1918* (Hachette, 1957) et t. V, *Les années d'illusions, 1918-1931* (Hachette, 1960); G. et E. BONNEFOUS, *Histoire politique de la IIIe République*, t. II, *La Grande Guerre* (1957); t. III, *L'Après-Guerre, 1919-1924*; t. IV, *Cartel des gauches et Union Nationale, 1924-1960* (1960); t. V, *La République en danger, 1930-1935* (1962); J.-J. CHEVALLIER, *Histoire des Institutions de la France moderne, 1789-1958* (Dalloz, 1967); F. GOGUEL, *La politique des partis sous la IIIe République* (Seuil, 1958); M. CROUZET, *Histoire générale des civilisations*, t. VII, *L'époque contemporaine* (PUF); coll. «Peuples et civilisations», le tome XX de BEAUMONT; J. NERE, *La IIIe République, 1914-1940* (Armand Colin, 1972); L.-H. PARIAS, *Histoire du Peuple Français*, t. V, *Cent ans d'esprit républicain*; C. FOHLEN, *La France de l'entre-deux-guerres* (Castermann, 1966). *Nouvelle histoire de la France contemporaine*, t. 12, *La fin d'un monde* (Seuil, 1975); F. ABBAD, *La France des années 20* (Paris, coll. Cursus, Armand Colin, 1993); A. CONTE, *Le premier janvier 1920* (Plon, 1976); C. PAILLAT, *Dossiers secrets de la France contemporaine 1919-1938* (Laffont, 1979); Y. TROTIGNON, *La France au XXe siècle* (5e éd., Dunod, 1984); R. REMOND, *Notre siècle, 1918-1988* (Fayard, 1988); S. BERSTEIN, *La France des années 30* (Paris, coll. Cursus, Armand Colin, 1993); A. TARDIEU, *La Paix* (Paris, 1920); D. ARTAUD, *La reconstruction de l'Europe, 1919-1929* (Paris, PUF, 1973); P. MILZA, *De Versailles à Berlin, 1919-1945* (Paris, Masson, 1978).

Économie et Société

S. CLOUGH, *A history of national economics 1789-1939* (1939); F. WALTER, *Recherches sur le développement économique de la France 1900-1955* (Cahiers ISEA, 1957); C.-J. GIGNOUX, *L'économie française entre les deux guerres* (Paris SEDES, 1942); Ch. BETTELHEIM, *Bilan de l'économie française 1919-1946* (PUF, 1947); A. SAUVY, *Histoire économique de la France entre les deux guerres* (Economica, 1984, 3 vol.); G. DUPEUX, *La Société française 1789-1960* (coll. U, Armand Colin, 1964); St. A. SCHUKER, *The End of French Predominance in Europe (The Financial Crisis of 1924 and the Adoption of the Dawes plan)* (Chapel Hill, The University of North Carolina Press, 1976); A. PROST, *Les anciens combattants et la société française 1914-1939* (Presses de la Fondat. Nat. des Sc. Polit., 3 vol., 1977) (du même dans la collection Archives).

La vie politique

A. SOULIER, *L'Instabilité ministérielle sous la IIIe République 1871-1938* (Récueil Sirey, 1939); F. GOGUEL, *Géographie des élections françaises de 1870-1951* (Armand Colin, 1951); A. SIEGFRIED, *Tableau des partis en France* (Grasset, 1930); R. REMOND, *La Droite en France* (Aubier, 1963); J.N. JEANNENEY, *Leçon d'histoire pour une gauche au pouvoir. La faillite du cartel, 1924-1926* (Paris, Armand Colin, 1984).

Socialisme et Communisme

S. BERSTEIN, *Histoire du Parti radical*, t. I, *La recherche de l'âge d'or, 1919-1926* (Paris, FNSP, 1980); J. P. BRUNET, *Histoire du socialisme en France, de 1871 à nos jours* (Paris, Seuil, 1989); J. J. BECKER, S. BERSTEIN, *Histoire de l'anticommunisme en France*, t. I, *1917-1940* (Paris, O. Orban, 1987); G. WALTER, *Histoire du parti communiste français* (Éd. Somogy, 1948); P. LOUIS, *Histoire du socialisme en France, 1789-1945* (Rivière, 1950); M. THOREZ, *Fils du peuple* (Éd. Sociales, 1960); D. LIGOU, *Histoire du socialisme en France, 1871-1961* (PUF, 1962); G. LEFRANC, *Le mouvement socialiste en France sous la IIIe République 1875-1940* (Payot, 1963); A. KRIEGEL, *Aux sources du communisme français* (thèse) (Mouton, 2 vol., 1964); *Le Congrès de Tours* (Julliard, 1964); et *Histoire du parti communiste français* (Éd. Sociales, 1964); J. DUCLOS, *Histoire du parti communiste* (Éd. Sociales, 1964); J. FAUVET, *Histoire du parti communiste français* (2 vol. Fayard, 1964-1965); C. WILLARD, *La pensée socialiste contemporaine* (PUF, 1965); *Socialisme et communisme français* (coll. U2, Armand Colin, 1967); J. DROZ, *Le socialisme démocratique* (coll. U, Armand Colin, 1966); A. KRIEGEL et M. PERROT, *Le socialisme français et le pouvoir, Études et Documentation Internationale* (Paris, 1966); A. KRIEGEL, *Les communistes français* (Seuil, 1968); nouvelle édition avec la collaboration de G. BOURGEOIS, *Les communistes français 1920-1970* (Seuil, 1985); R. WOHL, *French Communism in the Making 1914-1924* (Stanford Univ. Press, 1966); J. P. BRUNET, *L'enfance du parti communiste 1920-1938*, Dossiers Clio (PUF, 1972); R. GAUCHET, *Histoire secrète du parti communiste français* (Albin Michel, 1974); J. DROZ (sous la direction de), *Histoire générale du socialisme*, t. III, *De 1918 à 1945* (PUF, 1977); P. ROBRIEUX, *Histoire intérieure du parti communiste 1920-1982*, 4 tomes (Fayard, 1980-1984); J. P. BRUNET, *Histoire du Parti communiste français* (Que sais-je?, PUF, 1982); M. DREYFUS, *PCF, crises et dissidences. De 1920 à nos jours* (Éd. Complexe, 1989); S. COURTOIS, M. LAZAR, *Histoire du Parti communiste français*, Paris, PUF, 1995; J.M. MAYEUR, *Des partis catholiques à la démocratie chrétienne, XIXe-XXe siècle* (Paris, Armand Colin, 1980).

La Droite

E. WEBER, *Action française, Monarchism and Reaction in twentieth century* (Paris, Stock, 1964); H. MASSIS, *Maurras et notre temps* (Plon, 1961); L. THOMAS, *L'Action Française devant l'Église, de Pie X à Pie XII* (Nouv. Éd. Lat., 1965); Z. STERNHELL, *Ni droite ni gauche. L'idéologie fasciste en France* (Seuil, 1983); P. MILZA, *Fascisme français. Passé et Présent* (Flammarion, 1987), refondu aux PUF, 1987; R. REMOND, *Les droites en France* (Paris, Aubier, 1982); J.-F. SIRINELLI (sous la direction de), *Histoire des droites*, 3 vol. (Paris, Gallimard, 1992); A. CHEBEL D'APPOLLONIA, *L'Extrême droite en France, de Maurras à Le Pen* (Bruxelles, Complexe, 1988).

Le mouvement syndical

G. LEFRANC, *Histoire du mouvement syndical en France* (Paris, Lib. Syndicale, 1937); du même, *Histoire du mouvement ouvrier en France* (Aubier, 1946); E. DOLLEANS, *op. cit.*

plus haut; B. GEORGES et D. TINTANT, *Léon Jouhaux, cinquante ans de syndicalisme* (PUF, 1962); G. LEFRANC; *Le syndicalisme en France*, Que sais-je? (PUF, 1989).

Questions extérieures

M. TACEL, *La France et le monde au XXe siècle* (Paris, Masson, 1989); J. BARIETY, R. POIDEVIN, *Les relations franco-allemandes, 1815-1975* (Paris, Armand Colin, 1977); P. MILZA, *Les relations internationales de 1918 à 1939* (Paris, Armand Colin, 1995); P. RENOUVIN, *Histoire des relations internationales,* t. VII, *1914-1929* (Hachette, 1949); J.-B. DUROSELLE, *Histoire diplomatique de 1919 à nos jours* (Dalloz, 1962).

Questions coloniales

J. BOUVIER, R. GIRAULT, J. THOBIE, *L'Impérialisme à la française, 1914-1960* (Paris, La découverte, 1986); G. HARDY, *Nos grands problèmes coloniaux* (Armand Colin, 1942); C.-A. JULIEN, *L'Afrique du Nord en marche* (Julliard, 1952); R. LETOURNEAU, *Évolution politique de l'Afrique du Nord musulmane, 1920-1961* (Armand Colin, 1962).

Quelques personnalités

Blum : C. AUDRY, *Léon Blum ou la politique du juste* (Julliard, 1965); H. ZIRBURA, *Léon Blum et le parti socialiste 1872-1934*, Cahiers de la Fond. Nat. des Sc. Pol. (Armand Colin, 1967); J. COLTON, *Léon Blum*, trad. de l'américain (Fayard, 1969); J. MOCH, *Rencontres avec Léon Blum* (Plon, 1970); J. LACOUTURE, *Léon Blum* (Seuil, 1977); E. LABROUSSE (sous la direction de), Actes du Colloque de 1965, *Léon Blum chef du gouvernement* (Armand Colin, 1967); L. BLUM, *A l'échelle humaine* (Gallimard, 1971).

Briand : G. SUAREZ, *Briand, sa vie, son œuvre*, 5 vol. (Plon, 1938-1943).

Herriot : M. SOULIE, *La vie politique d'E. Herriot* (Armand Colin, 1962); P.-O. LAPIE, *Herriot* (Fayard, 1967).

Poincaré : P. MIQUEL, *Poincaré* (Fayard, 1961); J. CHASTENET, *R. Poincaré* (Julliard, 1948).

Biographie

Édouard Herriot (1872-1957)

Né à Troyes, normalien, agrégé, professeur à Lyon; au milieu du tourbillon politique, cet humaniste d'une grande culture n'oublia jamais qu'il était d'abord un universitaire et un poète; en 1904 il soutint une thèse brillante sur *Madame Récamier et ses amis*; il publia en 1925 *Dans la Forêt normande,* en 1929 *La Vie de Beethoven,* en 1932 *La Porte océane.* Ses Mémoires *(Jadis)* publiés entre 1948 et 1952 le révèlent politicien sans doute, mais surtout homme de cœur et de bon sens, débordant de chaleur humaine et, malgré son anticléricalisme foncier, intéressé par le problème religieux. La tête carrée, les cheveux en brosse, une éternelle pipe à la bouche, épais de corps mais fin d'esprit, orateur éloquent, son radicalisme s'apparente à celui d'Alain plus qu'à celui de Clemenceau. Il est le type même de *La République des Professeurs* de Thibaudet (1928).

1. 1904-1924

Inscrit au parti radical au moment de l'affaire Dreyfus, il est d'abord un administrateur remarquable comme maire de Lyon (élu sans interruption de 1905 à 1940 puis de 1945 à sa mort), qui porte encore partout la marque de son œuvre (*cf.* son livre *Lyon n'est plus*, 1939-1940).

Il présente en 1907 le deuxième programme du parti radical auquel son sort est désormais lié et dont il est président en 1919 ; sénateur du Rhône en 1912, il est ministre des Travaux publics de Briand en 1916-1917. En 1919 il est élu député de Lyon et le restera jusqu'au bout.

2. 1924-1936

a) 1924-1926. Adversaire de la politique financière et extérieure de Poincaré, il est l'artisan de la formation et de la victoire du Cartel en 1924 ; président du Conseil de juin 1924 à avril 1925 avec les Affaires étrangères, il développe une politique extérieure de conciliation et d'entente internationale, mais échoue dans sa politique financière.

b) 1926-1928. Il est ministre de l'Instruction publique dans le ministère d'Union formé par Poincaré, mais il doit le quitter sur l'injonction du parti radical à la suite du congrès d'Angers.

c) 1928-1936. La deuxième victoire du Cartel en 1932 le porte à nouveau à la présidence du Conseil de juin à décembre 1932 ; il est ministre d'État dans les cabinets Doumergue et Flandin (1934) à la suite du 6 février, puis Laval (1935-1936) ; attaqué par l'aile gauche du parti (Édouard Daladier, la « guerre des deux Édouard ») il finit par se rallier à la formation du Front Populaire ; il est président de la Chambre de 1936 à 1940.

3. 1940-1945

Il est à Bordeaux au moment de la réunion de l'Assemblée nationale qui vote les pleins pouvoirs au maréchal Pétain ; il se détourne rapidement du régime de Vichy ; mis en résidence surveillée en 1942 il est appelé par Laval en 1944, mais les négociations en vue d'un retour à la légalité sont interrompues par son transfert en Allemagne, d'où il revient en 1945.

4. 1945-1957

Réélu député maire de Lyon en 1945, président de l'Assemblée nationale, il préfère se consacrer à la reconstitution du parti radical effondré, plutôt que de reprendre une vie politique active. En 1953 son état de santé l'empêche de se porter candidat à la présidence de la République ; il abandonne peu après la présidence de l'Assemblée, dont il est élu président d'honneur, et use encore de son prestige pour faire campagne contre la CED en 1954.

Homme de parti plus qu'homme de gouvernement, tous ses efforts portèrent depuis 1945 sur la défense du radicalisme et sur la survivance de la IIIe République à travers la IVe, qu'il n'avait pas pu empêcher de naître.

Document

Indices des prix de détail de treize articles de première nécessité

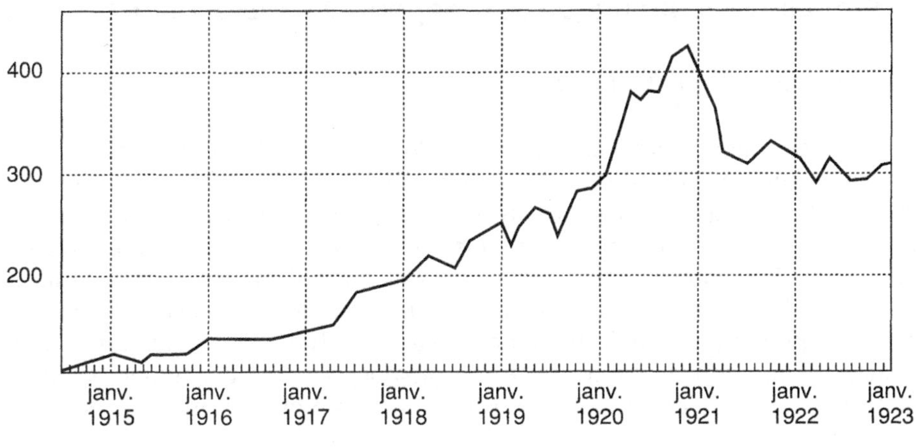

14

Le calme avant la tempête (1926-1932)

Le 21 juillet 1926, tous les projets de restauration financière ayant échoué, le déficit budgétaire montait à 9 milliards; le Trésor n'avait plus en caisse que 60 millions, il était incapable d'assurer le traitement des fonctionnaires. Dans la nuit du 21 au 22, le président Gaston Doumergue fit appel à l'« homme miracle », Raymond Poincaré. La Chambre à majorité de gauche allait accepter un homme que l'on classait à droite pour sa politique financière et extérieure; mais, dès le soir du 22, la livre redescendait de 243 à 208 F. Le 23, un ministère restreint d'union nationale était constitué; il ne comptait que 13 ministres, dont six anciens présidents du Conseil; on y voyait figurer ensemble des hommes aussi opposés que Tardieu et Briand, Herriot et Louis Marin; cette entente ne pouvait pas dépasser la phase de restauration monétaire.

1. Prospérité économique et prospérité financière (1926-1929)

A. Le redressement financier

La crise était une crise de confiance; Poincaré rétablissait la confiance par sa seule présence; en trois jours, avant même que l'on eût pris la moindre mesure, la livre avait baissé de 18 %; les capitaux qui avaient fui commençaient à revenir, on spéculait à la hausse du franc. Il fallait assurer l'avenir; dès le 27, Poincaré présentait son programme budgétaire : des économies dans tous les ministères, à la Défense nationale, aux régions libérées, aux Travaux publics, à l'Intérieur (suppression de 106 sous-préfectures), à la justice (disparition de tribunaux et de prisons) — recettes supplémentaires par l'augmentation des impôts et des taxes douanières (2,5 milliards en 1926,

9 milliards en 1927). Poincaré, pour obtenir la procédure d'urgence, qui lui fut accordée par 418 voix contre 31, avait dramatisé la situation («Si les ressources que nous vous demandons n'étaient pas votées, nous perdrions 11 000 F par minute, 660 000 F par heure, 16 millions par jour»); le 31 juillet, le projet fut voté; la livre avait baissé de 30 % en 10 jours. En 1926, le budget fut en équilibre, pour la première fois depuis 1914; en 1927, il fut en excédent.

Poincaré en profita pour rembourser une partie des avances consenties au Trésor par la Banque de France, et pour rembourser ou pour consolider la dette à court terme; afin de démontrer que l'État ne gaspillerait pas ses ressources, il fit garantir, par une procédure de révision constitutionnelle, l'autonomie de la Caisse d'amortissement alimentée par des ressources propres (tabac, droits de mutation et de succession) pour acheter en Bourse ou rembourser les bons à court terme et les rentes. Le taux d'escompte fut porté à 7,5 % pour attirer les capitaux étrangers; enfin la loi du 7 août 1926 autorisa la Banque de France à acheter l'or au cours du jour, soit 16,92 F au lieu des 3,43 F qui lui étaient imposés depuis 1914; c'était reconnaître en fait une dépréciation du franc des quatre cinquièmes sur 1914; c'était aussi donner aux produits français une prime d'environ 3 % sur les marchés extérieurs, puisque la livre allait bientôt redescendre à 122 F, le dollar à 25.

La confiance revenue, les 8 milliards de francs qui s'étaient évadés de France entre 1919 et 1926 revinrent. A l'étranger, on achetait des francs contre des dollars ou des livres, et, la France ayant adhéré au Gold Exchange Standard, les réserves d'or et de devises augmentaient, compensées par une émission correspondante de francs, absorbés ensuite en partie par des émissions d'emprunts à long terme et à faible intérêt; car, après une période très courte de déflation, l'émission fiduciaire fit remonter la circulation sous le double effet des entrées de devises et de la baisse du taux d'escompte à 4 % en 1928.

Pouvait-on revenir à la parité d'avant-guerre, comme l'avaient fait les Anglais en 1925? L'opinion publique y poussait, pour retrouver la valeur de l'argent qu'elle avait prêté à l'État depuis 1914. Mais, reporter le franc à sa valeur de 322 mg d'or à 9/10, c'était donner une prime à tous ceux qui avaient spéculé à la baisse d'abord, à la hausse ensuite — c'était donner une valeur-or à une dette intérieure qui atteignait encore 297 milliards au 31 décembre 1927 — c'était enfin s'imposer une déflation pour entraîner une baisse des prix que ne supporteraient ni la production ni les échanges extérieurs. Le 22 décembre 1926 la Banque de France fit connaître qu'elle achèterait désormais la livre à 122,25 F; la stabilisation était prête, mais Poincaré décida d'attendre le résultat des élections qui devaient avoir lieu en 1928.

Les radicaux et les socialistes décidèrent la Chambre à revenir, pour ces élections d'avril 1928, au scrutin d'arrondissement à deux tours, qui désavantageait les communistes; un nouveau découpage des circonscriptions porta le nombre des députés à 612. Le résultat fut en effet une perte de 12 sièges communistes, malgré une augmentation de 200 000 voix, mais aussi une diminution des radicaux et des socialistes au profit du centre (radicaux-indépendants et républicains de gauche) ; Léon Blum était battu à Paris par le communiste Jacques Duclos ; plus de la moitié des élus socialistes étaient des intellectuels et des membres des professions libérales ; le socialisme se déplaçait vers le sud-ouest, empiétant sur les régions rurales radicales. La victoire du centre signifiait l'approbation de la politique de Poincaré, qui put reconduire son ministère à l'exception de Loucheur qui passa au Travail.

La stabilisation fut préparée par Jacques Rueff et votée le 25 juin 1928. Elle mettait fin au cours forcé établi depuis août 1914, et rétablissait la convertibilité, mais seulement pour les non-résidents et pour l'équivalent d'un poids d'or de 400 onces (12 400 g) ; la stabilisation signifiait que le franc était défini officiellement par un poids d'or de 58,95 mg d'or fin, ce qui légalisait la perte de quatre cinquièmes sur 1914. Pour la première fois, le franc n'était plus défini par un poids d'argent, et le rapport légal en vigueur depuis 1803 était abandonné. La Banque de France était autorisée à réévaluer son encaisse sur la base de la nouvelle définition, le bénéfice en résultant étant acquis par le Trésor pour liquider les trois quarts de sa dette envers la Banque. Enfin, la loi supprimait le plafond de la circulation mais imposait à l'Institut d'émission de conserver une encaisse-or égale à 35 % au moins de ses « engagements à vue », ce qui revenait à supprimer l'application du Gold Exchange Standard ; la Banque de France serait obligée de convertir en or une partie de ses réserves de devises, ce qui ne devait pas être sans conséquence sur le Royaume-Uni. Entre 1927 et 1930, la Banque de France a augmenté ses réserves de 1 200 tonnes d'or, soit 2 fois la production annuelle du monde.

Le désordre monétaire, et le redressement spectaculaire qui l'a suivi, coïncidant avec la reprise économique, ont donné lieu à de nombreuses manœuvres spéculatives dont certaines eurent une implication politique. Le 4 décembre 1928 avait éclaté le premier des grands scandales qui allaient secouer l'opinion : Marthe Hanau avait été arrêtée avec son mari ; elle avait fondé en 1925 la *Gazette du Franc* pour conseiller les épargnants sur les placements avantageux, et y publiait souvent des articles d'hommes politiques ; elle avait également acheté la page financière de plusieurs journaux, dont le *Quotidien,* organe du Cartel des Gauches, pour y insérer des annonces publicitaires ; enfin, elle avait fondé en sociétés anonymes des syndicats d'épargnants pour réaliser leurs opérations financières et avait émis une quantité importante de bons. Défendue par ses anciens clients, relâchée, puis arrêtée à nouveau, elle se suicidera en 1935 : affaire demeurée obscure mais dont les éclaboussures ont atteint le *Quotidien,* qui déclina, et peut-être machine politique destinée à atteindre les hommes du Cartel.

B. Les difficultés politiques

Le danger passé, les querelles politiques reprirent ; l'Union nationale ne paraissait plus nécessaire à nombre de radicaux conduits par Édouard Daladier ; parti fondé sur les individualités animées seulement par une philosophie commune, comme venait de l'analyser Alain dans ses *Éléments d'une doctrine radicale* (1925), le parti radical ondule et se morcelle à chaque vote, pris entre sa volonté de demeurer un parti de gauche et son rejet vers le centre par la formation du parti communiste en 1920. Les querelles de personnes sont souvent plus fortes que l'unité de doctrine. La « guerre des deux Édouard » (Daladier et Herriot) le montre en 1928. Les anticléricaux n'ont pas accepté l'autorisation accordée par décret à certaines congrégations missionnaires dont l'activité avait semblé nécessaire aux colonies ; d'autre part, en 1924 avaient été formées, en application de la loi de 1901, des associations diocésaines qui permettaient de tourner les lois visant l'Église. Daladier lança l'attaque au cours de l'inauguration d'une statue de Combes en son lieu natal du Tarn. Le conflit interne s'amplifia ensuite au congrès radical d'Angers de novembre 1928 ; l'aile gauche avec Daladier condamna la participation à l'Union nationale, désormais inutile, et s'éleva contre les dépenses militaires faites aux dépens des réformes sociales ; Caillaux dénonçait le cléricalisme du ministère. Herriot essaya en vain de mettre en avant les réformes réalisées et les avantages de l'Union. Le programme voté par le congrès comportait une progression plus forte de l'impôt sur le revenu, une réduction du budget militaire, la reconnaissance du droit syndical aux fonctionnaires, une offensive contre les congrégations ; le maintien des ministres radicaux était lié à l'acceptation du programme. Herriot, Queuille, Sarraut quittèrent alors le ministère, contraignant Poincaré à la démission.

Le cinquième ministère Poincaré (11 novembre 1928-26 juillet 1929) fut formé sans les radicaux, et s'orienta donc plus à droite. Poincaré n'avait pas pris de portefeuille et avait laissé les Finances à Henri Chéron, disciple de Méline, défenseur des agriculteurs (« L'épi sauvera le franc »), qui poursuivit la politique financière prudente de Poincaré. Celui-ci, secoué par le scandale de la *Gazette du Franc,* épuisé par la bataille financière et politique, malmené par la Chambre, qui, en décembre 1928, porta malgré lui l'indemnité parlementaire de 45 000 à 60 000 F, clôtura la session et démissionna aussitôt pour raisons de santé (il mourra en 1934).

C. Le calme extérieur

L'application du Plan Dawes, l'entrée de l'Allemagne à la SDN le 6 septembre 1926, le règlement du problème irritant des dettes interalliées avaient fait disparaître les causes de tension et assuré la popularité de Briand. L'apôtre de la SDN, de la sécurité collective et de la réconciliation franco-allemande voyait dans son entente avec Stresemann la garantie de la paix et l'amorce du désarmement : « Arrière les canons, les fusils, les mitrailleuses, arrière les voiles de deuil, place à l'arbitrage, à la sécurité et à la paix... » (10 septembre). Le 17 septembre 1926, Briand et Stresemann se rencontrèrent en tête à tête dans une auberge, à Thoiry, à la frontière franco-suisse ; Briand aurait promis l'évacuation de la Rhénanie et le retour de la Sarre à l'Allemagne, mais l'hostilité de la Chambre l'empêcha même de dévoiler le contenu de ses entretiens. Du moins Stresemann obtint-il de la SDN la suppression de la

Commission de contrôle militaire en janvier 1927, et, après la signature du pacte Briand-Kellogg en 1928, la promesse d'une évacuation anticipée de la Rhénanie et la révision du Plan Dawes. Le Comité des experts présidé par l'Américain Young mit au point un plan nouveau qui précisait le nombre d'annuités (59), en diminuant le montant total, supprimait la Commission financière de Berlin, et confiait à un organisme nouveau, la Banque des Règlements Internationaux, à Bâle, le soin de mobiliser la créance sur l'Allemagne.

La sécurité retrouvée semblait rendre moins nécessaire le maintien d'une armée forte et coûteuse, qui par ailleurs indisposait les Allemands et les Anglo-Saxons, la France étant le seul pays à maintenir le service obligatoire ; en 1922, une première réduction avait ramené le service à 18 mois ; en mars 1928, il fut encore réduit à un an. Les effectifs métropolitains passèrent de 616 000 hommes en 1921 à 485 000 en 1930.

D. La prospérité économique

La reconstruction économique avait d'abord été facilitée par l'inflation et la hausse des prix ; elle le fut ensuite par l'afflux des capitaux ; mais elle était gênée par le manque de main-d'œuvre.

a) La situation démographique. Les pertes de la guerre ont surtout affecté la population active, et la récupération des années 1919-1920 est insignifiante. Le processus entamé avant la guerre se poursuit. Le nombre des mariages était remonté fortement dans les années 1919-1922, et le taux de nuptialité, qui atteignit 31,9 ‰ en 1920, resta légèrement au-dessus du niveau de 1913 jusqu'à la crise (16,4 contre 15,5) ; mais le taux de natalité redescendit au niveau d'avant-guerre (20 à 17,7) en dépit de la prospérité et malgré les lois de juillet 1920 et mars 1923 contre la contraception et l'avortement : 16 % des familles n'ont pas d'enfant, 31 % en ont un seul, au lieu de 28 % avant-guerre ; la dénatalité est plus nette dans la moyenne bourgeoisie que dans les autres catégories sociales. Le taux de mortalité a baissé plus vite (17 ‰), mais il est resté anormalement élevé, et l'accroissement annuel de la population a varié de 40 000 à 70 000 sauf en 1929, qui est déficitaire ; le taux net de reproduction se maintient entre 92 et 96. Il en résulte que si la population est passée de 41,7 millions en 1913 (90 départements), de 39 millions en 1920, à 41,6 en 1930, elle le doit à l'allongement de la durée moyenne de vie, qui est passée à 54 ans pour les hommes et 59 ans pour les femmes (1926-1930), et à l'introduction d'étrangers (1,2 million entre 1921 et 1930). On dénombre en 1931 2,9 millions d'étrangers, dont le tiers sera naturalisé entre cette date et 1939. Dans cette population âgée, la part active reste stationnaire, légèrement plus forte jusqu'en 1921-1922 par une intervention accrue de la main-d'œuvre féminine pendant la guerre, puis la situation normale se rétablit en 1925-1926 : la population active s'élève à 21,4 millions de personnes, 13,55 millions d'hommes et 7,83 millions de femmes.

La population rurale, qui a été particulièrement touchée par la guerre continue à diminuer au rythme modéré de 100 000 à 150 000 par an jusqu'en

1931, année où la population urbaine la dépasse. Le dépeuplement est très variable suivant les régions : à peu près tous les départements déficitaires sont situés au sud de la Loire; ainsi se précise la formation du « désert français » que la guerre a accusée. Le déplacement se fait surtout des petites villes vers les grandes, dont certaines deviennent réellement « tentaculaires ». En 1931 seize villes dépassent 100 000 habitants, groupant 6 millions de personnes, 9 millions avec les banlieues, 20 % de la population totale. La croissance de la région parisienne est particulièrement impressionnante; la disparition des fortifications a favorisé la concentration des nouveaux venus à l'extérieur de l'ancienne ville, qui, elle, a atteint son maximum avec près de 3 millions d'habitants; Paris subit une crise sévère du logement car on construit peu : la législation sur les loyers a freiné leur augmentation, en sorte qu'ils sont à l'indice 255 en 1931 (100 en 1914) alors que le coût de la construction est à l'indice 780; on a donc construit surtout en banlieue, où se concentre la population d'employés et d'ouvriers, formant la « ceinture rouge », en petits pavillons hâtivement construits, séparés de la ville par la « zone » (emplacement des anciennes fortifications), où s'agglutine une population miséreuse dans les abris les plus hétéroclites. La loi Loucheur, votée en 1928, et qui ne se comprendrait pas sans la stabilisation monétaire, a établi un système de prêts à la construction à long terme pour permettre aux offices publics d'habitation à bon marché l'édification de maisons à loyer modéré et aux particuliers l'accès à la propriété; mais la construction se fait sans plan d'ensemble dans la distribution de l'habitat.

Les syndicats patronaux et les pouvoirs publics ont commencé à prendre conscience du danger démographique. Les premiers ont créé dans l'Isère en 1918 la première caisse de compensation, alimentée par une contribution de l'employeur de 10 F par mois et par employé; l'exemple fut rapidement suivi dans les autres régions; les caisses versaient des primes de natalité et des allocations variables suivant les régions; elles ouvraient en outre des dispensaires et construisaient parfois des logements; mais aucune loi n'imposait l'adhésion, ni l'uniformité des régimes. L'État ne s'occupa que des fonctionnaires, qui reçurent depuis 1917 des indemnités pour charges de famille, sous condition de n'être pas soumis à l'impôt sur le revenu.

b) L'agriculture a retrouvé rapidement les chiffres de production d'avant-guerre, mais sans modification importante des structures, sinon un léger accroissement de la productivité : le nombre des travailleurs agricoles est passé de 9 millions environ à 8 millions en 1930, sur lesquels 4,7 sont comptés comme chefs d'établissement (hommes et femmes). La proportion d'illettrés y est plus importante que dans les autres couches sociales, de 6 à 8 % pour une moyenne nationale de 1 %. Ce sont les ouvriers agricoles qui ont fourni les plus forts contingents de l'exode rural, en rapport avec une mécanisation qui se répand. Les petits exploitants, surtout en faire-valoir direct, disposant de 10 ha au plus, représentent encore près de la moitié de la population agricole. Le problème du surpeuplement des campagnes n'est pas résolu, et la majorité de la population active y vit en état de sous-emploi, surtout à mesure que disparaissent les petits métiers complémentaires d'autrefois. Il en résulte que la production est à la fois trop chère et d'un rapport insuffisant.

Le protectionnisme, indispensable pour sauver les petits exploitants, maintient le prix du blé au-dessus des prix mondiaux, donnant ainsi aux gros exploitants les bénéfices leur permettant d'améliorer leur production. Le progrès est net dans les cultures industrielles et l'élevage, et le taux de croissance agricole dépasse 2 %, mais au prix d'une disparité croissante entre les deux types de culture, familial et industriel, et la part de l'agriculture dans le produit national est tombée de 43 % avant-guerre à 36 %.

Les caisses de crédit agricole, unifiées depuis 1920, ont accru leur concours grâce à une dotation de l'État quatre fois plus forte (en valeur or) qu'en 1914, mais l'effort financier est encore insuffisant pour permettre aux syndicats et coopératives, encouragés par la loi de 1920, d'atténuer les incertitudes du petit producteur.

Répartition de la population active

	1906 (%)	*1926* (%)	*1931* (%)
Secteur primaire	43	39	36
Secteur secondaire	30	33	34
Secteur tertiaire	27	28	30

c) *L'essor industriel* est plus net; ralentie en 1919-1920 par les troubles sociaux, en 1921 par la crise mondiale, bien qu'elle fût plus faible qu'ailleurs, l'expansion commence vraiment à l'automne 1921, arrêtée une première fois par l'intervention dans la Ruhr, une seconde fois par la déflation de Poincaré en 1926-1927. L'indice est à 130 en 1926, 104 en avril 1927, 145 au printemps 1930. Toutes les branches, sauf le textile et les constructions navales, participent à cette expansion. La prospérité est due à la conjoncture mondiale, à la diminution du taux d'escompte, qui est progressivement ramené de 7,5 à 2,5 % en 1930, à l'abondance de l'argent due aux excédents de la balance des comptes et à une certaine inflation; comme l'État fait très peu appel au marché financier, les émissions privées sont facilement couvertes jusqu'en 1929.

La guerre, l'inflation, la crise de 1921 ont entraîné une relative concentration industrielle; en 1926, sur un effectif de 5 350 000 salariés, la moitié travaille dans des entreprises de plus de 100 personnes; mais 17 entreprises minières seulement et 13 entreprises industrielles ont plus de 5 000 employés, et, sur un total de 607 798 établissements, 83 % ont moins de 6 salariés et 1 % en a plus de 100. La guerre a également habitué à une intervention plus directe de l'État; en 1919, pour faire face au chômage qui suivait la démobilisation, le Parlement avait voté des crédits destinés à un programme de travaux publics;

la même année Clémentel incitait les syndicats patronaux à se grouper dans la CGPF pour servir d'interlocuteurs au syndicalisme ouvrier, dans l'esprit de la loi sur les conventions collectives, et Loucheur créa au moment du Cartel un Comité consultatif supérieur du commerce et de l'industrie ; en 1925 le Conseil national économique formé de représentants des employeurs et des employés aurait dû servir de conseiller économique du gouvernement, mais son rôle fut affaibli par la mauvaise volonté du patronat hostile aux interventions de l'État. Celui-ci cependant participait directement à la production : dans les mines domaniales d'Alsace pour la production de potasse, dans l'aménagement hydroélectrique des fleuves par la création de sociétés mixtes (les statuts de la Compagnie nationale du Rhône seront approuvés en 1932).

La remise en route de l'industrie se fit d'abord dans les secteurs de base ; les mines de charbon du Nord, qui, détruites par les Allemands dans leur retraite, furent modernisées avec 80 % d'abattage mécanique. La France disposa également des mines de la Sarre, pour lesquelles l'Office des mines domaniales fut créé en 1920. La production d'énergie électrique fut portée de 2 milliards de kWh en 1913 à 15 milliards en 1929, dont 41 % d'origine hydraulique ; le prix du kWh baissa de 57 à 26 centimes-or et l'expansion de l'électricité comme force motrice permit l'électrification du réseau du Midi et du PO ainsi que le développement du métropolitain de Paris, dont 123 km étaient en service.

La récupération de la Lorraine porta la production de minerai de fer de 22 à 39 millions de tonnes ; l'industrie sidérurgique employait en 1929 187 000 ouvriers dans 170 usines : 71 d'entre elles utilisaient 160 hauts fourneaux et 80 fours électriques, 99 aciéries produisirent en 1929 9,7 millions de tonnes d'acier, chiffre maximum qui ne sera dépassé qu'en 1951. La Lorraine produisait 80 % de la fonte et 65 % de l'acier, le Nord/Pas-de-Calais 11 % de la fonte, 15 % de l'acier ; la production en était encouragée par l'industrie automobile qui s'était concentrée dans la région parisienne ; Citroën lança la 5 CV en 1922, Renault ajouta à ses activités le machinisme agricole. La production de véhicules automobiles atteignit 254 000 en 1929, ce qui restera un maximum jusqu'en 1949 ; 1,5 million de voitures sont en circulation ; il faut noter aussi l'importance prise par les deux roues, simples (plus de 7 millions de bicyclettes circulent en 1926) ou à moteur (380 000).

L'essor de l'automobile a posé le problème du ravitaillement en pétrole, dont la France est presque dépourvue ; la Compagnie française des pétroles (CFP) fut fondée en 1924 pour utiliser la part dévolue à la France dans l'IPC, mais il fallut surtout s'adresser aux sociétés étrangères pour la fourniture et le raffinage. Depuis la loi du 30 mars 1928, la règle fut établie que l'État répartissait entre les sociétés françaises et étrangères la part qui leur revenait dans l'importation et le raffinage.

d) Le commerce intérieur s'est transformé, non seulement par les grands magasins et leurs succursales de province, mais par les ventes sur catalogue et par le développement des magasins à succursales multiples, devant lesquels les petits commerçants traditionnels résistent mal : les Docks

Rémois, société fondée à Reims en 1887, ont implanté dans l'Est puis le Nord et la Région parisienne des familistères dont le nom seul rappelle le souvenir de Fourier; à leur image se sont formés dans le Centre les Docks du Centre et le Casino; à partir de 1927 commencent à se répandre à Paris et dans les grandes villes les magasins « à prix uniques » où la vente par grandes masses à une clientèle populaire permet d'abaisser les prix dans un système de rationalisation, de concentration où les marges bénéficiaires sont minimes et les risques considérables en cas de crise.

E. La situation sociale

Le pays dans son ensemble s'enrichit, mais de façon inégale. Après avoir atteint 75 000 en février 1927, le nombre des chômeurs secourus est descendu à 7 000 dès octobre; le plein emploi est ensuite réalisé jusqu'en octobre 1930. Les salaires ont continué à s'élever après 1926, quand la hausse des prix est devenue presque nulle; de sorte que le pouvoir d'achat est amélioré par rapport à 1914; les différences entre Paris et la province, entre l'homme et la femme, entre l'ouvrier qualifié et le manœuvre se sont légèrement atténuées; l'amélioration du pouvoir d'achat est de 15 à 20 % pour les échelons inférieurs, mais les revenus du capital ont progressé plus rapidement depuis 1927, et la progression est à peu près nulle pour les échelons supérieurs : l'éventail des traitements et des salaires a commencé à se refermer.

Une autre indication peut être donnée par les déclarations de revenus, malgré toute l'incertitude qu'elles comportent; le nombre des contribuables assujettis à l'impôt général est passé de 541 000 en 1919 à 2 900 000 en 1929; en 1919 3,3 % des contribuables déclaraient 39 % du revenu total; en 1926, 6 % déclarent 32 %. Vers 1930, sur 41,6 millions de Français, 27 % étaient des agriculteurs exploitants, 39 % étaient des salariés, 29 % appartenaient à la petite bourgeoisie, 5 % à la moyenne ou haute bourgeoisie.

Le Français a retrouvé le goût de l'épargne malgré la dévaluation; entre 1913 et 1926 le nombre des livrets a peu augmenté et la valeur or des dépôts a diminué de moitié; mais, entre 1926 et 1930, deux millions de déposants nouveaux ont fait ouvrir un livret et les montants déposés ont augmenté de 700 millions-or sur 1913. Les placements mobiliers dépassent également, depuis 1928, le niveau d'avant-guerre, mais la grande différence est la disparition à peu près totale des placements à l'étranger : les Français ont été manifestement échaudés par la perte subie à la suite de la guerre et de la révolution russe. Dans la structure de la fortune patrimoniale, les biens mobiliers représentaient 55 % avant-guerre, dont 36 % pour les valeurs mobilières, les biens immobiliers 45 %; en 1928 les premiers représentent 60 % dont un tiers pour les valeurs mobilières; le portefeuille intérieur est reconstitué, non le portefeuille extérieur.

La protection sociale était mal assurée jusque-là par les sociétés de secours mutuels et par la loi de 1910 sur les retraites ouvrières, qui ne touchait que 10 % des salariés. La loi Loucheur du 5 avril 1928, qui entra en application en 1930, fut la première étape d'une assurance sociale qui concernait les travailleurs disposant d'un plafond de salaire de 18 000 F, augmenté en cas de charges de famille, et qui varia par la suite; le taux de la cotisation était de 4 % pour les deux parties, à quoi s'ajoutait un complément de l'État; ainsi commençait à apparaître un salaire social, qui, avec l'impôt sur le revenu, constituait une légère redistribution du revenu national.

Le début du siècle avait été la «Belle Époque»; les «années 20» sont «les années folles», emplies d'un débordement de vie, d'un désir de nouveauté tels que le Second Empire peut-être les avait connus; années de révolution dans les mœurs, de mutation vestimentaire dans une standardisation des costumes et des parures; années d'efforts pour faire disparaître les tabous qui emprisonnaient la femme et l'art; années de déclin des plaisirs traditionnels; le café-concert et le bal musette font place au music-hall et aux dancings où triomphe le jazz; c'est l'expansion du cinéma qui devient sonore, puis parlant autour de 1930; concentration des plaisirs nocturnes à Montmartre et à Pigalle; les artistes et les poètes, chassés de Montmartre par les touristes, se réfugient à Montparnasse, devenu le haut lieu des courants révolutionnaires qui traversent la peinture et la pensée, dadaïsme, cubisme, surréalisme. Montparnasse est le carrefour du monde, le quartier des rapins et des poètes, celui des écrivains américains de la «génération perdue», celui des parvenus qui étalent leur richesse récente, celui des penseurs lucides de la révolution sociale, des visionnaires en quête de la libération totale de l'homme, et celui des aventuriers de la finance. Quartier des cafés devenus célèbres, le Dôme, où paraissent A. Breton et J. Cocteau, quand ils ne sont pas à la Rotonde, ou à la Coupole; quartier des bals, des clubs, des cabarets. La diffusion de l'électricité, de l'automobile, de la TSF, de l'aviation, la rapidité de l'information, la trépidation permanente, le jour et surtout la nuit, donnent au Parisien une sensation de vertige. La recherche du plaisir matériel et le goût du spectacle bruyant sont une atmosphère enivrante, au moins pour une frange de la population qui sert en général à définir une époque.

«Années folles», sans doute, mais pas pour tous : d'innombrables foyers sont détruits, combien d'autres ont été ruinés par la guerre et par l'inflation; l'image de marque que donne Paris n'est pas celle de tout le pays. La province suit de très loin, parfois scandalisée, ou amusée, ou timidement imitatrice. La grande majorité des Français est étrangère à la révolution que représentent le surréalisme et la psychanalyse de Freud, dont les œuvres sont traduites en 1926. La petite bourgeoisie a directement ressenti le renversement des valeurs qu'a apporté la guerre, mais c'est le plus souvent pour le condamner, et elle conserve le sens du travail et de l'épargne. Le baccalauréat conserve toute sa valeur sociale et s'ouvre aux jeunes filles; entre 1913 et 1931, le nombre d'élèves dans les lycées de garçons a augmenté de 40 % (141 500), celui des jeunes filles de 80 % (60 000), mouvement favorisé ensuite par la gratuité de l'enseignement secondaire décidée en 1930; sur 15 000 bacheliers en 1931, les deux tiers sont des littéraires. Les études supérieures sont encore ouvertes à un petit nombre : sur 78 600 étudiants, 38 000 sont en Lettres et en Droit.

Les agriculteurs, qui ont pu comparer leur mode de vie à celui des citadins, ou à celui des agriculteurs allemands, ont mieux pris conscience de leurs retards, même si leur vie matérielle se transforme; leur plainte n'est plus spontanée et brutale, elle s'exprime à travers les organisations corporatives et bientôt politiques. Le notable n'a plus la même audience, et l'instituteur non plus, à mesure que l'instruction se répand; la paysannerie se cherche des chefs, leaders de coopératives ou de syndicats; le regroupement est amorcé.

Le monde ouvrier est à la fois plus divers et plus uniforme : la révolution industrielle a fait apparaître de nouvelles catégories de travailleurs qualifiés, comme les mécaniciens ou les électriciens; mais en même temps le machinisme réduit le nombre des compagnons, augmente celui des ouvriers spécialisés et des manœuvres; le travail à la chaîne, la recherche de la productivité ont largement compensé l'amélioration apportée par la diminution du temps de travail, notamment dans les trois branches fondamentales du textile, de l'automobile et de la chimie : le travail se déshumanise pour un nombre croissant de travailleurs. En même temps, l'évolution de l'habitat a refoulé la classe ouvrière soit dans les quartiers Est de Paris, à la densité la plus forte, soit surtout dans les banlieues, en sorte que la discrimination dans l'espace accroît la discrimination sociale. L'ouvrier se renferme plus encore sur lui-même et sur son propre milieu.

Le problème religieux ne se pose plus en termes d'affrontements politiques, mais en termes de foi et d'action sociale; sur le plan politique, la démocratie chrétienne s'est prolongée dans le Parti démocrate populaire, fondé en 1924 par Champetier de Ribes, et dont le principal animateur fut Georges Bidault, rédacteur à *L'Aube,* le journal lancé en 1932 par Francisque Gay, qui avait déjà fondé *La Vie catholique* en 1924 — tandis que Marc Sangnier poursuivait sa campagne en faveur de la paix et de la fraternité universelle en créant les auberges de la jeunesse en 1929. Les milieux intellectuels sont touchés par la *Semaine* (annuelle) des écrivains catholiques (1921) et les *Journées de la Paroisse Universitaire* (1922); sensibles à l'influence de l'existentialisme chrétien de Maurice Blondel, ils ne sont pas sans être attirés par l'œcuménisme, tandis que les protestants, de leur côté, revenus à un calvinisme orthodoxe, suivent la pensée du théologien suisse Karl Barth. La première conférence œcuménique mondiale protestante se tient à Stockholm en 1925. L'action proprement missionnaire est poursuivie par l'ACJF, qui a créé en 1925 les équipes ouvrières, puis en 1927 a été créée la Jeunesse ouvrière chrétienne (JOC) par l'abbé Guérin, vicaire de Clichy, deux ans après l'initiative semblable prise par l'abbé Cardijn à Bruxelles; en 1929 le mouvement fut étendu aux jeunes ruraux (JAC) et au monde étudiant (JEC); ainsi mûrissait l'idée d'un apostolat sélectif adapté au milieu, mais maintenu sous le contrôle de la hiérarchie, qui se préoccupait en même temps de l'évangélisation pastorale par la construction d'églises dans les banlieues (les « chantiers du cardinal » 1930).

Au milieu même des années folles la pensée religieuse se renouvelait en se purifiant, et il apparaissait que la reconquête des masses déchristianisées passait peut-être par une vision nouvelle du problème social. Emmanuel Mounier, grand admirateur de Péguy, voulut poursuivre dans la même voie une synthèse entre le socialisme et le christianisme, pour restaurer la primauté de l'homme sur ses dépendances matérielles; il développa dans la revue *Esprit,* fondée en 1932, sa doctrine du «personnalisme». Le terme de «socialisme» effrayait pourtant encore les milieux religieux, parce qu'il semblait impliquer la lutte des classes et la disparition de la propriété privée; en 1931 cependant, en l'année anniversaire de *Rerum Novarum,* Pie XI manifestait dans *Quadragesimo Anno* le chemin parcouru depuis 1891; tout en affirmant toujours le droit de propriété, et la supériorité de l'initiative particulière sur l'action de l'État, l'encyclique reconnaissait à l'État le pouvoir de «déterminer tant le droit juridique légal d'appropriation et la forme de la propriété, que les conditions de l'usage de la propriété».

Au moment où s'achevait, avec les années folles, la période de prospérité, le problème social allait reparaître au premier plan.

2. Prospérité financière – Pause économique (1929-1932)

La crise qui frappa les États-Unis à la fin de 1929 ne s'est pas immédiatement répercutée en France; elle a au contraire dirigé vers la France un flux monétaire qui a dissimulé la situation véritable, et donné aux Français une fausse impression de sécurité. C'est seulement en novembre 1930 que le nombre des chômeurs secourus passe brusquement de 1 398 à 4 893, mais, même à ce moment, l'importance du fait est passée inaperçue, et l'on s'est perdu dans le jeu habituel des crises ministérielles.

A. Une fausse apparence de richesse

De la démission de Poincaré aux élections de 1932, sept gouvernements durèrent chacun quelques semaines; mais deux hommes assuraient la continuité d'une politique de centre droit : André Tardieu, qui dans la nonchalance de son caractère de grand bourgeois, et malgré son intelligence, reste longtemps aveugle aux menaces économiques internes, et Pierre Laval, qui apparaissait comme l'opposé de Tardieu; humble d'origine, craignant les cérémonies et peu à l'aise à la tribune, où son accent faisait naître les sourires, sachant qu'il ne pouvait pas briller, et qu'il n'aurait jamais la force de séduction de Tardieu, madré, rusé, âpre au gain, Laval, maire d'Aubervilliers de 1919 à 1944, avait quitté le socialisme en 1924; devenu indépendant, sénateur de la Seine depuis 1927, régulièrement élu par une population ouvrière avec laquelle il était plus à l'aise que dans le monde, il domine avec son rival la scène politique.

Briand avait formé son onzième ministère le 29 juillet 1929; conscient des difficultés internationales, il aurait souhaité un ministère d'union, mais il dut reconduire le même ministère et se déclarer le continuateur de Poincaré; aussi succomba-t-il rapidement devant les radicaux, sans avoir l'appui total des modérés (22 octobre 1929). Ceux-ci vont conserver le gouvernement jusqu'aux élections, confiants dans les réserves de la Banque de France, qui leur paraissent assurer le succès d'une politique de facilité, sans voir venir la crise, fiers d'opposer à un monde secoué par l'angoisse l'apparente stabilité française.

En effet, la Banque a accumulé encore 1 700 tonnes d'or en 1931-1932; elle put aider la Banque d'Angleterre quand celle-ci fut en difficulté en 1931; en outre Chéron, le ministre des Finances, avait accumulé 17 milliards de réserves grâce aux excédents budgétaires; que faire de cette fortune? Quand Tardieu succéda à Briand le 2 novembre 1929, il annonça la venue d'une ère de prospérité, et la Chambre, éblouie par cette fortune, souhaita l'utiliser en largesses et exemptions fiscales; Chéron se refusa à accepter une politique de facilité mais il admit deux projets importants de dépenses : l'un, présenté par le ministre de la Guerre Maginot, concernait la construction d'une ligne fortifiée dont Painlevé avait fait adopter le principe en 1925, et qui allait par la suite orienter toute la stratégie militaire française; l'autre, suggéré par Paul Reynaud, était un plan d'outillage national qui consacrerait en cinq ans 5 milliards à l'agriculture (35 %), à l'action sociale et à l'enseignement (29 %), à l'industrie (36 %). La Chambre, mécontente de ne pas obtenir plus de satisfaction, vota le plan Maginot et rejeta le plan d'outillage, qui ne fut adopté qu'à la fin 1931, sous le ministère Laval, quand la crise était déjà là.

La tentative de Chautemps, en février, ne dura que quelques jours, juste assez pour lever l'hypothèque d'un ministère radical; Herriot, en représailles, refusa à Tardieu le concours radical pour son deuxième ministère formé le 2 mars 1930, ministère pléthorique de 34 membres où Chéron, trop économe, avait laissé la place à P. Reynaud. Tardieu consentit alors aux mesures demandées par les Chambres : octroi d'une pension aux anciens combattants, extension de l'assurance sociale aux salariés agricoles, mais surtout le budget voté en 1930 accordait une diminution générale des impôts et une augmentation des dépenses. Les fonctionnaires, dont le nombre est passé de 620 000 en 1914 à 860 000, bénéficient d'une augmentation de traitement de 12 % et apparaissent à l'opinion comme les «budgétivores», privilégiés quand les salaires commencent à baisser.

Tardieu tombe sur le second grand scandale financier, la faillite du banquier Oustric, victime de ses spéculations hasardeuses et de la crise qui commençait à arriver; ses liens avec certains hommes politiques firent scandale : l'ombre de Panama planait sur la Chambre; la démission du garde des Sceaux entraîna celle de Tardieu le 1er décembre 1930 (Oustric, poursuivi en cour d'assises pour corruption de fonctionnaires, fut acquitté en mai 1933).

Après un ministère Steeg qui dura un mois, Laval, qui avait été ministre du Travail de Tardieu, forma son premier ministère le 27 janvier 1931;

Flandin était aux Finances; la crise économique s'amplifiait; la Bourse s'effondrait, les scandales continuaient; en mars 1931 la faillite de l'Aéropostale, compagnie aérienne qui avait créé la ligne Toulouse-Dakar, et qui tentait d'établir la ligne de l'Amérique du Sud avec Mermoz, mit à nouveau en cause des parlementaires. La bataille se cristallisait autour de l'élection du président de la République; Briand, qui n'aimait pas pourtant louer les personnages officiels, avait laissé poser sa candidature; la droite présentait Paul Doumer, président du Sénat, ancien gouverneur de l'Indochine qui avait déjà été candidat contre Fallières; cet homme froid, austère, assombri par la perte de ses trois fils à la guerre, imposait le respect et représentait à merveille la majesté lointaine d'une magistrature qui avait cessé d'agir. Il fut élu par les voix du centre et de la droite au second tour par 504 voix sur 897. Briand, marqué déjà par les déceptions qu'il subissait en politique extérieure, quitta le ministère qui fut remanié en janvier 1932; Laval prit les Affaires étrangères et donna la Guerre à Tardieu; il fut renversé par le Sénat sur un projet de réforme électorale qui aurait supprimé le second tour. Tardieu forma un troisième ministère le 20 février 1932 et le conduisit jusqu'aux élections; peu après mourait Briand, le 7 mars 1932.

B. Les difficultés extérieures

Le 30 juin la dernière zone d'occupation en Allemagne, celle de Mayence, fut évacuée suivant le plan Young. Briand crut alors que le dernier obstacle tombait devant la construction d'une Union européenne comportant, comme la SDN, une Conférence générale, un Comité politique permanent, et un Secrétariat. Le jour même où les dernières troupes françaises quittaient la Rhénanie, il adressait un mémorandum à 26 gouvernements qui répondirent avec des réserves sur le lien fédéral envisagé par Briand; le 8 septembre, il lisait son rapport à la SDN, qui décida de soumettre le projet à une commission d'études; le projet disparut avec Briand.

Un second affront fut infligé à Briand par l'Allemagne; Stresemann était mort en 1929; en Rhénanie évacuée, des violences avaient lieu contre les anciens séparatistes que la France avait encouragés; la crise économique s'accentuait, et les nazis avaient obtenu plus de 6 millions de voix aux élections de septembre 1930. En Autriche aussi, la crise économique était très sévère et la plus grande partie de l'opinion souhaitait le rattachement du pays à l'Allemagne, l'Anschluss, que le traité de Versailles avait interdit. Le 14 mars 1931, un projet d'union douanière, prélude à l'assimilation politique, était signé à Vienne. Devant l'inquiétude internationale, les capitaux étrangers s'enfuirent d'Autriche, précipitant la faillite de la Kreditanstalt le 11 mai 1931, et, par contrecoup, l'accentuation de la crise en Allemagne. Pour tenter de sauver les capitaux américains placés dans ce pays, Hoover fit accepter un moratoire d'un an (1er juillet 1931) sur les dettes internationales; cela ne suffit pas au chancelier Bruning, qui cherchait des appuis à l'extérieur; seule la France, encore riche en or et en devises, pouvait les lui apporter. Mais quand, en juillet, Bruning et son ministre Curtius rencontrèrent Laval à Paris, celui-ci imposa des conditions politiques que Bruning ne pouvait pas accepter sans exaspérer le nationalisme allemand. Le 3 septembre, on annonça l'abandon du projet d'Anschluss économique, mais l'intention même, bien qu'avortée, était l'échec de toute la politique que Briand menait depuis 1924.

La crise mondiale toucha plus tôt que la France ses colonies, productrices de matières premières, dont les cours s'effondraient. Le malaise économique et social fit donc mûrir un problème politique sous-jacent. En Indochine, les troubles éclatèrent en février 1930 avec la révolte des tirailleurs de Yen-Baï au Tonkin et le massacre de dix Français; le mois suivant, Ho Chi Minh créait à Hong Kong le parti communiste indochinois, qui ne fut sans doute pas étranger aux troubles agraires, qui s'étendirent de mai 1930 à septembre 1931, accompagnés de massacres de grands propriétaires indigènes. La répression fut très dure; Ho Chi Minh, condamné à mort, put s'enfuir; ses collaborateurs Pham-Van-Dong et Vo Nguyen Giap restèrent en prison jusqu'en 1936. Dans le reste de l'Empire, sans donner lieu encore à des explosions brutales, les difficultés économiques portaient la bourgeoisie locale à rejoindre les mouvements de contestation nationale. Ces menaces étaient dissimulées à l'opinion métropolitaine sous l'optimisme affiché dans l'exposition coloniale de 1931, qui fut une sorte d'opération publicitaire destinée à convaincre les Français de placer leurs capitaux dans l'Empire.

C. Les prémices de la crise

Subis avec retard par la France, les effets de la crise mondiale pesèrent d'abord sur les produits agricoles, dont les cours mondiaux baissaient depuis 1927 et n'affectèrent l'industrie qu'à la fin de 1930; en 1931 les émissions de valeurs mobilières s'effondrèrent de 40 %, la production d'acier diminua de 17 %, les prix baissèrent, les revenus du tourisme perdirent 30 %, ceux des services 18 %; les réparations allemandes étaient interrompues. Cependant, jusqu'en septembre, la France apparut comme un refuge pour les capitaux flottants étrangers, et l'afflux des devises masqua la gravité du mal. En septembre 1931, tout se retourna : l'Angleterre abandonnait l'étalon-or, et la livre se trouvait dépréciée de 30 %; les prix français, au taux de change, se trouvèrent brusquement plus élevés, provoquant un recul des exportations; en octobre, les élections aux Communes, qui assurèrent le triomphe des conservateurs, achevèrent de rassurer les spéculateurs à l'égard de la livre et les capitaux commencèrent à quitter la France pour Londres. En 1931, la balance des comptes fut déficitaire pour la première fois depuis 1920.

Comme partout dans le monde, on a cru la crise passagère et les mesures prises furent des solutions de facilité : le recours aux colonies, avec lesquelles les échanges augmentèrent, pour représenter, en 1932, 25 % du commerce extérieur; le protectionnisme, qui fit élever les taxes puis isoler entièrement le marché du blé; le malthusianisme, qui fit voter la loi du 4 juillet 1931, encourageant à diminuer les rendements et à arracher les vignes; des surtaxes compensatrices de change, pour amortir les effets de la dépréciation de la livre et des monnaies qui l'avaient suivie (novembre 1931).

Dans le domaine industriel, où il était plus facile de réduire la production pour soutenir les prix, Laval se contenta de faire voter en décembre le plan d'outillage réduit à 3,5 milliards; mais le nombre de demandes d'emploi non satisfaites allait dépasser 300 000 en 1932, cinq fois plus qu'en 1931.

Du moins a-t-on pris conscience du problème démographique : la loi du 11 mars 1932 a étendu les allocations familiales à l'ensemble des salariés par la création obligatoire de caisses de compensation, et l'on prépare un Code de la famille, qui sera adopté le 29 juillet 1939.

Bibliographie

Démographie

J.-C. TOUTAIN, *La population de la France de 1700 à 1959* (ISEA, 1963); R. TALMY, *Histoire du mouvement familial en France, 1896-1939* (UNCAF, 1962); J. DUPAQUIER (sous la direction de), *Histoire de la population française,* t. 4, *De 1914 à nos jours* (PUF, 1989); A. ARMENGAUD et A. FINE, *La population française au* XXe *siècle* (Que sais-je?, PUF, 7e éd., 1988).

Agriculture

On se reportera aux ouvrages cités plus haut, en particulier AUGE-LARIBE, *La politique agricole de la France, de 1888 à 1940* (PUF, 1950). On ajoutera P. BARRAL, *Les agrariens français de Méline à Pisani* (Armand Colin, 1968); G. WALTER, *Histoire des paysans de France* (Flammarion, 1963) et G. DUBY et A. WALLON (sous la direction de), *Histoire de la France rurale,* t. IV par M. GERVAIS, M. JOLLIVET, Y. TAVERNIER, *La fin de la France rurale de 1914 à nos jours.*

Sur la société en général

P. SORLIN, *La société française*, t. 2, *1914-1968* (Paris, Arthaud, 1971); G. DUPEUX, *La société française, 1789-1960* (Coll. U, Armand Colin); M.-M. MARTIN, *Les doctrines sociales en France et l'évolution de la société française du* XVIIIe *siècle à nos jours* (Nouv. Ed. Latines, 1965); R. PERNOUD, *Histoire de la bourgeoisie en France* (Seuil, t. II, 1962); on pourra parcourir avec profit *La Vie Parisienne à travers les âges* (Société continentale d'édit. mod.), t. IV, par BRELINGARD, et t. VI, par L. MAZOYER. On lira aussi avec intérêt R. BRASILLACH, *Notre Avant-Guerre* (Plon, 1941) et S. DE BEAUVOIR, *Mémoires d'une jeune fille rangée* (Gallimard, 1958); Y. LEQUIN, *Histoire des Français,* XIXe*-*XXe *s., La Société* (Armand Colin, 1983-1984); G. DUBY (sous la direction de), *Histoire de la France rurale* et *Histoire de la France urbaine* (voir chap. 6).

Sur les questions économiques

J. NERE, *La crise de 1929* (coll. U2, Armand Colin, 1968); M. PERROT, *La monnaie et l'opinion publique en France et en Angleterre 1924-1926* (Paris, 1955); A. NEURISSE, *Histoire du franc,* 3e éd. (Que sais-je?, PUF, 1974); P. LEON (sous la direction de)

Histoire économique et sociale du monde, t. V par G. DUPEUX (Armand Colin, 1977); B. GAZIER, *La crise de 1929* (Que sais-je?, PUF, 3e éd., 1988).

Sur la question religieuse

M. VAUSSARD, *Histoire de la démocratie chrétienne* (Seuil, 1956); CHOLVY, *Histoire religieuse de la France contemporaine (1930-1939) – L'apogée du rôle des chrétiens* (Privat, 1988); A. SAUVY, *Histoire économique de la France entre les deux guerres* (Paris, Fayard, 1967-1972).

Sur les problèmes extérieurs

J.M. HUGHES, *To the Maginot Line, the politics of French military Preparation in the 1920's* (Harvard, 1971); J.B. DUROSELLE, *Histoire diplomatique de 1919 à nos jours,* 6e éd. (Dalloz, 1974); J. CHABANNES, *Aristide Briand, le père de l'Europe* (Lib. Acad. Perrin, 1973).

On se reportera également aux ouvrages plus généraux signalés dans les chapitres antérieurs.

Documents

Indice des cours des valeurs mobilières

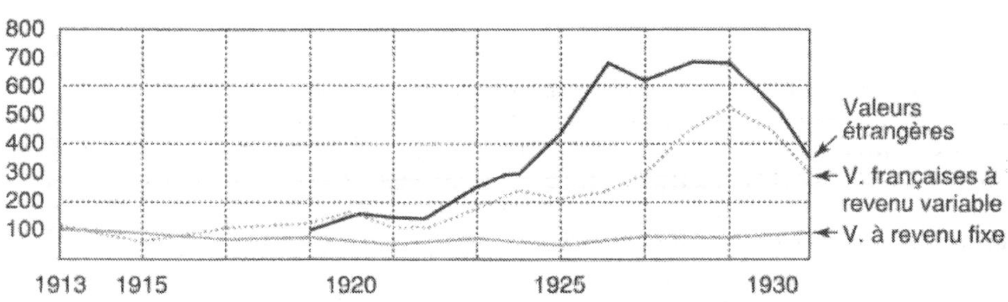

D'après *Annuaire Statistique*, 1931.

Évolution des prix et des salaires (1914-1931)

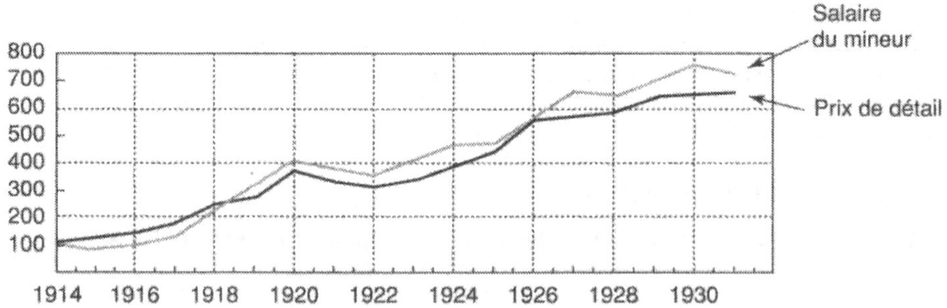

Évolution du change Livre/Franc et rapport entre les prix de gros français et anglais

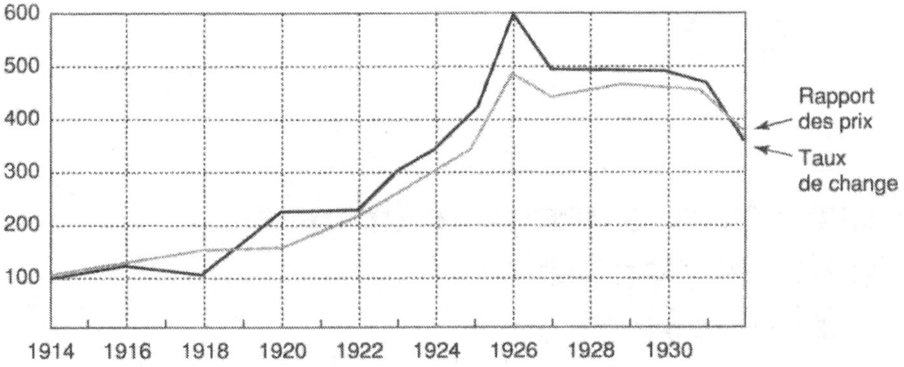

Pyramide des âges en 1926 (en millions d'individus)

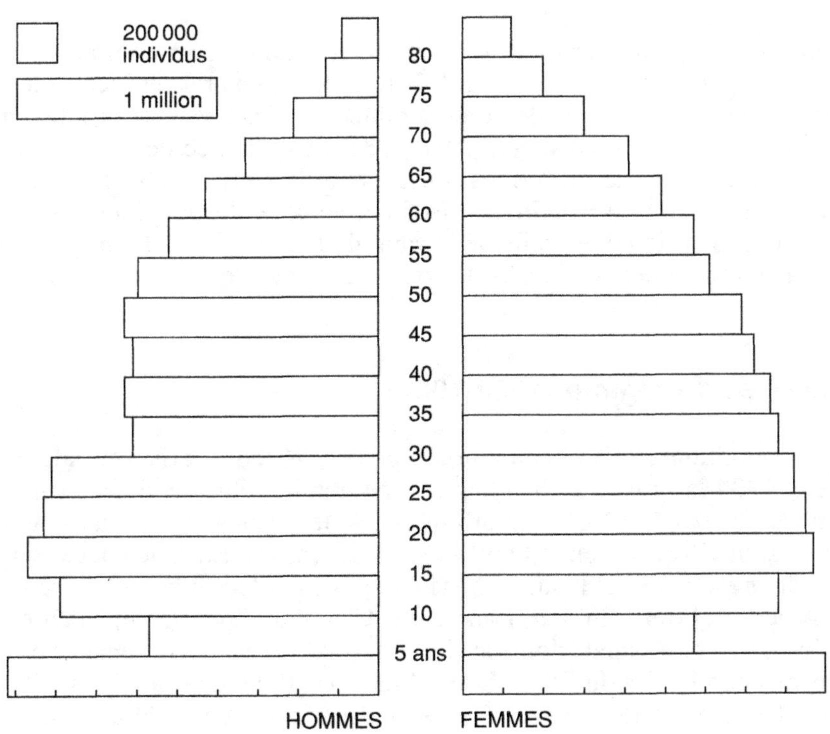

15

Formation, succès et limites du Front populaire (1932-1939)

En 1932 l'après-guerre est terminée et l'avant-guerre commence; dans une première phase, de 1932 à 1934, le régime est en crise et incapable de se réformer; la seconde est celle du rassemblement des partis de gauche en vue des élections; dans la troisième, 1936-1938, l'expérience de Front populaire permet de réaliser des réformes sociales importantes mais limitées et se montre impuissante à résoudre la crise intérieure, tandis que grandit le danger hitlérien; la quatrième est celle de la capitulation devant l'Allemagne et d'un début de redressement économique arrêté par la guerre.

1. La crise du régime (1932-1934)

Crise politique, crise économique, crise extérieure, crise morale : entre 1932 et 1934 la France s'abandonne et ne domine plus les événements. Les élections de mai 1932 ont été arbitrées par les radicaux, qui, au deuxième tour, se sont alliés en général aux socialistes (cartel). Entre les deux tours, le 5 mai, le président Paul Doumer a été assassiné par Gorgulov; il est remplacé par Albert Lebrun, élu par l'ancienne Chambre dont la législature était terminée. Cet assassinat, dont on discerne mal les raisons, venant après les morts mal expliquées du fils de Léon Daudet en 1923, de Mangin en 1925, de Maginot en janvier 1932, a laissé dans l'opinion un malaise durable. Les radicaux, sortis vainqueurs des élections avec 160 sièges au lieu de 120, les socialistes, qui ont également gagné 32 sièges (132), les communistes, qui sont stables (11), forment la majorité; la droite a subi l'usure du pouvoir et paie son impuissance à présenter un programme de réformes économiques et sociales; elle réunit 250 sièges (sur 615) au lieu de 310. Les élections ont donc été déjà de type Front populaire : cette unité peut-elle être maintenue? Les socialistes posent leurs conditions au congrès de Paris qui suit les élections : réduction des dépenses militaires, nationalisation des chemins de fer et des usines d'armement, semaine de 40 heures; les radicaux refusent les nationalisations; les socialistes vont donc, comme en 1924, soutenir sans participer; il n'y aura pas de suite aux alliances électorales. Ce manque d'unité de la gauche est aggravé par la situation interne des partis et des syndicats.

A. La situation de la gauche

a) Le parti communiste reste faible; les statuts de l'Internationale ont imposé une bolchevisation totale, conforme aux vingt et une conditions, appliquée par Treint d'abord, puis par « le groupe » Barbé, Célor, Lozeray; on a fait du parti un bloc monolithique, entièrement dépendant du Komintern, interdisant les discussions à la base, indifférent aux revendications sociales, intransigeant, accablant d'injures les « social-traîtres », comme le font à la même époque les communistes allemands envers la social-démocratie. Aussi les effectifs ont-ils fondu; de 109 000 en 1921 le nombre de cartes distribuées est tombé à 29 000 en 1931; aux dernières élections, le parti a perdu 279 000 voix, sa part des suffrages exprimés est passée de 9,8 à 6,8 %; Duclos, Cachin, sont battus. Mais le redressement est en vue avec un changement de tactique. En juillet 1930 Maurice Thorez est devenu secrétaire général et il vient d'être élu député d'Ivry; né en 1900 dans le Nord, mineur, venu au communisme en 1920, secrétaire de la fédération du Pas-de-Calais en 1923, il est entré au bureau politique en 1925 et a été chargé de l'organisation.

En 1931, Thorez porte ses efforts contre les droitiers et les gauchistes; en novembre le « groupe » est invité à faire son autocritique et condamné pour « idéologie gauchiste sectaire »; Thorez engage la lutte pour la démocratisation du parti contre les méthodes bureaucratiques et autoritaires; ce n'est plus « tout le pouvoir aux soviets » mais la réhabilitation de la lutte pour les réformes en tendant la main aux socialistes et aux catholiques, non à leurs dirigeants, mais aux militants de base. N'exagérons pas cette évolution; les dirigeants communistes ne sont pas encore prêts à accepter un front commun proposé par certaines personnalités de gauche; la social-démocratie reste l'adversaire, au moins dans son appareil dirigeant; quand, le 19 février 1933, l'Internationale socialiste propose une action commune, le comité exécutif du Komintern répond en mars en recommandant à ses sections nationales de s'abstenir de toute négociation séparée; l'action commune doit être conduite par des « comités d'action » organisés à la base et non par des accords conclus au sommet.

b) Le parti socialiste bénéficie du rayonnement de Léon Blum, de son caractère réformiste, et de son absence du pouvoir. Sans rien abandonner de l'analyse marxiste, il n'admet la violence que comme un recours ultime, dont il cherche à prévenir ou à limiter l'emploi. Il est devenu un parti provincial : ses positions parisiennes ont été prises par les communistes, mais il reste fort dans le Nord et il s'est renforcé dans le nord du Massif central et surtout dans le Midi. Il tend à devenir un parti rural.

Il est aussi menacé d'éclatement : à gauche, Bracke, Marceau Pivert, Zyromski et la *Bataille Socialiste,* qui acceptent l'alliance avec les communistes et s'opposent à toute participation au pouvoir; au centre Léon Blum, Paul Faure, qui cherchent surtout à maintenir l'unité du parti autour du *Populaire*; un peu plus à droite, Frossard, qui a rejoint le parti en 1924, Renaudel, Vincent Auriol, Paul Boncour, iraient jusqu'à une collaboration étroite avec les radicaux, sans se limiter à une action de classe. A l'extrême droite enfin apparaissent les « néo ».

Ces néosocialistes, prêts à abandonner l'orthodoxie pour l'efficacité, ont subi l'influence du Belge Henri de Man, qui, en 1927, dans son ouvrage *Au-delà du marxisme* a cherché à montrer comment les données économiques et sociales nouvelles ne répondaient plus aux schémas analysés par Marx; frappé par le mouvement passionnel des masses en 1914, puis par le fascisme italien, enfin par le néocapitalisme américain, il redonnait leur force aux facteurs affectifs et moraux pour chercher à créer une communauté qui aboutirait à la justice sociale par la planification. Les idées ont été reprises par Adrien Marquet, député de la Gironde, et par Marcel Déat, ancien normalien, professeur de philosophie, sociologue, élu en 1926, qui a publié les *Perspectives socialistes* en 1930; il appelle à un *Rassemblement national* pour s'emparer du pouvoir, exercer une dictature pour construire un État fort, anticapitaliste, et un socialisme national suivant les thèmes : « Ordre, Autorité, Nation ». En 1932, Déat est élu à Paris contre J. Duclos; il va être exclu en novembre 1933, mais sera suivi par une vingtaine de députés.

c) *Le parti radical* est en progrès, non que l'on puisse parler d'effectifs, mais le nombre des fédérations est passé de 40 en 1926 à 87 en 1931 ; parti de notables, ses congrès rassemblent des centaines de participants, non délégués par la base, mais délégués de droit, élus aux assemblées locales, notables ou militants; il siège place de Valois, n'a pas d'organe officiel du parti, mais plusieurs quotidiens, à large audience, comme *La Dépêche* de Maurice Sarraut à Toulouse. Ses députés, élus souvent avec l'appoint des voix modérées ou socialistes, doivent toujours tenir compte de leurs alliés et le parti ne peut pas imposer de discipline de vote. Maître des crises ministérielles, il convoque pour les dénouer des « réunions Cadillac », formées par les parlementaires et le Bureau, qui décident de la tactique, de la participation, et qui distribuent les portefeuilles; son antiféminisme s'est atténué, puisqu'une femme a été élue au Bureau en 1926. Lui aussi, et plus que les autres partis, est divisé en tendances : Daladier, prêt à s'allier avec les communistes, les « jeunes Turcs » du parti, avec Mendès France, proche des socialistes, les radicaux du Sénat, anticommunistes, et parmi toutes les tendances Édouard Herriot, à nouveau président en 1932, qui essaie de maintenir un semblant d'unité.

d) *Le syndicalisme* n'est pas moins divisé. La CGTU, organe d'action du parti communiste, l'a suivi dans le même tassement des effectifs : de 432 000 en 1926, ceux-ci sont tombés à 259 000 en 1932; la CGT a mieux résisté; ses effectifs sont montés de 525 000 en 1926 à 580 000 en 1930, puis elle subit les effets de la crise, 490 000 en 1934. Son évolution s'est poursuivie depuis 1921 vers l'abandon de la lutte des classes et la routine administrative, favorisée par l'adhésion de la Fédération des fonctionnaires en 1931, qui représente la moitié de ses effectifs. Une tentative de rapprochement des deux centrales et des syndicats autonomes en 1932 a échoué par le refus de la CGT.

L'Église n'effraie plus, bien qu'elle connaisse un élan spirituel nouveau grâce à une richesse singulière en théologiens comme le père Congar, dominicain, professeur, fervent animateur de l'œcuménisme (*Chrétiens désunis,* 1937), et en philosophes, souvent universitaires (E. Gilson, E. Borne, J. Guitton). L'anticléricalisme d'avant-guerre s'est estompé depuis que les mouvements catholiques sympathisent avec les mouvements similaires laïques. Le Xe anniversaire de l'Action catholique, célébré avec éclat au Parc des Princes le 18 juillet 1937, marque cette réconciliation de la République et de la foi; et l'on verra la même année un gouvernement de Front populaire accueillir avec pompe Mgr Pacelli, légat de Pie XI, venu inaugurer la basilique de Lisieux.

Face à une gauche divisée, une droite qui ne l'est pas moins, mais qui adopte de nouvelles formes d'action, et qui met en cause le régime.

B. Les Ligues

Les élections de 1932 semblaient avoir consolidé le régime par le semi-échec du seul parti important qui l'avait condamné jusqu'ici, le parti communiste. La droite classique venait sans doute de se renforcer par la formation du Centre de propagande des républicains nationaux, et elle disposait d'une presse abondante : *La Liberté,* de Camille Aymard, *L'Intransigeant* de L. Bailby, *L'Ordre,* fondé en 1929 par Émile Buré sont dans la ligne modérée du Bloc national, mais tout cela ne menaçait pas sérieusement la République. Plus durs envers le régime *L'Écho de Paris,* animé par Henri de Kérillis, et surtout les périodiques : *Candide,* hebdomadaire fondé en 1924 par A. Fayard, sous la direction de Jacques Bainville puis de Gaxotte, où écrivent Léon Daudet, Albert Thibaudet, Lucien Rebatet; il tire à 460 000 — *Gringoire,* fondé en 1928 par Horace de Carbuccia avec Georges Suarez, porté à l'extrême droite par l'entrée de Philippe Henriot et Henri Béraud; il tira jusqu'à 650 000 — *Je Suis Partout,* fondé en 1930, est orienté vers le nationalisme et l'antiparlementarisme par Rebatet et Brasillach; il ne tire encore qu'à 40 000. En face de cette presse de droite puissante, la presse de gauche est faible : *Le Populaire* tire à 50 000, *L'Humanité* à 180 000; seul parmi les hebdomadaires *Le Canard enchaîné* dépasse 200 000.

Pourquoi cette remise en cause du régime? Pour Tardieu, qui fit après la crise la critique du régime d'assemblée (*Le Souverain captif,* 1936), il était décomposé de l'intérieur par l'étouffement de l'exécutif et par la démagogie du Parlement, incapable de résister aux sollicitations des électeurs. Ce sont là des causes anciennes qui ne suffisent pas. Il faut ajouter la crise économique, la crise extérieure, créée par la menace allemande, le modèle italien, et la crise morale résultant des scandales politiques, qui achèvent de déconsidérer un Parlement impuissant dans son excès de puissance. Nationalistes à des degrés divers dans leur essence, les Ligues font passer le redressement français par la constitution d'un État fort, avec de multiples nuances, depuis la République jacobine jusqu'au modèle italien.

La plupart des Ligues qui se sont constituées n'envisagent pas une rupture totale avec le régime, mais seulement sa transformation ; peu d'entre elles se réclament ouvertement du fascisme et plusieurs ont entamé un déclin ; les Jeunesses patriotes auraient 90 000 membres ; le Faisceau de G. Valois a évolué ; dans son livre paru en 1927 (*Le Fascisme*) l'auteur revient à gauche, rejette l'antisémitisme et traite le fascisme italien de réactionnaire. La Solidarité française a été fondée par F. Coty, soutenue depuis 1928 par l'*Ami du Peuple,* quotidien à deux sous ; elle recrute dans la classe ouvrière, porte comme emblème le coq gaulois, s'habille d'une chemise bleue ; elle aurait compté à son apogée 180 000 membres ; les Francistes de Marcel Bucard, transfuge du Faisceau, sont plus portés à l'admiration de Mussolini, dont ils reçoivent des fonds, au culte du chef, mais ils n'ont jamais été plus de 10 000 ; la Milice socialiste nationale de G. Hervé, qui fait paraître *La Victoire* depuis 1916, n'est qu'un groupuscule. H. d'Halluin, dit Dorgères, a créé un comité de défense paysanne formé de petits agriculteurs mis en difficulté par la crise, qu'il habille de chemises vertes. Deux formations ont une réelle importance sans avoir les mêmes objectifs : l'Action française et les Croix de Feu.

L'Action française s'est faite plus violente depuis sa condamnation par Rome en 1926 ; mais celle-ci lui a fait perdre 45 % de ses lecteurs, et 80 % de ses ressources financières ; devenue nettement anticléricale, elle attaque la hiérarchie et l'Église, ce qui entraînera la rupture avec le duc de Guise en 1937, jusqu'à la réconciliation avec Rome en 1939. Les étudiants d'Action française luttent au Quartier Latin contre la Ligue d'action universitaire républicaine, et les Camelots du roi recherchent volontiers l'affrontement physique.

Les Croix de Feu ont un tout autre caractère ; ce fut à l'origine une association d'anciens combattants fondée en 1927 sous le patronage de François Coty, recrutée d'abord parmi les titulaires de la croix de guerre, puis ouverte aux « briscards ». En 1931, le mouvement prit ses distances envers Coty et donna la présidence au lieutenant-colonel de la Rocque. Celui-ci, originaire de Lorient, avait subi l'influence du catholicisme social d'Albert de Mun, l'ascendant spirituel de Psichari, de Ch. de Foucauld, de Lyautey. Il avait fait campagne au Maroc, puis sur le front français et en Pologne, enfin en 1929, sorti gravement mutilé de la guerre, il avait quitté l'armée pour entrer à la

Société des Câbles de Lyon. Les Croix de Feu représentaient une force morale plus qu'une force révolutionnaire, et, s'ils critiquaient le régime, c'était pour son inefficacité; La Rocque avait écrit en 1933 dans *Le Flambeau :* «Le régime des partis, tel qu'il fonctionne, perd la France.» Son analyse rejoignait celle de Tardieu, par qui il fut d abord financé.

En octobre 1933 les Croix de Feu s'ouvrirent aux jeunes, les Volontaires nationaux, qui eurent un recrutement rapide dans la bourgeoisie petite et moyenne, souvent d'inspiration chrétienne; formés en mains, dizaines, centaines, disposant d'un service d'ordre, défilant en formations paramilitaires, ils constituaient une force prête à obéir au «chef», car La Rocque commandait à l'ensemble des formations, bien que les Volontaires fussent autonomes. Le problème posé était de savoir jusqu'où irait cette force disponible et si son chef avait réellement une volonté révolutionnaire.

C. Crise extérieure et intérieure

Hitler, parvenu au pouvoir en janvier 1933, muni des pleins pouvoirs en mars, annonça en septembre la naissance du IIIe Reich et quitta en octobre la SDN. C'était l'échec de toute la politique de Briand et l'impression en France qu'il avait été joué par les Allemands. En novembre 1933, Hitler proposa à Paul-Boncour une entente directe avec la France sur la Sarre et un réarmement partiel; le ministre français refusa toute discussion hors du cadre de la SDN.

Dans le même temps où la crise extérieure grandissait, la crise économique s'amplifiait; les prix agricoles s'effondraient malgré le renforcement des mesures malthusiennes; le pouvoir d'achat du paysan était 25 % plus bas qu'avant-guerre; il se repliait sur une économie de subsistance, accroissait ainsi la crise industrielle, réclamait une intervention plus forte de l'État.

Les prix industriels, qui avaient baissé de 18 % en 1931, baissèrent encore de 25 % jusqu'en août 1935, date à laquelle commencèrent à apparaître les premiers signes de redressement; entre août 1926 et août 1935, les prix de gros avaient baissé de 59 %; l'activité industrielle s'était affaissée de 28 % entre 1930 et 1935. Les salaires nominaux avaient relativement peu baissé, de 5 à 13 % suivant les catégories entre 1930 et 1935; le coût de la vie ayant baissé de 22 %, il en résultait que le pouvoir d'achat du salaire horaire avait augmenté, mais la masse salariale avait diminué de 25 %; on dénombrait, en 1934, 370 000 demandes d'emploi non satisfaites, et l'on va en dénombrer 470 000 en 1936, sans compter les chômeurs partiels. Les petits commerçants menacés par les grandes surfaces, par les magasins à succursales multiples, les Monoprix, Uniprix, Prisunic, étaient particulièrement touchés; le nombre des faillites doubla entre 1930 et 1934.

Les finances extérieures étaient également détériorées; les prix français, malgré leur baisse, restaient plus élevés que les prix étrangers; la monnaie était donc surévaluée, et les exportations diminuaient plus vite que les importations; les sorties de capitaux, un moment freinées en 1933 par la suspension de la convertibilité du dollar, s'amplifièrent fin 1933 avec les troubles politiques en France et surtout en janvier 1934, après la dévaluation et la stabilisation du dollar. En 1934, quand la crise commençait à s'estomper dans les autres pays, elle se renforçait en France et le gouvernement semblait incapable de réagir.

En effet, en vingt mois se succédèrent six ministères, chacun étant incapable, dans sa brièveté, d'établir un plan de redressement. Herriot (juin-décembre 1932) tomba sur la question des dettes envers les États-Unis, dont il voulait honorer l'échéance; sous les ministères Paul-Boncour et Daladier (décembre 1932-octobre 1933) se formèrent des associations de contribuables décidés à faire la grève de l'impôt; les manifestations de commerçants et d'agriculteurs s'amplifièrent; Daladier parvint à faire adopter un prélèvement de 2 à 8 % sur le traitement des fonctionnaires, mais tomba sur un deuxième projet semblable. Sarraut dura un mois et tomba sur le budget; Chautemps se débattit durant deux mois au milieu des manifestations provoquées par les scandales et porta le poids de l'émotion soulevée par la catastrophe ferroviaire de Lagny, le 23 décembre 1933, dans laquelle on retira 219 morts et 300 blessés de vieux wagons en bois. C'est dans un climat d'insurrection que Lebrun fit appel à l'« homme fort », Daladier, le 30 janvier 1934.

D. Le 6 février 1934

L'affaire Stavisky, cause immédiate de l'émeute du 6 février, n'était pas plus grave que les scandales précédents; elle ne prenait un relief particulier que par son contexte et par l'exploitation que put en faire l'opposition. Stavisky, aventurier d'origine ukrainienne, avait fondé le Crédit Municipal de Bayonne et émis des bons de caisse qui n'étant pas suffisamment gagés, l'entraînèrent dans la faillite en décembre 1933. L'enquête apprit qu'il avait déjà été arrêté en 1926, que son procès avait été sans cesse remis, et qu'il était lié à de nombreuses personnalités politiques; arrêté, il s'échappa et disparut.

L'Action française trouva là une occasion de cristalliser le mécontentement d'une opinion scandalisée par tant de compromissions parlementaires. Elle orchestra les manifestations qui commencèrent au début de janvier au Quartier Latin, et, de là, se propagèrent aux abords du Palais-Bourbon. Le 7 janvier, un article de Maurice Pujo invita les Parisiens à « venir en foule autour du Palais-Bourbon, et, au cri de : A bas les voleurs, exiger la justice et l'honneur »...

Le lendemain 8 janvier, on apprit la mort mystérieuse de Stavisky à Chamonix. Les manifestations prirent de l'ampleur jusqu'au 27 janvier où l'action combinée des Ligues porta une première fois la foule vers le Palais-Bourbon. Le même jour, Chautemps démissionnait; le 30, Daladier forma son ministère avec deux modérés, Piétri et Fabry, qui avaient reçu la promesse de la formation d'une commission d'enquête; mais le 3 février Daladier, pressé par les socialistes, dut sacrifier le préfet de police J. Chiappe, trop populaire dans la police, et accusé d'avoir volontairement laissé se développer les manifestations durant le mois de janvier; le préfet de la Seine Renard démissionna par solidarité ainsi que les deux ministres modérés; le 4, la majorité du Conseil municipal lança une proclamation aux Parisiens en se solidarisant également avec les deux préfets. Enfin, les organisations politiques et syndicales appelèrent à manifester dans la rue; La Rocque l'annonça par une lettre au président Lebrun; le parti communiste, de son côté, annonçait que «la place des communistes est à la tête des masses dans la bataille» et il organisa sa propre manifestation.

La 6 février, le ministère Daladier reçut la confiance de la Chambre par 302 voix contre 204; la séance se termina dans le tumulte et la fuite car, au même moment, le Palais-Bourbon était menacé par les Volontaires nationaux sur la rive gauche, par les autres ligues et une masse d'inorganisés sur la place de la Concorde; les anciens combattants étaient sur les grands boulevards, d'autres manifestations avaient lieu au Châtelet et sur le boulevard Sébastopol. Dans la nuit, les gardes mobiles tirèrent, faisant 16 morts et plusieurs centaines de blessés. Le lendemain, Daladier démissionna («ce n'est pas une preuve de faiblesse que de reculer devant un massacre de bons et honnêtes citoyens»).

Pourquoi le colonel de la Rocque ne prit-il pas le pouvoir le 7 février? Peut-être parce qu'il ne se sentait pas en force, et qu'il n'était pas certain de se maintenir, même en supposant qu'il eût réussi? Peut-être plus simplement parce qu'il n'a pas envisagé la prise du pouvoir. Il ordonna le 7 un deuil national et suspendit tous les ordres de rassemblement. La «journée» du 6 février fut-elle une tentative de putsch à vocation fasciste? Nolte établit une filiation intellectuelle entre le nationalisme de Barrès, «la tendance fascisante» de Maurras et celle des Ligues, qui aurait été spécifiquement française, sans emprunt aux systèmes de Hitler ou de Mussolini. R. Rémond est plus prudent dans son jugement en se fondant sur la tradition démocratique de la France, que n'avaient ni l'Allemagne, ni l'Italie, et a fini par ne voir dans l'insurrection qu'une émeute dépourvue de lendemains totalitaires. Le 6 février fut, semble-t-il, avant tout une explosion d'indignation populaire plus ou moins exploitée et canalisée par les ligues, qui ne pouvait conduire à un affrontement plus sérieux que si Daladier se maintenait au pouvoir. Sa démission fit tomber d'un coup la tension. Par contre, l'influence de la journée dans son exploitation par la gauche fut considérable pour la formation du Front populaire; car dès les 8-9 février, c'est le parti communiste qui prit l'initiative et provoqua des émeutes qui coûtèrent 12 morts et des dizaines de blessés.

Le 7 février, Albert Lebrun avait fait appel à Gaston Doumergue, l'ancien président de la République, dont la bonhomie souriante devait apaiser les esprits. Son retour à Paris fut accueilli avec satisfaction par les mouvements de droite, incapables de comprendre que leur heure était définitivement passée. La bourgeoisie était rassurée, après la panique qui avait précipité les épargnants sur les banques et les caisses d'épargne; les caisses de l'État étaient vides.

2. L'échec de la politique modérée Formation du Front populaire (1934-1936)

La Chambre élue à gauche en 1932 accepta un ministère qui était orienté à droite. Le 9 février, Doumergue forma en effet un ministère d'Union nationale où Tardieu et Herriot étaient ministres d'État, Barthou aux Affaires étrangères, le maréchal Pétain à la Guerre, Marquet au Travail. Doumergue obtint aussitôt l'appui des banques et promit l'ouverture d'une enquête sur l'affaire Stavisky.

A. L'expérience Doumergue (9 février-8 novembre 1934)

a) Rassemblement de la gauche. A droite l'unité était impossible ; La Rocque avait refusé d'entrer dans un Front de la Liberté formé par plusieurs organisations, car il voulait conserver à son rassemblement son rôle de fédérateur national ; en effet, après l'émeute du 6 février les Volontaires nationaux recevaient plusieurs milliers d'adhésions par jour et se donnaient une apparence paramilitaire, formaient des « rassemblements motorisés », procédaient à de « grandes manœuvres civiles » non pour prendre le pouvoir, mais pour empêcher une prise du pouvoir par les communistes, ce qui les plaçait néanmoins sous l'accusation d'organisation fasciste. A gauche au contraire le regroupement paraissait facile à faire au nom de la lutte contre le danger fasciste. A l'initiative de L. Blum et de quelques républicains socialistes *Le Populaire* appela à une manifestation de masse le 12 février, réplique du 6 février, contre « les corrompus, les factieux, royalistes et fascistes, pour les libertés publiques, pour les libertés ouvrières ». On lança un appel aux communistes, mais ceux-ci, malgré la volonté de leur base, refusèrent l'unité d'action, et organisèrent le même jour, au même endroit, leur propre manifestation. Il y eut donc le 12 février deux manifestations aux slogans très généraux lancés pour « conserver les libertés fondamentales si héroïquement arrachées par nos aïeux », mais les deux cortèges arrivèrent ensemble à la Nation dans une atmosphère de fraternisation spontanée. Pourtant, lorsque le 17 février, le communiste Doriot lança avec le radical Gaston Bergery et le socialiste Georges Monnet l'idée d'un « Front commun », il fut aussitôt désavoué par son parti et en sera exclu le 27 juin.

Le 5 mars fut formé par Paul Rivet, Alain, P. Langevin un comité d'action antifasciste et de vigilance, dont Alain rédigea le manifeste : « Unis par-dessus toute divergence devant le spectacle des émeutes fascistes de Paris et de la résistance populaire, qui, seule, leur a fait face, nous venons déclarer à tous les travailleurs, nos camarades, notre résolution de lutter avec eux pour sauver contre une dictature fasciste ce que le peuple a conquis de droits et de libertés publiques... » De leur côté H. Barbusse et Romain Rolland intensifièrent leur campagne mondiale contre la guerre (comité Amsterdam-Pleyel).

Le retournement communiste semble s'être produit en juin 1934. A la conférence nationale d'Ivry, Thorez analysa la situation : le choix n'est pas entre l'Union nationale et le communisme, mais entre fascisme et démocratie; il faut donc réaliser l'unité d'action avec les socialistes; changement remarquable que cette politique de «la main tendue»; il semble précéder de peu, ou traduire la même volte-face opérée par le Komintern, afin de ne pas renouveler l'erreur commise en Allemagne, où l'arrivée au pouvoir du nazisme avait été rendue possible par la lutte acharnée que s'étaient livrée socialistes et communistes.

C'est donc la réalisation d'un front commun pour «le désarmement et la dissolution des Ligues, la défense des libertés démocratiques, la lutte contre les décrets-lois, les préparatifs de guerre, la terreur fasciste». Cette communauté d'action se manifesta déjà aux élections cantonales de 1934, où communistes, socialistes et radicaux se désistèrent mutuellement. Thorez envisageait d'étendre l'union jusqu'aux radicaux; le 10 octobre, au nom du Comité central, il déclarait à l'intention du congrès radical réuni à Nantes : «Nous jetons l'idée d'un vaste rassemblement populaire pour le pain, pour la liberté et pour la paix. A tout prix, pour battre le fascisme, constituons un vaste Front populaire.» Le rassemblement avec les radicaux était encore difficile à cause de la position communiste sur la défense nationale; ils y furent encouragés par les échecs de Doumergue.

b) *Les échecs du ministère.* Ayant obtenu le droit de légiférer par décrets-lois pour lutter contre la crise, Doumergue avait le choix entre deux politiques : stimuler les exportations par une dévaluation qui donnerait aux marchandises françaises une prime sur les marchés étrangers, ou bien faire baisser les prix intérieurs par des mesures de déflation. P. Reynaud fut l'un des rares parlementaires à prendre résolument parti pour la dévaluation, bravant l'impopularité auprès d'une opinion publique toujours sensibilisée aux problèmes de stabilité monétaire. Doumergue choisit la déflation : réduction de 10 % du nombre des fonctionnaires, amputations des pensions de retraite et prélèvement de 5 à 10 % sur les traitements publics. Pour pallier le danger que risquait de provoquer la déflation, le «Plan Marquet» comportait un programme de grands travaux d'un montant de 10 milliards à réaliser en cinq ans, financé par les économies prévues et par un prélèvement sur l'assurance vieillesse.

La confiance dans le ministère fut encore diminuée par la mort mystérieuse du conseiller Prince, chef de la section financière du Parquet, chargé de l'enquête sur l'affaire Stavisky, puis le 9 octobre 1934 par la mort à Marseille de Barthou et du roi Alexandre de Yougoslavie dans un attentat organisé par des nationalistes croates (oustachis).

Enfin, la méfiance des radicaux, déjà peu favorables à l'Union nationale, fut accrue par les projets d'une réforme constitutionnelle qui aurait renforcé l'efficacité de l'exécutif et privé le Parlement de l'initiative des dépenses; la démission des ministres radicaux, le 8 novembre 1934, marqua la fin de l'expérience d'Union nationale.

B. Crise générale

a) Le péril extérieur. Devant les échecs de la SDN les gouvernements du Cartel avaient amorcé depuis 1932 une politique orientale qui tendait à resserrer les liens avec la Petite Entente (Tchécoslovaquie, Yougoslavie, Roumanie), à se rapprocher de la Pologne et surtout de l'URSS. Le 29 novembre 1932, la France obtint de l'URSS la signature d'un pacte de non-agression, et l'on voulut, du côté français, aller plus loin. Herriot avait, en août 1933, fait un voyage en Russie et publié un plaidoyer en faveur du rapprochement franco-soviétique; c'est sans doute à cette époque que Staline comprit la réalité du danger nazi et qu'il accepta de reprendre les pourparlers, d'abord avec Daladier, puis avec Barthou, qui conduisit plus fermement cette politique orientale; il fut mal accueilli en Pologne, mais avec enthousiasme à Prague, Bucarest et Belgrade; en juin 1934, il présenta à Litvinov un projet de pacte centré sur un traité d'assistance franco-soviétique; en attendant sa réalisation, Barthou favorisa l'entrée de l'URSS à la SDN (septembre 1934) à la place de l'Allemagne qui s'en était exclue; puis la mort de Barthou en octobre, en même temps que celle d'Alexandre de Yougoslavie, qui entraîna dans ce pays un changement d'orientation en faveur de l'Allemagne, mit fin au projet de pacte global; Laval, ministre des Affaires étrangères dans le ministère Flandin (novembre 1934-mai 1935) puis président du Conseil (juin 1935-janvier 1936) était moins favorable à l'URSS; il chercha une politique de conciliation avec l'Allemagne et de garanties contre elle; il conclut en décembre 1934 avec Hitler un accord sur la Sarre, qui permit au référendum du 13 janvier 1935 d'être un triomphe en faveur de son retour à l'Allemagne; mais en mars 1935 la Chambre française vota malgré l'opposition socialiste l'allongement du temps de service militaire porté à deux ans pour compenser l'arrivée des classes creuses; ce fut le prétexte invoqué par Hitler pour violer le traité de Versailles en rétablissant le service militaire obligatoire.

Laval cherchait en même temps à resserrer les liens avec la « sœur latine », l'Italie; le traité signé le 7 janvier 1935 avec Mussolini cédait à l'Italie 114 000 km^2 de désert au sud de la Libye, 800 km^2 à la frontière de l'Érythrée aux dépens du Tchad, un îlot stratégique au sortir de la mer Rouge et une participation de 20 % au chemin de fer de Djibouti; en échange, l'Italie renoncerait progressivement au statut privilégié de ses ressortissants en Tunisie à partir de 1945; les deux parties s'engageaient à se concerter en cas de menace sur l'Autriche.

La remilitarisation allemande entraîna une rencontre franco-anglo-italienne et la signature des accords de Stresa d'avril 1935; les trois pays protestaient contre la dénonciation unilatérale des traités, affirmaient leur fidélité à Locarno, garantissaient à nouveau l'Autriche, mais furent incapables de prévoir la riposte aux prochains coups de force de Hitler.

Il restait à Laval à céder aux pressions de Flandin et de Herriot, du tchèque Bénès et du roumain Titulescu, qui poussaient à la poursuite des négociations avec l'URSS; instruits maintenant par l'expérience de l'Allemagne, où les attaques communistes contre la social-démocratie avaient empêché l'unité d'action contre Hitler, les soviets cherchaient plus activement à se rapprocher des démocraties occidentales et préconisaient la formation de fronts populaires. En mai 1935, les gouvernements français et soviétique conclurent un pacte d'assistance mutuelle pour cinq ans en cas d'agression ; et, à la suite des conversations tenues à Moscou entre Laval et Staline un communiqué était publié où Staline déclarait approuver « pleinement la politique de défense nationale faite par la France pour maintenir sa force armée au niveau de sa sécurité » : affirmation essentielle pour comprendre l'adhésion au Front populaire des radicaux, rassurés sur le plan de la défense nationale ; en juin au cours d'une réunion à la Mutualité, on verra, ensemble, Daladier, Blum et Thorez. En réalité, Laval était inquiet des répercussions que le rapprochement franco-soviétique pouvait avoir sur le plan intérieur, et il retarda la ratification du traité, qui ne fut votée par la Chambre que sous le ministère Sarraut (24 janvier-4 juin 1936), le 27 février 1936. Aussitôt Hitler se dit inquiet d'un pacte qui violait l'entente de Locarno, et qui replaçait l'Allemagne dans la situation d'encerclement où elle était en 1914 ; il voyait aussi avec appréhension les progrès faits en France par le parti communiste et craignait la victoire d'un front populaire. Les généraux de la Wehrmacht (nouveau nom pris par la Reichswehr en mars 1935) mettaient pourtant Hitler en garde contre une aventure : l'armée n'était pas prête ; mais l'affaire d'Éthiopie lui avait montré la profondeur du pacifisme britannique, et les élections approchaient en France : le 7 mars 1936 Von Neurath convoqua le corps diplomatique pour lui annoncer la dénonciation du pacte de Locarno et l'entrée de détachements militaires symboliques dans les zones démilitarisées de Rhénanie.

Cette nouvelle violation du traité de Versailles était en effet une décision aventureuse de Hitler ; il eût suffi d'une faible riposte française pour obliger les maigres forces allemandes à repasser le Rhin, et Sarraut commença par déclarer le 8 mars qu'il ne laisserait pas Strasbourg sous le feu des canons allemands ; mais le général en chef Gamelin surestimait la force militaire allemande, et il faisait confiance à la ligne Maginot ; le général Maurin, ministre de la Guerre, affirmait qu'il faudrait une mobilisation générale, inconcevable à quelques semaines des élections qui allaient donner la victoire au Front populaire ; lorsque, en fin de compte, Gamelin proposa l'occupation de Kehl et de Sarrebrück, pour laquelle il demandait la caution britannique et belge, celle-ci ne lui fut pas donnée. On se borna à soumettre le différend à la SDN le 19 mars. Hitler fit aussitôt commencer la construction de la ligne Siegfried par 400 000 travailleurs de l'organisation Todt.

b) *La crise économique.* Laval avait obtenu à son tour l'autorisation d'agir par décrets-lois, et il s'en servit pour renforcer la politique de déflation : réduction de 10 % de toutes dépenses publiques, troisième diminution de 3 à 10 % du traitement des agents de l'État, qui, cette fois, amputa leur pouvoir d'achat, diminution de 10 % des loyers et dettes hypothécaires, augmentation générale des impôts. Ce sont des mesures qui venaient à contretemps, et qui provoquèrent des réactions violentes entraînant deux morts et 50 blessés; mesures nocives dans la mesure où la situation mondiale avait commencé à s'améliorer : en avril 1935 s'était produit le renversement de la conjoncture et en juillet les prix de gros avaient cessé de baisser. En France la reprise industrielle était amorcée en septembre 1935; la hausse des prix reprenait. Les mesures prises par Laval avaient un effet psychologique qui allait agir sur les élections.

c) *La formation du Front populaire.* Depuis le renversement tactique des communistes, en juin 1934, ceux-ci recherchaient l'alliance avec les autres formations de gauche, mais les radicaux, dont l'appui était indispensable pour gagner les élections, demeuraient réticents; or aux élections municipales de mai 1935 se formèrent un peu partout à la base des coalitions de type front populaire; aussi le 17 juin 1935 une dizaine de formations, dont le parti communiste, la SFIO, les centrales syndicales, la Ligue des droits de l'homme, mais non encore officiellement le parti radical, lancèrent un appel à tous ceux qui souhaitaient «le pain, la paix, la liberté» et formèrent un Rassemblement populaire dont la présidence échut à Victor Basch, philosophe et président de la Ligue des droits de l'homme. En même temps la CGT invitait ses syndicats de base à réaliser l'unité d'action avec les autres syndicats. Le comité du Rassemblement décida d'organiser une grande manifestation le 14 juillet 1935 et, pour la préparer, les partis communiste et socialiste tinrent le 28 juin à la Mutualité une réunion commune sous la présidence du professeur Langevin à laquelle Daladier, radical, assista «à titre personnel». Enfin le comité exécutif du parti radical, poussé par les «jeunes Turcs» du radicalisme, décida le 3 juillet de participer à la manifestation du 14 et d'envoyer des représentants au «comité d'organisation du rassemblement populaire».

Le matin du 14 juillet en effet, au vélodrome Buffalo, 10 000 délégués assistèrent aux «Assises de la paix et de la liberté»; ils prêtèrent serment de «rester unis» et de «défendre les libertés démocratiques conquises par le peuple de France, de donner du pain aux travailleurs, du travail à la jeunesse et, au monde, la grande paix humaine». L'après-midi, la manifestation commune qui se déroula de la Bastille à la Nation rassembla 100 000 personnes d'après les rapports de police, 500 000 selon les organisateurs. L'élan était donné, et il fut encouragé par le rapprochement des formations syndicales, en septembre 1935, puis par la reconstitution de leur unité au congrès de Toulouse en mars 1936; la CGTU faisait une concession d'importance à la CGT en reconnaissant l'indépendance du syndicalisme envers les partis politiques, sans exclure cependant l'action politique; dans la nouvelle union, la CGT aurait les deux tiers des secrétaires, la CGTU. un tiers. Le Front populaire était né; il eut l'occasion de manifester son unité le 13 février 1936, au moment où des royalistes revenant des obsèques de J. Bainville reconnurent L. Blum, qui fut légèrement blessé. Le lendemain, 200 000 manifestants défilaient du Panthéon à la Bastille.

Le Front populaire comptait à la veille des élections une centaine d'organisations. Le programme élaboré en commun était étonnamment modéré afin de n'effaroucher personne; on demandait une restauration du pouvoir d'achat, un plan de lutte contre la crise, quelques rares nationalisations, la répression du gaspillage et une détente fiscale, mais le programme ne prévoyait ni les congés payés, ni le contrôle des entreprises. La campagne fut passionnée; pour la première fois les formations politiques disposaient d'un temps de parole à la radio; Thorez lança l'appel à l'union : « Nous te tendons la main, catholique, employé, ouvrier, artisan, paysan, nous qui sommes des laïques, parce que tu es notre frère... Nous te tendons la main, volontaire national, ancien combattant devenu Croix de Feu, parce que tu es fils du peuple... parce que tu veux, comme nous, éviter que le pays ne glisse à la ruine et à la catastrophe... » Le premier tour des élections, le 26 avril, fut une surprise : ce n'était pas la lame de fond attendue; le Front populaire gagnait 8 % des voix sur 1932, devançait les modérés d'environ un million de voix; les radicaux perdaient 500 000 voix, les socialistes en gagnaient 200 000, et surtout le parti communiste doublait son nombre avec 1 470 000 voix; il était vainqueur dans les régions ouvrières, mais aussi dans les campagnes; les paysans, touchés par la crise, attendaient une intervention énergique de l'État. Le deuxième tour, le 3 mai, compléta le succès du Front grâce à la discipline des désistements; les communistes étaient 72 au lieu de 12 en 1932 — les socialistes, avec 147 sièges au lieu de 129, étaient les plus nombreux — les radicaux perdaient 41 sièges; au total le Front populaire pouvait compter sur 381 sièges, la droite sur 222. Pour la première fois depuis la création de la IIIe République les partis de gauche étaient nettement vainqueurs et unis sur un programme précis de gouvernement.

3. Le Front populaire (1936-1938)

Dès que fut connu le résultat des élections, L. Blum réclama le pouvoir, tout en s'interrogeant dans *Le Populaire* sur ses qualités d'homme de gouvernement. La formation du ministère demanda un mois pendant lequel une vague de « grèves sur le tas » déferla sur le pays; la première grève éclata au Havre le 16 mai, puis les grèves spontanées entraînèrent une paralysie générale : au début de juin on comptait 1,5 million de grévistes, qui occupaient leur lieu de travail pour éviter le lock-out; grèves kermesses, bon enfant, où l'on dansait, jouait, attendait, en entretenant le matériel, pendant que le comité élu présentait au patron le « cahier de doléances »; était-ce l'impatience ouvrière qui souhaitait faire pression sur un gouvernement en formation? Était-ce l'action de gauchistes, de trotskistes, agissant à la base au-delà des syndicats? Était-ce la situation prérévolutionnaire annoncée jadis par Jaurès, dont le parti communiste ne put, ne sut, ou ne voulut pas profiter? Ou bien était-ce simplement l'euphorie de la victoire, et la certitude, suivant le mot de Marceau Pivert, que « tout est possible »?[1]. Les chefs de grandes entreprises acceptèrent sans trop d'amertume la chute provisoire de leur autorité. Les petits patrons au contraire, humiliés, contraints de demander au comité de grève l'autorisation d'entrer dans leur usine ou d'en sortir, retirés dans leur bureau où ils ne commandaient plus rien, ne pardonneront pas et trouveront ensuite, dans le régime de Vichy, comme un parfum de revanche. L. Blum savait que tout n'était pas possible ; il n'était pas homme à imposer une révolution que près de la moitié de la France aurait désapprouvée. Privé de la participation des communistes, qui promettaient un « soutien le plus loyal », et de la CGT, qui promettait son « appui le plus fraternel », il dut faire une place plus grande aux radicaux, dont on savait l'attachement à l'ordre et à la propriété.

Dans le ministère de 36 personnes, formé le 6 juin seulement, figurèrent pour la première fois trois femmes comme sous-secrétaires d'État, bien qu'elles ne fussent encore ni éligibles ni électrices : Irène Joliot-Curie, qui venait de partager avec son mari le prix Nobel de chimie, à la Recherche scientifique, Cécile Brunschwig à l'Éducation nationale avec Jean Zay, Suzanne Lacorre, institutrice, à la Protection de l'Enfance ; Léo Lagrange était sous-secrétaire aux Loisirs ; Salengro à l'Intérieur ; Vincent Auriol aux Finances ; Spinasse à l'Économie nationale : 18 SFIO, 14 radicaux. L'épreuve s'annonçait difficile pour des hommes sans expérience ; à Léon Blum, décidé à appliquer sa doctrine de « gestion du capitalisme par les socialistes », s'opposaient la gauche de son propre parti et les communistes, qui entendaient détruire le capitalisme ; il fallait s'attendre à une opposition financière et patronale, et il était urgent de remettre le pays au travail, sans pouvoir accorder tout ce qui était demandé.

A. Les accords Matignon et la législation sociale

a) Les accords Matignon. L'initiative de la rencontre est venue des milieux patronaux, inquiets de ne plus trouver en face d'eux des interlocuteurs qualifiés, dans l'état d'anarchie qui se généralisait. Le 6 juin, les dirigeants de la CGPF demandèrent à rencontrer les dirigeants syndicaux ; plusieurs membres du gouvernement servirent de médiateurs pour organiser la réunion, qui se

---

1. Tout est possible. Qu'on ne vienne pas nous chanter des airs de berceuse ; tout un peuple est désormais en marche, d'un pas assuré, vers un magnifique destin. Dans l'atmosphère de victoire, de confiance et de discipline qui s'étend sur le pays, oui, tout est possible aux audacieux.
Tout est possible et notre parti a ce privilège et cette responsabilité tout à la fois d'être porté à la pointe du mouvement.
Qu'il marche ! Qu'il entraîne ! Qu'il tranche ! Qu'il exécute ! Qu'il entreprenne ! et aucun obstacle ne lui résistera (*Le Populaire,* 27 mai 1936).

tint à la présidence du Conseil, à l'Hôtel Matignon, et d'où sortit dans la nuit du 7 au 8 juin la signature des « Accords Matignon », véritable convention collective au plan national, par laquelle la délégation patronale reconnaissait la liberté syndicale, la création de délégués ouvriers élus dans les établissements de plus de 10 employés, pour veiller à l'application des lois sociales et des conventions collectives, une augmentation des salaires, variable suivant les catégories de 7 % pour les plus élevés à 15 % pour les plus bas, et une organisation de la grille salariale.

b) *Des lois complètent les accords : la loi du 20 juin 1936* accorde à tous les employés et salariés ayant un an d'ancienneté un congé annuel de 12 jours ouvrables (sans pouvoir y renoncer), durant lequel ils percevront leur salaire augmenté des allocations familiales et des avantages en nature ; *la loi du 21 juin 1936* institue la semaine de 40 heures (38 h 40 dans les mines) sans diminution de salaire, et interdit de dépasser ce maximum, pour contraindre les employeurs à embaucher une main-d'œuvre supplémentaire et résorber le chômage ; *la loi du 24 juin 1936* permet d'imposer à l'ensemble d'une branche industrielle une convention collective signée par les organisations déclarées représentatives par le ministère du Travail. De juin 1936 au 31 décembre 1938, 5 681 conventions furent conclues.

c) *Les effets sont importants :* c'est *une victoire ouvrière*, si l'on tient compte du contexte dans lequel ces victoires ont été obtenues ; c'est *une amélioration évidente* de la vie ouvrière, non tant par la hausse des salaires, qui va être partiellement compensée par la hausse des prix, que par le changement qualitatif de la condition ouvrière : les premiers congés payés sont accordés dans l'été 1936 ; c'est l'essor du camping et des auberges de la jeunesse ; c'est l'enrichissement intellectuel des classes populaires par l'ouverture du Théâtre du Peuple par la CGT, d'une Académie de peinture de l'Union des syndicats de la Seine, par la création d'une Fédération musicale populaire ; c'est l'*augmentation des forces syndicales* à la suite de la victoire ouvrière ; les effectifs de la CGT-CGTU passent à 4 millions d'adhérents, alors que les deux centrales n'en réunissaient que 760 000 en 1934.

d) *Mais les périls restent graves :* la *persistance de grèves importantes* jusqu'à la fin de l'année ; la *chute brutale de la durée moyenne du travail,* qui tombe de 44 heures à 39,7 en 1937, sans entraîner une diminution sensible du nombre des chômeurs (300 000), car ceux-ci sont souvent des manœuvres ; une *chute de la production,* au moment où les charges sociales pesant sur les entreprises vont représenter 28 % du salaire ; l'*hostilité des petits employeurs,* non représentés à la CGPF, qui ont l'impression d'avoir été sacrifiés par les gros industriels. Les remous qui se produisent dans les milieux patronaux entraînent la transformation de la CGPF en Confédération générale du patronat français, qui va s'efforcer d'abattre le ministère.

B. Réformes économiques et financières

On peut être étonné par la modestie des réformes de structure : la réponse est sans doute à trouver dans les intentions mêmes de L. Blum, qui ne sont pas révolutionnaires, dans la situation économique d'ensemble, qui n'autorisait guère les aventures, et surtout dans l'obligation où se trouve L. Blum de tenir compte des radicaux, peu favorables à une véritable socialisation de l'économie.

La Banque de France n'est pas nationalisée par la loi du 24 juillet 1936, puisque son capital reste détenu par les anciens actionnaires, mais l'assemblée générale est étendue, au-delà des 200 plus gros actionnaires (les « 200 familles »), à tous les porteurs d'actions. Son conseil général est réformé pour donner à l'État une possibilité de contrôle et une facilité plus grande d'accès à ses ressources. Les nationalisations ne portent, par la loi du 11 août 1936, que sur certaines usines fabriquant du matériel de guerre et sur quelques sociétés de constructions aéronautiques. L'Office national interprofessionnel du blé (ONIB, qui deviendra l'ONIC en 1940) est créé pour satisfaire les agriculteurs; son conseil est formé par les représentants des producteurs (majoritaires), des consommateurs, des minotiers et de l'État; son rôle est de fixer chaque année le prix du blé par référence aux prix de 1911-1913, et il dispose du monopole de la commercialisation intérieure et extérieure.

C. Les difficultés

a) Économiques. Les mesures prises pour venir en aide aux agriculteurs sont d'ordre strictement malthusien; le marché du blé est isolé; les producteurs sont invités à dénaturer le blé pour le réserver au bétail, à stocker leur récolte, à utiliser des semences à faible rendement. De même l'État encourage la diminution de la production de vin et fixe les quantités à transformer en alcool; les prix remontent en 1937, mais le gouvernement est accusé de pratiquer une politique de pain cher. La production industrielle augmente en 1937 grâce au réarmement et aux investissements réalisés par la Caisse nationale des marchés de l'État créée en août 1936 pour appliquer un programme de grands travaux; mais on se heurte au manque d'ouvriers qualifiés et à l'insuffisance d'outillage dans les industries de transformation, au point que les crédits militaires ne peuvent pas être tous utilisés. D'autre part, la crise mondiale de 1937-1938 vient stopper le redressement.

b) Monétaires. Le gouvernement avait proclamé sa résolution d'assurer la défense de la monnaie, mais il ne pouvait pas empêcher la hausse des prix malgré la création en août 1936 d'un comité de surveillance des prix; ceux-ci avaient commencé à monter en 1935 avec la reprise mondiale, la dévaluation de la livre et du dollar; puis la hausse se précipita en 1936, les producteurs faisant retomber sur les prix de vente les hausses du coût de production résultant des mesures sociales; les augmentations de salaires furent rapidement neutralisées par la hausse des prix, ce qui provoqua de nouvelles grèves, pour obtenir de nouvelles augmentations de salaires. La production en souffrit.

La surévaluation du franc incitait aux importations et handicapait les exportations : le déficit commercial, qui était de 5 milliards de francs en 1935, fut de 7 milliards en 1936 et montera à 9 en 1937. Il y a enfin spéculation, comme en 1924, pour des raisons à la fois financières et politiques ; l'or et les capitaux s'enfuyaient, et V. Auriol ne put pas obtenir en septembre 1936 la garantie de l'Angleterre et des États-Unis, ce qui le contraignit à la deuxième dévaluation dans l'histoire du franc : la loi du 1er octobre 1936 suspendit la convertibilité et créa le Fonds de stabilisation des changes, qui avait mission d'intervenir pour que la valeur du « franc élastique » ou « franc Auriol » fût maintenue entre 43 et 49 mg d'or ; la dévaluation était de 25 à 34 %, trop faible par rapport aux prix étrangers, d'autant plus que le gouvernement était incapable de contenir l'inflation ; les fuites de capitaux allaient s'accentuer, car V. Auriol n'avait pas osé rétablir le contrôle des changes, et la Banque de France allait s'épuiser à soutenir la monnaie : en un an elle perdit le tiers de son encaisse.

c) Politiques. L. Blum fit appliquer le 18 juin 1936 la loi votée le 10 janvier précédent sous le ministère Laval, ordonnant la dissolution des « groupes de combat et milices privées », c'est-à-dire des ligues « paramilitaires » qui avaient participé à l'émeute du 6 février. Mais elles se reconstituèrent aussitôt sous la forme de partis.

En juin, Doriot, ancien dirigeant exclu du Parti communiste, forme le Parti populaire français (PPF), qui se retrempe à la fois dans l'extrême gauche et le syndicalisme nationalistes, et parmi les activistes des ex-ligues dissoutes, Volontaires nationaux, membres de Solidarité ; orateur puissant et populaire, appuyé sur son fief de Saint-Denis, il présente un programme vague de renaissance nationale ; il souhaite « une France rayonnante d'initiatives et de valeurs intellectuelles, sociales, politiques » (écrit son lieutenant Paul Marion) ; il fait paraître l'*Émancipation Nationale.*

Ni son origine sociale, ni son tempérament, ni sa volonté d'action, ne donnent à Doriot quelque affinité avec La Rocque, qui transforme son mouvement en parti en juillet 1936 : le Parti social français (PSF) a sa figure charismatique en Mermoz (« l'archange »), pionnier de l'aviation, disparu le 6 décembre 1936 sur *La Croix du Sud* dans la traversée de l'Atlantique. En septembre 1936 le PSF rassemblait sans doute 600 000 adhérents, soit un nombre équivalent à celui des socialistes et communistes réunis. Mais La Rocque refusa jusqu'au bout toute unité d'action avec les autres formations et fit ainsi avorter la tentative de Tardieu pour former un front de la liberté.

L'Action française elle-même survit, malgré sa dissolution, et Maurras va lever les hésitations d'un grand nombre de ses disciples en se réconciliant avec Rome ; après de longues négociations et malgré le frein mis par une grande partie de la presse catholique l'apaisement suivra la lettre de soumission adressée à Rome le 19 juin 1939 et entérinée par la décision prise par le Saint-Office le 10 juillet de la même année de lever la condamnation.

Pourtant certains membres de l'Action française, Camelots du roi, déçus par l'inactivité du mouvement, avaient commencé à former depuis 1932 des petits groupes secrets qui cherchaient à réunir des armes pour répondre à un hypothétique coup de main communiste; il semble que la société secrète et militaire se soit réellement formée entre 1935 et 1937 autour de Méténier et surtout d'E. Deloncle, ancien polytechnicien, ingénieur du Génie maritime : le CSAR, Comité secret d'action révolutionnaire, dit la *Cagoule,* responsable de plusieurs attentats, dont, en particulier, l'assassinat en 1935 des frères Rosselli, antifascistes réfugiés d'Italie.

Cette reconstitution politique à droite se fait donc dans la violence écrite et physique : heurts entre communistes et membres du PSF au sortir d'un cinéma de Clichy où des adhérents du PSF tenaient une réunion, qui firent, le 16 mars 1937, 5 morts et des centaines de blessés. Le 17 novembre 1936 l'hebdomadaire *Gringoire* avait lancé une campagne contre le ministre de l'Intérieur, Salengro, l'accusant d'avoir déserté en 1915 et le conduisant peu après au suicide. Ces attaques calomnieuses, mais efficaces, dans la presse hebdomadaire de droite, *Candide, Gringoire,* et surtout dans *Je suis partout,* qui avait une moindre audience, étaient sous-tendues par un antisémitisme recrudescent depuis l'arrivée de L. Blum au pouvoir et l'introduction de 50 000 juifs réfugiés d'Allemagne entre 1933 et 1939, qui avaient porté la population israélite à 300 000 environ. Les radicaux, dont L. Blum avait besoin, étaient inquiets de ces désordres. Quant aux communistes, qui avaient promis leur appui, ils trouvaient le gouvernement de L. Blum trop timoré en politique extérieure.

d) Coloniales. L. Blum tenta de résoudre le problème colonial en laissant aux populations locales une large autonomie; partout il échoua : en Indochine, après des mesures d'apaisement (libération des prisonniers), il proposa un programme de réformes rejeté par les deux tendances nationales, le parti démocrate, formé par les milieux bourgeois partisans de l'autonomie dans un cadre constitutionnel, et le parti communiste clandestin, qui étendait son action sur les masses — en Tunisie, des pourparlers furent engagés avec Bourguiba, libéré en 1936, mais il fut impossible de faire admettre par l'opinion européenne des réformes politiques; dès 1937 Bourguiba allait être de nouveau arrêté et les troubles sanglants ne cessèrent pas jusqu'en 1939 — au Maroc, l'opposition se durcit quand le général Franco s'efforça de se concilier les Marocains; les troubles qui agitèrent Meknès en 1937 firent déporter Allal-al-Fasi — en Algérie on pouvait deviner confusément quatre tendances : celle de Fehrat-Abbas, pharmacien à Sétif, représente la bourgeoisie formée par la pensée française, fidèle à la France pourvu que le peuple algérien obtienne l'égalité; la tendance religieuse des ulémas, qui veulent refaire de l'Algérie le pays de l'Islam, destiné à rejoindre les autres pays islamiques; la troisième, celle de Messali Hadj, formée d'abord parmi les ouvriers travaillant en France, devenue mouvement nationaliste et révolutionnaire; enfin le Parti communiste, devenu autonome en 1935. En 1936 le projet Blum-Viollette (ancien gouverneur de l'Algérie) prévoyait d'admettre à la citoyenneté les Algériens possédant des diplômes ou des états militaires. La réforme ne fut même pas amorcée devant l'opposition des Européens d'Algérie et des métropolitains ; aussi, la nouvelle génération, déçue, commença-t-elle à rejoindre le Parti populaire algérien (PPA), formé en 1937, qui réclamait l'indépendance — en Syrie, les « accords Viénot » du 9 septembre 1936 promirent à un État syrien unitaire l'indépendance dans le délai de trois ans contre la signature d'un traité d'alliance ; les accords ne furent jamais ratifiés en France. La Seconde Guerre mondiale allait montrer l'acuité des problèmes, qui se trouvaient, cette fois, sérieusement posés.

e) Extérieures. La guerre civile avait éclaté en Espagne le 17 juillet 1936. La France y était directement intéressée, non seulement par la proximité, mais parce que le gouvernement espagnol s'était engagé par un accord antérieur à n'acheter des armes qu'en France ; le gouvernement français fournit quelques dizaines d'avions, qui transitèrent par le Mexique, mais L. Blum se refusait à faire davantage s'il n'avait pas l'appui britannique ; or, pour Churchill, la neutralité était nécessaire. L. Blum se trouvait également devant une violente campagne de la droite, qui menaçait de transporter la guerre civile en France, et devant l'opposition de l'armée, qui redoutait l'affaiblissement des stocks militaires.

Le 1er août L. Blum se décida pour la non-intervention par crainte d'une généralisation du conflit et proposa aux puissances « l'adoption rapide, immédiate, d'un accord visant à la non-intervention en Espagne » ; puis il accepta avec vingt-cinq autres pays la proposition britannique de créer des patrouilles navales qui auraient empêché le ravitaillement des deux parties, auxquelles participèrent Allemands et Italiens jusqu'à leur reconnaissance de Franco dès novembre 1936 et leur intervention directe dans la guerre à ses côtés. L'aide française ne put se faire qu'indirectement en laissant transiter par les Pyrénées les hommes qui allaient former les Brigades internationales, et le matériel qui allait aider les armées républicaines.

Les conséquences de la non-intervention française furent importantes à l'intérieur, où les communistes et la gauche des socialistes reprochèrent à L. Blum son inertie, et à l'extérieur, car la victoire de Franco allait créer une nouvelle frontière vulnérable, resserrer les liens germano-italiens, déjà noués lors de la guerre d'Éthiopie, en conduisant à la formation de l'axe Rome-Berlin en octobre 1936, faire douter de la France ses alliés traditionnels, la Pologne, la Yougoslavie, qui se rapprocha de l'Allemagne, la Belgique elle-même, qui dénonça l'alliance franco-belge de 1920 et reprit sa liberté d'action.

D. La chute

Devant la situation économique et monétaire, L. Blum tenta de se rapprocher du patronat ; le 31 décembre 1936, il fit voter la loi sur la procédure d'arbitrage obligatoire dans les conflits sociaux; le 13 janvier 1937, il demanda aux travailleurs la «pause» dans les revendications sociales et forma un comité d'experts composé de libéraux (J. Rueff). Les grèves redoublèrent et affectèrent l'exposition Arts et Techniques, qui ouvrit le 24 mai 1937 sans que les pavillons français soient achevés. Attaqué sur sa droite et sur sa gauche, L. Blum demanda à son tour le 15 juin 1937 l'autorisation d'agir par décrets-lois; la Chambre lui accorda par 346 voix contre 247 «les pouvoirs nécessaires pour assurer le redressement financier»; mais le Sénat, poussé par Caillaux, les refusa, et L. Blum démissionna le 21 juin 1937. Le Front populaire était sans doute assez fort pour empêcher le fascisme de prendre le pouvoir en France; affaibli par ses propres contradictions, il ne l'était pas assez pour promouvoir dans la légalité une révolution sociale.

E. La survie (1937-1938)

Le ministère radical Chautemps, auquel les socialistes participèrent avec L. Blum comme vice-président du Conseil, eut encore le temps de faire aboutir la dernière réforme de structure, la création de la SNCF en août 1937. Les forces de la gauche parurent d'abord renforcées par un triple affaiblissement de la droite : l'information ouverte contre la Cagoule par le ministre de l'Intérieur Max Dormoy (qui sera assassiné en 1940) accompagnée par plusieurs arrestations, à la suite de la destruction par bombes de deux immeubles de la CGPF le 11 septembre 1937 — la rupture entre Maurras (emprisonné entre octobre 1936 et juillet 1937) et le prétendant royaliste, qui lui reprochait ses encouragements à la violence, sa position religieuse et son antisémitisme — la compromission du PSF, convaincu d'avoir reçu de l'argent de Tardieu en 1934. Mais, par ailleurs, le ministère, qui avait reçu les pleins pouvoirs financiers, fut impuissant à résoudre le problème économique et monétaire, et dut procéder à une nouvelle dévaluation en juin 1937 (franc flottant ou franc Bonnet, 43 mg). Attaqué par les communistes, Chautemps leur «rendit leur liberté», ce qui entraîna le départ des ministres socialistes et la démission du ministère.

Après un nouveau cabinet Chautemps qui dura trois mois, L. Blum tenta une dernière expérience de type front populaire, le 13 mars, le jour même où Hitler achevait de régler sans peine la question de l'Anschluss par l'annexion de l'Autriche. Affronté aussitôt à un tourbillon de grèves, L. Blum fut une fois encore renversé par le Sénat le 8 avril sur un programme de redressement financier. C'était, cette fois, la fin du Front populaire.

F. Le retournement politique et financier

L'homme qui forma le ministère le 10 avril 1938, Édouard Daladier, avait été pourtant l'un des promoteurs du Front populaire; mais il avait évolué sous la pression des événements intérieurs et surtout extérieurs; les socialistes avaient refusé leur participation; par la force des choses, le ministère devait s'appuyer davantage sur les radicaux et les modérés, surtout quand Paul Reynaud succéda à Marchandeau comme ministre des Finances en novembre 1938.

a) Un nouveau réajustement de la monnaie (le troisième en deux ans) fut effectué, mais, très différent des précédents, décidé par simple décret, il fixa la valeur du franc par rapport à la livre (franc sterling), soit virtuellement 25 mg d'or environ, et le déprécia assez pour que les prix français fussent avantageux au taux de change.

b) Daladier ayant obtenu l'autorisation de procéder par décrets-lois, P. Reynaud les utilisa pour augmenter les impôts, mettre en route un programme de grands travaux et de fabrication de matériel de guerre, pour « aménager » aussi la loi des quarante heures en autorisant les dépassements par heures supplémentaires. La grève générale du 30 novembre, déclenchée par la CGT contre les « décrets-lois de misère », fut un échec.

c) Les mesures monétaires et fiscales, la reprise industrielle, l'échec de la grève provoquèrent un mouvement de retour des capitaux expatriés : les réserves s'accrurent de 9 milliards entre janvier et septembre 1939. Le redressement était encore timide : l'indice industriel était à 90 (100 en 1929), la durée moyenne du travail était remontée à 41,2 heures, mais la part du PNB consacrée aux investissements dépassait à peine 13 %, c'est-à-dire que le remplacement même du matériel n'était pas encore assuré. Le besoin d'un répit extérieur pour consolider le redressement explique peut-être l'attitude française dans la crise de Munich.

d) La crise tchèque, ouverte en avril 1938, risquait de conduire à la guerre, puisque la France était liée à la Tchécoslovaquie par l'alliance de 1924, renforcée en 1937. Mais en France la droite était résolument hostile à une intervention ; d'autre part, les Anglais et leur Premier ministre Chamberlain étaient encore convaincus de la bonne foi de Hitler et n'appuyaient pas la France. Dans ces conditions, les accords de Munich du 29 septembre 1938, qui assuraient le dépècement de la Tchécoslovaquie, furent une capitulation française, approuvée néanmoins par la Chambre par 535 voix contre 75, et par l'opinion dans un mouvement d'enthousiasme reconnaissant envers l'homme qui venait de sauver la paix.

Le répit cependant fut court ; la question de Dantzig prit immédiatement le relais de la question tchèque ; mais le revirement de l'Angleterre entraîna cette fois une résistance des deux démocraties occidentales, qui s'efforcèrent d'obtenir l'appui soviétique. La délégation franco-britannique parvint à Moscou le 11 août, mais elle fit traîner les choses, d'autant plus que Staline mettait comme condition de l'appui le passage de l'armée rouge par la Pologne et par la Roumanie, difficile à faire admettre par les intéressés ; du côté occidental ont eût été heureux de voir la menace hitlérienne se détourner vers l'Est, du côté soviétique on était sans doute désireux de pouvoir souffler, après les purges qui avaient considérablement affaibli l'armée, en laissant les mains libres à Hitler à l'Ouest. En effet, en même temps qu'il négociait avec les occidentaux, Staline traitait avec les Allemands, dont il obtint un accord commercial le 19 août, puis, dans la nuit du 23 au 24 août, fut signé un pacte de non-agression germano-soviétique, complété par un accord secret qui partageait les zones d'influence dans les États baltes, en Finlande et en Pologne. En France le Pacte ressouda la plupart des hommes de droite qui s'étaient divisés sur l'opportunité de Munich : les deux adversaires étaient désormais dans le même camp. L'*Humanité* approuva le Pacte et provoqua ainsi à gauche de terribles crises de conscience; la CGT condamna le Pacte à une forte majorité.

La mobilisation française commença le 26 août à midi; le 1er septembre les armées allemandes entrèrent en Pologne et Mussolini annonça la non-belligérance de l'Italie. Le 2 septembre la mobilisation générale fut décrétée en France et la Chambre quasi unanime vota les crédits spéciaux de 75 milliards pour « faire face aux obligations résultant de la situation internationale ». Le premier mouvement fut fait d'union nationale et il dura jusqu'au 17 septembre. Pourtant les gouvernements français et britannique hésitaient; on espérait encore un événement qui permettrait d'éviter la guerre; en France l'extrême droite mettait en avant la crainte d'une nouvelle saignée dont le pays ne se relèverait pas. La Chambre des Communes contraignit Chamberlain à se décider, et celui-ci fit pression sur le gouvernement français : le 3 septembre à 9 heures du matin Henderson apporta l'ultimatum à Ribbentrop; à 12 h 30 l'ambassadeur français Coulondre fit la même démarche pour annoncer que la France respecterait ses engagements envers la Pologne le même jour à partir de 17 heures.

Bibliographie

On ajoutera aux ouvrages cités précédemment :

Généralités

J. CHASTENET, *Histoire de la IIIe République :* t. VI, *Déclin de la Troisième, 1931-1938* (Hachette, 1962); A. MALLET, *Pierre Laval* (Amiot-Dumont, 1954-1955); G. JACQUEMIN, *La vie publique de Pierre Laval (1833-1945)* (Plon, 1973); A. KUPFERMANN, *Pierre Laval* (Masson, 1976); A. SAUVY, *Histoire économique de la France entre les deux guerres,* t. II (Fayard, 1967); F. GOGUEL, « Géographie des élections françaises sous la IIIe et la IVe Républiques » (Cahiers *FNSP,* n° 159, Armand Colin, 1970); G. DUBIEF, *Le déclin de la IIIe République 1929-1938,* (Seuil, 1976), tome 13 de la *Nouvelle Histoire de la France contemporaine;* J. TOUCHARD, *La gauche en France depuis 1900* (Seuil, 1977); J.-B. DUROSELLE, *Politique étrangère de la France, la décadence, 1932-1939* (Imprimerie Nationale, 1983); S. BERSTEIN, *La France des années 30* (Paris, coll. Cursus, Armand Colin, 1993); D. BORNE, H. DUBIEF, *La crise des années trente, 1929-1938* (Paris, Seuil, 1989); R. RÉMOND, J. BOURDIN (sous la direction de), *La France et les Français en 1938-1939* (Paris, FNSP, 1978).

Sur le mouvement intellectuel

P. Ory et J.-F. Sirinelli, *Les intellectuels en France, de l'affaire Dreyfus à nos jours* (Armand Colin, 1986); G. Leroy et A. Roche, *Les écrivains et le Front Populaire* (Presses de la FNSP, 1986); J.-F. Sirinelli, *Génération intellectuelle* (sur les khâgnes et les normaliens des années 20) (Fayard, 1988); M. Cointet, *Histoire culturelle de la France, 1918-1959* (CDU-SEDES, 1988).

Sur les mouvements de droite

J. Plumeyene et R. Lasierra, *Les fascismes français, 1923-1963* (Seuil, 1963); R. Remond, *La droite en France (op. cit.);* A. Grosser, *Hitler, la presse et la naissance d'une dictature* (coll. Kiosque, Armand Colin); M. Le Clerc, *Le 6 février* (coll. «L'envers de l'histoire», Hachette, 1967); P. Bourdrel, *La Cagoule* (Albin Michel, 1970); L. Thomas, *L'Action française devant l'Église, de Pie X à Pie XII* (Nouv. éd. Lat., 1965); Ph. Rudaux, *Les Croix de Feu et le PSF* (Ed. France Empire, 1967); Dieter Wolf, *Doriot* (Fayard, 1969); E. Nolte, *La Fascisme dans son époque* (sur l'Action française), 3 t. (Julliard, 1970); Ph. Machefer, *Ligues et fascismes en France (1919-1939),* Dossiers Glio n° 71 (PUF, 1974); J.-M. Charlier et M. Montarron, *Stavisky, les secrets du scandale* (Laffont, 1974); P. Lorenz, *L'affaire Stavisky* (Presses de la Cité, 1974); sur H. Dorgeres, un excellent article de J. Delumeau, «Le Dorgérisme» *in : Rev. Hist. Mod. et Cont.,* avril-juin, 1975; S. Berstein, *Le 6 février 1934* (Coll. Archives, Julliard, 1975); M. Bardeche, *Qu'est-ce que le fascisme* (Éd. des Sept Couleurs, 1961); P. M. Dioudonnat, *Je suis Partout 1930-1944, Les maurrassiens devant la tentation fasciste* (La Table Ronde, 1973); J. Kessel, *Stavisky, l'homme que j'ai connu,* suivi d'un historique de l'affaire par R. Thevenin (Gallimard, 1974); J. McCearney, *Maurras et son temps* (Albin Michel, 1977); Zeev Sternhell, *Maurice Barrès et le nationalisme français* (Fondation Nat. des Sc. Polit.); *La droite révolutionnaire, 1885-1914 – Les origines françaises du fascisme* (Seuil, 1978); *L'idéologie fasciste en France* (Seuil, 1983); P. Boutang, *Maurras, la destinée et l'œuvre* (Plon, 1984); F. Bergeron et Ph. Vilgier, *Les droites dans la rue* (DMM, 1985); P. Milza, *Les fascismes* (Imprimerie Nationale, 1985); J.-P. Brunet, *Jacques Doriot, du communisme au fascisme* (Balland, 1986); Ph. Burin, *La dérive fasciste, Doriot, Déat, Bergery, 1933-1945* (Seuil, 1986); S. Berstein et J.-J. Becker, *L'anticommunisme,* t. I, *1917-1940* (Olivier Orban, 1987); P. Milza, *Le Fascisme italien et la presse française, 1920-1940* (Éd. Complexe, 1987); J.-Ch. Petitfils, *L'Extrême droite en France* (Que sais-je?, PUF, 2e éd., 1987); H. Michel, *Les Fascismes* (Que sais-je?, PUF, 4e éd., 1987).

Sur le Front populaire

G. Dupeux, *Le Front populaire et les élections de 1936* (Armand Colin, 1959); H.W. Ehrmann, *La politique du patronat français (1938-1955)* (Armand Colin, 1959); L. Bodin et J. Touchard, *Front populaire 1936* (coll. Kiosque, Armand Colin, 1985); G. Lefranc, *Juin 1936* (Coll. Archives, Julliard, 1966); J. Grand-Mougin, *Histoire du Front populaire, 1934-1939* (Albin Michel); J. Moch, *Rencontres avec Léon Blum,* t. II (Plon, 1970), et *Le Front populaire, grande espérance* (Perrin, 1971); G. Lefranc, *L'expérience du Front populaire* (Dossiers Clio, PUF, 1972) et *Histoire du Front populaire* (Payot, 1974); N. Racine et L. Bodin, *Le parti communiste français pendant l'entre-deux-guerres* (Archives de notre temps, Armand Colin, 1972); J. Delperrie de Bayac, *Histoire du Front populaire* (Fayard, 1972); L. Bodin et J. Touchard, *Front populaire 1936* (coll. U, Armand Colin, 1972); J. Girault, *Sur l'implantation du parti communiste français dans l'entre-deux-guerres* (Ed. sociales, 1977); J. Bremond, *Les nationalisations* (Hatier, 1977); G. Bourde, *La défaite du Front populaire* (Maspéro,

1978) ; G. LEFRANC, *Le Front populaire* (Que sais-je?, PUF, 6e éd., 1984) ; R. REMOND, P. RENOUVIN (sous la direction de), *Léon Blum chef de gouvernement*, Fondation Nationale des Sciences Politiques, Colloque, 1965 ; L. BODIN et J. TOUCHARD (*L'histoire par la presse), Front Populaire, 1936* (Armand Colin, rééd. 1986) ; J. BOUVIER (sous la direction de), *La France en mouvement, 1934-1938* (à partir du 12 février, formation du FP) (Éd. Champ Vallon, 1986).

Sur l'orientation du catholicisme

A. COUTROT, F.G. DREYFUS, *Les forces religieuses dans la société française* (Paris, Armand Colin, 1965), A. COUTROT, *Un courant de la pensée catholique, l'hebdomadaire Sept (mars 1934-août 1937)* (Éd. du Cerf, 1960) ; G. CHOLVY et H.-M. HILAIRE, *op. cit.*

Sur Munich

J. BOUILLON, G. VALETTE, *Munich 1938* (Paris, Armand Colin, 1986) ; J.-P. AZEMA, *De Munich à la libération, 1938-1944* (Paris, Seuil, 1979).

6

La Deuxième Guerre mondiale et la IVe République

16

La France pendant la Deuxième Guerre mondiale

Il n'y eut pas, en 1939, l'enthousiasme qu'avait soulevé la guerre en août 1914; il s'agissait alors de se défendre contre l'agression allemande et de reprendre les provinces perdues. En 1939, bien des Français ne comprenaient pas pourquoi il fallait «mourir pour Dantzig»; les récentes années de luttes politiques, la présence du communisme, qui n'existait pas en 1914, avaient coupé les Français en deux camps bien plus opposés que n'avait pu le faire l'affaire Dreyfus. Certains pensaient encore qu'une entente avec les dictatures était possible. Les communistes se trouvaient gênés par le pacte germano-soviétique. La mobilisation se fit dans l'ordre, mais avec une morne résignation. Du moins les conditions militaires paraissaient meilleures : l'appui de la Grande-Bretagne était immédiat, la France était en partie protégée par la ligne Maginot, et le matériel, renforcé depuis 1935, était au niveau du matériel allemand, sauf pour l'aviation, qui ne comprenait que 700 avions de chasse et 170 bombardiers : on comptait sur l'aviation britannique.

1. La défaite et l'installation du régime de Vichy (3 septembre 1939-13 décembre 1940)

A. La défaite française

Dès le 27 septembre 1939, la Pologne n'existait plus; les Français n'avaient rien fait pour l'aider, si l'on néglige une modeste offensive en Sarre, refoulée le 16 octobre. On comptait sur le blocus des côtes allemandes et sur une stratégie périphérique qui prendrait les Allemands, et peut-être les Soviétiques, à revers. On s'installa donc dans la «drôle de guerre», qui acheva de pourrir le moral des hommes laissés inactifs.

Le parti communiste, secoué par une crise intérieure devant l'attitude de Staline, s'était refusé à condamner le pacte germano-soviétique, la pénétration de l'armée rouge en Pologne, et lançait une campagne contre la guerre impérialiste franco-britannique. Le 25 septembre, il fut dissous ainsi que les organisations dépendantes par Daladier; le 19 janvier 1940 les 72 députés communistes furent déchus de leur mandat, certains arrêtés. Les décrets du 27 janvier et 17 février 1940 enlevèrent la nationalité à Thorez et à Marty, qui s'étaient réfugiés à Moscou dès octobre 1939. Les militants communistes, pourchassés, se réfugièrent dans la clandestinité. Sur le plan économique, la guerre était mieux préparée qu'en 1914 : on mit aussitôt en application le plan des mesures prévues pour l'organisation de la nation en temps de guerre, le contrôle des changes fut établi le 9 septembre, les dividendes et les prix furent bloqués, on passa des commandes aux Etats-Unis, et l'on diminua de 17 % la valeur du franc sur l'or et le dollar.

L'inaction militaire finit par tourner la Chambre contre le ministère. Daladier dut démissionner le 20 mars 1940; il fut remplacé par P. Reynaud, et celui-ci décida avec les Anglais une intervention en Norvège, qui fut devancée par les Allemands. Enfin la grande offensive allemande fut lancée le 10 mai sur Sedan, sur la Belgique et les Pays-Bas; le 15 mai Reynaud remplaça le général en chef Gamelin par Weygand, qui se trouvait en Syrie; le 18 mai il remania son ministère en gardant la Défense nationale et en confiant la vice-présidence du Conseil au maréchal Pétain, ministre d'État, dont la présence devait redonner confiance à la nation; mais du 26 mai au 4 juin ce fut le désastre de Dunkerque, la disparition du fer de lance de l'armée française; du 5 au 10 juin ce fut l'échec de la contre-offensive sur la Somme; le 6 juin le général de Gaulle fut nommé sous-secrétaire d'État à la Défense nationale; le 10 juin le gouvernement français quitta Paris, où les Allemands entrèrent le 14, et s'installa près de Tours puis à Bordeaux; le même jour, l'Italie déclara la guerre à la France et à l'Angleterre. Les Allemands arrivèrent sur la Loire, menaçant Lyon, et prenant à revers la ligne Maginot.

P. Reynaud avait lancé en vain un appel désespéré à Roosevelt : les élections présidentielles allaient avoir lieu en novembre, et l'isolationnisme américain était trop fort pour qu'il pût y avoir autre chose qu'un appui moral. Il n'y avait plus que le choix entre la capitulation ou l'armistice : la capitulation était un acte militaire qui n'engageait que les troupes concernées; le gouvernement restait libre de poursuivre la lutte en se repliant sur l'Empire, quitte à laisser occuper l'ensemble du pays. L'armistice était un acte politique qui engageait le gouvernement et mettait fin aux hostilités partout où s'étendait l'autorité légale. Pétain, Weygand étaient favorables à l'armistice, qui ne ferait pas peser sur l'armée seule le poids de la défaite. Le gouvernement était partagé sur la possibilité d'une résistance hypothétique, et surtout il était ébranlé par l'état du pays, où des millions de réfugiés tourbillonnaient sur les routes sous les bombardements aériens[1]. Les

1. On évalue à plus de 4 millions le nombre de personnes errant sur les routes en direction du sud. Après l'armistice la SNCF rapatria en zone occupée 3,5 millions de réfugiés.

militaires l'emportèrent; P. Reynaud démissionna le 16 juin, et le maréchal Pétain le remplaça aussitôt, avec un ministère déjà préparé, Weygand à la Défense nationale, l'amiral Darlan à la Marine, Baudouin aux Affaires étrangères.

B. L'armistice (22 juin 1940)

Pourquoi le maréchal Pétain? L'opération politique était-elle préméditée? Ou bien était-ce l'homme qui pouvait encore rassurer les Français, dernier survivant des maréchaux de la période heureuse de la victoire, aïeul de 84 ans faisant «don de sa personne à la France»? Mais Pétain s'était déjà aventuré dans la politique en 1934 dans le ministère Doumergue; en 1936, les Ligues avaient pensé à lui, et il avait été ambassadeur auprès de Franco, à Burgos.

Le 17 juin, à 12 h 30, il annonça par radio aux Français qu'il avait demandé les conditions d'un armistice; c'est pourquoi le 19 juin, suivant les accords antérieurs, l'autorisation britannique étant nécessaire, Darlan prit l'engagement auprès des envoyés de Churchill que la flotte ne serait livrée à aucune condition. Le 20 juin, Pétain annonça au pays qu'il avait désigné les plénipotentiaires conduits par le général Huntziger : «J'ai été avec vous dans les jours glorieux; chef du gouvernement, je suis et resterai avec vous dans les jours sombres. Soyez à mes côtés, le combat reste le même.»

Il n'y eut pas à proprement parler de négociations, mais un diktat imposé par Hitler; les représentants français, ayant dû subir l'épreuve de siéger dans le wagon de Rethondes où Foch avait jadis reçu la capitulation allemande, furent contraints d'entendre une diatribe de Keitel sur l'humiliation imposée à l'Allemagne en 1919, puis reçurent les conditions allemandes le 21 juin à 15 heures. A 21 h 30 Huntziger put téléphoner à Weygand à Bordeaux et lui dicter les 24 articles. Les conditions étaient pourtant moins accablantes que l'on ne pouvait le craindre dans l'état de décomposition où se trouvait la France. Hitler était-il pressé de regrouper ses forces pour se tourner contre l'Angleterre? Craignait-il qu'une plus grande dureté n'entraînât un raidissement du gouvernement français, qui s'exilerait en organisant ailleurs une résistance, et laisserait aux Allemands la charge de l'administration du territoire? A-t-il redouté que la flotte ne fût livrée aux Anglais?

Le gouvernement de Bordeaux tenta en vain de modifier certaines exigences, envisagea le refus, accepta le 22 juin; l'armistice fut signé à Rethondes le même jour à 18 h 50. Une commission mixte siégeant à Wiesbaden réglerait les modalités d'application. La France était partagée en deux zones, l'une occupée par les Allemands comprenait le nord du pays et toute la région atlantique, où l'autorité française restait virtuelle sous le contrôle des autorités d'occupation; l'autre zone, au sud, non occupée ou libre, représentait deux cinquièmes du territoire; le gouvernement français y restait en principe souverain; entre les deux zones les hommes et les marchandises ne pouvaient pas circuler sans autorisation allemande. La France devait payer les frais de l'entretien des troupes d'occupation, sans que le chiffre fût précisé ; l'armée française était réduite à 100 000 hommes ; le matériel de guerre serait livré s'il était en zone occupée, concentré sous contrôle allemand pour la zone libre ; les navires de guerre seraient rassemblés dans des ports français, désarmés, neutralisés ; l'article 19 faisait obligation au gouvernement français de livrer tous les ressortissants allemands se trouvant en France et aux colonies.

L'armistice conclu avec l'Italie le 24 juin était moins sévère : démilitarisation d'une zone de 50 km sur les Alpes, de la Corse, occupation de Menton, utilisation du chemin de fer et du port de Djibouti. Les armistices entrèrent en vigueur le 25 juin à 1 h 35.

C. La fin de la IIIe République

La rapidité d'une défaite qui n'avait jamais eu pareille ampleur avait jeté les Français dans un état de prostration capable de leur faire accepter n'importe quelle solution qui les aiderait à sortir de leur cauchemar : les villes et les routes bombardées, les familles disloquées, les millions de réfugiés campant dans un état de misère morale et physiologique effroyable, un million et demi de prisonniers, l'absence de nouvelles, partout des armes abandonnées au long des routes... la certitude que l'Angleterre serait bientôt vaincue... L'appel lancé le 18 juin par le général de Gaulle, qui avait quitté la veille Bordeaux pour Londres, passa presque inaperçu. Le contexte était favorable pour que Pierre Laval, devenu vice-président du Conseil le 21 juin, fit procéder, par l'intermédiaire de la caution que représentait le maréchal Pétain, à l'abolition d'un régime que l'on tenait pour responsable de la défaite.

Bordeaux étant occupé, le gouvernement se transporta le 1er juillet à Vichy, ville suffisamment fournie d'hôtels pour héberger les ministères, et assez proche de la ligne de démarcation qui passait par Moulins. Sur 932 parlementaires (618 députés, 314 sénateurs) 670 étaient présents, les autres étaient soit déchus (communistes), soit retenus en Afrique du Nord, soit absents. Le 9 juillet, les deux Chambres votèrent à une forte majorité le principe de la révision ; le lendemain, l'Assemblée nationale adopta par 569 voix contre 80 le texte présenté par Laval qui donnait « tout pouvoir au gouvernement de la République, sous l'autorité et la signature du maréchal Pétain, à l'effet de promulguer... une nouvelle Constitution de l'État français. Cette Constitution doit garantir les droits du travail, de la famille et de la patrie... Elle sera ratifiée par la Nation et appliquée par les Assemblées qu'elle aura créées »...

Le gouvernement du maréchal Pétain était-il légal? Apparemment les formes ont été respectées, puisque le principe de la révision de la Constitution a été voté suivant les règles prévues par l'article 8 de la loi du 25 février 1875. Le général de Gaulle, quant à lui, estimait que le régime était à la fois illégitime et illégal, l'Assemblée de Bordeaux étant sous la dépendance de l'ennemi. On peut observer :

1. que beaucoup de parlementaires sont déchus (72) ou absents (31, en Afrique du Nord). Mais cela n'empêche pas la majorité d'être largement suffisante;

2. que la décision du 9 juillet a confié le pouvoir constituant au gouvernement, et, au-delà de lui, à un homme, le maréchal Pétain;

3. que l'Assemblée nationale est réunie hors du lieu habituel et légal;

4. que la Constitution, et donc les actes constitutionnels, auraient dû être ratifiés au suffrage universel par la Nation;

5. que l'article 2 de la loi du 14 août 1884 (révision de la Constitution) interdit que «la forme républicaine du gouvernement»... puisse faire «l'objet d'une proposition de révision».

Le 11 juillet parurent les trois premiers actes constitutionnels : l'un faisait disparaître la présidence de la République; le deuxième supprimait le régime parlementaire et confiait au Maréchal le pouvoir législatif; le troisième maintenait en fonctions théoriques les deux Chambres. Le Maréchal était donc chef de l'État et chef de gouvernement, il concentrait les pouvoirs exécutif, législatif, constituant; seul lui échappait le droit de déclarer la guerre, en quoi il avait besoin de l'assentiment des assemblées. Le quatrième acte constitutionnel (12 juillet) fit de P. Laval le successeur éventuel (le «dauphin») du Maréchal; le cinquième (30 juillet) créa une cour de justice pour juger les responsables de la défaite.

D. Le nouveau régime

Il est essentiel de distinguer dans cette période la «Révolution nationale» et la «Collaboration».

a) Les principes. Il n'est pas douteux que le Maréchal, qui pensait être l'homme de la Providence, a vu dans la défaite un mal d'où pouvait sortir un bien; elle apportait une somme de souffrances capables d'exercer une *catharsis,* une purification, comme l'avait été la défaite de 1871, et de stimuler les énergies «nous tirerons la leçon des batailles perdues. Depuis la victoire (de 1919) l'esprit de jouissance l'a emporté sur l'esprit de sacrifice; on a revendiqué plus qu'on a servi. On a voulu épargner l'effort, on rencontre aujourd'hui le malheur...».

Les hommes dont s'entoura le Maréchal (Laval mis à part) étaient des techniciens épris d'efficacité, Bouthillier à l'Économie, le syndicaliste Belin à la Production industrielle et au Travail, Caziot, expert agricole, à l'Agriculture. Il fut rejoint par beaucoup d'hommes, comme Pucheu, Lucien Romier, Alibert, qui avaient fait partie du Mouvement du redressement français fondé par l'industriel Ernest Mercier en 1925, partisans par nationalisme d'un développement économique à l'américaine, qui préconisaient un État fort constitué de techniciens d'industriels, et la participation ouvrière à l'entreprise par l'actionnariat populaire. En 1940 ces hommes se sont donné pour but de régénérer le pays par ce qu'ils appellent la *Révolution nationale.* Le régime, suivant les expressions du Maréchal, sera national en politique extérieure, hiérarchique en politique intérieure, coordonné et contrôlé dans son économie. L'inspiration est maurrassienne, surtout par les conseillers les plus intimes du Maréchal, comme Alibert, mais l'influence du général Weygand n'est pas négligeable.

« Travail, Famille, Patrie » remplacent les trois termes de la devise républicaine; le régime éprouve une certaine nostalgie pour les anciennes corporations, le paternalisme légitimiste, le retour à une structure verticale de la société. Le Maréchal, pensant à ses poilus de Verdun, a une affection particulière pour la paysannerie et pour la terre, qui, elle, « ne ment pas », pour l'artisanat, qui représente la forme la plus noble du travail; il a pris pour symbole la francisque gallique; il défend la famille par la mise en application du Code de la famille, voté en juillet 1939, complété par de nombreux avantages honorifiques et alimentaires, ce qui permettra au taux de natalité de ne pas tomber au-dessous de 13 ‰ et de rester supérieur à celui d'avant-guerre à partir de 1942.

La Révolution nationale doit en effet reposer sur la jeunesse, pour laquelle un secrétariat général a été créé en septembre 1940; le régime crée en juillet les Chantiers de jeunesse, pour remplacer le service militaire par un service civil, puis les Compagnons de France, groupant les jeunes garçons habillés d'un uniforme bleu marine, une École des cadres à Uriage, qui deviendra du reste un foyer de résistance (supprimée en décembre 1942). Le régime est appuyé, au début, passivement par la très grande majorité de l'opinion publique, activement par l'ancienne droite parlementaire, par l'Église, qui voit avec faveur un régime cherchant à restaurer la famille, les vertus morales d'inspiration chrétienne, par la Légion française des combattants, organisée en août 1940 avec un service d'ordre (SOL) à forme militaire. Il est soutenu aussi par tous ceux, techniciens, ingénieurs, qui croient en l'efficacité de nouvelles structures économiques. Ils s'en détacheront vite quand il tournera à la collaboration.

b) Dès 1940 existe une frange de véritables « collaborateurs » prêts à aider l'Allemagne, le plus souvent par haine du bolchevisme, dans sa construction d'une Europe nouvelle. Laval croit en la victoire allemande; il faut donc être du côté des vainqueurs et s'intégrer dans l'ordre nouveau européen. Il est en excellentes relations avec Otto Abetz, nommé le 5 août 1940 ambassadeur allemand auprès des autorités d'occupation à Paris. Fernand de Brinon avait été le fondateur du Comité France-Allemagne en 1935; il représente le gouvernement de Vichy à Paris; Darlan est surtout anglophobe. La collaboration a largement pénétré les milieux intellectuels : Brasillach, rédacteur en chef de *Je suis partout* (1937-1943); H. Béraud, directeur de *Gringoire,* poussé par sa haine envers l'Angleterre; Drieu la Rochelle, directeur de *La Nouvelle Revue Française;* Alphonse de Chateaubriant, qui fait paraître *La Gerbe*; J. Luchaire, qui publie *Les Nouveaux Temps.* Enfin, les anciens partis à tendance fasciste, tel le PPF de Doriot, se sont renforcés, d'autres se créent, tels le Mouvement social révolutionnaire, issu de la Cagoule, dont une partie rejoindra ensuite la Résistance, ou le Rassemblement national populaire de Marcel Déat.

c) *La mise en place du régime* est faite de mesures de réaction et d'organisation :

– *réaction politique :* loi du 17 juillet permettant de révoquer tout fonctionnaire par décret ministériel — loi des 22-23 juillet 1940 prévoyant la révision des naturalisations postérieures à 1927, excluant de la fonction publique les Français nés de père étranger — loi du 13 août 1940 interdisant les sociétés secrètes, « organisations à caractère occulte... d'autant plus dangereuses... qu'elles recrutent un grand nombre de leurs membres parmi les fonctionnaires... ». Le Grand Orient s'était dissous quelques jours plus tôt et sera suivi par les autres obédiences ; les maçons sont exclus de la fonction publique — loi du 24 août 1940 créant une Cour martiale pour juger les officiers de la France libre ; le général de Gaulle, d'abord condamné à la prison, fut condamné à mort par contumace sur appel du ministre — dissolution de tous les anciens partis — arrestations par voie administrative — obligation du serment de fidélité envers le chef de l'État de la part des fonctionnaires d'autorité et des officiers ;

– *réaction sociale :* dissolution de toutes les organisations professionnelles, interdiction de la grève et du lock-out — loi du 18 octobre 1940 établissant le premier statut des juifs : les juifs français sont exclus de la fonction publique ; les juifs étrangers peuvent être internés dans des camps spéciaux par décision préfectorale — 7 octobre abrogation du décret Crémieux. En zone nord les Allemands font procéder au recensement à partir de novembre 1940 et imposent l'inscription « entreprise juive » sur les magasins ;

– *mesures économiques :* l'inflation se précipitait par suite de la diminution de la production, de l'augmentation des dépenses de toutes sortes et surtout à cause du versement de l'indemnité : les autorités allemandes ont mis en circulation, dans les zones qu'elles contrôlaient, une monnaie d'occupation à laquelle elles ont imposé un change double de celui de 1939 : 1 mark = 20 francs, change imposé ensuite à toutes les transactions. Le 8 août la Commission d'armistice de Wiesbaden fixa le montant de l'indemnité à la somme énorme de 20 millions de RM par jour : soit 400 millions de francs, équivalent à 48 % du revenu national quotidien de 1939 ; le commandement allemand établit à la Banque de France un commissariat qui recevait 4 milliards de francs tous les 10 jours, et les ventilait ensuite entre les autorités régionales qui achetaient directement la production française.

Il fallut imposer aux Français le rationnement : en septembre 1940 les personnes en régime normal recevaient en principe 1 800 calories par jour mais les rations variaient suivant l'âge, la profession (les travailleurs de force) et les fluctuations de la collaboration. Le rationnement implique la taxation : la loi du 21 octobre 1940 donna aux ministres et aux préfets la charge de prendre des arrêtés pour tous les prix de détail ; les salaires étaient bloqués depuis le 1er juin 1940.

En même temps la production était réglementée par doctrine et par nécessité : la loi du 16 août 1940 organisa le secteur industriel : au sommet le ministre de la Production industrielle ayant sous son autorité dans chaque branche industrielle ou commerciale un Comité d'organisation nommé pour recenser les stocks et la main-d'œuvre, fixer les programmes de fabrication, répartir les matières premières et les crédits, soumettre aux autorités des propositions de prix. L'agriculture fut organisée par la loi du 2 décembre 1940 sur un plan corporatif : au sommet le Conseil corporatif national sous l'autorité du ministre de l'Agriculture, puis des unions régionales, départementales, des syndicats locaux auxquels l'adhésion est facultative, mais dont les décisions sont impératives pour tous; le syndicat groupe propriétaires, fermiers, salariés; la corporation fournit seule les semences, les engrais, les outils, et commercialise la production.

E. Les relations avec l'étranger

a) *L'Allemagne* a très vite dépassé l'armistice par ses réquisitions, par la création d'une zone interdite dans le Nord et l'annexion en fait, sinon en droit, de l'Alsace-Lorraine; 180 000 Alsaciens-Lorrains furent expulsés et remplacés par des Allemands. En zone occupée l'autorité fut accaparée par l'Abwehr, service de renseignements de l'armée, et la Gestapo, police secrète d'État. En zone libre les Allemands utilisaient le chantage aux prisonniers de guerre et la menace d'invasion pour obtenir des livraisons de marchandises et des avantages dans les ports coloniaux. Ils attisaient l'hostilité de l'opinion publique contre les Anglais au moment de leur attaque contre Dakar (3 juillet, et tentative de débarquement avec de Gaulle, 23 septembre) et surtout contre Mers-el-Kébir (3-5 juillet, 1 300 morts). Churchill, manifestement, ne croyait pas à la promesse française que la flotte ne serait pas livrée.

Le 24 octobre 1940, Pétain rencontra Hitler à Montoire, quand celui-ci revenait de son entrevue avec Franco; on y parla de «collaboration», mais sans la définir, et il sortit surtout de l'entrevue une photographie représentant la poignée de main donnée par Pétain à Hitler, fort utile ensuite pour la propagande allemande. Le sens donné à la collaboration n'était pas le même; Laval allait jusqu'à l'alliance militaire contre l'Angleterre, et il invoquait la bonne volonté allemande en obtenant la libération de 50 000 prisonniers pères de famille, blessés ou malades. Pour Pétain, la collaboration restait une neutralité bienveillante, d'autant plus qu'il avait besoin des Anglo-Saxons pour le ravitaillement de la zone sud. Mais le geste de Montoire couvrit de l'autorité du Maréchal une attitude beaucoup plus active de collaboration.

b) *Les Anglo-Saxons* essayaient de maintenir des ponts avec Vichy, et Pétain lui-même semble bien avoir encouragé l'envoi de la mission Rougier à Londres, pour obtenir un relâchement du blocus britannique; mais tout fut rompu quand Laval remplaça Baudouin aux Affaires étrangères le 25 octobre. De ce moment Churchill essaya de faire passer l'Afrique du Nord en dissidence, mais il s'y heurta à Weygand, délégué général le 7 septembre 1940, toujours fidèle au Maréchal.

Les États-Unis étaient encore neutres, bien qu'ils fournissent un appui croissant aux Anglais, et ils avaient encore un ambassadeur à Vichy, où se trouvait toujours, pour Roosevelt, le gouvernement légal. Le 25 octobre, après Montoire, Roosevelt mit en garde Pétain contre les dangers de la collaboration, et menaça de ne plus fournir de ravitaillement ; l'amiral Leahy, qui fut son représentant à Vichy à partir de janvier 1941, tenta d'éviter la rupture jusqu'au bout. Deux questions préoccupaient Roosevelt : aux Antilles l'amiral Robert disposait d'une escadre, des 106 avions commandés par la France, et qui n'avaient pas eu le temps d'être livrés avant le 17 juin, et d'un stock d'or de 12 milliards de francs, mis à l'abri en mai 1940 — en Indochine l'amiral Decoux, successeur du général Catroux, qui avait rejoint la France libre, était contraint d'accorder aux Japonais des facilités au Tonkin.

Quand, le 13 décembre, Pétain renvoya Laval et le fit arrêter, il sembla que l'emportait sa conception d'une collaboration modérée, qui était pour lui la condition de la survie : « Je demeure à la barre, la Révolution nationale se poursuit. »

F. La Résistance

En France, la résistance à l'occupant a d'abord été passive, faite d'une attitude de refus ; la Révolution nationale ne se confondait pas encore avec l'occupation allemande ; la majorité de l'opinion acceptait l'une et rejetait l'autre ; l'absence de partis et de syndicats rendait difficile l'organisation d'une résistance active. Dès 1940 cependant parurent des journaux clandestins, se formèrent à Lyon des organisations pour faciliter le passage de la ligne, venir en aide aux juifs et créer des filières d'évasion par les Pyrénées. Puis lentement l'opinion se libéra du traumatisme de juin ; l'Angleterre avait tenu, de Gaulle commençait à être connu, la BBC de Londres apportait un espoir et les conditions morales et matérielles attisaient le mécontentement. L'idée se répandait que le Maréchal jouait double jeu. Les prémices d'organisations de résistance semblent être apparues en juillet 1940 (Mouvement du musée de l'homme avec le professeur Rivet et J. Paulhan, action d'élèves et professeurs du lycée Buffon, naissance du réseau Valmy). La première manifestation sérieuse fut organisée par les étudiants à l'Arc de Triomphe, le 11 novembre 1940. Mais la première mission envoyée par de Gaulle en décembre, celle du lieutenant de vaisseau d'Estienne d'Orves, fut un échec ; l'émissaire fut pris en janvier 1941. La seule force organisée était celle du parti communiste clandestin, dressé contre la Révolution nationale, mais sa position resta ambiguë jusqu'en juin 1941.

A Londres, de Gaulle avait peu d'audience ; Churchill eût préféré disposer d'une plus haute personnalité civile ou militaire ; mais les efforts pour attirer Weygand ou Noguès (au Maroc) furent vains. Il se résigna le 28 juin à accepter de Gaulle comme « chef de tous les Français libres » ; le ralliement du général Catroux, supérieur en grade à de Gaulle, donna à celui-ci un poids plus important et, le 7 août, Churchill signa un accord sur l'organisation des Forces françaises libres (FFL), forces autonomes, non intégrées aux forces anglaises, sous l'autorité d'un organisme civil français. Dans l'Empire, les ralliements se faisaient avec lenteur : au Tchad cependant, Félix Éboué, le premier gouverneur noir, rallia la France libre le 26 août; au Cameroun, le capitaine de Hauteclocque (Leclerc) entraîna la sécession le 27 août; à Brazzaville, le bataillon du Tchad neutralisa l'opposition. En septembre l'adhésion des Nouvelles-Hébrides et de Tahiti, des établissements de l'Inde et de la Nouvelle-Calédonie fut compensée par l'échec sur Dakar.

Après Montoire, le général de Gaulle dénia au gouvernement de Vichy toute légitimité; constatant qu'il n'existait plus de gouvernement français indépendant, il publia le 16 novembre 1940 la Déclaration organique créant un Conseil de défense de l'Empire, dépositaire provisoire de la souveraineté; c'était la première décision politique, sans toutefois que la situation fût éclaircie du côté des alliés.

2. Les développements de la collaboration et de la Résistance (13 décembre 1940-8 novembre 1942)

Le 22 juin fut déclenchée l'attaque allemande contre l'URSS; les exigences du Reich allaient se faire plus pressantes et conduire à une collaboration de plus en plus étroite en imposant le retour au pouvoir de Laval. Mais la Résistance intérieure fut renforcée par l'appoint massif des forces communistes, qui avaient déjà l'expérience de la clandestinité. Le 7 décembre 1941 l'attaque japonaise sur Pearl Harbor plongea les États-Unis dans la guerre et contribua à faire disparaître l'ambiguïté du régime de Vichy.

A. Le gouvernement de Vichy

a) Jusqu'au retour de Laval (18 avril 1942); le maréchal Pétain tenta d'abord de résister aux pressions allemandes en confiant les Affaires étrangères à P.E. Flandin, vieux routier de la politique, qui espérait mener une action indépendante. Mais Abetz s'était précipité à Vichy pour faire libérer Laval, et les Allemands usaient de rétorsion en verrouillant la ligne de démarcation, en aggravant la situation alimentaire, en stoppant la libération de prisonniers, et en menaçant d'envahir la zone sud. Le rapprochement avec l'Allemagne fut amorcé le 9 février 1941 par le renvoi de Flandin et son remplacement par l'amiral Darlan, qui devint le nouveau dauphin du Maréchal par modification de l'acte constitutionnel IVe. Darlan cumulait en outre les fonctions de vice-président du Conseil, de ministre des Affaires étrangères, de l'Intérieur, de l'Information, tout en restant chef de la marine. Par haine de l'Angleterre, par opportunisme aussi peut-être, Darlan était prêt à pousser très loin la collaboration. A la suite d'une révolte contre les Anglais fomentée en Irak par les Allemands, ceux-ci demandèrent et obtinrent, contre l'annulation des mesures précédentes, l'autorisation de faire transiter une centaine d'avions par la Syrie. En réponse, le 8 juin 1941, des forces anglo-françaises attaquèrent en Syrie les force françaises du général Dentz ; combats très durs, qui entraînèrent un millier de morts du côté des forces de Vichy, 800 chez leurs adversaires, et aboutirent à la capitulation de Saint-Jean-d'Acre du 14 juillet 1941, qui accordait aux forces de Dentz les honneurs de la guerre et leur rapatriement ; 2 000 hommes seulement acceptèrent de rejoindre les FFL

L'événement a grande importance pour expliquer le resserrement des liens franco-allemands, d'autant plus que le 22 juin a commencé l'opération Barbarossa contre l'URSS. Elle entraîne la rupture des relations franco-soviétiques et provoque en juillet la formation de la Légion des volontaires français contre le bolchevisme, qui combat sous uniforme allemand et reçoit les encouragements du Maréchal. Les Allemands obtiennent le rappel de Weygand, qui quitte l'Afrique du Nord le 12 novembre 1941, et les Italiens des facilités pour le transfert de troupes par la Tunisie.

Sur le plan intérieur la Révolution nationale continuait, faite de répression et de réformes. La loi du 23 août 1941 créa auprès des tribunaux des sections spéciales pour juger en matière politique et porter des condamnations immédiatement exécutoires sans pourvoi ni appel. La répression se fit plus sévère après l'attentat du 27 août 1941 contre Laval et Déat, au cours duquel ils furent sérieusement blessés. En 1942, 80 000 personnes étaient dans des camps ou en prison. Le 19 février 1942 furent ouverts à Riom les procès qui devaient juger les responsables de la défaite, politiques et militaires ; les procès sont arrêtés dès avril, et les accusés internés sans jugement au fort du Portalet (Basses-Pyrénées) ; Blum, Daladier, Gamelin seront par la suite déportés en Allemagne.

La loi du 24 janvier 1941 créa un Conseil national de 192 membres nommés, choisis parmi les anciens parlementaires, les organisations professionnelles et les personnalités pour rédiger une Constitution. La Corporation paysanne fut mise en place par le Plan agricole de 1941 pour répondre aux réquisitions officielles, aux achats plus ou moins clandestins des Allemands sur une production qui avait diminué de 40 %, et dont la faiblesse favorisait le marché noir. La Charte du Travail d'octobre 1941 complète en la systématisant la loi du 16 août 1940 sur le commerce et l'industrie ; la réforme française laisse à la corporation, plus qu'elle ne le faisait en Allemagne et en Italie, une autonomie :

Art. I – Les activités professionnelles sont réparties entre un nombre déterminé de familles industrielles et commerciales. Ces familles et les professions qui les composent sont organisées... en vue de gérer en commun les intérêts professionnels de leurs membres de toutes catégories et d'apporter leur concours à l'économie nationale selon les directives des pouvoirs publics.

On ne peut plus concevoir d'affrontements entre employeurs et employés ; les comités locaux, qui s'occupent de toute la vie professionnelle et matérielle, sont formés de trois représentations égales, ouvriers, employés, employeurs. La charte fixe pour la première fois le principe d'un minimum vital.

b) Le retour de Laval. L'évasion du général Giraud de la forteresse de Koenigstein, le 17 avril 1942, accrut la tension franco-allemande; Pétain céda aux exigences des Allemands, en dépit de la mise en garde de Roosevelt, en rappelant Laval, et en faisant publier le 19 avril l'acte constitutionnel n° XI qui créait la fonction de chef du gouvernement en faveur de Laval, lui-même demeurant chef de l'État : «La direction effective de la politique intérieure et extérieure de la France est assurée par le chef du gouvernement nommé par le chef de l'État et responsable devant lui.» Laval eut en outre l'Intérieur et les Affaires étrangères, Darlan restant le dauphin et le commandant en chef.

Dès lors la collaboration se fit plus étroite et plus active : le 28 avril est envoyé en zone occupée le général SS Oberg, qui s'était déjà signalé en Pologne, chargé d'accélérer les livraisons économiques et d'accentuer la lutte contre les résistants et les juifs; il sera responsable de 80 000 déportations et de l'exécution de plus de 200 otages. Les Allemands, ayant besoin de main-d'œuvre, firent d'abord appel aux volontaires : 150 000 ouvriers travaillaient en Allemagne en juin 1942. A cette date Sauckel fut chargé de trouver en France 350 000 travailleurs; Laval obtint une sorte d'échange qui permettrait la libération d'un prisonnier de guerre sur la base du départ de trois ouvriers : ce fut *la relève.* C'est en l'annonçant que Laval s'écria le 22 juin : «Je souhaite la victoire de l'Allemagne, parce que, sans elle, le bolchevisme, demain, s'installerait partout...» Le 10 juillet 1942 fut créée officiellement la Légion tricolore, qui aurait dû combattre en Russie sous uniforme français, mais qui rejoignit rapidement la LVF; ensuite l'unité de Waffen SS Charlemagne, avec Doriot, combattra jusqu'au Bunker de Berlin en 1945.

A partir de juin 1941 avaient été prises de nouvelles mesures à l'encontre des juifs, exclusion de certaines professions, confiscation de commerces et de biens, port de l'étoile jaune, jusqu'à l'amorce de la grande persécution qui débuta dans la nuit du 16 au 17 juillet 1942 par la grande rafle qui fit enfermer à Paris, au Vel'd'Hiv puis à Drancy, puis déporter 12 000 juifs; une opération analogue, également conduite par des policiers français, eut lieu en zone Sud.

B. La Résistance

En *zone Nord,* à la fin de 1941, il n'y avait pas encore d'organisation constituée, sauf l'OCM (Organisation civile et militaire), faite d'anciens officiers; puis se créent les réseaux Valmy, Défense de la France, Ceux de la Résistance, Libération Nord (par P. Brossolette).

En *zone Sud,* les mouvements sont plus précoces, mieux organisés, plus politiques à cause de la présence du gouvernement de Vichy : Combat, de

P. H. Teitgen et F. de Menthon (décembre 1941), Libération, d'E. d'Astier de la Vigerie, Libération nationale, d'Henri Fresnay, Franc-Tireur, issu de la Confrérie Notre-Dame du colonel Rémy.

Le *Parti communiste* forme en juin 1941 le Front national, qui comporte une organisation secrète (OS) et une organisation armée, les FTPF (francs tireurs partisans).

Les formes d'action sont de trois sortes :

– une presse clandestine; chaque réseau a son journal, à quoi il faut ajouter les *Cahiers de Témoignage chrétien* (novembre 1941), les *Lettres Françaises* créées en septembre 1942 par Daniel Decourdemanche (J. Decour) avec Aragon, Sartre, Éluard, les *Éditions de Minuit,* qui publient des ouvrages de résistance. *L'Humanité* et *le Populaire* reparaissent clandestinement;

– les manifestations, telle la grève organisée par Auguste Lecœur dans le Nord en mai 1941 ;

– les attentats, qui sont surtout le fait des communistes, de Gaulle ayant condamné les initiatives individuelles. Le 21 août 1941, un enseigne de vaisseau allemand est tué sur le quai de la station de métro Barbès par Georges Pierre, ouvrier métallurgiste, dit plus tard colonel Fabien; les Allemands vont annoncer à partir de là les exécutions d'otages sur des affiches rouges en lettres noires : le 22 août, trois communistes; le 29 août trois gaullistes considérés comme espions, dont d'Estienne d'Orves. En octobre 1941, à Nantes le chef de la Kommandatur est abattu pour venger deux communistes exécutés; 16 otages sont fusillés, puis 50 autres dont 27 communistes pris au camp de prisonniers politiques de Châteaubriant. Les attentats ne cesseront plus, ni les exécutions d'otages, en décembre Gabriel Péri, en mars 1942 Pierre Sémard, ancien secrétaire général du PC, en mai le philosophe Georges Politzer, le 30 mai J. Decour... Le premier maquis semble avoir été formé en juin 1942 dans la région de Grenoble par des ouvriers requis pour l'Allemagne.

Tous ces mouvements de résistance avaient besoin d'être unifiés : mais le seraient-ils par l'Intelligence Service britannique ou par de Gaulle? En 1941 celui-ci avait envoyé en France plusieurs missions qui avaient échoué. En janvier 1942, il reconstitua son service de renseignements pour en faire le BCRAM (Bureau central de renseignements et d'action militaire) dirigé par Dewavrin, dit colonel Passy. Il met au point ses phrases codes diffusées par la BBC, où parle tous les jours Maurice Schumann, doit coordonner, équiper la Résistance, organiser les évasions, les sabotages, les parachutages. P. Brossolette, ancien rédacteur au *Populaire* et conseiller politique du général de Gaulle fut adjoint à Passy et contribua à donner au BCRA une finalité politique.

Le 31 décembre 1941, Jean Moulin (ex-préfet à Chartres, limogé par Vichy) est parachuté en zone Sud comme délégué du général de Gaulle et du Comité national avec une double mission : coordonner les mouvements de résistance, les organiser techniquement pour le combat avec l'aide du général

Delestraint (arrêté en juin 1943, fusillé à Dachau) ; animer d'autre part un comité d'études pour préparer les réformes à réaliser après la Libération. L'Armée secrète (AS) fut unifiée, à l'exclusion des communistes qui conservaient leur autonomie d'organisation et d'action. La France fut partagée en six régions avec maquis, parachutages, groupes francs, surtout en zone Sud.

En novembre 1942, la nature de la Résistance était encore différente entre les deux zones, libre et occupée, mais elle commençait à prendre une teinte plus politique en même temps qu'elle s'unissait autour du général de Gaulle ; celui-ci était soutenu par les socialistes, bientôt par les communistes, qui sont ou vont être délégués à Londres. Mais la Résistance dépendait entièrement des Anglo-Saxons pour son ravitaillement ; et chez les Français de France subsistaient une méfiance envers l'Angleterre, soupçonnée de vouloir la flotte et l'Empire, et une rancœur pour les bombardements meurtriers (3 mars 1942 les usines Renault à Boulogne, 623 morts). Pour leur part, les Anglo-Saxons semblaient vouloir se tourner vers le général Giraud, qui possédait à Alger des amis sûrs (le « groupe des Cinq »), beaucoup plus dégagés à l'égard de la politique, et qui s'accordait avec le représentant de Roosevelt en Afrique du Nord, Murphy.

C. La France libre

De Gaulle, mal reconnu par les alliés, doit chercher à se donner une légitimité par la formation d'un embryon de gouvernement et la reconstitution d'une force militaire. Le 24 septembre 1941 il prend une ordonnance « ayant le caractère d'une Constitution provisoire », qui crée le Comité national français, habilité à conclure des accords internationaux, et dont les décisions s'imposent à tous les Français de France et d'ailleurs. Il lui faut aussi prendre part à la guerre : le 1er mars, à Koufra, Leclerc prononce le serment : « Nous ne nous arrêterons que quand le drapeau français flottera aussi sur Metz et sur Strasbourg » ; en Égypte, où combattent 12 000 hommes des FFL (forces françaises libres) le général Koenig participe à la défense de Tobrouk et s'illustre à la bataille de Bir Hakeim (mai-juin 1942) ; en juin 1942 les FFL comptent 72 000 hommes.

Mais les relations avec les Anglo-Saxons restent mauvaises ; quand de Gaulle fait occuper Saint-Pierre-et-Miquelon, le secrétaire d'État Cordell Hull condamne les « soi-disant » Français libres et préfère se tourner vers Giraud, qui peut conclure avec Murphy les accords d'octobre 1942, contenus dans trois lettres qui assurent le réarmement des forces françaises et garantissent l'intégrité du territoire. Rejeté par Roosevelt, ne pouvant pas compter sur Churchill, de Gaulle se tourne vers Staline. Celui-ci accepte l'envoi d'une force aérienne française (Normandie-Niemen), puis conclut en septembre 1942 un accord qui reconnaît le Comité national comme « l'organe directeur de la France combattante » ; c'est plus que n'ont fait Churchill et Roosevelt et cela règle la question des rapports avec le PCF.

3. Du débarquement en Afrique du Nord au débarquement en France (8 novembre 1942-6 juin 1944)

A. Le débarquement allié en Afrique du Nord

L'opération Torch (8 novembre 1942) fut le tournant de la guerre à l'Ouest comme la bataille de Stalingrad le fut à l'Est et la bataille de Guadalcanal (août-novembre 1942) dans le Pacifique. L'opération, préparée à l'insu du général de Gaulle, ne pouvait compter que sur un faible appui local de partisans de Giraud. Dans sa grande majorité l'armée restait fidèle au maréchal Pétain. Le débarquement, mal coordonné avec les conjurés, se produisit en un temps où l'amiral Darlan se trouvait incidemment à Alger pour des raisons familiales, et il donna d'abord l'ordre de résister, provoquant ainsi de durs combats qui coûtèrent la vie à 500 hommes des troupes françaises (surtout à Casablanca), autant aux alliés, entraînant la destruction des navires et avions français. C'est seulement le 10 novembre que Darlan signa un cessez-le-feu général en dépit des ordres de Vichy, puis le 13, invoquant « l'accord intime du Maréchal »... il ordonna aux forces françaises de Giraud de se tourner contre l'Axe : la campagne alliée de Tunisie allait commencer. L'ensemble de l'armée française se trouva à ce moment replongée dans la guerre. Le 14 novembre enfin il se proclamait Haut Commissaire, dépositaire de la souveraineté française en Afrique du Nord « au nom du maréchal Pétain empêché ». Il fut aussitôt reconnu par les alliés comme un « expédient provisoire ».

La réaction allemande en France avait été immédiate : le 11 novembre à 5 heures du matin le Maréchal recevait une note de Hitler constatant la rupture de l'armistice, annonçant l'occupation totale de la France et de la Corse par les forces allemandes et italiennes ; l'indemnité de guerre était portée de 300 (10 mai 1941) à 500 millions de francs par jour, l'armée de l'armistice était dissoute. Les forces allemandes s'arrêtèrent d'abord à la périphérie de Toulon. Le 27 novembre à l'aube elles entreprirent l'attaque du port ; l'amiral Laborde ordonna le sabordage de la flotte, 61 unités, 225 000 tonnes ; quelques unités légères parvinrent à s'enfuir. Les conséquences étaient considérables : c'était l'effacement de l'armistice et la mainmise totale sur la France, dont le gouvernement allait de plus en plus se prêter à la collaboration. Le gouvernement de Vichy avait perdu ses deux atouts majeurs, la flotte et l'Empire ; mais le territoire était réunifié.

Laval serait sans doute allé jusqu'à une déclaration de guerre aux alliés, si l'accord de l'Assemblée nationale n'avait pas été nécessaire. Il profita néanmoins de l'émoi pour faire accepter par le Maréchal l'acte constitutionnel n° XII : « Hors les lois constitutionnelles le chef du gouvernement pourra, sous sa signature, promulguer les lois ainsi que les décrets. »

Alors qu'en France Laval avait ainsi quasiment les pleins pouvoirs, l'amiral Darlan, qui entendait poursuivre en Afrique du Nord la Révolution nationale, était assassiné à Alger le 24 décembre 1942, laissant la place à Giraud, qui se trouvait un peu malgré lui investi à la fois du pouvoir civil et militaire.

B. L'affrontement de Gaulle-Giraud

Entre les deux hommes, l'opposition dépassait le niveau de la rivalité personnelle. Les gaullistes reprochaient à Giraud d'avoir reçu son pouvoir des Américains, alors que le Comité national ne le tenait que de lui-même, d'exercer ses fonctions au nom du maréchal Pétain, et sans remettre en cause les bases de la Révolution nationale, de n'avoir pas compris le caractère révolutionnaire de la Résistance intérieure. Giraud était un militaire, qui, fidèle à l'esprit traditionnel de la « grande muette » que devait être l'armée, se refusait à des options politiques autres que celles du gouvernement qu'il estimait encore légitime, celui de Vichy. Le général de Gaulle était un homme politique conscient de représenter la véritable légitimité nationale, attentif aux volontés révolutionnaires qu'il entendait monter de la France résistante, et pour qui la réintroduction de la France dans la guerre n'était que le moyen de lui redonner son poids international, d'affirmer son indépendance envers les Anglo-Saxons, de former enfin un gouvernement opposé à celui de Vichy.

En vain Roosevelt et Churchill tentèrent-ils d'accorder les deux hommes à la conférence d'Anfa (Casablanca) en janvier 1943 ; ils se résignèrent alors à reconnaître Giraud comme commandant civil et militaire en Afrique du Nord, « gérant des intérêts français militaires, économiques et financiers ». La cause du général de Gaulle semblait désespérée et il regagna Londres.

D'où vint le succès final de de Gaulle?

1. L'autorité de Giraud ne dépassait pas l'Afrique du Nord. Toute l'Afrique noire, le reste de l'Empire continuent à reconnaître de Gaulle, à qui viennent de se rallier La Réunion (28 novembre 1942), Madagascar (toujours occupée par les Anglais) et la Côte des Somalis (28 décembre).

2. Les forces militaires sont sensibles à la fierté intransigeante qu'il oppose aux Anglo-Saxons et un nombre important d'officiers rejoignent les FFL.

3. Giraud est incapable d'assumer des responsabilités de gouvernement. Il laisse les autorités alliées décider à sa place ; ainsi du taux de change, fixé de façon unilatérale par les Anglais à 250 francs pour une livre.

4. Enfin et surtout de Gaulle a l'appui de la résistance intérieure. Le 8 janvier 1943 F. Grenier s'est présenté à Londres au nom du Parti communiste pour adhérer au Comité national. Le 27 mai le Conseil national de la Résistance (CNR) a fait savoir que le gouvernement devait être confié au général de Gaulle, « qui fut l'âme de la Résistance aux jours sombres et qui n'a cessé, depuis le 18 juin 1940, de préparer... la renaissance de la patrie détruite comme des libertés républicaines déchirées »... Il souhaitait en même temps que le général Giraud fût affecté à la réorganisation de l'armée. En effet, la campagne de Tunisie venait de se terminer le 13 mai 1943 par la capitulation germano-italienne, et il fallait préparer les étapes ultérieures.

De Gaulle, revenu à Alger le 30 mai, forma avec Giraud, le 3 juin 1943 le Comité français de libération nationale, placé sous la coprésidence des deux hommes, complété par une assemblée consultative provisoire, créée par ordonnance le 17 septembre 1943. Le tournant politique était définitivement pris. Giraud se consacrait de plus en plus à la reconstitution de l'armée, qui allait libérer la Corse (septembre-octobre 1943) et participer à la campagne d'Italie, pour abandonner enfin la coprésidence et être privé de toute fonction en avril 1944. Le CFLN annonçait dès septembre 1943 son intention de faire juger le maréchal Pétain et ses collaborateurs. Dans l'immédiat, il procédait à une sévère épuration en Afrique du Nord parmi les anciens gouverneurs et hauts fonctionnaires. P. Pucheu, que les communistes considéraient comme le responsable des exécutions de Châteaubriant, fut arrêté, jugé et fusillé le 20 mars 1944. L'épuration devint plus massive avec l'entrée des communistes au Comité à partir d'avril 1944; le 21 avril 1944, une ordonnance portant organisation des pouvoirs civils en France après la Libération prévoyait le rétablissement des institutions républicaines et l'élection d'une assemblée constituante « dès que les circonstances permettront de procéder à des élections régulières »; la même ordonnance accordait pour la première fois le droit de vote aux femmes. Enfin le 3 juin, à la veille du débarquement, le Comité d'Alger prit le nom de gouvernement provisoire de la République française, non encore reconnu par les alliés.

C. La France occupée

Laval, devenu le véritable chef de gouvernement, s'est soumis aux exigences allemandes accrues après la défaite de Stalingrad, celle d'Afrique du Nord, et l'armistice italien (septembre 1943). Les Allemands achètent ou réquisitionnent plus de la moitié de la production agricole diminuée par le manque d'hommes, d'engrais, de semences. La production de blé est tombée à 6 millions de tonnes en 1943, de pommes de terre à 7 millions au lieu de 14, de lait à 7 milliards de litres au lieu de 13. Le charbon, le gaz, l'électricité sont rationnés; le pétrole manque et les rares voitures particulières des non-privilégiés roulent au charbon de bois. La production industrielle a diminué de 55 % en 1943. Le Français des villes, du moins celui que les prix exorbitants écartent du marché clandestin, a faim, froid, et manque de l'élémentaire ménager.

Mais les Allemands ont également besoin d'hommes; ils ont déjà incorporé 130 000 Alsaciens-Lorrains dans la Wehrmacht; il leur faut des travailleurs pour remplacer leurs propres hommes mobilisés. Sauckel évaluait à 100 000 travailleurs supplémentaires par mois les besoins allemands. La loi du 17 février 1943 sur le Service du travail obligatoire (STO) mobilise les jeunes gens nés en 1920-1922 pour un travail de deux ans en Allemagne; la loi prévoit également le recensement obligatoire et la réquisition possible des hommes jusqu'à 50 ans, des femmes célibataires de 21 à 35 ans; (170 000 travailleurs sont effectivement partis au titre du STO; plus de 700 000 Français travaillaient en Allemagne à des titres divers à la fin de la guerre). De son côté Speer réquisitionna 175 000 travailleurs pour la construction du mur de l'Atlantique. En échange les Allemands consentirent à transformer en travailleurs libres 250 000 prisonniers et à en libérer 100 000.

L'évolution politique du régime est décisive : le 30 janvier 1943 est formée la Milice, équivalent français de la Gestapo, formée et commandée par J. Darnand, qui va participer aux côtés des Allemands à la lutte contre la Résistance. Elle comptera 20 000 à 25 000 hommes.

Laval modifie le gouvernement, écarte les familiers du Maréchal, fait entrer les ultras de la collaboration, de Brinon, secrétaire d'État chargé des relations avec les Allemands, J. Darnand, chef de la Milice, devenu en décembre secrétaire général au maintien de l'ordre puis à l'Intérieur avec autorité sur les préfets et sur l'ensemble de la police, Ph. Henriot, secrétaire d'État à l'Information en janvier 1944, qui sera abattu par la Résistance le 28 juin, M. Déat, secrétaire d'État au Travail le 16 mars 1944. C'est l'époque des règlements de compte : Maurice Sarraut est abattu en décembre 1943, Victor Basch, ancien secrétaire de la Ligue des droits de l'Homme en janvier 1944, J. Zay et G. Mandel en juin-juillet 1944. Les prisonniers du Portalet sont transportés en Allemagne ou (Weygand) en Autriche. Mais le 26 avril 1944 encore, Pétain a été reçu à Paris dans l'enthousiasme.

D. La Résistance

Elle se renforça en proportion et s'organisa sur quatre fronts :

1. Unification des mouvements réalisée par J. Moulin, désigné le 21 février 1943 par de Gaulle comme son seul représentant. Il y a d'abord fusion dans l'ancienne zone Sud des mouvements Combat, Libération, Franc-Tireur dans les *Mouvements Unis de Résistance,* qui ont leur siège à Lyon et une délégation à Genève. Puis les MUR se rapprochent des mouvements de la zone Nord, Défense de la France, Lorraine, Voix du Nord, pour former le *Mouvement de Libération Nationale* (MLN) à dominante socialiste. Le *Front National,* à dominante communiste, mais non exclusivement, garde son originalité.

2. L'ensemble est recouvert par le *Conseil National de la Résistance,* CNR, créé le 27 mai 1943 par J. Moulin avec les représentants de huit mouvements de résistance, de six partis politiques et de deux organisations syndicales. Le CNR sera présidé par J. Moulin jusqu'à son arrestation le 21 juin 1943, puis par G. Bidault ; son rôle était double : politique, à travers la Délégation générale, il devait préparer les organes à mettre en place à la Libération et dresser la charte des réformes économiques et sociales à effectuer ; militaire, il formait le COMAC, Comité d'action militaire, très vite dominé par les communistes, pour décider des opérations de guérilla.

3. La réunification syndicale CGT-CGTU fait disparaître la scission survenue en 1939 ; l'accord du Perreux du 17 avril 1943 réorganise le Bureau confédéral en redonnant aux tendances l'importance qu'elles avaient en 1939.

4. Les groupes de combattants sont unifiés le 1er février 1944 par la formation des FFI (*Forces Française de l'Intérieur*), placées en mars sous l'autorité théorique du général Koenig. Les FTP conservèrent cependant une grande autonomie sous l'autorité directe du COMAC. Les maquis, grossis

par les réfractaires au STO, forment des réduits dans les régions montagneuses; les organisations armées seront chargées, au moment du débarquement, de la destruction des voies ferrées, des lignes téléphoniques, du réseau électrique, et du harcèlement des renforts allemands. Mais les opérations commencent avant même le débarquement : du 17 au 26 mars 1944 les 500 maquisards du plateau des Glières (région d'Annecy) sont anéantis par une division allemande renforcée par la Milice; le 2 avril 1944 à Ascq, dans le Nord, à la suite d'une explosion au passage d'un train militaire, 86 habitants sont exécutés.

4. Des débarquements à la libération de Paris (6 juin-25 août 1944)

Le débarquement en Normandie (opération Overlord) le 6 juin 1944 et la campagne à laquelle participa la 2e DB du général Leclerc, furent précédés et accompagnés par l'action des maquis, que les Allemands cherchèrent à détruire avec l'aide de la Milice, ou à terroriser par des atrocités : le 9 juin, à Tulle, pendaison publique de 99 otages; le 10 juin la division Das Reich, qui remontait vers le nord, se venge d'une attaque par la destruction d'Oradour-sur-Glane, près de Limoges, dont les habitants sont fusillés ou brûlés vifs dans l'église (648 victimes); en mai-juin le maquis d'Auvergne attaqué par une division blindée au mont Mouchet perd 350 hommes; du 13 juin au 5 août deux divisions attaquent les 3 500 maquisards du Vercors, en tuent 2 000, massacrent les blessés et les prisonniers. Depuis le 14 juin de Gaulle était en France, à Bayeux.

Tandis que Patton fonçait vers Orléans, laissant aux FFI bretons le soin de liquider les poches de résistance, un deuxième débarquement avait lieu en Provence le 15 août avec les Américains et l'armée du général de Lattre; remontant sur les deux rives du Rhône ces nouvelles forces devaient faire leur jonction avec Patton à Montbard le 12 septembre. Entre-temps Paris s'était soulevé contre l'avis du gouvernement d'Alger, qui jugeait l'action trop précoce; de Gaulle obtint de Patton qu'il détournât la division Leclerc vers Paris, où le général von Choltitz signa la capitulation le 25 août, sans effectuer les destructions qui lui avaient été ordonnées. Le 26 de Gaulle put descendre les Champs-Elysées jusqu'à Notre-Dame.

Devant le succès du débarquement la réaction du Maréchal et celle de Laval furent différentes. Le Maréchal crut qu'il pourrait négocier un compromis. A deux reprises, en juillet, il tenta, par l'intermédiaire de l'amiral Auphan, d'entrer en contact avec les alliés, ou, « au besoin », avec le général de Gaulle. N'ayant par reçu de réponse, il décida d'attendre à Vichy. Laval se situait sur un autre plan; installé à Paris le 8 août, il essaya d'obtenir de Jeanneney et de Herriot la convocation de l'Assemblée nationale mise en sommeil en 1940. Mais, le 17 août, les Allemands ordonnèrent son transfert à Belfort d'abord, ensuite à Sigmaringen en Allemagne. Il finira par se rendre aux Américains, qui le livreront aux autorités françaises le 1er août 1945. Enfin le 20 août 1944, le maréchal Pétain fut entraîné par les Allemands dans leur retraite. Il passera en Suisse en avril 1945. C'était la fin du régime de Vichy; ce fut aussi la fuite, l'exode, dans la mesure où ils le purent, des miliciens et collaborateurs. Le 5 septembre 1944, de Brinon forma avec Luchaire, Darnand, Déat et Bridoux une délégation gouvernementale en Allemagne jusqu'à ce qu'ils fussent dispersés par l'avance alliée.

5. La fin de la guerre et les débuts de la reconstruction

Le général de Gaulle s'était hâté d'être présent à Paris dès le soir du 25 août non seulement pour participer à l'enthousiasme populaire, mais pour empêcher les alliés de prendre en charge l'administration du pays à travers l'organisme qu'ils avaient prévu, l'AMGOT (Allied Military Government of Occupied Territories). Il lui fallait en outre, dans un pays détruit par les combats et le pilonnage de l'aviation alliée, fractionné par la disparition des voies de communications, sillonné par les groupes armés de la Résistance, faire reconnaître son autorité, rétablir l'ordre, remettre le pays au travail, tout en renforçant l'effort militaire qui devait faire participer la France à la victoire commune, alors que son absence aux conférences de Yalta (février 1945) et de Potsdam (juillet-août) démontrait le peu d'importance que les alliés lui attribuaient.

A. Fin et bilan de la guerre

C'est seulement en 1945 que les camps de prisonniers et de déportés seront libérés; jusqu'au 31 juillet 1944, les trains de déportés continuent à partir de Compiègne. Les opérations militaires se poursuivent dans l'est de la France et sur les côtes. De Gaulle va pouvoir disposer d'un million d'hommes grâce à l'afflux de volontaires et à l'incorporation d'une partie des FFI. Ceux-ci vont être chargés de liquider les poches allemandes de Dunkerque, Calais, Royan, La Rochelle, Saint-Nazaire, qui achèvent de disparaître au printemps de 1945. La Ire Armée (Rhin et Danube), sous le commandement du général de Lattre de Tassigny et la 2e DB de Leclerc, dont l'équipement dépend entièrement des Américains, combattent dans l'est de la France jusqu'en février 1945. A la fin novembre les Français arrivent sur le Rhin et Leclerc réalise son serment de Koufra en libérant Strasbourg le 23 novembre; il s'y maintient malgré les craintes d'Eisenhower, quand les Allemands semblèrent reprendre l'initiative dans la bataille des Ardennes de l'hiver 1944-1945. En janvier-février une offensive franco-américaine fit disparaître la poche de Colmar, dernier résidu de l'occupation allemande. Désormais Leclerc ne s'arrêtera qu'à Berchtesgaden, le 4 mai, et les représentants français participèrent aux capitulations allemandes de Reims (7 mai) et de Berlin (8 mai).

Le bilan était lourd : les pertes humaines s'établissaient entre 600 000 et 650 000 victimes : aux 92 000 morts de 1939-1940 s'étaient ajoutés 50 000 à 60 000 combattants postérieurs, 43 000 prisonniers morts en Allemagne, 38 000 Alsaciens-Lorrains morts ou disparus à l'Est, 30 000 à 40 000 otages ou résistants fusillés ou pendus, 40 000 travailleurs volontaires ou au titre du STO; le nombre des 80 000 victimes civiles du début de la guerre avait été grossi de 50 000 autres victimes des hostilités ou des bombardements; plus de la moitié des déportés politiques ou résistants — 25 000 sans doute — étaient morts. Enfin, sur les 300 000 juifs se trouvant en France en 1940, plus de 75 000 avaient été déportés, dont 3 % seulement auraient survécu (S. Klarsfeld). Il convient d'ajouter une mortalité supplémentaire de 500 000 personnes; mais il est à noter que le taux de fécondité est remonté dès 1942, si bien que les pertes démographiques sont moins graves que celles de la Première Guerre mondiale.

Le coût financier comprend le déficit budgétaire, l'indemnité versée aux Allemands, qui représentait en 1944 plus du quart du revenu national, soit 630 milliards de francs 1938 ou encore 47 milliards de francs-or; la surévaluation du mark et le bilan du clearing non compensé; enfin les 198 tonnes d'or belge, qu'il faudra restituer. Le coût total dépasse sans doute 1 000 milliards de francs 1938, soit à peu près autant que la Première Guerre mondiale, ou encore deux ans et demi du revenu national de 1938.

Le coût économique est plus spectaculaire, parce que plus visible. La guerre a touché 74 départements, fait disparaître 50 000 exploitations agricoles ou industrielles; 9 500 ponts sont détruits dont 2 500 viaducs ferroviaires; il n'y a plus un pont sur la Seine après Paris, sur la Loire après Nevers; 25 000 km de voies ferrées sont détruits; 24 % des locomotives, 50 % des wagons, 85 % du matériel fluvial ont disparu. La valeur des pertes économiques est sans doute égale au coût financier, soit, les deux réunies, la moitié de la fortune nationale.

La situation morale des Français n'est pas du tout celle de 1918; la guerre était gagnée, certes, mais on sentait bien que la France avait été sauvée par les alliés, et qu'elle n'était plus aussi souveraine qu'autrefois dans sa politique extérieure; on devinait, sans vouloir les regarder en face, les problèmes durables, politiques, financiers, impériaux, que l'après-guerre allait poser; un immense désir de jouissance, de sécurité, de récupération, animait les prisonniers qui rentraient après cinq ans d'absence, et tous ceux qui avaient tant souffert de la faim, du froid et de l'angoisse. On minimisait les haines que l'occupation puis la Libération avaient laissées, pour ne se souvenir que de la fraternité qui avait régné dans les maquis, de la solidarité qui avait fini par saisir presque la nation entière dans les derniers mois de l'épreuve. On croyait intensément que la volonté commune de tout un peuple allait reconstruire le pays détruit dans un élan unanime de générosité sociale. On sortait d'un cauchemar pour s'enfermer dans un rêve.

B. La situation politique intérieure

a) Un problème de gouvernement. Il fallait faire vite; de Gaulle refusa la suggestion de G. Bidault de proclamer la République au balcon de l'Hôtel de Ville («la République n'a jamais cessé d'exister»). Il élargit son gouvernement le 9 septembre par l'incorporation d'éléments de la Résistance. Jeanneney, ministre d'État, assurait la continuité de la IIIe République; G. Bidault était aux Affaires étrangères, Pleven aux Finances, Tixier à l'Intérieur; ministère à majorité socialiste, qui ne fut reconnu par les alliés que le 23 octobre.

Il lui fallut d'abord s'imposer à l'intérieur; de Gaulle a nommé dans chaque région des commissaires de la République, qui trouvaient en face d'eux des autorités de fait, comités de Libération, ou simples particuliers appuyés sur les troupes armées de FTP, qui s'étaient transformées en Milices patriotiques, moyen de pression redoutable du Parti communiste, qui préparait pour le 14 juillet 1945 les États généraux de la République française, sorte de Constituante insurrectionnelle.

A la fin de septembre de Gaulle fit une tournée en province : il était acclamé, mais il se trouvait partout devant des hommes en armes prêts à la révolution, qui procédaient à des jugements et des exécutions sommaires, tout État de droit ayant disparu, puisque l'ordonnance du 9 août 1944 avait frappé de nullité tous les actes de Vichy, sans préciser le retour à la législation antérieure. Le 28 octobre cependant de Gaulle obtint la dissolution des Milices patriotiques, dont une partie s'engagea dans l'armée, le reste gardant ses armes. Il y fallait le concours de M. Thorez, qui, amnistié à son retour de Moscou le 27 novembre, appuyait avec énergie l'effort de reconstruction. De Gaulle put à partir de là, l'ordre revenant plus ou moins vite, asseoir son autorité et rétablir un semblant de légalité. Le 7 novembre fut réunie au Luxembourg l'Assemblée consultative, composée de 248 députés choisis parmi les résistants de France et d'outre-mer, chargée du pouvoir législatif, en attendant la réunion d'une Assemblée constituante, dès que les circonstances le permettraient. Enfin le véritable premier pas vers un retour à la légalité fut franchi en avril-mai 1945 avec les élections municipales auxquelles on procéda de toute urgence sans même attendre le retour des prisonniers.

b) L'épuration. Il fallait remplacer l'épuration spontanée et souvent aveugle par des mesures cohérentes. Elle prit quatre formes :

1. *Épuration administrative.* L'ordonnance du 27 juin 1944 «relative à l'épuration administrative» exclut de l'armée les militaires qui n'avaient pas rejoint les maquis ou les FFL au 6 juin 1944. Pour les fonctionnaires l'ordonnance prévoit des mesures d'arrestation envers les fonctionnaires d'autorité, et, pour les autres, des sanctions allant de la mutation d'office à la révocation sans pension. Pour les parlementaires qui avaient voté les pleins pouvoirs au maréchal Pétain 416 étaient inéligibles; leur cas serait examiné par des jurys d'honneur formés de résistants.

2. *Condamnations par des tribunaux;* il en fut de quatre sortes :

– une *Haute Cour de Justice* créée par ordonnance du 18 novembre 1944, formée de 3 magistrats et 24 jurés tirés au sort sur une liste de 100 résistants notoires dressée par l'Assemblée consultative. Elle eut à connaître de 108 cas jusqu'en 1948; outre les 8 personnes qui moururent en prison ou furent assassinées, elle porta 18 condamnations à mort, dont celles de J. Darnand (exécuté le 10 octobre 1945), P. Laval (fusillé le 15 octobre 1945 après s'être empoisonné), F. de Brinon (15 avril 1947). Le maréchal Pétain se livra à la justice et fut condamné à mort le 15 août 1945, peine commuée en détention à perpétuité à l'île d'Yeu;

– des *Cours de Justice régionales* créées par l'ordonnance du 26 juin 1944, qui pouvaient porter des condamnations à mort, aux travaux forcés, à la prison, à l'indignité nationale; elles eurent à connaître environ 140 000 cas, et prononcèrent 6 700 condamnations à mort, dont 780 exécutées (les autres par contumace) : R. Brasillach (fusillé le 6 février 1945, G. Suarez, P. Chack, J. Luchaire...);

– des *Chambres civiques,* créées par l'ordonnance du 26 août 1944, qui condamnaient à l'indignité nationale (95 000 condamnations);

– des *tribunaux populaires* organisés localement et spontanément, dont on ignore le nombre de condamnations et leur nature — suivies par la prise d'assaut des prisons et le massacre des détenus.

3. *Les exécutions sommaires.* Le ministre de l'Intérieur les évaluait le 19 juillet 1951, suivant les rapports des préfets, à 5 234 pour la période antérieure au 6 juin, et 4 439 à la Libération; R. Aron estimait que le nombre devait en être triplé ou quadruplé, surtout dans les Bouches-du-Rhône, la Haute-Vienne, la Drôme, la Dordogne...

4. *Épuration de la presse et des écrivains.* Les journaux et périodiques «ayant appliqué les consignes de l'autorité occupante et de l'autorité de fait se disant gouvernement de l'État français» ont été mis sous séquestre dès juin 1944. Puis l'ordonnance du 30 septembre 1944 a interdit les journaux et publications qui auraient continué à paraître quinze jours après l'armistice en zone Nord, quinze jours après le 11 novembre 1942 pour la zone Sud. Le ministère de l'Intérieur reçut pouvoir de statuer sur les demandes de publication («autorisation préalable») : 56 quotidiens sont ainsi supprimés en zone Nord, 51 au Sud; *Le Temps* disparaît; *Le Figaro* s'est sabordé à temps. Les biens des journaux interdits sont dévolus aux journaux nés de la Résistance.

Dans l'édition le Comité national des Écrivains (CNE) fut formé par les écrivains de la Résistance. Le 6 septembre 1944, la Commission d'épuration formée par le comité publia une première liste d'écrivains interdits, qui fut étendue ensuite, jusqu'à 165 en octobre. Les listes furent remises à la justice pour que des poursuites fussent engagées; 8 membres de l'Académie française (certains mis en prison), 4 membres de l'académie Goncourt (Sacha Guitry). Le Comité national avait trouvé son expression dans les *Lettres*

Françaises, sorties de la clandestinité (dirigées à partir de 1953 par Aragon), puis à partir de 1946 dans *Les Temps modernes* de Sartre.

L'épuration qui frappe les intellectuels, les artistes, fut sévère ; elle le fut beaucoup moins pour les milieux économiques.

C. La question coloniale

L'Empire, séparé de la métropole, a fourni des hommes à la France libre, et naturellement revendiqué le prix de son effort.

Au *Levant,* l'indépendance promise le 8 juin 1941 n'était pas encore acquise en 1944, et les forces franco-britanniques ont continué à occuper la Syrie et le Liban.

En *Tunisie,* le bey Moncef a cru d'abord pouvoir encourager les nationalistes du néo-Destour, dont certains ont espéré de l'Allemagne ; mais Bourguiba, libéré de son exil en France, et revenu en Tunisie, a trompé l'attente des Allemands dans son appel de mai 1943 où il témoignait d'un loyalisme envers la France, espérant qu'il lui en serait tenu compte, alors qu'à la même date le bey était déporté par le général Juin et remplacé. La fin de la guerre a laissé la Tunisie couverte de ruines et n'a apporté aucune solution politique. Giraud en avait profité pour supprimer les derniers avantages laissés aux Italiens et redonner tous leurs pouvoirs aux administrateurs français.

Au *Maroc,* la rencontre Roosevelt-Mohammed V à Anfa le 22 janvier 1943, sans l'accord du Résident français, a encouragé les nationalistes, qui se sont regroupés à la fin de 1943 dans l'Istiqlal (l'Indépendance). Le manifeste du 11 janvier 1944 réclamait l'unification des deux zones française et espagnole et l'indépendance, en même temps que se déclenchait une insurrection qui avait surpris les autorités françaises.

En *Algérie,* zone de recrutement militaire indigène, Fehrat-Abbas demandait une plus grande autonomie. L'échec entraîne la publication du Manifeste du peuple algérien en février 1943, puis la formation de l'Union démocratique du manifeste algérien (UDMA) qui s'inspirait du néo-Destour tunisien pour réclamer non l'indépendance, mais une participation plus grande aux affaires.

L'Afrique noire était calme ; elle avait bénéficié de l'accroissement des relations Ouest-Est à travers le continent pour les besoins de la guerre, et de la formation d'une bourgeoisie qui en est résultée.

En 1943 Léopold Senghor a publié ses *Vues sur l'Afrique,* qui était une défense de la négritude et un plaidoyer pour la formation d'une fédération d'États autonomes, groupés autour de la France et représentés dans un Parlement commun.

Pour répondre à ces demandes, et pour prévenir de futures exigences américaines pour une rapide décolonisation, de Gaulle réunit la *conférence de Brazzaville* en janvier 1944 ; elle réunissait non des délégués des colonies et territoires, mais des administrateurs; elle posa cependant les règles de l'évolution; elle prévoyait la promotion des indigènes, le respect des traditions, l'industrialisation, la création d'une Assemblée fédérale, «la liberté totale de chacun des territoires constituant le bloc France-colonies», mais excluait «toute idée d'autonomie, toute possibilité d'évolution hors du bloc français de l'Empire». La mise en pratique de ces promesses fut une désillusion.

Au *Levant,* la rivalité franco-britannique repousse le règlement jusqu'en décembre 1945, après un soulèvement à Damas réprimé par les Anglais; les dernières troupes françaises évacueront la Syrie et le Liban en 1946.

En *Algérie,* l'aggravation de la tension se traduisit en mai 1945 par le soulèvement de Sétif, qui provoqua la mort d'une centaine d'Européens et de 1 500 musulmans; révolte due beaucoup plus à des circonstances locales et économiques qu'à des motivations politiques. Messali Hadj fut envoyé à Brazzaville et Fehrat-Abbas arrêté jusqu'en mars 1946.

Le cas de l'*Indochine* est à part, puisqu'elle était occupée par les Japonais. Ho Chi Minh a d'abord abandonné, durant la guerre, sa référence au communisme dans sa fondation du Viêt-minh en septembre 1941 (Front de Libération). Son bras militaire était commandé par Vo Nguyen Giap, qui mena une guerre révolutionnaire contre les Japonais avec l'aide des Américains et des Chinois. En mars 1944, au congrès de Lieu-Tchéou, en Chine, le Viêt-minh et le Parti nationaliste ont formé la Ligue de la jeunesse révolutionnaire du Viêt-Nam, pour liquider, avec l'aide du Kuo-min-tang toute domination étrangère, aujourd'hui japonaise, demain française.

Le 9 mars 1945 les Japonais balayèrent toute présence française, obligeant les dernières forces françaises à se replier au Yun-Nan; ils proclamèrent l'indépendance du Viêt-nam. L'empereur Bao-Daï annonça alors la fin du protectorat français, mais il se trouva impuissant à empêcher le Viêt-minh de s'imposer au Tonkin. En août 1945, les forces du Viêt-minh, transformées en Armée de libération nationale imposèrent un Comité de libération présidé par Ho Chi Minh, qui obligea Bao-Daï à abdiquer le 25 août 1945. La capitulation japonaise du 2 septembre entraîna la proclamation de la République démocratique du Viêt-nam puis le gouvernement provisoire vietnamien.

D. Redonner à la France sa place en Europe

De Gaulle veut la situer entre les deux grands, pour être «à l'Ouest, un centre de coopération directe et pratique, et vis-à-vis de l'Est, c'est-à-dire de la chère et puissante Russie, une alliée permanente». Il avait en effet besoin de l'appui soviétique pour faire équilibre aux Anglo-Saxons, et sans doute aussi pour stabiliser la situation intérieure. De Gaulle et Bidault se rendirent à Moscou en décembre 1944, où ils signèrent un traité d'assistance mutuelle pour vingt ans; cela n'empêcha pas que la France ne fut pas représentée à Yalta en février 1945; la désinvolture alliée, s'ajoutant à la somme des vexations reçues depuis 1940 par le général de Gaulle de la part des Américains, le conduisit à refuser de rencontrer le président Roosevelt quand celui-ci l'invita à Alger, au retour de Yalta. La mauvaise humeur franco-américaine fut encore accrue quand le président Truman (qui avait succédé à Roosevelt le 12 avril) mit en demeure le gouvernement français d'abandonner toute prétention sur le Val d'Aoste, en Italie; et pourtant, la reconstruction française ne pouvait pas se faire sans les Américains.

E. Les premières mesures de reconstruction économiques, monétaires et sociales

Les mesures de nationalisation prises à partir de décembre 1944 sont dans la ligne du programme établi par le CNR; elles sont de nature politique, mais leur but est aussi économique, quand il s'agit d'utiliser au mieux les crédits publics et de former des ensembles plus importants et plus rationnels; les actionnaires furent en général indemnisés par des obligations, sauf quand il s'agissait de mesures d'épuration, et les nouvelles sociétés furent administrées par un conseil comprenant des représentants de l'État, des producteurs et des consommateurs. On commença naturellement par les bassins houillers, qui étaient la base de tout redressement, puis on nationalisa Renault en janvier 1945, Gnôme et Rhône (SNECMA) en mai, la radiodiffusion et les transports aériens (Air France) en juin. Pour attirer la main-d'œuvre, le statut du mineur accorda aux travailleurs du sous-sol des avantages de salaires, de retraites, de ravitaillement; on put aussi utiliser les prisonniers allemands; néanmoins la production remonta très lentement et la rigueur de l'hiver 1944-1945 maintint la production agricole à la moitié de la normale d'avant-guerre : il fallut se résigner à l'évidence : il était impossible de supprimer le rationnement.

Il fallait aussi reconstruire les ports, détruits par les Allemands à leur départ ou par l'aviation alliée; la remise en état n'en fut achevée qu'en 1946; il fallait importer beaucoup, quand on n'avait presque rien à vendre; on utilisa une partie du stock d'or qui avait été sauvé en 1940, et J. Monnet négocia un accord de prêt-bail avec les États-Unis, un emprunt auprès de la Grande-Bretagne, qui permirent d'obtenir plus de 2,5 milliards de dollars. Les dépenses budgétaires accrues, la diminution de l'encaisse, la pénurie et l'inflation faisaient monter les prix, qui se trouvaient trois fois plus élevés qu'en 1939, quand les prix anglais n'avaient augmenté que de 60 %, les prix américains de 40 %. La sixième dévaluation à laquelle il fut procédé en novembre fut cependant limitée à 12 %, pour conserver un franc surévalué favorable aux importations. Mais il était urgent de prendre des mesures de déflation, si l'on voulait éviter une trop forte flambée des prix; un « emprunt de libération » lancé en novembre 1944 rapporta 164 milliards, dont 73 d'argent frais; Mendès France, ministre de l'Économie nationale, préconisait un échange des billets avec blocage partiel, c'est-à-dire un prélèvement sur le capital; le refus opposé par le général de Gaulle à ce qui pouvait apparaître comme une banqueroute entraîna la démission de Mendès France le 5 avril 1945.

L'échange des billets eut lieu le 15 août 1945, mais sans blocage; 16 millions de personnes apportèrent 1 200 milliards de billets; l'opération permit seulement d'avoir une photographie de la masse monétaire et d'éliminer 40 milliards, qui ne furent pas présentés. Le général de Gaulle préféra opérer la ponction sous la forme d'un impôt de solidarité nationale, véritable prélèvement sur le capital pesant sur le patrimoine des personnes et des sociétés; ces dernières pouvaient se libérer par une émission d'actions remises à l'État; il rapporta 115 milliards en trois ans, mais l'inflation en réduisit la portée.

Les travailleurs avaient obtenu en 1944 une augmentation des salaires de 65 %; mais la pauvreté du marché et l'importance de l'épargne accumulée pendant la guerre par certaines catégories sociales (profits des trafiquants ou économies des agriculteurs) accentuaient le déséquilibre entre l'offre et la demande. Il fallait exporter pour redresser la balance extérieure, mais importer pour alimenter un marché insuffisant et lutter contre la hausse des prix. La course entre les salaires et les prix était déjà lancée, en dépit du caractère strictement dirigiste de l'économie. L'État, qui décidait des prix, des distributions et des salaires, fut en effet impuissant devant le marché noir et ne put pas résister aux syndicats. Ceux-ci avaient retrouvé la liberté par l'ordonnance d'Alger du 27 juillet 1944; la Charte du Travail était abolie, les syndicats existant le 3 septembre 1939 étaient rétablis, sauf la CGPF, dont beaucoup de membres avaient collaboré. La CGT bénéficia de sa participation à la Résistance et de ses liens avec le parti communiste; ses effectifs montèrent à 5,4 millions de membres; la CFTC, qui avait été représentée dans le CNR par Gaston Tessier, monta à 700 000 membres; enfin, en octobre 1944 se forma la Confédération générale des cadres (CGC), qui ne fut reconnue que l'année suivante.

La première réforme de structure fut décidée par l'ordonnance du 22 février 1945 : la création de comités d'entreprise complète la loi de 1936 sur les délégués du personnel; dans les établissements de plus de 100 employés un comité élu est consulté tous les mois sur les conditions de travail et reçoit tous les ans un rapport sur la marche de l'entreprise; dans les sociétés de plus de 500 employés il assiste au conseil d'administration et prend connaissance du bilan : première étape du contrôle ouvrier sur l'entreprise.

Bibliographie

Sur la guerre

G. VIDALENC, *L'exode de mai-juin 1940* (PUF, 1957); Y. DURAND, *La France dans la Deuxième Guerre mondiale, 1939-1945* (Paris, coll. Cursus, Armand Colin, 1989); H. MICHEL, *La Seconde Guerre mondiale* (coll. Peuples et Civilisations, t. XXI, PUF, 1968-1969) et *La Seconde Guerre mondiale* (Que sais-je?, PUF, 7e éd., 1989); du même auteur, *La drôle de guerre* (coll. Actualités, Hachette, 1971) et *La défaite de la France, septembre 1939-juin 1940* (Que sais-je?, PUF, 1980); J.B. DUROSELLE, *Histoire diplomatique de 1919 à nos jours* (Dalloz, 1970); du même auteur, *L'abîme (1939-1945)* (Paris, Seuil, 1990); G. ROSSI-LANDI, *La drôle de guerre, La vie politique en France, 2 septembre 1939-10 mai 1940* (Armand Colin, 1971); LIDDELL HART, *Histoire de la Seconde Guerre mondiale* (trad. de l'anglais, Fayard, 1973); D. WINGEATE, *Jours de gloire, jours de honte, le parti communiste d'Espagne en France depuis son arrivée en 1939 jusqu'à son départ en 1950* (Paris, SEDES, 1983); C. PAILLAT, *Dossiers secrets de la France contemporaine, Le désastre de 1940* (Laffont, 1985); du même auteur, *La Guerre éclair 10 mai-24 juin 1940* (Laffont, 1985); G. RAGACHE, *1940, La Guerre détraquée* (Aubier, 1983); Chr. RIMBAUD, *L'Affaire du Massilia* (Seuil, 1984); F. BEDARIDA, *La Stratégie secrète de la drôle de guerre, le conseil suprême interallié* (Paris, FNSP, 1979).

Sur l'occupation

H. AMOUROUX, *La Vie des Français sous l'occupation* (Fayard, 1961); du même auteur, *Histoire des Français sous l'occupation,* 8 tomes parus (Laffont, 1977-1988); G. WALTER, *La Vie à Paris sous l'occupation* (coll. Kiosque, Armand Colin, 1960); J. DEFRASNE, *L'Occupation allemande en France* (Que sais-je?, PUF, 1985); voir aussi le n° d'avril 1964 de la *Revue d'Histoire de la Seconde Guerre mondiale; Aspects de l'économie française sous l'occupation, in :* Cahiers d'histoire de la guerre, Imprimerie Nationale, n° 4, 1950; C. PAILLAT, *Le pillage de la France* (R. Laffont, 1987); E. JÄCKEL, *La France dans l'Europe de Hitler* (Paris, Fayard, 1968); R. BOURDERON, G. WILLARD, *La France dans la tourmente* (Paris, Éditions sociales, 1982).

Sur le maréchal Pétain et le régime de Vichy

PÉTAIN, *Paroles aux Français, Messages et Écrits, 1934-1941* (Lyon, 1941); Général SERRIGNY, *Trente ans avec Pétain* (Plon, 1959); l'ouvrage fondamental reste celui de R. ARON, *Histoire de Vichy* (Fayard, 1954); G. BECHTEL, *Laval, vingt ans après* (Laffont, 1963); M. COTTA, *La Collaboration, 1940-1944* (Kiosque, 2e éd. Armand Colin, 1965); E. BERL, *La Fin de la IIIe République, 10 juillet 1940* (Gallimard, 1968); J. DE LAUNAY, *Le Dossier de Vichy* (coll. Archives, 1967); J. DELPERRIE DE BAYAC, *Histoire de la Milice* (Fayard, 1969); du même auteur, *Le Royaume du Maréchal, Histoire de la zone libre* (Laffont, 1975); J. CHASTENET, *De Pétain à de Gaulle, 11 juillet 1940-25 août 1944* (Fayard, 1970); W. SHIRER, *La chute de la IIIe République* (Stock, 1970); O. WORMSER, *Les Origines doctrinales de la Révolution nationale* (Plon, 1971); P.M. DIOUDONNAT, *Je suis partout, 1930-1944. Les maurrassiens devant la tentation fasciste* (Table Ronde, 1973); Colloque organisé par la Fondat. Nat. des Sc. pol., *Le Gouvernement de Vichy 1940-1942;* Institutions et Politique (Armand Colin, 1972); R.O. PAXTON, *La France de Vichy* (Seuil, 1973); H. MICHEL, *Vichy : année 40* (Paris, Laffont, 1966); J.-P. AZEMA, *La Collaboration, 1940-1944* (PUF, 1975); H. ROUSSO, *La Collaboration* (Paris, M.A. Éditions, 1987); P. ORY, *Les Collaborateurs, 1940-1945* (Seuil, 1975); Nouvelle Histoire de la France contemporaine, t. 14; J.-P. AZEMA, *De Munich à la Libération,* 1938-1944 (Seuil, 1979); H. MICHEL, *Pétain et le régime de Vichy* (Que sais-je? PUF, 3e éd., 1986); J. DEFRASNE, *Histoire de la Collaboration* (Que sais-je?, PUF, 2e éd., 1989); H. ROUSSO, *Sigmaringen, 1944-1945* (Pétain et la fin de la collaboration) (Bruxelles, Diff. PUF, 1984); J. CHAPSAL, *La Vie politique en France de 1940 à 1958* (Thémis, PUF, nouv. éd. 1984); H. LOTTMAN, *Pétain* (Seuil, 1984); P. SORLIN, *La Société française,* t. II, *1914 à nos jours.* Coll. Société contemporaine (Arthaud, 1971); A. TASCA, *Archives de guerre, Vichy, 1940-1944* (Éd. du CNRS, 1986); J. DUQUESNE, *Les catholiques français sous l'occupation* (Grasset, 1986); A. CHAMBON, *Quand la France était occupée* (Éd. France Empire, 1987); M. COINTET-LABROUSSE, *Vichy et le fascisme* (Éd. Complexe, PUF,

1987); J. BARTHÉLEMY, ministre de la Justice, *Vichy, 1941-1943* (Pygmalion, 1988); H. COUTEAU-BEGARIE et Cl. HUAN, *Darlan* (Fayard, 1989); J. BENOIST-MÉCHIN, *A l'épreuve du temps,* t. 2 (Julliard, 1989); F. G. DREYFUS, *Histoire de Vichy* (Éd. Perrin, 1990); R. DE CHAMBRUN, *Mes combats pour Pierre Laval* (Éd. Perrin, 1990); P. LABORIE, *L'Opinion française sous Vichy* (Paris, Seuil, 1990); J.-P. RIOUX (sous la direction de), *La vie culturelle sous Vichy* (Bruxelles, Complexe, 1990).

Sur la France libre et la Résistance

Ch. DE GAULLE, *Discours et Messages, 1940-1946* (Berger-Levrault, 1946); *Mémoires de guerre,* 3 vol.) (Plon, 1954-1959); H. MICHEL, *Histoire de la France libre* (Que sais-je?, PUF, 10e éd., 1987); *Les Courants de pensée de la Résistance* (PUF, 1962); *Histoire de la Résistance en France* (Que sais-je?, PUF, 1972); H. MICHEL et MIRKINE-GUETZEVITCH, *Les idées politiques et sociales de la Résistance* (PUF, 1954); H. NOGUERES, *Histoire de la Résistance en France* (L'histoire que nous vivons, Paris, 5 vol., Laffont, 1967-1981); J.-P. COINTET, *La France libre* (PUF, 1975); H. NOGUERES, M. DEGLIAME, et J.-L. VIGIER, *Histoire de la Résistance en France de 1940 à 1945,* 5 vol. (Laffont, 1967-1981); J.-P. AZEMA (sous la direction de), A. PROST, J.-P. RIOUX, *Le parti communiste français des années sombres, 1938-1941* (Seuil, 1986); H.-C. GIRAUD, *De Gaulle et les communistes* (2 t., Albin Michel, 1988-1989); D. CORDIER, *Jean Moulin* (2 t., Éd. J.-C. Lattès, 1989); M. et J.-P. COINTET, *Renaissance d'un État (1940-1943)* (Éd. Complexe, PUF, 1990).

Sur la Libération

J.-P. RIOUX, *Libération de la France* (Paris, Seuil, 1980); J. DALLOZ, *La France de la libération* (Paris, PUF, 1983); F. KUPFERMAN, *Les premiers beaux jours, 1944-1946* (Paris, Calmann-Lévy, 1985); A. DANSETTE, *Histoire de la Libération de Paris* (Fayard, 1958); R. ARON, *Histoire de la Libération de la France, juin 1944-mai 1945* (Fayard, 1959); *Histoire de l'épuration,* 3 tomes (Fayard 1970-1974); J. BARADUC, *Pierre Laval devant la mort* (Plon, 1970); C. LEVY, *La Libération : remise en ordre, ou révolution ?* (PUF, 1974); Colloque international de Paris, 28-31 octobre 1974, *La Libération de la France* (Éd. du CNRS, 1978); P. NOVICK, *L'épuration française 1944-1949* (Balland, 1985); P. ASSOULINE, *L'Épuration des intellectuels 1944-1945* (PUF, 1985); H. LOTTMAN, *L'épuration 1943-1953* (Fayard, 1986); Ph. BOURDREL, *L'épuration sauvage* (Lib. Ac. Perrin, 1988); F. KUPFERMAN, *1944-1945, le procès de Vichy : Pucheu, Laval, Pétain* (Bruxelles, Complexe, 1980).

Sur les juifs

L. POLIAKOV, *Auschwitz* (Julliard, 1969); S. KLARSFELD, *Le Mémorial de la déportation des juifs en France* (Éd. S. et B. Klarsfeld, 1978); du même : *Vichy, Auschwitz, Le rôle de Vichy dans la solution finale de la question juive en France* (Fayard, 1983); M. MARRUS et R. PAXTON, *Vichy et les Juifs* (Paris, Calmann-Lévy, 1981).

Documents

Message du maréchal Pétain aux Français, 17 juin à 12 h 30

Français,

A l'appel de M. le président de la République, j'assume à partir d'aujourd'hui la direction du gouvernement de la France.

Sûr de l'affection de notre admirable armée, qui lutte avec un héroïsme digne des longues traditions militaires contre un ennemi supérieur en nombre et en armes, sûr que par sa magnifique résistance elle a rempli nos devoirs vis-à-vis de nos alliés, sûr de l'appui des anciens combattants que j'ai eu la fierté de commander, sûr de la confiance du peuple tout entier, je fais à la France le don de ma personne pour atténuer son malheur.

En ces heures douloureuses je pense aux malheureux réfugiés qui, dans un dénuement extrême, sillonnent nos routes. Je leur exprime ma compassion et ma sollicitude.

C'est le cœur serré que je vous dis aujourd'hui qu'il faut cesser le combat. Je me suis adressé cette nuit à l'adversaire pour lui demander s'il est prêt à rechercher avec moi, entre soldats, après la lutte et dans l'honneur, les moyens de mettre un terme aux hostilités.

Appel du général de Gaulle, le 18 juin, à la BBC

Les chefs qui, depuis de nombreuses années, sont à la tête des armées françaises, ont formé un gouvernement. Ce gouvernement, alléguant la défaite de nos armées, s'est mis en rapport avec l'ennemi pour cesser le combat. Certes, nous avons été, nous sommes submergés par la force mécanique, terrestre et aérienne de l'ennemi. Infiniment plus que leur nombre, ce sont les chars, les avions, la tactique des Allemands qui ont surpris nos chefs au point de les amener là où ils sont aujourd'hui. Mais le dernier mot est-il dit? L'espérance doit-elle disparaître? La défaite est-elle définitive? Non!

Croyez-moi, moi qui vous parle en connaissance de cause, et qui vous dis que rien n'est perdu pour la France. Les mêmes moyens qui nous ont vaincus peuvent faire venir un jour la victoire. Car la France n'est pas seule, elle a un vaste empire derrière elle. Elle peut faire bloc avec l'Empire britannique, qui tient la mer et continue la lutte. Elle peut, comme l'Angleterre, utiliser sans limites l'immense industrie des États-Unis.

Cette guerre n'est pas limitée au territoire malheureux de notre pays. Cette guerre n'est pas tranchée par la bataille de France. Cette guerre est une guerre mondiale. Toutes les fautes, tous les retards, toutes les souffrances n'empêchent pas qu'il y a, dans l'univers, tous les moyens nécessaires pour écraser un jour nos ennemis. Foudroyés aujourd'hui par la force mécanique, nous pourrons vaincre dans l'avenir par une force mécanique supérieure. Le destin du monde est là.

Moi, général de Gaulle, actuellement à Londres, j'invite les officiers et les soldats français qui se trouvent en territoire britannique, ou qui viendraient à s'y trouver, avec leurs armes ou sans leurs armes, j'invite les ingénieurs et les ouvriers spécialistes des industries d'armement qui se trouvent en territoire britannique ou qui viendraient à s'y trouver, à se mettre en rapport avec moi. Quoi qu'il arrive, la flamme de la résistance française ne doit pas s'éteindre et ne s'éteindra pas. Demain, comme aujourd'hui, je parlerai à la radio de Londres.

Actes constitutionnels

Acte n° 1. Nous, Philippe Pétain, maréchal de France, vu la loi Constitutionnelle du 10 juillet 1940, Déclarons assumer les fonctions de chef de l'État français. En conséquence nous décrétons : l'article 2 de la loi Constitutionnelle du 25 février 1875 est abrogé.

Acte n° 2. Nous, Philippe Pétain, maréchal de France, chef de l'État français, vu etc.

Décrétons :

1 – Le chef de l'État français a la plénitude du pouvoir gouvernemental. Il nomme et révoque les ministres et secrétaires d'État, qui ne sont responsables que devant lui.

2 – Il exerce le pouvoir législatif en Conseil des ministres jusqu'à la formation des nouvelles assemblées...

3 – Il promulgue les lois et assure leur exécution.

4 – Il nomme à tous les emplois civils et militaires pour lesquels la loi n'a pas prévu d'autre mode de désignation.

5 – Il dispose de la force armée.

6 – Il a le droit de grâce et d'amnistie.

7 – Les envoyés et ambassadeurs des puissances étrangères sont accrédités auprès de lui. Il négocie et ratifie les traités.

8 – Il peut déclarer l'état de siège dans une ou plusieurs portions du territoire.

9 – Il ne peut déclarer la guerre sans l'assentiment préalable des assemblées législatives. Sont abrogées toutes dispositions des lois Constitutionnelles des 24 février 1875, 25 février 1875, et 16 juillet 1875, incompatibles avec le présent acte.

Acte n° 3 (11 juillet). Nous, Philippe Pétain, maréchal de France, chef de l'État français, vu etc. Décrétons : Le Sénat et la Chambre des députés subsisteront jusqu'à ce que soient formées les assemblées prévues par la loi Constitutionnelle du 11 juillet 1940.

Acte n° 4 (12 juillet). Si, pour quelque cause que ce soit, avant la ratification par la nation de la nouvelle Constitution, nous sommes empêchés d'exercer la fonction de chef de l'État, Monsieur Pierre Laval, vice-président du Conseil, l'assumera de plein droit. Dans le cas où Monsieur Pierre Laval serait empêché, pour quelque cause que ce soit, il serait à son tour remplacé par la personne que désignerait à la majorité de 7 voix le Conseil des ministres. Jusqu'à l'investiture de celle-ci les fonctions seraient exercées par le Conseil des ministres.

17

La IVe République et ses incertitudes (1945-1952)

1. Le Tripartisme (1945-1947)

Dans l'éventail politique de la France en 1945 la droite a à peu près disparu, non seulement l'extrême droite des ligues, mais la droite classique des conservateurs ; elle reste stigmatisée par son adhésion à la Révolution nationale, bien que P. Reynaud ait été déporté et que Joseph Laniel ait fait partie du CNR ; les survivants du naufrage seront Indépendants ou formeront le Parti républicain de la liberté. Les radicaux conservent quelques bastions dans le Sud-Ouest, mais ils portent la marque de la IIIe République, qui, pour beaucoup, est responsable de la défaite ; les esprits qui ont besoin d'absolu, d'un renouveau fondamental, ne font pas confiance aux anciens politiciens ; le radicalisme est au centre. Les socialistes ont participé à la Résistance, mais ils sont partagés entre la tendance Léon Blum, qui a abandonné la philosophie marxiste pour aboutir à un travaillisme de type anglo-saxon teinté d'idéalisme, et la tendance Guy Mollet, ancien professeur d'anglais, venu du syndicalisme universitaire, récent responsable du réseau Libération-Nord, qui reste fidèle à la lutte des classes et à la philosophie marxiste ; il finira par l'emporter en juillet 1946, mais le socialisme a perdu son caractère révolutionnaire ; il a remplacé le radicalisme dans la défense des « petits », des fonctionnaires, des agriculteurs ; il apparaît comme un parti vieilli, à la doctrine incertaine, mal appuyé par la IIe Internationale, qui n'est reconstituée qu'en 1951, parti de gouvernement dont il va être le pivot indispensable.

Les communistes sont les grands vainqueurs de la guerre ; auréolés par la Résistance, bénéficiant du prestige acquis par l'URSS dans sa lutte contre l'Allemagne, appuyés sur les anciens FTP dont beaucoup ont gardé leurs armes, le « parti des fusillés » semble porter le souffle révolutionnaire qui déferle sur la France en 1944-1945; de 300 000 avant-guerre ses adhérents sont passés à 800 000; ils sont dans le Centre, le Nord, le Sud-Est, et entourent Paris d'une « ceinture rouge ».

Le Mouvement républicain populaire (MRP), qui s'est formé en novembre 1944 est le successeur du Parti démocrate populaire surtout, et de la Jeune République; Marc Sangnier figure parmi ses fondateurs; il prend ses sources doctrinales dans les revues *Esprit* (fondée par Emmanuel Mounier en 1932), *Sept* (1934), *Temps Présent* (1937); appuyé pendant la Résistance sur les *Cahiers de Témoignage Chrétien,* le mouvement refuse le libéralisme et se veut résolument à gauche; il relève d'un catholicisme anticlérical, rejetant l'intervention de la hiérarchie sur le plan temporel, admettant, sous l'influence des jésuites et des dominicains, aile marchante du progressisme, le pluralisme politique; il s'agit de supprimer les causes de l'injustice sociale et non seulement d'en corriger les effets; le mouvement réclame donc une action sociale et familiale; favorable à la décolonisation, il ne va pas jusqu'à l'indépendance des anciennes colonies; hostile à l'Allemagne (jusqu'en 1950), il sera le principal défenseur de l'unité européenne, et ambitionne toujours pour ses représentants, Schuman, Bidault, les Affaires étrangères; son journal, *l'Aube* (jusqu'en 1951), a été fondé en 1932 par Francisque Gay; son électorat est féminin pour les deux tiers; il se recrute surtout à l'Ouest et à l'Est; sa force est électorale et sociale plus que numérique. Peu de points le séparent du parti socialiste, sinon le problème de la laïcité; c'est le parti gaulliste par excellence, le « parti de la fidélité » (du moins jusqu'en 1946). Ses succès correspondent à ceux de la Démocratie chrétienne en Italie et en Allemagne, au point que l'on parle d'une « Internationale noire ».

A. Le départ du général de Gaulle (20 janvier 1946)

Il fallait au plus vite sortir du provisoire politique; les électeurs, hommes et femmes, eurent en même temps à élire leurs représentants et à décider de la nature de l'Assemblée : simple Parlement dans le cadre de la Constitution de 1875, ou Constituante? On savait que le général de Gaulle avait condamné le régime des partis de la IIIe République; il conseillait en effet de voter pour une Constituante; c'était également la position des socialistes, du MRP et des modérés; seuls les radicaux penchaient pour le maintien de la IIIe République.

Les électeurs se prononcèrent en octobre 1945; la nature constituante de l'Assemblée fut approuvée par 96 % des suffrages; les élections eurent lieu en même temps à la représentation proportionnelle : pour 586 sièges attribués en France métropolitaine, les communistes obtenaient 159 sièges, le MRP 152, les socialistes 142; les trois partis réunissaient ensemble 73 % des voix et 80 % des sièges; les communistes et les socialistes pouvaient à eux seuls assurer une majorité absolue, mais les seconds répugnaient à se retrouver seuls avec un parti qui passait pour dépendre d'un pays étranger; de son côté, le MRP consentit à participer à un gouvernement « tripartite » pour détenir les Affaires étrangères; le général de Gaulle, élu chef du gouvernement à l'unanimité, forma un ministère parfaitement équilibré, où Thorez, Auriol et Gay étaient ministres d'État; les communistes détenaient les portefeuilles « techniques » : Économie nationale, Production industrielle, Armement, Travail.

La réalisation du programme du CNR fut poursuivie par deux mesures fondamentales : la première fut l'organisation de la Sécurité sociale, instituée par ordonnance du 19 octobre 1945. Imitée du plan britannique conçu par Beveridge en 1942, elle assurait une redistribution du revenu national par l'égalité des prestations versées aux bénéficiaires pour des cotisations variables dans les limites d'un plafond; la part du salarié aux assurances était portée de 4 à 6 %, celle de l'employeur de 4 à 10 %; le poids des charges sociales incombant à l'employeur passait de 17 % en 1939 à 33,5 %. La loi bancaire du 2 décembre 1945 soumit l'ensemble des établissements à une commission de contrôle désignée par l'État; elle nationalisa les quatre principales banques de dépôts, Crédit Lyonnais, Société Générale, Comptoir National d'Escompte, BNCI, ainsi que la Banque de France, dont le capital fut acquis par l'État contre indemnisation des actionnaires.

La réforme fut aussitôt suivie d'une nouvelle dévaluation, la septième, que l'on tint à réaliser avant que n'entrât en fonction le FMI, le 1er janvier 1946; mais, cette fois, le « franc Pleven » était fortement dévalué : le dollar passait à 119 F, la livre à 480; la teneur virtuelle du franc était réduite à 7,46 mg, sans qu'il fût encore possible d'envisager un retour à la convertibilité.

Le conflit entre de Gaulle et la majorité parlementaire était permanent; communistes et socialistes souhaitaient son départ et tenaient pour un régime d'assemblée incompatible avec l'action personnelle qu'un homme comme de Gaulle entendait mener. Le 20 janvier 1946, ayant convoqué ses ministres, il leur annonça son départ, prétextant de l'achèvement de son œuvre; peut-être espérait-il être invité à reprendre sa démission? A coup sûr il comptait bien être rappelé dès lors que, comme il en sentait la menace, « le pays courrait le risque d'être, encore une fois, déchiré et menacé » (Mémoires, t. III). Pourtant, dans l'immédiat, son départ ne suscita pas d'émotion; le MRP lui-même était décidé à poursuivre le jeu du tripartisme; il conclut le 23 janvier avec les deux autres partis un accord, et participa au ministère Félix Gouin (socialiste) formé le 26; Thorez en était vice-président, G. Bidault avait les Affaires étrangères.

B. L'élaboration de la Constitution (janvier-juin 1946)

Après le départ du général de Gaulle, les discussions se poursuivirent entre le MRP, les modérés et les radicaux (devenus le Rassemblement des gauches républicaines) d'une part, qui tenaient à la seconde Chambre et au renforcement des pouvoirs du président de la République, et les socialistes communistes, d'autre part, favorables au régime d'assemblée; leur projet, voté par la première Constituante, fut repoussé par référendum le 5 mai à une faible majorité de 53 %, ce qui entraîna la dissolution de l'Assemblée.

Une deuxième Constituante élue le 2 juin fit du MRP le premier parti; il consentit encore à maintenir la coalition, quitte à prendre la tête du gouvernement avec G. Bidault, Thorez étant toujours vice-président. Le 16 juin de Gaulle était sorti de son silence pour s'élever dans le «discours de Bayeux» contre le projet de constitution et exposer ses propres vues favorables à un régime présidentiel; ce discours restera la base du programme gaulliste jusqu'en 1958.

Le nouveau projet de Constitution tint largement compte des critiques précédentes; ratifié par le référendum du 13 octobre 1946, par lassitude électorale plus que par conviction (53 % de oui), il devint la Constitution de la IVe République.

C. La Constitution de 1946

Elle possède un préambule que n'avait pas celle de 1875; inspirés directement par la Résistance, les principes définissent la République comme indivisible, laïque, démocratique et sociale; ils réaffirment les droits de l'homme, prévoient le retour à la collectivité des moyens de production, garantissent à la femme des droits égaux, à la famille et à l'individu des conditions nécessaires à leur développement, à l'enfant le droit à l'instruction.

Le pouvoir législatif appartient à une Assemblée nationale et un conseil de la République, mais avec une supériorité très nette pour la première. L'Assemblée nationale est réellement élue au suffrage universel par la disparition de l'exclusive qui visait les femmes et les militaires en 1875; l'armée ne sera plus la «grande muette» qu'elle avait été sous la IIIe République; l'Assemblée est permanente; elle vote seule la loi et ne peut déléguer ce droit. Elle peut être dissoute sur décision du Conseil des ministres, mais seulement après 18 mois de législature et deux crises ministérielles durant cette période. Les Conseillers de la République sont désignés par un suffrage indirect complexe (en 1948 ils sont élus par les conseillers municipaux); Chambre de réflexion, non de décision, le Conseil ne peut pas faire autre chose que d'imposer une deuxième lecture à l'Assemblée, qui reste maîtresse de la décision.

Le président du Conseil est désigné par le président de la République et investi à la majorité absolue; il forme ensuite son ministère sans être tenu de se représenter; le Conseil des ministres l'autorise à poser la question de confiance, qui, pour le renverser, doit lui être refusée à la majorité absolue après un jour de réflexion; il a l'initiative des lois et en assure l'exécution.

Le président de la République est élu pour 7 ans par les deux Chambres; il promulgue les lois et peut en demander une nouvelle discussion, communique par messages avec l'Assemblée, préside le Conseil des ministres, dont il tient le procès-verbal, le Conseil supérieur de la Magistrature, au sein duquel il a le droit de grâce, le Comité de la Défense nationale; il est président de l'Union française.

L'ancien Empire colonial est remplacé par l'Union française. « Fidèle à sa mission traditionnelle, la France entend conduire les peuples dont elle a pris la charge à la liberté de s'administrer eux-mêmes et de gérer démocratiquement leurs propres affaires. » L'Union est formée par la République française (France métropolitaine, Départements et Territoires d'outre-mer) — par les États associés (anciens protectorats) — et par les Territoires associés (anciens mandats). Les pouvoirs fédéraux sont composés du Haut Conseil, à voix consultative, constitué par les délégués du gouvernement français et les délégués des États associés — et de l'Assemblée de l'Union française, à voix consultative également, comprenant en nombre égal des représentants de la France métropolitaine et du reste de l'Union, les États associés restant libres de décider s'ils y seraient représentés. Tous les ressortissants de la République française étaient citoyens français ; ils désignaient 73 députés et 65 sénateurs au Parlement.

Les Constituants ont nettement voulu donner au gouvernement une stabilité plus grande qu'il n'en avait sous la IIIe République par le vote de l'investiture à la majorité absolue, ce qui aurait dû lui assurer un soutien plus large pour gouverner, et par l'obligation de la même majorité absolue pour le renverser. Pourtant l'instabilité ministérielle a été aussi grande qu'avant la guerre ; soit parce que les présidents du Conseil ont voulu suivre l'exemple donné par Ramadier en janvier 1947 et solliciter la confiance pour leur ministère, une fois celui-ci constitué, alors qu'ils n'y étaient pas contraints — soit que les ministères se soient effondrés par dislocation interne et sans être mis en minorité — soit enfin que les présidents du Conseil aient préféré s'en aller après un échec sur une question mineure. Le plus souvent, ce n'est pas un vote de méfiance qui entraîna la chute d'un ministère.

D. Évolution politique

Les institutions furent mises en place entre novembre 1946 et janvier 1947, d'abord par l'élection de l'Assemblée nationale, où le parti communiste apparut comme la principale formation politique avec 183 sièges, tandis que les socialistes en perdaient à nouveau 10 et que les autres formations étaient stables. L. Blum consentit à sortir de sa retraite pour la dernière fois, afin de former un ministère de transition, ministère socialiste homogène où Guy Mollet entrait pour la première fois. Le Conseil de la République, formé ensuite, eut à peu près la même représentation politique. Enfin, le 16 janvier eut lieu l'élection du président de la République ; Vincent Auriol fut élu au premier tour à une forte majorité. Né en 1884 en Haute-Garonne, fils d'un boulanger, avocat, député socialiste en 1914, il avait été ministre des Finances du Front populaire ; en 1940 il figurait parmi les 80 qui avaient refusé la délégation des pouvoirs au maréchal Pétain ; il avait rejoint le général de Gaulle en 1943, puis avait présidé les deux Constituantes. Il était l'auteur d'une analyse politique parue en 1945 (*Hier-Demain*), où il soulignait l'erreur commise en 1919 dans le refus d'une solidarité européenne politique, économique et financière ; Président socialiste, il cessa d'être homme de parti dès qu'il fut à la tête de l'État; d'un caractère ferme, décidé à jouer son rôle pleinement, il allait prendre une part active à la vie politique, notamment au moment des crises ministérielles, refusant parfois la démission du gouvernement, formant des missions d'information, lançant aussi des messages à l'opinion publique par-dessus le Parlement.

Ramadier, socialiste, investi sans opposition le 17 janvier, forma un ministère tripartite où un communiste tenait la Défense nationale; tout de suite surgirent les difficultés, nées de la situation économique et de la tension extérieure, et aggravées par la nouvelle intervention du général de Gaulle sur la scène politique : le 30 mars il prononça à Bruneval, en Normandie, un discours auquel assistaient les autorités civiles et militaires locales; il y annonçait «le jour où, rejetant les jeux stériles, et réformant le cadre mal bâti où s'égare la Nation et se disqualifie l'État, la masse immense des Français se rassemblera avec la France»; le 7 avril, à Strasbourg, il annonça la formation du Rassemblement du peuple français (RPF) : «Il est temps que se forme et s'organise le rassemblement du peuple français, qui, dans le cadre des lois, va promouvoir et faire triompher, par-dessus les différentes opinions, le grand effort de salut commun et de réforme profonde de l'État.»

Menacé par la formation gaulliste, Ramadier était attaqué par les communistes, mécontents de la politique sociale et de l'attitude française en Indochine; le 4 mai les ministres communistes votèrent contre le ministère; le lendemain, le *Journal Officiel* publiait une note du président du Conseil mettant fin aux fonctions des ministres communistes. L'événement est essentiel; exclus du gouvernement sans qu'ils l'aient sans doute souhaité, les communistes n'y reviendront plus avant 1981; quelques semaines plus tôt ils avaient cessé de participer au gouvernement belge et quelques jours plus tard ils disparaîtront du gouvernement italien; peut-on établir un rapport entre cette élimination et l'annonce de l'aide américaine, que le général Marshall fait dans son discours de Harvard le 5 juin 1947? Le monde va s'installer dans la guerre froide et les communistes, passés à l'opposition, vont rapidement durcir leur position. Quant aux socialistes, qui demeuraient au gouvernement, ils se retrouvaient au centre, et devaient faire une place plus large aux radicaux.

E. Le problème économique et social

Les mois qui suivirent la fin de la guerre furent lourds de toutes les espérances déçues; car les prix, poussés par l'inflation et par le déséquilibre entre l'offre et la demande, montaient très vite; en deux ans (1946-1947) les prix des produits alimentaires ont presque triplé; les prix industriels, mieux couverts par les subventions, ont doublé; le rationnement fut maintenu dans tous les secteurs, le marché noir n'avait pas disparu. Il aurait fallu produire davantage avec un outillage usé et une population active réduite, qui devait faire vivre à la fois un nombre important de personnes âgées et une quantité accrue d'enfants, car le taux de natalité, remonté à 21‰ en 1946, ne commencera à baisser qu'en 1950.

Les difficultés économiques autant que les attitudes « gauchistes » expliquent les « grèves sauvages » qui éclatèrent à partir de janvier 1946 et qui ont conduit à la formation de la Confédération nationale du travail, de tendance anarchiste. La CGT et le parti communiste ont condamné les grèves jusqu'en mai 1947 et encouragé la production. De son côté, le patronat forma en 1946 le Conseil national du patronat français, dont la création fut encouragée par le gouvernement pour avoir un interlocuteur capable de rationaliser la production ; en outre se constituèrent le Centre français du patronat chrétien et le Centre des jeunes patrons, qui commencèrent à réfléchir sur la finalité de l'entreprise mise au service de l'homme et non du seul profit. Cette mise en place de cadres nouveaux était nécessaire dans la perspective de l'élaboration d'un plan qui fut décidée par le décret du 3 janvier 1946.

L'idée de planification était conforme à l'orientation politique générale, mais imposée aussi par les besoins de la reconstruction et la nécessité d'utiliser au mieux les faibles investissements disponibles. Le premier plan (Plan Monnet, 1947-1953, du nom de son commissaire général)[1] fut un « plan de modernisation et d'équipement » ; concerté par les représentants de l'État et des organisations professionnelles, il présenta en novembre 1946 ses objectifs : retrouver en 1947 le niveau de production de 1929, qui avait été l'apogée de l'entre-deux-guerres, et le dépasser de 25 % en 1950 ; le plan était global, il couvrait et coordonnait toutes les branches de l'activité ; il ne fixait pas le but à atteindre par chaque entreprise, mais celui de chaque branche d'activité ; il était indicatif, non impératif, il agissait par persuasion et impulsion ; néanmoins, il était bien évident que l'État, par le contrôle qu'il exerçait sur les secteurs clefs qui venaient d'être nationalisés, et parce qu'il fournissait les deux tiers des investissements, jouerait un rôle déterminant dans l'exécution du plan ; en effet, aux nationalisations déjà réalisées s'ajoutèrent en avril 1946 celles du gaz et de l'électricité, et des 34 principales compagnies d'assurances. L'État était devenu le principal producteur, le principal investisseur, le principal employeur ; il avait les moyens de faire accepter ses objectifs par les entreprises sans recourir à la contrainte. Les crédits publics étaient fournis par le Fonds de modernisation et d'équipement, créé en janvier 1948 et alimenté par des ressources votées par le Parlement. Le problème était donc de trouver un équilibre entre les investissements, l'inflation et la hausse des prix.

1. Jean Monnet (1888-1979) fut de bonne heure en relations avec les milieux d'affaires des États-Unis, qui le convertirent à leur philosophie économique suivant laquelle les guerres disparaîtraient avec l'intégration des économies nationales et le transfert des souverainetés nationales à des organismes supranationaux ; ancien secrétaire adjoint de la SDN, il avait été pendant la guerre conseiller économique, puis membre du CFLN à Alger en 1943.

F. Les problèmes d'outre-mer

Les partis de la majorité étaient tous favorables à des réformes hardies dans les ex-possessions françaises, mais ils n'étaient plus d'accord sur le degré de la décolonisation; pour les communistes, elle devait être totale et immédiate; pour les socialistes, on allait jusqu'à l'autonomie, non l'indépendance; le MRP était partisan de l'Union française et l'Indochine le préoccupait particulièrement par la présence d'une importante population catholique.

La question indochinoise avait été posée par le coup de force japonais du 9 mars 1945; après la capitulation japonaise, le nord fut occupé par les troupes chinoises du Kuo-min-tang, le sud par les Anglais. Le général de Gaulle avait envoyé aussitôt l'amiral Thierry d'Argenlieu comme haut-commissaire, Sainteny comme commissaire de la République au Tonkin, appuyés par un corps expéditionnaire commandé par le général Leclerc, qui débarqua à Saïgon en octobre. Il fut aisé de réoccuper le sud, plus difficile d'obtenir le départ des troupes chinoises du nord; un accord fut cependant signé le 28 février 1946; les Chinois évacuaient le Tonkin moyennant des avantages sur le chemin de fer du Yun-Nan et l'abandon des concessions de Shanghai, Tien-Tsin, Hankéou, Canton; restait la question du gouvernement provisoire formé par Ho Chi Minh; Leclerc conseillait de reconnaître l'État libre du Viêt-nam comme faisant partie de la Fédération indochinoise et de l'Union française; mais dans quelles limites? La Cochinchine, colonie, ne pouvait pas avoir le même sort que les protectorats qui avaient formé l'ancienne Union indochinoise.

En juillet 1946 Ho Chi Minh vint en France pour négocier; il se présentait en chef d'État prêt à discuter comme le représentant d'un pays indépendant; du côté français, l'affaire restait une question intérieure ne relevant pas du droit international; de ce malentendu sortit l'échec de la conférence de Fontainebleau (juillet 1946). En novembre, d'Argenlieu, inquiet du succès que les communistes venaient de remporter aux élections, se rendit à Paris en laissant au général Valluy, successeur de Leclerc, des consignes de fermeté; le 22 novembre, l'arraisonnement d'une jonque chinoise chargée d'armes provoqua l'intervention des milices du Viêt-Minh, et en représailles la flotte française bombarda Haiphong le 23 novembre. Le 19 décembre, plusieurs centaines de Français furent massacrés; pourtant, on espérait encore en une négociation que L. Blum espéra faciliter en remplaçant d'Argenlieu par Bollaert (mars 1947); celui-ci offrit en effet aux « représentants de tous les partis » de discuter, mais en mettant comme condition préalable la livraison des armes. Devant le refus de Ho Chi Minh en mai 1947 on chercha une autre solution, et l'on crut la trouver en redonnant à l'ancien empereur Bao-Daï un caractère représentatif qu'il n'avait plus.

Le cas de l'Indochine n'était pas isolé; l'ensemble de l'Empire bougeait; à Madagascar, le Mouvement démocratique de la rénovation malgache demandait l'indépendance au sein de l'Union française; un soulèvement s'y produisit en mars 1947, au cours duquel des familles de colons furent massacrées ; le calme revint assez vite, mais au prix d'une très dure répression. Dans le reste de l'Afrique Noire, les élites intellectuelles formées en France organisaient des partis nationaux réclamant au moins l'autonomie interne. En Algérie les positions se sont durcies ; l'UDMA, jugée trop conciliante, est dépassée par le Mouvement pour le triomphe des libertés démocratiques (MTLD), suite du Parti populaire algérien de Messali Hadj, qui réclame l'indépendance totale. L'opinion européenne n'y est pas prête : le statut voté le 27 août 1947 lui paraît déjà excessif : il accorde une Assemblée algérienne élue pour moitié par le collège des citoyens français, pour moitié par les non-Français, au suffrage universel ; son rôle est essentiellement d'ordre économique et financier. Les députés algériens à l'Assemblée nationale demandaient la reconnaissance de la personnalité algérienne. Au Maroc, le sultan ouvrit la crise par un discours à Tanger le 10 avril 1947 ; Bidault y dépêcha le général Juin pour négocier avec le sultan, mais celui-ci refusa de se dissocier de l'Istiqlal. En mai 1947 l'ancien chef de la guerre du Rif, Abd-el-Krim, qui était ramené de la Réunion, s'échappa à l'escale de Port-Saïd et se réfugia au Caire, où il forma un Comité de libération de l'Afrique du Nord.

G. Le problème extérieur

La préoccupation de G. Bidault, qui dirigea en général les Affaires étrangères, fut d'empêcher la réunification de l'Allemagne ; la France avait obtenu une zone d'occupation, et elle participait au conseil de contrôle de Berlin ; elle s'opposait à l'institution d'un gouvernement fédéral, tenait aux démontages d'usines au titre des réparations, et voulait limiter au minimum l'industrie allemande ; mais, à mesure que les difficultés économiques et financières mirent la France sous la dépendance américaine, il fallut bien accepter la révision de la politique anglo-saxonne : l'installation de la guerre froide poussait les Américains à relever l'Allemagne occidentale pour en faire un bouclier contre l'URSS ; malgré la protestation française les deux zones anglaise et américaine (bizone) fusionnèrent en janvier 1947 ; la France obtint en compensation, par le traité de Paris du 10 février 1947 qui réglait la question italienne, des rectifications de frontière au Mont-Cenis et au Mont-Thabor, de petits territoires sur les hautes vallées de la Roya, de la Tinée et de la Vésubie, avec Tende et La Brigue, acquis après référendum ; enfin la signature du traité de Dunkerque, le 4 mars, liait la France et l'Angleterre contre une résurgence éventuelle du danger allemand.

Il était évident que la fin de la guerre, bien loin de résoudre les problèmes, n'avait fait qu'en poser de nouveaux, que la France, dans l'état de faiblesse intérieure et extérieure où elle se trouvait, ne pouvait pas résoudre seule.

2. La Troisième Force (1947-1952)

A. Évolution politique

Problèmes intérieurs et problèmes extérieurs étaient liés ; l'annonce du plan Marshall, la formation de l'OECE et la réunion des seize pays qui en faisaient partie, dont la France, en juillet-septembre 1947, pour mettre au point les modalités d'application, achevèrent de couper le monde et l'Europe en deux blocs ; la conférence qui se tint à Londres à la fin de 1947 sur l'Allemagne marqua l'échec définitif de la réunion des deux Allemagnes ; Molotov avait condamné le rattachement économique de la Sarre à la France ; Bidault fut donc contraint de rejoindre sans retour possible le camp anglo-saxon et d'accepter la fusion des trois zones (opérée le 1er août 1948), qui conduisit à la formation de l'Allemagne fédérale. Les délégués des partis communistes européens réunis en Pologne en septembre condamnèrent l'attitude opportuniste de participation du parti français, créèrent le Kominform le 5 octobre et affirmèrent l'existence de deux camps dans le monde.

Ce durcissement général eut ses répercussions en France. Le 27 juillet le général de Gaulle, dans un nouveau discours prononcé à Rennes, qualifia les communistes de « séparatistes » et, en octobre, les élections municipales furent un triomphe pour le RPF, qui obtint 40 % des voix, contrôla toutes les grandes villes, même Paris. Le général de Gaulle poussa ses exigences, et annonça un raz de marée pour les élections suivantes. A l'extrême gauche, le danger était aussi grand, mais il venait de la rue : à partir du 10 novembre 1947 éclatèrent des grèves révolutionnaires, qui trouvaient un climat favorable dans la misère persistante ; devant le double danger, Ramadier parut trop faible à G. Mollet et à G. Bidault, qui se rapprochèrent des radicaux dans un mouvement de défense républicaine pour tenter une expérience de « troisième force ». Le ministère Robert Schuman fut formé le 24 novembre ; l'homme de la situation en était le ministre de l'Intérieur, J. Moch, socialiste ; L. Blum avait déclaré : « La République est en danger. » En effet les troubles s'aggravaient parmi les 3 millions de travailleurs en grève ; les bâtiments publics, les prisons étaient pris d'assaut, des fabriques d'armes occupées, des sabotages sur les voies ferrées provoquaient des déraillements meurtriers, les lignes télégraphiques étaient coupées ; le gouvernement mobilisa les réservistes, déposa un projet de loi réprimant les atteintes à la liberté du travail et les sabotages. Le 9 décembre enfin le Comité national de grève donna l'ordre de reprise du travail ; les troubles avaient duré un mois, fait perdre 23 millions de journées de travail, handicapé au départ le plan Monnet ; ils allaient entraîner une scission à la CGT.

Harcelé par les communistes et le RPF, en conflit avec les socialistes sur les crédits militaires, R. Schuman partit sans avoir été mis en minorité ; ses successeurs André Marie, H. Queuille, abandonnèrent dans les mêmes conditions.

G. Bidault se trouva le 28 octobre 1949 devant les mêmes problèmes avec les mêmes hommes; la vie du ministère dépendait de l'humeur de quelques députés modérés ou radicaux attentifs à rétablir l'équilibre budgétaire et l'orthodoxie financière; Petsche, aux Finances, refusa aux socialistes une augmentation des traitements et salaires et provoqua leur départ du ministère (4 février 1950) : l'évolution vers le centre se confirmait. Quatre problèmes passionnaient la vie politique : le problème des salaires et des prix, depuis que la loi du 11 février 1950 avait rendu la liberté aux salaires, négociés désormais par conventions collectives; le drame indochinois, aggravé depuis la victoire communiste en Chine en décembre 1949; la construction de l'Europe, depuis la déclaration Schuman du 9 mai 1950, qui ouvrait la voie à la CECA; le passage de la guerre froide à la guerre chaude, avec le déclenchement de la guerre de Corée le 25 juin 1950.

Il s'y ajoutait la réforme électorale, qui fit tomber Bidault, puis R. Pleven, et finit par être réglée sous le 3e ministère Queuille (10 mars-10 juillet 1951) par la « loi sur les apparentements » : le but était d'assurer le succès à la majorité sortante de troisième force malgré ses dissensions; on appliquerait le scrutin de liste départemental à un tour; les listes qui déclaraient s'apparenter se comportaient comme si le scrutin était majoritaire; si elles obtenaient, ensemble, la majorité absolue, elles emportaient tous les sièges et les répartissaient ensuite entre elles à la plus forte moyenne; le système ne jouait pas pour la région parisienne, où l'on craignait le danger communiste, mais il joua parfaitement en province aux élections du 17 juin 1951 : les communistes et le RPF, qui étaient restés seuls, étaient les grands vaincus; les premiers retombaient à 101 sièges, le RPF n'avait pas provoqué le raz de marée annoncé (117), les bénéficiaires étaient les socialistes et les radicaux; pour 300 000 voix de plus que l'opposition, les listes apparentées obtenaient 400 sièges contre 221.

La coalition de troisième force était condamnée à se reformer, même si elle le faisait de mauvaise grâce; sur chaque problème, le ministère Pleven, puis le ministère Edgar Faure durent composer une majorité différente; le RPF se chargea de détruire définitivement cette coalition en introduisant le ferment de décomposition qu'était la loi scolaire; le MRP dut s'associer au dépôt de la loi Barangé, votée le 10 septembre 1951, qui accordait une subvention à toutes les familles ayant des enfants dans l'enseignement primaire, public ou privé; les socialistes passèrent dans l'opposition et leur rupture avec le MRP marqua la fin de la troisième force.

B. Problèmes économiques et sociaux (1947-1952)

Après les troubles sanglants de la fin 1947, une amélioration se produisit durant les deux années suivantes : la production industrielle dépassait en 1948 de 13 % le niveau de 1938; grâce aux bonnes récoltes le rationnement du pain fut supprimé en janvier 1949, puis, dans les mois suivants, les restrictions disparurent l'une après l'autre; à la fin de l'année, le Commissariat au ravitaillement fut supprimé.

La guerre de Corée renversa la conjoncture; la menace d'une troisième guerre mondiale incitait chaque pays à constituer des stocks, le prix des matières premières augmenta de 40 % sur le marché mondial; la France, qui était en même temps embourbée dans la guerre d'Indochine, en subissait particulièrement les conséquences; quand les prix extérieurs commencèrent à descendre en mars 1951, les prix français continuèrent à s'élever par suite du déficit budgétaire dû aux dépenses d'investissements et à l'effort militaire qui absorbait 30 % des dépenses.

Le climat social fut en partie lié à cette évolution. Les événements de novembre-décembre 1947 avaient accusé les oppositions existant à l'intérieur de la CGT; le 19 décembre Léon Jouhaux et les leaders de la tendance Force ouvrière portèrent leur démission à Benoît Frachon et formèrent au congrès constitutif d'avril 1948 la CGT-FO, dans la ligne de l'apolitisme défini par la Charte d'Amiens de 1906. L'effet de cette scission se fit sentir dans les grèves de 1948 : parti des mines, le mouvement fut brisé par le gouvernement, qui fit intervenir les CRS (Compagnies républicaines de sécurité) récemment créées, et par la lassitude ouvrière. Après avoir tenté pendant cinq semaines d'étendre les arrêts de travail aux cheminots et aux dockers, la CGT fit reprendre le travail le 29 novembre.

Ces échecs et l'amélioration de la situation économique laissèrent quelques mois de répit en 1949. Mais en février 1950 l'État rendit la liberté aux salaires et ne se réserva plus que la fixation d'un salaire minimum interprofessionnel garanti (SMIG). Les discussions menées autour des conventions collectives se déroulèrent dans un climat détérioré par le départ des ministres socialistes du cabinet Bidault et par les débats passionnés que suscita le plan Schuman; la CGT lui était hostile, la position des autres centrales était plus nuancée; le vaste mouvement de revendication resta néanmoins sur le plan professionnel : en septembre 1950 un accord signé chez Renault par les syndicats (sauf la CGT) prévoyait, outre l'augmentation des salaires, la promesse de négocier avant tout mouvement de grève, de ne pas cesser le travail sans un préavis de 3 jours, et d'examiner tous les mois avec la direction l'évolution des prix. C'était l'échec et l'isolement de la CGT dont les effectifs tombèrent de 5,5 millions d'adhérents en 1947 à 2,5 en 1952; elle restait pourtant très forte dans la métallurgie, l'automobile, chez les mineurs, les cheminots et à l'EGF, c'est-à-dire dans les secteurs clefs.

La hausse des prix intérieurs est toujours due, d'une part, au déséquilibre persistant entre l'offre de biens de consommation et la demande insatisfaite, d'autre part à l'accroissement bancaire considérable de la masse monétaire, provoqué par le déficit budgétaire et l'excès de crédits. Les gouvernements successifs ont tenté de remédier à cette inflation par des emprunts, qui ont porté la dette publique à près de 3 000 milliards en 1951, compensée il est vrai en partie par les dévaluations — par la réforme fiscale de décembre 1948, qui a remplacé les impôts cédulaires par un impôt sur les bénéfices industriels et un impôt progressif sur le revenu des personnes physiques, à quoi s'est ajouté la même année un emprunt forcé.

Cette évolution des prix explique les difficultés monétaires de ces années troubles; pour agir sur les prix et ravitailler les industries en matières premières, il fallait importer; mais pour réduire le déficit des paiements extérieurs il fallait restreindre les importations; cela explique la stricte application du contrôle des changes et la non-libération du commerce extérieur, en dépit de la recommandation de l'OECE; les deux tiers du déficit furent couverts par l'aide Marshall (2,4 milliards de dollars), le reste par les droits de tirage sur les organismes internationaux. Cela n'empêcha pas, le 24 janvier 1948, une nouvelle dévaluation de 44 % avec l'application de changes multiples interdits pourtant par le FMI. La situation ne fut régularisée que par un nouvel « ajustement » de 40 % en septembre 1949, quand la livre fut elle-même dévaluée de 30 %. A partir de là, le change officiel restera stable jusqu'en 1957-1958.

L'économie française apparaissait entièrement dépendante des États-Unis; sans leur aide, la réalisation du plan n'eût pas été possible; les objectifs fixés n'étaient pas atteints à l'échéance prévue de 1950; il fallut en prolonger l'exécution jusqu'en 1952; à cette date, la production agricole dépassait de 5 % celle de 1929, la production industrielle de 9 %; des progrès considérables avaient été accomplis dans l'équipement énergétique (Génissiat 1949, Donzère 1952, centrales des Alpes et du Massif central), dans le traitement du pétrole (étang de Berre); la contre-valeur de l'aide américaine avait donné les moyens de moderniser les charbonnages, les mines de fer et la sidérurgie (USINOR, 1949-SIDELOR, 1950). On pouvait dire, en 1952, que la reconstruction était faite, que l'expansion était amorcée, et l'on entrait dans une période de stabilité où il semblait que l'on sortît enfin de l'après-guerre.

Plusieurs conclusions peuvent être tirées, sur le plan social, de cette période de reconstruction :

1. La composition de la population pose un problème : elle est à la fois jeune (le taux de natalité est encore de 19,3 ‰ en 1952) et âgée (la portion âgée de plus de 60 ans représente 16 % du total) en sorte que le nombre de personnes à charge est particulièrement lourd sur une population active qui subit les effets de la Première Guerre mondiale et de ses suites.

2. Dans la répartition de la population active l'exode rural, favorisé par les besoins de l'industrie, se confirme : diminution du nombre des salariés agricoles (1 million en 1952), départs de 100 000 à 130 000 par an entre 1945 et 1952, dont à peu près la moitié d'hommes.

3. Une tendance de la main-d'œuvre masculine à s'éloigner de la condition de manœuvre rémunéré à l'heure ou à la journée, pour accéder à la mensualisation.

4. Une orientation de la main-d'œuvre féminine vers le secteur tertiaire, dactylos, employées de bureau, fonctionnaires, diminution du nombre des domestiques.

5. Les salariés ont bénéficié, bien entendu, d'une amélioration par rapport à 1944-1945, puisque le rationnement a été officiellement supprimé ; mais le salaire réel est encore nettement en retard sur 1938 ; entre cette date et 1952 les prix de détail ont été multipliés par 23, les salaires par 15 ; l'écart s'est légèrement réduit par une augmentation du salaire nominal de 19 % en 1951-1952, mais, en 1952, le salaire réel est encore 24 % au-dessous du pouvoir d'achat de 1938. La réalisation du plan Monnet s'est faite au profit des structures économiques, aux dépens des salaires et de la consommation : depuis 1929, en une génération, le niveau de vie global des Français ne s'est pas amélioré.

C. L'Outre-Mer (1947-1952)

L'affaire indochinoise achevait de pourrir ; la plus grande partie de l'opinion était indifférente, rassurée par la promesse que le contingent n'y serait pas envoyé, réveillée seulement quand se produisait quelque « affaire des fuites » concernant les secrets de la Défense nationale, ou quelque scandale financier sur le trafic des piastres. Les communistes manifestaient contre l'expédition par des grèves de cheminots et de dockers. Aucun gouvernement cependant n'osa prendre la responsabilité d'un désengagement qui pouvait avoir des répercussions sur les autres parties de l'Union française. Il est douteux que l'on ait cru sincèrement à la valeur d'un accord avec Bao-Daï ; celui-ci, l'ex-empereur, fut conduit à signer avec le représentant français, Bollaert, les « Accords de la baie d'Along », du 5 juin 1948, par lesquels la France reconnaissait solennellement l'indépendance du Viêt-nam, auquel il appartenait de réaliser librement son unité ; en échange Bao-Daï adhérait comme associé à l'Union française ; mais en janvier 1950 la Chine populaire, puis l'Union soviétique, reconnurent le gouvernement de Ho Chi Minh ; les renforts reçus par le Viêt-Minh lui permirent de remporter des succès importants à Cao-Bang et à Lang-Son (octobre 1950).

A cette date, la guerre de Corée était engagée et les Américains commencèrent à s'implanter en Indochine, qui put apparaître comme un autre terrain du même combat. En décembre 1950 le ministère Pleven envoya en Indochine le « roi Jean », le général de Lattre, qui rétablit momentanément la situation, fit en septembre un voyage aux États-Unis pour tenter de persuader les Américains d'aider au moins financièrement la France, et y parvint en partie. Quand il mourut, en janvier 1952, remplacé par le général Salan, il ne pouvait plus être question de reconquête française ; l'indépendance du Viêt-nam était acquise et garantie par les grandes puissances ; la seule question était de savoir si le régime y serait communiste.

En Tunisie, il apparut d'abord que le gouvernement s'orientait vers une solution libérale, en dépit des protestations de l'administration et de la population européenne ; puis, comme en Indochine, les rapports se tendirent à nouveau en 1951 ; en octobre le président du Conseil tunisien Chenik remit à

Paris une note où il réclamait l'autonomie interne comme première étape; en réponse, le ministère Schuman fit arrêter les ministres du bey et Bourguiba, déclenchant ainsi des mouvements de guérilla durement réprimés. Le 14 janvier 1952 le secrétaire général du néo-Destour déposa une plainte au Conseil de sécurité, plaçant la question tunisienne sur le plan international.

La France accentua également sa pression sur le Maroc; après l'échec des pourparlers entre Juin et le sultan entre 1947 et 1950, le représentant français fut autorisé à aller jusqu'à la déposition du sultan si celui-ci se refusait à désavouer l'Istiqlal; en décembre 1950 Juin remit en effet au sultan un ultimatum appuyé par des démonstrations de tribus berbères du Sud, mises en marche par le Glaoui, pacha de Marrakech, principal client de la France; le sultan sembla se soumettre et Juin fut remplacé par le général Guillaume; mais en octobre 1951 les pays arabes demandaient l'inscription de la question marocaine à l'ordre du jour de l'Assemblée des Nations unies.

En Afrique Noire, le Rassemblement démocratique africain (RDA), formé par Houphouët-Boigny en 1946, réclamait l'autonomie dans l'Union française; on maintint le double collège et l'on accorda seulement une extension du droit de vote qui fit passer les électeurs de 500 000 à 3 millions pour l'AOF, de 100 000 à 550 000 pour l'AEF.

En 1952, dans tous les domaines, la position française s'était durcie; une seule exception : Chandernagor avait été cédé à l'Inde en mai 1950 et l'on préparait la cession des autres comptoirs; mais l'affaire indochinoise était dans l'impasse, les questions marocaine et tunisienne étaient devenues internationales.

D. La France et l'Europe

La politique extérieure française a été dominée dans les premières années par la méfiance envers l'Allemagne, l'acharnement à en obtenir des réparations et les obstacles mis à la réunification des zones occidentales; mais la faiblesse intérieure de la France lui interdisait de se heurter aux Anglo-Saxons à partir du moment où ceux ci eurent modifié leur vision de l'Europe. La création du Kominform en 1947, et surtout le « coup de Prague » en février 1948, qui fit de la Tchécoslovaquie une république populaire, firent apparaître que l'adversaire n'était pas nécessairement allemand, et la France dut accepter en juin 1948 la fusion des trois zones; elle obtint en échange trois concessions : la reconnaissance d'une Sarre autonome et rattachée économiquement à la France, qui fut constituée comme telle par les élections sarroises d'octobre 1947; la création d'une autorité internationale qui contrôlerait la production charbonnière de la Ruhr pour en faire une distribution équitable suivant les besoins allemands et alliés et l'extension au Benelux de l'alliance franco-britannique par le traité de Bruxelles du 17 mars 1948, toujours tourné contre l'Allemagne.

Cette alliance devint moins nécessaire à partir du moment où les États-Unis prirent la tête d'un ensemble plus vaste, mais non plus tourné contre l'Allemagne. Le *Pacte Atlantique,* qui fut réalisé sur le plan militaire par l'OTAN (4 avril 1949), conduisit les États-Unis à conclure avec huit membres (sur les douze du Pacte), dont la France, un accord suivant lequel du matériel militaire serait fabriqué par eux, conservé chez eux et payé par les Américains (commandes off shore); en outre, une infrastructure militaire fut construite en France pour le compte de l'OTAN; c'étaient là des rentrées importantes de devises en une période où la France en manquait sérieusement. Le grand quartier général des forces alliées en Europe (SHAPE) fut installé en France, à Rocquencourt, et tous les organes non militaires du pacte furent installés à Paris en 1952.

L'intégration des forces nationales sous un commandement américain (Eisenhower) témoignait de l'affaiblissement de l'Europe et de sa dépendance envers les Etats-Unis. On pouvait pallier cette faiblesse par un regroupement des pays européens dont l'idée, exprimée déjà dans l'entre-deux-guerres, avait avorté à la suite de la crise mondiale de 1929. Elle fut, après la guerre, le grand dessein du MRP et des socialistes, qui trouvèrent en 1946 un avocat en Churchill. Celui-ci présida à Paris un congrès d'où sortit le Mouvement européen, fortement appuyé par G. Bidault; les travaillistes anglais, cependant, étaient hostiles à l'idée de supranationalité qui semblait venir de l'«Internationale Noire», c'est-à-dire des partis démocrates-chrétiens; tandis que la thèse française préconisait la création d'une assemblée élue par les peuples, la thèse anglaise se bornait à la désignation de délégués nommés par les gouvernements et ne discutant, à intervalles réguliers, que de questions communes autres que les affaires économiques (traitées par l'OECE) et militaires (réglées par ailleurs).

On progressa cependant sur trois plans :

1. *Sur le plan politique :* le compromis auquel on aboutit le 5 mai 1949 fut signé par les cinq membres du traité de Bruxelles, auxquels s'unirent l'Italie, la Suède, le Danemark, l'Islande, la Norvège, pour créer le *Conseil de l'Europe.* Le but est défini par l'art. I : «... réaliser une union plus étroite entre ses membres, afin de sauvegarder et de promouvoir les idéaux et les principes qui sont leur patrimoine commun, et de favoriser leur progrès économique et social...» Les organes dirigeants sont le Comité des ministres et l'Assemblée, formée d'une représentation pondérée; elle est seulement consultative; le comité doit prendre ses décisions à l'unanimité; les membres de l'Assemblée sont nommés par les parlements nationaux.

2. *Sur le plan économique :* la construction européenne est l'œuvre de J. Monnet, qui a convaincu R. Schuman. Celui-ci cherche à asseoir sur des bases économiques la réconciliation avec une Allemagne fédérale reconstruite, qui avait retrouvé, dans les limites d'un territoire réduit d'un tiers son PNB de 1938. La République fédérale avait été reconnue comme État en mai 1949 et Adenauer désigné comme chancelier en septembre. Les accords de Petersberg, signés en novembre, mettaient pratiquement fin aux démontages

d'usines, tout en interdisant à l'Allemagne de réarmer et de nouer des liens internationaux autres que consulaires et commerciaux.

Le but de R. Schuman est politique autant qu'économique ; s'inspirant du Zollverein, qui, au XIXe siècle, avait été à l'origine de l'unité allemande, il voulait « éliminer l'opposition séculaire de la France et de l'Allemagne », coordonner la production de charbon, de fer et d'acier, point de départ d'une Communauté plus large qui jetterait les bases d'une « Fédération européenne ». Dans sa conférence de presse tenue au Quai d'Orsay le 9 mai 1950 il concluait : « La solidarité de production qui sera ainsi créée manifestera que toute guerre entre la France et l'Allemagne devient non seulement impensable, mais matériellement impossible. »

Le Plan Schuman, qui créait une Communauté européenne du charbon et de l'acier (CECA), fut aussitôt adopté par l'Allemagne, l'Italie, le Benelux, refusé par la Grande-Bretagne. Les Six signèrent le traité le 18 avril 1951 au Quai d'Orsay, leurs parlements le ratifièrent entre avril 1951 et juillet 1952. L'organisation comportait à sa tête un véritable gouvernement, recevant et envoyant des ambassadeurs, ayant le pouvoir régalien de percevoir l'impôt, une Haute Autorité de 9 membres, une Assemblée désignée de 78 membres, le Conseil des ministres et une Cour de justice.

3. *Sur le plan militaire :* la guerre de Corée acheva de poser le problème du réarmement allemand, en faveur duquel le président Truman prit nettement position à la réunion de l'OTAN de novembre 1950. La France seule y opposa un refus. Mais le président du Conseil, Pleven, fut vite convaincu que les alliés passeraient outre. Après avoir fait accepter par l'Assemblée nationale l'allongement de la durée du service militaire de 12 à 18 mois, il exposa son plan le 25 octobre 1950 : tout en s'élevant contre la création d'une armée allemande, il proposait comme pis-aller « la création, pour la défense commune, d'une armée européenne, rattachée à des institutions de l'Europe unie, qui consisterait, non à accoler des armées sous commandement unique, mais à fondre, aussi complètement que possible, les éléments humains et matériels sous une autorité européenne unique, politique et militaire ». Le financement serait assuré par un budget commun ; l'incorporation des contingents nationaux se ferait sous forme d'unités aussi petites que possible ; il y aurait définition et constitution d'un organisme politique de contrôle ; il n'y aurait ni armée allemande, ni état-major allemand ; on n'aborderait pas le cas des forces françaises d'outre-mer.

Des dix pays européens qui participaient à l'alliance atlantique, six acceptèrent le projet, mais non la Grande-Bretagne ; ce furent les Six de la CECA, qui, après une nouvelle conférence à Lisbonne en février 1952, confirmaient que « le but final est la fusion, sous des institutions communes supranationales, des forces armées des pays participants » ; ils signèrent le traité de Paris du 27 mai 1952, qui devait créer une *Communauté européenne de défense* (CED). Restait à faire ratifier le traité par les parlements des six États.

Bibliographie

Histoire générale de la IVe République

J.J. BECKER, *Histoire politique de la France depuis 1945* (Paris, coll. Cursus, Armand Colin, 1991) ; A. SIEGFRIED, *De la IIIe à la IVe République* (Fayard, 1959) ; J. FAUVET, *La IVe République* (Fayard, 1959) ; S. HOFFMANN, *A la recherche de la France* (Seuil, 1963) ; J.-J. CHEVALIER, *Histoire des Institutions et des régimes politiques de la France moderne, 1789-1958* (Dalloz, 1967) ; J. JULLIARD, *La IVe République* (Calmann-Lévy, 1968) ; G. ELGEY, *Histoire de la IVe République* (Fayard, 1969) ; P. MENDES FRANCE, *La République moderne* (Gallimard, 1969) ; R. ARON, *Les grands dossiers de l'histoire contemporaine* (nouv. éd., 1969, Lib. Acad. Perrin) ; F. GOGUEL, *Géographie des élections françaises sous la IIIe et la IVe Républiques* (Armand Colin, 1970) ; M. CROUZET (sous la direction de), *Le Monde depuis 1945*, t. I, *Les pays riches et la troisième Révolution industrielle* (coll. Peuples et Civilisations, PUF, 1973) ; Ph. WILLIAMS, *La vie politique sous la IVe République*, trad. par S. et A. DUTHEILLET DE LAMOTHE, préface de F. GOGUEL (Dossiers Clio) ; V. AURIOL, *Journal du Septennat 1947-1954*, 7 t. (Armand Colin, 1971-1975) ; C. BELLANGER, L. CHARLET, R. RANC, F. TERROU, *Histoire générale de la presse française*, t. IV, *(1940-1958)* (PUF, 1976) ; J. MOCH, *Une si longue vie* (Laffont, 1976) ; P. LEON (sous la direction de), *Histoire économique et sociale du monde*, t. VI, *Le second vingtième siècle de 1947 à nos jours* (Armand Colin, 1977) ; P. COURTIER, *La Quatrième République* (Que sais-je?, PUF, 5e éd., 1989) ; J.-P. RIOUX, *Histoire de la France contemporaine*, t. 15, *L'ardeur et la nécessité*, t. 16, *L'Expansion et l'impuissance, 1952-1958* (Seuil, 1980-1983) ; D. BORNE, *Histoire de la société française depuis 1945* (Paris, coll. Cursus, Armand Colin, 1990) ; A. PROST, *Histoire générale de l'enseignement et de l'éducation en France*, t. IV (Nouvelle Librairie de France, 1981) ; P. MIQUEL, *La Quatrième République, hommes et pouvoirs* (Bordas, 1982) ; J. CHARLOT, *Le Gaullisme d'opposition (1946-1958) – Histoire politique du gaullisme* (Fayard, 1983) ; G. DUPEUX, *La France de 1945 à 1965* (Armand Colin, coll. U2, nouv. éd. 1983) ; J. FOURASTIE, *Les trente glorieuses ou la Révolution invisible* (Fayard, 1983) ; J. DALLOZ, *La France de la Libération 1944-1946* (Que sais-je?, PUF, 1983) ; M. DEBRE, *Mémoires*, t. I, *1912-1945* (Albin Michel, 1984) ; M. AGULHON et A. NOUSCHI, *La France de 1940 à nos jours* (Nathan-Université, 1984) ; E. FAURE, *Mémoires*, 2 t. (Plon, 1982-1984) ; J. CHAPSAL, *La vie politique en France de 1940 à 1958* (Thémis, PUF, nouv. éd. 1984) ; P. MIQUEL, *La Quatrième République, Hommes et Pouvoirs* (Balland, 1985) ; R. PAPINI, *L'Internationale démocrate chrétienne 1925-1986* (Éd. du Cerf, 1986) ; P. LETAMENDIA, *La Démocratie chrétienne* (Que sais-je?, PUF, 1989) et « La Démocratie chrétienne en France » dans la revue *Études*, juin 1989.

On trouvera le texte de la Constitution et les statuts des partis politiques dans M. DUVERGER, *Constitutions et Documents politiques* (Thémis, PUF).

Politique extérieure

A. GROSSER, *La IVe République et sa politique extérieure* (Armand Colin, 3e éd. 1972) ; G. DE CARMOY, *Les politiques étrangères de la France (1944-1966)* (La Table Ronde, 1967) ; P.M. DE LA GORCE, *La France contre les Empires* (Grasset, 1969).

Colonies

H. GRIMAL, *La décolonisation de 1919 à nos jours* (Bruxelles, Complexe, 1985) ; J. SAINTENY, *Histoire d'une paix manquée, Indochine, 1946-1947* (Amiot-Dumont,

1953) ; H. DESCHAMPS, *Histoire de Madagascar* (Berger-Levrault, 1961) ; X. YACONO, *Les étapes de la décolonisation française* (Que sais-je?, PUF, 4e éd. 1985).

Question sociale

G. LEFRANC, *Le mouvement syndical. De la Libération aux événements de mai-juin 1968* (Payot, 1969) ; J. TESSIER, *La CFTC; comment fut maintenu le syndicalisme chrétien* (Fayard, 1987).

Sur l'économie

J.-F. ECK, *Histoire de l'économie française depuis 1945* (Armand Colin, 1993).

Sur la CED

R. ARON et D. LERNER, *La querelle de la CED, Essai d'analyse sociologique* (Armand Colin, 1956).

On lira avec utilité *Les Mandarins*, de SIMONE DE BEAUVOIR (Gallimard, 1954).

Document

Indice du salaire horaire et des prix de détail à Paris

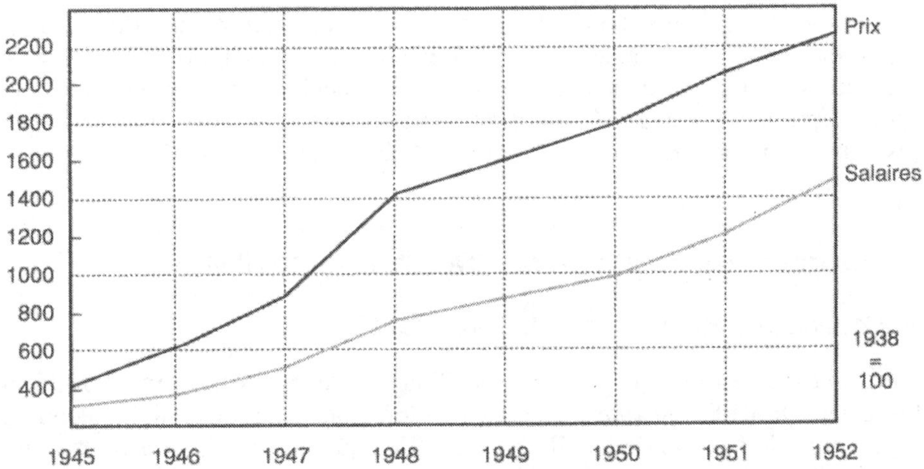

D'après *Annuaire Statistique*, Rétrospectif 1966.

18

Prospérité économique et faiblesse politique de la IVe République (1952-1958)

Le mouvement à peu près continu qui avait porté la majorité, depuis la Libération, de l'extrême gauche vers la gauche, puis vers le centre droit, trouve son aboutissement en 1952 avec la formation du ministère Pinay ; mais son impuissance à résoudre les problèmes d'outre-mer reporte l'axe de la majorité vers le centre gauche, puis vers la gauche après les élections de Front républicain de 1956; pourtant celui-ci est tout aussi incapable de résoudre le drame algérien, cause directe de la chute de la IVe République.

1. Les gouvernements de centre droit (1952-1954)

A. Le ministère Pinay (mars-décembre 1952)

L'investiture obtenue par Antoine Pinay, indépendant, en mars 1952, a fait éclater le RPF, puisque 27 de ses membres ont voté pour lui ; la leçon en fut tirée par le général de Gaulle en mai 1952, quand il rendit leur liberté aux députés élus sur son nom; le RPF disparaissait, remplacé sur le plan parlementaire par l'Union des républicains d'action sociale.

A mesure que la droite retrouvait sa participation aux affaires, l'extrême gauche durcissait ses positions pour reprendre en main les militants désemparés par la dérive droitière du régime et par les exclusions de Marty, Tillon, Lecœur, accusés de travail fractionnel. Thorez, frappé de congestion cérébrale le 10 octobre 1950, fut transporté en URSS et remplacé en intérim par J. Duclos. Il trouva son cheval de bataille dans la guerre d'Indochine, contre laquelle furent intensifiées les manifestations et les opérations de sabotage.

En mai 1952 de rudes émeutes, qui coûtèrent un mort et des centaines de blessés furent provoquées par la venue à Paris du général américain Ridgway (ancien commandant en Corée). Le gouvernement fit arrêter Duclos et Le Léap, secrétaire général de la CGT.

Le nouveau président du Conseil avait été membre du Conseil national de Vichy, relevé de son inéligibilité pour sa résistance aux Allemands ; maire de Saint-Chamond, dirigeant une petite entreprise familiale de cuirs et peaux, sans cesse ministre depuis 1948, il représentait la France moyenne, honnête, travailleuse, un peu sclérosée, soucieuse d'épargne et de bonne gestion budgétaire ; c'est un libéral, orthodoxe en matière financière, qui a pris pour modèle Poincaré et pour conseiller J. Rueff. Il adhère pleinement à l'opinion généralement admise qui veut que les désordres monétaires prennent leur source dans les dépenses exagérées de l'État. Il lui est impossible de revenir sur les nationalisations, mais il n'éprouve pas d'enthousiasme pour la planification ; sa position sur l'Europe est ambiguë, car il redoute la concurrence allemande, mais il a laissé les Affaires étrangères à R. Schuman ; lui-même a pris les Finances et confié la Défense nationale à R. Pleven, toujours affronté au problème de la CED.

Sur le plan financier il tenta l'« expérience Pinay », c'est-à-dire le retour à la stabilité monétaire sans stabilisation légale. Les circonstances étaient favorables, car les prix extérieurs baissaient après la crise de Corée, le front social était calme, l'économie se portait bien, et Pinay bénéficiait d'une faveur considérable auprès de l'opinion. Les mesures qu'il prit furent des mesures classiques de déflation ; il donna l'exemple en refusant d'augmenter le prix du blé et les tarifs qui dépendaient de l'État, obtint par la persuasion une baisse des prix de 5 % entre mars et août 1952 ; le taux d'escompte fut porté de 2,76 à 4 % ; se refusant à une pression fiscale accrue, il préféra diminuer les dépenses publiques par des économies qui portèrent pour les quatre cinquièmes sur les investissements ; il lança un emprunt exonéré d'impôt, indexé sur l'or, qui rapporta 428 milliards, dont 195 en argent frais, et 34 tonnes d'or ; enfin il accorda une amnistie fiscale pour les capitaux français qui n'avaient pas été rapatriés de l'étranger.

L'expérience suscita d'abord un immense espoir et la stabilisation parut assurée ; Pinay lui-même donna l'exemple de la confiance en faisant voter l'échelle mobile du SMIG en fonction de 213 articles de consommation familiale, de telle sorte qu'une hausse des prix de 5 % entraînât automatiquement une hausse du SMIG. Très rapidement il fallut déchanter : dès septembre, les prix recommençaient à monter et Pinay ne put en ralentir la hausse que par un blocage contraire à sa doctrine libérale. D'autre part la stabilisation des prix avait été tentée à un très haut niveau, alors qu'à l'étranger ils baissaient depuis plusieurs mois ; il en résultait que les prix français, au taux de change, étaient nettement trop élevés ; l'équilibre ne pouvait être rétabli que par une dévaluation que Pinay se refusait à envisager parce qu'elle n'aurait pas été conforme à son personnage ni comprise de l'opinion. La déflation eut pour conséquence immédiate un ralentissement brutal de la progression économique ; en 1952 l'indice industriel n'augmenta que de 1 % au lieu de 12 % l'année précédente.

Néanmoins « le mythe Pinay » était formé et allait demeurer : le « sage de Saint-Chamond » restera l'homme de la stabilité des prix et du redressement monétaire. Les parlementaires s'irritaient de sa popularité et le MRP lui reprochait plus précisément de freiner la ratification du traité de la CED ; il cessa de le soutenir au moment du vote du budget. Constatant la défaillance d'un groupe de la majorité, Pinay s'en alla en décembre 1952.

B. Les ministères René Mayer et J. Laniel (7 janvier 1953-12 juin 1954)

R. Mayer fut accablé par le problème européen, l'affaire d'Indochine qui s'aggravait, la crise économique ; à sa chute, la crise ministérielle dura un mois ; après plusieurs échecs, le président Auriol fit appel à Joseph Laniel, du même groupe que Pinay ; pour la première fois, trois ex-RPF entrèrent au gouvernement ; les Finances furent tenues par E. Faure, qui manœuvra avec prudence pour tenter d'obtenir — à travers tous les ministères dans lesquels il occupa le même poste avec une remarquable permanence — l'expansion dans la stabilité. L'orientation vers le centre droit fut confirmée en 1953 par l'élection du président de la République. René Coty, élu au treizième tour de scrutin contre le socialiste Naegelen, était un modéré, homme de conciliation, bonhomme, qui n'était pas marqué par une prise de position sur la CED ; mais Laniel, qui s'était porté candidat, sortait affaibli de l'élection ; incapable en outre de résoudre la question d'Indochine, il fut renversé après un violent réquisitoire de P. Mendès France le 12 juin 1954.

2. Le ministère Mendès France (juin 1954-février 1955)

La brièveté du ministère ne doit pas dissimuler son importance primordiale, l'enthousiasme qu'il suscita, surtout parmi les jeunes. Il apparaissait comme un homme neuf, qui n'avait fait partie d'aucun ministère depuis qu'en 1945 il avait quitté le gouvernement qui refusait de le suivre dans ses projets de restauration financière, et on lui savait gré d'être fidèle à lui-même. Sa forte personnalité faisait augurer un style nouveau de gouvernement de type jacobin, capable de restaurer l'autorité de l'État, dégagé de la tutelle des partis, et il manifesta en effet aussitôt sa volonté d'indépendance en formant son ministère sans les consultations d'usage ; PMF apparaissait comme un homme de mouvement, en qui se retrouvaient tous ceux qui étaient prêts à lever les hypothèques coloniales pour avancer résolument dans une politique économique et sociale hardie. Dans sa déclaration d'investiture, le 17 juin, il donnait la priorité à la paix en Indochine, s'engageait à ne pas influencer le débat sur la CED, et à ne pas prendre en considération le vote communiste dans le décompte des voix qui l'approuveraient. Beaucoup des membres de son ministère étaient des hommes nouveaux ; lui-même avait pris les Affaires étrangères, qui échappaient ainsi au MRP, et non les Finances, qui restaient à

Edgar Faure ; F. Mitterrand était à l'Intérieur, le général Koenig à la Défense ; le caractère du gouvernement sera gaullien ; Mendès France, du reste, admire de Gaulle, et celui-ci apprécie en lui « l'ardeur, la valeur et la vigueur ».

A. La solution de la guerre d'Indochine

Après la mort du général de Lattre, survenue en janvier 1952, la situation s'était très vite dégradée ; le général Salan, malgré les 400 000 hommes dont il disposait, ne pouvait pas résister à l'offensive du Viêt-minh au Tonkin et en direction du Laos. L'opinion publique française s'en désintéressa jusqu'au moment où il devint évident que l'aventure se terminerait par un désastre, ou bien elle condamnait une guerre qui coûtait cher, bien que les États-Unis eussent pris à leur charge 40 % des frais ; les gouvernements cherchaient sans la trouver une issue qui ne fût pas une capitulation. Laniel avait publié en juillet 1953 une déclaration promettant l'indépendance totale mais sans consentir à remettre les pouvoirs au gouvernement de Ho Chi Minh ; il espérait que la détente survenue après la mort de Staline et l'armistice intervenu en Corée le 27 juillet favoriseraient une négociation.

En effet, les rencontres des occidentaux aux Bermudes (décembre 1953) puis à Berlin (janvier-février 1954) aboutirent à la convocation à Genève d'une conférence à laquelle la Chine serait invitée. Pour se présenter à cette réunion en position de force, le gouvernement français avait besoin d'un succès en Indochine ; ce fut l'objet du « plan Navarre », qui comportait l'occupation de la cuvette de Dien-Bien-Phu, où l'on espérait attirer et détruire les forces Viêt-Minh ; mais le 13 mars 1954 le général Giap, puissamment aidé par les Chinois, lança l'assaut contre le camp retranché, qui se trouva très vite dans une position désespérée ; en vain Laniel demanda l'appui américain et britannique ; les positions françaises, encerclées, écrasées par l'artillerie qui empêchait l'arrivée du ravitaillement, agonisaient pendant que se tenait la conférence de Genève, ouverte le 26 avril 1954 ; elle réunissait les treize pays qui avaient participé à la guerre de Corée, auxquels étaient jointes la Chine et l'URSS ; le Viêt-minh y était officieusement représenté ; cependant Bidault, espérant encore, négocia en coulisse jusqu'au 7 mai, où l'on apprit la chute de Dien-Bien-Phu ; la défaite avait coûté aux forces françaises 4 000 morts ou blessés, 8 000 prisonniers, et surtout, c'était le « fer de lance » de l'armée qui avait disparu. La violente attaque lancée par Mendès France au Parlement contre Laniel s'appuyait sur une opinion publique enfin sensibilisée au sort du corps expéditionnaire à la révélation des souffrances des assiégés de Dien-Bien-Phu. PMF, devenu chef du gouvernement, promit qu'un accord interviendrait le 20 juillet au plus tard. En effet les accords de Genève furent signés dans la nuit du 20 au 21 juillet ; ils prévoyaient que les forces armées reculeraient au nord et au sud du 17e parallèle ; les forces franco-vietnamiennes seraient transférées au sud dans le délai de 300 jours ; le Cambodge et le Laos étaient neutralisés ; une commission internationale veillerait à l'application de l'accord et au déroulement des élections qui auraient lieu au Viêt-nam dans les deux ans.

Les décisions de Genève furent accueillies en France avec soulagement. En six ans et demi la guerre avait coûté plus de 2 000 milliards de francs courants, dont il est vrai le tiers avait été pris en charge par les Américains, ce qui avait constitué une source appréciée de devises. Les pertes s'élevaient du côté français à 92 000 morts, dont 45 000 supplétifs indochinois, 15 000 noirs et Nord-Africains, 11 600 légionnaires (sur 20 000), 20 680 métropolitains, dont 1 900 officiers (soit six promotions de Saint-Cyr) et 6 300 sous-officiers. En outre 8 000 prisonniers ont disparu. En fait le désastre d'Indochine portait en lui la fin de l'Empire et celle de la IVe République ; car l'aspect révolutionnaire pris par la guerre, la participation importante des troupes coloniales, et en fin de compte la défaite française, allaient répercuter, particulièrement en Afrique, la volonté de secouer la tutelle de la métropole ; d'autre part les cadres militaires français, initiés à cette forme nouvelle de guerre, politique autant que militaire, vaincus mais avec la conscience que leur humiliation n'était due qu'à l'esprit d'abandon des politiciens de Paris, étaient prêts désormais à s'opposer à un régime qui leur semblait disposé à accepter n'importe quelle capitulation Le 13 mai 1955 les forces françaises achevèrent d'évacuer Haiphong et le Nord-Viêt-nam, entraînant avec elles un million de catholiques viêt-namiens vers le Sud-Viêt-nam. Le 28 avril 1956 les dernières troupes françaises quitteront Saigon et l'Indochine, remplacées par les Américains.

B. Les incertitudes africaines

Les problèmes tunisien et marocain étaient déjà posés : le gouvernement Laniel avait tenté d'appliquer en Tunisie une politique plus libérale, proposant une égalité de représentation entre Français et Tunisiens au Grand Conseil et au ministère ; mais les réformes étaient jugées insuffisantes par Bourguiba, en résidence forcée à Djerba depuis 1952. Mendès France, ayant à peine réglé la question d'Indochine, se rendit à Tunis avec Christian Fouchet, ministre des Affaires marocaines et tunisiennes, et le maréchal Juin qui devait lui servir de caution auprès des Européens ; dans son discours prononcé à Carthage, il reconnut l'« autonomie interne de l'État tunisien » ; le pas était franchi, qui allait conduire à l'indépendance.

Au Maroc, les autorités françaises locales appuyaient l'initiative du Glaoui, qui s'était insurgé contre le sultan, l'obligeant à abdiquer, et le remplaçant par Bou Arafa, un client de la France ; l'élimination de l'ancien sultan, déporté en Corse puis à Madagascar, provoqua des troubles sanglants à Oujda et Casablanca ; cependant le gouvernement français, placé devant le fait accompli, semblait endosser des décisions qui n'étaient pas les siennes, et laissait la situation se détériorer sans pouvoir ou sans vouloir imposer une décision.

Enfin Mendès France se trouva affronté à l'insurrection algérienne ; deux mouvements nationalistes s'étaient développés en Algérie : le Mouvement pour le triomphe des libertés démocratiques (MTLD) de Messali Hadj avait une certaine parenté avec le Destour tunisien ; l'Union démocratique du manifeste algérien (UDMA) de Fehrat-Abbas, correspondait plutôt au néo-Destour; l'un et l'autre revendiquaient l'autonomie, non l'indépendance; mais en mars 1954 des militants du MTLD s'en séparèrent pour former le Comité révolutionnaire d'union et d'action, qui penchait pour l'action clandestine et le soulèvement armé. Dans la nuit du 31 octobre au 1er novembre 1954 (le «complot de la Toussaint»), il provoqua plusieurs assassinats de Français et des attentats, sans que pourtant la population indigène dans son ensemble participât à l'action; il n'y eut pas d'insurrection générale, et l'on put croire que les quelques foyers de troubles pourraient être rapidement isolés. Mendès France refusa toute concession («On ne transige pas lorsqu'il s'agit de défendre l'intégrité de la République»), et le ministre de l'Intérieur, Mitterrand, de qui relevait l'Algérie, promettait de n'avoir «aucun ménagement à l'égard de la sédition, aucun compromis avec elle... Les départements de l'Algérie font partie de la République...». La situation de l'Algérie ne pouvait en effet être comparée ni à celle de l'Indochine, ni même à celle des protectorats de Tunisie et du Maroc, à cause de l'ancienneté du rattachement, du statut administratif et de la forte colonisation européenne. Sur 10 millions d'habitants, 850 000 Français, dont 100 000 israélites, 140 000 étrangers européens donnaient au problème une teinte passionnelle qui écartait de l'immense majorité de l'opinion française toute idée d'abandon; Mendès France y délégua, comme gouverneur général, en janvier 1955, Jacques Soustelle, d'abord accueilli avec méfiance par les Européens, mais homme d'autorité, qui allait rapidement gagner la confiance des Français d'Algérie par sa volonté de réprimer les troubles et par la solution qu'il proposait : «Un choix a été fait par la France, ce choix s'appelle l'intégration.» Cette offre n'allait pas cependant empêcher l'insurrection de s'étendre rapidement.

C. Les problèmes extérieurs

Il s'agissait avant tout de l'unité européenne, amorcée par la mise en route du plan Schuman et du Conseil de l'Europe, renforcée par les accords de Bonn qui avaient restitué à l'Allemagne sa souveraineté, et par le traité de Paris, qui avait semblé mettre en place la Communauté européenne de défense (CED); encore restait-il à faire ratifier le traité par l'Assemblée française; deux partis lui étaient franchement hostiles, les communistes et l'ex-RPF, un parti lui était nettement favorable, le MRP, les autres formations, socialistes, radicaux et modérés, étaient partagées; quant à l'opinion, la guerre lui semblait encore bien proche pour concevoir une entente si étroite avec l'Allemagne fédérale, et elle s'effrayait d'un partenaire allemand qui se relevait si vite, alors que la France se trouvait handicapée par les opérations d'outre-mer et par des dépenses militaires qui freinaient son relèvement. Ces hésitations françaises se retrouvaient au ministère, c'est pourquoi Mendès France se refusa à prendre lui-même parti et à engager l'existence de son gouvernement dans le débat de ratification qui eut lieu peu après le désastre d'Indochine; le 30 août 1954 l'Assemblée rejeta la CED.

Cet échec sur le plan militaire arrêta la formation de l'Europe. L'Assemblée consultative du Conseil de l'Europe avait réussi à obtenir des Six en 1952 la réunion d'une Préconstituante qui avait préparé un plan de constitution fédérale pour les membres de la CECA : après le rejet de la CED il n'en fut plus question.

Du moins Mendès France, ayant obtenu des garanties du chancelier Adenauer, put-il exposer ses nouvelles propositions à Londres en septembre 1954 devant le Conseil de l'Europe, puis en octobre dans une conférence qui réunissait les Six et les États-Unis, la Grande-Bretagne, le Canada. On aboutit au traité de Paris du 23 octobre 1954, qui remplaçait l'ancien pacte de Bruxelles de 1948 (Grande-Bretagne, France, Benelux) tourné contre l'Allemagne par *l'Union de l'Europe occidentale* (UEO), dont le caractère était défini par le préambule; ... «Convaincus que l'adhésion de la République fédérale d'Allemagne et de la République italienne au traité représente un nouveau et substantiel progrès dans l'intégration européenne...» L'UEO fut dotée d'institutions; Conseil de l'UEO ou Conseil des ministres, Assemblée consultative formée par les représentants des sept pays à l'Assemblée du Conseil de l'Europe, un secrétaire général, une Agence de contrôle des armements nommée par le Conseil.

Le traité contenait également des clauses concernant la présence de troupes américaines en Europe (garantie demandée par la France) et une recommandation pour l'admission de l'Allemagne dans le Pacte Atlantique et sa participation à l'OTAN, la promesse de mettre fin au régime d'occupation. En contrepartie la République fédérale prenait l'engagement de ne pas fabriquer d'armes atomiques, bactériologiques, chimiques (ABC), de ne pas recourir à la force pour réaliser l'unification ou modifier les frontières. Enfin la Sarre serait «européanisée» jusqu'à la paix et disposerait de 3 voix à l'Assemblée de la CECA sous réserve de la ratification du statut par référendum des Sarrois.

Les accords de Paris furent ratifiés par l'Assemblée nationale française le 30 décembre 1954 par 296 voix contre 260; avaient voté contre les communistes, la majorité du MRP et quelques socialistes. La «relance européenne» redevenait possible, et dès janvier 1955, J. Monnet quittait la présidence de la Haute Autorité de la CECA pour mieux se consacrer à l'unité européenne.

D. La révision constitutionnelle

Mendès France fit enfin voter le 30 novembre 1954 une révision de la Constitution de 1946, dans le but de limiter les crises ministérielles et de réduire la prépondérance de l'Assemblée nationale, pour revenir à un type plus proche de celui de la IIIe République. Le président du Conseil pressenti ferait connaître son ministère avant le débat d'investiture, et celle-ci serait acquise à la majorité simple, tandis que la majorité absolue restait nécessaire pour la chute du gouvernement. La «navette» était rétablie entre les deux assemblées, et le Conseil de la République retrouvait son pouvoir législatif. En cas de dissolution le gouvernement restait en place jusqu'aux élections.

Cette révision apporta d'autres adversaires à Mendès France, qui heurtait nombre de parlementaires par sa façon de gouverner très indépendante; il s'en fit encore en proposant le rétablissement du scrutin uninominal au lieu de la représentation proportionnelle à laquelle les communistes et le MRP restaient attachés; celui-ci le rendait responsable du rejet de la CED; la droite lui reprochait sa politique d'abandon outre-mer; beaucoup ne lui pardonnaient pas d'avoir restreint les privilèges des «bouilleurs de cru»; on lança contre lui l'affaire des fuites qui se seraient produites au secrétariat général de la Défense nationale; cette accumulation de critiques et de haines personnelles le fit renverser à la majorité absolue le 5 février 1955, après quoi, pour conclure dans le style personnel qui avait marqué son passage au pouvoir, et contre toutes les règles parlementaires, il remonta à la tribune pour lancer une dernière déclaration dans le tumulte. Mendès France avait déçu sur certains points; l'opinion garda cependant la nostalgie d'un homme qui avait voulu gouverner.

3. Le ministère Edgar Faure (février-décembre 1955)

Radical comme Mendès France mais d'un tempérament différent, plus homme politique soumis aux traditions de la IIIe République, s'opposant à son prédécesseur qui finit par le faire exclure du parti radical, E. Faure paraissait lui aussi décidé à restaurer l'autorité de l'État : «Il faut en finir avec la procédure qui conduit à la désagrégation de l'État. C'est le gouvernement qui gouverne, et, si ce gouvernement reste, il gouvernera» (8 octobre 1955). Son attitude lui fut facilitée par la retraite officielle de de Gaulle de la vie politique en juillet 1955 et la disparition du RPF en septembre. Cette autorité se trouva affrontée surtout aux problèmes extérieurs et d'outre-mer.

A l'extérieur l'admission de l'Allemagne fédérale dans le Pacte Atlantique entraîna une protestation de l'URSS et menaçait de remettre en question la détente qui s'était développée après la mort de Staline en 1953. Quand le traité de Paris entra en vigueur en mai 1955, l'URSS déclara qu'il était en contradiction avec le traité franco-soviétique de 1944, et elle y répondit par la signature du pacte de Varsovie le 14 mai 1955. D'autre part le référendum sarrois ne fut pas ce que l'on attendait; supervisé par un délégué de l'UEO, il apporta le refus du statut européen par 424 000 «non» pour 202 000 «oui». De part et d'autre on s'efforça de ne pas envenimer les choses pour ne pas entraver la construction de l'Europe. Adenauer ne cria pas victoire et E. Faure n'émit pas de protestation. Quant à l'opinion publique française, concentrée sur d'autres problèmes plus angoissants, elle était indifférente.

La même attitude conciliante fut adoptée envers la Tunisie, où Bourguiba fut libéré le 1er juin 1955; le 5 du même mois l'autonomie interne était reconnue et des conventions signées par les deux parties précisaient les liens maintenus, en attendant l'indépendance complète. De même au Maroc,

E. Faure passa outre la résistance des hauts fonctionnaires et des Européens, et il força au compromis, devenu urgent après un nouveau massacre de 49 Français, dont 15 enfants, à Oued Zem, le 20 août 1955. Le général Catroux fut chargé de négocier avec Mohammed V toujours en résidence forcée à Antsirabé, et, après l'abdication de Bou Arafa, l'ancien sultan fut ramené en France le 31 octobre 1955, restauré le 5 novembre, et le 6 il consentit à signer avec A. Pinay les accords de La Celle-Saint-Cloud, qui prévoyaient des négociations « destinées à faire accéder le Maroc au statut d'État indépendant, uni à la France par les liens permanents d'une interdépendance librement consentie et définie ». Le 16 novembre le sultan était de retour à Rabat. On croyait encore en France pouvoir discuter, ici comme en Tunisie, les modalités de l'indépendance.

La situation s'aggravait au contraire en Algérie de façon décisive; devant l'extension du soulèvement E. Faure dut rappeler des réservistes et détourner plusieurs unités « atlantiques », mal adaptées, du reste, par leur lourdeur, à la guérilla algérienne; il fit voter le 31 mars la loi sur l'état d'urgence en Algérie (suspension des libertés publiques). Le 20 août 1955 l'insurrection générale fut déclenchée dans le nord-Constantinois, au cours de laquelle 170 Européens dont une cinquantaine d'enfants furent torturés et égorgés aux mines d'El Milia. Soustelle, qui visita les lieux de la tuerie, en fut bouleversé et demanda des renforts pour livrer une véritable guerre. De leur côté les « fellaghas » (insurgés) créèrent au Caire, sous la conduite de Ben Bella, le « Front de Libération nationale » (FLN) et organisèrent un comité de libération commun aux trois pays du Maghreb. Les effectifs français furent portés de 80 000 à 225 000 hommes; en septembre 1955 la question algérienne fut portée par les pays arabes devant l'Assemblée de l'ONU, qui refusa de s'en saisir devant l'opposition française à laisser discuter une question de politique intérieure.

En France, cependant, le problème algérien était mal compris; peu nombreux étaient ceux qui envisageaient l'indépendance (à l'exception des communistes), mais déjà des Français de métropole étaient prêts à aider l'insurrection, et surtout le congrès du MRP avait fait état en mai 1955 de « certaines pratiques policières incompatibles avec la dignité humaine ». Désormais, sur le plan intérieur comme dans les relations extérieures, l'Algérie va jouer un rôle déterminant.

Devant les graves décisions qui devaient être prises sur l'outre-mer comme sur l'Europe, E. Faure estima que l'Assemblée finissante n'avait plus l'autorité nécessaire; il proposa aux députés d'amputer de six mois la législature qui devait s'achever en juin 1956; mis en minorité à la majorité absolue, il se trouvait dans les conditions requises pour décider une dissolution, Mendès France ayant été renversé dans les mêmes conditions dix mois plus tôt; la décision, prise le 2 décembre dans une coïncidence historique fâcheuse, fut accueillie par l'opposition comme un véritable coup d'État; et l'on ne manqua pas de faire le rapprochement avec la crise du 16 mai 1877 depuis laquelle jamais aucun Président n'avait osé utiliser l'arme de la dissolution.

4. Une expansion économique dans la stabilité (1953-1955)

L'expansion reprit après l'expérience Pinay de 1952, malgré les difficultés coloniales, grâce à la gestion prudente d'E. Faure, qui tint le plus souvent les Finances, et grâce à une conjoncture internationale favorable.

Le deuxième plan (1954-1957) ou plan Hirsch, avait été décidé par le ministère Pleven en décembre 1951 ; il aurait dû débuter à la fin du plan précédent, en 1952, mais le gouvernement décida que, à la différence de ce dernier, il serait soumis au Parlement. L'Assemblée de centre droit, libérale, était peu favorable à la planification, en sorte que le plan soumis à l'Assemblée en 1954 ne fut approuvé que le 27 mars 1956, après les élections, alors qu'il était en application depuis deux ans.

Le nouveau plan se distinguait du précédent sur quatre points : son but, accroître non seulement la production mais aussi la productivité dans la perspective de l'établissement d'une Communauté européenne; sa progression : augmenter le produit national de 6 % par an, soit 25 % en 4 ans, tout en assurant l'équilibre des échanges extérieurs; ses choix, par la place donnée au logement et aux biens de consommation; son financement, par une charge moins grande imposée au Trésor, qui fournissait les crédits par l'intermédiaire du Fonds de développement économique et social (FDES). Le plan devait favoriser la modernisation de l'agriculture par l'accélération de l'exode rural et la mécanisation; il envisageait un début de décentralisation industrielle en prévoyant la création de sociétés de développement régional.

En effet la reprise fut vigoureuse en 1954; tandis qu'en 1952 et 1953 la croissance industrielle avait été réduite à 1 %, elle atteignit 10 % en 1954, 9 % en 1955, et le PNB augmenta de 6,5 % en 1954, 5,2 % en 1955, au lieu de 3,2 et 2,6 %. De plus, fait remarquable depuis la Libération, l'expansion se fait dans la stabilité des prix, grâce surtout à la baisse du prix des matières premières importées, qui continue jusqu'en janvier 1956. L'amélioration est sensible également dans les échanges extérieurs en dépit de la croissance des importations due à l'expansion. En 1955, pour la première fois, le solde est presque équilibré, la balance des paiements est légèrement excédentaire; comme le fait coïncide avec l'époque où l'aide militaire américaine est importante, les réserves d'or et de devises augmentent (commandes off shore, construction de bases pour l'OTAN en France, aide pour la guerre d'Indochine). La France peut libérer les trois quarts de ses importations à partir de l'OECE en 1955.

Cette progression se fit au prix d'une mutation agricole qui posa un grave problème social. La reconstruction agricole avait été achevée en 1949, date où la production avait retrouvé ses niveaux de 1938, mais l'agriculture n'avait bénéficié que de 8 % des investissements du plan Monnet et n'avait profité d'aucune réforme des structures; le problème avait été masqué jusque-là par les gains faciles des producteurs, puis, la concurrence internationale étant réapparue, les prix baissaient depuis janvier 1952. Les grandes manifestations paysannes de 1953 obligèrent le pouvoir à s'occuper pour la première fois du problème agricole : il y répondit par le décret de septembre 1953 sur l'organisation des marchés agricoles avec la création d'organismes d'intervention pour la garantie des prix, puis le deuxième plan se préoccupa d'accélérer le remembrement et d'étendre le machinisme.

Déçus de ne pas pouvoir bénéficier dans leur pouvoir d'achat de l'amélioration de la situation économique, les fonctionnaires d'abord lancèrent en août 1953 une grève d'un mois qui leur permit d'obtenir une augmentation générale des salaires en septembre : ils furent relayés en 1954-1955 par les travailleurs de l'industrie, placés en position de force par l'expansion et le plein emploi (arrivée des classes creuses, prolongation de la scolarité), et qui purent obtenir après des actions de grève des conventions collectives avantageuses permettant au gain hebdomadaire de retrouver en 1954 le pouvoir d'achat de 1938. En septembre 1955 une convention collective conclue chez Renault accorda une augmentation annuelle des salaires de 4 % durant deux ans, et une troisième semaine de congé payé, en échange de quoi les syndicats s'engageaient à ne pas recourir à la grève sans avoir épuisé tous les moyens de conciliation. L'« accord Renault » fut ensuite adopté dans les autres branches après des luttes parfois violentes et la troisième semaine de congé fut généralisée par la loi de mars 1956.

5. La fin de la IVe République (1956-1958)

La IVe République est morte de son impuissance fonctionnelle, de son incapacité à résoudre la question algérienne, et de la crise financière qui lui est liée.

A. Les élections du 2 janvier 1956

Elles ont eu lieu dans une grande confusion; les partis classiques de l'ancienne troisième force se trouvaient affaiblis par leurs oppositions internes sur l'Europe et surtout sur l'Algérie; les anciens membres du RPF, devenus les Républicains sociaux, acceptaient le jeu politique, mais ils étaient débordés par une extrême droite nouvelle et surtout par la formation de l'UDCA (Union de défense des commerçants et des artisans), ou mouvement Poujade, créée pour la sauvegarde des « petits » menacés par l'inquisition fiscale et les grosses entreprises, hostiles à la formation de l'Europe, en quoi ils voyaient leur disparition par un renforcement des concentrations, et nationalistes par voie de conséquence. La loi électorale n'avait pas été modifiée, scrutin de liste à un tour avec représentation proportionnelle dans chaque département et possibilité d'apparentement; ceux-ci furent pourtant peu nombreux; mais socialistes, radicaux, MRP et certains républicains sociaux formèrent un Front républicain, dont l'homme était Mendès France et l'organe l'hebdomadaire *L'Express*, fondé par J.-J. Servan Schreiber et F. Giroud en 1953.

Les résultats furent un succès pour les communistes, qui, cette fois n'avaient pas souffert des apparentements comme en juin 1951 ; ils marquèrent le déclin du MRP, qui ne gardait que ses bastions de l'Est et de l'Ouest, l'effondrement des républicains sociaux, et surtout, à la surprise générale, la force du poujadisme, qui, avec 2 millions de voix qu'il enlevait au centre droit et avec 52 députés, permettait au Front républicain d'être vainqueur ; le président Coty chargea le secrétaire du parti socialiste, Guy Mollet, de former le ministère, qui allait être le plus long de la IVe République.

B. Le ministère Guy Mollet (janvier 1956-mai 1957)

a) Les problèmes d'outre-mer étaient les premiers à résoudre. Il y eut peu de difficultés pour la Tunisie et le Maroc. La première fut reconnue indépendante le 20 mars 1956 ; quelques jours plus tard l'élection d'une Constituante donna la totalité des sièges au néo-Destour de Bourguiba, qui destitua le bey et se fit élire président de la République. La Tunisie restait liée à la zone franc ; la France tenait encore quelques bases comme Bizerte, qui sera évacuée après le bombardement de Sakhiet, le 8 février 1958, dans le cadre de la guerre d'Algérie.

Au Maroc, où les Français croyaient pouvoir négocier les modalités de l'indépendance, il n'y eut plus rien à négocier après la mort du Glaoui en janvier 1956 ; l'indépendance fut reconnue le 3 mars 1956 (l'Espagne fit de même pour sa zone fin avril) et Tanger perdit son statut international le 26 août 1957. Le Maroc, comme la Tunisie, reste attaché à la zone franc. Désormais les relations des deux anciens protectorats avec la France vont évoluer en fonction des événements d'Algérie.

On amorça également l'évolution de l'Afrique noire, rendue inévitable par les mutations apportées dans les proches colonies britanniques. La *loi-cadre Defferre,* votée le 23 juin 1956, par 446 voix contre 98, prévoyait que des élections aux assemblées territoriales seraient faites par un collège unique et au suffrage universel ; le représentant de la France devenait « chef du Territoire », nommé, entouré d'un gouvernement et d'une Assemblée élue ; les autochtones avaient accès à tous les postes. L'AOF et l'AEF formaient deux fédérations de territoires et possédaient un organe fédéral composé du haut commissaire de la République et d'une Assemblée représentative au Grand Conseil élue par les Assemblées territoriales, qui votait le budget de la Fédération. La même réforme sera appliquée à Madagascar et aux anciens mandats du Togo et du Cameroun. En septembre 1957, à Bamako, le Rassemblement démocratique africain (RDA), principal parti d'Afrique noire, conduit par le chef guinéen Sekou-Touré, demanda le remplacement du terme de territoire par celui de République autonome. Dès lors le choix se posait de l'évolution ultime vers l'indépendance totale de chaque république, ou vers la formation d'une République fédérale franco-africaine demandée en particulier par Houphouët-Boigny ; mais en France on était las des aventures coloniales qui coûtaient cher en hommes et en argent, et, à la suite du journaliste R. Cartier, le «cartiérisme» penchait vers un désengagement total à l'égard des anciennes colonies.

Le ministère trébucha en Algérie devant le durcissement des Européens, hostiles par avance à toute conversation avec les insurgés, et devant l'attitude de l'armée. Les plus irréductibles parmi les premiers se trouvaient non parmi les gros colons, dont certains avaient déjà liquidé leurs biens ou préféraient composer avec le FLN, mais parmi le petit peuple des villes pour qui une autonomie algérienne signifiait la prolétarisation ou le départ, et dans le milieu étudiant; quant à l'armée, dont les cadres revenaient d'Indochine, formés à la guerre totale, révolutionnaire, psychologique, qu'ils avaient subie, il n'était pas question qu'elle connût une nouvelle humiliation après la défaite d'Indochine qu'elle imputait au pouvoir politique; chargée en Algérie de responsabilités aussi bien administratives, scolaires, sociales que militaires, elle se sentait responsable des harkis, ces corps autonomes formés parmi les musulmans demeurés fidèles, et d'une façon générale d'une population indigène qui lui faisait encore confiance; le régime lui importait peu, pourvu qu'il lui garantît la fin des abandons; il ne fallait pas attendre d'elle une action positive de subversion, car les chefs, formés au temps où l'armée était encore «la grande muette», avaient gardé le réflexe de l'obéissance devant le pouvoir, mais il ne fallait pas espérer non plus qu'elle s'opposât à quelque action politique qui pût lui assurer que son honneur serait sauf.

G. Mollet avait désigné comme ministre résidant en Algérie le général Catroux, à qui les «activistes» d'Alger reprochaient son rôle dans les négociations sur le Levant et dans la récente affaire marocaine; lui-même se rendit à Alger où, le 6 février 1956, il dut reculer devant les manifestations d'hostilité d'une population européenne déchaînée; le jour même le général Catroux démissionnait, remplacé par Lacoste, socialiste, dont G. Mollet acceptait de soutenir la politique de fermeté; le 12 mars, l'Assemblée nationale vota les pouvoirs spéciaux qui permettaient de maintenir la suspension des libertés en Algérie et d'y envoyer le contingent. L'indépendance accordée en mars aux deux protectorats voisins rendit la situation politique plus complexe encore; le sultan du Maroc offrit sa médiation, mais le 22 octobre l'avion marocain qui transportait cinq dirigeants du FLN, dont Ben Bella, fut intercepté et contraint d'atterrir à Alger; initiative locale, mais que le gouvernement français dut endosser, et qui entraîna la rupture des relations diplomatiques avec le Maroc; dans le ministère lui-même, les oppositions s'accusaient devant le durcissement de la position française; Mendès France, ministre d'État, avait démissionné en mai, et A. Savary quitta en octobre le secrétariat aux Affaires tunisiennes et marocaines.

Devant la recrudescence des attentats en Algérie, Lacoste chargea en janvier 1957 le général Massu, commandant des parachutistes, de rétablir l'ordre à Alger; la «bataille d'Alger» devait se poursuivre jusqu'en juillet et se traduire par un succès militaire provisoire, mais en utilisant des méthodes de répression que dénonçait une partie de l'opinion métropolitaine. Le 5 avril, G. Mollet dut accepter la création d'une «Commission de sauvegarde des libertés individuelles », chargée d'enquêter sur les abus de la répression et sur l'emploi de la torture. Dans ces conditions, tous les contacts secrets qui eurent lieu durant l'année entre représentants du gouvernement et délégués du FLN échouèrent, d'autant plus qu'un intérêt économique nouveau était apparu : c'est en 1956 que furent révélées les richesses en pétrole et en gaz du sous-sol saharien (Hassi-Messaoud, Edjelé, Hassi-R'mel).

b) Sur le plan diplomatique, il semblait aux militaires que la rébellion algérienne serait plus vite écrasée si elle ne bénéficiait pas d'appuis extérieurs, notamment en Égypte, et ils étaient donc prêts à profiter de la première occasion pour faire disparaître le sanctuaire égyptien. Un premier coup d'État y avait chassé le roi Farouk en 1952 ; un deuxième y porta au pouvoir le colonel Nasser en février 1954 ; celui-ci rêvait de réaliser la grande Égypte et de prendre la tête d'un mouvement panarabe ; il menaçait ainsi l'Angleterre dans ses intérêts du Moyen-Orient, la France dans sa position en Afrique du Nord, et Israël dans son existence même.

En octobre 1954, cependant, il obtint de l'Angleterre l'abrogation du traité de 1936 et le départ des forces britanniques ; il dressait en même temps un plan de développement de l'Égypte, dont la pierre angulaire devait être la construction du barrage d'Assouan ; n'ayant pu obtenir le concours financier qu'il attendait des Occidentaux, il décida le 26 juillet 1956 de nationaliser le canal de Suez, violant ainsi la convention de Constantinople de 1888 qui neutralisait le canal. L'occasion semblait favorable pour régler la question d'Égypte, au moment où les Soviétiques se trouvaient affrontés aux révoltes de Pologne et de Hongrie, les États-Unis paralysés par l'élection présidentielle imminente. Les Israéliens attaquèrent les premiers dans la nuit du 29 au 30 octobre, et atteignirent rapidement le canal ; l'intervention française fut approuvée par l'Assemblée nationale à une large majorité (368 voix contre 182), et les bombardements franco-britanniques commencèrent le 31 octobre, suivis le 5 novembre, mais avec beaucoup d'hésitation, par un débarquement qui permit d'occuper Port-Saïd et d'avancer de 25 km le long du Nil sans grande difficulté.

L'intervention franco-anglo-israélienne se heurta aussitôt à trois adversaires extérieurs à l'Égypte : les États-Unis, qui n'avaient pas été consultés, estimant qu'il s'agissait d'un coup porté à l'Alliance Atlantique, exigèrent l'arrêt de l'opération et l'évacuation de l'Égypte — ils entraînèrent la condamnation presque unanime de l'Assemblée des Nations unies — enfin Boulganine, au nom de l'URSS, adressa un ultimatum, menaçant de fusées les trois pays concernés. Eden fut le premier à décider l'évacuation des forces britanniques et fut suivi par les Français.

Les conséquences de l'opération manquée étaient considérables :

1. C'était la rupture de l'unité du monde occidental et en même temps une condamnation unanime de la part du tiers monde de la France et de l'Angleterre.

2. Les Soviétiques ont pu, grâce à l'affaire, pénétrer au Moyen-Orient dans le même temps où ils pouvaient confirmer sans danger leur mainmise sur l'Europe centrale (Budapest, 1956).

3. Sur le plan du Proche et Moyen-Orient, la défaite militaire de Nasser se transformait en victoire ; il avait demandé aux Syriens, et obtenu, le sabotage des oléoducs qui portaient le pétrole du golfe persique en Méditerranée. De plus des navires coulés dans le canal de Suez le rendaient impraticable et obligeaient les navires à passer par Le Cap. Le pétrole devenait rare et cher ; sa pénurie va porter les sociétés françaises à hâter la production du pétrole saharien, mais, dans l'immédiat, le déficit commercial s'en trouve aggravé. Les Français subirent le rationnement de l'essence jusqu'à l'été 1957.

4. En France, l'échec diplomatique efface le succès militaire ; il décevait une opinion en général favorable à l'expédition (le « national-molletisme ») qui voyait déjà les alliés au Caire et il aggravait la rancœur de l'armée contre un pouvoir politique qui lui dérobait sa victoire.

c) La détérioration financière. La production industrielle continua à être satisfaisante en 1956-1957 (hausse de 10,7 et 9 %), ce qui permit de réaliser le plan et d'en dépasser parfois les objectifs (ciment, énergie électrique), mais la situation se renversa dans les échanges et sur le plan monétaire. La politique sociale du gouvernement du Front républicain imposa des importations accrues de biens de consommation, en même temps que l'expansion exigeait davantage de matières premières, et l'effort militaire des commandes de matériel. Les exportations diminuaient au contraire à cause de la hausse des prix intérieurs et de la récession américaine qui toucha l'Europe dès 1956 ; la balance des services était déficitaire, car les prix français éloignaient les touristes et l'introduction de main-d'œuvre étrangère augmentait les transferts de salaires ; enfin les gels de 1956 détruisirent 40 % des emblavures et réduisirent de moitié la récolte de vin. La situation était déjà dramatique quand se produisit la crise de Suez qui imposa des sorties de devises pour acheter du pétrole texan, et qui provoqua des sorties spéculatives de capitaux par crainte d'une dévaluation. Pourtant, c'est le 25 mars 1957 que fut signé le traité de Rome, instituant la Communauté économique européenne. Le traité, préparé depuis la conférence de Messine (juin 1955), avait été rendu possible par le règlement du contentieux franco-allemand alourdi à la suite du référendum sarrois ; l'accord du 27 octobre 1956 concernait le rattachement politique de la Sarre à l'Allemagne le 1er janvier 1957, l'aménagement de la Moselle et l'achèvement du canal d'Alsace ; mais la France pourrait-elle, dans l'état de ses finances et de sa monnaie, handicapée par la crise algérienne et contrainte à un effort militaire que n'avait pas à soutenir sa voisine, affronter la concurrence allemande ? Il y avait là un pari sur l'avenir.

Guy Mollet tomba le 21 mai 1957 sur son programme financier d'économies et d'augmentation fiscale, en réalité sur sa politique algérienne, attaqué dans son parti par ses amis qui lui reprochaient l'appui donné à Lacoste, combattu par les partisans de l'Algérie française, condamné par l'Internationale socialiste à Bombay, victime de sa double contradiction initiale : volonté de paix en Algérie et accentuation de la répression, programme d'expansion dans une stabilité financière impossible à réaliser.

C. La décomposition finale

Après un ministère Bourgès-Maunoury qui tomba sur une loi-cadre prévoyant l'autonomie algérienne (juin-septembre 1957), Félix Gaillard, radical, ministre des Finances dans le précédent gouvernement, forma un gouvernement d'Union nationale où figuraient le MRP, des gaullistes, des modérés (novembre 1957-avril 1958). La balance extérieure ne cessait de se détériorer, imposant de céder une partie du stock d'or de la Banque de France, et de tirer les derniers crédits disponibles sur les organismes internationaux. Il fallut en mars 1957 imposer aux importateurs français des limitations, supprimer en juin toute liberté des échanges, en août enfin procéder à une « dévaluation camouflée » en versant aux touristes étrangers et aux exportateurs français une prime de 20 %; en janvier 1958 J. Monnet put, une fois de plus, obtenir des subsides auprès des États-Unis et de l'OECE, sous condition de réduire l'impasse budgétaire à 600 milliards d'AF.

La hausse des prix fut cependant compensée par la hausse des salaires plus rapide : la pression syndicale était efficace grâce au suremploi en période d'expansion : l'exode rural, qui a enlevé à la terre 600 000 personnes actives entre 1954 et 1957, n'a pas compensé l'insuffisance des classes creuses et la mobilisation des disponibles pour l'Algérie. Aussi la hausse des rémunérations permit au gain horaire de retrouver en 1957 le pouvoir d'achat de 1938, et au salaire hebdomadaire de le dépasser de 17 %, même dans le monde rural, où de nouvelles révoltes paysannes, provoquées par le gel de l'hiver 1956-1957 conduisirent F. Gaillard à accorder aux agriculteurs une indexation des prix sur ceux des produits industriels et sur les salaires ouvriers. Le deuxième plan, à la différence du premier, ne fut pas réalisé aux dépens des salaires; mais, en 1958, le problème financier était dramatique, et il avait conduit F. Gaillard à mettre en place un plan d'austérité comportant une réduction des investissements et la hausse des impôts, qui risquaient de stopper l'expansion et de réduire le pouvoir d'achat au moment même où allait s'ouvrir la première étape du Marché commun, le 1er janvier 1959.

L'hypothèque algérienne s'alourdissait encore et tendait les rapports entre Français : d'une part les partisans de l'Algérie française, d'autre part un courant d'opinion grandissant, qui condamnait soit les méthodes de la répression, soit son principe même, et qui apportait un appui croissant au FLN. Le 8 février 1958 l'aviation française, invoquant le droit de suite, bombarda le village tunisien de Sakhiet qui servait de refuge aux fellaghas algériens menaçant la frontière. Le président Bourguiba fit aussitôt bloquer les troupes françaises encore stationnées sur son territoire, exigea l'évacuation de Bizerte, en appela au Conseil de sécurité, qui donna aux États-Unis et à l'Angleterre une « mission de bons offices » comportant le contrôle de la frontière algéro-tunisienne et le regroupement des forces françaises de Tunisie. F. Gaillard fut renversé le 15 avril 1958 sur cette question. Aucun gouvernement, dans l'état des choses, n'était capable d'imposer une solution, ni l'indépendance, que tous les ministères avaient récusée, ni l'autonomie, dont au fond personne ne voulait, ni le retour au *statu quo ante*, que la réprobation du reste du monde rendait impossible. Le 29 avril 1958 des représentants des trois anciens territoires français d'Afrique du Nord, réunis à Tanger, faisaient de l'indépendance algérienne la condition de la fin du conflit.

D. Le 13 mai 1958

La crise du 13 mai, qui marque la fin de la IVe République, peut être décomposée en quatre temps.

a) *Pendant le mois que dura la crise ministérielle* les manifestations s'amplifièrent à Alger, tandis qu'en France une campagne était lancée en faveur de l'appel au général de Gaulle. Quand enfin le président Coty fit appel à Pflimlin, MRP, qui passait pour un libéral favorable à la négociation avec le FLN, les « activistes » d'Alger passèrent à l'action décisive : le 13 mai, au moment de la formation du ministère, les manifestants prirent d'assaut à Alger le gouvernement général, sans que les parachutistes qui le gardaient intervinssent; ils formèrent un Comité de salut public dans lequel entra le général Massu, très populaire depuis la « bataille d'Alger »; ces événements facilitèrent l'investiture de Pflimlin, et lui permirent d'avoir l'appui des socialistes, dont G. Mollet et J. Moch acceptèrent d'entrer dans le ministère; mais celui-ci n'avait plus aucun moyen de se faire obéir.

b) *Du 13 au 24 mai* l'Algérie fut coupée de la France, en même temps que se développait l'offensive gaulliste; les militaires n'en étaient certes pas à l'origine, mais ils allaient être dans l'obligation de suivre l'orientation du complot. Le 15 mai le général Salan concluait sa harangue au Forum d'Alger, sous la pression des gaullistes, par un « Vive de Gaulle », tandis que celui-ci, le même jour, remettait une déclaration à la presse, où, après avoir constaté la dégradation de l'État, il concluait : « Naguère le pays, dans ses profondeurs, m'a fait confiance pour le conduire tout entier jusqu'au salut. Aujourd'hui, devant les épreuves qui montent de nouveau vers lui, qu'il sache que je me tiens prêt à assumer les pouvoirs de la République. »

L'Assemblée nationale établit l'état d'urgence, qui imposait la censure, l'interdiction de sortir du territoire, la coupure des relations avec l'Algérie. Cependant le 17 mai J. Soustelle, qui avait été placé « sous la protection de la police », parvenait à gagner l'Algérie, où, reçu avec enthousiasme, il préconisait l'intégration à part entière de tous les Algériens; on parla de la France allant « de Dunkerque à Tamanrasset ». Y a-t-il en même temps un complot militaire en faveur de de Gaulle? On parle de concentrations de troupes et de blindés à Toulouse et à Rambouillet; mais le 19 mai, de Gaulle tient à calmer les appréhensions, cependant que la gauche forme des comités de vigilance : « Croit-on qu'à 67 ans je vais commencer une carrière de dictateur? » Et il se retira à Colombey, attendant que la situation se fût suffisamment détériorée pour qu'il apparût comme le dernier recours.

c) *Le 24 mai, en effet, l'insurrection s'étendit à la Corse,* où des Comités de salut public se formèrent avec l'aide de parachutistes venus d'Algérie; la même opération était-elle possible en France continentale? Elle fut annoncée pour la nuit du 27 au 28. Les socialistes n'avaient plus qu'une alternative : ou constituer un front commun avec les communistes, et risquer une guerre civile dans laquelle ils seraient inévitablement prisonniers de leurs alliés, ou se rallier au général de Gaulle, qui leur apparaissait comme un moindre mal. Les 25-26 mai, G. Mollet et V. Auriol se soumirent et demandèrent au général de Gaulle d'être garant de la légalité républicaine; de fait, celui-ci se comportait comme un chef de gouvernement, quand, le 27 mai, il enjoignit à l'armée de rester dans le devoir et invita le général Salan à lui envoyer des émissaires. Dès lors, l'épilogue fut rapide.

d) *La conclusion, du 28 mai au 1er juin.* Le ministère Pflimlin démissionna dans la nuit du 27 au 28; le 28, une manifestation réunit 200 000 personnes, sans pouvoir donner à ses instigateurs, Mendès France et Mitterrand, l'espoir de mobiliser les masses en faveur du régime caduc. Le lendemain, le président René Coty informa enfin l'Assemblée que, devant la menace de guerre civile, il s'était résolu à désigner « le plus illustre des Français », menaçant de démissionner en laissant l'intérim au président de l'Assemblée en cas de refus de celle-ci. Le 30 mai enfin, au cours de leur visite à Colombey, G. Mollet et V. Auriol obtinrent du général deux concessions, sa présence à l'Assemblée pour y solliciter l'investiture, et le maintien ultérieur de la responsabilité gouvernementale.

Dès le 1er juin le ministère fut connu, et sa composition en était étonnante : il ne comprenait que deux gaullistes sûrs, Couve de Murville aux Affaires étrangères, Debré à la Justice, et aucun représentant de l'« Algérie française »; par contre on y retrouvait G. Mollet, Pflimlin, Houphouët-Boigny et Pinay, qui était aux Finances. De Gaulle se présenta à l'Assemblée en civil, lut sa déclaration d'investiture (dégradation de l'État, unité menacée) puis quitta l'hémicycle, laissant à G. Mollet le soin de défendre la déclaration. Mendès France, Mitterrand développèrent leurs arguments contre l'investiture; celle-ci fut votée par 329 voix contre 224. Le lendemain, 2 juin, de Gaulle reçut les pleins pouvoirs pour 6 mois, le droit de prendre par décrets-lois les « dispositions nécessaires au redressement de la nation »; enfin la révision de l'article 90 de la Constitution fut largement votée par l'Assemblée et le Sénat : la loi constitutionnelle du 3 juin 1958 confiait au gouvernement le soin de réviser la Constitution sous réserve de respecter quatre principes : la séparation des pouvoirs, la responsabilité gouvernementale devant le Parlement, l'avis du Comité consultatif constitutionnel, la ratification de la nouvelle Constitution par référendum.

Pourquoi cette chute de la IVe République, qui a pourtant à son actif une certaine réussite en matière économique et sociale? On a assisté à un pourrissement permanent de l'autorité, marqué par l'instabilité gouvernementale. Un seul homme a su trouver un style nouveau, qui annonçait celui du général de Gaulle : Mendès France, qui avait du reste essayé de pallier la faiblesse du régime par la révision constitutionnelle de 1954 qui imposait la majorité absolue pour renverser un ministère; mais le plus souvent les ministères ont démissionné sur une simple majorité hostile, ou même sans poser la question de confiance. Du ministère Ramadier en 1947 au ministère de F. Gaillard en 1958,17 ministères se sont succédé, soit une durée moyenne de 8 mois, le plus long, celui de G. Mollet, 17 mois. La conséquence en fut la toute-puissance prise par la haute administration, qui restait en place, elle, d'un ministère à l'autre, en dépit des efforts et parfois des succès de Pinay ou d'E. Faure pour imposer aux hauts fonctionnaires l'obéissance envers leur ministre.

Sur ce fond général de crise de l'autorité il y eut, bien entendu, un complot politique prêt à utiliser les drames de l'outre-mer que seul un pouvoir sûr de soi pouvait surmonter. La contestation, née dans la confusion et l'incertitude de sa finalité, sinon, peut-être de porter au pouvoir des hommes de «l'Algérie française» comme Bidault, a été déviée vers la solution gaulliste par des hommes qui ont su utiliser les circonstances.

En Algérie, on attendait du futur gouvernement qu'il poussât la guerre jusqu'à la victoire; en France on attendait la fin d'une guerre à laquelle on ne croyait plus. Quant au général, il était, certes, décidé à régler la question algérienne, sans doute par un processus progressif de désengagement; mais l'essentiel, pour lui, n'était pas là : il était dans l'occasion qui lui était enfin fournie de faire accepter, à la faveur de la secousse nationale, les institutions stables que son discours de Bayeux avait laissé entrevoir en 1946. Dans l'immédiat rien n'était changé : Coty était encore président de la République et de Gaulle était président du Conseil.

Bibliographie

On se reportera au chapitre précédent.

Sur l'Algérie

B. STORA, *Histoire de la guerre d'Algérie : 1954-1962* (Paris, La Découverte, 1993); B. DROZ, E. LEVER, *Histoire de la guerre d'Algérie : 1954-1962* (Paris, coll. Points, Seuil, 1982); F. BEDARIDA et J.-P. RIOUX (sous la direction de), *Les Français et la guerre d'Algérie* (Paris, Fayard, 1991); J.-P. RIOUX, J.F. SIRINELLI, *La guerre d'Algérie et les intellectuels français* (Bruxelles, Complexe, 1991); Ch.-R. AGERON, *Histoire de l'Algérie contemporaine, 1830-1970* (Paris, PUF, 1970); M. VAISSE, *Alger, le putsch : 1961* (Bruxelles, Complexe, 1983); R. ARON, *La Tragédie algérienne* (Plon, 1957); *L'Algérie et la République* (Plon, 1958) ; voir le n° spécial de *La Nef*, janvier 1963, *Histoire de la guerre d'Algérie, suivie d'une Histoire de l'OAS* ; R. GIRARDET, *La crise militaire française 1945-1962* (Armand Colin, 1964) ; G. CHAFFARD, *Les Carnets secrets de la décolonisation* (Calmann Lévy, 1965) ; J. PLANCHAIS, *Une Histoire politique de l'armée, de de Gaulle à de Gaulle, 1940-1967* (Seuil, 1967) ; E. JOUHAUD, *O mon pays perdu* (Fayard, 1969) ; A. DULAC, *Nos guerres perdues* (Fayard, 1969) ; Général ELY, *Suez, le 11 mai* (Plon, 1969) ; Ph. TRIPIER, *Autopsie de la guerre d'Algérie* (Éd. France Empire, 1972) ; ALISTAIR HORNE, *Histoire de la guerre d'Algérie* (Albin Michel, 1980).

Sur la crise communiste, la revue *Communisme,* PUF, n° 7-8 (1986) traite la crise de 1953-1956 et la sociologie du PCF.

Sur Mendès France

J. LACOUTURE, *Pierre Mendès France* (Seuil, 1981).

Sur Pinay

Chr. RIMBAUD, *Pinay* (Perrin, 1989).

7

La Ve République

1958-1990

19

La Ve République et la solution de la question algérienne (1958-1962)

Trois tâches immédiates attendaient le nouveau gouvernement : rédiger et faire accepter une nouvelle Constitution, rétablir les finances et la monnaie, que les derniers événements avaient achevé de détériorer, régler enfin la question algérienne.

1. Les mesures d'urgence (juin-décembre 1958)

A. La Constitution du 4 octobre 1958

Le texte en fut élaboré en quatre étapes : un comité technique composé d'experts et de délégués des ministres d'État (G. Mollet, Pflimlin, Jacquinot, Houphouët-Boigny) rédigea le 14 juillet un canevas. Un comité ministériel où figuraient G. Mollet et Pflimlin, mais dont le rôle principal revenait au rapporteur, M. Debré, forma un avant-projet le 29 juillet. Le Comité consultatif constitutionnel s'en empara ensuite, avant que le texte passât au Conseil d'État. De Gaulle présenta enfin le projet au peuple le 4 septembre, place de la République, date et lieu hautement symboliques : «… Qu'il existe, au-dessus des luttes politiques, un arbitre national, chargé d'assurer le fonctionnement régulier des Institutions, ayant le droit de recourir au jugement du peuple souverain, répondant, en cas d'extrême péril, de l'indépendance, de l'honneur, de l'intégrité de la France et du salut de la République. Qu'il existe un gouvernement qui soit fait pour gouverner, à qui on en laisse le temps et la possibilité… Qu'il existe un Parlement destiné à représenter la volonté politique de la Nation, à voter les lois, à contrôler l'exécutif, sans prétendre sortir de son rôle. Que gouvernement et Parlement collaborent, mais demeurent séparés quant à leurs responsabilités... Le reste dépendra des hommes... » Il s'agissait non d'établir un régime présidentiel, que M. Debré estimait dangereux dans les circonstances du moment, mais de restaurer l'autorité de l'État en stabilisant l'exécutif par rapport au législatif. On y retrouvait le souvenir du discours de Bayeux du 16 juin 1946 et de celui de Strasbourg du 7 avril 1947.

Le pivot du nouveau régime est *le président de la République* (art. 5 à 19 de la Constitution, complétés par la loi organique du 7 novembre 1958). Il est irresponsable, élu pour 7 ans par un collège comprenant les parlementaires, les conseillers généraux de la métropole, les délégués des conseils municipaux en nombre proportionnel à la population de la commune, mais avec un net avantage pour les communes rurales, les représentants des Territoires d'outre-mer. Il n'est donc pas l'élu du Parlement, mais apparaît comme l'élu des notables. En 1958 le collège comprend 81 500 grands électeurs, sur lesquels 72 500 sont des délégués municipaux. Outre les pouvoirs habituels du chef de l'État, il dispose du pouvoir réglementaire, qui appartenait jusqu'ici au président du Conseil, peut demander une deuxième délibération d'un texte de loi, adresse des messages au pays, dissout l'Assemblée après consultation du Premier ministre et des présidents des Assemblées, dispose du droit de grâce après consultation du Conseil supérieur de la magistrature. L'article 11 lui donne le droit de soumettre au référendum « tout projet de loi portant sur l'organisation des pouvoirs publics, comportant approbation d'un accord de communauté ou tendant à autoriser la ratification d'un traité ». L'article 16 enfin (*cf.* l'article 14 de la Charte de 1814 ou l'article 48 de la Constitution de Weimar) lui permet de prendre « les mesures exigées par les circonstances », quand « le fonctionnement régulier des pouvoirs publics constitutionnels est interrompu » ; il doit consulter au préalable le Premier ministre, les présidents des Assemblées, le Conseil constitutionnel, informer la nation par un message ; pendant la durée de l'application, le Parlement se réunit de plein droit et ne peut être dissous.

Le chef du gouvernement, Premier ministre, est davantage l'homme du chef de l'État que celui de l'Assemblée ; nommé par le président de la République, qui nomme ensuite les autres ministres sur sa proposition, il n'est pas soumis à l'investiture de l'Assemblée, mais reste contrôlé par elle, soit qu'il engage la responsabilité du gouvernement[1], soit qu'une motion de censure signée par 10 % des députés soit adoptée à la majorité absolue des membres formant l'Assemblée ; seuls les votes favorables à la censure sont décomptés ; ainsi le déclenchement d'une crise ministérielle est-il difficile. Enfin la Constitution introduit l'incompatibilité entre le mandat de député et

1. Article 49-3 : voir document p. 327.

la fonction ministérielle, de sorte qu'un suppléant sera élu en même temps que chaque député.

L'Assemblée nationale est élue pour 5 ans au suffrage universel masculin et féminin; les garanties habituelles sont conservées, indemnité, immunité, mais l'Assemblée n'est plus permanente : elle tient deux sessions dans l'année; le règlement intérieur de l'Assemblée est contenu dans le texte même de la Constitution; le système des interpellations avec ordre du jour, source jadis de nombreuses crises ministérielles, est remplacé par de simples questions. Le régime reste parlementaire avec un affaiblissement considérable du législatif. Le *Sénat* redevient ce qu'il était sous la IIIe République, une Chambre haute ayant les mêmes pouvoirs que l'Assemblée sauf en matière financière, élu comme autrefois par un collège où les délégués municipaux sont plus des neuf dixièmes; mais l'Assemblée nationale conserve la primauté en ayant pouvoir de statuer définitivement après trois «navettes» entre elle-même et le Sénat. Ainsi le dernier mot revient toujours à l'Assemblée nationale.

Le Conseil constitutionnel (art. 56-63 et la loi organique du 7 novembre 1958) formé de 9 membres, 3 (dont le président) désignés par le président de la République, les 6 autres par les présidents des Assemblées. Il veille à la régularité de l'élection du président de la République, des parlementaires, du déroulement des référendums. Il peut vérifier toute loi qui lui est soumise par le président de la République et les présidents des Assemblées. (En 1974 le président V. Giscard d'Estaing a fait accorder le droit de saisine à 60 députés et 60 sénateurs.)

La Haute Cour de Justice, élue en leur sein et en nombre égal par les deux Assemblées pour juger, sur l'initiative de celles-ci, le président de la République et les ministres.

Le Conseil économique et social, dont les membres, nommés, ont un pouvoir consultatif.

Les pays d'outre-mer auront à se prononcer sur la Constitution et à choisir entre l'indépendance et l'appartenance à une Communauté qui doit remplacer l'Union française; s'ils se prononcent pour la Communauté, ils auront le choix entre leur maintien dans le statut antérieur, la transformation en départements d'outre-mer ou en États autonomes, libres de choisir leur Constitution. Les institutions fédérales de la Communauté comprennent le Président, président de la République française, un Conseil exécutif formé par les Premiers ministres des États membres et les ministres français chargés des affaires communes, le Sénat de la Communauté, organe consultatif de 284 membres dont 186 pour la République française, désignés par le Parlement de chaque État.

La Constitution peut être révisée soit par l'article 11, soit par l'article 89 (voir documents en fin de chapitre).

B. Le référendum (28 septembre 1958) et les élections (23-30 novembre)

Les communistes et la CGT ont fait campagne pour le non ; les autres formations de la gauche se sont scindées et les partisans du non constituèrent l'Union des forces démocratiques avec Mendès France, Mitterrand, Daniel Mayer. Le congrès de la SFIO s'était prononcé pour le oui et une partie de ses adhérents s'en détacha en septembre 1958 pour former le Parti Socialiste autonome, qui deviendra le Parti socialiste unifié (PSU) en avril 1960.

Avec 79 % de oui (17,6 millions contre 4,6), les résultats dépassèrent tous les pronostics ; en Algérie, le vote avait été largement positif (96 %) tant chez les musulmans que chez les Européens ; dans la Communauté enfin, seule la Guinée vota négativement et, devenue aussitôt indépendante, elle quitta la Communauté.

Restait à élire l'Assemblée nationale ; pour préparer les élections, les gaullistes formèrent le 1er octobre l'Union pour la nouvelle république (UNR) ; on abandonna la représentation proportionnelle pour réduire l'influence des partis et l'on vota au scrutin uninominal (ou plutôt binominal à deux tours) ; sur 465 sièges métropolitains, les communistes n'en obtenaient que 10, les socialistes 44, tandis que l'UNR devenait, de loin, la principale formation avec 198 sièges et les modérés obtenaient 133 sièges. Le mouvement Poujade disparaissait ; Defferre, Mendès France, E. Faure étaient battus ; sur 475 sortants, 344 perdaient leur siège ; d'une façon très nette, le corps électoral penchait vers le centre droit et faisait appel à des hommes jeunes, nouveaux, non marqués par un passé politique récent. Cette nouvelle orientation allait se vérifier aussitôt dans le vote, en décembre, de la loi d'aide à l'enseignement privé (loi Debré).

Le 21 décembre enfin fut élu le président de la République ; sans surprise, le général de Gaulle obtint 62 394 voix (sur 79 470 exprimées) contre le communiste Marrane (10 534) et le candidat de la gauche Chatelet (6 722).

C. Le redressement monétaire

La situation des finances intérieures et extérieures s'était améliorée dans les premiers mois de l'année grâce aux mesures de déflation prises par le ministère Gaillard et à la dévaluation d'août 1957 ; puis le redressement fut annulé par les menaces internes, entraînant les craintes des épargnants, la fuite des capitaux, le non-rapatriement des créances sur l'étranger. Antoine Pinay, qui fut ministre des Finances jusqu'en janvier 1960, se trouvait dans la même situation qu'en 1952, et il usa des mêmes moyens de déflation : un emprunt de 200 millions de dollars indexé sur l'or, une taxe civique exceptionnelle, l'augmentation des impôts indirects, la suppression des subventions décidées par le ministère G. Mollet en 1956 et une restriction des investissements prévus sur fonds publics, la suspension de la retraite du combattant (rétablie en 1960), et l'institution d'une franchise de 30 F laissée à la charge de l'assuré social (supprimée l'année suivante). Une amnistie accordée aux capitaux non rapatriés eut peu d'effets. Toutes ces mesures, qui portaient en elles la menace d'une récession économique, ne pouvaient agir dans l'immédiat que sur la confiance et ne rétablissaient pas l'équilibre des paiements extérieurs ; or la Grande-Bretagne s'apprêtait à rétablir la convertibilité de sa monnaie, imitée par la plupart des membres de l'OECE ; d'autre part, la première étape du Marché commun débutait le 1er janvier 1959 ; la France ne pouvait guère s'y engager avec une monnaie faible, et le problème posé au comité présidé par J. Rueff était fort simple : la Ve République refusait d'honorer la signature de la IVe en repoussant le Marché commun, et conservait la parité de sa monnaie, ou bien elle acceptait le traité de Rome, mais la dévaluation était indispensable. On se prononça pour la deuxième solution, et c'est là que réside la principale différence avec l'« expérience Pinay » de 1952 : à la fin décembre 1958, trois décisions interdépendantes furent prises : dévaluation de 17,55 %, donnant au dollar la valeur de 493,70 F et au franc la parité de 1,8 mg d'or fin (dévaluation un peu plus forte que nécessaire pour donner une prime aux exportations) ; la libération des échanges avec l'OECE passait de rien à 90 % ; la France s'engageait dans le Marché commun et acceptait la première diminution des droits prévue pour le 1er janvier.

Le plan de redressement monétaire fut complété par un nouveau « train fiscal », la suppression des dernières subventions accordées aux entreprises nationalisées et des indexations des salaires et des prix agricoles. Enfin le 1er janvier 1959 fut institué un nouveau franc, ou « franc lourd » équivalant à 100 F anciens : mesure purement psychologique, qui ne changeait rien à la nouvelle parité de la monnaie.

D. L'hypothèque algérienne n'était pas levée

Le général semble avoir eu dès l'origine la conviction que l'on ne pourrait pas éviter, au mieux, l'autonomie algérienne, mais il conservait l'espoir que des liens étroits continueraient à unir la France à son ancienne colonie. Cependant, il était difficile de faire accepter par l'armée, convaincue d'avoir la situation en main, et assurée qu'un « Dien-Bien-Phu » algérien était hors de question, l'abandon d'un pays qu'elle tenait. Dès le 4 juin de Gaulle était à Alger et lançait aux Français « Je vous ai compris » ; il ne parlait pas d'intégration (des musulmans), mais de Français « à part entière ». Le 6 juin, à Mostaganem, il s'écriait « Vive l'Algérie française » ; au cours d'un nouveau voyage (le 4e) en octobre, il annonçait à Constantine la mise en route d'un plan de développement économique. Son programme semble avoir été à ce moment d'assurer la pacification, puis de faire procéder à des élections afin d'avoir au moment des discussions des partenaires valables, ce que ne lui paraissait pas être le FLN ; c'est pourquoi celui-ci se transforma en septembre en un gouvernement provisoire de la République algérienne (GPRA) au Caire, sous la présidence de Fehrat-Abbas ; le général de Gaulle n'avait pourtant pas perdu tout espoir, puisqu'il s'écriait le 23 octobre « Que vienne la paix des braves », et le 12 décembre le général Salan fut remplacé par un technicien de l'économie, Delouvrier, tandis que le général Challe, commandant en chef, était chargé du « quadrillage » afin de négocier en position de force ; cette première attitude gaullienne prendra fin en septembre 1959.

2. Le ministère Debré et la fin de la guerre d'Algérie (janvier 1959-avril 1962)

A. L'orientation politique

Le nouveau style du régime est apparu très vite ; porté au pouvoir par le vœu massif de la nation, de Gaulle était certain d'incarner seul la légitimité nationale et la communauté populaire, seules valeurs fondamentales ; soucieux d'effacer les craintes que son passé militaire risquait de créer dans une partie de l'opinion, homme de droite par ses origines, sa formation, son tempérament même, il a été porté à gauche par la guerre, la Résistance, à laquelle il a dû de pouvoir s'imposer à ses rivaux et aux alliés ; dès lors, il restait lié à ses origines politiques et il se voulut délibérément libéral, homme de centre gauche pour qui n'existaient que l'exclusive du communisme et celle de l'extrême droite, dont l'opposition irréductible ne lui pardonnait pas la condamnation du maréchal Pétain d'abord, sa politique algérienne ensuite ; contre le conservatisme, il sera l'homme du mouvement en politique sociale, fidèle à l'esprit qui lui avait fait accomplir les réformes essentielles de la Libération ; mais aussi, symbole de l'indépendance nationale, il a pris ses distances à l'égard de la tutelle américaine et d'une certaine forme de l'Europe en gestation ; défenseur de l'unité nationale enfin, il a choisi l'association capital-travail, dont le projet a été déposé en 1951 par un « gaulliste de gauche », Louis Vallon, appuyé ensuite par l'UDT (Union démocratique du travail), fondée en avril 1959.

Dans le ministère formé le 9 janvier 1959 les socialistes ne figuraient plus ; A. Pinay resta aux Finances jusqu'en janvier 1960 ; sur 27 membres, 10 étaient étrangers au Parlement. La personnalité du général et le drame algérien, qui le rendait indispensable, firent du gouvernement et du Premier ministre, Michel Debré, les exécutants dociles d'une politique qui était élaborée à l'Elysée. Le président du Conseil était autrefois l'homme du Parlement, chargé par lui d'appliquer une politique qui avait été délibérée par les assemblées ; le Premier ministre désormais ne demande plus au Parlement que l'approbation d'une politique dont les grandes lignes sont élaborées plus haut, notamment dans le « domaine réservé » (diplomatie, défense, Algérie), et dont il accepte de n'être, dans l'esprit même du régime, que l'interprète. Le style politique de la Ve République a été imprimé dès le départ par l'adhésion délibérée du Premier ministre à un partage inégal des responsabilités. L'effacement du Parlement a pour corollaire la longévité des ministères sinon celle des ministres, qui changent souvent, soit qu'ils acceptent mal leur rôle second, soit simplement que le Premier ministre les remercie sur l'ordre du président de la République. En janvier 1960, le départ d'A. Pinay, en désaccord sur la politique économique, est annoncé sans ménagement : « Monsieur Pinay cesse d'exercer les fonctions de ministre des Finances »; il est remplacé par W. Baumgartner, gouverneur de la Banque de France, plus docile; en février 1960 c'est Soustelle, qui part dans les mêmes conditions; en août 1961 E. Michelet, garde des Sceaux, etc.

Mais aussi le chef de l'État, conscient d'avoir été porté au pouvoir par le vœu populaire, a sans cesse besoin non seulement de l'approbation des masses, mais surtout de leur affection; ses nombreux voyages à travers la France sont faits pour tenter de sentir, au-delà des écrans officiels, battre le cœur des foules; sûr de sa mission, il a néanmoins besoin de se sentir porté par l'opinion et toutes les consultations populaires, sans qu'on puisse y trouver d'exception, sont autant de plébiscites voulus par un homme qui craint toujours que les Français ne soient pas à la hauteur du destin de la France.

B. La politique extérieure

Elle est dominée par le souci de l'indépendance nationale, qui pousse de Gaulle à se rapprocher de l'URSS tout en restant fidèle à l'Alliance atlantique, dans une sorte de « neutralisme actif » entre les deux grands. Il est probable que les affronts que Roosevelt lui fit subir pendant la guerre ont fait naître en lui une certaine rancœur; le pragmatisme gaullien l'a cependant convaincu que le maintien de l'alliance américaine était vital. Il est possible aussi que la victoire de Mao Tsê-tung en 1949 lui ait fait pressentir la rupture entre les deux grands du communisme, qui devait se produire en 1960-1963, et qu'il ait envisagé réellement la possibilité d'une Europe allant de l'« Atlantique à l'Oural ». Entre les deux blocs formés à la conférence de Yalta, où de Gaulle ne fut pas convié, il fallait redonner à la France une place à la hauteur de son passé; elle devait donc retrouver sa liberté de manœuvre militaire, pour assurer elle-même sa défense : en mars 1959 de Gaulle notifia au Conseil permanent de l'OTAN le retrait des forces navales françaises de Méditerranée du commandement atlantique; il fera de même en 1963 pour les forces de l'Atlantique et de la Manche, puis en 1966 pour l'ensemble des forces militaires.

Dans le même esprit, il fallait accélérer la réalisation de la « force de frappe », dont la création avait été décidée en 1952. Le 13 février 1960, la première bombe atomique française fut lancée à Reggane, au Sahara, où de gigantesques travaux avaient installé une base d'expérimentation d'engins nucléaires. Le 18 juillet de la même année, il fit déposer à l'Assemblée un programme nucléaire pour doter la France d'une « arme de dissuasion »; aucune des nombreuses motions de censure déposées à cette occasion n'obtint plus de 215 voix; en avril 1962, le secrétaire d'État américain Herter tenta d'empêcher la réalisation du projet français et proposa la création d'une force atomique intégrée, tout en refusant de partager les secrets atomiques et de vendre à la France les ordinateurs indispensables ; de Gaulle refusa et s'abstint de participer à la conférence du désarmement nucléaire, confirmant son intention de poursuivre le programme français, même sans aide extérieure. Il fit décider en juillet 1962 la construction de l'usine de Pierrelatte, à proximité de la centrale hydraulique de Donzère, pour obtenir l'uranium enrichi nécessaire à la production des engins thermonucléaires. En août 1963, il refusa de s'associer au traité de Moscou sur l'arrêt des expériences nucléaires.

On avait pu se demander en 1958 si le changement de régime ne signifiait pas la fin de la construction européenne ; de Gaulle n'avait-il pas, en 1950, qualifié la CECA de « méli-mélo du charbon et de l'acier », et il avait, par la suite, ironisé sur les institutions internationales. Il n'était pourtant pas adversaire d'une certaine Europe, qui aurait laissé à la France sa liberté nationale. Son revirement à l'égard du Marché commun se fit très tôt en 1958, sans arrière-pensée. Les difficultés commencèrent quand les partenaires de la France voulurent aller plus loin dans la construction politique et imposer l'entrée de la Grande-Bretagne. Sa conception politique de l'Europe fut exposée au cours de plusieurs conférences de presse en 1959 et 1960 : la construction devait reposer sur « des États, seules entités qui aient le droit d'ordonner et de pouvoir être obéies » ; c'était une Europe sans caractère supranational, dont chaque membre garderait sa propre souveraineté ; l'organisation communautaire se limitait à des rencontres régulières entre ministres respectifs, à la création d'organismes spécialisés et à la réunion périodique d'une assemblée consultative formée de délégués nationaux ; il parlait « coopération politique » quand ses partenaires pensaient « intégration ».

Une certaine détente se manifesta lors des entretiens de Gaulle-Adenauer de juillet 1960, d'où sortit un projet de création d'un secrétariat permanent chargé d'appliquer les décisions prises en Conseil des Six ; au cours d'une réunion tenue « au sommet » à Bonn en juillet 1961, les Six chargèrent une commission de présenter dès que possible un projet de statut sur l'union de l'Europe ; son président, Christian Fouchet, présenta son plan le 10 novembre 1961 ; il correspondait à la vision gaullienne de l'Europe en conservant la règle de l'unanimité pour les décisions prises par les Six, et ne laissant à l'assemblée parlementaire européenne que la mission de présenter des recommandations au Conseil. Les représentants du Benelux rejetèrent le projet, et en avril 1962 Spaak, délégué belge, refusa de poursuivre les discussions aussi longtemps que la Grande-Bretagne ne serait pas admise dans le Marché commun.

En effet, l'attitude française envers la demande britannique d'adhésion présentée le 9 août 1961 était aussi nette ; on mettait comme conditions, du côté français, l'acceptation par les Anglais des règles communautaires concernant le tarif extérieur commun, leur renonciation aux liens économiques particuliers qui les unissaient au Commonwealth et à l'aide qu'ils accordaient à leur agriculture ; en réalité, de Gaulle craignait que l'admission de la Grande-Bretagne, plus ou moins dépendante envers les États-Unis, ne fût pour ceux-ci un moyen d'exercer leur tutelle sur l'Europe. L'attitude intransigeante de la France se manifesta aussi bien dans l'ouverture du Marché commun agricole, dont le général de Gaulle avait fait la condition pour le passage à la seconde étape ; il obtint gain de cause avec l'accord du 14 janvier 1962, qui jeta les bases d'une politique agricole commune grâce à la création du Fonds européen d'orientation et de garantie agricole (FEOGA). Mais il se refusait à aller au-delà de l'Europe technique et économique jusqu'à une fédération politique souhaitée par le « clan Monnet », où les États-Nations se seraient dissous : « Je ne crois pas que l'Europe puisse avoir aucune réalité vivante si elle ne comporte pas la France avec ses Français, l'Allemagne avec ses Allemands, l'Italie avec ses Italiens, etc. Dante, Goethe, Chateaubriand appartiennent à l'Europe dans la mesure même où ils étaient respectivement et éminemment italien, allemand et français. Ils n'auraient pas beaucoup servi l'Europe s'ils avaient été des apatrides et s'ils avaient pensé, écrit en quelque espéranto ou volapük intégré... Mais il est vrai que la patrie est un élément humain, sentimental, alors que c'est sur des éléments d'action, d'autorité, de responsabilité qu'on peut construire l'Europe. Quels éléments? Eh bien, les États !... Il ne peut pas y avoir d'autre Europe que celle des États, en dehors, naturellement, des mythes, des fictions, des parades... » (conférence de presse du 15 mai 1962). Cette définition restrictive de l'Europe dressa contre lui les « Européens » et provoqua en mai 1962 la démission des cinq ministres MRP.

C. Le IIIᵉ Plan (1958-1961)

Le Parlement avait demandé en 1956 qu'un troisième plan lui fût présenté à temps pour qu'il pût entrer en application le 1ᵉʳ janvier 1958 ; en réalité les difficultés extérieures, puis les menaces politiques ne permirent pas de le soumettre au Parlement, et il fut publié par décret le 19 mars 1959 avec plus d'un an de retard. Le Plan admettait comme hypothèse initiale le rétablissement des finances extérieures ; il faisait porter l'effort sur l'investissement, sur les équipements collectifs sociaux, enseignement, santé, aménagement des villes, plus que sur la consommation, dans une croissance économique globale de 27 % au taux de 5 % par an en 5 ans (1957-1961).

En effet, dès 1958 le déficit commercial fut réduit par une restriction volontaire des importations ; en 1959 le solde fut bénéficiaire grâce à une augmentation sensible des exportations stimulées par la dévaluation et par la grève des aciéries américaines ; il resta positif jusqu'en 1964 ; en même temps, les excédents du tourisme et surtout l'afflux de capitaux à court terme donnaient à la France une balance excédentaire qui lui permettait de libérer entièrement son commerce et de rembourser une grande partie de ses dettes extérieures, tout en reconstituant ses réserves de change ; la monnaie était devenue en quelques mois l'une des plus appréciées du monde.

Mais, en contrepartie, les mesures de déflation prises par A. Pinay provoquèrent, comme en 1952, une réduction des investissements publics et privés qui empêcha la production intérieure de s'élever comme prévu : 2,7 % en 1958, 3 % en 1959 contre 6 % en 1957 ; cette pause entraîna la signature d'une convention conclue entre le CNPF et les confédérations syndicales ouvrières, rendue obligatoire ensuite par la loi de 1959, qui créait une assurance chômage complémentaire dont le régime est géré au sommet par l'Union nationale interprofessionnelle pour l'emploi dans l'industrie et le commerce (UNEDIC) et à la base par des associations pour l'emploi dans l'industrie et le Commerce (ASSEDIC). Le point le plus bas de la pause économique se situe au printemps 1959 ; cette relative stagnation frappa les petits agriculteurs, qui provoquèrent les grandes insurrections paysannes de juin 1959 et la création du MODEF (Mouvement de défense des exploitations familiales). Le retournement se produit vers la mi-1959 ; à partir de là le bénéfice de la dévaluation se fait sentir en stimulant les exportations, les investissements de l'État sont plus importants, et le plan d'origine est complété par un *Plan intérimaire* de 18 mois couvrant les années 1960-1961, l'État passant avec les entreprises des « contrats de plan » qui leur donnaient des avantages financiers et fiscaux.

L'agriculture bénéficia dès le 5 août 1960 de la *loi Debré d'orientation agricole* qui accéléra les départs pour accroître la productivité, faisant passer le nombre d'exploitation de 2,2 millions en 1958 à 1,8 million en 1962 et la population active agricole de 27 % à 20 % du total. Les agriculteurs bénéficièrent également en 1960 de la Mutualité sociale agricole.

La croissance fut beaucoup plus nette dans l'industrie, où elle atteignit 10 % en 1960, 4,6 % en 1961. La France a en 1961 le taux de chômage le plus faible d'Europe (0,5 %) et la durée hebdomadaire du travail dépasse 46 heures. Le pouvoir d'achat hebdomadaire des ménages avait baissé de 3,7 % en 1958-1959 ; puis, les salariés se trouvant en position de force peuvent obtenir une hausse du pouvoir d'achat à travers les nombreux accords conclus sur le modèle des accords Renault de 1955 qui liaient l'augmentation des salaires à l'amélioration de la productivité. En 1962 le pouvoir d'achat horaire moyen dépasse de 11 % celui de 1938, et le salaire réel hebdomadaire le dépasse de 32 %.

La contrepartie de cette expansion est la hausse des prix provoquée par le déficit budgétaire, la croissance de la masse monétaire, elle-même due à la dévaluation, aux excédents de la balance des paiements et à la forte majoration des salaires. L'inflation, particulièrement forte en 1958-1959 à cause des mauvaises récoltes, atteignit 32 % en quatre ans, alors qu'elle est nulle en Allemagne, de sorte qu'en 1962 le bénéfice de la dévaluation était déjà effacé, alors même que l'économie française était à la veille d'affronter la première étape du Marché agricole et la deuxième étape de la Communauté européenne.

D. L'achèvement de la décolonisation

Les anciennes colonies de l'Afrique noire, parvenues à l'autonomie en 1958, accédèrent rapidement au stade final de l'indépendance. Dès juillet

1959 la question avait été posée par le Mali et le général de Gaulle lui apporta une réponse favorable au cours de la réunion du Conseil exécutif tenue à Saint-Louis du Sénégal en décembre 1959. Après la révision de l'article 86 de la Constitution (loi constitutionnelle du 4 juin 1960 votée par le Parlement français et le Sénat de la Communauté afin de permettre à un État autonome de devenir indépendant tout en restant membre de la Communauté), tous les États devinrent indépendants entre avril et juillet 1960; tous, sauf le Mali et le Togo, signèrent des accords de coopération avec la France entre avril 1960 et juin 1961, et sept d'entre eux acceptèrent de confirmer leur appartenance à la Communauté dans un contrat librement délibéré. Dans sà conférence de presse du 14 juin 1960 de Gaulle avait tiré la philosophie de cette fatalité de l'indépendance : « Il est tout à fait naturel qu'on ressente la nostalgie de ce qu'était l'Empire, tout comme on peut regretter la douceur des lampes à huile, la splendeur de la marine à voiles, le charme du temps des équipages. Mais quoi, il n'y a pas de politique qui vaille en dehors des réalités. » Il restait surtout une étroite coopération reposant sur la langue et la culture communes, l'aide apportée par la France et une association monétaire fondée sur la solidité de la zone franc malgré l'indépendance acquise par les Instituts d'émission nationaux : la Banque de France garantit les monnaies et assure les compensations internes et externes.

Le règlement de la question algérienne fut plus douloureux et plus sanglant. Dans une nouvelle étape qui s'étendit entre septembre 1959 et novembre 1960, de Gaulle reconnut aux Algériens le droit à l'autodétermination, tout en imposant comme condition le cessez-le-feu et la pacification; le 15 octobre 1959 l'Assemblée nationale approuva à la quasi-unanimité ce droit à l'autodétermination. Cependant de Gaulle se heurta à une double opposition, celle du GPRA, exigeant une négociation politique avant le cessez-le-feu, et celle des Européens appuyés par l'armée, celle-ci étant assurée, devant l'effondrement des effectifs insurgés, qu'elle pouvait obtenir une victoire totale. Le 19 janvier 1960 la publication par la presse allemande d'une interview attribuée au général Massu en faveur de l'Algérie française conduisit de Gaulle à le relever de son commandement. Ce fut le point de départ de l'insurrection européenne (la « semaine des barricades », 24-31 janvier 1960). En France, la CGT et le parti communiste tentèrent avec peu de succès de former des comités de vigilance antifasciste, et le Parlement accorda des pouvoirs spéciaux au chef de l'État, qui en profita pour constituer à l'Élysée des comités spécialisés formant une sorte de gouvernement parallèle.

Les insurgés se rendirent à l'armée le 1er février; mais celle-ci n'avait mis aucune hâte à réduire les barricades et de Gaulle demeurait inquiet; au cours de la « tournée des popotes » qu'il fit en Algérie, il s'efforça de convertir l'armée à l'idée d'une « Algérie algérienne liée à la France », formée seulement après une victoire militaire complète. Celle-ci paraissant cependant lointaine, il convia les chefs du GPRA à Melun pour « trouver une fin honorable aux combats », tout en maintenant sa condition préalable du cessez-le-feu. L'échec fut très rapide alors que l'impatience commençait à grandir dans une partie de l'opinion française; la presse dénonçait la guerre et les excès de la répression; les milieux universitaires traduisaient leur mécontentement dans le «Manifeste des 121» publié en septembre 1960; des réseaux clandestins s'étaient formés en France pour appuyer les nationalistes algériens et favoriser les désertions dans l'armée; le général de Gaulle franchit une nouvelle étape.

En effet, dans un discours du 4 novembre 1960, il parla de la République algérienne et nomma Joxe ministre d'État en vue des négociations proches; il fut confirmé dans sa vision du parcours à suivre par le vote aux Nations unies d'une motion afro-asiatique reconnaissant le droit du peuple algérien à l'indépendance, et par le voyage, le sixième et dernier, qu'il effectua en Algérie en décembre et qui démontra la vanité du programme d'intégration. Le référendum du 8 janvier 1961 lui apporta une approbation massive de l'opinion métropolitaine à l'autodétermination des Algériens, mais en même temps, comme il l'avait demandé, une confiance directe et personnelle envers lui-même («J'ai besoin, oui, j'ai besoin de savoir ce qu'il en est dans les esprits et dans les cœurs»).

C'est qu'une double menace insurrectionnelle contre sa politique algérienne venait de se révéler : en février 1961 apparaissaient les premiers tracts signés de l'OAS (Organisation Armée Secrète), qui multiplia les attentats en France et en Algérie. Le 11 avril de Gaulle annonça que l'État algérien serait souverain au-dedans et au-dehors et que «la France n'y fait aucun obstacle». Le 22 avril 1961 éclata le «putsch d'Alger», soulèvement militaire dirigé par les généraux Challe, Jouhaud, Zeller, auxquels se joignit bientôt le général Salan sans liaison directe, semble-t-il, avec l'OAS, acte de désespoir qui ne toucha qu'une partie de l'armée, mais celle qui était le «fer de lance» des forces françaises. Les généraux instaurèrent l'état de siège, prescrivirent l'arrestation et la mise en jugement devant un tribunal militaire «des individus ayant participé directement à l'entreprise d'abandon de l'Algérie et du Sahara»; puis ils se trouvèrent rapidement désorientés devant leur isolement et la fermeté du général de Gaulle, qui s'adressa à la nation le 23 avril : «Ce pouvoir a une apparence, un quarteron de généraux en retraite. Il a une réalité, un groupe d'officiers partisans, ambitieux et fanatiques... Au nom de la France j'ordonne que tous les moyens, je dis tous les moyens, soient employés pour barrer partout la route à ces hommes-là, en attendant de les réduire; Françaises, Français, aidez-moi...» Tandis que l'on appréhendait en France un débarquement de parachutistes, que la CGT préconisait la formation de milices ouvrières, le président de la République décidait d'appliquer l'article 16 de la Constitution établissant l'état d'urgence, suspendant les garanties individuelles et judiciaires (il resta en vigueur jusqu'au 30 septembre), et créait une juridiction d'exception qu'il utilisa surtout en France contre l'OAS. Dès le 25 avril les généraux, reculant devant une guerre civile, abandonnaient leur entreprise et s'enfuyaient.

Le 20 mai 1961 s'ouvrirent à Évian, dont le maire venait d'être tué dans un attentat, les premières négociations; elles échouèrent très rapidement sur la question du Sahara, dont les négociateurs français voulaient conserver les richesses pétrolières et les installations nucléaires. La situation devint alors dramatique : en Algérie, où l'armée «cassée» par les limogeages, les arrestations, les dissolutions d'unités, ne pouvait plus poursuivre sa mission — en Tunisie, où Bourguiba, profitant de la situation de faiblesse où se trouvait la France, fit attaquer la base de Bizerte — en France, où l'OAS développa une psychose de peur par le nombre de ses attentats sanglants entre septembre 1961 (contre de Gaulle) et mars 1962 (Issy-les-Moulineaux), provoquant la réaction de plus en plus vive contre elle de la part des organisations politiques et syndicales (manifestation et drame de Charonne, 8 morts, le 8 février 1962).

De Gaulle semble être entré dans l'ultime étape en septembre 1961, quand il se résigna à l'abandon du Sahara. En octobre, des contacts secrets préparèrent de nouvelles négociations, qui eurent lieu du 7 au 18 mars, et aboutirent à la libération de Ben Bella et à la signature des Accords d'Évian (18 mars 1962). Ils prévoyaient une période transitoire durant laquelle un haut commissaire français (Chr. Fouchet) et un exécutif provisoire formé de 3 Français et 9 Algériens prépareraient un référendum en Algérie ; le statut des Français dans l'Algérie indépendante serait garanti ; une coopération économique, financière, culturelle était prévue ; la France conservait les bases de Mers-el-Kébir et de Reggane (abandonnées en 1967).

L'indépendance algérienne fut ratifiée en France, en avril 1962, à une énorme majorité (6 % de non), mais provoqua en métropole comme en Algérie une flambée de violence. Au cours des troubles sanglants d'Alger et d'Oran les forces de l'ordre furent appelées à intervenir contre les insurgés français (fusillade de la rue d'Isly, 26 mars) ; l'OAS ne voulait rien laisser de ce qui avait été réalisé en Algérie par les Français et entreprit de détruire tout ce qui lui apparaissait comme un patrimoine national, jusqu'à l'accord du 17 juin qui devait éviter la destruction des installations économiques et culturelles. L'immense majorité des Européens opta pour l'exil ; dans la seule année 1962, plus de 700 000 d'entre eux quittèrent l'Algérie, le plus souvent pour la métropole, dans des conditions dramatiques, et parfois dans un dénuement total ; à la fin de l'année, il restait en Algérie moins de 200 000 Français. La France avait dû engager des effectifs considérables, comprenant non seulement l'armée de métier, mais une partie du contingent et des disponibles ; de plus, au moment des accords, 100 000 à 150 000 supplétifs (harkis) étaient encore engagés au côté des Français ; une partie seulement en sera rapatriée et sauvée, les autres furent massacrés. Du côté français les pertes militaires montèrent à 24 000 morts, outre les 85 000 morts parmi les supplétifs. Dans la population civile européenne 2 800 personnes furent victimes d'attentats ou de massacres, plus de 4 000 disparurent. Les pertes des Algériens, membres de l'armée de libération ou civils, sont difficiles à apprécier, sans doute entre 300 000 et 500 000.

Le général Salan, toujours clandestin, avait créé le 30 mars un Conseil national de la résistance qui devait prolonger son action en métropole ; arrêté le 20 avril, il fut condamné à la détention perpétuelle. La Cour de sûreté de l'État fut créée pour liquider les derniers sursauts de l'OAS ; la plupart des chefs de l'organisation s'exilèrent jusqu'à l'amnistie de 1968, qui permit à Bidault et à Soustelle de rentrer en France.

La décolonisation était achevée, et, pour la première fois depuis 1939, la France retrouvait véritablement la paix. Elle devait absorber tous les siens qui abandonnaient en masse l'ancien Empire colonial, 1 300 000 entre 1960 et 1965, problème économique et surtout psychologique; l'accumulation des haines ne pouvait pas manquer d'avoir de redoutables prolongements; le 22 août 1962 le général de Gaulle échappa à l'« attentat du Petit-Clamart », l'événement précipita la révision de la Constitution.

3. Le problème politique (mars-novembre 1962)

La fin du drame algérien était en effet une conclusion et un point de départ. De Gaulle le conçut bien ainsi, puisqu'il décida de changer de Premier ministre; Debré avait accepté de mettre à l'écart ses propres vues sur l'affaire algérienne pour faire la politique du Président; le changement d'homme devait marquer le changement des préoccupations, désormais économiques et sociales. Dans sa lettre de démission, le 14 avril 1962, Debré présente sa tâche, ce pour quoi il a été désigné, comme terminée : « Comme il était convenu, et cette étape décisive est franchie... » De Gaulle répond : « En me demandant d'accepter votre retrait du poste de Premier ministre, vous vous conformez entièrement, et de la manière la plus désintéressée, à ce dont nous étions depuis longtemps convenus... » Mais le problème politique se posait de façon nouvelle, une fois levée l'hypothèque algérienne, car pour beaucoup de parlementaires de Gaulle n'était plus nécessaire, et l'on ne supportait son style de gouvernement, que dans la mesure où il apparaissait seul capable de résoudre le double aspect politique et militaire de l'affaire algérienne; le danger disparu, le jeu parlementaire devait reprendre dans ses formes habituelles.

Pour de Gaulle, au contraire, l'essentiel était la réforme des institutions, et l'affaire algérienne n'était que l'occasion ou le prélude à l'établissement d'un régime plus efficace. Le divorce allait réapparaître entre le système des partis traditionnels et l'homme qui entendait donner à l'exécutif, au-delà même de sa personne historique, une assise plus solide, qui devait être le suffrage universel direct. Dès lors, se débarrasser du général de Gaulle était pour ses adversaires le préalable à une remise en cause de la Ve République, qui, dans leur pensée, ne survivrait pas à sa disparition.

Bibliographie

Sur les institutions

O. DUHAMEL, J.-L. PARODI (sous la direction de), *La constitution de la Ve République* (Paris, FNSP, 1965); M. DUVERGER, *La Ve République* (Paris, PUF, 1968) et *Institutions politiques et droit constitutionnel*, t. II (Paris, PUF) ; J.-L. PARODI, *Les rapports entre le législatif et l'exécutif sous la Cinquième République, 1959-1962* (Travaux et recherches de Sciences Politiques, Paris, Armand Colin, 1972) ; J.-L. DEBRÉ, *La constitution de la Cinquième République* (Paris, PUF, 1975) ; St. RIALS, *La Présidence de la République* (Paris, « Que sais-je ? », PUF, 1983) ; S. SUR, *Le système politique de la Ve République* (Paris, « Que sais-je ? », PUF, 1991) ; M. PRELOT, *Institutions politiques et Droit constitutionnel* (Paris, Dalloz, 1981) ; A. LANCELOT, *Les élections sous la Cinquième République* (Paris, « Que sais-je ? », PUF, 1988) ; D. MAUS, *Le Parlement sous la Ve République* (Paris, « Que sais-je ? », PUF, 1988) ; P. PACTET, *Les institutions françaises* (Paris, « Que sais-je ? », PUF, 1993).

Sur la politique générale

S. BERSTEIN, *La France de l'expansion, La République gaullienne, 1958-1969* (Paris, Seuil, t. 17, 1989) ; J. CHAPSAL, *La vie politique sous la Ve République, 1958-1974* (Paris, PUF, 1987) ; P.M. DE LA GORCE, B. MOSCHETTO, *La Cinquième République* (Paris, « Que sais-je ? », PUF, 1992) ; H. PORTELLI, *La Politique en France sous la Ve République* (Paris, Grasset, 1987) et *La Cinquième République* (Paris, Grasset/Le livre de poche, 1994) ; F. GOGUEL, A. GROSSER, *La politique en France* (Paris, coll. U, Armand Colin, 1970) ; P. VIANSON PONTE, *Histoire de la République gaullienne* (Paris, Fayard, 1970) ; P. AVRIL, *La Ve République, Histoire politique et constitutionnelle* (Paris, PUF, 1987) ; P. MENDES FRANCE, *Regards sur la Ve République* (entretiens, Fayard, 1983) ; J.-L. MONNERON, A. ROWLEY, *Les 25 ans qui ont transformé la France*, t. VI de *l'Histoire du peuple français* (Paris, Nouvelle librairie de France, 1986) ; Ch. DE GAULLE, *Mémoires d'espoir*, 1. *Le Renouveau*, 2. *L'effort* (Paris, Plon, 1972) ; J. LACOUTURE, *De Gaulle*, 2. *Le Politique*, 3. *Le souverain* (Paris, Seuil, 1985-1986) ; J. CHARLOT, *Le Gaullisme* (Dossier Clio, Armand Colin, 1970) ; R. ARON, *Mémoires* (Paris, Julliard, 1983) ; F. MITTERRAND, *Le coup d'État permanent* (Paris, Plon, 1965) ; E. BURIN DES ROZIERS, *Retour aux sources : 1962, l'année décisive* (Paris, Plon, 1986), J.-M. DENQUIN, *1958, La genèse de la Ve République* (Paris, PUF, 1988) ; J.-R. TOURNOUX, *La tragédie du général* (Paris, Plon, 1967) ; H. BEUVE-MERY, *Onze ans de règne, 1958-1969* (Paris, Flammarion, 1974) ; J. C. PETIT-FILS, *Le Gaullisme* (Paris, « Que sais-je ? », PUF, 1994) ; F.G. DREYFUS, *De Gaulle et le Gaullisme : Essai d'interprétation* (Paris, PUF, 1982) ; C. YSMAL, *Les partis politiques sous la Ve République* (Paris, Donat-Montchrétien, 1989) ; O. DUHAMEL, *La Gauche et la Ve République* (Paris, PUF, 1980) ; J. POPEREN, *Histoire de la gauche française*, t. 1, *Le Nouvel âge, 1958-1965* (Paris, Fayard, 1972) ; J. DROZ (sous la direction de), *Histoire générale du socialisme*, t. III, *De 1945 à nos jours* (Paris, PUF, 1978) ; Ph. ROBIEUX, *Histoire intérieure du parti communiste*, 2. *1945-1972. De la libération à l'avènement de Georges Marchais* (Paris, Fayard, 1981) ; J. ALGAZY, *La tentation néofasciste en France, 1944-1965* (Paris, Fayard, 1984) ; P. MILZA, *Fascisme français, Passé et présent* (Paris, Flammarion, 1991) ; J.-Ch. ASSELAIN, *Histoire économique de la France du XVIIIe siècle à nos jours*, t. II, *De 1919 à la fin des années 1970* (Paris, Seuil, 1984) ; A. GAURON, *Histoire économique et sociale de la Cinquième République, Le temps des modernistes* (Paris, Maspéro, 1983) ; S. BERSTEIN, P. MILZA, *Histoire de la France au XXe siècle*, t. 4, *1958-1974* (Bruxelles, Complexe, 1992).

Sur la politique extérieure

G. DE CARMOY, *Les politiques étrangères de la France, 1944-1966* (Paris, La Table ronde, 1967) ; A.D. SCHOR, P.-M. DE LA GORCE, *La politique étrangère de la Ve République* (Paris, « Que sais-je ? », PUF, 1992) ; E. JOUVE, *Le Général de Gaulle et la construction de l'Europe*, 2 vol. (Paris, 1967) ; A. GROSSER, *La politique extérieure de la*

Vᵉ République (Paris, Seuil, 1965) ; A. GROSSER, *Affaires extérieures. La politique de la France 1944-1984* (Paris, Flammarion, 1984); M. TACEL, *La France et le monde au XXᵉ siècle* (Paris, Masson, 1989).

Documents

La Constitution

Article 11 : Le président de la République, sur proposition du gouvernement, pendant la durée des sessions ou sur proposition conjointe des deux assemblées, publiées au *Journal Officiel* peut soumettre au référendum tout projet de loi portant sur l'organisation des pouvoirs publics, comportant approbation d'un accord de communauté ou tendant à autoriser la ratification d'un traité qui, sans être contraire à la Constitution, aurait des incidences sur le fonctionnement des institutions.

Article 89 : L'initiative de la révision de la Constitution appartient concurremment au président de la République sur proposition du Premier ministre et aux membres du Parlement. Le projet ou la proposition de révision doit être voté par les deux assemblées en termes identiques. La révision est définitive après avoir été approuvée par référendum.

Toutefois le projet de révision n'est pas présenté au référendum lorsque le président de la République décide de le soumettre au Parlement convoqué en congrès; dans ce cas le projet de révision n'est approuvé que s'il réunit la majorité des trois cinquièmes des suffrages exprimés. Le bureau du congrès est celui de l'Assemblée nationale.

La censure : article 49 : ... L'Assemblée nationale met en cause la responsabilité du gouvernement par le vote d'une motion de censure. Une telle motion n'est recevable que si elle est signée par un dixième au moins des membres de l'Assemblée nationale. Le vote ne peut avoir lieu que quarante-huit heures après son dépôt. Seuls sont recensés les votes favorables à la motion de censure qui ne peut être adoptée qu'à la majorité des membres composant l'Assemblée...

Les dévaluations du Franc depuis germinal an XI (1803)

De 1803 à 1928 pas de dévaluation; 1 F = 290 mg d'or fin.

25 juin 1928, dévaluation des 4/5; 1 F = 58,95 mg (franc Poincaré).

1ᵉʳ octobre 1936, institution du franc flottant (franc Auriol) entre 43 et 49 mg.

21 juillet 1937, franc Bonnet, 1 F = 38, 7 mg.

12 novembre 1938, franc Daladier ou franc sterling; 1 livre = 176 F; 1 F = 24,75 mg.

8 septembre 1939, 1 F = 20,3 mg.

2 novembre 1944, 1 dollar = 49,6 F; 1 F = 17,9 mg.

26 décembre 1945, 1 dollar = 119 F; 1 F = 7,46 mg.

26 janvier 1948, institution de taux de change multiples; la Banque de France achète l'or au taux de 1 F = 4,2 mg; *20 septembre 1949,* 1 F = 2,5 mg.

21 juin 1958, 1 dollar = 420 F; 1 F = 2 mg.

Décembre 1958, 1 dollar = 493 F; 1 F = 1,8 mg.

1ᵉʳ janvier 1959, institution du franc lourd, 1 dollar = 4,93 F; 1 F = 180 mg.

8 août 1969, 1 dollar = 5,55 F; 1F = 160 mg.

20

Les contradictions d'un régime affermi et contesté (1962-1974)

La formation même du nouveau gouvernement témoignait du changement d'orientation. Georges Pompidou n'était ni un parlementaire ni un politique : né en 1911 dans le Cantal, ancien normalien de la rue d'Ulm, agrégé de Lettres, esthète féru d'art moderne et fin lettré, il avait enseigné peu de temps avant d'être attaché au cabinet du général de Gaulle en 1944-1945; puis, après un passage par la Banque Rothschild, il était revenu au cabinet du président de la République en 1958. Le nouveau Premier ministre apparaissait, peut-être plus encore que ne l'avait été M. Debré, comme l'homme du Président; on pouvait penser que les décisions essentielles continueraient à être prises à l'Élysée; c'est contre cette forme de « gouvernement personnel » que se coalisa l'opposition. Pompidou n'obtint que 259 voix contre 128 (et 119 abstentions); l'opposition semblait soudain réveillée.

1. Les nouvelles difficultés politiques et économiques (1962-1965)

A. La réforme constitutionnelle et l'évolution politique

Le 12 septembre 1962 le gouvernement annonça une prochaine révision constitutionnelle portant sur l'élection du président de la République au suffrage universel direct; la révision serait faite en vertu de l'article 11 (par référendum) et non de l'article 89 (par voie parlementaire) pour donner à la réforme, point essentiel de la doctrine gaulliste, une caution populaire et lui éviter l'hypothèque parlementaire; ce devait être, une fois encore, un référendum-plébiscite (« Si la majorité des oui est faible, médiocre, aléatoire, il est bien évident que ma tâche sera terminée aussitôt et sans retour»). L'opposition parla de «forfaiture» et déposa le 5 octobre une motion de censure qui fut approuvée; le 10 octobre la dissolution de l'Assemblée était prononcée; il allait donc y avoir deux votes successifs, le référendum constitutionnel, le 28 octobre, et les élections législatives, les 18/25 novembre; il était évident que le premier vote entraînerait le second.

La plupart des partis, sauf l'UNR, firent campagne pour le «non», mais leurs divisions internes réduisaient leur audience. Les Indépendants venaient d'être atteints par une scission qui allait conduire en 1966 autour de V. Giscard d'Estaing à la formation de la Fédération nationale des républicains indépendants proche du gaullisme. Les radicaux, très affaiblis depuis la guerre, restaient divisés malgré les efforts de leur nouveau président Maurice Faure (1962) pour les regrouper. Le MRP avait perdu de son audience dans un éclatement qui avait porté certains de ses membres à opter plus nettement pour le gaullisme, ou qui en orientait le plus grand nombre vers le socialisme; à travers *Témoignage chrétien* (1945), *Frères du Monde* (1959) les mouvements d'action catholique, JOC, ACO, JAC, JEC, au contact avec le monde du travail, étaient séduits par le Parti socialiste unifié. Les socialistes, gênés par l'attitude de certains d'entre eux dans l'affaire algérienne, avaient perdu de leurs éléments actifs, qui avaient formé en 1958 l'Union de la gauche socialiste. Le Parti communiste lui-même était en crise : en 1953 Thorez, peu touché par la déstalinisation, n'avait pas suivi Togliatti et les communistes italiens dans leur condamnation du système totalitaire et du culte de la personnalité, si bien qu'en 1956 le Parti avait approuvé la répression en Hongrie, qui avait troublé les consciences; en 1961 Servin et Casanova avaient été sanctionnés. Le Parti avait perdu des électeurs, et ceux-ci n'avaient plus la même discipline.

L'opinion publique tendant à devenir indifférente aux partis pour se confier au charisme d'un homme, la vie politique se réfugiait dans les «clubs», sociétés de pensée surtout de gauche, riches en personnalités, pauvres en effectifs, où l'on s'efforçait d'entrevoir des horizons nouveaux, proches ou lointains, mais leurs méditations dépassaient peu les cadres étroits des cercles d'initiés : le *Club des Jacobins,* créé par Ch. Hernu en 1951 pour compenser l'effacement de la SFIO et préparer l'unification de la gauche socialiste — le *Centre Républicain,* créé par A. Morice parmi d'anciens radicaux — le *Club Jean Moulin,* suscité en 1958 chez des universitaires, des journalistes et de hauts fonctionnaires, qui publie *L'État et le Citoyen* — *Citoyen 60,* inspiré par le catholicisme — le *Cercle Tocqueville,* à Lyon, nettement antigaulliste, etc.

La réponse au référendum apparut comme la défaite des partis : le nouveau mode d'élection du Président fut approuvé par 13 millions de «oui» contre 8 millions de «non»; les votes favorables se situaient surtout dans la moitié nord du pays et en milieu urbain, le sud restant plus fidèle au régime parlementaire traditionnel. De Gaulle, condamné par les partis, sauf par l'UNR, entra en guerre contre eux : «Une fois de plus le référendum a mis en pleine lumière une donnée politique fondamentale de notre temps. Il s'agit du fait que les partis de jadis... ne représentent pas la Nation... Que s'est-il passé en effet? La Nation étant maintenant en plein essor, les caisses remplies, le franc plus fort qu'il ne le fut jamais, la décolonisation achevée le drame algérien terminé, l'armée rentrée tout entière dans la discipline, le prestige français replacé au plus haut dans l'univers,... on vit tous les partis de jadis se tourner contre de Gaulle... » L'indication donnée par le référendum fut confirmée par les élections législatives ; on pronostiquait un léger succès de l'UNR, ce fut un raz de marée : l'UNR-UDT obtint 32 % des voix et 233 sièges, c'est-à-dire près de la majorité absolue (sur 482) ; les communistes cependant gagnaient 31 sièges (41), les socialistes 24 (65) ; les grands perdants étaient les Indépendants qui n'avaient pas suivi Giscard d'Estaing (perte 78) et le MRP (perte 20).

La majorité étant ainsi assurée, la vie politique retomba au point le plus bas, tant à l'Assemblée que dans le pays ; le deuxième ministère Pompidou subit peu de changements, sinon le passage de Ch. Fouchet à l'Éducation nationale. L'Assemblée approuva en janvier la création de la Cour de sûreté de l'État, qui eut à juger en mars les inculpés de l'attentat du Petit-Clamart et prononça six condamnations à mort, dont une fut suivie d'exécution. L'intérêt se concentra sur la vie économique, qui était surtout du ressort du Premier ministre, et sur la politique extérieure, qui restait le « domaine réservé » du chef de l'État.

B. Le problème extérieur

La politique d'équilibre entre l'Est et l'Ouest, de désengagement envers l'OTAN, fut poursuivie par de Gaulle ; aux organisations internationales il préférait les accords directs ; aux discussions publiques les contacts entre hommes. Fidèle à l'Alliance atlantique, et proche des États-Unis, comme le démontra son attitude ferme dans l'affaire de l'installation de fusées soviétiques à Cuba en octobre 1962, il se voulait indépendant, comme le prouvèrent ses voyages, qui pouvaient parfois apparaître comme un défi aux États-Unis, au Mexique en mars 1964, en Amérique du Sud en septembre-octobre 1965 ; profitant de la rupture consommée entre l'URSS et la Chine en 1963, qui augmentait sa liberté de manœuvre, il reconnut la Chine populaire en janvier 1964. L'activité diplomatique avec les pays de l'Est était intense : signature d'un accord culturel avec la Roumanie en janvier 1965 ; rencontre des ministres des Affaires étrangères français et hongrois ; accord commercial franco-roumain en février et franco-soviétique en mars, par lequel l'URSS adopta le procédé français de télévision en couleurs...

L'élément moteur de la politique extérieure fut le rapprochement franco-allemand, déjà amorcé avant 1958 ; le voyage d'Adenauer à Paris en juillet 1962 avait été suivi par un voyage triomphal de de Gaulle en Allemagne en septembre ; venant après la crise qu'avait provoquée en août 1961 la construction du mur de Berlin, cette réconciliation voulue par un homme qui avait tant lutté contre les Allemands prenait figure de symbole. Le traité qui suivit, le 22 janvier 1963, prévoyait des rencontres régulières entre chefs d'État ou ministres responsables de la Défense, de l'Éducation et de la Jeunesse. Cependant le traité ne fut ratifié par le Bundestag qu'en mai, avec un préambule qui en diminuait la portée, puis le remplacement d'Adenauer par Erhardt, plus «Européen», fit relâcher des liens qui venaient à peine d'être noués. C'est que le général de Gaulle venait de secouer sérieusement le Marché commun en y refusant, en janvier 1963, la candidature britannique.

La mauvaise humeur des partenaires de la France s'était manifestée à l'occasion du renouvellement du contrat d'association entre la CEE et les pays d'outre-mer, qui aboutit seulement à la convention de Yaoundé de juillet 1963.

Le Marché commun sembla ensuite se consolider dans l'accord de décembre 1963 qui organisait le marché de plusieurs produits essentiels de l'agriculture française, et surtout par l'accord de décembre 1964 sur le prix des céréales, qui entamait réellement le processus d'établissement d'un Marché commun agricole, dont on pouvait penser qu'il serait ouvert en totalité le 1er juillet 1967. L'unité européenne, qui paraissait en très bonne voie, parut plus encore assurée par la décision prise le 9 avril 1965 de fusionner les trois exécutifs de la CECA, la CEE et de l'Euratom pour le 1er janvier 1966. La création d'un exécutif commun reposait cependant sur un malentendu : pour certains membres, les Pays-Bas en particulier, il était l'embryon du futur gouvernement de l'Europe.

C'est dans cet esprit que la commission Hallstein proposa que le Marché commun fût réalisé dans sa totalité le 1er juillet 1967, avec deux ans et demi d'avance sur le calendrier prévu pour la période transitoire; tous les droits intracommunautaires seraient supprimés, le FEOGA couvrirait toutes les dépenses du marché agricole par ses ressources propres provenant des prélèvements et droits de douanes appliqués aux produits provenant des pays tiers, tant agricoles qu'industriels; c'était pour les Six une perte de souveraineté et une forte diminution des ressources de trésorerie, et en même temps pour la Commission un budget considérable à gérer; aussi proposait-elle un renforcement des pouvoirs budgétaires du Parlement européen. Pour la France, qui acceptait du reste l'accélération du Marché commun, l'exécutif commun n'était qu'un organisme technique rendu plus efficace mais toujours soumis au véritable exécutif, qui restait le Conseil des Six ministres. Le gouvernement français s'opposait à ce que la réalisation de l'Europe, au-delà d'un certain stade économique, posât le problème politique de la supranationalité à laquelle il demeurait opposé. La France rompit avec ses partenaires le 30 juin 1965; la rupture fut confirmée par la conférence de presse du général de Gaulle, le 9 septembre 1965, et par le discours du ministre des Affaires étrangères français, Couve de Murville, à l'Assemblée nationale, le 20 octobre; tous deux remettaient en question tout le système des institutions de la CEE, demandaient une réduction du rôle de l'exécutif commun, refusaient l'extension des pouvoirs du Parlement européen, s'en tenaient à l'unanimité pour les décisions des Six. Cette attitude intransigeante allait peser lourdement sur l'élection présidentielle de décembre 1965.

C. Évolution économique et sociale

La période 1962-1965 est couverte par le IVe plan, dont le changement d'appellation met en relief l'étape nouvelle : plan de développement économique et social, et non, comme les précédents, de modernisation et d'équipement. Il avait été élaboré en accord avec les organisations syndicales, dont la CGT, et les objectifs en avaient été approuvés par le Parlement en août 1962. Le plan avait quatre objectifs principaux : accroître la production intérieure de 24 % en 4 ans, soit un taux annuel de 5,5 % ; assurer le plein emploi en dépit de l'arrivée des jeunes sur le marché du travail et d'un exode rural accéléré ; maintenir l'équilibre des paiements extérieurs ; améliorer la condition des catégories les plus défavorisées en mettant l'accent sur les investissements sociaux. L'aménagement du territoire, entamé depuis le décret de 1955 par l'élaboration de programmes d'action régionale, serait poursuivi suivant un plan précis. Le IVe plan est à peu près au centre des « Trente Glorieuses » (J. Fourastié), années de développement rapide où la croissance est continue, jusqu'à 6 % en 1963, et qui s'achève par la crise pétrolière de 1974-1975 : afflux de main-d'œuvre fournie par la venue sur le marché du travail de la population féminine, par les rapatriés d'Afrique du Nord et de l'Empire, par une immigration fortement sollicitée, qui va porter le nombre de travailleurs étrangers à 1,6 million, probablement beaucoup plus ; transformation de la géographie industrielle ; mais aussi, et c'est un peu la contrepartie du « mieux vivre », renversement de la tendance démographique qui avait permis de parler de « baby-boom » après la guerre ; ce revirement coïncide avec l'embourgeoisement, la dépénalisation de l'usage de produits anticonceptionnels (loi du 28 décembre 1967 libéralisant la contraception), l'essor du mouvement féministe, qui trouvera son plein épanouissement en 1968.

Répartition de la population active (en %)

	Secteur primaire	*Secteur secondaire*	*Secteur tertiaire*
1946	37	29	34
1954	28	36	36
1968	15	40	45

a) *L'agriculture,* bouleversée par l'ouverture du Marché commun, subit une évolution rapide ; l'exode rural a enlevé à la terre 325 000 personnes actives entre 1962 et 1965, contribuant à accroître la productivité de 50 % en dix ans. L'effort porta non seulement sur l'amélioration des conditions de vie des agriculteurs, par des mesures telles que les assurances maladie et vieillesse, mais sur une réforme des structures. En 1960 avait été créé pour cela le FORMA, Fonds d'orientation et de régularisation des marchés agricoles. La loi d'orientation agricole du 5 août 1960 et la loi complémentaire du 8 août

1962 résultent du programme élaboré en 1959 par le Centre national des jeunes agriculteurs pour définir la dimension optimale des exploitations ; elles ont créé les SAFER (Sociétés d'aménagement foncier et d'établissement rural) ayant droit de préemption sur les terres mises en vente, pour les rétrocéder aux exploitations restantes jugées trop petites, ou pour installer de jeunes agriculteurs. Le Fonds d'action sociale pour l'aménagement des structures agraires accorde une indemnité viagère de départ (IVD) aux exploitants âgés qui acceptent de vendre ou de louer leurs terres. La loi encourage également les regroupements volontaires, tels que les SICA (Sociétés d'intérêt collectif agricole), les GAEC (Groupements agricoles d'exploitation en commun), qui sont une adaptation du statut des sociétés civiles à l'agriculture. Le marché du vin a été réorganisé en 1964 par une division de la récolte en quatre tranches libérées progressivement. Sous l'impulsion communautaire la vie agraire avait commencé à évoluer, avec la réserve que l'agriculteur n'a plus la maîtrise du choix de ses productions, qui est déterminé par les décisions de Bruxelles concernant les prix indicatifs, d'orientation, ou d'intervention par l'intermédiaire du FEOGA ; il est chroniquement endetté, subit les incertitudes monétaires qui commandent les MCM (Montants compensatoires monétaires), et, si ses conditions de vie se sont améliorées par l'électrification, l'adduction d'eau, le désenclavement, le machinisme, la Sécurité sociale, la croissance du pouvoir d'achat est due à l'amélioration de la productivité accrue par l'exode rural, plus qu'à la hausse des prix ; il n'en reste pas moins que le revenu réel de l'agriculteur petit ou moyen a beaucoup moins progressé que celui du salarié des villes.

b) Le problème de la décentralisation industrielle a été abordé plus directement par la création, en 1963, de la Délégation à l'aménagement du territoire et à l'action régionale (DATAR), dépendant directement du Premier ministre, complétée par le FIAT (Fonds d'intervention pour l'aménagement du territoire) ; on songea d'abord à une refonte totale des cadres territoriaux, puis on se contenta de regrouper plusieurs départements pour former 21 circonscriptions d'action régionale, ayant chacune à sa tête un préfet de région, qui réunit une CODER, Commission de développement économique régional mêlant les intérêts publics et privés, organe consultatif pour l'élaboration du Plan national et pour l'aménagement régional ; les fonds sont en grande partie fournis par l'État par l'intermédiaire du FDES (Fonds de développement économique et social), le FIAT ; les fonds privés sont plus importants dans les sociétés de développement régional existant depuis 1955. L'aménagement urbain a été favorisé par la définition de 8 métropoles d'équilibre appelées à concentrer les activités tertiaires et l'administration. En 1958 avaient déjà été définies les ZUP (zones à urbaniser en priorité), remplacées en 1962 par les ZAC (zones d'aménagement concerté) en attendant les ZAD (zones d'aménagement différé). Le quatrième plan est une grande période de l'immobilier, où les abords des grandes villes se couvrent d'immeubles en béton, où se dessine la rénovation de Lyon avec la construction de la Part-Dieu, où le schéma directeur de la région parisienne prévoit en 1965 de l'entourer de cinq « villes nouvelles » et de construire le Réseau express régional (RER) ; le boulevard périphérique y est construit entre 1960 et 1971. Enfin l'État a encouragé à la fois les concentrations d'entreprises par fusions, associations, regroupements, et le déplacement des entreprises vers les zones où l'exode rural fournissait une main-d'œuvre abondante.

La recherche de l'abaissement des coûts de production a conduit à poser en d'autres termes le problème de l'énergie et celui du minerai de fer ; on s'orienta vers la fermeture de puits de mines pour limiter une production trop coûteuse et se ravitailler à meilleur compte à l'étranger, quitte à installer « sur l'eau » de nouvelles aciéries ; cette politique rationnelle, mais malthusienne, provoqua en 1962 la longue et vaine grève des mineurs de Decazeville, en 1963 la grève des mineurs de Lorraine, posant un difficile problème de reconversion.

c) Le problème de l'emploi était double : d'une part les reconversions industrielles provoquaient un important chômage flottant, d'autre part les trois premières années du plan furent marquées par une tension constante sur le marché de la main-d'œuvre malgré la démobilisation des 660 000 disponibles libérés par les accords d'Évian, la réduction du temps de service, l'exode rural et l'afflux, d'une ampleur inattendue, des rapatriés d'Afrique du Nord ; placée en position de suremploi, la main-d'œuvre put obtenir de fortes hausses du salaire réel jusqu'en 1963, améliorer en moyenne le gain hebdomadaire de 7 % en deux ans ; en décembre 1962 la Régie Renault accorda une quatrième semaine de congés payés qui déclencha en 1963 chez les autres travailleurs une vague de grèves, pour aboutir à une hausse des salaires et au même régime des congés. Après l'explosion des grèves de janvier-avril 1963 le gouvernement se résolut à réglementer le droit de grève dans les secteurs public et nationalisé par la décision du 26 juillet 1963 qui imposa aux organisations syndicales le dépôt d'un préavis de 5 jours avant la cessation du travail ; mais il forma aussi deux commissions présidées par Toutée et Grégoire pour établir les taux d'augmentation des salaires compatibles avec la réalisation du plan et la croissance de la production.

En février 1964 le rapport Massé posa les principes d'une politique des revenus, qui devait conduire à un équilibre général des revenus privés du travail et du capital, de sorte que leur progression fût égale, pour les différentes catégories, et ne fût pas supérieure à la croissance de la production. En même temps le gouvernement créait en décembre 1963 le Fonds national de l'emploi pour aider à la formation des travailleurs touchés par la reconversion industrielle et aider au transfert de la main-d'œuvre d'un secteur à l'autre ; des centres de formation professionnelle des adultes (FPA) donnèrent aux chômeurs et aux ouvriers non qualifiés la possibilité d'accomplir des stages rémunérés avec les fonds fournis par le budget et la contribution des ASSEDIC.

Mais la situation financière et monétaire se détériorait très vite. En effet l'état des finances intérieures et extérieures était devenu inquiétant. A l'intérieur l'inflation, qui n'avait jamais cessé depuis 1958, s'enflait par suite des interventions de l'État dans l'économie et des aides diverses accordées aux rapatriés qui avaient reflué sur la métropole ; l'augmentation du nombre des consommateurs, les hausses de salaires accentuaient le déséquilibre entre l'offre et la demande ; à l'extérieur la haute conjoncture industrielle, la surévaluation de la monnaie réduisaient l'excédent commercial et laissaient place à un déficit en 1964 ; le commerce avec la zone franc, jusque-là excédentaire, était à peine équilibré par suite de l'effondrement des ventes à l'Algérie ; si le solde de la balance extérieure fut encore positif en 1963, il le dut à des rentrées importantes de capitaux à court et long terme.

Le ministre des Finances, Giscard d'Estaing, qui avait remplacé Baumgartner en janvier 1962, avait attendu septembre 1963, c'est-à-dire la fin de la grève des mineurs, pour proposer un « plan de stabilisation » qui comportait les mesures habituelles de déflation : blocage des prix industriels, limitation du crédit, augmentation sensible des impôts, lancement d'un emprunt à long terme. En effet, la hausse des prix fut ralentie : 3,2 % dans l'année, 2,3 % en 1965 pour l'indice des 259 articles utilisé depuis 1964 ; mais la hausse du salaire horaire réel fut aussi limitée à 3,4 % en 1964-1965 et elle tomba au-dessous de 3 % en 1966. Le phénomène était d'autant plus net que la durée du travail diminuait devant un ralentissement de la croissance économique qui réduisit à 2,5 % la progression industrielle en 1965 ; le malaise social qui s'ensuivait provoqua en 1965 des conflits importants dans l'automobile (Peugeot avril-juin, Berliet avril-mai) et aux chantiers navals de Nantes. Le conflit social avait en outre entraîné un nouveau morcellement syndical avec l'éclatement de la CFTC : en février 1964 le Conseil confédéral avait adopté à une forte majorité la modification de l'article I du Préambule, qui ne faisait plus référence à la doctrine sociale de l'Église ; le congrès extraordinaire de novembre 1964 approuva la suppression par 73 % des mandats et créa la Confédération française démocratique du travail (CFDT), qui réunit environ 400 000 adhérents, tandis que les minoritaires quittaient le congrès pour constituer la CFTC maintenue, qui annonçait 100 000 adhérents pour 400 000 à FO et 1 million à la CGT. La pause économique relative faisait que le plan, après de brillants débuts, était à peine réalisé en 1965 ; la consommation privée s'était accrue annuellement de 2,3 % au lieu des 4,3 % prévus ; et surtout, pour la première fois depuis la guerre, le problème du chômage était apparu.

D. L'élection présidentielle de décembre 1965

La politique extérieure du général de Gaulle, atlantique et européenne, la situation économique et sociale prêtaient à une vaste offensive contre l'homme qui paraissait concentrer tous les pouvoirs. Déjà les élections cantonales de mars 1964 et municipales de mars 1965 marquèrent un recul de l'UNR, mais l'enjeu principal restait l'élection présidentielle de décembre 1965. Dès septembre 1963 *L'Express* lança le portrait type de Monsieur X, candidat anti-gaulliste idéal; en décembre 1963, avec deux ans d'avance, G. Defferre, député-maire de Marseille, se révéla comme étant ce candidat mystérieux capable de rallier toute l'opposition; il acceptait par là même les institutions mises en place en 1958 et corrigées dans un sens présidentiel en 1962; il était le candidat des «clubs» et forma sur leur modèle des comités de soutien, dits *Horizons 80*; puis il tenta de former avec le centre et la gauche non communiste une *grande fédération* dont il serait le candidat unique; le projet fut appuyé par la Convention des institutions républicaines formée en 1964 par F. Mitterrand, Hernu, Joxe; mais toute la combinaison s'effondra par manque d'entente avec les autres partenaires.

Le projet fut alors repris par F. Mitterrand, en même temps qu'il lançait en septembre à cette occasion la Fédération de la gauche démocrate et socialiste (FGDS), qui, à la différence de la Convention, recevait l'appui de toute la gauche, avec le PSU et le parti communiste; celui-ci, perturbé depuis mars 1963 par les problèmes qu'avaient posés les étudiants communistes, puis par la mort de Thorez en 1964, semblait amorcer un tournant avec l'élection de Waldeck Rochet comme secrétaire général au congrès de mai 1964, congrès du «rajeunissement» et de la «démocratisation» des statuts. Certains parlaient de libéralisation, de moindre alignement sur la politique soviétique, et, en politique française, du renoncement à l'idée d'un exercice exclusif du pouvoir pour s'accommoder d'une «démocratie avancée», période transitoire de l'évolution vers le vrai socialisme. Le parti ne présentait donc pas de candidat à l'élection présidentielle, et n'imposait pas à F. Mitterrand le préalable d'un programme commun. En octobre Lecanuet à son tour, démissionnant de la présidence du MRP, décida de se présenter comme candidat du centre. Enfin l'élection présidentielle fut l'occasion de la résurgence d'une droite nationale et populaire, qui était en veilleuse depuis la guerre, entretenue cependant par quelques publications, *Aspects de la France,* puis *La Restauration Nationale,* et surtout *Rivarol,* paru en janvier 1951; fortifiée par les récents événements d'Algérie, recueillant les sympathisants de l'«Algérie française», cette droite avait formé en 1963 un comité pour la présentation d'une candidature nationale; il choisit J.-L. Tixier-Vignancour, qui avait participé à la défense du maréchal Pétain, avait été l'avocat du général Salan et de bien d'autres membres de l'OAS.

C'est seulement le 4 novembre, dans l'émotion soulevée par la disparition du leader syndicaliste marocain Ben Barka, qui posait la question de l'existence de «polices parallèles», que de Gaulle annonça sa candidature. La campagne fut vive; pour la première fois les électeurs purent faire connaissance avec les candidats par la télévision et suivre l'évolution de l'opinion par les sondages; de Gaulle laissa entrevoir, s'il n'était pas réélu, «une confusion de l'État plus désastreuse encore» que celle que la France avait déjà connue; ce que l'on traduisit par l'expression : «C'est moi ou le chaos.»

Le résultat, le 5 décembre, fut pour le général son premier demi-échec depuis 1958 et pour F. Mitterrand un relatif succès : de Gaulle était mis en ballottage avec 44,6 % des voix, devançant F. Mitterrand de 3,1 millions de suffrages. Lecanuet venait en troisième position avec 3,7 millions de voix, et Tixier-Vignancour recueillait 1,26 million de suffrages, 5,20 % des voix. Suivant la règle il ne devait subsister au deuxième tour que les deux candidats arrivés en tête ; Tixier-Vignancour demanda à ses électeurs de se reporter sur F. Mitterrand, sans pouvoir empêcher le général d'être réélu avec 55 % des voix, 2,4 millions de plus que son adversaire. L'opposition se prépara pour la deuxième manche que devaient être les élections législatives, dont l'échéance tombait en 1967.

2. Le prélude de la crise (1966-1967)

Dans le troisième ministère Pompidou, Giscard d'Estaing fut remplacé par M. Debré ; à l'agriculture E. Faure remplaça Pisani.

A. La politique extérieure

De Gaulle maintint exactement sa ligne antérieure. Le rapprochement avec l'Est fut fortifié en juin 1966 par un voyage du général en URSS, suivi d'un accord économique et culturel, puis par un voyage triomphal en Pologne en septembre 1967, en Roumanie en mai 1968 ; en même temps, les rapports franco-allemands s'amélioraient avec l'arrivée au pouvoir du chancelier Kiesinger, fidèle disciple d'Adenauer, en 1966. A l'Ouest, de Gaulle se détacha entièrement de l'OTAN en dénonçant le 7 mars 1966 le statut des états-majors alliés établis en France, qui devaient évacuer les bases françaises du commandement atlantique avant le 1er avril 1967 et en se retirant des commandements intégrés de l'OTAN le 1er juillet 1966. Les relations franco-américaines devinrent plus mauvaises encore après la prise de position du général contre la guerre du Viêt-Nam marquée par le discours de Pnom Penh du 30 août 1967, puis à la suite de son attitude envers Israël lors de la guerre des Six jours en juin 1967, enfin après son appui donné au « Québec Libre » au cours de son voyage au Canada (juillet). De Gaulle poursuivait en même temps la réalisation de la force de frappe (ou de dissuasion), en faisant pousser la réalisation du centre nucléaire de Mururoa, dans le Pacifique, commencé en 1963 pour remplacer le centre abandonné du Sahara où fut réalisée le 2 juillet 1966 la première explosion nucléaire, et par le lancement, en mars 1967, du premier sous-marin lance-missiles à propulsion nucléaire, le « Redoutable ».

Son attitude européenne n'avait pas changé. On était pourtant sorti de la crise qui avait secoué la Communauté en 1965. Un accord signé en mai 1966 prévoyait que l'union douanière totale serait réalisée le 1er juillet 1968. On avait même adopté en février 1967 pour la première fois un programme commun de développement économique et la plupart des marchés étaient organisés avec la mise en application des règlements financiers, des prix communautaires et du tarif extérieur commun. Mais il ne fut plus question d'évolution politique, même quand la fusion des trois exécutifs eut été effectivement réalisée le 1er juillet 1967 ; et, quand le Premier britannique présenta à nouveau la candidature de l'Angleterre, le 11 mai 1967, le général s'y opposa encore dans sa conférence de presse du 16 mai, soulevant l'indignation des « Européens » français. La situation économique et financière de la Grande-Bretagne, même après la dévaluation de la livre en novembre 1967, les liens particuliers qui l'unissaient aux États-Unis paraissaient encore au général trop dangereux pour l'avenir du Marché commun ; en décembre 1967, une nouvelle fois, la candidature britannique fut écartée.

B. Les difficultés économiques et sociales

Le Vᵉ plan (1966-1970) fut élaboré péniblement et adopté par l'Assemblée en novembre 1965, en dépit de l'hostilité des représentants syndicaux. Parmi ses objectifs, l'amélioration de la productivité agricole et industrielle venait en premier pour faire face à la concurrence du Marché commun ; cela imposait une « restructuration » industrielle qui conduisait à avantager les entreprises les plus aptes, à encourager les concentrations, pour créer des ensembles de taille internationale ; ce souci prioritaire fut traduit en 1966 par l'adoption du « Plan Calcul », conçu pour doter la France des ordinateurs qui étaient la condition de la nouvelle révolution industrielle. Le plan prévoyait d'affecter une part plus importante de la production nationale aux investissements, aux dépens de la consommation, dans la progression annuelle envisagée de 5 % ; la hausse annuelle des prix ne devait pas dépasser 1,5 % pour pouvoir appliquer la politique des revenus ; les prévisions seraient remises à jour chaque année, et, pour suivre l'exécution du plan, on définissait des « clignotants », qui alerteraient aussitôt si un danger survenait dans les prix, les échanges, la production ou l'emploi. On portait l'effort principal sur les équipements collectifs, le logement, les prestations sociales. L'aménagement du territoire était poursuivi dans un effort de décentralisation industrielle et d'expansion des « métropoles d'équilibre ».

Les regroupements industriels furent en effet très nombreux en 1966-1967, mais la production industrielle n'atteignit pas la progression attendue ; il en résultait quatre conséquences : une hausse des prix plus forte que prévue (3,5 % en 1967) ; une forte détérioration des échanges extérieurs ; une limitation de la hausse du pouvoir d'achat hebdomadaire à 1,3 % ; un chômage de 400 000 personnes environ, provoqué par les concentrations et l'insuffisance des investissements, alors que l'exode rural s'intensifiait brusquement à la suite des mesures prises dans les années antérieures ; il y avait donc un problème social aigu, qui provoqua en 1967 de longues grèves à Lyon, à Nantes, en Lorraine.

En juin 1967 le gouvernement se fit attribuer le droit de prendre des ordonnances en matière économique et sociale : le 18 août trois ordonnances organisèrent l'intéressement des travailleurs « aux fruits de l'expansion » ; le 22 août, quatre ordonnances réformèrent la Sécurité sociale pour tenter d'en équilibrer le budget, en distinguant les trois caisses autonomes et en élevant le plafond d'imposition ; puis d'autres ordonnances tendirent à favoriser les regroupements économiques, l'extension des conventions collectives, les groupements de producteurs agricoles La procédure exceptionnelle, qui rappelait celle des décrets-lois, suscita des luttes au Parlement et dans la rue ; on voulut y voir une menace contre la Sécurité sociale et un style de gouvernement plus autoritaire encore, l'émotion suscitée par les ordonnances n'était pas encore calmée au printemps 1968.

C. La poussée à gauche

Les motifs de mécontentement ne manquaient pas à l'encontre d'un gouvernement qui subissait l'usure du pouvoir. L'opposition vit dans les élections de mars 1967 l'occasion d'une revanche ; l'extrême droite, qui ne pardonnait pas l'épilogue algérien, s'était regroupée autour de J.-L. Tixier-Vignancour dans l'Alliance républicaine ; les restes du MRP formaient avec Lecanuet le Centre démocrate, puis Progrès et démocratie moderne ; la gauche avait réalisé en décembre 1966 un Front populaire unissant communistes, PSU, Convention, FGDS, SFIO Les élections des 5-12 mars 1967 furent un succès pour les communistes, qui gagnaient 32 sièges, pour la Fédération, qui en gagnait 25, un échec pour le centre et pour l'UNR, qui perdait 29 sièges et ne conservait avec ses alliés qu'une voix de majorité ; les indépendants giscardiens étaient les arbitres de la situation ; l'un des principes fondamentaux du gaullisme, une majorité forte et cohérente, ne jouait plus : le quatrième ministère Pompidou dut subir les assauts permanents d'une opposition qui sentait venir le moment de se débarrasser du régime.

3. Les événements de mai-juin 1968

Les conditions étaient réunies au début de mai 1968 pour lancer l'assaut décisif contre la Ve République, sauf sur un point, mais qui était essentiel, la conjoncture économique ; la reprise industrielle se confirmait à partir de janvier, le taux de couverture du commerce extérieur remontait à 97 % en janvier, 101 % en mars ; mais le chômage technologique était entretenu par une mutation très rapide de l'appareil industriel, et les prix de détail venaient de s'élever brusquement en janvier par suite de la réforme fiscale, application de la TVA (taxe à la valeur ajoutée) au commerce de détail et aux services. Au-delà des causes immédiates, qui sont évidentes, les événements de mai n'auraient pas eu l'ampleur qu'ils ont revêtue s'ils n'avaient pas été l'effet de causes plus profondes et difficiles à cerner.

On a souvent invoqué une crise de civilisation et le refus d'une condition devenue inhumaine par les contraintes résultant de la « société de consommation », maladie commune à toutes les sociétés industrialisées. L'insurrection de mai manifeste en effet le rejet de toutes les contraintes imposées par le tissu social et économique, mais aussi le refus de toutes les valeurs morales, religieuses, humanistes, une libération totale à l'égard des « tabous » légués par des siècles de civilisation gréco-romaine et chrétienne ; venus des profondeurs de la psychanalyse, dont l'interprétation avait été vulgarisée par la philosophie, tous ces refus apparaissent comme une résurgence des thèmes que le surréalisme avait tenté de propager après la première guerre mondiale, mêlant toutes les formes de révolution esthétique, morale, sociale et politique ; ce fut l'assaut lancé contre toutes les contraintes, toutes les autorités, toutes les structures, de la famille à la société et à l'État, toutes les hiérarchies. Le contexte du moment ne peut avoir été que l'occasion favorable, le révélateur d'une crise dans laquelle l'attitude des adultes démontre que sa gestation était très antérieure. Peut-être n'est-il pas nécessaire, dès lors, d'invoquer un complot révolutionnaire mondial qui aurait cherché à faire sauter le principal verrou du libéralisme occidental.

A. Les événements de mai

L'enchaînement des faits est plus facile à établir. L'origine doit en être cherchée dans la prolongation de la scolarité, l'augmentation considérable du nombre des étudiants, et les incertitudes provenant de la réforme, trop hâtive, introduite par le plan Fouchet dans l'enseignement supérieur. La masse étudiante, diverse dans ses opinions, mais solidaire dans ses réactions, généreuse et romantique, bouleversée aussi par le drame vietnamien et l'injustice sociale, fournit la masse d'attaque contre la société bourgeoise, « égoïste et sclérosée ».

Les troubles commencèrent en février par la formation dans quelques lycées de comités d'action, issus des comités Viêt-nam, qui protestaient contre la guerre américaine en Extrême-Orient. Le 22 mars, des manifestations eurent lieu à Nanterre, puis à la Sorbonne, se prolongèrent durant le mois d'avril, donnant des affrontements sévères avec la police. Le 1ᵉʳ mai, le défilé syndical fut autorisé pour la première fois depuis 1954 et donna lieu à des manifestations d'unité ; puis le Premier ministre partit comme prévu en voyage officiel en Iran.

C'est donc pendant l'absence de G. Pompidou que les événements se précipitèrent le 3 mai, puis le 6, où se déroulèrent entre les manifestants du Quartier Latin et les forces de l'ordre des combats de rue qui firent officiellement 600 blessés, enfin dans la nuit du 10 au 11 mai, la « nuit des barricades » où 40 000 manifestants tinrent en échec la police sur une soixantaine de barricades. Les syndicats et les partis jugèrent-ils à ce moment que l'affaire était assez bien lancée pour qu'ils en tirent bénéfice? ou bien, se sentant dépassés par la turbulence « gauchiste » des étudiants, voulurent-ils la contrôler? (« prendre le train en marche », ou « récupérer le mouvement ») ; ils décidèrent pour le 13 mai une grève générale de 24 heures, qui fut très largement suivie.

Les choses devenaient assez graves pour rappeler le Premier ministre à Paris le 11 mai; il chercha l'apaisement, annonça le dépôt d'une loi d'amnistie et la libération des manifestants arrêtés et condamnés. La situation ne parut pas assez grave cependant pour détourner le président de la République de son voyage officiel projeté en Roumanie. Pourtant, après la grève générale du 13 mai, le mouvement repartait de la base, à Sud-Aviation d'abord, avec occupation de l'usine et séquestration du directeur, le 15 mai chez Renault puis, de proche en proche, tout l'appareil de production, les services publics, les transports, l'ORTF furent paralysés. Le pays s'enfonça dans une grève totale, immobilisant 9 millions de travailleurs, et devenue bientôt une grève révolutionnaire, dont le milieu étudiant était le moteur; dans l'ensemble de la France l'Université n'existait plus, l'autorité universitaire s'était décomposée en quelques jours, les établissements d'enseignement secondaire et supérieur étaient ouverts aux foules, devenus des «forums» d'où le «pouvoir étudiant» lançait ses consignes; dans les usines les comités d'action étudiaient la mise en place de la cogestion, à laquelle s'opposait du reste la CGT; la CFDT lançait l'idée du «pouvoir syndical»; dans les rues et lieux publics l'autorité passait des mains des pouvoirs responsables à des représentants syndicaux ou politiques. Le retour légèrement anticipé du général de Gaulle, le 18 mai, n'apporta aucun apaisement; les 22 et 23 mai furent au contraire des nuits d'émeutes au Quartier Latin; l'annonce faite par de Gaulle le 24 mai d'un prochain référendum sur la participation et la rénovation du pays parut dérisoire au regard de la pièce qui se jouait; le soir même, l'émeute envahissait tout l'est et le centre de Paris, s'étendait à Lyon, où elle fit deux morts, à Strasbourg, Nantes, Bordeaux...

B. Les Accords de Grenelle

Le gouvernement crut pouvoir éclaircir l'horizon par la négociation d'un accord entre syndicats patronaux et ouvriers analogue aux accords Matignon de 1936; car il était aisé de voir qu'il y avait distorsion entre les buts poursuivis par la CFDT, le PSU. et les gauchistes, de caractère nettement révolutionnaire, et les revendications de la CGT, de nature plus professionnelle. Le protocole d'accord négocié après 25 heures de discussions rue de Grenelle (les «Accords de Grenelle») fut signé le lundi 27 mai; il comportait le relèvement du SMIG à 3 F l'heure, et la suppression des zones d'abattement; l'augmentation des salaires de 7 % aussitôt et de 3 % en octobre; la réduction du temps de travail de 1 à 2 heures avant 1970; la formation de commissions mixtes pour étudier l'emploi et la formation professionnelle; l'affirmation du droit syndical dans l'entreprise. Ce n'était pas un accord global analogue aux accords Matignon, mais un cadre servant de base aux discussions à ouvrir par branches professionnelles entre syndicats ouvriers et patronaux.

Le protocole fut rejeté par les grévistes : les cadres syndicaux paraissaient débordés et le mouvement prenait une allure insurrectionnelle quand les bâtiments publics étaient occupés par les émeutiers et que des étudiants se substituaient à la police pour régler la circulation. Le jour même où étaient signés les accords de Grenelle, le 27 mai, les partis s'implantaient dans l'humus révolutionnaire en tenant au stade Charléty une réunion de masse, dont l'essentiel était constitué par les étudiants, en présence de P. Mendès France et de M. Rocard, mais sans la participation de la CGT ni du PC. La réunion parut néanmoins ouvrir la dernière phase de l'assaut contre le régime : le pouvoir semblait s'offrir à celui qui saurait le prendre ; et le 28 mai, au cours d'une conférence de presse, F. Mitterrand constatait : « Le pouvoir est vacant » ; il proposait P. Mendès France comme Premier ministre soutenu par une gauche unie, et l'élection d'un nouveau président de la République : « Déjà, je vous l'annonce, je serai candidat. » Le 29 mai le général de Gaulle disparut, soit qu'il voulût trouver appui et réconfort auprès du général Massu, commandant en Allemagne, soit pour échapper à la chaudière parisienne, et méditer dans la sérénité de Colombey sur les mesures à prendre, soit tout simplement qu'il cherchât à dramatiser plus encore le danger de subversion. Dès le 7 mai Ch. Pasqua, par prudence, avait créé les comités de défense de la République (CDR) et le service d'action civique (SAC), plus secret et plus immédiatement efficace.

Le 30 mai, de Gaulle était de retour à l'Élysée ; il faisait à 16 h 30 une déclaration par laquelle il refusait de se démettre, de démettre son Premier ministre, et annonçait la dissolution de l'Assemblée. Au même moment une gigantesque manifestation en sa faveur se déroulait sur les Champs-Élysées. L'épreuve de force était terminée ; les partis acceptaient de jouer le jeu électoral. Dans les premiers jours de juin, une tendance à la reprise du travail se dessina ; les groupes gauchistes furent dissous le 12 juin ; en dépit de nouveaux troubles qui éclatèrent à Paris, à Montbéliard, les 10-11 juin, le retour à la normale s'amplifia dans la deuxième semaine de juin avec la signature de conventions collectives négociées dans le cadre de chaque entreprise.

C. Les élections de juin

Les élections des 23-30 juin furent les élections de la peur ; on vota pour l'ordre. L'UDR (Union pour la défense de la République), qui remplaçait l'UNR afin de regrouper toutes les formations gaullistes, obtint 46,4 % des voix et 294 sièges sur 485 ; avec ses alliés giscardiens et apparentés elle parvenait à la majorité écrasante de 385 sièges ; l'opposition socialiste ne retrouvait que 57 sièges pour 118 sortants, les communistes 33 pour 73. La « crise de mai » était terminée, mais elle laissait derrière elle des ruines, et n'avait pas fait disparaître les causes qui l'avaient provoquée.

La crise a été une crise éthique et non une crise économique ou sociale ; la société se trouve bouleversée après son passage dans son essence même ; on a pu parler de révolution, dans la mesure où la famille, la patrie, l'école, c'est-à-dire les trois piliers sur lesquels avait été construite la société au XIXe siècle sont renversés. Il n'est pas étonnant que l'Église, dans son organisation structurelle en ait été ébranlée. Le catholicisme était touché depuis plusieurs années d'un côté par le renouveau charismatique qui s'éloignait des structures d'Église traditionnelles, de l'autre par l'aspiration des jeunes clercs à une immersion plus directe dans le monde du travail accompagnant l'orientation vers une vie communautaire. Le concile de Vatican II (clos en décembre 1965) avait cru apporter les réponses appelées par une adaptation à la vie nouvelle. Le nouveau rituel des offices est appliqué progressivement à partir de 1969. La contre-offensive traditionaliste, ou intégriste, est antérieure au concile (la revue *Itinéraires,* 1956, *Les Nouveaux Prêtres* de M. de Saint-Pierre, 1964); elle se développe après lui avec le Rassemblement des silencieux de l'Église (1969), la publication de *L'Homme Nouveau,* qui réagit contre les déviations postconciliaires, jusqu'à la création de la Fraternité Saint-Pie X à Ecône, en Suisse (1970), et ses prolongements en France.

Quant aux suites politiques des événements elles comportaient en premier la perte d'autorité subie par le chef de l'État, après qu'il eut enduré pendant plus d'un mois les sarcasmes d'une jeunesse irrespectueuse de toute autorité établie. Cet affaiblissement est marqué dans l'immédiat par le vote, le 11 juillet de la première loi d'amnistie en faveur des condamnés au titre des événements d'Algérie, qui va permettre à Bidault, Salan, Soustelle, de rentrer en France; par la démission, le 13 juillet, du Premier ministre, G. Pompidou, placé « en réserve de la République », et son remplacement par M. Couve de Murville; par la loi d'E. Faure sur l'enseignement supérieur, votée le 10 octobre 1968 pour calmer les craintes étudiantes, qui bouleversait les filières universitaires et allait désormais précipiter vers les centres d'enseignement dits « pluridisciplinaires » une masse d'étudiants qu'ils n'étaient pas préparés à recevoir.

4. Les suites de mai (1968-1970)

A. Les conséquences économiques et monétaires

On pouvait craindre que l'arrêt du travail, qui avait parfois duré plus d'un mois, et ses résultats économiques et sociaux n'eussent des conséquences redoutables : un renforcement de la concentration par l'élimination des petites entreprises incapables de supporter les charges nouvelles; menace d'un accroissement du chômage du fait de cette disparition et d'une recherche accrue de la productivité; licenciement d'ouvriers agricoles devant l'augmentation des salaires; hausse du coût de la production en un moment où le Marché commun allait être affirmé et nécessité d'établir, au moins provisoirement, des contingents à certaines importations.

Les conséquences monétaires, en effet, furent immédiates; durant plusieurs jours le franc n'avait plus été coté; le contrôle des changes avait été rétabli le 30 mai pour freiner les sorties de capitaux; la méfiance fut telle que la France dut mobiliser la totalité de ses créances sur le FMI, emprunter 2 milliards de dollars auprès de ses partenaires du Club des Dix, sacrifier plus du tiers de ses réserves d'or et de devises. Il fallait, contre toutes les règles communautaires, rétablir les contingents aux importations, verser une aide aux exportations pour compenser la hausse des prix intérieurs; on tentait de passer avec les industriels des «contrats de programme» qui les laissaient libres de fixer leurs prix sous réserve d'une hausse maximum de 3 % en six mois; on limitait le crédit, on promettait des économies budgétaires, on augmentait le taux des réserves obligatoires des banques : toutes mesures de déflation qui restaient sans effet devant la perspective d'une réévaluation du mark qui faisait fuir les capitaux de France et d'ailleurs.

Dans le courant de novembre 1968 la dévaluation du franc semblait acquise et l'on ne spéculait plus que sur le degré de cette dévaluation, quand, le 23 novembre, le général de Gaulle rejeta toute idée de manipulation monétaire et annonça un programme sévère de rétablissement financier.

En contraste avec ce drame de la monnaie, la situation économique s'était redressée vigoureusement, le pouvoir d'achat supplémentaire injecté par les hausses de salaires avait gonflé la demande intérieure et la production avait repris son essor depuis août 1968; cette amélioration était favorisée par l'attitude constructive des organisations syndicales, décidées à ne rien faire qui pût pousser à la dévaluation, en dépit de leurs inquiétudes concernant l'emploi et l'amputation des hausses de salaires par la montée des prix. A partir de septembre les contacts noués entre le CNPF et les fédérations ouvrières aboutirent à des accords sur la sécurité de l'emploi, les salaires, la formation professionnelle. En décembre la loi sur le droit syndical dans l'entreprise accorda aux organisations reconnues un local syndical, aux délégués syndicaux un crédit d'heures pour informer les adhérents, collecter les cotisations avec garantie de l'immunité. La situation économique continua à s'améliorer dans les premières semaines de l'année, à la différence de la conjoncture monétaire qui restait incertaine, et de la situation politique, à peine éclaircie depuis mai.

B. Le départ du général de Gaulle (28 avril 1969)

Sorti vainqueur de la crise de mai, le général de Gaulle était néanmoins demeuré affaibli; pendant plusieurs semaines l'autorité de l'État avait été bafouée, l'Élysée lui-même avait par moments paru en danger, et la solidité de la monnaie, sur laquelle s'était bâti le régime, était remise en cause. Suivant l'habitude maintenant acquise, le chef de l'État voulut consulter directement l'opinion et affermir son autorité; en février 1969, au cours d'un voyage en Bretagne, il annonça un référendum sur la transformation du Sénat et la réforme des régions qui traduirait «la mutation que notre temps requiert de toute la France». En réalité, le référendum devint une fois encore un plébiscite, quand le général eut déclaré le 10 avril : «De la réponse que fera le pays à ce que je lui demande va dépendre évidemment soit la continuation de mon mandat, soit aussitôt mon départ.»

Le 27 avril 1969 la réponse du corps électoral fut négative; le Président perdait 2 millions de voix sur l'élection de 1965, l'opposition en gagnait 1,5; aux adversaires habituels s'étaient joints les notables favorables au maintien du Sénat, et tous ceux qui, tout en restant fidèles au régime, souhaitaient un changement de personnes; les Indépendants giscardiens avaient préconisé l'abstention. Le général de Gaulle abandonna ses fonctions le 28 avril à midi et laissa ses pouvoirs au président du Sénat, Alain Poher, président de la République intérimaire. Fait unique dans l'histoire, le général obéissait au résultat du plébiscite et quittait volontairement et définitivement la vie politique.

C. L'élection présidentielle

L'élection du successeur du général de Gaulle donna lieu à une campagne ardente entre Georges Pompidou, dont on savait depuis la déclaration qu'il en avait faite à Rome le 17 janvier, avant même le référendum, qu'il serait le candidat UDR, Alain Poher, qui regroupait les espoirs centristes et ceux de la gauche non communiste, J. Duclos pour le parti communiste, Gaston Defferre... Placé en ballottage le 1er juin 1969, G. Pompidou l'emporta au second tour avec 10,6 millions de voix (58,2 %) contre 7,9.

Chaban-Delmas, ex-président de l'Assemblée nationale, fut désigné comme Premier ministre et forma un ministère «d'ouverture», en appelant, à côté des ministres UDR, des Indépendants (Giscard d'Estaing aux Finances) et des Centristes qui rejoignaient la majorité (Duhamel à l'Agriculture). Dans un communiqué du 25 juin, il souhaitait «jeter les bases et les modalités d un processus de concertation permanente entre l'État et les partenaires sociaux»; c'était donner à l'État un nouveau rôle d'incitateur auprès des employeurs et des syndicats pour les porter à négocier sur des bases suggérées par les pouvoirs publics, afin de créer ce qui sera désormais l'objectif principal du gouvernement, tel que le Premier ministre en exposa le plan le 16 septembre 1969 sous l'inspiration de son conseiller J. Delors : promouvoir une «nouvelle société qui sera prospère, jeune, généreuse et libérée», en la soustrayant à «l'État tentaculaire et inefficace», à «l'archaïsme», au «conservatisme de nos structures sociales» et à la «fragilité de notre économie».

D. Une nouvelle politique économique et sociale

La perte économique résultant des événements de mai-juin 1968 avait été estimée à 3 %; dès la fin de l'année, la moitié du retard avait été compensée et la conjoncture se maintenait à un haut niveau, accompagnée d'un effort accru de productivité favorisé par les nombreuses concentrations d'entreprises : 7,5 % d'amélioration de la productivité en 1968 contre une moyenne de 4,7 %

dans les années précédentes. La conjoncture demeura favorable en 1969, mais la nécessité d'importer davantage et la croissance de la consommation intérieure que la décision d'« encadrement du crédit » prise en mai 1969 ne parvenait pas à restreindre, provoquait un déséquilibre dans les échanges extérieurs ; le déficit commercial entraînait un déficit des paiements que la fuite des capitaux vers l'Allemagne venait aggraver ; les prix montaient à raison de 0,6 % par mois ; les réserves de change diminuèrent de 8,4 milliards de F au cours du premier semestre 1969, dont 6,5 pour le déficit commercial, 1,4 pour les services. A la fin de l'année, les réserves françaises auraient disparu.

Au soir du 8 août, la Bourse étant fermée, le gouvernement annonça une dévaluation du franc de 12,5 %, limitant volontairement l'amputation monétaire par le pari qu'il faisait sur la perspective de la réévaluation du mark, qui eut lieu en effet en octobre (+ 8,5 %) ; le franc valait désormais 160 mg d'or fin, le dollar 5,55 F au lieu de 4,93.

La dévaluation décidée par la France sans consultation de ses partenaires nécessita dans l'immédiat un isolement provisoire du marché agricole français et l'imposition pour deux ans de taxes à l'exportation (MCM). La décision monétaire fut suivie dès septembre de la présentation par Giscard d'Estaing d'un plan d'austérité ou de « stabilisation » qui fixait trois objectifs pour le rétablissement des trois équilibres fondamentaux : celui du budget pour le 1er janvier 1970 — de la production et de la demande intérieure pour le 1er avril 1970 — de la balance commerciale pour le 1er avril 1971 ; il fallait pour cela stimuler l'épargne, bloquer les prix, réduire l'impasse, donc amputer les investissements de l'État, en particulier dans le domaine social, freiner la consommation par la cherté du crédit, stimuler l'exportation. Les objectifs furent atteints sauf sur le front des prix ; les réserves de change augmentèrent à partir de la réévaluation du mark : le 8 août 1969 elles n'étaient plus que de 1,3 milliard de dollars ; fin mai 1970 l'endettement auprès des banques étrangères avait disparu, les réserves étaient remontées à 4,5 milliards de dollars. En août le ministre put annoncer la suppression du carnet de change, l'augmentation des allocations touristiques et une prochaine libéralisation du crédit.

La production bénéficia dès octobre 1969 des avantages que lui apportaient la reprise des exportations et une conjoncture mondiale favorable. A partir de là l'économie française entra dans une phase nouvelle non seulement de forte progression, mais aussi de modification profonde des structures de production sous l'incitation constante de l'État : celui-ci créa à cet effet en mars 1970 l'Institut de développement industriel (IDI), organisme public alimenté par des dotations fournies par le Fonds d'action conjoncturelle, créé en même temps qu'était mis en place le plan de redressement. Quand la progression sembla s'essouffler, en octobre 1970, le plan d'austérité fut abandonné, le crédit assoupli, la consommation encouragée. La croissance de la production, avec un taux de 6 %, fut plus forte que prévu. Elle s'accompagnait d'une mutation accélérée dans la répartition de l'industrie à travers le territoire et de nouveaux rapprochements et fusions d'entreprises qui devaient, par une concentration horizontale et verticale, améliorer la productivité.

Par contre, la hausse des prix résultant des déséquilibres de 1968 risquait de troubler le climat social; les syndicats attendaient le «rendez-vous de mars» qu'ils avaient fixé pour examiner l'évolution des salaires; entre mars et décembre 1968 l'amélioration du pouvoir d'achat avait atteint 9 %, mais le bénéfice des augmentations de salaires commençait à diminuer; pourtant la «conférence de Tilsit» de mars 1969 fut un échec, le gouvernement tenant à limiter la consommation; cet échec donna lieu à de vifs mouvements sociaux qui permirent aux organisations ouvrières d'améliorer ensuite le pouvoir d'achat, mais de 2 % seulement en 1969. Le gouvernement préférait s'orienter, pour le secteur nationalisé, vers la signature de «contrats de progrès», favorables à l'amélioration de la productivité, prévoyant des hausses automatiques des salaires en fonction de la hausse des prix, et la réduction progressive de la durée du travail, ainsi que la généralisation des deux jours de repos consécutifs (convention salariale avec l'EGF de décembre 1969 — avec la SNCF en février 1970). Symboliquement le SMIG était devenu en novembre 1969 le SMIC (Salaire minimum interprofessionnel de croissance), évoluant chaque année en fonction des prix et des comptes de la nation. La participation des salariés aux fruits de l'expansion était encouragée. La loi du 2 janvier 1970 associait les employés de Renault au capital de l'entreprise nationalisée, en créant 12 millions d'actions, dont le quart serait distribué au personnel, le reste revenant à l'État. La mensualisation des salaires tendait à être généralisée.

La genèse de la «société nouvelle» comportait encore cependant bien des ombres : les concentrations et reconversions des entreprises maintenaient un chômage chronique inquiétant; l'urbanisation rapide posait le problème des transports et du logement, de l'environnement, pour lequel un ministère spécial fut créé en 1971, et de la pollution; les barrages placés sur les routes en mars 1970 témoignaient de l'irritation des transporteurs routiers et des petits commerçants, menacés par les magasins à grande surface. Les manifestations des agriculteurs illustraient à la fois la transformation rapide des structures agraires et leur angoisse devant la publication du plan Mansholt et du plan Vedel prévoyant la disparition de plus d'un million de petites exploitations. Pourtant la France, en 1970, opérait son redressement et se lançait dans une mutation rapide et profonde, comme elle n'en avait pas connu depuis un siècle : accouchement douloureux, certes, d'une société nouvelle dans laquelle le craquement des vieilles structures était ralenti par le traditionnel esprit malthusien des Français.

5. La «morosité» politique et l'essor économique (1970-1974)

La disparition subite du général de Gaulle, le 9 novembre 1970, dans une apothéose qui fit affluer à Paris pour ses obsèques tous les chefs d'État ou de gouvernement, témoignant ainsi du rôle mondial qu'il avait joué, clôturait une période de l'histoire. Dans sa volonté constante de s'identifier à la France, il lui avait redonné, sinon une grandeur désormais passée, du moins l'indépendance qui la laissait libre entre l'Est et l'Ouest; il avait achevé la décolonisation, qui n'excluait pas, surtout dans les pays d'Afrique noire, le maintien de liens économiques et culturels, et tenté de redonner à la nation, parfois malgré elle, une volonté de mouvement qui lui permettait d'envisager de répondre, sans appréhensions excessives, à sa vocation européenne.

A. La vie politique

L'effacement puis la mort du général n'avaient pas mis fin au gaullisme, comme d'aucuns l'avaient auguré; l'UDR, malgré la multiplicité de ses tendances allant de la gauche à la droite, maintenait ses principes fondamentaux : de l'autorité présidentielle, qui fut marquée par le renvoi brutal de Chaban-Delmas le 5 juillet 1972 après et malgré un vote de confiance de l'Assemblée; de l'indépendance nationale, dont Pompidou sentit les effets réprobateurs de la part de l'opinion américaine, quand il fut l'objet de manifestations hostiles au cours d'un voyage à Chicago en février 1970; du rapprochement avec l'Allemagne, confirmé par le voyage à Paris du chancelier Willy Brandt en janvier 1970; du maintien de l'équilibre entre l'Est et l'Ouest illustré par plusieurs voyages du Président en Union soviétique. Mais la disparition de de Gaulle avait affaibli dans l'UDR la base populaire et la participation des classes moyennes, qui en faisaient l'originalité. Les clubs *Nouvelle Frontière,* créés à partir de 1968, devaient permettre une réflexion sur l'avenir doctrinal du gaullisme, qui remplacerait peut-être le charisme de son créateur. De même la tendance libérale de la majorité s'appuyait sur les clubs *Perspectives et Réalités* (giscardiens), amorcés en 1965 pour inspirer le parti des Républicains indépendants créé l'année suivante, le club *Droit et Démocratie* fondé en 1966 pour la défense des libertés individuelles et le *Comité d'études pour un nouveau contrat social* créé par Edgar Faure en 1969.

Néanmoins la gauche était renforcée par la disparition politique puis physique du général. Le parti communiste avait désapprouvé d'abord l'intervention soviétique en Tchécoslovaquie et élaboré en décembre 1968 un programme qui devait conduire à une « démocratie avancée »; mais il avait laissé se mettre en place ensuite la « normalisation » et se dérouler les procès tchèques. Le XIXe congrès du parti tenu à Nanterre en février 1970 avait traduit ce raidissement par l'élection de G. Marchais comme secrétaire général adjoint, suivie en mai par l'exclusion de Roger Garaudy du comité central et du bureau politique[1].

1. G. Marchais est secrétaire général en 1972, à la retraite de Waldeck Rochet, malade.

A l'autre extrémité de la gauche J.-J. Servan- Schreiber, devenu secrétaire général du parti radical, présentait le 28 janvier 1970 un manifeste qu'il qualifiait de «révolutionnaire», et qu'il faisait approuver par le congrès du parti en février. L'événement politique le plus important fut la première étape du regroupement des différentes composantes socialistes. L'ancienne SFIO était apparue comme dépassée par sa tiédeur dans l'opposition et la faiblesse de sa réflexion politique ; pour pallier cette carence avaient été créés en 1966 le CERES (Centre d'études, de recherche et d'éducation socialistes), *l'Union des clubs pour le renouveau de la gauche* de Savary en 1967, *l'Union des groupes et clubs socialistes* de Jean Poperen. Le souci de mettre fin à cette dispersion, source de faiblesse, conduisit à la réunion du *congrès de l'unité à Épinay* les 11-13 juin 1971 ; la création du parti socialiste fut réalisée par la fusion de la SFIO, de la FGDS, du CERES et de divers clubs. Cette dynamique de l'unité, la rédaction d'un programme précis (programme d'Épinay) appuyé sur un retour au marxisme, la désignation de François Mitterrand comme premier secrétaire grâce à P. Mauroy et au CERES, marquaient le début d'une remontée socialiste qui allait porter le nombre des adhérents de 81 000 à 140 000 en 1975.

Restaient pour le moment à l'écart les mouvements gauchistes qui gardaient la nostalgie de mai 68. L'année 1970 avait été émaillée sans cesse d'incidents où les organisations extrémistes, tantôt unies contre le pouvoir, parfois affrontées entre elles, maintenaient une tension constante : troubles en février aux centres universitaires Dauphine, Nanterre, Assas, explosions et attentats, qui conduisirent en mai 1970 à la dissolution de la gauche prolétarienne. L'inquiétude devant une montée générale de la violence était assez grande pour que le président Pompidou éprouvât le besoin de rassurer : «Ne croyons pas que la révolution soit à nos portes… »

Les progrès de la gauche, la lassitude de l'opinion devant des problèmes politiques qui lui semblaient stériles, et devant un état de trouble permanent, affaiblissaient indiscutablement le régime. Quand Pompidou voulut curieusement faire approuver par référendum le projet d'élargissement de l'Europe, le 23 avril 1972, c'est l'ensemble de sa politique en réalité qui ne fut approuvée que par une faible majorité et 36 % des inscrits. L'Europe semblait sa grande idée et on lui prêtait l'espérance d'en être le premier président, mais le demi-échec subi au référendum en diminuait les chances. La formation du ministère Messmer, le 6 juillet 1972, sembla cependant rétablir pour un temps l'accord entre le Premier ministre et le Président dans la perspective des élections de 1973 qui s'annonçaient difficiles. La «morosité» gagnait l'ensemble de la classe politique.

B. Prospérité économique

Et pourtant jamais l'économie française ne s'était aussi bien portée ; le 1er janvier 1971 avait vu le début d'application du VIe plan (1971-1975), approuvé par l'Assemblée nationale le 15 juillet ; il était encore moins impératif que les précédents, ne comportait pas d'objectifs précis, mais des prévisions et des orientations; malgré les industriels, qui auraient souhaité une progression «à la japonaise», le plan se limitait à un taux annuel moyen de croissance de 5,8 % déjà remarquable par l'optimisme dont il témoignait; le stimulant essentiel était attendu non de la demande intérieure (+ 4,5 % par habitant et par an) mais des exportations, en escomptant une hausse moyenne des prix de gros de 3,2 % par an. Tandis que les branches industrielles traditionnelles, charbon, acier, textile, constructions navales, continuaient à décliner, l'avantage était donné aux industries de pointe, industrie chimique, constructions mécaniques, électroniques, électroménager, industrie aéronautique et spatiale; on voyait même apparaître la haute technologie dans des régions jusque-là consacrées au tourisme, telle, après la création de l'université de Nice en 1965, l'association née en 1969 de Sophia-Antipolis, «cité de la Sagesse, des Sciences et des Techniques», dont on voulait faire une amorce de la Silicon Valley américaine. On força également sur les équipements collectifs (autoroutes, animation culturelle, santé, action sociale) en résolvant le problème de l'habitat grâce à la construction de 500 000 logements par an, dont plus de 300 000 sociaux; l'inconnue résidait dans l'incertitude monétaire, puisque le 15 août 1971 le président Nixon annonçait en même temps la suppression de la convertibilité du dollar (qui devait perdurer et entraîner un désordre monétaire mondial permanent) et l'imposition d'une surtaxe spéciale de 10 % sur les produits importés.

En 1971-1972 la production progressa de 5 à 5,5 % par an, d'un taux légèrement inférieur aux prévisions, mais le plus élevé d'Europe, et dans une position excédentaire de la balance des paiements qui permettait aux réserves officielles de change de remonter à 8 milliards de dollars au 31 décembre 1972. Depuis 1968, le PIB avait augmenté de 41 %; les améliorations de salaires consécutives aux événements de mai avaient porté les entreprises à accroître leur capacité de production, tout en recherchant une meilleure productivité par un renouvellement de l'outillage; puis, après un léger ralentissement en 1969, l'indice industriel avait repris jusqu'en 1973 une progression rapide alimentée par l'abondance du crédit, la propension des ménages à consommer, la vigueur des exportations. Il semblait que désormais la croissance dût être infinie, et l'on en arrivait à considérer comme normal un taux de croissance industrielle qui paraissait au début de 1973 devoir atteindre 7,5 % dans l'année.

Cette bonne santé économique avait permis aux salaires du secteur privé d'augmenter de 10 à 12 % par an, en même temps que la durée du travail était diminuée de 1 %. Le nouvel «accord Renault» signé par l'ensemble des organisations syndicales le 17 janvier 1973 prévoyait la garantie d'une progression minimum du pouvoir d'achat de 2 % par an et surtout donnait la possibilité à certains employés de la Régie de bénéficier du droit à la retraite suivant les cas entre 61 et 63 ans en conservant 75 % de leur salaire. La conjoncture favorable donnait en effet à l'appareil de production des possibilités nouvelles d'améliorations sociales si l'on parvenait à maîtriser deux obstacles, le chômage et l'inflation : la situation de l'emploi s'aggravait régulièrement depuis 1969, témoignant d'un chômage structurel qui résultait d'une mauvaise adaptation de la demande de travail à l'offre dans une structure économique qui évoluait très rapidement; pour tenter d'y remédier le gouvernement fit voter le 16 juillet 1971 la loi portant organisation de la formation professionnelle continue dans le cadre de l'éducation permanente.

D'autre part la hausse des prix à la consommation, limitée à une moyenne annuelle de 4 à 5 % entre 1958 et 1970, s'accélérait jusqu'à atteindre 0,9 % par mois dans le deuxième semestre de 1972 : inflation du crédit public et bancaire, qui augmentait la masse monétaire de 15 à 20 % par an, croissance du volume des exportations, augmentation des coûts unitaires de main-d'œuvre. Le gouvernement publia en décembre 1972 un plan anti-inflation devant agir par l'incitation à l'épargne, l'équilibre budgétaire et une action sur le crédit. La France conservait encore un avantage monétaire sur ses principaux partenaires, faible désormais envers les États-Unis à la suite des deux dévaluations américaines de décembre 1971 et février 1973, important encore sur l'Allemagne grâce à la dévaluation française de 1969 suivie des trois réévaluations allemandes de 1969-1971-1973; on pouvait redouter cependant que la hausse des prix en France ne neutralisât bientôt l'avantage subsistant d'une sous-évaluation du franc; mais il n'était pas possible au gouvernement d'abandonner une attitude de laxisme économique et social tant que l'hypothèque électorale ne serait pas levée; problème pourtant d'autant plus urgent à résoudre que l'Europe des Neuf était née le 1er janvier 1973.

C. Menaces de crise politique et économique

Les élections législatives de mars 1973 eurent donc lieu dans un contexte d'euphorie économique qui permit aux deux camps politiques de faire assaut de promesses au cours de la campagne électorale : la gauche, unie depuis les communistes jusqu'aux radicaux de gauche, s'accordait, le 27 juin 1972, sur le « Programme commun », dont le projet de société prévoyait pour l'essentiel un ensemble de nationalisations industrielles et bancaires peu nombreuses, mais qui, par les ramifications des sociétés concernées, touchait la plus grande partie de l'économie. Ce rapprochement avec les communistes entraîne la sécession de socialistes hostiles au programme commun et à la « ligne Mitterrand », qui formèrent le Mouvement démocrate socialiste en 1973, devenu ensuite le Parti social démocrate. P. Messmer déclarait de son côté à Provins : « Le changement, le mouvement, c'est nous », et le programme de Provins prévoyait l'abaissement de l'âge de la retraite, le salaire minimum mensuel de 1 000 F, la prise en charge par l'État de dépenses incombant jusque-là aux collectivités locales, l'amélioration du sort des personnes âgées ou handicapées, etc. La France en effet était riche, et l'opinion exigeait une redistribution plus juste du revenu national, pour ne pas réserver à une minorité privilégiée la meilleure part d'une croissance économique comme le pays n'en avait jamais connue de semblable.

Le premier tour des élections, le 4 mars, fut une manifestation de cette volonté de changement : la gauche unie recevait 46,49 % des voix, l'UDR et ses alliés (Giscardiens, Centre démocratie et progrès) groupés dans l'URP (Union républicaine de progrès) 38,84 %, les réformateurs 12,56 % ; au deuxième tour les candidats de la majorité ne devançaient encore que légèrement, avec 47 % des voix, les candidats du Programme commun (44,5 %) ; sur 490 sièges la majorité n'en obtenait que 276 au lieu des 385 de l'assemblée sortante, élue il est vrai dans des circonstances particulières ; les candidats du Programme commun emportaient 175 sièges, dont 91 pour les socialistes, qui démontraient ainsi leur retour en force (21 % des suffrages exprimés), 73 pour les communistes, 11 pour les radicaux de gauche : succès relatif de la gauche à la suite duquel le deuxième cabinet Messmer formé le 5 avril dut affronter une offensive vigoureuse des organisations politiques (contre-manifestation gauchiste au cours d'un meeting de l'organisation d'extrême droite Ordre nouveau le 21 juin, ce qui entraîna le 28 juin la dissolution d'Ordre nouveau et de la Ligue communiste d'A. Krivine) — et syndicales (début du conflit Lip le 18 juin, quand les ouvriers de l'entreprise horlogère décidèrent de prendre en main la production et la vente) — grève générale du 6 décembre contre la hausse des prix.

De la morosité l'opinion passa à l'inquiétude, quand les bruits alarmants commencèrent à courir sur l'état de santé du président Pompidou : le 5 juin les services de l'Élysée avaient annoncé une restriction des activités du Président. La maladie présidentielle, dans un régime où le chef de l'État avait un rôle si prépondérant, ne pouvait survenir à un moment plus défavorable : la crise mondiale touchait les États-Unis et l'Allemagne depuis le début de l'année. Les premiers signes apparurent en France vers octobre 1973 par contrecoup du malaise qui frappait ses partenaires économiques, par les effets des restrictions du crédit et en conséquence de la hausse des prix du pétrole : sur 155 milliards de francs d'importations en 1973 13 % étaient représentés par du pétrole ; or le prix du pétrole allait passer de 110 F la tonne en avril 1973 à 397 en août 1974 ; il fallait compter 6 à 7 milliards de dollars de dépenses extérieures supplémentaires, 20 % des importations globales de l'année. Pourtant la situation de la France, considérée comme « pays ami » par les Arabes, ne priva pas le pays de pétrole et n'incita pas le gouvernement à prendre les mêmes mesures de restrictions que dans les autres pays ; c'est que la situation économique demeurait relativement bonne, et jusqu'au milieu de 1974 la France apparut comme un îlot de prospérité au milieu de la crise mondiale ; si certains secteurs comme le bâtiment étaient déjà touchés, les secteurs concernant l'équipement travaillaient au contraire au plein de leur capacité et la croissance du PIB allait néanmoins atteindre 4,5 % dans l'année, beaucoup plus que les autres pays de l'OCDE. Le pouvoir d'achat continuait à s'améliorer. Pourtant deux « clignotants » s'étaient allumés, deux indices qui indiquaient la menace prochaine : le chômage, qui brusquement s'intensifiait depuis la fin 1973 et allait toucher 600 000 personnes au printemps 1974 — l'inflation, qui provoquait des sorties importantes de capitaux, conduisant le gouvernement à abandonner le « serpent communautaire », c'est-à-dire à cesser de soutenir la monnaie à l'extérieur, le 19 janvier 1974.

Bibliographie

Voir le chapitre précédent.

Sur les événements de mai

R. ARON, *La Révolution introuvable,* réflexions sur les événements de mai (Fayard, 1968) ; J.-R. TOURNOUX, *Le mois de mai du Général, livre blanc des événements* (Plon, 1969) ; Cl. PAILLAT, *Archives secrètes, 1968-1969* (Denoël, 1969) ; P. VIANSSON-PONTE, *Histoire de la République gaullienne,* t. II, *Le temps des orphelins* (Fayard, 1971) ; A. DANSETTE, *Mai 1968* (Plon, 1971) ; J. MASSU, *Baden, 68* (Plon, 1983) ; L. JOFFRIN, *Mai 68, Histoire des événements* (Paris, Seuil, 1988) ; H. HAMON et P. ROTHMAN, *Génération,* t. I, *Les années de rêve,* t. II, *Les années de poudre* (Seuil, 1987-1988) ; voir également *Pouvoirs,* n° 39, fasc. 4, PUF, 1986 ; E. MORIN, C. LEFORT, C. CASTORIADIS, *Mai 68 : la brèche, suivi de vingt ans après* (Bruxelles, Complexe, 1988) ; A. TOURAINE, *Le mouvement de mai ou le communisme utopique* (Paris, Seuil, 1968) ; M. WINOCK, *La Fièvre hexagonale. Les grandes crises politiques, 1871-1968* (Paris, Calmann-Lévy, 1986).

Sur l'Église

E. POULAT, *Une Église ébranlée – Changement – Conflit et Continuité de Pie XII à Jean-Paul II* (Casterman, 1980) ; G. LECLERC, *L'Église catholique, crise et renouveau, 1962-1986* (Denoël, 1986) ; voir aussi CHOLVY, *op. cit.*

Sur Pompidou

G. POMPIDOU, *Pour rétablir une vérité* (Flammarion, 1982) ; E. ROUSSEL, *Pompidou* (Lattès, 1984).

Sur Mitterrand

F.O. GIESBERT, *François Mitterrand ou la tentation de l'histoire* (Paris, Seuil, 1977) ; C. NAY, *Le Noir et le Rouge* (Grasset, 1984).

Sur les syndicats

G. LEFRANC, *Le Mouvement syndical : de la Libération aux événements de mai-juin 1968* (Payot, 1969) ; J. CAPDEVIELLE, R. MOURIAUX, *Les syndicats ouvriers en France* (Paris, Armand Colin, 1970).

Sur le parti socialiste

J.-F. KESLER, *De la gauche dissidente au nouveau parti socialiste* (Éd. Privat, 1990) ; A. BERGOUNIOUX, G. GRUNBERG, *Le long remords du pouvoir, Le Parti socialiste français 1905-1992* (Paris, Fayard, 1992).

Sur le parti communiste

G. MARCHAIS, *Le Défi démocratique* (Grasset, 1973) ; J.-B. BRUNET, *Histoire du PCF* (Paris, Que sais-je?, PUF, 1982).

Sur l'économie

J. FOURASTIÉ, *Les trente glorieuses ou la révolution invisible de 1946 à 1975* (Fayard, 1979-1980) ; J.-Ch. ASSELAIN, *Histoire économique de la France du XVIIIe siècle à nos jours*, t. II, *De 1919 à la fin des années 1970* (Paris, Seuil, 1984).

21

La crise mondiale et ses retombées politiques (1974-1981)

1. Le néo-libéralisme et la crise (1974-1975)

A. Le reclassement des partis

C'est au milieu de l'apparence de prospérité relative et des menaces imminentes d'une crise qui auraient dû conduire à prendre des décisions semblables aux mesures déjà adoptées par les États-Unis et l'Allemagne, que survint la mort du président Pompidou, le 2 avril 1974. La candidature de J. Chaban-Delmas, puis celle de V. Giscard d'Estaing, enfin la candidature de Royer, qui divisaient la majorité en face du candidat unique du Programme commun, F. Mitterrand, donnèrent à la campagne une intensité particulière d'autant plus que de sombres manœuvres avaient conduit J. Chirac, néogaulliste, à entraîner une quarantaine de députés de la mouvance néogaulliste à appuyer V. Giscard d'Estaing plutôt que leur candidat naturel Chaban-Delmas. L'ardeur de la compétition captiva l'attention de l'opinion plus que la menace économique, dans le même temps où le gouvernement, paralysé, ne pouvait prendre aucune mesure de sauvegarde dans le vide politique où se trouvait la France : en avril 1974, la hausse des 295 articles atteignit son maximum mensuel, 1,6 %.

Élection présidentielle de mai 1974

Premier tour, 5 mai			*Deuxième tour, 19 mai*		
	Voix	%		Voix	%
Mitterrand	11 044 000	43,24	Giscard d'Estaing	13 396 000	50,81
Giscard d'Estaing	8 326 000	32,60	Mitterrand	12 971 000	49,19
Chaban-Delmas	3 857 000	15,10			
Royer	810 000	3,17			

Le faible écart des voix consacrait la bipolarisation de l'opinion française, même si le nouveau Président se présentait comme le président de tous les Français, et ne cachait pas son intention d'ouverture sur sa gauche par la proposition de réformes hardies.

Valéry Giscard d'Estaing, né en 1926, fils d'un inspecteur des Finances, appartient à une famille originaire du Puy-de-Dôme; lui-même polytechnicien, puis élève de l'ENA, enfin inspecteur des Finances, il a commencé sa carrière politique au cabinet d'E. Faure en 1954; député du Puy-de-Dôme en 1956, il est secrétaire d'État aux Finances avec M. Debré, ministre des Finances de G. Pompidou de 1962 à 1966, puis de nouveau de 1969 à 1974. En 1962 il avait quitté le CNI, au moment de la réforme constitutionnelle, pour rester dans la majorité et fonder en 1966 la Fédération nationale des républicains indépendants (Indépendants « giscardiens »). Il appartient au comité Monnet, auquel il apporte ses premières victoires en prenant l'initiative, dès 1974, de la création du Conseil européen des chefs d'État et de gouvernement, dont chacun assure la présidence de la Communauté, à tour de rôle, durant six mois, et en suscitant l'élection de l'Assemblée de Strasbourg au suffrage universel.

Les réformateurs avaient rejoint la nouvelle majorité où l'UDR, bien que formant encore l'élément le plus important, se trouvait affaiblie par l'échec de son candidat, J. Chaban-Delmas; l'élection de l'ancien ministre des Finances V. Giscard d'Estaing, que les gaullistes avaient rendu responsable de l'échec de de Gaulle au référendum de 1969, était ressentie comme un affront par les « barons » du gaullisme; mais la minceur de la majorité présidentielle contraignait les éléments de cette majorité à rester unis. Le nouveau Président s'y résigna en désignant le 27 mai comme Premier ministre J. Chirac, néogaulliste peut-être, mais dont les vieux gaullistes jugèrent rapidement la combativité assez forte pour le porter au secrétariat général du parti; grâce à lui en effet l'UDR surmonta le complexe d'échec qu'avaient provoqué la disparition du général de Gaulle puis la défaite électorale et demeura, malgré l'activisme des Indépendants, confortés par la victoire de leur candidat, la pièce maîtresse du régime.

Jacques Chirac, né en 1932 dans une famille corrézienne de tradition radicale, sort de l'ENA en 1960 et doit au choix de P. Juillet, conseiller de G. Pompidou, de faire ses premières armes politiques comme chargé de mission au cabinet du Premier ministre; en mars 1967 il fut élu à Ussel et devint secrétaire d'État aux Affaires sociales, ce qui le conduisit à négocier les accords de Grenelle en 1968. Il fut ensuite secrétaire d'État à l'Économie et aux Finances (ministre Giscard d'Estaing), puis ministre de l'Agriculture dans le cabinet Messmer en 1972, ce qui lui permit de garder une grande popularité dans le monde paysan; enfin il fit un bref passage au ministère de l'Intérieur.

L'opposition ne recelait du reste pas plus de cohésion : apparemment l'unité socialiste avait été renforcée en 1973 par le ralliement de Savary et de Poperen, puis, en octobre 1974, au moment des Assises du socialisme, par l'adhésion des Groupes d'action municipale (GAM) et d'une forte partie du PSU avec Michel Rocard. Mais le parti était menacé par le triomphalisme après la quasi-victoire de son candidat, et par l'existence de plusieurs tendances ou « courants » : le courant Mauroy avait un recrutement plus ouvrier parce que mieux localisé dans le Nord-Pas-de-Calais; il privilégiait un programme de gouvernement fondé sur la planification, la réduction des inégalités et la prise en compte de l'environnement européen — le courant Rocard se voulait également pragmatiste mais penchait vers l'autogestion et la décentralisation — le courant du CERES plaçait en premier la lutte idéologique et culturelle et portait à s'allier avec les communistes pour modifier d'abord les rapports de production en faisant de l'entreprise l'endroit privilégié de la lutte des classes. Le parti socialiste était menacé par son succès lui-même, ayant attiré marxistes et non-marxistes, dissidents communistes et progressistes chrétiens, liés eux-mêmes, après la scission de 1964, à la CFDT, qui préconisait l'autogestion dans son programme de 1970, et depuis l'arrivée au secrétariat général d'Edmond Maire en 1971.

D'autre part le «rééquilibrage» de la gauche et le premier rôle joué par le leader socialiste portaient ombrage au parti communiste, qui cherchait à gagner sur sa droite en direction des socialistes. Amorcé par le manifeste de Champigny, le changement d'attitude du parti communiste fut confirmé en 1974 puis en 1975 par la publication du *Défi démocratique* de G. Marchais, de la *Déclaration des Libertés,* et, en décembre 1975, par la signature d'un document commun franco-italien qui suivait les accords signés par 34 États à Helsinki en juillet précédent sur la garantie des frontières et des droits de l'homme : le parti voulait affirmer son indépendance à l'égard de Moscou, son attachement aux libertés, son respect de l'alternance démocratique, l'abandon du dogme de la dictature du prolétariat; cherchant désespérément à retrouver sa place de premier parti de la gauche, le parti communiste s'efforçait de donner l'image d'un socialisme humain, sans rompre avec la pureté de la doctrine; mais, si cette nouvelle attitude libérale de l'appareil du parti pouvait être comprise par la nouvelle génération de militants formée depuis la mort de Staline, elle était mal reçue par les vieux militants de l'immédiat après-guerre qui avaient connu la guerre froide, et qui avaient exprimé leur désapprobation au congrès de Vitry en 1974. Quant aux radicaux de gauche, vexés souvent d'être traités en alliés mineurs, certains d'entre eux regardaient avec nostalgie vers les radicaux ralliés à la majorité.

B. Les idées nouvelles

Giscard d'Estaing avait cru observer que les Français désiraient être gouvernés au centre, mais un centre en mouvement, prêt à accomplir des réformes profondes de structure pour créer une «société libérale avancée». Ce néolibéralisme s'inspire, certes, de l'idéologie du XVIIIᵉ siècle et du début du XIXᵉ siècle, mais complétée ou transformée à la lumière des formes de pensée nouvelles, en particulier celles qui s'étaient dégagées en 1968. Le libéralisme de Benjamin Constant ou de Tocqueville représentait un système global politique, social, religieux, où le facteur commun était la défense de l'individu contre toute tentative pour l'asservir venue de l'État, de la Société ou de l'Église : «Par liberté, avait écrit Benjamin Constant, j'entends le triomphe de l'individualité tant sur l'autorité qui voudrait gouverner par le despotisme, que sur les masses qui réclament le droit d'asservir la minorité à la majorité.» Il faut donc faire évoluer le cadre juridique avec l'évolution des mœurs : «Les institutions doivent s'accommoder aux temps et aux peuples, et non les peuples et les temps aux institutions.» La philosophie libérale baigne naturellement dans l'optimisme, la confiance dans «les progrès de l'esprit humain», comme l'avait écrit Condorcet, et, en fin de compte, dans l'homme.

Il va sans dire que le néolibéralisme, comme son prédécesseur, rejette les dogmes, affirme le relativisme des connaissances et le droit pour chacun de trouver la vérité par lui-même, par sa propre recherche et la libre discussion. De même les principes de la «société libérale avancée» sont tirés de l'influence d'une nouvelle intelligentsia qui rejette toute forme de dogmatisme, à commencer par le marxisme, c'est-à-dire par le grand moteur de la pensée politique et sociale de la période antérieure, ou du moins qui n'en fait plus le moyen exclusif ou privilégié de l'interprétation de l'histoire.

Poussant à l'extrême le rejet du marxisme pour apporter les bases d'un renouveau intellectuel la «nouvelle droite» du *GRECE* (Groupe de recherche et d'étude sur la civilisation européenne) fondé en janvier 1968 par Alain de Benoist ne dépasse pas un cercle étroit d'initiés. L'avenir est plus porteur pour le *Club de l'Horloge,* moins limité à la spéculation intellectuelle, créé en 1974; réunissant des professeurs, des personnalités du monde économique, des membres de la haute Administration (Y. Blot, J.-Y. Le Gallou, H. de Lesquen), il se veut organe de réflexion, en principe sans option politique, et source de publications; il laisse ses membres libres de leur choix politique; en fait il se situe à la droite des partis gaulliste ou indépendant, et se trouvera de plus en plus en porte à faux, à mesure que ces partis «gauchisent» leur philosophie politique et par conséquent leurs options (plusieurs de ses membres passeront pour cette raison, après 1986, au Front national).

L'esprit du temps est mieux représenté par les «nouveaux philosophes»; ceux-ci sont, pour beaucoup, d'anciens élèves de l'École normale supérieure qui ont activement vécu les mouvements de 68 et en ont gardé parfois une nostalgie libertaire. De *Marx est mort,* paru en 1970, à *Les Outils de la liberté* (1985) J.-M. Benoist défend la dignité de l'État de droit et condamne la raison d'État; il ne supprime pas l'État, mais le réduit au rôle de «garant» d'un libéralisme qui ne serait pas sauvage, mais lié par un «contrat social»; l'État ne doit pas intervenir dans la culture.

«... Notre opposition est libérale : retour à l'initiative individuelle, à l'espace relationnel des personnes qui se savent prises dans l'échange ternaire de la liberté, de la personne et de la loi... Le libéralisme est porteur d'avenir pour la nouvelle éthique à l'œuvre dans le monde, éthique dont le défit consistait à dépasser les bornes de l'universel abstrait de l'impératif catégorique kantien : «Agis toujours de telle sorte que *la* personne humaine en toi et en autrui soit considérée non pas comme un simple moyen, mais comme une fin.» Aujourd'hui nous disons, avec les autres cultures, celles qui nous aident à dépasser l'étroite limite de notre culture européenne, nous disons : «Agis de telle sorte que *chaque* personne soit une fin, une valeur absolue»... Or le socialisme, tout autant que la morale abstraite du rationalisme issu des Lumières, Kant pris à la lettre, sont tous les deux insuffisants pour parvenir à penser cette nouvelle exigence d'une morale des Droits de l'Homme, qui est une morale des droits de *chaque* homme, pris en situation...» (J.-M. Benoist, *Le Devoir d'opposition,* préface, R. Laffont éd., 1982).

André Glucksmann, peut-être sous l'influence de Soljenitsyne, dont *L'Archipel du Goulag* vient d'être traduit, publie en 1975 *La Cuisinière et le mangeur d'hommes,* et, en 1977, *Les Maîtres penseurs,* l'année où B.-H. Lévy fait paraître *La Barbarie à visage humain.* Avec l'abandon des certitudes marxistes, donc de la sécurité de l'esprit, on tombe dans le transitoire, l'incertain.

L'intelligentsia manque de bases intellectuelles et spirituelles. Il n'y a plus de modèle idéal et unique qui puisse servir d'étalon à la culture, à la beauté ou à la vérité; toute expression humaine, toute manifestation de la nature peut être une œuvre d'art, sans que l'on soit en mesure d'établir une hiérarchie de l'une ou de l'autre. Tous les bastions repères de la morale traditionnelle disparaissent dans l'exercice critique du relativisme éthique, et les maîtres à penser eux-mêmes ont disparu. La meilleure expression de cette forme de pensée est contenue dans le journal *Libération,* créé en 1973, né de la gauche prolétarienne, qui connut d'abord une existence hasardeuse malgré la collaboration de Sartre, qui dut même cesser de paraître un moment, puis reparut en décembre 1974 sous la direction de S. July, qui lui donna une forme plus classique, tout en lui conservant son caractère non conformiste en matière éthique.

Ces «nouveaux philosophes» ne font pas l'esprit public, mais en sont l'expression, comme le Président veut en être l'interprète sur le plan politique. On essaie d'introduire entre les individus, comme dans les rapports entre gouvernants et gouvernés, une tonalité nouvelle imprégnée de l'optimisme libéral, que souligne déjà dans la composition du ministère l'apparition d'un ministère de la Qualité de la vie. Le 18 juillet 1974, à l'occasion du premier remaniement ministériel, la création d'un secrétaire à la condition féminine concrétise l'avancée décisive des femmes dans tous les domaines : depuis l'accès à l'ENA dès sa création, en 1945, en passant par l'admission à l'École polytechnique en 1971, les femmes accèdent à peu près à toutes les fonctions publiques, préfectures, rectorats, haute magistrature. D'une façon générale et très vite, dès les premiers mois du septennat, les réformes se précipitent : à côté de mesures de sollicitude sociale incontestées, comme l'amélioration du sort des personnes âgées ou handicapées, d'autres mesures, parfois moins bien acceptées par les électeurs du nouveau Président : majorité civile et politique à 18 ans; assouplissement de la procédure du divorce; réforme pénitentiaire. La liberté de la contraception et la loi du 4 décembre 1974, promulguée en janvier 1975 sur l'interruption volontaire de la grossesse, autorisée sous la réserve d'un certain contrôle par le corps médical[1] sont l'aboutissement des campagnes menées par le *Mouvement français pour le planning familial,* le *Mouvement de libération de l'avortement et de la contraception,* et le mouvement *Choisir,* expressions d'un courant idéologique tendant à la libération totale de la femme. En même temps le style du gouvernement changeait, plus détendu, plus alerte, éloigné du protocole style IIIe République; la moyenne d'âge du ministère était plus basse; le Président voulait «décrisper» l'opinion et donnait l'exemple; mais le pouvait-il dans une situation économique et sociale qui demeurait tendue, et pouvait-il tenir

1. L'adoption définitive de la loi sur l'IVG fut acquise le 19 décembre 1979. La libéralisation sera confirmée en 1982 par la loi qui accorde le remboursement à 80 % par la Sécurité sociale. Le ministre de la Santé de J. Chirac (Michèle Barzach) refusera de revenir sur le remboursement en 1986 et 1987.

toutes les promesses faites durant la campagne présidentielle, alors que la conjoncture économique portait au pessimisme?

C. La crise économique

Pour le nouveau ministre des Finances Fourcade la priorité devait être donnée à la lutte contre l'inflation. Son «plan de refroidissement», présenté le 12 juin 1974, portait essentiellement sur les restrictions de crédit, l'augmentation du taux d'escompte porté à 13 %, un accroissement de la fiscalité pesant sur les entreprises, un contrôle renforcé des prix industriels; mais il n'était pas maître des prix agricoles. Le plan n'eut que l'effet de révélateur d'une crise déjà latente; celle-ci remonta d'aval en amont, des biens de consommation aux produits semi-ouvrés, pour atteindre en décembre les industries primaires, la chimie et l'acier; l'automobile, le bâtiment, grands bénéficiaires des facilités antérieures de crédit, furent les secteurs les plus touchés; il s'agissait bien de «stagflation», situation associant deux phénomènes apparus jusqu'alors comme contradictoires, une hausse des prix de 13 à 15 % dans l'année, et une récession comme la France n'en avait jamais connu depuis la guerre, qui faisait apparaître pour la première fois la gravité du chômage. Le taux de chômage passa de 2,1 % de la population active en janvier 1974 à 2,8 % en novembre, 3,5 % en janvier 1975, à quoi il fallait ajouter 400 000 travailleurs touchés par les réductions d'horaires. L'accord entre syndicats patronaux et ouvriers du 14 octobre 1974 permettait aux salariés privés d'emploi pour raison économique de percevoir durant un an 90 % de leur salaire brut; l'allocation de chômage partiel fut augmentée; les entreprises furent invitées à freiner les licenciements au prix d'une baisse de la productivité.

Au printemps 1975, estimant que ses mesures de déflation étaient suffisantes pour faire descendre le taux d'inflation au-dessous de 10 %, le ministre des Finances se tourna au contraire vers le soutien à l'économie : les quatre premiers «plans de relance» furent des échecs : plan du 8 janvier concernant les travaux publics et le bâtiment; plan du 25 février accordant 5 milliards aux allocations familiales et de vieillesse; plan du 17 mars en faveur du crédit, de la construction, des exportations; plan du 24 avril apportant 15,7 milliards aux investissements des entreprises et assorti d'avantages fiscaux. Tout cela n'empêcha pas le nombre des chômeurs complets de dépasser le million, 5 % de la population active. Le redressement du franc et son retour dans le «serpent» communautaire, en juillet 1975, favorisaient l'entrée des capitaux mais gênaient les exportations. Aussi le 4 septembre 1975 fut annoncé un plan de soutien et de développement qui relevait autant de l'action psychologique que de la relance économique : soutien à la consommation sociale (familles, personnes âgées); grands projets de travaux publics concernant en particulier la liaison Rhin-Rhône, la voie ferrée Paris-Lyon[1] et un programme de construction de centrales

1. En 1980 a été mis en service le TGV sur le trajet Paris-Lyon.

nucléaires, crédits à la sidérurgie ; aide aux entreprises par des reports d'impôts, le desserrement du crédit, la baisse du taux d'escompte à 8 %.

Le succès du plan dépendait de trois éléments dont le gouvernement n'était pas maître : le prix des matières premières et en particulier celui du pétrole, la reprise aux Etats-Unis et en Allemagne, qui semblait amorcée, le temps séparant le moment où était prise la décision de relance et l'époque où elle passerait dans les faits et commencerait à agir sur les prix. Le pays, comme tous les pays occidentaux, avait traversé une crise que l'on pouvait comparer à celle de 1930 ; s'il l'avait traversée sans connaître les drames de 1930-1936, c'était grâce aux 45 milliards de francs du déficit budgétaire, aux 30 milliards de francs d'emprunts extérieurs, à la diminution de 23 % des stocks industriels, à une hausse des salaires plus rapide que celle des prix. Mais l'année où s'achevait le VIe plan la France avait subi une diminution de 2 à 3 % de son PIB accompagnée d'un taux d'inflation évalué à 9,9 % officiellement, à 13 % par les syndicats.

Le VIIe plan (1976-1980), dont le gouvernement avait entamé avec retard la préparation, devait tenir compte à la fois de la nécessité d'un « redéploiement » de l'appareil économique, où la construction de centrales nucléaires devait permettre à cette nouvelle source d'énergie d'intervenir pour 23 % dans la consommation totale d'énergie vers 1985, et d'une amélioration de « l'environnement » aussi bien dans le cadre physique de vie que dans les rapports sociaux et dans la vie des familles.

Perspectives de consommation d'énergie *(en millions de tep)*

	1973	*1985*
Nucléaire	3	50/55
Pétrole	116	100/110
Charbon	30	25
Gaz naturel	15	39
Énergie hydraulique	11	14
Énergies nouvelles		2/3

Le plan ne contenait pas d'objectifs chiffrés, tout en prévoyant une croissance annuelle de 5,2 %, ce qui représentait un pari optimiste dans les conditions de compétition internationale accrue par la crise. On pouvait prévoir que la France ne connaîtrait sans doute plus des taux de croissance semblables à ceux dont elle avait bénéficié entre 1968 et 1973 ; et, dans ces conditions, comment améliorer la « qualité de vie » du plus grand nombre, ce qui restait le but du « libéralisme avancé » voulu par le Président, sans une redistribution beaucoup plus radicale d'un revenu national croissant moins rapidement? Le problème se situait sur le plan politique aussi bien que sur le plan économique.

2. Stabilisation relative

A. Jusqu'à la démission de Chirac (25 août 1976)

Une amélioration apparut dans la conjoncture économique à la fin de 1975, s'accéléra dans les premiers mois de 1976, donnant l'équivalent d'une progression fictive de 9,25 % en taux annuel au cours du premier semestre de l'année. La hausse du pouvoir d'achat facilitait la reprise, qui s'accompagnait d'une nouvelle étape de concentration des entreprises, Peugeot et Citroën, Alsthom-Atlantique et Creusot-Loire, CII-Honeywell Bull, rapprochement des Pétroles d'Aquitaine, Erap et Antar, etc. En même temps le gouvernement Chirac cherchait à modifier le climat social en faisant voter en juin 1976 la loi sur les plus-values boursières et en déposant un projet de loi sur la réforme de l'entreprise, qui donnerait aux salariés un droit de regard sur l'activité, capable de sauvegarder les salaires en cas de mauvaise gestion, afin que ne se reproduise pas le drame de Lip, mis en liquidation en avril 1976. Car la reprise n'était pas accompagnée d'une amélioration de l'emploi, les entreprises ayant d'abord à utiliser leur pleine capacité avant d'embaucher, et les concentrations entraînant des compressions de personnel; ainsi l'un des buts de la relance n'était pas atteint : paralysées par le poids du chômage, dont elles devaient assumer la charge, et par le blocage des prix industriels, les firmes ne pouvaient pas se moderniser pour soutenir la concurrence américaine, allemande, japonaise, celle des nouveaux pays industriels (NPI), qui créait une situation particulièrement critique dans le textile et la sidérurgie.

On perçut bientôt la fragilité de la reprise, et son caractère artificiel, dans la mesure où l'effort accompli par l'État portait sur les réalisations sociales plus que sur les investissements productifs. La hausse de la consommation et la reprise elle-même nécessitaient un volume plus grand d'importations en un moment où la remontée du dollar et une nouvelle progression du prix des matières premières provoquée par une demande mondiale accrue augmentaient le prix des achats à l'étranger. La sécheresse qui s'abattit sur la France en 1976 fit perdre 7 à 10 milliards de francs de production, poussa le gouvernement à percevoir un impôt exceptionnel pour distribuer environ 5,5 milliards de francs aux agriculteurs sinistrés, et remplaça l'excédent agricole exportable par un déficit. Dès mars 1976 le franc avait dû quitter le « serpent » communautaire, mais la chute se poursuivit à l'annonce des résultats du commerce extérieur et une dégradation brusque apparut en juillet. Le taux d'inflation se maintint à 9,9 % dans l'année malgré le retard apporté à des augmentations de prix inévitables ; depuis 1970 les prix étaient montés de 61 % en France, 44 % aux États-Unis, 39 % en Allemagne ; le franc était déprécié de 70 % sur le franc suisse, de 40 % sur le mark. La France avait pu jusque-là masquer ses insuffisances en empruntant à l'étranger 12 milliards de francs à long terme, 5,5 à court terme, mais les 6 milliards de déficit de la balance courante en 1976 entamèrent ses réserves de 2,7 milliards de dollars, alors qu'elle avait donné un excédent de

3,9 milliards en 1975. Une fois de plus le dilemme était posé, accepter l'inflation pour obtenir un succès que l'expérience montrait provisoire, ou lutter contre elle avec le danger d'une aggravation de la récession et du chômage. Estimant n'avoir pas les mains libres pour la politique qu'il voulait mener, J. Chirac démissionna le 25 août 1976 et fut remplacé par R. Barre, qui prit en même temps les Finances.

B. Les plans Barre

Le nouveau Premier ministre, expert en économie politique et ancien vice-président de la Commission de Bruxelles, fondait son diagnostic sur la constatation que l'inflation, deux fois plus forte en France qu'en Allemagne, n'était pas due seulement à la hausse du prix des matières premières importées et du pétrole, mais aussi à la progression trop rapide des rémunérations, qui avait établi un déséquilibre entre la hausse excessive du pouvoir d'achat et la baisse ou la moindre progression de la production intérieure. Son premier souci fut donc de lutter contre la hausse des prix par une politique de déflation : le premier *Plan Barre,* ou *Programme de lutte contre l'inflation,* exposé en septembre 1976, prévoyait des économies d'énergie qui permettraient de limiter à 55 milliards de francs les importations de pétrole en 1977 ; une progression maximum des salaires égale au taux d'inflation prévu, 6,5 %, avec stagnation des salaires élevés, et un avantage accordé au SMIC ; le gel des prix du 15 septembre au 31 décembre ; l'augmentation des taxes indirectes et de l'impôt sur les sociétés, auxquelles on accordait en contrepartie la réévaluation des bilans ; une faible relance par des aides accordées aux PMI les plus créatrices d'emplois, et l'institution d'un Fonds d'action conjoncturelle doté de 2,5 milliards de francs, enfin une baisse de la TVA ramenée de 20 à 17,60 % le premier janvier 1977.

Le plan fut loin d'avoir les effets attendus ; après un léger ralentissement en janvier dû à la baisse de la TVA, les prix reprirent leur progression habituelle pour atteindre près de 10 % dans l'année, tandis que le chômage dépassait le million en avril 1977. L'environnement politique participait aux causes de cet échec : l'unité de la majorité avait été compromise par la démission de J. Chirac, qui prenait ses distances vis-à-vis du président de la République par le *Discours d'Égletons* du 3 octobre 1976. Il fondait ensuite, le 5 décembre 1976 le *Rassemblement pour la République* (RPR), qui se voulait plus large que les groupements gaullistes précédents. La majorité se déchirait encore dans le débat de ratification des accords de la Jamaïque, qui consacraient la victoire du dollar, demeuré monnaie de paiement universelle malgré son inconvertibilité, puis sur l'élection de l'Assemblée européenne au suffrage universel, considérée par les gaullistes comme une atteinte à la souveraineté nationale ; enfin dans la bataille des élections municipales, en 1977, gaullistes et giscardiens s'affrontèrent, notamment à Paris, où Chirac fut candidat à la mairie et triompha des

« hommes du Président »[1]. La gauche au contraire parvenait encore à sauver l'apparence de l'unité après le congrès de Saint-Ouen du parti communiste, qui mettait en avant l'eurocommunisme et l'abandon du programme de dictature du prolétariat. Dans ces conditions la gauche put sortir victorieuse des élections municipales de mars 1977. La perspective d'une victoire d'un nouveau Front populaire aux élections législatives de l'année suivante et de l'application de son programme commun affolait la Bourse et contrariait les investissements privés.

Le deuxième *Plan Barre* de douze mois, annoncé en avril 1977, tenait compte de la menace électorale et orientait l'action vers l'amélioration sociale, tout en essayant de poursuivre la lutte contre l'inflation : d'une part des mesures en faveur des catégories sociales les plus défavorisées comportant une aide aux familles (augmentation de 10 % des allocations familiales, création du complément familial), l'augmentation du minimum vieillesse, et l'amélioration des retraites de la Sécurité sociale — d'autre part des mesures en faveur de l'embauche par une collaboration avec le patronat, qui promettait la création de 300 000 emplois, l'ajournement de la taxe conjoncturelle, la suspension des charges sociales pour les travailleurs nouvellement embauchés, une formation professionnelle pour les jeunes, l'octroi d'une prime de 10 000 francs aux travailleurs immigrés qui accepteraient le rapatriement, un recrutement accru dans le secteur public. Le plan devait coûter 8,3 milliards dont 5,5 à la charge de l'État, et 2,75 à la charge de la Sécurité sociale, c'est-à-dire encore de l'État, étant donné son déficit déjà lourd. Le financement du plan ne pouvait se faire que par une augmentation des impôts indirects et par l'emprunt, qui fut fixé à 6 puis 8 milliards, et qui n'empêcha pas le déficit d'apparaître dans le budget pour la première fois depuis 1971.

Ce nouveau plan eut aussi peu de succès que le premier; la croissance ralentie ne donna qu'une progression de 3 % pour l'année, tandis que l'inflation atteignait encore 9,5 % par suite de la flambée de 13 % des prix alimentaires consécutive à la sécheresse; les investissements privés avaient à peine augmenté de 0,7 %, les investissements publics de 3 %, le ralentissement de la hausse du salaire horaire faisait tomber à 2,4 % l'augmentation du pouvoir d'achat, et même à 2 % en tenant compte de la réduction moyenne du temps de travail à 41,4 heures, freinant ainsi la consommation. La semi-nationalisation des usines Dassault-Bréguet, en juin 1977, par une prise de participation de blocage de la part de l'État, fut plus un acte politique que de nécessité économique. La construction des centrales nucléaires prenait du retard, Fessenheim n'avait commencé à produire qu'en mars 1977 et les manifestations

1. Les IIIe et IVe Républiques n'avaient pas osé donner à Paris un maire comme les autres, qui aurait pu, par son prestige et ses pouvoirs, faire ombre au gouvernement. La loi du 31 décembre 1975 a appliqué à Paris le droit commun, l'élection d'un maire ayant les pouvoirs habituels des maires à l'exception de la police, qui reste entre les mains du préfet de Police désigné par le ministre de l'Intérieur.

écologiques obligeaient à douter des grandes réalisations prévues. Les agriculteurs, frappés par la sécheresse, mécontents de l'indemnité reçue, soulevés dans le Midi par la concurrence des vins italiens, ou, dans l'Ouest, par celle des produits d'élevage en provenance du Marché commun à la faveur de montants compensatoires contestés, semblaient rejoindre les partis d'opposition. Enfin et surtout les plans Barre n'avaient pas ralenti la montée du chômage, qui atteignait 1,3 million de personnes, dont 520 000 secourues, soit 5,4 % de la population active. Ce bilan social ne pouvait pas être compensé par la loi du 2 janvier 1978, votée pour introduire davantage de concertation dans l'entreprise, qui faisait obligation au chef d'entreprise d'étudier avec les cadres les objectifs, la politique financière, sociale, et de leur transmettre un rapport.

Comptes de la nation aux prix de 1970 (milliards de francs)

	1970	*1971*	*1972*	*1973*	*1974*	*1975*	*1976*	*1977*	*1978*
Produit intérieur brut	782,6	824,9	873,6	92,4	950,2	951,9	999,1	1 027,2	1 066,2
Consommation privée	469,3	500,3	530,7	561,3	577,6	597,2	631,3	648,9	676,3
Consommation publique	105,1	108,8	111,7	115,2	116,6	122,1	129,7	131,7	136,7
Formation brute de capital fixe	183	196,1	210,2	223,1	225,2	218	226,3	224,7	228
Variation des stocks	21,1	12,9	17,4	22,1	22,8	– 2,9	12,4	12,2	12,2
Solde extérieur	4	6,8	3,5	– 1,3	8	17,6	– 0,6	9,7	13,1

Source : OCDE Études économiques, France, 1980.

C'est pourquoi le succès de la gauche, venant après ses succès aux élections municipales et cantonales, paraissait assuré, à condition qu'elle restât unie. Or la méfiance communiste envers le parti socialiste, sorti grandi des récentes élections, se transformait en hostilité ouverte. Le 30 mars 1977, G. Marchais proposait à ses deux partenaires socialiste et radical une rencontre pour « actualiser » le Programme commun vieux de cinq ans, et « envisager une extension des nationalisations à la sidérurgie, l'automobile et le pétrole ». La rencontre du 17 mai fut sans effet. F. Mitterrand acceptait une mise à jour, non une refonte du Programme commun. Au congrès de Nantes du parti socialiste, le 17 juin, Mitterrand se présenta libre à l'égard du parti communiste comme du CERES, dont aucun membre ne figurait au secrétariat. En juillet le parti communiste, appuyant sa surenchère, parlait de 1 450 entreprises à nationaliser; le 28 juillet le « groupe des quinze » formé par les trois partenaires, souligna les « divergences fondamentales »; enfin le 14 septembre, au cours de la rencontre au sommet, Robert Fabre prit l'initiative de la rupture, et le 22 Mitterrand refusa de négocier « un second Programme commun ». La conclusion et la raison profonde de la rupture furent apportées par G. Marchais : « Pour nos partenaires le Programme commun est une fin, pour nous il est un commencement. »

La majorité renforçait au contraire ses structures, d'abord autour des clubs de réflexion qui s'étaient formés après 1971, puis autour de partis nouveaux :

en 1976 le *Centre démocrate* (fondé en 1966 par J. Lecanuet) et le *Centre démocratie et progrès* (fondé en 1969 par J. Duhamel) fusionnaient pour former le *Centre des démocrates sociaux* (CDS), qui se présentait comme l'« avant-garde réformatrice » de la majorité présidentielle. En vue des élections prochaines les Républicains indépendants formèrent au rassemblement de Fréjus, en mai 1977, le *Parti républicain,* principale composante de l'UDF (*Union pour la démocratie française*) créée en janvier 1978 en y ajoutant le CDS, les radicaux ralliés, le Mouvement démocrate et socialiste, les clubs Perspectives et Réalités, et des adhérents directs. L'UDF sera désormais le deuxième pôle de la majorité, tantôt en accord, tantôt en rivalité avec le RPR, sans en avoir jamais la même cohésion. Le Président lui-même entra dans la bataille électorale par son discours de Carpentras du 8 juillet 1977, puis de Vassy du 8 décembre, enfin de Verdun-sur-le-Doubs du 27 janvier 1978, où il précisa « le bon choix ». De son côté le Premier ministre avait opposé au Programme commun, dans son discours de Blois, le 7 janvier 1978, un programme de croissance progressive et limitée, sans effort fiscal supplémentaire, qui coûterait 22 milliards la dernière année de son application. On attendait une lutte serrée : les élections de mars 1978 assurèrent une victoire très nette à la majorité : le RPR, avec 153 sièges, n'en perdait que 20, et restait le principal groupe parlementaire; l'UDF réunissait 137 sièges; 290 sièges au total pour la majorité, contre 200 pour l'opposition, 104 socialistes, 10 radicaux de gauche, 86 communistes. Le Président va pouvoir, sans difficulté politique interne, décider l'intervention militaire au Zaïre (Kolwezi, 19 mai 1978) pour sauver les Européens mis en danger par une insurrection.

3. Nouvelle politique économique et nouvelle crise (1978-1981)

Le résultat électoral consacrait l'échec de la dynamique unitaire de la gauche, le retour des communistes à une ligne dure, qui plaçait le « rééquilibrage » de la gauche, c'est-à-dire le renforcement du parti communiste, avant le succès aux élections. Comme dans les années antérieures à 1934 les socialistes devenaient pour les dirigeants communistes, et malgré les remous provoqués parmi les intellectuels du parti par cette nouvelle attitude, les principaux adversaires « alliés objectifs de la réaction ».

Le nouveau gouvernement Barre, où Monory tenait le ministère de l'Économie, libéré de l'hypothèque électorale, put dès lors amorcer une tout autre politique et s'attaquer aux causes profondes de l'inflation, et aux problèmes posés par le « redéploiement industriel ». Le 11 mai 1978, en même temps qu'il annonçait un train de hausses important (recherche de la « vérité des prix ») Barre déclarait : « Le pays ne peut vivre au-dessus de ses moyens » ; c'était dire que la poursuite de la lutte contre l'inflation passait par le maintien de la politique des revenus, qui, tout en conservant le principe de la concertation entre les partenaires sociaux, tendait à limiter la hausse du pouvoir d'achat et à fermer encore l'éventail des rémunérations par le jeu des augmentations moindres des hauts salaires et d'une ponction fiscale plus forte pour les hauts revenus.

La nouvelle politique économique devait être une politique de vérité. L'État cesserait de soutenir les entreprises non viables ou incapables de présenter un plan de redressement : ce fut le cas de « l'empire Boussac », qui s'effondra ; ce fut l'adoption par le Conseil des ministres, le 20 septembre 1978, du plan de sauvetage de la sidérurgie, qui aboutissait à une semi-nationalisation : création de trois nouvelles sociétés financières pour prendre le contrôle de Sacilor, Usinor, et Chatillon-Neuves Maisons, avec un capital réparti entre le GIS, les banques créancières, le Crédit National, la Caisse des Dépôts et l'État. Les banques créancières abandonnaient leurs 400 millions d'intérêts et les 300 millions dus au FDES étaient transformés en actions. C'était également la menace pesant sur Manufrance, qui devait conduire, après deux ans de péripéties, à sa liquidation, sur les chantiers de réparation navale, et sur bien d'autres entreprises, qui devaient se transformer ou disparaître. La compétition devait assainir le système de production et abandonner les firmes invalides ; mais, par contre, l'État devait aider les entreprises dynamiques par des subsides sélectifs, en les aidant à reconstituer leurs fonds propres et à se donner de nouvelles structures.

Dans cet esprit le ministre annonça la libération des prix d'une vingtaine de produits industriels le 1er juin, puis d'une nouvelle tranche le 1er août, enfin le prix du pain lui-même fut libéré pour la première fois depuis 1791. On essayait en même temps de ramener les épargnants vers la Bourse par des avantages fiscaux (« SICAV Monory ») et l'on commençait en février 1979 à élaborer les options de ce qui serait le VIIIe plan (1981-1985). Les propositions du gouvernement laissaient transparaître la pensée du Premier ministre, pour qui il serait vain d'avancer une prévision chiffrée dans un contexte international aussi incertain. On y retrouvait aussi l'esprit du libéralisme, pour lequel l'État doit créer les conditions du progrès économique, mais sans intervenir directement lui-même dans la production, sinon dans les domaines où l'initiative individuelle est impossible ou insuffisante (énergie nucléaire, recherche fondamentale). Cela étant, l'action du plan pouvait s'articuler autour de six thèmes ou options : réduire la dépendance en énergie et en matières premières ; accroître les possibilités concurrentielles de l'industrie ; renforcer les industries alimentaires ; améliorer l'emploi ; soutenir la protection sociale et la démographie ; améliorer l'habitat et le cadre de vie. Les options furent approuvées par le Parlement en juillet 1979.

Les résultats dépendaient en partie de l'évolution du prix de l'énergie ; le premier « choc pétrolier », qui avait porté le prix extérieur de l'énergie de 1,7 % de la production intérieure brute en 1973 à 4,4 % en 1974 avait été absorbé grâce aux économies, à l'inflation et à une amélioration des exportations, de sorte qu'en 1979 le coût de l'énergie n'absorbait que 3,8 % du PIB ; mais les deux chocs suivants, dus à la révolution iranienne en 1979, puis à la guerre irano-irakienne en 1980, poussaient les producteurs à doubler le prix du pétrole en 1979, puis à l'augmenter encore de 54 % en 1980. Le prix de référence du brut était ainsi passé de 1,8 dollar le baril en 1970 à plus de 32 dollars en 1981, et la «facture pétrolière» de 12 à plus de 110 milliards de francs en 1980 (65 en 1979, 52 en 1978); il faut cependant noter que, grâce à l'inflation, à la faiblesse du dollar, à la crise économique, aux énergies de remplacement et aux économies, le prélèvement sur le PIB n'atteignait que 4,5 %, mais sur une production intérieure qui croissait moins vite.

En effet, si la trésorerie des entreprises s'était redressée par une amélioration de 3 % de la productivité, grâce à la liberté des prix et à des liquidités plus abondantes provenant du déficit budgétaire et de l'afflux de capitaux étrangers, la croissance de la production tombait à 3,3 % en 1978, 3 % en 1979. La durée moyenne du travail était ramenée à 41 heures, et le nombre de chômeurs atteignait 1,4 million, 6 % de la population active, en janvier 1980. Au lieu des 75 000 emplois dont la création annuelle était prévue par le plan 40 000 seulement avaient été créés, et le gouvernement devait mettre en place un Pacte national pour l'emploi, reconduit en 1979 et 1980, qui accordait aux entreprises de 500 salariés des avantages concernant les charges sociales si elles embauchaient des jeunes de 18 à 26 ans et organisaient des stages rémunérés. Le Parlement dut en décembre 1978 accepter une adaptation du VIIe plan, qui devait aider l'action des PMI grâce au Fonds spécial d'adaptation industrielle, mettre l'accent sur des branches nouvelles, énergies, informatique, transports, exploitation des océans, industrie spatiale (premier lancement d'Ariane 24 décembre 1979); mais ces prévisions reposaient sur l'équilibre constant du commerce extérieur grâce au développement de l'agro-alimentaire, pour lequel un ministère spécial avait été créé, de la production de biens d'équipement et de la vente de services. Or il s'avéra rapidement que le commerce extérieur, activé par l'entrée en vigueur du système monétaire européen, le 14 mars 1979, puis par la réévaluation du mark en septembre, devenait déficitaire dès lors que la facture pétrolière était trop élevée et que le taux d'inflation se maintenait à 10,75 % en 1979.

L'aggravation du chômage portait des provinces jusque-là réputées par leur calme à s'insurger contre un pouvoir administratif qui semblait insensible aux misères des hommes : crise de l'acier, qui provoquait en février-mars 1979 les émeutes des sidérurgistes de Denain et la «marche» de la CGT sur Paris — sans pour cela éviter que la Commission de Bruxelles imposât en octobre 1980 des quotas de production en baisse de 13 %, en appliquant l'état de crise manifeste — crise du textile — crise de la construction navale — crise de l'automobile, menacée par la concurrence japonaise provoquaient des mouvements de protestation dans le Nord, les Ardennes, les Vosges, la Lorraine, la Loire-Atlantique, le Centre, le Midi provençal, rejoignant dans une indignation commune les viticulteurs du Midi, les éleveurs du Centre et de l'Ouest («guerre du mouton» franco-britannique, mars 1980), au moins jusqu'à la dévaluation du franc vert de 3,7 % et à la suppression des montants compensatoires français le 27 mars 1980. Les décisions de Bruxelles avaient eu pour effet indirect une accélération de l'exode rural. La part de la population active agricole était passée de 15 % du total en 1968 à 8 % en 1982[1].

Le pouvoir d'achat du salaire horaire, qui avait encore gagné 4,7 % en 1976, puis 2,4 % en 1977 et 1978, s'était stabilisé en 1979. La hausse des cotisations sociales imposée en 1980 (qui eut au moins l'avantage de faire disparaître provisoirement le déficit de la Sécurité sociale) associée à une faible adaptation des tranches de l'impôt sur le revenu, entraînait en 1980 une nouvelle dégradation, surtout pour les cadres et les revenus élevés, qui perdaient 0,4 %. Le manque d'unité des centrales syndicales, correspondant à la lutte ouverte entre les partis socialiste et communiste, la crise économique même, qui affaiblissait la combativité des travailleurs, réduisaient cependant le risque d'explosion sociale et laissaient un répit au gouvernement. Celui-ci, incapable d'assurer, ou résolu à éviter une progression constante du pouvoir d'achat, orienta ses efforts vers une politique familiale plus active (octroi, le 3 décembre 1980, du «million Pelletier» à l'occasion de la naissance du troisième enfant), et vers la transformation de la nature du travail salarié : en avril 1980 la loi sur la participation admettait des représentants des cadres et agents de maîtrise aux conseils d'administration — et en octobre 1980 le Parlement vota la loi invitant les sociétés cotées en Bourse à distribuer à leurs salariés, sous forme d'actions nouvelles, 3 % de leur capital social, l'État versant en compensation 65 % de la valeur des actions sous forme d'un prêt remboursable en dix ans. On s'orientait vers un système de cogestion sur le modèle allemand.

Le principal problème posé était celui de la réduction du temps de travail et de sa répartition dans le temps. La loi du 29 janvier 1981 sur le temps partiel corrigea la loi de 1973 en définissant le temps partiel comme étant simplement «d'une durée inférieure à la durée normale du travail dans l'établissement»; mais on se heurtait, pour aller plus loin, à la législation existante, qui rendait difficile une répartition différente du temps de travail : la loi de 1936 faisait obligation

1. Le système monétaire européen (SME) est d'inspiration essentiellement française; il précise et développe le champ d'activité du «serpent communautaire». C'est un organe de stabilité, comme le serpent, qui lie les monnaies en des parités fixes, de telle sorte que les membres doivent manœuvrer pour maintenir leur monnaie autour d'un cours central entre deux limites, ± 2,25 %. Le Conseil européen réuni à Bruxelles le 5 décembre 1978 a défini l'Ecu (European Currency Unit) comme monnaie européenne de compte calculée suivant une pondération des monnaies des pays membres. Les écus peuvent servir de moyens de règlement entre autorités monétaires des membres, et, pour les autres opérations, entre les autorités et le Fonds monétaire européen, habilité à recevoir des réserves monétaires des membres et à émettre en contrepartie des Écus. Un fonds initial d'Écus destiné aux banques centrales est équilibré par un dépôt proportionnel aux réserves des membres et constitué pour moitié d'or et de dollars, pour moitié des monnaies des autres pays membres. Des crédits à moyen terme peuvent être accordés par le Fonds. Le Fonds monétaire européen doit se substituer à tous les accords et institutions concernant l'Europe communautaire.

de répartir la durée du travail hebdomadaire sur 5 jours minimum, 6 maximum; par ailleurs la durée moyenne annuelle du travail était descendue à 2 200 heures en 1970 et 2 000 en 1978; il s'agissait de réduire à nouveau ce temps annuel pour aboutir à la semaine de 35 heures (pour la même rétribution?), mais encore d'obtenir la possibilité d'un aménagement du temps de travail, la loi interdisant toujours à un employeur de faire travailler ses salariés 4 jours par semaine pour un même temps hebdomadaire, alors même que depuis 1973 étaient souvent apparus les horaires libres, chacun pouvant adapter son temps de travail.

A la veille de l'élection présidentielle d'avril-mai 1981 le septennat pouvait se prévaloir d'un certain nombre d'acquis sociaux : les mesures prises en faveur des femmes, des handicapés, des personnes âgées, et une amélioration plus sensible du SMIC que celle des autres rémunérations; il avait su défendre le plan énergétique et mettre en route les recherches vers de nouvelles sources d'énergie; il avait enfin su encourager la production agricole et l'industrie agro-alimentaire au point que la France, jadis déficitaire, était devenue l'un des principaux exportateurs de produits d'origine agricole. Mais le bilan restait fortement négatif sur trois points :

a) *L'inflation,* qui s'était élevée officiellement à 13,6 % en 1980, restait l'une des plus fortes d'Europe, et, devenue maintenant aussi forte que l'augmentation des salaires, elle mettait en question le maintien du pouvoir d'achat des salariés; cette inflation ne s'expliquait pas seulement par la hausse du prix du pétrole et des matières premières : Barre le reconnaissait le 4 novembre 1980 devant le Conseil économique et social, en l'imputant à l'indexation de fait des rémunérations, aux modes de fixation des prix agricoles, aux charges sociales et à l'insuffisance de la concurrence intérieure; on pouvait ajouter les 95 milliards de francs du déficit budgétaire en 1980.

L'évolution des prix de détail entre 1968 et 1981

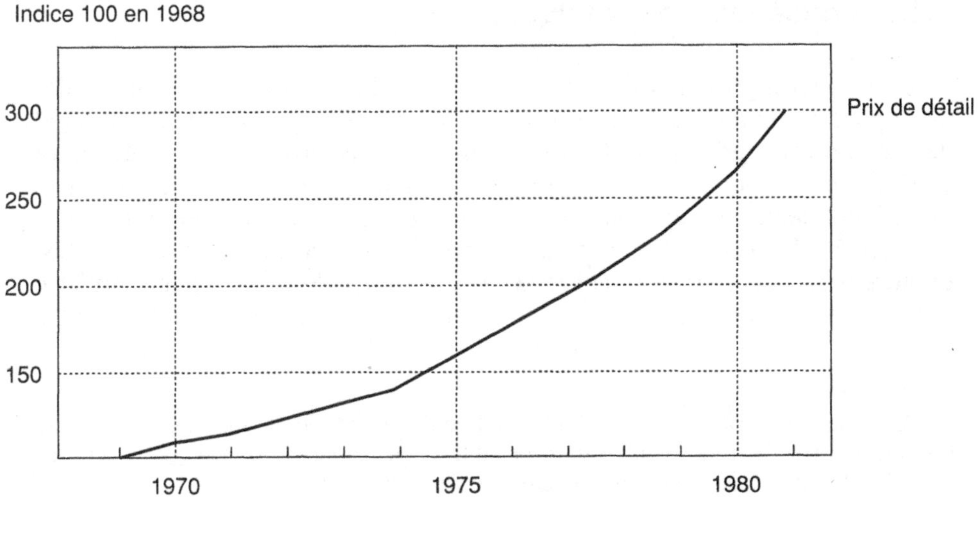

b) *La balance* des échanges extérieurs s'était détériorée, et là encore le pétrole n'était pas seul en cause; malgré un excédent des invisibles (services, tourisme) de 36 milliards de francs en 1980 la balance des paiements courants était en déficit de 31 milliards (contre un excédent de 6 milliards en 1979), par suite d'une montée trop rapide des importations par rapport aux exportations; celles-ci étaient pénalisées, celles-là encouragées par une monnaie que l'on voulait délibérément forte, mais dont la stabilité (apparente seulement si l'on tient compte de l'inflation), n'était possible que par des taux d'intérêts élevés et des emprunts extérieurs.

c) Enfin le principal problème restait *le chômage,* qui touchait 1,7 million de personnes au printemps 1981; la venue sur le marché du travail de 800 000 jeunes par an, correspondant aux années de forte démographie, et l'arrivée d'un nombre accru de femmes dans la population active, alors que les départs en retraite, du fait des années creuses 1914-1918 n'atteignaient que 400 000 personnes environ chaque année, la recherche, d'autre part, d'une productivité accrue n'auraient pu être compensées que par des créations d'emplois que la crise mondiale rendait insuffisantes. Au contraire la perspective d'une diminution dramatique de la production ne pouvait qu'inciter au pessimisme. Le chômage n'était pas seulement nocif par son aspect psychologique : il coûtait à la nation, et en particulier aux entreprises, 83 milliards en 1980, 105 milliards en 1981 par les indemnités versées, les pertes de cotisation de la Sécurité sociale et les aides à l'emploi fournies par l'État; et l'on aboutissait à cette situation absurde que la jeunesse d'une nation apparaissait comme un handicap, qui ne commencerait à s'estomper qu'à partir de 1983, quand la population active cesserait d'augmenter.

4. Les conséquences politiques

Tous les «clignotants» étant ainsi allumés, la situation s'avérait inquiétante pour la majorité, dont la désunion avait été exprimée dans «l'appel de Cochin» dirigé par J. Chirac contre les giscardiens le 6 décembre 1978[1]. Les oppositions s'étaient aussi manifestées à l'occasion des premières élections européennes au suffrage universel, qui eurent lieu le 10 juin 1979 suivant un système proportionnel avec listes nationales. D'autre part l'assassinat mystérieux, le 2 février 1980, de l'ancien ministre J. Fontanet, venant après l'assassinat du prince de Broglie en 1976 et la

1. «Comme toujours, quand il s'agit de l'abaissement de la France, le parti de l'étranger est à l'œuvre avec sa voix paisible et rassurante; Français, ne l'écoutez pas, c'est l'engourdissement qui précède la paix de la mort.»

mort controversée de l'ancien ministre R. Boulin, puis l'attentat contre la synagogue de la rue Copernic, à Paris, le 3 octobre 1980, tandis que continuaient en Corse les exactions du FLNC, entretenaient dans l'opinion une inquiétude que ne parvint pas à calmer l'adoption de la loi «Sécurité et Liberté»; dans la majorité les uns accusaient un libéralisme trop laxiste, les autres une rigueur excessive de la loi.

Mais à gauche également l'unité de candidature et d'action, qui avait marqué l'élection de 1974, semblait avoir disparu : G. Marchais ouvrit la campagne présidentielle en se portant, cette fois, candidat, dès octobre 1980. Chez les socialistes M. Rocard annonça le premier son intention de solliciter la candidature du parti, puis il s'effaça lorsque l'on *sut,* le 8 novembre 1980, que F. Mitterrand souhaitait aussi être candidat : il fut en effet désigné le 25 janvier 1981 par un congrès extraordinaire, dont les propositions reprenaient les grandes lignes du Programme commun. J. Chirac se décida le 3 février, bien que M. Debré, fort de l'appui des «gaullistes historiques», tels Guichard et Guéna, se fût déjà déclaré prêt à se présenter; J. Chirac abandonna la présidence du RPR et se fit plébisciter le 7 février par un congrès extraordinaire qui approuva un programme économique et social reposant sur l'encouragement à l'investissement et la réforme fiscale dans un refus à la fois de la «relance» et du «collectivisme». V. Giscard d'Estaing n'annonça sa candidature qu'en mars afin de laisser subsister le moins longtemps possible la confusion entre sa fonction de Président et sa situation de candidat; l'UDF proposait un vague projet de modernisation de l'économie. On vit surgir dans le même temps un nombre considérable de candidatures dont la fantaisie risquait de porter atteinte à la dignité de la fonction présidentielle, mais qui, en fin de compte, furent pour la plupart éliminées par l'obligation de fournir la caution de 500 élus pour pouvoir se présenter.

La campagne fut d'abord marquée par la violence des attaques menées contre F. Mitterrand par G. Marchais, qui, au cours de l'émission télévisée du 23 mars 1981, effrayait les électeurs en mettant comme condition de son soutien la participation de ministres communistes au gouvernement futur, sans quoi il laissait entrevoir de graves troubles sociaux, comme en 1936, au lendemain d'un éventuel succès de F. Mitterrand. La virulence des critiques portées par J. Chirac contre la politique du Président sortant était aussi forte : il en attaquait la politique extérieure, qu'il accusait de faiblesse et d'incertitude, et la politique économique, dont il soulignait les contradictions entre le libéralisme affirmé et le dirigisme, «l'étatisme», le «socialisme rampant».

Le premier tour du 26 avril marqua un net recul du Président sortant, victime de la crise et de l'usure du pouvoir; il témoigna d'un succès notable pour le candidat socialiste, apporta des résultats relativement importants aux «petits candidats» d'opposition, mais surtout on souligna l'échec du candidat du parti communiste, qui recueillait jusque-là 20 % des voix et tombait à un niveau qu'il n'avait pas connu depuis la Libération; même dans son bastion de la Seine-Saint-Denis il avait perdu 10 points par rapport à 1978; une partie de l'électorat communiste traditionnel avait sans doute choisi de « voter utile » en se portant d'emblée sur le candidat socialiste pour éviter un duel Giscard-Chirac au second tour. Il n'en demeurait pas moins que le parti communiste subissait un échec qui modifia dès lors radicalement le comportement de l'appareil du parti, dont le comité central annonça le 28 avril sans ambiguïté qu'il soutiendrait F. Mitterrand, en maintenant la perspective d'une participation communiste au futur gouvernement, seul moyen selon lui de faire aboutir les réformes et le changement de société voulu par le parti. En même temps la manifestation syndicale du 1er mai, dont on redoutait les désordres dans les circonstances présentes, fut caractérisée par un calme qui devait rassurer ceux qui pouvaient craindre les retombées d'une victoire de la gauche.

Face à l'unité retrouvée de la gauche la majorité sortante accusait au contraire ses divisions. Le 3 mai pourtant, au cours du meeting de la Porte de Pantin, V. Giscard d'Estaing lançait un appel à J. Chirac en acceptant ses critiques et en lui promettant de tenir compte de ses suggestions; le 6 mai celui-ci répondit par une déclaration où, sans inviter explicitement ses partisans à voter pour le Président sortant, il les mettait seulement en garde contre le succès du candidat de la gauche. Au second tour, le 10 mai, tandis que F. Mitterrand réunissait sur son nom à peu près la totalité des voix communistes et des voix des petits candidats de gauche, il manquait à V. Giscard d'Estaing une partie des gaullistes, ou plutôt des chiraquiens, qui s'étaient abstenus ou même avaient voté en faveur du candidat de la gauche.

On pouvait, semblait-il, trouver à l'échec de V. Giscard d'Estaing quatre raisons :

1. Il est apparu à beaucoup d'électeurs qu'une reconduction pour sept ans était excessive.

2. Une fraction de la droite traditionaliste, qui ne pardonnait pas la loi sur l'IVG, et d'une façon générale les manifestations du « libéralisme avancé », s'est abstenue.

3. Une partie de l'opinion a opté pour le « changement », sans trop savoir ce que l'on mettait sous le mot; il y a confusion entre désir de réformes, de justice sociale et socialisme.

4. Beaucoup d'électeurs ont été séduits par les promesses générales qui engageaient un gouvernement de la gauche à faire reculer le chômage et à améliorer le niveau de vie. En fait bien peu imaginaient, pour n'avoir pas connu le détail des cent-dix propositions du candidat, que leur vote pouvait ouvrir une ère nouvelle dans l'histoire de la Ve République et de la France.

Bibliographie

Démographie et Société

G.-F. DUMONT, P. CHAUNU, Y. LEGRAND, A. SAUVY, *La France ridée* (Hachette, coll. Pluriel, nouv. éd., 1986); G.-F. DUMONT, *Pour la liberté familiale* (PUF, 1986); J. DUPAQUIER (sous la direction de), *Histoire de la population française,* t. IV, *De 1914 à nos jours* (PUF, 1988); D. BORNE, *La société française depuis 1945* (Paris, Armand Colin, 1988); M. GOUBET et J.-L. ROUCOLLE, *Population et Société françaises, 1945-1988* (Mementos Sirey, 1988); M. NOBLECOURT, *Les Syndicats en question* (Éd. ouvrières, 1990); G. LE MOIGNE, *L'immigration en France* (Que sais-je?, PUF, 1995); P. MILZA, M. AMAR, *L'immigration en France au XXe siècle* (Paris, Armand Colin, 1990); O. MILZA, *Les Français devant l'immigration* (Bruxelles, Complexe, 1988).

Sur le libéralisme

V. GISCARD D'ESTAING, *Démocratie Française* (Fayard, 1973); *Deux Français sur trois* (Flammarion, 1984); A. PEYREFITTE, *Le mal français* (Plon, 1976); J. BRUNN, *La Nouvelle Droite* (recueil d'articles, Nouv. Éd. Oswald, 1979); A. DUHAMEL, *La République giscardienne* (Grasset, 1980); M. DEBRÉ, *Lettre ouverte aux Français sur la reconquête de la France* (Albin Michel, 1980); J. BOTHOREL, *Le Pharaon, Histoire du septennat giscardien* (Grasset, 1983); F. FURET, J. JULLIARD, P. ROSANVALLON, *La République du Centre, la fin de l'exception française* (Calmann-Lévy, 1988); M. FLAMANT, *Histoire du libéralisme* (Que sais-je?, PUF, 1988).

Sur le socialisme et le communisme

F. MITTERRAND, *La Paille et le Grain* (Chronique, Éphémérides, Flammarion, 1975); *Politique* (articles et discours) (Fayard, 1977); *L'Abeille et l'Architecte* (Flammarion, 1978); *Ici et Maintenant* (Conversations, Fayard, 1980); G. MARCHAIS, *L'Espoir au présent* (Éd. Sociales, 1980); Ph. ROBRIEUX, *Histoire intérieure du Parti communiste,* t. IV (Fayard, 1983); S. COURTOIS, M. LAZAR, *Histoire du Parti communiste français* (Paris, PUF, 1995).

Sur des hommes

F.O. GIESBERT, *J. Chirac* (Seuil, 1987); Ph. BOGGIO et A. ROLLAT, *Ce terrible Monsieur Pasqua* (Olivier Orban, 1988); H. AMOUROUX, *Monsieur Barre* (R. Laffont, 1986).

Sur l'économie

A.D. SCHOR, *Le Système monétaire européen* (Que sais-je?, PUF, 1993); J.-M. JEANNENEY et autres, *L'Économie française depuis 1967. La traversée des turbulences mondiales* (Seuil, 1989); E. TODD, *La nouvelle France* (Seuil, 1988), J.F. ECK, *La France dans la nouvelle économie mondiale* (Paris, PUF, 1994).

Document

Résultats de l'élection présidentielle d'avril-mai 1981

Premier tour			*Deuxième tour*		
Inscrits		36 398 859			
Votants		29 516 082	Votants		31 249 753
Exprimés		29 038 117	Exprimés		30 362 385
Abstentions		18,9 %	Abstentions		14,13 %
Giscard d'Estaing	8 222 432	28,32 %	Mitterrand	15 714 598	51,75 %
Mitterrand	7 505 960	25,85 %	Giscard d'Estaing	14 647 787	48,24 %
Chirac	5 225 848	18 %			
Marchais	4 456 922	15,35 %			
Lalonde (écologiste)	1 126 254	3,88 %			
Laguiller (Lutte ouvrière)	668 057	2,3 %			
Crépeau (Rad. de gauche)	642 847	2,21 %			
Debré	481 821	1,66 %			
Garaud	386 623	1,33 %			
Bouchardeau (PSU)	321 353	1,11 %			

22

L'expérience socialo-communiste (10 mai 1981-16 mars 1986)

Le quinquennat socialiste paraît se partager en quatre périodes : de mai 1981 à juin 1982 c'est l'année de l'euphorie, de l'« état de grâce » symbolisé par la liesse populaire sur le lieu hautement symbolique de la place de la Bastille et par la cérémonie du Panthéon accompagnée de l'Hymne à la Joie de Beethoven exécuté sous la direction de D. Barenboïm : F. Mitterrand renoue avec les grands ancêtres de la gauche dans une allégorie faite pour marquer la frontière « qui sépare la nuit de la lumière » (J. Lang). Dans un deuxième temps, entre juin 1982 et mars 1983, la réalité économique impose ses lois et entraîne la rigueur ; l'allégresse fait place peu à peu au désenchantement. La troisième période, qui voit la fin de l'Union de la gauche, est celle de la mutation économique, de la « modernisation » ; on demande aux Français de souffrir provisoirement pour récolter plus tard les fruits d'une prospérité retrouvée ; et, comme pour faire accepter par les militants cette déception, on tente de revenir à la pureté originelle de l'idéologie. Dans la dernière étape les socialistes, affrontés au nouvel adversaire communiste, se retrouvent seuls et divisés entre eux pour traverser une période de turbulences politiques et sociales.

1. L'état de grâce (mai 1981-juin 1982)

A. Installation du nouveau régime

La passation des pouvoirs entre les présidents eut lieu le 21 mai. La formation, le même jour, du premier ministère Pierre Mauroy, n'avait encore d'autre finalité que celle de préparer des élections législatives, qui, par la majorité qu'elles apporteraient au nouveau Président, lui donneraient les moyens de sa politique ; car la logique des Institutions exigeait qu'il y eût coïncidence entre le Président et la majorité de l'Assemblée, donc que celle-ci, qui avait été élue en 1978, fut dissoute : elle le fut le lendemain. Les Finances étaient confiées à J. Delors, tard venu au parti socialiste, sinon au socialisme, par la voie de la JEC et du syndicalisme chrétien, ancien inspirateur de la « nouvelle société » de J. Chaban-Delmas — L. Fabius était au Trésor — M. Rocard au Plan — ministère socialiste presque homogène, exprimant toutes les tendances du parti, de Rocard à Chevènement, renforcé par M. Jobert, toujours situé « ailleurs », et trois radicaux de gauche ; gouvernement de cinq ministres d'État, 25 ministres, 12 secrétaires d'État, qui comprenait six femmes, un ministre d'État chargé de la Solidarité nationale, un ministre du Temps libre, un ministre de la Mer ; le ministère des Affaires étrangères devenait le ministère des Relations extérieures, confié à Cl. Cheysson.

Les élections législatives furent fixées aux 14 et 21 juin. G. Marchais pour les communistes et L. Jospin pour les socialistes signèrent un accord de désistement pour le second tour, sans régler pour autant la participation des communistes au pouvoir. Dans l'ancienne majorité, en dépit des attaques réciproques et des trahisons qui avaient précédé l'élection présidentielle, un accord fut conclu le 15 mai entre Chirac et Lecanuet pour présenter des candidatures communes sous le sigle *Union pour une nouvelle majorité.* Le premier tour fut marqué par une proportion d'abstentions relativement forte, étant donné l'importance du scrutin, comme si les jeux étaient déjà faits, mais la candidature unique permit à la coalition RPR-UDF de faire illusion en emportant 100 sièges contre 56 à la gauche ; les communistes arrivaient généralement derrière les candidats socialistes. Le deuxième tour fut marqué par une confirmation du recul des communistes, qui perdaient près de la moitié de leurs sièges, et par un raz de marée socialiste. Une partie de la droite classique s'est abstenue, pour pénaliser la majorité sortante d'avoir appliqué un « socialisme rampant » et pour laisser s'accomplir une expérience clairement socialiste qu'elle espérait provisoire. Le sentiment naturellement légitimiste des Français a joué aussi pour les faire voter socialiste dans la foulée de l'élection d'un Président socialiste. Enfin une part du corps électoral crut écarter une participation communiste au pouvoir en donnant au Président une majorité absolue socialiste qui lui laisserait une totale liberté d'action. Néanmoins F. Mitterrand voulut poursuivre l'union de la gauche, et, dans le deuxième ministère formé par P. Mauroy le 23 juin, figuraient quatre représentants du parti communiste (Transports, Fonction publique, Santé, Formation professionnelle).

L'esprit de la Constitution était donc largement respecté, puisqu'il y avait adéquation complète entre le Président et l'Assemblée : on pouvait même parler de « Chambre introuvable », tant la majorité présidentielle était imposante.

Fort de ses 700 000 adhérents déclarés, appuyé sur la force syndicale la plus puissante, la CGT, le parti communiste revenait aux Affaires après une

Résultats des élections législatives

	Premier tour 14 juin			*Deuxième tour 21 juin*		
Inscrits Abstentions Exprimés	36 342 827 10 786 694 (29,67 %) 25 191 042			25 757 374 6 579 668 (25,5 %) 18 675 028		
	Voix	*%*	*Élus*	*Voix*	*%*	*Élus (Total)*
Extrême gauche	343 721	1,36	–	3 517	0,01	–
Parti communiste	4 065 540	16,13	7	1 303 587	6,98	44 (– 42)
PS + MRG	9 432 537	37,44	49	9 198 332	49,28	289 (+ 179)
Divers gauche	195 641	0,77	–	97 006	0,52	–
Écologistes	271 688	1,08	–	–	–	–
RPR	5 249 670	20,83	50	4 174 302	22,36	85 (– 70)
UDF	4 829 329	19,16	43	3 489 363	18,64	62 (– 55)
Divers droite	712 494	2,82	7	408 861	2,19	11 (–7)
Extrême droite	90 422	0,35	–	–	–	–

Parmi les 62 UDF : 32 PR, 19 CDS, 9 UDF, 2 radicaux.

absence qui durait depuis 1947; on ne parlait plus de lutte des classes, et G. Marchais se félicitait d'avancer « pas à pas » en favorisant l'union et le dialogue : dans son rapport du 26 juin 1981 sur la situation politique il apparaissait réformiste, appelant à « la solution progressive des problèmes sociaux » et négligeant la « grogne » des vieux militants qui acceptaient mal l'effacement doctrinal impliqué par la participation au pouvoir.

Le parti socialiste avançait 180 000 adhérents, appartenant en majorité aux cadres moyens et à la fonction publique. Les députés, issus souvent de l'Éducation nationale, théoriciens doctrinaires, conscients de la force que leur donnait le nombre, mal préparés à l'exercice du pouvoir et indifférents aux problèmes économiques, étaient prêts à mettre en œuvre leurs principes, quelles qu'en fussent les contradictions apportées par les faits. Mermaz, élu président de l'Assemblée, affirmait : « Il faut que le gouvernement frappe vite et fort », et le 29 octobre, parlant à la radio : « Si les réformes mises en œuvre sont réalisées, une transformation telle de la société interviendra que la vieille droite va disparaître. » A. Laignel s'adressant à un opposant : « Vous avez juridiquement tort, puisque vous êtes politiquement minoritaire ». Au congrès tenu à Valence les 23-24 octobre 1981 les courants se manifestaient encore et étaient représentés au bureau exécutif, mais tous étaient unanimes dans leur détermination révolutionnaire; P. Quilès conseillait : « Il ne faut plus se contenter de dire, comme Robespierre à la Convention le 8 thermidor : les têtes vont tomber! Il faut dire lesquelles, et le dire rapidement. »

Dans l'opposition, l'UDF, avec ses 300 000 adhérents, dont 60 000 directs, restait surtout un parti d'intellectuels et de notables, appuyé sur les clubs *Perspectives et Réalités;* elle apparaissait comme la principale vaincue, et l'unité d'esprit et d'action y était difficile à réaliser entre le parti républicain, le centre des démocrates sociaux, les sociaux-démocrates et les radicaux ralliés.

Plus populaire et mieux structuré, mais également partagé en tendances, le RPR, malgré ses pertes après les médiocres résultats des Européennes en 1979, annonçait encore 650 000 adhérents; l'échec de M. Debré et des gaullistes historiques à l'élection présidentielle avait fait plus que jamais de J. Chirac le chef charismatique qui donnait toute sa force au mouvement; celui-ci s'efforçait de couvrir le pays de clubs et d'associations comme le *Club 89,* créé en juillet 1981 par M. Aurillac et A. Juppé pour concurrencer *Perspectives et Réalités, Carrefour du gaullisme,* le *Mouvement pour la Solidarité par la Participation,* gaulliste de gauche de Ph. Dechartre, qui rejoindra la famille gaulliste en 1983, et nombre d'associations plus ou moins proches du gaullisme, *Fondation du Futur, Femmes Avenir, l'UJP,* qui vivait à l'écart du mouvement depuis 1974 et qui va y revenir. Suivant l'exemple de la gauche, qui, au temps où elle était dans l'opposition, avait pris l'initiative de créer des clubs conçus comme l'outil de réflexion qui devait préparer son accession au pouvoir, ceux qui ne rougissaient plus, maintenant qu'ils étaient rejetés dans l'opposition, d'être classés «à droite», se donnaient une profusion de centres d'élaboration de divers moyens de reconquête et de programmes pour l'exercice prochain d'un pouvoir retrouvé.

Et pourtant F. Mitterrand, qui n'avait pas approuvé la Constitution de 1958, qui fut toujours depuis cette date un adversaire du général de Gaulle, n'éprouvait aucune difficulté à se couler dans le moule gaullien de la pratique présidentielle du pouvoir. Il fit rapidement figure d'un doctrinaire pour qui l'idée même d'une alternance, c'est-à-dire l'éventualité du retour au pouvoir de l'ancienne majorité, ne pouvait pas venir à l'esprit. La révolution socialiste qu'il envisageait se présentait comme un type nouveau de socialisme propre à la France, mais capable de servir de modèle au tiers monde qui était un objet primordial d'attention pour le nouveau chef de l'État et ses conseillers intimes. Cette volonté de rupture avec la société antérieure s'exprima dans sa première déclaration qui était une glorification de cette partie du peuple qui s'est exprimée dans «de brèves et glorieuses fractures»; il s'agissait pour lui de mettre à profit la plénitude des pouvoirs qu'il détenait, appuyé sur une Assemblée massivement acquise à ses projets pour créer un mouvement irréversible. Le régime restait parlementaire dans son principe originel, mais la pratique en achevait l'évolution vers «l'exercice solitaire du pouvoir». Les précédents chefs de l'État étaient souvent contrariés dans leur action par la mauvaise humeur ou la franche hostilité des syndicats, par une intelligentsia de gauche qui imposait depuis 1945 un contrôle à peu près total sur tout ce qui relevait de l'esprit, et par un corps enseignant dominé par la puissante fédération de l'Éducation nationale; ces forces de contestation faiblissaient à partir du moment où le régime apparaissait comme leur propre émanation.

B. Les réformes

L'Assemblée voulut très vite définir sa conception de la défense des droits de l'homme par le vote de plusieurs lois judiciaires : une très large amnistie dont bénéficièrent 1 400 détenus, suivie de 4 700 grâces présidentielles, la mise en sommeil (puis l'abrogation en juin 1983) de la loi Peyrefitte dite « Sécurité et Liberté », la suppression le 4 août de la Cour de sûreté de l'État et des tribunaux militaires, et surtout l'adoption, le 18 septembre 1981, de la loi (votée par une partie de l'opposition et sans difficulté par le Sénat le 1er octobre) supprimant la peine de mort. Seule entorse aux principes, P. Mauroy annonça le 14 septembre le maintien à 1 an du temps de service national.

La nouvelle majorité fit aboutir la *réforme administrative,* mise en chantier un quart de siècle plus tôt : en 1955 avaient été créées des sociétés de développement régional devenues ensuite les cadres de 21 régions de programme (22 avec la Corse en 1970) pour la réalisation du plan ; leur finalité s'était d'abord limitée à des rencontres entre préfets des départements concernés, puis elles avaient été conçues comme entités et précisément délimitées en 1960. En 1964 le préfet de l'un des départements était devenu préfet de région, ayant à sa disposition des services propres pour élaborer les propositions du plan et en assurer ensuite l'exécution. L'échec du référendum du 27 avril 1969 arrêta provisoirement l'évolution qui devait faire de la région une collectivité territoriale autonome. Du moins le président Pompidou fit aboutir en 1972 une réforme qui remplaçait la Commission de développement économique régionale (CODER), à voix strictement consultative, par un Conseil régional formé des parlementaires et de délégués des élus locaux, assisté d'un Conseil social et culturel désigné par les associations régionales ; ce Conseil régional avait vocation économique, sociale, culturelle, dressait un budget et disposait à cette fin de délégations de ressources et de la possibilité de percevoir des taxes autorisées par l'État. Il ne votait pas l'impôt et restait sous l'autorité du préfet, dépositaire des pouvoirs de l'exécutif central.

Le 3 août 1981 le ministre de l'Intérieur, G. Defferre, fit voter par l'Assemblée la première partie de la loi sur « les droits et libertés des communes, des départements et des régions » : les maires gagnaient en autonomie dans les domaines du budget, de l'administration (plan d'occupation des sols, permis de construire) de l'ordre public, le préfet n'exerçant plus sa tutelle qu'*a posteriori.* Le préfet devenait commissaire de la République et transférait une partie de son pouvoir exécutif au président du Conseil général élu. La région enfin, définie comme collectivité territoriale, avait pour mission de promouvoir le développement économique, social, sanitaire, culturel et scientifique et de procéder à l'aménagement de son territoire ; elle élisait une Assemblée, qui décidait de son budget, dont la réalisation serait vérifiée par une Chambre régionale des comptes.

La répartition des attributions entre préfets commissaires de la République et présidents des Conseils généraux, entre préfets de régions et Assemblées régionales fut précisée par la loi du 2 mars 1982, qui accordait en même temps à la Corse un statut particulier destiné dans l'immédiat à satisfaire l'appétit d'autonomie, sinon d'indépendance, des insulaires, et ultérieurement à servir d'exemple pour l'organisation des futures régions : les deux départements de l'île seraient représentés par une Assemblée de 61 membres élus à la proportionnelle, ayant compétence pour les affaires culturelles, économiques et financières en se faisant aider par des offices spécialisés Le 15 avril 1982 les préfets procédèrent discrètement à la transmission d'une partie de leur pouvoir exécutif aux présidents des Conseils généraux.

Il manquait à la loi de décentralisation une définition suffisamment nette des compétences de chaque échelon, l'indication du mode de désignation des conseillers régionaux (mais la Corse pouvait servir de modèle) et des données plus précises sur les finances locales. Les lois des 7 janvier et 22 juillet 1983 fixeront par la suite les compétences de chaque division administrative : les communes sont maîtresses de leur sol et de leurs finances ; des départements relèvent les communications, l'action sociale et scolaire ; la région dresse un plan économique, social, culturel et participe à l'élaboration du plan national. Enfin la loi du 26 janvier 1984 fera des agents des collectivités locales des fonctionnaires territoriaux, portant ainsi à 4,5 millions le nombre de personnes émargeant au budget de l'État, plus d'un actif sur cinq. La question des finances locales n'était pas encore réglée, ni la constitution des régions en collectivités territoriales[1]. En apparence la réforme administrative rappelait 1789 plus que 1793, la Gironde plus que la Montagne ; seule son application pourrait en dire l'esprit et la portée. Elle satisfaisait les aspirations locales, mais créait une source de dépenses et une complexité supplémentaires.

Les *nationalisations* répondent autant à l'application d'un principe qu'au désir de renouer avec les réformes de l'immédiat après-guerre ; votées en novembre 1981, leur légitimité fut reconnue par le Conseil constitutionnel qui demanda seulement une correction dans le mode d'indemnisation des porteurs d'actions. La loi corrigée fut définitivement votée le 18 décembre 1981 et promulguée en février 1982 ; elle concernait cinq sociétés industrielles : Compagnie générale d'électricité (CGE), Compagnie de Saint-Gobain, Péchiney-Ugine-Kuhlmann, Rhône-Poulenc, Thomson-Brandt — les deux Compagnies financières de Paris et des Pays-Bas et de Suez — quarante-deux banques inscrites ou non à la cote officielle. Le système

1. L'élection des conseillers régionaux au suffrage universel et à la proportionnelle, le 16 mars 1986, a répondu à la question en faisant des régions des collectivités territoriales de plein exercice. L'État a transféré aux régions une part de ses obligations (routes, Enseignement) sans transférer les ressources correspondantes, sauf à augmenter les impôts locaux.

bancaire, déjà partiellement étatisé en ce qui concernait les banques de dépôt et la Banque de France en décembre 1945, passait ainsi presque entièrement sous le contrôle de l'État. Les actions étaient échangées contre des obligations à taux variable (8,3 % la première année), amortissables en quinze ans, émises par la Caisse nationale de l'industrie ou la Caisse nationale des Banques et garanties par l'État.

L'opération devait coûter à l'État 47 milliards de francs (en tenant compte de la contribution de l'État à l'exploitation et aux charges sociales) ; il faut néanmoins noter que ces nationalisations ne représentaient pas une révolution aussi importante qu'il y semblerait, étant donné le rôle indirect déjà joué par les pouvoirs publics dans la vie de ces sociétés à travers les commandes, les prêts bonifiés ou les avantages fiscaux.

Les mesures sociales concernent l'amélioration des conditions de vie, la lutte contre le chômage et le prolongement des réformes déjà introduites en 1944-1945 dans la vie de l'entreprise. Certaines de ces mesures pouvaient être décidées par la simple initiative gouvernementale : ainsi de l'augmentation de 14,7 % du SMIC, qui se répercutera sur l'ensemble des salaires, et permettra en fin de compte une amélioration réelle de 1,8 % du pouvoir d'achat (compte tenu de l'inflation) sur un an — de l'augmentation progressive des allocations familiales, des allocations vieillesse, des allocations logement, des aides aux handicapés. Pour les réformes sociales plus profondes le deuxième gouvernement Mauroy utilisa l'article 38 de la Constitution, qui lui donnait le droit de légiférer par ordonnances[1]. L'ordonnance du 14 janvier 1982 réduit la durée légale de la semaine de travail à 39 heures sans diminution de salaire (dans l'espoir aussi, comme on l'avait eu en 1936, que la réduction aurait des effets bénéfiques sur le chômage) ; première étape d'une réforme qui devait conduire à 35 heures en 1985 et dès le 31 décembre 1983 pour les travailleurs en continu — limitation du contingent d'heures supplémentaires (9 heures maximum par semaine) l'ordonnance accorde une cinquième semaine de congés payés (2 jours 1/2 ouvrables par mois de travail). La nouvelle durée du travail entra en application en février 1982 après de multiples mouvements de grève.

Les *lois Auroux* firent l'objet de 7 ordonnances et 4 lois échelonnées de février à octobre 1982 et définitivement votées en décembre 1982. Dans son rapport préliminaire le ministre du Travail reconnaissait la nécessité de

1. Le gouvernement peut, pour l'exécution de son programme, demander au Parlement l'autorisation de prendre par ordonnances, pendant un délai limité, des mesures qui sont normalement du domaine de la loi. Les ordonnances sont prises en Conseil des ministres après avis du Conseil d'Etat. Elles entrent en vigueur dès leur application, mais deviennent caduques si le projet de loi de ratification n'est pas déposé devant le Parlement avant la date fixée par la loi d'habilitation. A l'expiration du délai mentionné au premier alinéa du présent article les ordonnances ne peuvent plus être modifiées que par la loi dans les matières qui sont du domaine du législatif.

l'unité de direction et de décision dans l'entreprise, tout en définissant celle-ci comme une « collectivité de travail » ; il s'agissait de créer pour les travailleurs une « citoyenneté économique » pour qu'ils fussent des citoyens à part entière, en les faisant participer à la gestation d'une société nouvelle grâce à l'élargissement de leurs droits dans une entreprise où ils ne seraient plus seulement des exécutants, mais où ils participeraient aux décisions sur l'organisation, les conditions du travail, et aussi la finalité de cette entreprise Pour cela la loi faisait obligation de conclure dans les entreprises de plus de 50 salariés des conventions collectives portant chaque année sur les salaires, le temps et l'organisation du travail, étendant les compétences des comités d'entreprise dans l'orientation économique, renforçant les pouvoirs des comités d'hygiène et de sécurité. Les lois du 4 août et du 28 octobre 1982, en particulier, imposaient au chef d'entreprise de soumettre pour avis aux représentants du personnel le règlement intérieur ; tout employé pouvait s'exprimer directement sur les conditions de travail ; en même temps ces « citoyens économiques » seraient représentés dans des conseils d'ateliers et aux conseils d'administration pour connaître les objectifs de l'entreprise et participer à l'élaboration des voies et moyens qui devaient conduire à leur réalisation. Dans les entreprises de plus de 300 salariés le comité d'entreprise peut se faire aider par des experts rémunérés par l'entreprise. Dans les entreprises de plus de 1 000 employés le comité crée en son sein une commission économique assistée d'experts rétribués par un pourcentage de la masse salariale, à qui seraient soumis les rapports économiques et financiers. La loi prévoyait qu'après trois ans d'application des réformes un bilan serait dressé et qu'un texte définitif serait adopté avant le 31 décembre 1985[1].

Les trois réformes fondamentales, décentralisation, nationalisations, droits des travailleurs constituaient « le socle du changement ».

Dernier volet de l'action sociale, le chômage ; le gouvernement Mauroy utilisa les moyens classiques et en ajouta d'autres pour tenter de le réduire : création de 250 000 postes budgétaires dans la fonction publique en 1981-1982 ; aide aux PME et PMI, les plus créatrices d'emplois, pour une stimulation des investissements ; programme de grands travaux, notamment dans les transports urbains et fluviaux, présenté par P. Mauroy en septembre 1981 ; quatrième pacte pour l'emploi des jeunes prévoyant des contrats de six mois à un an pour de jeunes volontaires libérés du service national affectés à des tâches sociales ; ordonnance du 26 mars 1982 prévoyant la retraite à 60 ans pour les personnes qui auraient cotisé 150 trimestres ; incitation à la préretraite pour les personnes âgées de 50 à 60 ans, qui bénéficieraient d'une garantie de ressources versées par les ASSEDIC ; enfin et surtout le gouvernement tentait

1. Le 30 octobre 1985 les réformes ont été confirmées et leur application a été étendue ; les entreprises doivent signer avec les représentants des salariés et réviser tous les trois ans les droits et les modalités de l'expression des travailleurs sur les conditions de travail, la finalité et la qualité de la production.

de conclure avec les entreprises et les municipalités des «contrats de solidarité» pour «partager le travail»; celles qui embaucheraient en réduisant la durée du travail ou en mettant en préretraite à 55 ans recevraient des avantages financiers de l'État, qui prendrait à son compte une partie des charges sociales résultant de l'embauche.

Au cours de sa première conférence de presse, le 24 septembre 1981, F. Mitterrand demandait de transformer l'espérance en certitude.

C. Les incertitudes économiques

Le coût élevé du crédit, joint aux mesures sociales nouvelles, entrava la vie des entreprises malgré les aides et interventions de l'État; de juin à décembre 1981 leurs charges avaient augmenté de 35 milliards correspondant à la hausse du dollar, qui grevait les importations, à la réduction du temps de travail, à la cinquième semaine de congés payés, au relèvement du plafond de la Sécurité sociale et des taxes pesant sur la production, en sorte que la baisse du produit industriel, 1,7 % sur un an, fit dépasser aux chômeurs le nombre de 2 millions en octobre 1981; du moins P. Mauroy promettait-il de se «battre sur cette crête».

La prévision du budget pour 1982 tablait sur une croissance de 3,3 % grâce aux aides de l'État (dont une part importante cependant ne concernait pas les investissements mais les charges sociales); la lutte contre le chômage se ferait par une augmentation des dépenses budgétaires de 23 % en 1982. Les recettes supplémentaires furent demandées en juillet-août 1981 à un collectif budgétaire, puis à une loi de finances rectificative qui créait une surtaxe exceptionnelle sur les hauts revenus, supprimait certaines faveurs fiscales sur les droits de succession, plafonnait le quotient familial appliqué pour le calcul de l impôt sur le revenu, augmentait les taxes sur l'essence, le tabac, l'alcool, créait un «impôt sur les grandes fortunes» (3 millions de francs, outil de travail exclu), qui se révéla être une mesure psychologique plus qu'une ressource fiscale. Le déficit budgétaire dépassa néanmoins 100 milliards dans la première année; en mai 1982 la TVA fut réduite sur les articles d'alimentation, mais portée de 17,60 à 18,60 % sur la plupart des articles industriels et des services.

Le VIIIe plan ayant été interrompu, un *plan intermédiaire* de deux ans fut présenté par M. Rocard le 11 décembre 1981; il fixait quatre objectifs : atteindre un taux de croissance de 3 % en 1982 et 1983 par la relance de la consommation, le déficit budgétaire et les aides aux entreprises; stabiliser le chômage; restructurer l'appareil productif; préparer les conditions d'un changement de société. Mais les dangers d'une «relance» de l'économie par la consommation étaient déjà apparues en 1981 et se confirmaient en 1982 : les entreprises françaises manquant de fonds propres, endettées et accablées par les charges sociales, n'avaient pas les moyens de répondre aussitôt par des investissements à la demande accrue des consommateurs; la relance de la consommation profita aux importations, c'est-à-dire aux entreprises étrangères, posant du même coup le problème des échanges extérieurs et de la monnaie. Le problème était antérieur à 1981 ; il ne fut qu'aggravé par les nouvelles mesures sociales et fiscales.

La valeur des importations, accrues par la relance, dépendait également du niveau du dollar, étalon de valeur pour toutes les transactions mondiales, qui avait commencé à s'élever en janvier 1981 avec l'entrée en fonctions du président Reagan; les préoccupations françaises et américaines ne coïncidaient pas : pour le président Reagan l'essentiel était la lutte contre l'inflation, et il maintenait des taux d'intérêt élevés, qui attiraient les capitaux étrangers et faisaient monter la monnaie; pour le Président français l'essentiel était la lutte contre le chômage, mais la situation de la France et la psychologie française conduisaient également à défendre le franc, donc à maintenir une monnaie surévaluée, qui favorisait les importations et handicapait les entreprises, qui produisaient par ailleurs à un coût élevé. La hausse des prix atteignit 14 % en 1981, le niveau le plus élevé de la CEE. Or 32 % des importations de la France étaient réglées en dollars, 62 % de ses exportations lui étaient réglées en francs.

Du moins, si la hausse du dollar représentait un handicap certain pour les prix et la monnaie, donc pour la croissance et l'emploi, l'économie française bénéficiait-elle de données nouvelles pour ses *dépenses énergétiques* : en 1980 pour une baisse de la consommation mondiale de pétrole de 3,8 % la consommation française avait été réduite de 6,6 %, et, entre 1973 et 1980 cette diminution atteignait 20 %. La France importait 100 millions de tonnes de pétrole en 1981 contre 127 en 1973. En même temps, après une dernière hausse des prix décidée par la conférence de l'OPEP fin 1980, la situation du marché s'était retournée à partir de juin 1981 : la Grande-Bretagne, puis la Norvège avaient baissé de 5 dollars le prix du baril, et la conférence de l'OPEP d'août 1981, réunie pour freiner le mouvement de baisse, s'était conclue sur un échec. La facture pétrolière était donc destinée à baisser, d'autant plus que la France avait l'avantage de posséder des centrales nucléaires dont le prix de l'électricité était la moitié de celui que permettait d'obtenir le pétrole. En mai 1981 l'opinion des socialistes envers les centrales nucléaires n'était pas unanime : une majorité, derrière P. Quilès, leur était hostile; une minorité, appuyée sur M. Rocard, le CERES et Mauroy, plus réalistes, leur était favorable. Le gouvernement commença par annoncer en juillet le « gel » de cinq sites nucléaires et l'abandon du site breton de Plogoff, qui avait suscité des protestations locales. Mais le 7 octobre 1981 les socialistes votèrent à l'unanimité la reprise des travaux et la conduite à terme des six centrales de Cattenom 3, Chinon B 4, Chooz B 1, Nogent 2 et Penly; l'énergie nucléaire couvrait 40 % de la consommation d'électricité, et le projet du ministre de l'Énergie Hervé prévoyait que la France produirait vers 1990 62 à 66 millions de tep d'origine nucléaire.

Dans l'immédiat le déficit des paiements, qui commençait à se creuser, imposait de prendre des mesures monétaires, d'autant plus que la victoire de la gauche avait entraîné une petite panique qui avait fait baisser la Bourse de

15 % dans la semaine du 11 au 16 mai et entraîné des sorties de devises qui avaient réduit de 10 % les réserves de la Banque de France; le franc était à son niveau plancher, bien que l'on eût institué le contrôle des changes, créé la «devise titre» pour limiter les achats de valeurs étrangères, obligé les exportateurs à rapatrier la contrepartie de leurs ventes dans le mois suivant l'opération. Le problème, du reste, n'était pas nouveau : depuis l'institution des règles communautaires en avril 1972 le franc était sorti à deux reprises du «serpent» en janvier 1974 et mars 1976; puis, après la création du SME, en mars 1979, la différence d'inflation avait déjà entraîné une dépréciation du franc par rapport au mark, qui aurait dû conduire soit à une nouvelle sortie du système au moins provisoire, comme les deux précédentes, soit, plus franchement, à une dévaluation. On se décida pour cette solution plus nette : le 4 octobre 1981 *le franc fut dévalué* de 3 %, tandis que le mark et le florin étaient réévalués de 5,5 %. A la fin décembre, l'État dut lancer un emprunt de 10 milliards de francs à 16 %.

La dévaluation était insuffisante : d'une part elle ne compensait pas la dépréciation antérieure du franc sur le mark; d'autre part la persistance du coût élevé de la production entraînait une inflation toujours plus élevée que chez les partenaires ou concurrents, et par voie de conséquence un déséquilibre commercial qui ramenait la couverture à 83 %; le 25 mars 1982 le contrôle des changes fut encore resserré pour les entreprises comme pour les particuliers; mais en avril les prix augmentèrent de 1,1 %, alors qu'ils s'élevaient de 0,2 à 0,4 % dans la plupart des autres pays industrialisés. Le revenu agricole avait baissé de 3,1 % suivant la commission des comptes de la Nation, de 11,6 % suivant les organisations agricoles. Le 6 mai 1982 la dévaluation du «franc vert» de 1,79 % prépara la *deuxième dévaluation,* qui eut lieu le 12 juin 1982 : le franc perdait 5,75 % à l'intérieur du système, pendant que le mark et le florin étaient relevés de 4,25 %. Une pareille mesure, suivant aussi rapidement la précédente, aurait pu favoriser les exportations si elle avait été suffisante, mais elle n'aurait d'effets dans ce domaine que plusieurs mois plus tard, tandis que le prix des importations en était aussitôt augmenté, dans la mesure où une hausse du dollar de 10 centimes représentait une charge supplémentaire de 4 milliards de francs pour les marchandises importées. En complément de l'opération le gouvernement décida en juin 1982 le blocage des prix (quitte à réduire la marge bénéficiaire des entreprises), et celui des salaires (sauf le SMIC) entre le 1er juin et le 31 octobre dans la perspective de ramener l'inflation au-dessous de 10 %.

La deuxième dévaluation marquait le terme de l'«état de grâce» et la reprise en compte de la réalité économique. Le désenchantement avait commencé quelques mois plus tôt, quand, en janvier 1982, l'opposition avait remporté dès le premier tour quatre élections partielles (Marne, Seine-et-Marne, Paris, 3 RPR, l'UDF). Le désarroi des électeurs était mieux apparu encore à l'occasion des élections cantonales de mars 1982, qui avaient pris un caractère plus politique que ne le voulait la tradition en raison de la récente loi de décentralisation et du renouvellement partiel du Sénat en 1983 : le parti socialiste obtint 29,7 % des voix au premier tour, 35 % au second; le succès obtenu par l'opposition lui permettait d'avoir la présidence des Conseils généraux de 64 départements. L'ancien président Giscard d'Estaing avait fait sa rentrée politique en juin 1982 devant le parti républicain. Plus inquiétante pour le gouvernement l'attitude du parti communiste se faisait moins conciliante à l'égard d'une politique qu'il estimait être un manquement aux promesses du début : G. Marchais, réélu en février 1982 secrétaire général par le XXIVe congrès ne remettait pas encore en cause la participation au pouvoir, mais la trêve sociale était rompue par la CGT, qui multipliait les occupations d'usines pendant la discussion des lois Auroux, et, en avril, le rapport du comité central du parti revenait au dogme pur et dur de la lutte des classes.

F. Mitterrand s'était déclaré, dans sa deuxième conférence de presse du 9 juin 1982, décidé à « poursuivre la route du changement » vers les mêmes objectifs, tout en se donnant d'autres moyens pour les atteindre. En réalité c'était un véritable tournant que marquait le *remaniement ministériel* du 29 juin 1982 : Nicole Questiaux, ministre d'État et de la Solidarité nationale, qui avait déclaré ne pas être le « ministre des comptes », fut remplacée par P. Bérégovoy, secrétaire général de l'Elysée, considéré comme un gestionnaire prudent; J.-P. Chevènement, qui était à la Recherche, remplaça P. Dreyfus au ministère de l'Industrie. Le redressement économique était nécessaire pour que le chef de l'État pût mettre en route ce dont il avait fait l'axe de sa politique, l'aide au tiers monde. La réunion de la CNUCED à Paris en septembre 1981 avait déjà établi un programme d'aide aux 31 pays les plus pauvres du monde. La conférence Nord-Sud de Cancun, au Mexique, en octobre de la même année, avait réuni les représentants de 22 pays, développés ou non, pour souligner leur interdépendance et préparer les documents qui seraient étudiés à Versailles, en juillet 1982, par les sept pays les plus industrialisés pour venir en aide aux 77 pays « les moins avancés ».

2. La Charnière (juin 1982-mars 1983)

A. Une gestion capitaliste du socialisme

Les responsables de l'économie, J. Delors en particulier, proposèrent en vain une « pause » des réformes sociales à la fin de 1982; il était aisé de constater que le redressement économique passait par la réhabilitation de l'entreprise, génératrice d'emplois et de richesses, à condition que sa gestion fût saine et qu'elle ne fût pas écrasée de charges. Or depuis 1973 et pendant le précédent septennat la crise avait été supportée par les entreprises plus que par les particuliers, ce qui avait permis de maintenir ou d'améliorer le niveau de vie des ménages, mais avait réduit au minimum les investissements. Le collectif budgétaire de juillet 1982 dut prendre en compte ces faiblesses au prix d'un accroissement considérable de l'endettement intérieur et extérieur, résultant à la fois des emprunts contractés à l'étranger et du déficit des paiements, en dépit de la baisse du pétrole de 34 à 30 dollars le baril, mais pour un dollar qui coûtait 6,67 francs au 31 décembre 1982 au lieu de 4,56 au 31-décembre 1980. Pour permettre aux entreprises de produire et d'exporter il était indispensable d'investir et de réduire les coûts de production, donc de freiner l'inflation et la hausse des salaires directs et indirects, ce qui revenait à remettre en cause l'action économique et sociale menée depuis le 10 mai. L'OCDE appréciait en janvier 1983 comme une possibilité d'amélioration les mesures prises pour réduire la hausse des salaires et le déficit de la Sécurité sociale, pour contrôler l'inflation et imposer la «rigueur», sinon l'«austérité», dont le pouvoir repoussait à la fois l'idée et le mot.

Du moins pouvait-on poursuivre la construction économique : le statut de la SNCF venait à expiration le 31 décembre 1982; elle était jusque-là une société d'économie mixte où 51 % des capitaux étaient détenus par l'État, 49 % aux mains d'intérêts privés; depuis le 1er janvier 1974 sur les 18 membres du conseil d'administration 10 étaient désignés par l'État, 3 par les actionnaires privés, 5 représentants du personnel étaient désignés par le ministre sur proposition des syndicats. Le 1er janvier 1983 la SNCF est devenue un établissement public industriel et commercial où les 6 représentants élus du personnel (sur 18) au conseil d'administration furent désignés en février : 3 de la CGT, 1 de la CFDT, 1 d'une liste commune FO-CGC, 1 représentait les cadres.

Sans attendre l'échec du plan intermédiaire fondé sur la relance, M. Rocard fit adopter en juillet 1982 une réforme de la procédure de planification qui devait comporter deux étapes pour conduire à l'élaboration du IXe plan : le Parlement définissait les choix stratégiques et les objectifs de développement économique, social, culturel pour 5 ans avec la participation des régions, qui élaboraient leur propre plan, et seraient invitées à conclure avec l'État des «contrats de plan» (22 contrats devaient en effet être conclus entre février et juillet 1984 dans le cadre des objectifs fixés, l'État s'engageant à fournir 30 milliards de francs; 12 entreprises publiques industrielles avaient déjà signé de tels contrats en 1983). Dans un deuxième temps le Parlement préciserait les moyens juridiques, financiers, administratifs nécessaires pour atteindre les objectifs.

M. Rocard fit approuver le 6 octobre 1982 son document d'orientation du IXe plan qui fixait les objectifs et les priorités, mais sans chiffrer les résultats à atteindre. Les équilibres extérieurs devaient être rétablis fin 1985; on rejoindrait le taux d'inflation des autres membres de l'OCDE et on les dépasserait pour le taux de croissance; en 1988 le taux d'investissement devait être égal à 14,8 % du PIB et, pour répondre à la plus urgente des priorités, la modernisation de l'industrie à réaliser grâce aux nouvelles techniques et à l'épargne, les ménages étaient appelés à souscrire à des livrets nouveaux, analogues aux anciens livrets des caisses d'épargne, mais strictement destinés à l'investissement, les «comptes pour le développement de l'industrie» (CODEVI). A cette priorité le plan ajoutait onze autres actions prioritaires, qui devaient bénéficier d'une augmentation de 16 % sur leur dotation précédente (contre

6,4 % pour l'ensemble du budget) : poursuivre la modernisation du système éducatif et de la formation des jeunes; favoriser la recherche et l'innovation; développer les industries relevant de la communication; réduire la dépendance énergétique; agir pour l'emploi; améliorer le commerce intérieur et extérieur; assurer un environnement favorable à la famille et à la natalité; mettre en application la loi de décentralisation; humaniser la vie urbaine; corriger la gestion de la Sécurité sociale; améliorer la justice et la sécurité.

Le rétablissement des équilibres et l'aboutissement des priorités passaient par la lutte contre l'inflation et pour le redressement monétaire : en juillet et août 1982 les prix augmentèrent de 0,3 % quand en Allemagne, où ils étaient libres, ils baissaient de 0,2 %. Sur l'ensemble de l'année 1982 l'inflation fut de 9,8 % pour une moyenne de l'OCDE de 9,4 %, mais de 4,6 en Allemagne; le franc était déjà déprécié de 4 % depuis la dernière dévaluation. La spéculation jouait en outre contre la monnaie française et en faveur du mark, surtout après la victoire du chancelier Kohl aux élections de mars 1983; le franc demeurait péniblement à son cours plancher à l'intérieur du SME (1 mark = 2,90 francs). Les élections municipales, qui allaient avoir lieu en France, retardèrent une opération rendue nécessaire par l'hémorragie de 38 milliards de francs subie par la Banque de France en deux semaines pour soutenir la monnaie et par la gêne que la surévaluation du franc infligeait aux exportations.

La *troisième dévaluation* eut lieu le 21 mars 1983; comme les précédentes elle comportait deux volets : d'une part le franc était dévalué de 2,5 % d'autre part le mark était réévalué de 5,5 %, le florin de 3,5, la couronne danoise de 2,5, le franc belge de 1,5 %. Non seulement cette double correction neutralisait le handicap apporté aux produits français par la hausse excessive des prix, mais elle leur donnait à l'exportation une prime de près de 5 %, à condition que la différence d'inflation entre la France et l'Allemagne en particulier ne rognât pas peu à peu cet avantage dans les mois suivants.

B. Retombées sociales

Les agriculteurs avaient déjà réagi par de vives manifestations après la conférence annuelle agricole de Matignon du 9 juillet 1982; en effet la dévaluation du 12 juin n'avait pas été suivie d'une dévaluation du franc vert, de sorte que les montants compensatoires monétaires (MCM), dont les agriculteurs attendaient la disparition étaient non seulement maintenus, mais augmentés; ces montants agissaient comme une taxe à l'exportation sur les produits français et comme une subvention à l'importation des produits allemands et hollandais. Les autres catégories sociales étaient également touchées par la baisse du pouvoir d'achat; les allocations familiales, après la forte hausse de juin 1981, n'avaient augmenté que de 6,2 % dans l'année suivante. Alors que l'on avait assisté en 1980-1981 à une reprise de la natalité, la réduction de moitié, en novembre 1982, de l'indemnité versée à l'occasion du troisième enfant (le «million Pelletier») allait contribuer à l'affecter; la chute touchait en particulier la moitié Nord du pays et l'Ouest, régions jusque-là les plus fécondes. C'est seulement en novembre 1983 que le gouvernement institua un «congé parental», rémunéré 1 000 francs par mois au troisième enfant (1 500 en 1986) dont bénéficierait le père ou la mère pendant deux ans, ainsi que la possibilité de travail à mi-temps. Il demeurait que les ménages sans enfant conservaient un niveau de vie très supérieur aux couples chargés de famille.

La Sécurité sociale étant en déficit de 6,5 milliards en 1982, le ministre des Affaires sociales tenta d'en assurer l'équilibre en faisant voter une loi qui imposait une contribution de 20 francs par jour aux malades hospitalisés et un prélèvement de 1 % sur le traitement des fonctionnaires comme compensation de la garantie de l'emploi dont ils bénéficient.

En octobre 1982 fut supprimée l'indexation des salaires sur les prix, ce qui permit en effet de contenir la hausse des rémunérations. En novembre les pourparlers engagés entre syndicats et patronat sur l'indemnisation du chômage et la réforme de l'UNEDIC furent rompus : le système conçu pour un temps où 50 000 chômeurs étaient secourus ne pouvait plus convenir quand le nombre en montait à 1 657 000 en juin 1981 — 2 200 000 fin 1982 malgré la mise en formation professionnelle, l'application le 1er avril 1983 de l'ordonnance sur la retraite à 60 ans, et le développement des préretraites. Le décret du 16 décembre 1982 institua de nouveaux contrats de solidarité avec les entreprises qui s'engageaient à réduire la durée du travail au-dessous de 39 heures et à embaucher en bénéficiant d'une prime directe par salarié concerné. Par contre les décisions de novembre 1982 et juillet 1983 réformèrent le système des préretraites et de l'indemnisation du chômage dans une interprétation moins avantageuse pour les bénéficiaires.

Dans ce renversement complet de la politique sociale les ministres communistes répugnaient naturellement à partager la responsabilité de l'oubli des promesses passées, ce qui conduisit le 6 octobre 1983 L. Jospin à rappeler aux communistes que «le soutien au gouvernement ne saurait être sélectif»; première faille dans l'union de la gauche provoquée par la politique de rigueur. De même l'attitude des syndicats était ambiguë : le congrès de la CFDT, tenu à Metz en 1982, avait accepté à une majorité de 60 %, comme étant de l'intérêt des travailleurs, une politique de rigueur et de vérité, sous condition d'une garantie de progression des bas salaires, dans l'esprit qu'il valait mieux provisoirement mettre l'accent sur la modification de la répartition des pouvoirs dans l'entreprise, plutôt que sur l'amélioration du niveau de vie : on parlait d'un «recentrage» de la CFDT. A la CGT au contraire le remplacement de Seguy, qui passait pour être moins dépendant envers le parti, par Krasucki, qui avait la réputation d'un inconditionnel, pouvait apparaître comme un prélude à des luttes sociales et politiques attisées par la dégradation du climat social. En effet la violence des grèves déclenchées à partir d'octobre-novembre 1982, notamment dans le secteur automobile (Talbot-Poissy) semblait mettre fin à la trêve sociale que la victoire de la gauche avait entraînée.

C. Retombées politiques

Mécontente de la baisse du niveau de vie et de la montée du chômage, l'opinion était inquiète devant les désordres politiques et l'aggravation de l'insécurité, dont le ministre de la Justice, R. Badinter, était parfois rendu responsable. Les élections régionales avaient eu lieu en Corse le 8 août 1982 l'application du scrutin proportionnel avait conduit à l'élection de 8 autonomistes et à une multiplicité de groupes, qui, s'ajoutant à la rivalité des personnes, rendait inopérante l'Assemblée et dérisoire le modèle qu'elle devait être pour les autres régions dans la voie de la décentralisation. L'île fut à partir de janvier 1983 le théâtre d'attentats qui se propagèrent sur le continent, ajoutant à l'angoisse entretenue par divers mouvements étrangers de libération, arménien, palestinien et autres partisans de «l'Action directe». Le 9 août 1982 l'attentat de la rue des Rosiers, dans le quartier juif de Paris, fit 6 morts. La France apparaissait comme un centre du terrorisme international.

Face à des socialistes moralement ébranlés par la disparition de P. Mendès France, qui avait été pour beaucoup d'entre eux un maître à penser, l'opposition libérale s'organisait dans un climat de confiance fortifié par les consultations électorales; après la rencontre et la réconciliation de J. Chirac et V. Giscard d'Estaing le 24 novembre 1982 le congrès de l'UDF des 27-28 novembre consacrait la résurgence de l'ancien président de la République, dont la primauté devait être admise par les centristes et les radicaux. Le congrès extraordinaire du RPR, qui réunit 90 000 personnes le 23 janvier 1983, permit d'annoncer un programme en 60 propositions qui envisageait déjà l'après-socialisme.

Enfin la querelle de l'enseignement libre avait été lancée par plusieurs municipalités socialistes, qui refusaient d'accorder aux écoles confessionnelles les crédits prévus par les lois. L'enseignement libre était régi par les lois Barangé de 1951, Debré de 1959 et Guermeur de 1977. La première avait seulement prévu l'attribution pour tous les enfants fréquentant une école primaire d'allocations semestrielles versées à une caisse départementale s'il s'agissait d'écoles publiques, à l'APEL si l'enfant fréquentait une école privée; la loi Debré, qui suivait immédiatement le succès gaulliste de 1958, envisageait soit des contrats d'association entraînant la prise en charge par l'État des dépenses de fonctionnement et des maîtres sous condition pour l'établissement de respecter les horaires et programmes et d'accepter un contrôle pédagogique et financier, soit des contrats simples qui faisaient des maîtres des employés de l'établissement payés par l'État, celui-ci ne participant pas aux dépenses de fonctionnement, sinon la possibilité pour les communes d'accorder des subventions; dans tous les cas la loi faisait obligation à l'État de reconnaître le «caractère propre» de l'établissement sous contrat; la loi Guermeur étendit aux maîtres des établissements libres les avantages sociaux (retraites) dont bénéficiaient les fonctionnaires de l'État; ils étaient nommés par le Recteur sur proposition (et non seulement avec l'accord) du chef d'établissement. Ainsi étaient préservées la liberté de nomination des maîtres et la spécificité du programme éducatif et du règlement intérieur de l'enseignement libre.

La résurgence de la querelle de l'école, cheval de bataille essentiel d'un socialisme doctrinaire, provoquait, sur l'initiative de l'UNAPEL (Union nationale des associations des parents d'élèves de l'enseignement libre) des rassemblements dont l'ampleur étonnait; il est vrai que l'UNAPEL se refusait à introduire une tonalité politique dans ses manifestations, et que la hiérarchie religieuse évitait de prendre parti, mais, par la force des choses, les retombées politiques étaient inévitables, d'autant plus que le Comité national d'action laïque (CNAL), l'un des principaux soutiens du pouvoir socialiste, répondait par des contre-manifestations. La «guerre scolaire» ainsi rallumée ne pouvait qu'être aggravée par la volonté affirmée le 20 décembre 1982 par le ministre de l'Éducation nationale A. Savary d'intégrer les écoles libres dans un grand service public unifié, dont la création figurait du reste dans le programme de 1981.

Les problèmes de l'école allaient jouer un rôle important dans les *élections municipales* du 6 mars 1983. La loi du 20 octobre 1982 avait modifié le statut des trois principales villes, Paris, Lyon, Marseille (statut PLM) en attribuant à leurs arrondissements répartis en secteurs des conseils et des maires élus, puis la loi du 20 novembre avait décidé d'appliquer aux communes de plus de 3 500 habitants le scrutin de liste à deux tours qui avait pour résultat de faire des élections locales, dont le but était d'ordinaire de désigner de bons administrateurs, un test politique plus important encore que celui des élections cantonales précédentes, puisque leur portée était nationale. Aussi dans l'opposition comme dans la majorité négociait-on depuis novembre 1982 pour la confection de listes communes et la désignation de têtes de listes, c'est-à-dire des futurs maires.

Le premier tour fut un net succès pour la droite libérale, qui emportait 16 villes de plus de 30 000 habitants, la quasi-totalité des arrondissements parisiens et lyonnais. Au second tour une mobilisation plus active des électeurs de la gauche lui permit de sauver Marseille (Defferre), Belfort, de gagner Chatellerault (E. Cresson), mais elle perdit encore 15 villes de plus de 30 000 habitants, les deux derniers arrondissements parisiens, de sorte que J. Chirac pouvait régner sur la totalité des vingt arrondissements. La gauche avait perdu Grenoble, Nantes, Reims, Brest, Nîmes, Avignon, Arles, Roubaix, Tourcoing... ; dans la région parisienne Sarcelles, Poissy, Levallois-Perret : la célèbre «ceinture rouge» de Paris s'effilochait, le plus souvent au profit du RPR. Dans l'Ouest, l'Ouest catholique en particulier, la gauche avait mieux résisté : elle conservait Angers, Rennes, Laval, Le Mans. Ce succès de la droite libérale était comparable à celui qu'avait remporté la gauche en 1977, et qui était alors apparu comme l'annonce de son succès aux Législatives.

Résultats des élections municipales. Premier tour 6 mars 1983

Inscrits	36 233 581	
Votants	28 394 258	
Exprimés	27 520 144 (76 % des inscrits)	
	Voix	*(% des suffrages exprimés)*
Extrême gauche	148 608	0,54
Parti communiste seul	649 475	2,36
Parti socialiste seul	1 307 206	4,75
Union de la gauche	7 804 712	28,36
Divers gauche	1 026 501	3,73
Centre gauche	2 413 516	8,77
Écologistes	159 616	0,58
Opposition	13 974 729	50,78
Extrême droite	30 272	0,11

Il s'agissait en réalité davantage d'une abstention des électeurs de la gauche traditionnelle que d'un retournement à droite du corps électoral. Néanmoins cette victoire de l'opposition fit d'abord passer un vent de panique chez les socialistes et fit douter le président de la République. La démission de P. Mauroy, le 22 mars 1983, et les négociations difficiles qui aboutirent à la formation du *cinquième ministère Mauroy* traduisaient cet embarras. Le chef de l'État eût souhaité réduire la participation communiste et le nombre des ministres ; les communistes étaient hostiles à la dévaluation que l'on sentait proche et optaient pour l'adoption du protectionnisme et la sortie du SME ; mais ils penchaient encore pour la participation et le maintien de P. Mauroy à la tête du ministère, ce qui les porta à assouplir leur position sur l'Europe. P. Mauroy restait pour sa part fidèle à la participation communiste.

Le ministère présenta finalement peu de changements, quelques glissements d'un ministère à l'autre mis à part ; 15 ministres dont 2 communistes (Fiterman et Rigout) — Fabius à l'Industrie — Edith Cresson remplaçait M. Jobert (qui avait démissionné le 19) au Commerce extérieur et au Tourisme. C'était un ministère à trois têtes : Mauroy, Delors, pour qui était créé un grand ministère économique et financier, Bérégovoy, ministre du Travail et de la Solidarité. Le ministère fut complété le 24 mars par la désignation de 8 ministres délégués et 20 secrétaires d'État, dont 2 communistes.

Le 23 mars F. Mitterrand tira les conclusions de ces derniers événements dans une allocution aux Français ; il confirmait que l'action des deux premiers gouvernements Mauroy avait été bonne et serait poursuivie dans la même voie ; il lançait un appel aux Français, « soyez mobilisés pour le service de la France », et les incitait au travail et à l'épargne, mais il n'annonçait rien de nouveau, tout en se défendant de songer à « je ne sais quelle forme d'austérité nouvelle ».

3. La politique de rigueur (mars 1983-juillet 1984)

La rigueur économique devait donc être maintenue, pour aboutir au rétablissement des « grands équilibres » par une politique de déflation qui réduirait la hausse des prix et redresserait les échanges extérieurs ; ainsi diminuerait le chômage ; mais celui-ci ne pouvait qu'être aggravé dans le court terme dans une recherche de la productivité et de la rentabilité des entreprises.

A. Réorganisation économique

La situation des finances extérieures à la fin de 1982 pouvait faire craindre une faillite imminente : 93 milliards de francs de déficit commercial, un endettement extérieur qui était passé de 27 milliards de dollars fin 1980 à 33 fin 1981, 44 fin 1982, ce qui représentait une augmentation plus sensible encore avec la hausse de la monnaie américaine, qui dépassait 8 francs en août 1983.

Le 11 avril 1983 l'Assemblée vota la loi, approuvée par les communistes, qui habilitait le gouvernement à légiférer par ordonnances pour mettre en application le plan de rigueur. J. Delors fit renforcer le contrôle des changes en limitant les sorties de devises des touristes et appliquer un prélèvement fiscal supplémentaire de 65 milliards : 3 à 7 % de surtaxe progressive suivant l'importance de l'impôt sur le revenu ; 1 % du revenu imposable de 1982 pour combler le déficit de la Sécurité sociale ; emprunt forcé correspondant à 10 % de l'impôt sur le revenu payé en 1982 (remboursable en 1986) ; hausse de 8 % de la plupart des tarifs publics le 1er avril, des taxes sur l'essence, imposition de vignettes sur les alcools et tabacs. Ces revenus supplémentaires, ajoutés à quelques économies de faible importance, devaient réduire le déficit pour le ramener à 3 % du PIB. Les mesures d'exception furent maintenues dans le projet de budget présenté en septembre 1983 pour 1984. C'est seulement en mai 1984 que J. Delors annonça une pause dans les prélèvements obligatoires, qu'il souhaitait faire diminuer de 1 % pour favoriser une légère relance, à condition d'appliquer une rigueur accrue dans les dépenses de l'État. Le déficit budgétaire n'apparaissait plus comme un moyen de croissance économique et de progrès social, mais l'orthodoxie financière devenait la règle, permettant à la Sécurité sociale de retrouver son équilibre.

Les échanges extérieurs bénéficiaient d'un environnement mondial favorable : aux États-Unis, où l'activité allait progresser de près de 6 % en 1984, et où les taux d'intérêt commençaient à baisser ; au Japon, où la croissance du PNB atteignait 5,3 % ; en Allemagne fédérale, où le PNB croissait de 2,6 %.

Restait le handicap d'un dollar qui « flottait », le plus souvent à la hausse, au gré des spéculateurs internationaux, ce que l'on essayait de compenser en empruntant 4 milliards d'Écus (30 milliards de francs) à la CEE par l'intermédiaire de la Banque européenne d'investissement de Luxembourg. Le 10 mai 1983 F. Mitterrand avait en vain demandé, au cours d'une réunion des ministres de l'OCDE a Paris, une nouvelle conférence de Bretton Woods, qui aurait remis de l'ordre dans le système mondial monétaire. Du moins, si cette hausse du dollar pesait sur le prix des importations, elle favorisait les ventes à l'étranger, activées en outre par les trois dévaluations. Dans ces conditions le déséquilibre extérieur était réduit : le déficit des échanges de marchandises était encore de 30 milliards de francs au premier trimestre de 1983, puis il s'amenuisait jusqu'à laisser place à un excédent en décembre, ce qui donnait pour l'ensemble de l'année un déficit de 43,5 milliards, alors que l'on s'attendait à 60. La balance des paiements s'équilibrait également dans le second semestre. Il subsistait quelques points noirs : l'endettement extérieur, qui approchait de 54 milliards de dollars au 31 décembre 1983 ; l'orientation des exportations, qui se faisaient surtout vers des pays peu solvables ; une inflation qui neutralisait lentement le bénéfice de la troisième dévaluation : avec 9 % en 1983 la hausse des prix marquait une légère décélération à partir du quatrième trimestre, mais restait très supérieure à celle des principaux partenaires : 5 % en Grande-Bretagne, 3 % aux États-Unis, 2,8 % en Allemagne.

On préparait en même temps l'avenir par l'élaboration du *Plan* et la *restructuration industrielle.* Les objectifs furent présentés en septembre 1983 et soumis au Parlement en novembre : pour la première fois les moyens financiers de sa réalisation durant la première année, 59 milliards, étaient inclus dans le projet de budget pour 1984. Le maître mot du plan était la modernisation du système productif, qui passait par la fermeture des entreprises non rentables, la recherche de la productivité, la réduction des effectifs excédentaires ; c'était la réhabilitation du profit des entreprises pour leur permettre d'investir. En dehors même des entreprises touchées par les mesures de restructuration, la politique d'austérité, ou de rigueur, faisait renaître des mouvements de protestation à partir du printemps 1983 : grève des médecins durant un mois en avril-mai ; insurrection étudiante qui faisait songer à un petit « mai 68 » ; manifestation, le 5 mai, des artisans et des commerçants, dont les prix étaient bloqués ; révolte des camionneurs, qui coupèrent les routes du ski au moment des vacances d'hiver de février 1984 ; grève générale des fonctionnaires, dont le pouvoir d'achat avait baissé en 1983, etc. Les protestations les plus véhémentes vinrent du monde paysan : en avril 1983 l'échec des négociations de Bruxelles sur les MCM entraîna la révolte des éleveurs bretons et le blocage des frontières ; en janvier 1984 de nouvelles émeutes paysannes en Bretagne conduisirent au saccage de la sous-préfecture de Brest et à la paralysie des voies ferrées. Le PIB n'augmenta que de 0,9 % en 1983 et le pouvoir global d'achat des ménages baissa de 0,3 %. L'effondrement de pans entiers de l'industrie traditionnelle conduisit le gouvernement à définir en janvier-février 1984 quatorze « pôles de conversion » situés en particulier dans le Nord-Pas-de-Calais, le Nord-Est, le Centre et le Midi (La Ciotat), zones particulièrement menacées, qui bénéficieraient de mesures spécifiques pour favoriser les transformations économiques, les implantations industrielles et l'embauche. Mais en même temps l'application des lois Auroux était assouplie.

Car le chômage progressait toujours : en dépit des 450 000 salariés placés en préretraite, des stages de formation et de recyclage on dénombrait à la fin de 1983 2 225 000 demandeurs d'emploi inscrits à l'ANPE; en avril 1984 P. Mauroy reconnaissait 2 400 000 chômeurs. Entre 1981 et 1983 le solde entre les départs en retraite ou en préretraite et le nombre d'arrivées sur le marché du travail était positif de 600 000 personnes, alors que le nombre d'emplois (la fonction publique mise à part) avait baissé de 300 000 postes.

B. L'éclatement politique

Le pouvoir socialiste était contesté au printemps 1983 par la plupart des catégories professionnelles, même par certains policiers, qui, à la suite du meurtre de deux des leurs, purent s'avancer le 3 juin jusqu'aux ministères de la Justice et de l'Intérieur sans opposition de la part des CRS; la démission du préfet de Police, le limogeage du directeur de la Police, et, le 8 juin, les sanctions disciplinaires (3 révocations, dont 2 secrétaires syndicaux, 7 suspensions) ne firent qu'affirmer le malaise qui régnait parmi les forces de l'ordre.

Les difficultés sociales faisaient le jeu de l'opposition parlementaire, qui marquait de plus en plus son unité retrouvée par la signature, le 2 mars 1983, de la *Charte de l'Opposition,* formant non un véritable programme commun, mais l'affirmation d'idées générales pour la reconquête du pouvoir. L'entente entre le RPR et l'UDF permit à l'opposition d'emporter la plupart des élections municipales partielles provoquées par l'annulation de plusieurs scrutins de mars pour fraudes électorales : succès à Dreux le 11 septembre 1983, où le résultat obtenu par le Front national (17 % des voix) lui permit au second tour de participer à une coalition qui fit entrer son secrétaire général au Conseil; succès le 13 novembre sur les communistes à Aulnay-sous-Bois; succès également de l'opposition le 26 février 1984 à Draguignan et à La Seyne-sur-Mer; le 6 mai à Noisy-le-Grand; résultats d'autant plus significatifs qu'ils étaient obtenus dans des villes qui se situaient en général à gauche depuis la Libération. Par ailleurs l'opposition savait maintenant pouvoir compter sur le Sénat qui apparaissait comme un bastion de la résistance, décidé avec son président A. Poher à utiliser la plénitude des moyens que lui donnait la Constitution pour s'opposer à la majorité de l'Assemblée.

Sévèrement accrochés à droite les socialistes étaient mollement appuyés par les communistes. Ceux-ci s'étaient résignés, après force critiques, à accepter le deuxième plan Mauroy de rigueur, mais ils critiquaient de plus en plus la politique sociale, économique, militaire et l'attitude extérieure, bien que le gouvernement ne se fût pas associé à la réaction internationale contre l'URSS à la suite de la destruction d'un avion sud-coréen par la chasse soviétique, le 7 septembre 1983, et eût au contraire condamné l'attaque américaine sur l'île de la Grenade, dans les Antilles, le 26 octobre. Mais socialistes et communistes s'opposaient sur l'implantation en Europe des fusées américaines Pershing 2 et sur la prise en compte par Moscou, approuvée par

G. Marchais après un voyage en URSS, de la force de dissuasion française dans la recherche d'un équilibre nucléaire entre l'Est et l'Ouest. Le 21 septembre 1983 G. Marchais avait menacé : « La lutte des classes est plus réelle que jamais. » L'opinion était troublée également par l'envoi au Tchad de 2 500 hommes, l'intervention la plus importante de la France depuis la fin de la guerre d'Algérie, et par le massacre de 58 parachutistes de la « force d'interposition » au Liban dans l'attentat de Beyrouth du 23 octobre.

Dans ces conditions le *congrès* du parti socialiste tenu à *Bourg-en-Bresse* en octobre 1983 ne fut pas marqué par l'atmosphère triomphaliste de celui de Valence ; dans cette période difficile les « courants » réapparaissaient L. Jospin parlait d'une « parenthèse », d'une « période de consolidation » ; après quoi on reprendrait plus sûrement la voie des réformes ; la poursuite de l'austérité, les restructurations, la lutte contre l'inflation n'étaient que les garants des réformes réalisées et les moyens des réformes à venir. Chevènement, qui n'était plus ministre, exprimait la pensée du CERES, prêt à se satisfaire d'une inflation contrôlée et d'un déficit budgétaire calculé pour assurer une relance économique par la consommation et l'investissement Rocard et le courant autogestionnaire se manifestèrent peu. Comme à l'accoutumée une motion de synthèse put être élaborée et le congrès retrouva son unanimité pour réélire L. Jospin comme secrétaire général et porte-parole du parti, et pour voter une motion de défense de la laïcité. Pour compenser l'accroc fait à la philosophie économique et sociale, les militants avaient besoin d'être confortés dans la permanence des objectifs idéologiques : on les rassura par la loi sur la presse et la loi scolaire.

La *loi sur la presse* proposée par le gouvernement le 25 novembre 1983, en utilisant la procédure d'urgence pour en marquer l'importance, devait reprendre les principes posés par les ordonnances de 1944 pour éviter qu'un groupe de presse ne fût en situation de monopole national ou régional et pour faire apparaître les sources de financement. En fait il s'agissait de briser l'importance du « groupe Hersant ». Après une rectification sur avis du Conseil constitutionnel la loi fut définitivement votée, malgré l'opposition du Sénat, le 23 octobre 1984 : elle visait « à limiter la concentration et à assurer la transparence financière et le pluralisme des entreprises de presse » ; elle faisait obligation de déclarer à une « Commission pour la transparence et le pluralisme de la presse » toute cession ou acquisition de propriété ou de contrôle d'une entreprise éditant un quotidien. Le premier critère d'efficacité de la loi allait être l'achat par Robert Hersant du *Progrès* de Lyon le 3 janvier 1986, après l'achat par son fils de *L'Union* de Reims. Cette loi sur la presse complète la loi sur l'audiovisuel votée le 29 juillet 1982 ; elle avait créé la Haute Autorité de la communication audiovisuelle, composée de 9 membres, 3, dont le président, nommés par le chef de l'État, 3 par le président du Sénat, 3 par le président de l'Assemblée nationale, renouvelés par tiers tous les trois ans. La Haute Autorité avait été mise en place le 31 août 1982 et avait commencé à attribuer les fréquences.

Le projet de *loi scolaire* fut d'une autre portée et ses retombées furent plus importantes. En décembre 1983 la «guerre scolaire», qui avait commencé dans quelques communes, fut étendue à l'ensemble du territoire et donna lieu à des manifestations imposantes tant de la part des «laïcs» que des partisans de l'enseignement confessionnel : le combat idéologique (presse-enseignement) prenait le pas sur l'enjeu économique ou tendait à le remplacer. En janvier 1984 80 000 manifestants à Bordeaux, 150 000 à Lyon manifestèrent pour la liberté de l'enseignement; le 4 mars la manifestation de Versailles fut plus imposante encore. Le 17 mars pourtant le «projet Savary» fut présenté par le ministre de l'Éducation nationale : les maîtres, nommés par décrets, seraient fonctionnarisés et les établissements intégrés; le 25 avril un défilé où figuraient politiques, syndicalistes, le CNAL, célébra ce qui apparaissait comme une victoire de la laïcité. Le 25 mai, après rejet d'une motion de censure, l'Assemblée approuva par un «vote bloqué»[1] la loi Savary.

Les *élections européennes* du 17 juin 1984 portèrent la marque à la fois de la querelle scolaire et de la désillusion éprouvée par les électeurs de gauche, de sorte que ce type de consultation électorale qui, en 1979, avait suscité peu d'intérêt, prit cette fois le sens d'une sanction politique. Sur les 14 listes en présence 4 seulement atteignirent le seuil minimum de voix pour avoir des élus.

Élections à l'Assemblée européenne du 17 juin 1984

	Voix	*%*	*députés sur 81*
Liste Veil (UDF-RPR)	8 644 000	42,96	41
Liste Jospin (PS)	4 179 590	20,77	20
Liste Marchais (PC)	2 262 530	11,24	10
Liste Le Pen (FN)	2 204 960	11	10

Les résultats confirmaient les indications données par les consultations précédentes : l'abstention des socialistes, le recul spectaculaire des communistes et la percée étonnante du Front national qui recevait pour la première fois des lettres d'honorabilité en envoyant 10 députés à Strasbourg. Le comité central du parti communiste examina le 22 juin les raisons de son échec : celui-ci accompagnait un recul parallèle de la CGT qui ne comptait plus que 1 million d'adhérents (elle en avait eu jusqu'à 5 millions en 1947); les élections de 1983 aux comités d'entreprises avaient conservé à la CGT sa force dans ses bastions traditionnels, EDF, SNCF, charbonnages, sidérurgie, mais elle avait perdu 3,5 % des voix obtenues en 1981. Le comité central du

1. Article 44 de la Constitution : «Si le gouvernement le demande, l'Assemblée saisie se prononce par un seul vote sur tout ou partie du texte en discussion, en ne retenant que les amendements proposés ou acceptés par le gouvernement.»

PC accusait l'oubli des promesses de 1981, certains de ses membres mettaient en cause l'attitude trop conciliante de G. Marchais et préconisaient le retour à l'isolement, qui permettrait de rétablir la pureté doctrinale. On décida néanmoins de ne pas rompre encore l'union de la gauche, mais en fait l'éclatement de la coalition socialo-communiste peut être datée de ce moment.

A droite au contraire on se sentait conforté, surtout après la manifestation du 24 juin qui concluait à Paris la série des actions en faveur de l'enseignement libre; le million de personnes réunies dans cette gigantesque manifestation, la plus importante depuis 1968, se défendaient encore d'exprimer une option politique, mais elles ne pouvaient empêcher que la manifestation apparût comme dirigée contre la majorité qui avait voté la loi Savary. Brusquement, le 12 juillet 1984, le chef de l'État opéra un repli tactique et prit une initiative qui condamnait son ministère, mais devait renforcer sa propre position : il annonça dans une allocution radiodiffusée le retrait de la loi Savary et la négociation d'une nouvelle loi, mais surtout l'organisation en septembre d'un référendum pour modifier l'article 11 de la Constitution, en augmentant le nombre et la nature des questions qui pourraient faire l'objet d'un référendum. C'était désavouer l'auteur de la loi, Savary, et le Premier ministre dont le chef de l'État venait encore, dans une déclaration publique, d'apprécier l'action («J'ai constamment moi-même encouragé son choix, et il ne faut pas dissocier les responsabilités») — d'autre part faire du référendum-plébiscite un moyen de renforcer la position d'arbitre du chef de l'État, tout en lui donnant pour l'avenir des pouvoirs supplémentaires. P. Mauroy, hostile au référendum-plébiscite, semble avoir hésité jusqu'au 15 juillet, puis annonça à partir de sa retraite de Lille son intention de démissionner. Savary le précéda pour ne pas être compris dans la démission collective du ministère, qui fut acceptée le 17 juillet dans une atmosphère de crise politique, la première aussi grave depuis 1981.

4. La solitude socialiste (juillet 1984-mars 1986)

Le 17 juillet, en même temps qu'il acceptait la démission de P. Mauroy, le chef de l'État conférait avec le secrétaire général du parti socialiste, L. Jospin, pour désigner son successeur : il choisit Laurent Fabius pour sa jeunesse, qui devait être un symbole de renouveau, pour ses qualités intellectuelles et sa souplesse politique; ancien ministre du Budget, puis de l'Industrie, conseiller particulier de F. Mitterrand, il apparut à l'opinion comme un technicien succédant à un «politique» et l'on eut d'abord l'impression que, à travers lui, c'était plus encore le chef de l'État qui gouvernerait; pourtant, dès le 4 septembre, le Premier ministre allait poser d'une façon énigmatique la distinction : «Lui, c'est lui, moi, c'est moi.» Le ministère formé le 19 juillet comportait des transformations décisives :

J. Delors le quittait pour aller à la présidence de la Commission du Marché commun; il était remplacé à l'Économie et aux Finances par P. Bérégovoy; à l'Intérieur P. Joxe remplaçait G. Defferre, doté d'un ministère d'État; E. Cresson était au Commerce et à l'Industrie; Chevènement revenait aux Affaires avec l'Éducation nationale; Badinter et Cheysson conservaient leur poste. Fait essentiel : le comité central du parti communiste, arguant qu'il n'avait pas obtenu les garanties exigées pour la relance et la lutte contre le chômage, refusait la participation au gouvernement en dépit des regrets exprimés par L. Fabius. C'était donc bien un ministère socialiste homogène (à l'exception de M. Crépeau pour les radicaux de gauche) dans la diversité de tous les courants du parti; les communistes soutenaient, en principe, sans participer, comme en 1936.

A. Des réactions passionnelles

a) La Nouvelle-Calédonie, grande comme deux fois la Corse avec seulement 150 000 habitants, était française depuis 1853. Devenue Territoire d'outre-mer en 1956, elle offrait la particularité de posséder une importante population européenne (37 %) ou métissée, descendant en partie des Français de métropole transportés ou déportés entre 1864 et 1896; plus de la moitié de la population était agglomérée autour de Nouméa. L'île est importante par sa production de nickel, mais plus encore par sa position stratégique dans le Pacifique et la proximité de Mururoa, où ont lieu les essais atomiques français. Des élections, qui avaient eu lieu le 18 novembre 1984 avaient donné la majorité absolue au RPCR (RPR local), mais elles avaient été suivies par des troubles sérieux provoqués par le Front de libération national kanak socialiste (FLNKS), qui se dota même d'un gouvernement provisoire. Le problème était porté au plan international par les interventions soviétiques dans le Pacifique et par l'hostilité australienne et néo-zélandaise envers la survivance coloniale française autant qu'envers les essais nucléaires français.

Le gouvernement français tint pour nulles les élections. Le 2 décembre E. Pisani fut envoyé dans l'île avec pleins pouvoirs et négocia directement avec le gouvernement kanak insurrectionnel. Il aboutit à la rédaction d'un plan qui utilisait l'article 88 de la Constitution[1] pour imaginer un État indépendant partagé en quatre régions autonomes et associé à la France après un référendum; c'était « l'indépendance-association », qui faisait penser à l'indépendance marocaine de 1955 prévue dans l'interdépendance, où l'octroi de l'indépendance précédait nécessairement un éventuel traité d'association. Le 19 janvier F. Mitterrand se rendit dans l'île, tant pour conforter l'autorité de son délégué, que pour se concerter avec les chefs

1. La République... peut conclure des accords avec des États qui désirent s'associer à elle pour développer leurs civilisations.

kanaks. Les élections, qui eurent lieu le 29 septembre 1985, donnèrent trois régions sur quatre aux partisans de l'indépendance, mais la région de Nouméa avait voté contre, et, pour l'ensemble de l'île, 60 % des votes s'étaient prononcés pour le maintien dans la République. Enfin l'ordonnance signée par E. Pisani le 12 novembre 1985 attribua la propriété des terres aux tribus canaques, considérées comme premiers occupants, les tenanciers européens ou d'autres ethnies (Wallisiens) en étant considérés comme usufruitiers à bail emphytéotique.

b) L'affaire Greenpeace, localisée dans cette même région du Pacifique, apparut d'abord comme un simple fait divers : cette organisation internationale se présentait comme une association écologique particulièrement attachée à lutter contre les recherches nucléaires. Une série d'expériences souterraines françaises sur l'îlot de Mururoa étant annoncée, une flottille de l'association s'apprêtait à pénétrer dans la zone interdite pour empêcher les essais. En juillet 1985 une explosion fit couler l'un des navires de l'association dans le port d'Auckland en Nouvelle-Zélande, provoquant la mort d'un passager. Le gouvernement néo-zélandais en imputa la responsabilité aux services secrets français (DGSE) et fit arrêter deux personnes, qui se révélèrent être deux officiers français. Une commission officielle française mit hors de cause les services secrets et le gouvernement français, et, comme pour conclure l'affaire, F. Mitterrand se rendit le 12 septembre à Mururoa y affirmer les droits de la France, et, dans une attitude gaullienne, garantir les intérêts nationaux.

Mais le 19 septembre des journaux parisiens publiaient des révélations qui ne pouvaient provenir que de sources officielles, mettant en cause les services secrets et le ministre de la Défense Ch. Hernu. Le 20 septembre le chef des services secrets fut remplacé, et Ch. Hernu démissionna, laissant la place à P. Quilès[1]. Le 22 septembre enfin, dans une confession étrange inspirée par une éthique de vérité, le Premier ministre L. Fabius reconnut officiellement l'implication française, mais, au lieu d'en assumer la responsabilité, en rejeta la faute sur l'ex-ministre de la Défense. A partir de là le silence se fit à Paris, sinon à Auckland, où les deux officiers français furent condamnés le 21 novembre à 10 ans de prison pour homicide involontaire. Pendant toute la durée de cette ténébreuse affaire l'opposition était restée étrangement silencieuse. L'opinion publique, qui ne connut que l'écume du drame, en conçut un sentiment de malaise quant aux rivalités, manœuvres ou complots qu'elle avait cru discerner entre les divers services français.

c) Insécurité et Immigration. Traumatisés par la montée de la petite délinquance (vols, cambriolages) et la grande criminalité (assassinats répétés de personnes âgées), par les attentats terroristes venus de l'intérieur

1. L'affaire porta un coup fatal à la carrière de Ch. Hernu jusqu'à sa mort en 1990.

(nationalistes régionaux) et de l'extérieur, les Français accusaient l'insuffisance de la police, le laxisme des tribunaux (alors même que les prisons n'avaient jamais été aussi pleines), et la philosophie du garde des Sceaux, qui publiait à la fin décembre 1985 le Code pénal destiné à remplacer celui de 1810. Certains n'hésitaient pas à lier le problème de l'insécurité à celui de l'immigration, provoquant en retour le développement d'associations contre le racisme (SOS Racisme) patronnées par les autorités. Le problème de l'immigration avait un aspect démographique (différence des taux de fécondité), économique et social (main-d'œuvre et chômage), culturel ou religieux (identité nationale). L'afflux d'immigrés était largement antérieur à 1981; bien qu'il eût été en principe arrêté depuis 1974, il s'était amplifié depuis lors. On avait régularisé en 1981 la situation de quelque 130 000 clandestins, puis la perméabilité des frontières en avait permis la pénétration de 300 000 à 500 000. A la même date la loi avait facilité le regroupement des familles et l'acquisition de la nationalité. L'amorce tentée en 1979 d'un retour vers le pays d'origine par l'attribution d'une prime de 10 000 francs fut d'abord abandonnée en 1981, puis reprise en 1983 avec une limite supérieure de 100 000 francs, mais elle ne semble avoir concerné que 20 000 personnes en 1985.

La proportion d'étrangers résidant en France était estimée en 1985 entre 8 et 9 % de la population, et la proportion de naturalisés ou de Français de première génération par la naissance à 3 % environ d'une population totale évaluée à 55 millions d'habitants; cette proportion était destinée à croître rapidement, même si le solde migratoire était officiellement nul en 1985, par le simple jeu des excédents naturels. Le problème était double : celui de l'attitude à tenir envers les immigrés déjà installés, et celui d'une politique de l'immigration. Dans les rangs socialistes et parfois dans l'opposition (Bernard Stasi, *L'immigration, une chance pour la France*) on était sensible à la tradition de la France terre d'accueil. F. Mitterrand avait déclaré dans sa conférence de presse du 21 novembre 1985 : « Les immigrés sont chez eux en France. » Mais, à partir de là, deux attitudes étaient possibles : les uns penchaient pour une société pluri-ethnique mais culturellement assimilée grâce à la scolarisation et à la formation professionnelle, en attendant l'attribution de droits politiques que le Programme commun avait d'abord envisagés sur le plan local, et qui s'ajouteraient aux mêmes droits sociaux que ceux des Français. D'autres voyaient une erreur dans cette recherche de l'assimilation, qui souvent n'était pas souhaitée; le fait pluriculturel, comme la pluri-ethnie, était pour la France un enrichissement; non seulement il y avait lieu de condamner toute discrimination fondée sur la nationalité, mais encore la notion d'« identité nationale » ne pouvait plus être soutenue dans une période de « mondialisation » de la culture.

Dans les rangs de l'opposition on était généralement d'accord sur l'expulsion des clandestins et des délinquants, mais, dans les rangs de l'UDF et du RPR on était souvent sensible au fait que beaucoup des étrangers installés en France avaient été appelés au temps de la prospérité, faisant bénéficier les entreprises de bas salaires (qui les avaient du reste en même temps dissuadées de moderniser l'outil de production). La simple morale ne pouvait pas accepter qu'ils fussent chassés de France après que l'on eut utilisé leurs capacités : « Nous ne pouvons pas traiter ces gens-là comme si, une fois qu'on s'en était servi, on pouvait s'en débarrasser sans aucun respect pour la contribution qu'ils ont apportée à la croissance de notre pays » (R. Barre, 3 décembre 1985). Le RPR avait d'abord proposé de distinguer entre les droits sociaux provenant des cotisations (allocations familiales) et les droits financés par le budget de l'État; puis, sous l'influence sans doute de ses alliés de l'UDF, il se rallia à un programme plus vague : le point 8 de la plate-forme commune proposera de défendre l'identité nationale « en luttant contre l'immigration clandestine, en agissant avec fermeté contre les étrangers qui s'affranchissent des lois de la République, en facilitant l'intégration pour ceux qui le souhaitent, en développant, pour ceux qui le choisissent, l'aide au retour, et en réformant le Code de la nationalité ». On se prononçait donc non pour « l'assimilation », qui obligerait les immigrés à renoncer à leur culture, mais pour une « intégration » respectueuse des différences. Le Club de l'Horloge maintenait pourtant le besoin de se sentir solidaire d'une communauté de civilisation et présentait l'identité nationale comme « la première des libertés ». Quant au Front national, le plus ferme en cette matière, il réclamait la priorité d'emploi aux nationaux, la sélectivité des droits sociaux, l'institution d'une cotisation spéciale versée à un fonds de retour volontaire.

B. Un traitement classique de l'économie

L'aggravation de la fiscalité imposée en 1983 provoquait une déflation qui pesait sur l'économie, tout en étant contraire à la doctrine socialiste de la relance par la consommation. La part du prélèvement obligatoire était passée de 43 % en 1980 à plus de 45 % en 1984. Le chef de l'État, jugeant ce taux insupportable, en promit une diminution immédiate de 1 %, première étape d'une décélération qui serait poursuivie. En effet, dans le projet de budget présenté pour 1985 on faisait disparaître le prélèvement de 1 % destiné à la Sécurité sociale, on diminuait ou supprimait (suivant le niveau de l'impôt) le supplément qui avait grevé l'impôt sur le revenu, on diminuait même réellement de 5 % l'impôt dans le cas des plus bas revenus imposables (système de la majoration ou minoration); on prévoyait que toutes les surtaxes directes disparaîtraient en 1986, et l'on s'apprêta même à rembourser par anticipation le 15 janvier 1986 l'emprunt obligatoire de 1983. En réalité l'allégement de la fiscalité directe fut en partie compensé par les ressources indirectes, en sorte que le prélèvement obligatoire ne fut réduit que de 0,2 % en 1985. Le déficit du budget atteignit encore 149 milliards, soit 3,27 % du PIB, comblé par de nouveaux emprunts.

L'expansion restait trop faible; les entreprises avaient redressé en 1984 leur situation financière grâce à la faible hausse des salaires (moyenne de 6,4 %), la diminution des taux d'intérêt, et surtout une baisse du prix des matières premières importées supérieure à la hausse du dollar. Mais, bien qu'elle fût entourée d'un contexte mondial favorable, l'économie française, dont on poursuivait la restructuration et la modernisation (28 mars 1984, publication du plan acier, 20 000 suppressions d'emplois en 3 ans), n'eut en 1984 qu'un taux de croissance de 1,7 % contre une moyenne de 4,5 pour l'ensemble de l'OCDE, et de 1,3 % en 1985. Le commerce extérieur par contre profita pleinement jusqu'en septembre 1985 d'un change favorable avec la monnaie américaine, qui atteignit 10,60 francs en février, et de la baisse continue du prix du pétrole, favorisée par la désintégration de l'OPEP, entraînant le non-respect des quotas et les négociations directes entre producteurs et compagnies; le baril se négociait à moins de 15 dollars en février 1986. Le déficit marchandises fut réduit de moitié en 1984; déficit compensé par les rentrées invisibles, surtout par le tourisme, qui laissait un solde positif de 31 milliards de francs en 1985 et permettait aux paiements extérieurs d'être en excédent.

La décélération de l'inflation dans le monde, la stabilité globale du pouvoir d'achat en France (ce qui signifiait pour les classes moyennes une baisse réelle des ressources), le blocage de 55 % des prix comptant pour le calcul de l'indice permettaient au gouvernement de se féliciter d'un deuxième succès, obtenu dans la lutte contre l'inflation : 7,4 % en 1984 (mais 2,4 % en Allemagne) et 4,7 % en 1985 (1,8 % en Allemagne). Enfin, dernier succès que le ministre des Finances imputait aux bons résultats économiques, la monnaie paraissait solide en dépit de la différence d'inflation existant encore entre la France et l'Allemagne. Le 20 juillet 1985 la lire fut dévaluée de 6 %, les autres monnaies du SME réévaluées de 2 %. Le 23 septembre 1985 les ministres des Finances des principaux pays industrialisés s'accordèrent pour provoquer une baisse brutale du dollar, souhaitée du reste par les États-Unis; la monnaie américaine chuta en une journée de 6 %, puis se replia régulièrement, jusqu'à revenir au-dessous de 7 francs en mars 1986, sans que le mark dépassât sérieusement son cours pivot. C'est donc avec une confiance suffisante que l'on put signer *l'Acte unique européen* le 18 février 1986 (voir plus loin).

La bonne tenue du franc était certes due à une meilleure approche des grands équilibres, mais aussi à des taux d'intérêt qui, tout en baissant, restaient près du double de ceux de l'Allemagne fédérale, attirant les capitaux qui permettaient d'accroître les réserves de change : entre 1980 et 1984 la dette extérieure avait été multipliée par 4 en francs, par 2 en dollars; elle atteignait 62 milliards de dollars fin 1985, mais bénéficiait de la chute de la monnaie américaine à partir de septembre. Cet endettement extérieur, néanmoins considérable, ne laissait pas de donner un caractère assez artificiel à la stabilité monétaire française. La baisse du dollar, favorable dans l'immédiat par ses retombées sur la dette extérieure et le prix des matières importées, contenait une menace pour l'avenir des exportations françaises, aussi bien agricoles qu'industrielles, et, par voie de conséquence, pour la lutte contre le chômage.

La conséquence du traitement quasi classique de la crise était, outre une diminution des revenus d'une partie de la population (qui se traduisait dans le taux d'épargne des ménages, ramené à 11,9 % du revenu disponible, niveau le plus bas depuis 1965, alors qu'il approchait de 16 % en 1981) l'augmentation du nombre des sans-travail : on dénombrait officiellement 2 400 000 demandeurs d'emploi en 1985, beaucoup d'entre eux privés d'indemnisation, jeunes à la recherche d'un premier emploi, chômeurs sans droits ou en fin de droits ; encore eût-il fallu tenir compte des préretraites, congés de conversion, stages de formation, et, dernier substitut imaginé, des TUC, travaux d'utilité collective, qui mettaient à la disposition des communes, administrations et quelques sociétés nationales, par un contrat court et pour un salaire faible, des jeunes dont on espérait que ce serait pour certains un début de formation professionnelle. Le gouvernement socialiste était en train de réaliser ce qu'un gouvernement libéral avait parfois envisagé, sans avoir jamais pu ou osé effectuer : le « décrassage » de l'industrie, comportant fermeture d'entreprises non rentables ou mal gérées, modernisation, réduction du personnel, recherche de la productivité par la robotique, mais au prix d'un chômage accru que les palliatifs imaginés ne parvenaient pas à freiner ou à dissimuler. Les fruits ne pouvaient en être espérés que pour beaucoup plus tard.

Cela ne s'opérait pas sans drames et parfois sans de véritables émeutes ouvrières, surtout après la rupture entre communistes et socialistes, comme aux usines SKF d'Ivry le 9 juin 1985, ou à Trith-Saint-Léger dans le Nord le 25 juillet, après le licenciement de 1 400 employés, ou aux usines Ducellier de la région d'Issoire dans le Puy-de-Dôme. Mais l'affaiblissement des syndicats, que devait reconnaître le congrès de la CGT tenu en novembre 1985, réduisait la force de résistance des travailleurs menacés. Autre catégorie sociale en difficulté le monde agricole, dont le revenu perdait à nouveau 7 % en 1985 à cause des prix fixés à Bruxelles et à la suite de l'hiver exceptionnellement rude de 1984-1985 : problème d'autant plus grave pour les agriculteurs du Midi qu'après la Grèce, incorporée au Marché commun en 1981, l'Espagne et le Portugal y entraient le 1er janvier 1986 avec, il est vrai, une période de transition prévue de 7 à 10 ans.

Le ministre chargé des Affaires sociales espérait obtenir une amélioration de l'emploi par l'aménagement du temps de travail (la « flexibilité » de l'emploi), que beaucoup d'entreprises appliquaient déjà en fait : dans l'état des choses existant la loi reconnaissait une durée hebdomadaire de 39 heures réparties sur 47 semaines de travail, 5 semaines de congés payés ; elle autorisait 130 heures supplémentaires dans l'année, majorées de 25 ou 50 %. En décembre 1984 les négociations s'étaient ouvertes entre patronat et syndicats afin d'autoriser les entreprises à moduler le nombre et l'activité de leurs employés selon leurs besoins en fonction du plan de travail. La CGT avait fait échouer la négociation le 21 décembre, en invoquant le danger de l'arbitraire patronal. Le gouvernement reprit le problème et établit en novembre 1985 un projet où la règle des 39 heures hebdomadaires était remplacée par un décompte annuel du temps de travail, de sorte que celui-ci, ramené à une semaine, ne dépassât pas 38 heures, ce qui conduisait à une nouvelle réduction du temps de travail sans amputation du salaire. On pourrait travailler à certains moments, si besoin en était, jusqu'à 44 heures par semaine, à condition que la durée hebdomadaire, calculée sur l'année, ne dépassât pas 37 heures et demie. Les heures supplémentaires, 80 au maximum, seraient rémunérées par un repos compensateur. On espérait utiliser ainsi l'outillage de façon plus rationnelle et plus continue, et obliger à embaucher. Le CNPF acceptait la modulation, mais refusait la diminution du temps de travail et réclamait des accords contractuels négociés au niveau des entreprises et non par branches. La CFDT demandait le vote rapide de la loi, la CGT y était opposée, FO demandait de surseoir. La loi sur l'adaptation du temps de travail fut adoptée le 20 novembre 1985 malgré l'opposition des communistes.

La réforme de l'enseignement présentée par le nouveau ministre de l'Éducation nationale était un autre exemple de l'évolution de l'optique socialiste : J.-P. Chevènement apporta une sorte de compromis à la question scolaire par sa déclaration du 29 août 1985 et par la loi de Finances qui donnait un gage aux « laïcs » sans heurter de front les partisans de l'enseignement libre. Mais surtout la réforme du contenu scolaire remettait en honneur les éléments de base de l'école primaire et redonnait à l'enseignement de l'histoire sa vertu chronologique; le ministre identifiait l'« élitisme républicain » à la lutte contre les inégalités, il réintroduisait la « sélection républicaine » dans les sanctions scolaires comme une mesure de justice sociale.

Ainsi dans le domaine social comme dans le domaine économique les socialistes, réduits à eux-mêmes, abandonnaient peu à peu, au contact des faits, les principes idéologiques, et F. Mitterrand pouvait définir le « socialisme à la française » comme l'aboutissement d'une égalité plus grande entre les individus. Mais, s'ils étaient ainsi en mesure de séduire une partie de l'opposition libérale proche de la social-démocratie, ils s'offraient aux coups de plus en plus meurtriers de leurs anciens alliés communistes.

C. Le temps des contradictions politiques

a) L'attitude présidentielle. Le chef de l'État avait paru en 1984 isolé dans ses initiatives; ses conseillers eux-mêmes avaient été surpris par son projet de révision de la Constitution par référendum; le 9 août le Sénat votait la question préalable et proposait de faire modifier l'article 11 de la Constitution par la procédure habituelle des deux Assemblées réunies en congrès; ainsi pourrait-on organiser des référendums sur les « libertés »; mais nul ne précisait de quelles libertés il s'agissait; d'autre part le projet ne présentait plus sous cette forme d'avantage pour le Président et il fut abandonné.

L'opinion fut également déconcertée devant l'initiative prise par le chef de l'État de se rendre en Crète afin d'y rencontrer le colonel Kadhafi sous l'égide du Premier ministre socialiste grec, alors que les troupes libyennes n'avaient pas quitté le Tchad après le départ des troupes françaises; on devait donc recevoir plus encore par la suite comme un affront l'attaque surprise lancée par le colonel au Tchad le 12 février 1986, et qui obligea les Français a s'engager a nouveau dans une aventure dont on ne voyait pas l'issue. Les chefs africains amis de la France avaient mal apprécié l'entrevue de Crète, qui apparaissait comme une complaisance envers le Libyen; pour corriger cette irritation africaine F. Mitterrand remplaça le 17 décembre 1984 aux Relations extérieures Cl. Cheysson par Roland Dumas, un intime de longue date. L'entrevue du 27 novembre 1984 avec le Président syrien, à Damas, apparut également comme une concession sans contrepartie pour la sécurité des Français, dont plusieurs allaient se trouver pris en otages par des groupes incontrôlés au Liban, ni pour le soulagement des chrétiens libanais, traditionnellement protégés par la France.

L'incertitude fut maintenue par l'attitude qu'adopta le chef de l'État et l'humeur qu'il affecta en mai 1985 au cours de l'entrevue de Bonn entre le président Reagan et les alliés des États-Unis sur le projet américain de défense spatiale (IDS, Initiative de défense stratégique) dit improprement «guerre des étoiles», ainsi que dans la rencontre du 28 mai avec le chancelier Kohl portant sur le même sujet et sur son remplacement par un projet français *Eurêka* qui paraissait peu susciter l'intérêt allemand. F. Mitterrand put néanmoins vaincre les hésitations allemandes et faire adopter son projet par 19 pays européens en juin-juillet 1985 afin de mettre en place une Europe de la technologie. La France semblait s'éloigner de ses alliés traditionnels, se rapprocher au contraire de l'Est, quand le président de la République accueillit avec faste le secrétaire général du parti communiste soviétique, Gorbatchev, le 4 octobre 1985, puis surtout quand il accepta de recevoir le général Jaruzelski, le maître de la Pologne, paraissant ainsi donner un gage de respectabilité à un système que les socialistes, soucieux de morale politique, avaient toujours condamné : le Premier ministre lui-même, interrogé à l'Assemblée, se déclara «troublé».

Sur le plan intérieur la position du chef de l'État apparut d'abord aussi incertaine; le 2 février 1985, au cours d'un meeting des militants socialistes à Rennes, il lançait la campagne pour les Législatives en apparaissant comme un chef de parti fidèle au dogme socialiste plus que comme le Président de tous les Français. Mais le 24 juin, au cours d'un voyage dans le Languedoc qui devait préparer l'entrée de l'Espagne et du Portugal dans le Marché commun, son discours de Carcassonne appelait à se rassembler tous les hommes de bonne volonté — et le 15 septembre, au cours de l'émission «L'Enjeu», il déclarait : «On asphyxie l'économie; je ne suis pas l'ennemi du profit : il est bon que l'on fasse fortune.»

A partir de décembre 1985 la situation devint plus claire; il fut évident que l'avenir électoral du parti socialiste dépendait de ses liens avec le chef de l'État, au bénéfice duquel on escomptait la réaction légitimiste manifestée habituellement par les Français. Dès lors les cérémonies officielles ou les interventions provoquées se multiplièrent, qui permettaient de mettre en avant l'autorité du chef de l'État, soit par le biais de manifestations internationales sans rapport avec la vie politique française (conférence internationale sur la forêt à la Sorbonne, conférence des pays francophones, concertation européenne sur la lutte contre le cancer, toutes en février 1986) ; soit par des entretiens à la télévision (le 15 décembre 1985, puis l'émission du 3 mars 1986, où il envisagea pour la première fois son départ au cas où il ne pourrait pas disposer de la plénitude de ses pouvoirs) ; soit par des cérémonies officielles (inauguration de la gare de Nevers, 14 février) ; soit enfin par des interventions plus directes dans la campagne électorale : participation au meeting socialiste du Grand-Quevilly pour soutenir la candidature de L. Fabius le 17 janvier 1986 et discours où il reprenait les thèmes de 1981, notamment celui des pauvres contre les riches ; réunion socialiste de Lille pour soutenir P. Mauroy le 7 février. En même temps le garde des Sceaux, R. Badinter était nommé le 19 février à la présidence du Conseil constitutionnel.

b) L'attitude socialiste. Le parti socialiste, le seul sur lequel pût désormais s'appuyer le Président, parut d'abord menacé d'éclatement quand M. Rocard abandonna le 3 avril 1985 le ministère de l'Agriculture pour mieux se préparer à l'élection présidentielle de 1988 en se présentant comme un grand rassembleur libéré des partis. Puis le 15 juin apparut un conflit entre L. Fabius et L. Jospin sur la désignation de l'homme qui conduirait la campagne électorale, c'est-à-dire sur l'orientation politique du parti : avec L. Fabius c'était une large concentration républicaine dépassant les limites du parti, analogue au Front républicain de 1956, dont le maître à penser Mendès France avait été l'inspirateur ; Jospin comme Mauroy incarnait la tradition et la fidélité à l'union de la gauche.

On attendait un affrontement des hommes et des courants au *Congrès socialiste de Toulouse* des 11-13 septembre 1985 ; on aboutit au contraire à l'alignement de M. Rocard, convaincu sans doute qu'il avait peu d'espoir hors des structures du parti, et à une réconciliation des courants, dont le fédérateur était L. Fabius, promu à la tête de la prochaine campagne. En même temps on avait assisté à une révision des objectifs socialistes : la motion de synthèse ne considérait plus l'entreprise industrielle comme le lieu privilégié de la lutte des classes, mais dans son seul rôle d'unité de production, l'action sociale se bornant à la réduction des injustices : « Il est des contraintes dont aucun pouvoir, dans une société ouverte et démocratique, ne peut s'affranchir. La crise a remis en lumière cette vérité crue : on ne distribue que des revenus qui sont la contrepartie de ce qu'on a pu produire et vendre. » On parla du « congrès de Bad-Godesberg » du socialisme français[1].

1. Allusion au parti socialiste d'Allemagne fédérale (SPD), qui, à son congrès de Bad-Godesberg, en novembre 1959, avait abandonné toute référence au marxisme et à la lutte des classes.

Tout fut remis en question par le face-à-face télévisé Fabius-Chirac du 27 octobre 1985, où, de l'avis général, le second l'emporta en crédibilité sur le chef du Gouvernement, puis par la convention socialiste des 9-10 novembre qui devait dresser le programme et désigner les têtes de listes pour les Législatives ; l'unanimité se fit sans heurts sur l'orientation politique du parti : c'était la fidélité au passé. M. Rocard lui-même affirmait qu'il fallait « déployer haut et fort le drapeau socialiste... Notre meilleur argument électoral c'est ce que nous sommes, plus que ce que nous promettons. Ce sont nos valeurs et notre éthique plus que notre bilan » ; et Jospin : « Ce que j'ai entendu, notamment chez M. Rocard et J.-P. Chevènement, m'a paru témoigner du même souci, celui qui est le mien depuis longtemps, d'inscrire nos propositions clairement dans l'identité socialiste. » Il n'y aura cependant « ni un programme détaillé du type 1972, ni un projet global du type 1980 débouchant sur 110 propositions » (Jospin). Les thèmes resteront généraux : aménagement du temps de travail, développement de la formation, octroi d'un minimum social garanti, confirmation du secteur nationalisé, réforme sociale de la fiscalité.

c) *L'attitude communiste.* L'unité de la gauche, qui avait été à la base de la victoire de 1981, avait été rompue par les communistes ; on était passé du soutien sans participation à une opposition brutale. Le comité central du PC avait voté le 30 octobre 1984, à l'unanimité moins six abstentions, le projet de résolution qui serait soumis au congrès de février 1985 : il prenait le contre-pied du manifeste de Champigny de décembre 1968, qui avait formulé les moyens pacifiques et démocratiques de l'instauration du socialisme, répudiait la signature du Programme commun de 1972, qui avait conduit à la collaboration avec les socialistes, celle-ci étant rendue responsable de la chute du nombre des militants et de la perte d'audience électorale traduite par les 11 % des suffrages exprimés obtenus aux élections européennes. C'était l'abandon de l'eurocommunisme et le retour à l'isolement.

Ce revirement fut confirmé en novembre 1984 à l'occasion de la publication du livre *Kremlin-PCF* paru sous la signature d'un mystérieux Jean Fabien, qui révélait les entretiens de Waldeck-Rochet, alors secrétaire général du parti, avec Brejnev et Souslov, à l'époque du « Printemps de Prague » en 1968 ; on y trouvait les origines de cette déviation qu'avait été la stratégie de l'union pour aboutir à une « démocratie avancée », qui devait être le « socialisme à la française ». Le XXVe congrès, dit « congrès historique » approuva la nouvelle orientation du parti en dépit de la position des « rénovateurs » et de trois fédérations, qui avaient eu néanmoins la prudence de prévenir qu'elles ne quitteraient pas le parti et se plieraient à la règle du centralisme démocratique. Le discours de G. Marchais, évoquant le congrès de Tours de 1920, soulignait l'abandon de la stratégie de la participation au pouvoir entamée dans les années 60, le retour du parti à sa vocation révolutionnaire, son refus de « gérer la crise » aux côtés des socialistes. Cependant les rénovateurs ne furent pas exclus et P. Juquin put publier en octobre *Autocritiques,* où il appelait le parti au renouvellement.

L'alignement sur les positions soviétiques fut illustré le 4 octobre 1985 lors du voyage officiel à Paris de M. Gorbatchev, qui réserva aux dirigeants du parti une visite particulièrement amicale à l'occasion de son pèlerinage à la maison jadis habitée par Lénine. Le 13 novembre suivant le bureau politique du parti menaçait : «Le PC est la seule formation sur laquelle les travailleurs peuvent investir pour défendre leurs intérêts» ; et G. Marchais : «Il faut accélérer le rassemblement des forces populaires dans l'action.» C'était le rôle dévolu à la CGT, qui, malgré la désaffection générale des travailleurs envers les syndicats, et en dépit de l'échec subi le 24 octobre dans sa tentative de grève générale, organisait dans les mois suivants d'autres offensives contre le pouvoir.

L'expérience des consultations récentes avait cependant montré combien la base communiste, moins disciplinée qu'elle ne l'était jadis, répugnait à abandonner l'union de la gauche, d'autant plus que les socialistes, de leur côté, appelaient à «voter utile», c'est-à-dire à voter socialiste. Aussi, après avoir mené une offensive sans équivoque contre la politique socialiste, le comité central du PC, réuni le 3 février 1986, adopta une attitude plus nuancée : il exprimait à nouveau sa réprobation envers la politique menée jusque-là, qu'il ne distinguait pas de ce qu'aurait pu être une politique de droite, mais en même temps il mettait en garde : l'adversaire prioritaire restait la droite, et il n'excluait pas une nouvelle collaboration avec les socialistes si ceux-ci revenaient à une véritable politique «de gauche»; les communistes cherchaient un «rééquilibrage de la gauche», condition d'une exclusion durable de la droite du pouvoir.

d) Une opposition mal assurée. La droite parlementaire ou libérale s'efforçait de donner d'elle-même l'image d'une union pour le moins ambiguë. Jusqu'au printemps 1985 sévit la «guerre des chefs», surtout quand V. Giscard d'Estaing fit sa rentrée politique en août 1984 en se faisant élire au premier tour député dans le Puy-de-Dôme, et reprit la direction des clubs *Perspectives et Réalités*. Manifestement les blessures de 1981 n'étaient pas cicatrisées. Certaines personnalités de l'UDF se montraient même sensibles au style nouveau du Premier ministre, mettaient en avant sa jeunesse, le changement de discours, et l'on envisageait un recentrage possible avec des socialistes, qui permettrait la formation d'une majorité de centre gauche. L'opposition parlementaire, tout à son libéralisme découvert ou retrouvé, était peu accordée au malaise d'une opinion secouée par l'insécurité, le chômage, la «nouvelle pauvreté», lasse des jeux de la politique politicienne et des rivalités de personnes.

C'est pourquoi les consultations partielles, tout en faisant apparaître le recul général de la gauche, ne montraient pas en même temps un vaste mouvement d'adhésion aux partis classiques de l'opposition. Peut-être est-ce là qu'il faut trouver la raison de l'émergence d'une extrême droite moins souple, plus traditionnelle, nationale et populaire : le *Front national*. A l'élection présidentielle de mai 1974 J.-M. Le Pen n'avait obtenu que 0,74 % des voix ; à l'élection suivante de 1981, il n'avait même pas pu obtenir les 500 cautions nécessaires pour pouvoir être candidat. Le point de départ de l'ascension est daté de l'élection municipale de Dreux, en septembre 1983, où son secrétaire général fut élu au conseil. Son émergence est due à la prise en compte des trois sujets qui angoissaient l'opinion : le chômage, la sécurité et l'immigration. Il traduisait aussi la résurgence des anciennes valeurs de la droite conservatrice, l'ordre, la famille, la nation, et n'hésitait pas à remettre en honneur la devise de Vichy, «Travail, Famille, Patrie», qui, pour ses adversaires, lui donnait un relent de révolution nationale dans «l'ordre moral». Le Front présenta en même temps ses listes et son programme au congrès de Versailles du 3 novembre 1985 : outre la révision du Code de la nationalité et la création d'une cour criminelle spéciale, il préconisait la défense de la famille, un actionnariat populaire, l'autonomie des régimes sociaux, la révision du droit syndical et du statut de la fonction publique. Le nouveau système de scrutin applicable aux élections de mars 1986 assurait au Front une représentation parlementaire qu'il n'aurait jamais eue avec le régime précédent et lui permettait d'espérer mordre sur les marges de la droite dite libérale.

En effet la loi électorale votée le 26 juin 1985, tout en augmentant le nombre des députés, qui passait de 491 à 577, et en les redistribuant, abandonnait le scrutin uninominal à deux tours, qui était celui de la Ve République, pour revenir à celui qui avait été utilisé sous la IVe République, et qui renforçait le pouvoir des partis aux dépens des personnalités : le scrutin de liste départemental à la représentation proportionnelle et à la plus forte moyenne, appliqué le même jour pour les élections régionales comme pour les Législatives. Ce nouveau mode de scrutin imposait plus encore à l'opposition parlementaire une unité de façade, sinon de pensée, favorisée par l'arrivée d'hommes plus jeunes au secrétariat des partis, François Léotard pour le parti républicain, principale composante de l'UDF, Jacques Toubon au RPR; en juin 1985 on put voir à la même tribune R. Barre, V. Giscard d'Estaing et J. Chirac. En novembre les plans étaient dressés; le 8 un accord RPR-UDF décida des listes communes dans la moitié environ des départements et désigna les têtes de listes. La plate-forme commune fut publiée le 16 janvier, mais elle était déjà connue par des indiscrétions dès le 26 décembre; elle s'articulait autour de trois thèmes : Libérer l'économie pour assurer le progrès social — Promouvoir une société de libertés («renforcer les garanties constitutionnelles des libertés fondamentales») — Redonner sa vraie place à la France. Le programme risquait de rebuter le lecteur par la longueur de sa rédaction, le vague de sa formulation (favoriser la création d'emplois, sauvegarder la Sécurité sociale, libérer l'information, rénover l'enseignement par la liberté et la responsabilité, etc.), même si, pour le rendre plus accessible, on l'avait résumé dans vingt engagements fondamentaux. Par la place accordée dans tous les domaines au libéralisme et à l'individu il évoquait l'UDF plus que le RPR, qui était satisfait par l'importance essentielle reconnue au rétablissement du scrutin majoritaire, dont on faisait une priorité.

Mais on n'abordait pas le problème qui hantait le plus les esprits politiciens, même s'il intéressait peu l'opinion : après les élections, que l'on considérait déjà comme gagnées (le seul problème étant de savoir si les deux formations auraient à elles seules la majorité absolue) y aurait-il « cohabitation » avec le chef de l'État? Celui-ci avait assuré qu'il continuerait à user de toutes les prérogatives que lui conférait la Constitution; on se livrait donc à une exégèse permanente de la Constitution, qui lassait l'opinion; le 14 janvier V. Giscard d'Estaing admettait la cohabitation en ramenant strictement les pouvoirs du Président aux articles constitutionnels sans les dépassements que l'usage avait tolérés depuis 1958; le lendemain J. Chirac se ralliait à cette position; R. Barre au contraire y était résolument hostile et soulignait la contradiction entre une majorité libérale et un Président socialiste qui avait tellement imprimé sa marque sur la politique suivie depuis 1981; ainsi se formait, à l'UDF comme au RPR, une « frange barriste », dont on ignorait en réalité les intentions pour les élections et surtout après elles.

Bien qu'il fût apparenté à l'UDF et qu'il fît nettement campagne en sa faveur, R. Barre occupait une position particulière, non seulement du fait de sa réputation d'économiste et de son passé de Premier ministre, mais aussi en raison de sa volonté proprement gaullienne d'indépendance à l'égard des partis. En dépit pourtant de son apparent isolement il disposait de puissants appuis sur le plan international par ses liens avec la Commission trilatérale, fondée en 1973 à l'initiative de Jean Monnet, et reposant, comme son nom l'indique, sur trois piliers, industriel, financier et intellectuel, aux États-Unis, en Europe et au Japon; l'association, groupant quelque 345 membres, invoquait les vertus du commerce international pour voir dans un accroissement des échanges avec l'URSS le moyen de négocier le désarmement et d'assurer la paix, de même que les saint-simoniens avaient cru au XIXe siècle à la paix universelle grâce au percement des isthmes et à la facilité d'échanges de marchandises et d'idées. Elle était en France en accord de pensée avec la Fondation Saint-Simon créée en 1982, qui réunissait des personnalités influentes de centre gauche plus que de centre droit, s'efforçant avant tout de construire un projet économique placé sous le seul signe de l'efficacité en confiant le pouvoir, comme dans la fameuse parabole du comte de Saint-Simon, aux « producteurs » économiques ou administratifs; préoccupés de solutions à l'échelle du globe, étrangers au nationalisme économique ou politique, libéraux et mondialistes par tempérament ou par raison, ces décideurs jouaient un rôle essentiel par les positions clés qu'ils occupaient et les solutions qu'ils élaboraient.

R. Barre pouvait compter sur des appuis internes et externes qui devaient le conduire à tenter sa propre chance, et, par voie de conséquence, risquaient de diviser et d'affaiblir l'opposition libérale. D'une part l'incertitude demeurait sur l'attitude qu'adopteraient R. Barre et les futurs députés barristes face à un gouvernement qui accepterait de cohabiter avec le chef de l'État; d'autre part il semblait bien que le véritable horizon de R. Barre n'était pas l'enjeu des élections législatives de mars 1986, mais celui de l'élection présidentielle de 1988.

D. Les élections de mars 1986

A côté des cinq grandes formations qui présentaient des listes dans tous les départements, on vit surgir çà et là des listes dissidentes, comme celle de Marie-France Garaud à Paris, ou celles de candidats déçus par les décisions des appareils des partis, capables de fausser quelque peu des résultats qui paraissaient acquis dans les sondages avant même que les électeurs n'eussent voté. Cela explique-t-il l'indifférence relative dans laquelle se déroula d'abord le débat politique? Il faut ajouter que le langage des dirigeants des partis était peu en accord avec les préoccupations du simple citoyen. On était plus angoissé par le chômage, le pouvoir d'achat, l'insécurité et le sort des otages français au Liban, menacés par des ravisseurs qui narguaient sans péril la France en lui imposant leurs conditions. En effet dans les jours qui précédèrent le scrutin l'atmosphère fut brusquement empoisonnée par l'annonce de l'assassinat de l'un des otages et la menace d'exécuter les autres, si n'étaient pas libérés en France des terroristes condamnés précédemment pour un attentat, et en Irak des opposants au régime que les autorités françaises y avaient expulsés. Une fois encore l'opinion publique était placée devant les drames créés par la rivalité entre services français, qui entraînait la détention ou la mort de ressortissants nationaux. Dans le tourbillon des négociations officielles ou secrètes, des vraies ou fausses informations qui circulaient, on apprenait par la presse que le ministre de l'Intérieur avait offert sa démission au chef de l'État qui l'avait refusée, puis que le chef de l'État lui-même envisageait de se retirer en cas d'une victoire trop nette de l'opposition.

Cette menace, qui portait en elle le danger d'une crise institutionnelle dont les Français ne voulaient pas, eut une influence certaine sur le corps électoral, de même que les dernières nouvelles économiques données par les services officiels redressèrent la confiance envers la politique gouvernementale : baisse des prix de 0,2 % en février et perspective d'une inflation de 2 % en 1986 grâce à la baisse du prix du pétrole et du dollar — légère diminution du chômage — redressement des échanges extérieurs ; cette apparente amélioration permettait aux candidats socialistes de justifier leur slogan : « on ne change pas une équipe qui gagne. »

Les résultats des élections semblent indiquer que les électeurs ne furent pas insensibles aux arguments de l'équipe sortante, en même temps qu'ils étaient troublés par les divisions de l'opposition libérale. En effet la défaite socialiste, qui était prévue, était beaucoup moins nette que ne l'avaient fait envisager les sondages. La gauche, prise dans son ensemble, avait certes perdu les élections, mais elle le devait au recul historique du parti communiste, ressenti même dans ses bastions traditionnels autour de Paris. Le parti socialiste, avec plus de 31 % des suffrages exprimés, restait le principal groupe à l'Assemblée.

Les deux formations de l'ancienne opposition libérale, UDF et RPR, étaient majoritaires, comme on l'attendait, mais leurs pronostics présomptueux antérieurs au scrutin réduisaient la portée psychologique de leur victoire, qui ne tenait qu'à quelques sièges; il y avait bien là une défaite relative d'une coalition qui s'était crue trop tôt assurée d'une victoire écrasante. La majorité absolue était sans doute acquise, mais seulement avec l'apport des «divers droite».

Le mode de scrutin, mais aussi une nouvelle poussée de l'opinion confirmant les indications des élections européennes, faisaient du succès du Front national la surprise de cette consultation. Avec 33 députés il était en partie responsable de la déception des grandes formations de l'ancienne opposition parlementaire, en donnant la possibilité de voter pour lui à ceux qui, à l'ordinaire, se résignaient à voter pour les candidats libéraux. Or les représentants de l'UDF et du RPR s'étaient engagés à ne solliciter en aucun cas l'appoint de cette droite nationale. Le problème était plus net encore dans le cas des élections régionales, qui avaient eu lieu le même jour suivant le même mode de scrutin. La gauche ne conservait que 2 régions (Limousin, Nord-Pas-de-Calais) sur 22, mais, dans 5 ou 7 régions contrôlées par l'opposition les élus du Front national pouvaient espérer arbitrer la rivalité entre droite et gauche.

Résultats des élections législatives (16 mars 1986)

Inscrits Abstentions Suffrages exprimés	37 314 252 8 143 888 (21,8 %) 27 892 342		
	Voix	*%*	*Élus*
Extrême gauche	422 109	1,51	–
Parti communiste	2 740 972	9,82	35 (– 9)
Parti socialiste	8 699 782	31,19	199 (– 64)
Union de la gauche	56 044	0,20	16 (– 5)
MRG	107 591	0,38	
Divers gauche	278 598	0,99	
Écologistes	340 138	1,21	–
Régionalistes	22 218	0,07	–
Union RPR-UDF	6 017 207	21,57	
RPR	3 063 612	10,98	150 (+ 65)
UDF	2 319 347	8,31	127 (+ 62)
Divers droite	1 062 707	3,81	14 (+ 10)
Front national	2 705 838	9,70	33 (+ 31)
Extrême droite	56 179	0,20	1 (+ 1)

Les résultats constituaient aussi un échec, du moins dans l'immédiat, pour Raymond Barre, qui ne réussissait pas dans le Rhône la percée espérée sur les socialistes; échec confirmé par la défaite subie à Paris par M.-F. Garaud, candidate indépendante, mais qui avait clairement adopté les positions de R. Barre; celui-ci voyait ainsi condamnée sa thèse opposée à la « cohabitation » ; sa position de franc-tireur avait contribué à donner de l'ex-opposition une image de désunion qui avait été largement utilisée par la gauche pour démontrer l'inaptitude de ses adversaires à gouverner; en désorientant l'électeur le barrisme avait coûté à la nouvelle majorité 15 à 20 sièges.

Les résultats en somme, par une certaine ironie des urnes, ne pouvaient que satisfaire le chef de l'État, vaincu avec son parti sur le plan électoral, vainqueur potentiel par la liberté d'action que sa fonction et la situation parlementaire lui conféraient. On entrait, il est vrai, dans une phase nouvelle de l'histoire de la Ve République, puisque, pour la première fois depuis 1958, la majorité parlementaire ne coïncidait pas avec les options politiques du Président; mais celui-ci avait la possibilité d'attiser les rivalités entre et dans les groupes majoritaires, de s'appuyer sur la force confirmée du groupe socialiste, et d'invoquer une légitimité indiscutable pour manœuvrer comme il l'entendrait. On en arrivait, comme le remarquait M. Debré, à une deuxième lecture de la Constitution, où chacun des deux partenaires conserverait ses prérogatives propres dans son domaine bien défini : on en eut un premier aperçu quand les deux groupes vainqueurs, UDF et RPR, se réunirent le lendemain des élections, préalablement à tout contact avec le Président, pour dessiner et imposer le profil du futur Premier ministre; on le sentit mieux encore quand, le 18 mars, le chef de l'État convoqua le représentant du groupe le plus important, J. Chirac, et, au lieu de le nommer aussitôt Premier ministre, le chargea d'effectuer un « tour d'horizon », comme avaient coutume de le faire les candidats pressentis avant 1958. Mais l'autorité du Président put s'affirmer quand il récusa deux ministres proposés par J. Chirac (Lecanuet et Léotard) aux postes qu'il regardait comme étant de sa compétence, les Affaires étrangères (qui retrouvaient leur dénomination ancienne) et la Défense.

Après deux journées de conciliabules entre partenaires politiques J. Chirac fut nommé Premier ministre le 20 mars et présenta son ministère au moment même où, par un défi à la France, des terroristes provoquaient un attentat sanglant aux Champs-Elysées. Le ministère comprenait 14 ministres, 8 ministres délégués, 15 secrétaires d'État; les postes clés étaient tenus par É. Balladur, l'ancien conseiller de G. Pompidou, chargé de l'Économie, des Finances et de la Privatisation; Albin Chalandon, garde des Sceaux, ministre de la Justice; André Giraud, spécialiste des questions atomiques, à la Défense; le sénateur Ch. Pasqua à l'Intérieur.

Il semblait donc que l'« alternance » se réalisait sans heurts et que la « cohabitation » s'installait sous des auspices sereins. Nul ne pouvait cependant savoir d'une part si la faible majorité existant à l'Assemblée serait suffisante, et durable dans sa cohésion, ni si serait poursuivie l'harmonie entre un chef de l'État qui restait socialiste et une Assemblée qui, en principe au moins, avait rejeté la social-démocratie. C'était le premier test sérieux auquel se trouvaient affrontées les institutions gaulliennes.

Bibliographie

J.P. CHEVÈNEMENT, *Les socialistes, les communistes et les autres* (Aubier-Montaigne, 1977) ; F.B. BENOIT, *La Démocratie libérale* (PUF, 1978) ; A. DUHAMEL, *La République de Monsieur Mitterrand* (Grasset, 1982) ; *Les Prétendants* (Gallimard, 1983) ; A. MINC, *L'Après-crise est commencée* (Gallimard, 1982) ; F. DE CLOSETS, *Toujours Plus* (Grasset, 1982) ; L. STOLERU, *La France à deux vitesses* (Flammarion, 1982) ; M. ALBERT, *Le Pari français* (Seuil, 1982) ; H. LEPAGE, *Demain, le Capitalisme* (coll. Pluriel, Hachette, 1980) ; *Pourquoi la Propriété* (coll. Pluriel, Hachette, 1985) ; CATON, *De la Renaissance* (Fayard, 1983) ; Ph. ALEXANDRE et R. PRIOURET, *Marianne et le Pot au lait* (Grasset, 1983) ; G. SORMAN, *La Révolution conservatrice américaine* (Fayard, 1983) ; J. CHARLOT, *Le Gaullisme d'opposition* (Fayard, 1983) ; C. NAY, *La double méprise* (Grasset, 1983) ; *Le Noir et le Rouge* (biographie de F. Mitterrand, Grasset, 1984) ; A. PEYREFITTE, *Quand la rose se fanera, du malentendu à l'espoir* (Plon, 1983) ; V. GISCARD D'ESTAING, *Deux Français sur trois* (Flammarion, 1984) ; Général COPEL, *Vaincre la guerre, Une autre Défense, Une autre Armée* (Éd. du Lieu commun, 1984) ; M. PRIGENT, *La Liberté à refaire* (coll. Pluriel, Hachette, 1984) ; R. BARRE, *Réflexions pour demain* (coll. Pluriel, Hachette, 1984) ; *Libres et Responsables, Projet pour la France* (Programme du RPR, Flammarion, 1984) ; J.M. FAHY, *Le Chômage en France* (Que sais-je ? PUF, 1993) ; A. COMTE, *Les Présidents de la Ve République* (Le Pré aux clercs, 1985) ; P. MAUROY, *A Gauche* (Albin Michel, 1985) ; M. PONIATOWSKI, *Le Socialisme à la française* (Albin Michel, 1985) ; J.M. BENOIST, *Les Outils de la Liberté* (Laffont, 1985) ; J. JULLIARD, *La Faute à Rousseau* (Seuil, 1985) ; Th. PFISTER, *La vie quotidienne à Matignon au temps de l'union de la gauche* (Hachette, 1985) ; J.M. LE PEN, *La France est de retour* (Carrère-Lafon, 1985) ; F. MITTERRAND, *Réflexions sur la politique étrangère de la France* (Fayard, 1986) ; H. AMOUROUX, *Monsieur Barre* (R. Laffont, 1986) ; G. LE MOIGNE, *L'immigration en France* (Que sais-je?, PUF, 1995) ; M. NAUDY, *PCE, le suicide* (Albin Michel, 1986) ; E. TODD, *La Nouvelle France* (Seuil, 1990) ; M. GOUBET, J. L. ROUCOLLE, *Population et Société françaises 1945-1988* (Mementos Sirey, 1988) ; M. NOBLECOURT, *Les syndicats en question* (Éd. ouvrières, 1990) ; P. FAVIER et M. MARTIN-ROLAND, *La Décennie Mitterrand*, t. I, *1981-1984* (Seuil, 1990).

23

La vie littéraire depuis la guerre

Dans les trente dernières années, des écrivains ont prolongé leur œuvre et imposé leur nom à un public assez vaste dans des voies assez connues pour que l'on ne doute pas de leur pérennité. D'autres ont multiplié des essais très nouveaux en tous genres, élaboré des théories, et constitué l'« avant-garde » : il est trop tôt pour dire s'ils entreront au musée imaginaire : ne serait-ce pas d'ailleurs contre leur gré?

1. Le Surréalisme rénové

Breton avait refusé de mêler le surréalisme à l'engagement politique. Il vit aux États-Unis pendant la Deuxième Guerre mondiale; en 1947 il publie un essai, *Arcane 17*, où la première place apparaît accordée à la femme, à l'amour, capable de rendre un sens à la vie; Breton continue à affirmer qu'il faut libérer l'être humain de toutes les contraintes, de tous les préjugés; mais loin de voir maintenant l'aliénation primordiale dans la Société, il la dénonce dans l'opacité qui recouvre notre psychisme, et dont il faudrait purifier l'Amour, la Poésie et la Liberté.

Rentré en France où il mourra en 1966, Breton a repris sa lutte difficile pour l'intégrité du surréalisme, il a dirigé revues et expositions; pourtant, Desnos, Éluard, Aragon sont mieux compris que lui. Le goût de la liberté, qui avait poussé Desnos, Éluard, Aragon vers le surréalisme et vers le communisme, les a engagés activement dans la lutte contre le nazisme, et a fait d'eux les poètes de la Résistance; délaissant les programmes obscurs du surréalisme, ils ont chanté la France, terre de liberté : c'est dans *Poésie et Vérité* (1942) qu'Éluard compose son fameux poème à la Liberté (« J'écris ton nom »). Robert Desnos meurt en déportation en 1945, laissant les poèmes *d'État de veille* (1943), où l'impétuosité du lyrisme retrouve la simplicité de l'alexandrin.

Louis Aragon lance sous forme de tracts ou publie en Suisse les vers ou les poèmes en prose de la *Diane Française* «Le Conscrit des cent-villages», «Il n'y a pas d'amour heureux»; dans *Le Musée Grévin,* publié clandestinement à Lyon en 1943 sous le pseudonyme de François la Colère, se trouve l'émouvant poème «Je vous salue, ma France aux yeux de tourterelle»; la fin du recueil pourtant revient au ton polémique, à l'esprit de parti, et ternit la pureté du chant. Après la guerre Aragon poursuit son activité d'intellectuel communiste. Il dirige l'hebdomadaire *Les Lettres Françaises.* Il atteint un vaste public par son roman *La Semaine Sainte* (1958), qui n'est pas un roman historique, mais, à l'occasion des Cent Jours, la projection dans le passé de l'expérience vécue d'Aragon lui-même, et la préfiguration d'un possible avenir. Surtout, les poèmes inspirés par Elsa Triolet, sa femme, *Les Yeux d'Elsa* (1942), *Le Fou d'Elsa* (1963) rendent le reflet d'un long amour dans un langage poétique accessible à tous. La mort d'Aragon le 24 décembre 1982, a été ressentie comme un deuil national et la fin d'une époque.

Ce surréalisme renouvelé et assagi laisse la place à de nouvelles recherches, à d'autres révoltes.

2. Jean-Paul Sartre. L'Existentialisme

Au lendemain de la guerre, pendant dix ans, c'est Jean-Paul Sartre qui a dominé la jeunesse et la pensée en France. Saint-Germain-des-Prés a été le centre d'une doctrine, d'un genre de vie, d'une mode. Sartre, né en 1905 à Paris, agrégé de philosophie en 1929, avait dès avant la guerre publié des essais et deux œuvres littéraires : *La Nausée* (1938) et *Le Mur* (1939). C'est en effet comme homme de lettres que ce philosophe allait exploiter sa pensée, comme s'il connaissait déjà la note de Camus dans ses *Carnets* : «Si tu veux être philosophe, écris des romans.» Et s'il est vrai que l'existence précède l'essence, c'est à travers l'œuvre que nous devons découvrir Sartre, qui ne préexiste pas à son acte.

La Nausée est un journal, le journal d'Antoine Roquentin, qui après des voyages et des expériences s'est retiré à Bouville — Le Havre sans doute —, vers la quarantaine, pour y faire des recherches historiques; à la bibliothèque, où il rencontre un bizarre autodidacte, dans les cafés, où il cherche une sorte d'anesthésie, tout lui paraît terne, inintéressant, incohérent, en particulier ce qui paraît aux autres normal et logique. Parfois il prend peur, peur de lui-même et de la folie qu'il entrevoit, parfois il méprise les autres, les salauds, qui ont l'air de s'accommoder de l'existence. Les êtres, les objets, son corps lui-même lui donnent la nausée; et quelques échappées vers la musique ou vers une ancienne maîtresse tournent elles aussi à une «ignoble marmelade».

Cette nausée sartrienne vient du dégoût d'une existence imposée. «Tout existant naît sans raison, se prolonge par faiblesse et meurt par rencontre.» Elle se communique au lecteur par l'intermédiaire des sensations gluantes que décrit Roquentin, et où le lecteur croit reconnaître les cauchemars morbides de Sartre lui-même; surtout, c'est un style morne et tiède, une expression détériorée qui créent la contagion d'un haut-le-cœur devant l'existence. Combien de personnages de romans ont été pendant trente ans les émules de Roquentin!

Les nouvelles du recueil *Le Mur* ont plus de relief, par leur diversité même et leur rapidité, que le long discours de *La Nausée.* La cruauté, la violence, la folie, le vice prennent forme dans des situations saisissantes, dans un style nu et puissant. C'est, dans le genre narratif, la meilleure œuvre de Sartre. La guerre devait lui apporter une brève expérience de la captivité et de la Résistance. Après la guerre, il crée le Rassemblement démocratique révolutionnaire et fonde la revue *Les Temps Modernes.* Beaucoup plus que ses traités philosophiques (*L'Être et le Néant*), ce sont encore ses romans qui assurent sa renommée. *Les Chemins de la Liberté* (1945) ne comportent encore que leurs deux premières parties : *L'âge de raison* et *Le sursis.* Dans *L'âge de raison* le personnage central est un professeur de philosophie, Mathieu. Il est libre, puisqu'aucune transcendance, aucune «nature humaine» ne le précède ni ne le détermine; une maîtresse qui attend un enfant rend d'elle-même la liberté à Mathieu : «libre pour tout, libre de faire la bête ou la machine»; dans cette liberté sartrienne c'est l'action qui doit fonder l'existence; mais comment choisir l'action, si l'on est libre? Et comment rester libre si l'on choisit? Mathieu ressent la liberté comme une condamnation; mais il ne peut guère en sortir sans participer à la mauvaise foi des salauds qui donnent un alibi à leur existence.

Le Sursis fait intervenir des situations où les personnages doivent créer leur existence et leur liberté en assumant les événements. Le «sursis» c'est Munich en septembre 1938; Sartre utilise dans sa composition le «simultanéisme» qu'il a admiré chez Faulkner et Dos Passos. Différents personnages entendent au même moment le discours d'Hitler; l'événement apparaît comme un fait objectif d'où le narrateur est absent. Dans cette dernière semaine de septembre 1938 les personnages de Sartre semblent encore incapables d'assumer leur part d'action. C'est *La Mort dans l'âme* (1949) qui montre la mort de Mathieu, et l'engagement de tel ou tel de ses amis : est-ce vraiment la liberté? Sartre n'a jamais achevé ce cycle.

Le théâtre a contraint Sartre à une concision qui ne lui était pas aisée; il a poussé ses personnages à l'action vers un dénouement nécessaire; il a mis en valeur des formules péremptoires, discutables sans doute, mais que le dialogue soutient. Surtout, ses pièces ont pour la plupart bénéficié de la sympathie du public pour tout ce qui dénonçait l'oppression nazie. *Les Mouches* (1943) ont été créées par Charles Dullin en pleine occupation allemande. C'est la légende d'Oreste que Sartre reprend après l'Électre de Giraudoux : il insiste sur le gouvernement tyrannique d'Égisthe; Électre appelle le peuple à la révolte et Oreste tue le tyran. *Huis-Clos* (1944) est une courte pièce en un acte, la plus saisissante de Sartre par la rigueur de sa construction; trois personnages se retrouvent en enfer, ils se savent coupables; ils ne subiront d'autre châtiment que la présence des deux autres : «l'enfer, c'est les autres»; tout couple ébauché est paralysé par le troisième personnage. Ainsi est représenté le mensonge que la société impose. *Les Mains Sales* (1948) mettent encore en scène l'opposition au nazisme. Un jeune militant communiste, Hugo, a été chargé par le parti de tuer un chef allemand Hœderer. L'intérêt de la pièce est dans le conflit politique, mais surtout dans les liens qui se créent entre Hugo et Hœderer, et dans la confrontation de deux hommes d'action : Hugo, en existentialiste, agit pour justifier sa propre existence; Hœderer, en militant, agit pour servir une cause, au mépris de sa propre personne.

Le Diable et le Bon Dieu (1951) exprime fortement la pensée de Sartre à travers le personnage de Gœtz : choisir le Bien est aussi difficile et dangereux que choisir le Mal; on peut faire son salut en laissant tout périr autour de soi; le jour où Gœtz s'en aperçoit, il se met à la tête des paysans révoltés contre la noblesse, il renie Dieu et nie l'absolu en faveur de l'action, qui seule a prise sur le monde. «Dicu est mort, il n'y a que des hommes.»

Idéologie peu variée, mais le théâtre ne vit pas d'idées, et Sartre, sans renouveler le genre dramatique, a utilisé ses meilleures qualités au service d'une technique traditionnelle, qui a toujours un public. Romans et théâtre finalement bourgeois en face des formes nouvelles.

Jean-Paul Sartre est mort le 15 avril 1980.

3. Deux indépendants : Camus et Montherlant

Albert Camus (1913-1960), dont la pensée devait quelque peu rejoindre celle de Sartre, a pourtant réagi tout autrement à l'absurdité de l'existence. Cette absurdité, il l'avait d'abord vécue. Né à Alger d'une famille très modeste, privé de son père dès le début de la première guerre, élevé dans la pauvreté, mais capable d'arriver au seuil de l'agrégation de philosophie, il est arrêté par la maladie. Sa santé ne lui permet pas de faire la guerre, mais il participe à la Résistance, écrit l'éditorial du journal clandestin *Combats* dont il est rédacteur en chef en 1944. Passionné de justice et de liberté, il est plus qu'un autre déchiré par la guerre d'Algérie, et juge inacceptable une rupture définitive entre les musulmans et les Français. Il ne devait pas voir le dénouement du conflit : au moment où sa santé s'était raffermie, où il sentait qu'il avait tout à faire, il trouva la mort dans un accident de voiture en janvier 1960. Il avait des lecteurs qui étaient des disciples; on cherchait en lui non une distraction, mais une présence, et, après tant de questions sans réponse dans un monde absurde, une raison de vivre. Ses ouvrages philosophiques, *Le Mythe de Sisyphe* (1942), beaucoup plus tard *L'Homme révolté* (1951) attiraient le lecteur, qui avait d'abord rencontré *L'Étranger* (1942), *La Peste* (1947), et ces deux récits offrent les deux faces, les deux temps essentiels de la pensée de Camus.

L'Étranger est le roman de l'absurde. Camus a établi que l'absurdité c'est la rencontre d'un monde incohérent et d'une conscience éprise de cohérence; il donne dès lors pour rôle à l'homme lucide d'observer et de susciter les expériences qui dénoncent cette absurdité : le crime commis par son personnage Meursault est une de ces expériences. Une voix parle, un narrateur sans visage : il a enterré sa mère, il a rencontré une femme, Marie; puis son ami Raymond et Marie l'ont entraîné sur une plage pour une journée de repos; une bagarre avec des Arabes s'est apaisée; puis brusquement au retour Meursault a rencontré un des Arabes qui a tiré son couteau, et Meursault l'a tué. Sont venus la prison, l'instruction, le procès, la condamnation à mort. Tout cela, Meursault le raconte sans passion, presque sans intonation, indifférent à lui-même, et comme s'il parlait d'un autre. Toutefois les consolations de l'aumônier ont fait éclater sa révolte; et maintenant, privé d'attente et d'espoir, il se sent libre. L'absence d'emphase comme l'absence de résignation, la solitude intégrale du personnage, répondaient en 1942 à la qualité même de notre existence. Aujourd'hui sa fascination demeure.

La Peste est le roman de la révolte. Confronté avec un monde absurde, et sans illusion, Camus refuse le consentement et le suicide. Il reste à l'homme lucide qui voit le scandale de l'absurde de lui lancer un perpétuel défi; il lui reste, parmi des actes également indifférents, à choisir ceux qui peuvent être un secours pour l'humanité, et ne pas l'accabler davantage. Ainsi le docteur Rieux, dans le progrès d'une épidémie de choléra à Oran, sait que ses soins sont dérisoires; mais son devoir d'assistance est sans limite, et sa présence morale le seul bien des condamnés. Le fléau rapproche des êtres très différents à tous égards, un journaliste, un petit employé, un prêtre. Camus semble avoir partagé sa pensée entre Tarrou, l'intellectuel de l'absurde, qui dans l'épreuve devient l'homme révolté, et Rieux, qui dans l'héroïsme inconscient s'efforce seulement de ne pas ajouter à la misère du monde. La peste est évidemment un symbole, et Camus nous avertit qu'elle représente tout ce dont nous sommes captifs. Aucune prédication, aucune espérance, aucune parure pour un style nu et presque gauche parfois; grandeur de l'homme sans Dieu.

Camus avait aimé le théâtre, en amateur, dès sa jeunesse. Il a adapté pour la scène des œuvres très diverses : *Les Frères Karamazov,* le *Prométhée* d'Eschyle, *Requiem pour une Nonne* de Faulkner, *La Dévotion à la Croix* de Calderon. Il a composé deux drames : *Caligula* (1944) exprime, comme *La Peste* plus tard, le passage de l'absurde à la révolte. Le jeune empereur Caligula a constaté l'absurdité de la condition humaine à la mort de sa sœur; et, parce qu'autour de lui tout le monde accepte, Caligula se fait destin, il se met à frapper bêtement, en aveugle, comme le destin : alors son peuple se révolte et va le mettre à mort; Caligula est satisfait, puisqu'il a montré aux autres l'absurdité et en a fait jaillir la révolte. Il meurt : il n'est pas un dieu : il est un homme qui suscite des hommes. Camus avait lui-même guidé Gérard Philipe dans le rôle de Caligula.

Le Malentendu (1944) : la pièce est inférieure à *Caligula,* car les personnages ont peu d'autonomie par rapport à l'auteur dont ils portent le message; le malentendu est d'abord la méprise qui fait que la mère et sa fille Marthe assassinent Jan sans le reconnaître; c'est surtout l'illusion de penser que la vie peut apporter le bonheur. Marthe se suicide au terme de sa révolte contre l'absurdité; mais Camus condamnait le suicide comme un consentement à l'absurde. On se demande, sans pouvoir répondre, comment Camus aurait vu l'Algérie séparée de la France, comment se serait prolongée son œuvre qu'il sentait à peine commencée.

Henri de Montherlant (1896-1972), n'est pas sans parenté d'esprit avec Camus; mais une enfance protégée et religieuse, un caractère d'aristocrate dédaigneux donnent à son œuvre un ton un peu différent. Montherlant avait, dans l'entre-deux-guerres, composé une œuvre romanesque qui n'a trouvé son succès que plus tard à la faveur de l'œuvre dramatique. Dans cette œuvre romanesque deux cycles, des thèmes essentiels : la jeunesse, avec son élan de vigueur saisi par le sport ou par la guerre : la *Relève du matin* (1920), *Les Bestiaires* (1926), les *Olympiques* (1924); l'amour, étudié dans les quatre romans des *Jeunes Filles,* où la noblesse de Montherlant devient accablante pitié pour les femmes, ironie cinglante envers l'attachement et le bonheur.

Comme bien d'autres, c'est en resserrant dans les exigences du théâtre son abondance naturelle que Montherlant a acquis toute sa qualité en affirmant ses défauts : dans une forme classique, sous une morale fière et sévère, des personnages un peu raides, empruntés à l'histoire ou créés par la fiction, mènent une lutte solitaire pour leur grandeur orgueilleuse, qui n'apporte rien aux autres ni à soi que la vision de cette autonomie; jansénisme sans grâce, mais plein de santé.

La Reine Morte (1942) s'appuie sur l'histoire d'Inès de Castro, assassinée par son beau-père le roi Alphonse IV de Portugal, devenu ici le roi Ferrante. L'événement historique ou légendaire offre à Montherlant un support pour une idée qui, dans sa cruauté, lui est chère (*cf. Fils de Personne,* 1943) : un père est toujours déçu par son fils, il met dans les dons de l'enfant toute son espérance, mais les années apportent la médiocrité. Ferrante, apprenant qu'Inès, la femme de son fils Pedro, attend un enfant, détruit en la faisant assassiner cet enfant dont elle rêve et qui serait à son tour un médiocre. Ferrante se retrouve seul, dépouillé, silencieux.

Malatesta (1948) se situe pendant la Renaissance italienne; le héros, seigneur de Rimini, entre en conflit avec le pape Paul II qu'il veut assassiner. C'est lui qui périt empoisonné par l'un de ses serviteurs. En Malatesta Montherlant a voulu créer une personnalité de condottiere, capable de concilier les contraires, le mal souvent, le bien parfois, le paganisme et la foi, l'action et la pensée. La pièce, dans son abondance, n'est pas la plus appréciée. C'est en des êtres qui vivent la foi chrétienne dans la dureté janséniste que Montherlant a trouvé sa meilleure expression dramatique.

Le Maître de Santiago (1947) met en scène don Alvaro, grand maître de l'ordre de Santiago; comme tel, il refuse avec hauteur de partir pour le Nouveau Monde dans une conquête toute profane. Par ailleurs, père comblé, il trouve en sa fille Mariana le détachement, le sens du sacrifice des grandes âmes; tous deux se retirent du monde. Montherlant, en dramaturge, a aimé ses personnages, mais il a souligné lui-même que, sous l'apparence de servir Dieu, ils ne servent que soi. «Dieu m'a donné à profusion la vertu d'écœurement.»

C'est dans *Port-Royal* (1954) que Montherlant traite avec plus de nuances et de vérité le rapport des croyants avec leur Dieu. La signature du formulaire qui condamne les réformes introduites au monastère de Port-Royal est l'occasion de montrer comment se heurtent la foi et le monde, le spirituel et le temporel, la vie de communauté et la conviction individuelle; deux âmes surtout sont éprouvées; sœur Angélique s'achemine vers les ténèbres, et sœur Françoise vers une plus grande lumière.

Dans l'intervalle de ces deux pièces Montherlant avait donné en 1951 *La Ville dont le Prince est un Enfant,* qui tient l'affiche durablement. Les passions et l'exigence de pureté qui habitent un collège religieux sont incarnées par deux prêtres et deux adolescents; Montherlant tenant en bride l'impétuosité du cœur et du langage a réalisé, sur un sujet nouveau, une tragédie classique par la lucidité de l'analyse et par la densité du dialogue.

Le théâtre, de nos jours, semble prouver que les auteurs qui ont quelque chose à dire n'ont pas besoin de modifier profondément les formes traditionnelles; c'est la force de leur pensée et de leur expression qui fait vivre cette tradition.

4. Fins de carrière

Rien de péjoratif ici à l'égard d'écrivains qui ont maintenu leur pouvoir de création jusqu'à un grand âge.

André Gide, qui avait passé la guerre en Tunisie, consacra ses dernières années à faire un bilan : *Thésée* (1946) est satisfait de sa vie; il critique en Œdipe la recherche du surhumain; il se félicite d'avoir adhéré à la terre et accompli son œuvre pour l'humanité future. Le prix Nobel décerné à Gide en 1947 confirme l'importance de l'œuvre. Après sa mort (1951) paraît, détaché de son *Journal*, la confession *Et nunc manet in te* qui tend à justifier son attitude envers sa femme, l'amour platonique qu'il lui a voué sans se sentir coupable d'abandon. L'œuvre de Gide s'achève dans l'ambiguïté : franchise, inconscience, cynisme, coquetterie littéraire?

Paul Valéry († 1945) a continué pendant la guerre son cours au Collège de France. Ce n'était pas pour lui dérision, mais témoignage : puisque renaissait la barbarie qui menace toujours les civilisations, il importait de maintenir, si modestement que ce fût, la vie de l'esprit, comme le firent les moines aux époques de décadence. Aucune lâcheté dans cette attitude de penseur : Valéry en 1941 prononçait à l'Académie française l'éloge funèbre de Bergson, juif.

François Mauriac devait prolonger son activité littéraire jusqu'à sa mort en 1970. Il aborde le théâtre avec sa meilleure pièce, qui est, en 1945, *Les Mal Aimés,* tragédie familiale très âpre et inquiétante : Mauriac met en scène la déchéance d'un officier abandonné par sa femme, et les liens qui se resserrent entre lui et sa fille Elisabeth; la fugue d'Elisabeth, son retour révèlent tous les aspects de cet attachement équivoque. Au théâtre de Mauriac manquent le parfum de pinède, la parure de langage qui dans les romans entourent les êtres et les justifient.

Des romans, en voici encore : *Le Sagouin* (1951), court roman très sombre d'un enfant traité comme un animal entre un père dégénéré et une mère grisée de haine. Les excès d'une imagination morbide sont rachetés par la rigueur du récit. *Galigaï* (1952) est l'histoire d'une institutrice disgraciée, mais tenace, qui a résolu d'épouser un tout jeune homme; elle épouse finalement le père de sa jeune élève, devenu veuf; histoire de la médiocrité, de la lâcheté; histoire de l'homme appelé par le mal; Mauriac s'en est justifié, notamment dans le *Romancier et ses personnages* (1953), où Mauriac se fait critique littéraire.

Dans ses dernières années Mauriac a multiplié les notes de lecture, les réflexions sur l'actualité. Ses *Mémoires Intérieurs* (1959 et 1965) disent ses réactions à l'occasion de ses lectures, ses souvenirs, dans un déroulement spontané et clair pourtant; document très vivant sur l'auteur et sur son temps.

André Malraux († 1976) prend ses distances à l'égard des événements historiques; il cherche la fraternité humaine ailleurs que dans l'action commune et dans la mort. Dans les *Voix du Silence* (1951), accompagnées du *Musée Imaginaire* de la sculpture mondiale (1952), puis de la *Métamorphose des Dieux* (1957), il devient psychologue de l'art, psychologue plus que sociologue, puisque c'est à sa réflexion personnelle et à son expérience qu'il confie le soin de dégager les liens, plutôt que les lois, qui relient les formes d'expression; d'autre part, à travers cette considérable confrontation des œuvres, c'est la connaissance de l'Homme qu'il poursuit. Malraux a contribué à répandre l'idée que l'art n'imite pas la nature : l'artiste crée un autre univers, non pas seulement par des innovations techniques, mais par un sentiment intérieur du monde; dans cette création s'exerce la liberté, «l'art est un antidestin». Le plus saisissant, dans l'ampleur de ces vues, est la rapidité des rapprochements lumineux, le caractère abrupt des développements et de leur conclusion, la passion de l'homme pour son œuvre.

5. Nouvelle Littérature

Il serait préférable, pour ces dernières réflexions, de ne plus parler de littérature, de théâtre, de roman, puisque les jeunes écrivains contestent ces formes littéraires en même temps que la société dont elles sont issues. Cette protestation contre les formes traditionnelles devient elle-même tradition, réaction prévisible de tout après-guerre. Déjà se dessinent des caractères communs aux auteurs d'antithéâtre et d'antiroman, un certain conformisme tend à s'établir. Mais on peut aussi laisser à chacun son individualité.

A. L'antithéâtre

Notre époque voit éclore, après une longue incubation, le théâtre dont Antonin Artaud (1896-1948) avait rêvé dans *Le Théâtre et son double* (publié en 1938). C'est dire que ce théâtre hérite du surréalisme le désir de faire scandale, en tout cas de produire un choc. Quelle que soit l'intention métaphysique ou politique, il s'agit d'en finir avec la psychologie et avec le langage dramatique. Le théâtre doit cesser d'être un beau langage : il est une scène, un espace à remplir; des objets le rempliront, ils auront sur le spectateur un pouvoir visuel et un charme magique.

Le grand événement est *En attendant Godot,* une pièce créée en 1952 au théâtre de Babylone. L'auteur, Samuel Beckett, est né en Irlande en 1906; il écrit directement ses œuvres en français. Sans doute est-ce le vice d'un public formé par la culture bourgeoise qui lui fait chercher et trouver des symboles dans la pièce, et dans ce nom même de Godot, dérision hypothétique de God. Deux êtres, Vladimir et Estragon, attendent un inconnu : deux clochards sans doute; le premier, un peu plus évolué que l'autre, essaie d'amorcer une conversation, mais Estragon ne pense qu'à sa chaussure; ils perdent le fil de leur pauvre dialogue; deux autres épaves, Lucky et Pozzo, n'apportent aucun changement à cette situation. Une deuxième journée, dans un deuxième acte, montre que rien n'est modifié; ni action ni dénouement dans cette monotonie. Seul un arbre dont les feuilles poussent indique que le temps passe. Caricature de la condition humaine, déformation burlesque de la construction dramatique : pour achever la bouffonnerie, cette pièce faite pour scandaliser est jouée dans vingt pays, jusqu'au Brésil, jusqu'au Japon.

En 1957 *Fin de Partie,* en 1963 *Oh! les beaux jours,* présentent des êtres encore plus enlisés dans la grisaille, dans la boue et dans la cruauté. La déchéance humaine ne rencontre ni pitié ni charité.

Même opposition au théâtre traditionnel, et succès comparable à celui de Beckett chez Eugène Ionesco. Lui aussi a apporté de l'étranger cet esprit nouveau. Né en Roumanie en 1912, il s'est fixé en France en 1938; il déconcerte et attire le public en 1950 avec la *Cantatrice chauve*; il mène âprement la satire de l'esprit petit-bourgeois, précisant que ce vice n'est pas celui d'une classe sociale, mais de tout homme qui pense et parle par clichés et par automatisme.

Les Chaises (1952) présentent les conséquences de cette vie machinale sur un vieux couple, qui mourra sans s'être expliqué, en rêvant pourtant de le faire. Ici apparaît chez Ionesco, peut-être malgré lui, une sympathie pour cette dégradation de l'homme. *Tueur sans gages* (1959), *Rhinocéros* (1960), révèlent un changement important : un personnage s'affirme, Bérenger, désireux de lutter, de ne pas s'enfermer dans l'indifférence et la passivité, désireux d'être homme. *Le Roi se meurt* (1962) met encore en scène Bérenger, sous une autre personnalité. Le problème de la mort hante Ionesco, et la façon dont son personnage s'y prépare rapproche cette pièce des analyses traditionnelles. A bien des égards Eugène Ionesco, de l'Académie française, devient un classique.

B. Le nouveau roman

L'antiroman est d'abord, comme l'antithéâtre, une contestation du roman traditionnel. Deux essais théoriques permettent de voir de plus près cet aspect de destruction : *l'Ère du Soupçon* (1956) de Nathalie Sarraute, et *Pour un nouveau roman* (1964) d'Alain Robbe-Grillet. Est condamné l'auteur omniscient capable de lire dans ses personnages les secrets de leur pensée; condamnée donc l'analyse psychologique, mais aussi l'intrigue, qui relève d'un auteur tout puissant; condamnée, l'étude d'une société. Tout cela paraît usé, facile et faux. Dans les tentatives nouvelles chaque auteur a cherché ses propres solutions, et cette attitude était bien conforme au désir affiché de n'imiter personne, même si Kafka et Joyce ou Dos Passos comptaient beaucoup.

Nathalie Sarraute, née en Russie en 1902, étudiante en France puis avocate jusqu'en 1939, a condamné l'analyse psychologique pratiquée par l'auteur, mais non l'observation psychologique qu'elle confie au lecteur par l'intermédiaire de dialogues; non pas dialogues de héros, ni même de personnages, mais dialogues quotidiens, formules et lieux communs, à travers lesquels pourtant, comme dans la vie, s'esquissent les sentiments, les désirs, les luttes. *Les Tropismes* (1939) sont vingt-quatre petits textes sans intrigue et sans personnages précis; des bribes de conversation entre des êtres anonymes, les infimes mouvements qui déterminent leurs gestes et leurs paroles, expliquent le titre, allusion aux mouvements des végétaux. *Le Planetarium* (1959) donne un peu plus d'étoffe à une tante à héritage et à son neveu, mais c'est sans doute le lecteur qui essaie de conférer une épaisseur à ces êtres si peu déterminés, si gris et enfermés dans leur pénombre larvaire, s'entretenant de meubles et d'appartement. *Les Fruits d'Or* (1963) achèvent de vider le roman de tout contenu. Sans doute est-il question de la parution d'un livre, *Les Fruits d'Or,* et des propos qu'il suscite, ces propos sont aussi ternes, effacés, aplatis que possible; le langage semble jouer tristement avec lui-même en évitant tout éclat, et il y a certes un art dans cette vibration à peine perceptible, dans ces tropismes presque immobilisés; mais n'est-il pas réservé à une intelligentsia? et est-ce bien la vocation du roman? Aussi la critique parle-t-elle de «romans d'essai», de recherche, mais Nathalie Sarraute refuse ce jugement restrictif, et de fait ses romans sont traduits en Europe, en Amérique, au Japon.

Alain Robbe-Grillet, né en 1922, est connu du grand public par le film *L'Année dernière à Marienbad* (1961), dont la poésie énigmatique ne pouvait laisser indifférent. C'est par le cinéma que l'on est allé au directeur des *Éditions de Minuit* et à ses romans. A la différence de N. Sarraute, Robbe-Grillet ne veut pas que l'homme soit au centre du monde; il y voit la survivance d'une conception religieuse qu'il repousse. Tout est donc présent comme objet, l'objet est soumis au regard qui le rencontre du dehors; ainsi peut-on parler d'une «école du regard», regard aussi froid et objectif lui-même que l'œil d'une caméra. Le film et le roman pour Robbe-Grillet ne sont pas essentiellement différents, ils recherchent l'image, et ne l'enrichissent pas des commentaires d'une conscience; mais ils recherchent l'image : là demeure, si peu que ce soit, le choix qui implique un sujet, et le «voyeur», pas plus que la caméra, n'enregistre tout ce qui se passe.

La flânerie, l'errance, sont le fil directeur de plusieurs romans de Robbe-Grillet : dans les *Gommes* (1953) Wallas est «un homme qui marche dans la ville sans autre horizon que le spectacle», selon la définition de Roland Barthes. Dans *Le Voyeur* (1955) Mathias erre dans une île : chasseurs d'images. Pourtant *La Jalousie* (1957) fait apparaître ce qu'il peut y avoir d'humain, de psychologique même, dans un regard : la jalousie est le sentiment d'un mari qui épie sa femme. Robbe-Grillet évite l'analyse des «profondeurs» par un jeu de mot : la jalousie est aussi le rideau à lamelles de bois à travers lequel passe le regard jaloux; sur ce jeu de mot s'établit la présence du sujet en face de l'objet.

Michel Butor (né en 1925) est probablement le plus lu des romanciers de la jeune école par *La Modification* (prix Renaudot 1957). Butor ne supprime pas le sujet pensant, au contraire, il enferme tout ce qui, dans un roman, s'appelle intrigue à l'intérieur d'une conscience. Le début du roman pourtant, et les observations visuelles qui le jalonnent, font songer au «regard» de Robbe-Grillet. Mais celui qui regarde se définit peu à peu : voyageur enfermé dans un compartiment du train Paris-Rome, il reçoit, plus qu'il n'évoque, les souvenirs de voyages antérieurs, de sa femme restée à Paris, de sa maîtresse qui l'attend à Rome; selon le rythme du train, son monologue s'accélère ou ralentit; le cours du temps est brouillé par le caprice de la mémoire et des associations d'idées. Le narrateur ne parle pas à la première mais à la deuxième personne, pour présenter plus d'objectivité, comme s'il se connaissait du dehors. A travers ce flux, plus ou moins somnolent et involontaire, de la conscience, se dessine une sorte de roman surréaliste du rêve éveillé, que domine peu à peu une histoire, au fond assez traditionnelle, de l'infidélité et de ses hésitations. L'originalité est surtout dans le monologue, dans le récit pour soi-même avec son ton de confidence mélancolique. Comment alors ne pas songer à Proust?

C'est aussi par le monologue que *Samuel Beckett* construit ses romans. *Molloy, Malone meurt* (1951) prêtent la parole à des moribonds affligés d'un corps douloureux et ignoble ; de la vie, il ne leur reste qu'une effusion de mots obsédés qui se répètent, en attendant le néant, mais aussi des ruses et des violences animales ; l'homme s'atrophie en eux, comme chez les clochards qui attendent Godot. Beckett représente-t-il ainsi la condition humaine, privée de Dieu et d'idéal? Représente-t-il un aspect seulement, la misère et les misérables, les solitaires sans bouée et sans boussole?

Dans le nouveau roman comme dans l'antithéâtre se révèle surtout la volonté de faire autre chose, autrement. Ce désir aboutit presque fatalement à désagréger la psychologie, à effriter le langage, jusqu'à se faire une devise de la formule : je n'ai rien à dire et je le dis mal. Il sort de cette tentative une sorte de romantisme de la nouveauté, de métaphysique du néant, qui pourtant n'effraie pas la littérature. Valéry pensait que de tout romantisme assagi sort un classicisme.

Bibliographie

P. ORY, *L'aventure culturelle française, 1945-1989* (Paris, Flammarion, 1989) ; P. GOETSCHEL, E. LOYER, *Histoire culturelle et intellectuelle de la France au XXe siècle* (Paris, Armand Colin, 1994) ; G. VANNIER, *Histoire de la littérature française. Le XXe siècle, 1945-1988* (Paris, Bordas, 1988) ; A. BOSCHETTI, *Sartre et les « Temps modernes »* (Paris, Minuit, 1985) ; *Le nouveau Roman : hier et aujourd'hui* (colloque de Cerisy, 1971).

24

La Ve République à l'épreuve de l'alternance (1986-1990)

1. La première cohabitation (mars 1986-avril 1988)

A. Les changements politiques

1. La situation politique

Le monde de scrutin proportionnel, qui a permis la formation du groupe de 35 députés du Front national à droite de la nouvelle majorité et la bonne résistance de la gauche, ne donnait au nouveau Premier ministre qu'une courte majorité PRP-UDF : 292 voix pour une majorité nécessaire de 289; par suite de son refus d'inclure les députés du Front national dans sa majorité, il s'agissait de distinguer désormais la droite libérale et parlementaire, légèrement majoritaire à l'Assemblée, de l'extrême droite, dont les thèmes principaux portaient sur l'immigration, la préférence nationale et la sécurité des personnes, que l'on voulait renforcer par le rétablissement de la peine de mort.

En face, les socialistes, qui demeuraient néanmoins le groupe le plus important, se partageaient en courants, tous « mitterrandistes », séparés par quelques points de programme et surtout le choix de leur chef de file, Jospin, Mauroy, Fabius, Rocard ou Chevènement. Au cours de son XIVe congrès d'avril 1986, le CERES changea d'appellation pour s'intituler « Socialisme et République », son but restant l'indépendance nationale et européenne, et la construction d'une société solidaire, sans laquelle la République ne peut offrir qu'un « visage mutilé ». Depuis 1983, les thèmes défendus par la gauche se sont centrés sur le terrain de la défense des droits de l'homme, de l'antiracisme et de la lutte contre l'exclusion sociale, lutte atomisée autour de thèmes identitaires qui comblent le vide laissé par la faillite des grands systèmes idéologiques auxquels la gauche s'identifiait encore en 1981, acquis maintenant à l'orthodoxie monétaire et économique, ils se distinguent entre eux en mettant l'accent soit sur l'équilibre budgétaire et la lutte contre l'inflation, soit sur le traitement social du chômage et la lutte contre les inégalités. C'est dire que la différence entre droite et gauche ne se situe plus, comme autrefois, sur le plan économique, mais sur les plans intellectuel et éthique, de sorte qu'à l'intérieur même de la majorité libérale nombre de députés de l'UDF et même du RPR se sentent plus proches des socialistes que de la droite classique.

Au parti communiste, la contestation conduite par P. Juquin s'était renforcée à la suite du nouveau recul électoral du parti désormais tombé sous la barre des 10 % des suffrages exprimés. Au comité central du 24 mars 1986 une pétition de 150 intellectuels demanda un « débat démocratique », une libre discussion ; le 25 mars le comité central, réuni pour « tirer les leçons » du 16 mars, refusa d'envisager la réunion d'un tel congrès extraordinaire, mais, attitude nouvelle, il ne prononça pas d'exclusion.

La grande affaire était naturellement la « cohabitation » entre un Président socialiste et un ministère libéral, à partir du moment où J. Chirac, se pliant à l'esprit de la Constitution, acceptait la primauté du chef de l'État sur un gouvernement qui dépendait de lui plus que du Parlement. Le 17 mars, F. Mitterrand prit acte du changement de majorité en promettant d'envisager une collaboration loyale et il faisait des vœux pour que la majorité nouvelle « réussisse dans l'action qu'elle était maintenant en mesure d'entreprendre selon les vues qui sont les siennes ».

Dès le 26 mars cependant, après que J. Chirac eut exposé au Conseil des ministres les grandes lignes de son programme, le « Projet pour la France », d'inspiration libérale, une première réserve fut émise par le Président face à un projet qui prenait pour l'essentiel le contre-pied des réformes engagées par les socialistes depuis 1981 : F. Mitterrand fit savoir que « le Premier ministre ayant fait connaître son intention d'avoir recours aux ordonnances, le président de la République... a indiqué qu'il n'accepterait des ordonnances qu'en nombre limité et portant sur des sujets précis afin que soient respectés les droits du Parlement. Le président de la République a enfin rappelé qu'en matière sociale il ne signerait que des ordonnances qui représenteraient un progrès par rapport aux acquis... ». Position cependant mesurée, telle qu'il la précisa peu après dans un message où il fixait comme règle : « la Constitution, rien que la Constitution, toute la Constitution » en rappelant les termes de l'article 5 qui fixent les responsabilités du Président (fonctionnement régulier des pouvoirs publics, continuité de l'État, intégrité du territoire). F. Mitterrand refusa donc de se laisser enfermer dans le rôle représentatif que tentait de lui assigner J. Chirac et il affirma la volonté d'assurer la charge que lui réservait la Constitution tant dans le domaine de la politique extérieure où il restait omniprésent, qu'à l'intérieur où il ne manque pas de s'affirmer comme lorsqu'il refusa de signer les ordonnances concernant les privatisations ou le nouveau découpage des circonscriptions électorales.

La désignation du bureau de l'Assemblée avait mis en lumière, le 2 avril, sa faiblesse et les incertitudes nées des dernières élections : J. Chaban-Delmas, RPR, fut certes élu à la présidence, mais au deuxième tour seulement avec 282 voix sur 554 exprimées, et le reste du bureau fut difficilement constitué à cause du veto qu'opposaient les communistes associés à quelques membres de la majorité libérale à la participation du Front national.

2. *Le programme du gouvernement*

Le 9 avril 1986, J. Chirac présenta son programme à l'Assemblée : il y parlait de « l'âme collective du peuple », à qui il fallait donner l'occasion de se dépasser en se dévouant à « une véritable renaissance de l'humanisme » ; il y faisait allusion au système de valeurs qui plonge ses racines « dans la tradition culturelle de la nation » ; ces valeurs s'appellent liberté, création, responsabilité, dignité de la personne humaine ; de cet idéal fait partie la cellule familiale, « qui transmet les traditions et les valeurs qui tissent entre nous les liens d'appartenance à une même famille... Une civilisation millénaire comme la nôtre se construit pierre à pierre. Les familles sont la pierre de l'édifice... ». La défense des familles entraîne une politique de l'éducation qui garantit à chacun le libre choix de l'école. Enfin sur le plan économique et social, c'est le libéralisme qui rejette l'État providence et redonne à l'individu le sens des responsabilités.

Les fondements de sa politique ainsi posés, Chirac prévoyait trois étapes dans leur réalisation :

1. Dans l'immédiat : dépôt d'un projet habilitant le gouvernement à légiférer par ordonnances, en vue de conduire le redressement économique et social par l'abrogation des ordonnances de 1945 sur la police des prix et d'assouplir la réglementation des entreprises afin de favoriser l'embauche des jeunes — privatiser en cinq ans toutes les entreprises du secteur concurrentiel « quelle que soit la date de leur nationalisation » — rétablir le scrutin majoritaire pour les élections législatives.

2. D'ici à l'été (de mars à juillet) : faire voter une série de lois pour abroger la procédure de l'autorisation administrative de licenciement, favoriser l'investissement immobilier, réformer l'audiovisuel, remplacer la loi Fillioud du 23 octobre 1984 sur la presse, instituer une peine incompressible de trente ans pour pallier la suppression de la peine de mort, introduire dans le Code pénal le crime de terrorisme, permettre l'expulsion des étrangers en situation irrégulière, réformer le Code de la nationalité.

3. A l'automne : réforme fiscale à l'occasion du vote du budget pour 1987, comportant des allégements d'impôts et l'abrogation de l'impôt sur les grandes fortunes, loi de programmation militaire, indemnisation des rapatriés d'outre-mer, renforcement de la sécurité par le rétablissement des contrôles d'identité, et peut-être par la création d'une carte d'identité informatisée.

Vaste programme, auquel le Chef de l'État ne pouvait pas manquer de s'opposer au moins sur certains points. Celui-ci annonça en effet dès le 9 qu'il ne signerait pas des ordonnances mettant en cause les acquis sociaux ni celles qui rendraient au secteur privé les banques et autres entreprises nationalisées avant août 1981 (donc Renault). Il y faudrait des lois particulières et spécifiques. Aussi, bien qu'il eût obtenu le 10 avril la confiance par 292 voix contre 287 (donc avec des voix «divers droite» et même du Front national) J. Chirac ne put agir que très lentement, sauf sur un point, celui qui lui semblait le plus urgent, la réforme électorale.

3. *Œuvre législative*

1. La loi d'habilitation sur le mode de scrutin déposée le 20 mai ne fut adoptée que le 11 juillet par utilisation de l'article 49-3 et l'échec d'une motion de censure qui n'obtint que 284 voix. La loi rétablissait le scrutin majoritaire uninominal à deux tours; on pouvait prévoir qu'elle devait avoir pour conséquence de réduire la représentation communiste et sans doute de supprimer la représentation du Front national; ne peuvent se maintenir au second tour que les candidats ayant obtenu au premier un nombre de voix égal à 12,5 % des inscrits. Les circonscriptions devront être constituées par un territoire continu, respecter les limites cantonales (sauf à Paris, Lyon, Marseille); la population d'une circonscription ne doit pas s'écarter de plus de 20 % de la population moyenne des circonscriptions du département. Le Conseil constitutionnel approuva la loi le 2 juillet. Restait à effectuer le découpage des circonscriptions, qui fut l'œuvre du ministre de l'Intérieur, Ch. Pasqua; le chef de l'État, à qui l'ordonnance fut soumise, décida de garder «le minimum de temps raisonnable pour prendre sa décision». Le découpage fut néanmoins adopté par la loi grâce au 49-3, le 2 octobre 1986, après le renouvellement, le 27 septembre, d'un tiers du Sénat, qui confortait J. Chirac en donnant 17 sièges de plus au RPR, tandis que les socialistes perdaient 5 sièges, les communistes 9.

2. Lois sur la presse et l'audiovisuel. Les deux projets Léotard furent discutés en Conseil des ministres le 11 juin, et là encore le Président émit de fortes réserves. La loi sur la presse fut cependant votée le 1er août 1986. Après le refus de plusieurs articles par le Conseil constitutionnel le 29 juillet elle fut corrigée et votée dans sa nouvelle version le 27 novembre 1986. La loi abroge la loi Fillioud; elle aménage l'ordonnance du 26 août 1944 sur la direction, la responsabilité de la publication; elle assure la transparence des sociétés éditrices; interdit les prête-noms; les versements de fonds par des étrangers; limite la participation étrangère au capital; enfin elle interdit à une même personne ou à un groupe de presse de détenir plus de deux moyens d'information quotidiens (télévision, radio, journaux) dont la diffusion totale dépasse 20 % de la diffusion nationale.

La loi sur l'audiovisuel, votée le 30 septembre 1986, abrogeait la loi de 1982; elle devait assurer la liberté de communication par la liberté d'installation et d'exploitation d'émetteurs, sous la réserve de l'attribution d'une puissance et d'une fréquence par une Commission nationale de la communication et des libertés (CNCL), remplaçant la Haute Autorité, créée «pour favoriser la libre concurrence et l'expression pluraliste des courants d'opinion» ; la composition était plus éclectique que celle de la Haute Autorité en réduisant les nominations politiques : composée de 13 membres, 2 désignés par le président de la République, 2 par le président de l'Assemblée nationale, 2 par le président du Sénat, 4 par le Conseil d'État, la Cour des comptes, la Cour de cassation, l'Académie française et 3 membres cooptés, la CNCL attribuait les fréquences en FM et va régler la question des privatisations (TF1 et La Cinq).

3. Lois judiciaires antiterroristes. Les attentats terroristes étaient toujours aussi nombreux et sanglants : le 17 mars une bombe dans le TGV Paris-Lyon avait fait 10 blessés; le 20 mars une bombe à la Galerie Point Show aux Champs-Élysées, 2 morts; le 15 avril un attentat contre le vice-président du CNPF avait échoué. Ch. Pasqua et R. Pandraud, plus spécialement chargés de la sécurité, affirmaient en avril que la lutte contre le terrorisme était une affaire de volonté politique, et ils en donnaient la preuve en surprenant à Lyon un membre du groupe terroriste Action directe. Le 23 avril, ils rétablissaient les contrôles d'identité en même temps que les expulsions d'étrangers par voie administrative. Mais les attentats continuaient en Corse (16 mai à Cargese, 2 morts) et à Paris (9 juillet, 1 mort).

En juin-juillet le garde des Sceaux, A. Chalandon, fit voter un ensemble de lois : elles facilitaient les contrôles préventifs d'identité de «toute personne à l'égard de laquelle un indice fait présumer qu'elle a commis ou tenté de commettre un crime ou un délit». Les contrôles sont également possibles «dans des lieux déterminés, là où la sûreté des personnes et des biens se trouve immédiatement menacée... pour prévenir une atteinte à l'ordre public... ». Le rétablissement de la peine de mort étant impossible du fait de la ratification par l'Assemblée précédente de la Convention européenne qui la supprimait, la loi porta à 30 ans la peine de sûreté (réclusion criminelle) qui pouvait être appliquée à certains délits qui étaient précisés. L. Jospin prit l'initiative de faire condamner ces mesures qu'il considérait comme dangereuses pour les libertés individuelles par une «convention» à laquelle s'associèrent les communistes unitaires, les écologistes et diverses personnalités au nom des «valeurs» socialistes.

Du reste, l'efficacité de ces mesures restait à démontrer. En septembre 1986, tandis qu'au Sud-Liban trois parachutistes de la FINUL tombaient dans un piège, Paris était le théâtre d'une série d'attentats : 8 septembre, bureau de postes de l'Hôtel-de-Ville, 1 mort, 15 blessés; 12 septembre, dans un restaurant à la Défense, 40 blessés; 14 septembre, au Pub Renault des Champs-Élysées, 1 mort, 3 blessés; 15 septembre à la préfecture de police, 1 mort; 17 septembre, rue de Rennes, 7 morts, 50 blessés. J. Chirac réunit un conseil de sécurité, qui établit de nouvelles mesures de sûreté et de police, imposa aux étrangers un visa d'entrée sauf pour les ressortissants de la Communauté et de la Suisse, fit appel à l'armée pour le contrôle des aéroports et des frontières. La vague d'attentats provoqua une sorte d'union nationale dont bénéficia J. Chirac plus que le président de la République, qui était absent (voyage en Indonésie) pendant les journées les plus dures de septembre. Les représentants des partis, convoqués à Matignon, approuvèrent les mesures coercitives, à l'exception de J.-M. Le Pen, qui les estimait insuffisantes, parce qu'elles n'incluaient pas la peine de mort. Elles n'empêchèrent pas l'assassinat, le 17 novembre 1986, de Georges Besse, PDG de Renault, par des membres d'Action directe, dont plusieurs dirigeants ne seront arrêtés que le 22 juin 1987. Et lorsque, en décembre 1986, on avait dû faire juger plusieurs auteurs d'attentats, cinq jurés, pressés par des menaces, se dérobèrent, obligeant à déférer les accusés devant un tribunal spécial composé de magistrats.

Quant à la menace étrangère elle pouvait être arménienne, libanaise, iranienne, Damas paraissant en être la plaque tournante. Lorsqu'il parut à l'ONU, J. Chirac affirma qu'il ne négocierait jamais avec les terroristes, et il menaça, sans en nommer aucun, les États qui les abritaient et les armaient. La France appuyait et contribuait à armer l'Irak dans sa guerre contre l'Iran, ce qui entraîna, outre les attentats, une rupture des relations diplomatiques avec l'Iran, le 17 juillet 1987, suivie de l'envoi de navires de guerre dans le Golfe, en même temps que le gouvernement demandait aux compagnies pétrolières françaises de ne plus acheter de pétrole iranien. C'est seulement à partir de novembre 1987 qu'une détente apparut dans les relations franco-iraniennes avec la libération au Liban de journalistes français otages, en contrepartie, sans doute, de la restitution à l'Iran de 330 millions de dollars, soit le tiers du prêt consenti autrefois par le Shah à Eurodif, société européenne d'enrichissement de l'uranium. En même temps Ch. Pasqua, de qui cette libération semblait l'œuvre, s'affirmait en défenseur de la sécurité par l'arrestation des derniers tueurs d'Action directe et de l'« assassin des vieilles dames.

4. La loi universitaire et son échec. Le ministre de l'Éducation nationale R. Monory et son secrétaire d'État aux universités, A. Devaquet, avaient préparé une réforme de la loi Savary de 1984 qui aurait autorisé les universités à appliquer une sélection à l'entrée, donné aux diplômes une portée nationale, augmenté et unifié les droits d'inscription. La crainte suscitée par le projet dans le milieu étudiant, l'occasion à saisir pour l'opposition de montrer sa force entraînèrent d'abord, le 23 novembre, une manifestation organisée par la fédération de l'Éducation nationale (FEN), qui réunit 200 000 participants, dont le chef de l'État se déclara solidaire. Le surlendemain le mouvement de grève et les manifestations gagnèrent les établissements secondaires. Les jours suivants les troubles dans la rue prirent un caractère insurrectionnel et la répression policière se fit plus brutale, provoquant la mort d'un étudiant dans la nuit du 5 au 6 décembre 1986.

La menace d'un nouveau « mai 68 », l'attitude compréhensive du chef de l'État envers les manifestants obligèrent J. Chirac a rentrer d'urgence de Londres, où il assistait à une réunion du Conseil de l'Europe ; plusieurs de ses ministres condamnaient ouvertement la loi et ses effets par crainte que le gouvernement ne s'orientât vers une image conservatrice ou même réactionnaire. J. Chirac annonça le 8 décembre le retrait de la loi. Le lendemain le président de la République se déclarait sur « la même longueur d'onde que les étudiants ».

Tandis que l'autorité du Premier ministre s'effritait, le chef de l'État renforçait, au contraire, la stature que venait de lui donner l'inauguration, le 1er décembre, du musée d'Orsay, décidé jadis sous le septennat de Georges Pompidou.

5. L'immigration et le Code de la nationalité. Le 9 juin 1986 Ch. Pasqua décida de renforcer les contrôles aux frontières; il rendait plus difficile l'obtention de la carte de résident permanent après 3 ans de séjour. La loi votée en juillet intensifia la lutte contre les clandestins et confia aux autorités administratives et non plus judiciaires la décision d'expulsion; le statut des réfugiés serait examiné plus tard. Le chef de l'État fit savoir, à nouveau, à cette occasion, qu'il exprimait les plus grandes réserves. En outre on étudiait des procédures restrictives sur les modalités d'acquisition de la nationalité française. Au même moment, Ch. Pasqua soulevait une tempête dans tous les partis en faisant expulser 101 Maliens. Le 12 novembre, en Conseil des ministres, le chef de l'État fit savoir sa réprobation contre cette expulsion et il se prononça contre les restrictions projetées à l'égard de l'acquisition de la nationalité; il devait réitérer cette condamnation le 18 novembre, au cours de son voyage en Afrique. Le tissu se déchirait de plus en plus entre le chef de l'État et son Premier ministre.

J. Chirac tenta de se réfugier derrière une «autorité morale» et confia à une commission de 16 «Sages» d'opinions diverses le soin de lui fournir en même temps un avis et une caution sur une réforme éventuelle du Code de la nationalité. Le rapport fut remis le 8 janvier 1988, mais il n'eut pas de suite. Pourtant J. Chirac retrouvait des accents gaulliens le 24 janvier 1988 : «L'État, tel que je le conçois, ne saurait se dérober à la responsabilité qui lui incombe de sauvegarder l'identité de la nation, telle qu'elle s'incarne dans sa culture... ». Mais le chef de l'État confirmait, le 8 avril 1988, à Rennes, la conviction qu'il avait déjà exprimée : ils sont chez eux chez nous... «car chez nous, c'est chez eux», et il convenait que les immigrés installés depuis plusieurs années devaient pouvoir prendre part aux élections municipales, car «il est normal, dans un pays comme le nôtre... que l'on puisse donner son avis sur ce qui pèse sur soi, sur les conditions de sa vie, sur celle de ses enfants... ». En fait, il semble bien que dès septembre 1987 J. Chirac ait décidé de reporter la discussion sur l'immigration et le Code de la nationalité après l'élection présidentielle.

6. La Nouvelle-Calédonie. La loi de juillet 1986 restitue au Congrès calédonien la plus grande partie de ses compétences, prévoit un référendum dans les douze mois, portant sur le maintien dans la République, et ne touche pas aux réformes territoriales et agraires opérées par E. Pisani. Le référendum eut lieu le 13 septembre 1987 et donna un résultat plus net encore que lors des consultations précédentes, 59 % de votants (8 points de plus que précédemment) et 98 % des suffrages exprimés en faveur du maintien dans la République; mais la participation n'avait pas dépassé 35 % dans les trois régions administrées par les Mélanésiens.

B. Relations avec l'extérieur

Hors d'Europe la méfiance est maintenue à l'égard des États-Unis et exprimée envers l'IDS, puis manifestée dans l'interdiction du survol du territoire français par les avions américains allant bombarder Tripoli en Libye dans la nuit du 14 au 15 avril 1986.

Le grand œuvre restait naturellement la construction de l'Europe, qui devait être accélérée et passer notamment du plan économique au plan politique, comme l'avait souhaité l'Assemblée européenne dans son vote du 14 février 1984, qui avait recueilli 237 voix contre 31. L'Acte unique européen, signé par F. Mitterrand en février 1986 rassemblait en un même texte les dispositions institutionnelles, économiques, politiques décidées depuis 1957, et transférait aux organismes de Bruxelles, Strasbourg et Luxembourg une grande part de la souveraineté des États dans leur politique commerciale, monétaire, énergétique, écologique.

La ratification, demandée par le chef de l'État et soutenue par les ministres centristes, aurait dû avoir lieu en octobre 1986; elle fut retardée par l'opposition des vieux gaullistes groupés autour de M. Debré et J. Foyer, inquiets de l'abandon de souveraineté et de l'immigration massive en provenance des onze pays de la Communauté qui serviraient de relais; les députés du Front national et les communistes y étaient également hostiles; ils ne purent pas empêcher la ratification de l'Acte unique le 20 novembre 1986 à une large majorité composée des socialistes et d'une grande partie de l'UDF et du RPR. Le grand marché européen, préalable à la formation d'une Europe politique, serait donc réalisé le 1er janvier 1993. Désormais toute mesure économique devra tenir compte de cette échéance.

Il était difficile de concevoir l'achèvement de l'Europe sans une politique de défense commune, dans laquelle la France devait avoir une position privilégiée, dans la mesure où seule, avec la Grande-Bretagne, elle possédait l'arme nucléaire, mais communauté de défense difficile à mettre sur pied, puisque la France, tout en étant fidèle au Pacte Atlantique, n'était plus intégrée à l'OTAN. Devant le retrait d'Allemagne des fusées américaines (accords Reagan-Gorbatchev de Reykjavik 12 octobre 1986), l'inquiétude déjà grandissante était renforcée par l'aggravation, dans le même temps, de la situation au Proche-Orient et dans le golfe Persique. Le 2 décembre 1986 J. Chirac demandait, dans son discours prononcé devant l'Assemblée de l'UEO, un resserrement des liens entre les membres; il obtint une intervention navale commune dans le Golfe (sans la participation allemande), puis en octobre 1987, à La Haye, une confirmation de l'article 5 du traité de 1954 qui avait créé l'UEO, l'obligation de porter secours par tous les moyens à l'un des membres agressé. Dans le contexte international de l'époque, où l'adversaire principal était encore localisé à l'Est, J. Chirac voulait souligner que la défense française était sur l'Elbe, et il s'efforçait d'éloigner l'Allemagne fédérale de la tentation neutraliste dont sa politique orientale contenait la menace. Cette intervention du Premier ministre dans un domaine, la politique étrangère qui depuis la présidence du général de Gaulle, était le « domaine réservé » du Président, ne pouvait pas laisser indifférent le chef de l'État.

C. Situation économique

1. *Les privatisations*

Le retour au secteur privé d'un certain nombre de sociétés financières et industrielles était pour le ministre de l'Économie et des Finances, E. Balladur, une question de doctrine économique, mais aussi un moyen de dégager des capitaux pour aider au financement des entreprises. Étaient concernées les 39 banques nationalisées en 1982, les deux compagnies financières de Suez et de Paribas avec leurs dépendances, les sociétés d'assurances ; on rendrait aussi au secteur privé les cinq groupes industriels nationalisés à la même date (Péchiney, Rhône-Poulenc, Thomson, CGE, Saint-Gobain), mais aussi Bull, Matra, Dassault, qui avaient avec l'État des rapports particuliers, Elf-Aquitaine, contrôlée par l'État depuis sa création, l'Agence Havas et la SOFIRAD, concernées par la loi sur la presse et l'audiovisuel de F. Léotard ; au total 65 établissements bancaires ou industriels.

Les privatisations devaient être réalisées entre 1986 et 1991 ; 75 % au moins du capital de chaque société serait mis en circulation en une seule opération par offre publique de vente (OPV) ; 10 à 15 % des actions seraient offertes aux salariés de l'entreprise à un prix préférentiel ; pour éviter une trop grande volatilité ou le contrôle par l'étranger E. Balladur imagina de constituer des « noyaux durs », c'est-à-dire de réserver une part suffisante à des partenaires sûrs.

Saint-Gobain fut privatisée en premier en novembre-décembre 1986 : 10 % des actions furent offertes aux employés avec un rabais de 20 %, un délai de paiement de 3 ans et la promesse d'une action gratuite pour 10 sous réserve de conserver les actions au moins deux ans ; aux particuliers on offrit 10 titres au maximum et un délai de détention de 18 mois ; la demande fut quatorze fois plus importante que l'offre. Paribas fut privatisée en janvier 1987 ; devant le succès, on dut limiter l'attribution à 4 actions avec promesse ensuite de quatre dixièmes d'action au lieu d'une. Le 15 mai 1986 F. Léotard avait annoncé la privatisation de la première chaîne, qui fut attribuée par la CNCL le 16 avril 1987 ; suivirent SOGENAL, la Banque des Travaux publics, la Banque industrielle et mobilière, le Crédit commercial de France, la CGE (11 mai 1987), Havas (25 mai), la Société Générale (15 juin), le groupe Suez et les sociétés qui en dépendaient (octobre), enfin Matra (janvier 1988). Le Crédit Agricole, privatisé en 1988 dans des conditions particulières appartient partie à son personnel, partie à ses millions de sociétaires. Il est visible que toutes les privatisations prévues n'ont pas pu être réalisées, faute de temps. On n'a pas touché à Renault, qui devint simplement une société anonyme, dont l'État était le seul actionnaire (28 octobre 1987).

La vente des sociétés ainsi privatisées rapporta environ 80 milliards de francs en 1986-1988, dont les deux tiers permirent de rembourser un fragment de la dette publique, un tiers fut octroyé à la trésorerie des entreprises.

2. *Le budget*

Dès le 6 avril, E. Balladur avait procédé à une légère *correction du change* : une monnaie trop forte handicapait le développement industriel, gênait les exportations et valorisait la dette intérieure ; le franc fut dévalué de 3 %, tandis que le mark était réévalué du même taux, ce qui contraignit à une augmentation des montants compensatoires au grand dépit des agriculteurs. En même temps, le gouverneur de la Banque de France fut chargé de procéder à un état des lieux, qu'il présenta le 29 avril ; on eut une connaissance plus exacte de la dette extérieure, du déficit budgétaire, du taux des prélèvements obligatoires (prélèvements de l'État, des collectivités locales, cotisations sociales) qui tournait autour de 45 % du PIB (contre 37 % en RFA et 29 % aux États-Unis), marquant par ce niveau le degré de socialisation du pays.

Le ministre présenta le 16 avril 1986 un collectif budgétaire où il attribuait des crédits supplémentaires à la sidérurgie, à l'agriculture, à Renault, fixait un taux uniforme pour l'impôt sur les sociétés, annonçait pour le 1er janvier 1987 la suppression de l'impôt sur les grandes fortunes (mesure maladroite aussitôt exploitée par l'opposition), l'amnistie pour les capitaux rapatriés, le rétablissement de l'anonymat pour les transactions sur l'or (supprimé en 1981). Se fiant aux économies escomptées et à la croissance économique attendue, E. Balladur put amorcer une décrue des taux d'intérêt (dont celui des caisses d'épargne, qui passa de 6 à 4,5 %), promettre une réduction du déficit budgétaire : il fut en effet ramené à 141 milliards en 1986, 120 en 1987 et 115 prévus en 1988 grâce aux conditions favorables que représentaient la baisse du dollar et un meilleur rendement de la TVA. Le ministre avait également promis une réduction des prélèvements obligatoires, mais dans l'immédiat, les particuliers assujettis à l'impôt sur le revenu furent astreints à une contribution sociale « exceptionnelle » de 0,4 % sur l'ensemble du revenu imposable et la cotisation retraite pesant sur les salaires fut majorée de 0,7 %.

3. *La croissance économique*

a) Conditions favorables. E. Balladur escomptait que sa seule venue aux affaires provoquerait un choc positif de confiance qui conduirait les entreprises à investir et les particuliers à s'engager à la Bourse. Le choc fut assez modeste et insuffisant pour déclencher par son seul effet la reprise espérée. Mais le gouvernement continue à bénéficier par ailleurs d'un contexte extérieur favorable. La période est comprise dans une phase de développement des pays industrialisés due en partie au bas prix du pétrole, qui reste à 17 dollars le baril en 1986 ; 18 en 1987. D'autre part la chute du dollar, qui est passé au-dessous de la barre des 7 francs en mars 1986, et descend à 6 francs en 1987, diminue encore le prix réel de l'énergie importée, de même que celui des autres matières premières, de sorte que le coût de l'importation de pétrole en France est tombé de 26 milliards de dollars en 1980 à 8 milliards en 1986 et 7,2 en 1988, et la diminution de la facture énergétique, exprimée en francs, permet de faire une économie de 80 à 90 milliards de francs par an, somme à peu près équivalente au produit des privatisations, qui s'ajoute à une réduction sérieuse des intérêts dus au titre de la dette extérieure.

Les données positives ont permis à l'équipe au pouvoir de commencer à appliquer son principe fondamental, le libéralisme économique ; la très grande majorité des prix industriels, ceux du commerce et des services sont libres, et l'on compte sur la concurrence pour en moduler l'évolution. De même la loi Méhaignerie de février 1987 abroge la loi Quilliot qui avait fortement limité la hausse des loyers : ceux-ci seront libres, sauf à en contrôler les excès ; on en espérait une reprise de l'industrie du bâtiment ; la loi va en effet provoquer la création de 34 sociétés civiles de placements immobiliers (« SCPI Méhaignerie »), mais aussi conduire à une augmentation très sensible des loyers, beaucoup plus élevée que l'inflation, surtout en région parisienne. Restaient contrôlés les prix des produits dont l'État possède le monopole, SNCF, postes, gaz et électricité, etc. Il est également un domaine où la liberté des prix ne pouvait pas jouer, l'agriculture, qui relevait de Bruxelles et bénéficiait de prix garantis et de subventions. Du reste le nombre de lois et règlements maintenus prouvait assez que l'on n'était pas encore entré réellement dans l'ère de l'économie libérale.

b) L'industrie. Le pouvait-on, quand la situation des marchés financiers se trouvait aussi malsaine : le krach boursier d'octobre 1987 révélait brutalement à l'ensemble du monde capitaliste, la réalité des mutations techniques qui avaient profondément modifié le fonctionnement des marchés financiers ; la distorsion entre l'évolution haussière des marchés financiers et les limites de la croissance économique était patente. Cette rupture, effacée, du reste, dans les mois suivants, contraignit E. Balladur à ralentir le rythme des privatisations et à limiter le degré de libéralisation ; il était inconcevable que l'État cessât de venir au secours des entreprises en difficulté et d'agir sur la vie économique. En 1986, quatre branches d'importance majeure étaient toujours en danger, malgré les mesures déjà prises par les gouvernements précédents : les chantiers navals, la sidérurgie, la chimie, et même l'industrie automobile, où Renault était en difficulté et Peugeot écrasé par le poids de sa dette, tandis que les concurrents allemands et japonais disposaient de réserves financières considérables. Les pouvoirs publics prirent directement part à l'aménagement du territoire par l'ordonnance d'octobre 1986 qui définissait les « zones d'entreprises », en s'attaquant d'abord aux constructions navales, le but étant de « favoriser par des mesures exceptionnelles l'implantation d'entreprises nouvelles dans les bassins d'emploi touchés par les réductions d'effectifs ». C'est une nouvelle expérience des « pôles de conversion » définis quelques années plus tôt par les socialistes, qui concerne en premier Dunkerque, La Ciotat, La Seyne, avant de s'étendre à d'autres régions touchées par la conversion comme le bassin lorrain; l'État accordait une exonération de l'impôt sur les sociétés pendant dix ans aux entreprises qui s'installeraient et créeraient au moins dix emplois.

Les résultats ne furent pas à la hauteur des espérances; peut-être E. Balladur et J. Chirac manquèrent-ils de temps? J. Chirac déclarait : il me faut neuf ans. La croissance, bien que supérieure à celle des années précédentes, n'atteignit pas 2,5 % en 1986, et l'on dut réviser en baisse les prévisions pour 1987.

c) Commerce extérieur. Cette situation économique médiocre se retrouve dans le bilan des échanges extérieurs; après un léger redressement dans les neuf premiers mois de l'année, dû sans doute à la dévaluation, le déficit commercial atteignait 28 milliards de francs en 1986; il sera encore de près de 31 milliards en 1987 et de 33 en 1988, quand on espérait 26. On essayait de se rassurer en constatant que le déficit était dû en partie à l'importation de biens d'équipement, promesse de croissance future; on pouvait cependant remarquer que les échanges extérieurs présentaient toujours les mêmes faiblesses :

1. le déficit était réduit par les excédents obtenus dans l'agro-alimentaire, qui montaient à 31 milliards en 1987, dont le blé, les vins et alcools et les produits laitiers représentaient à peu près la moitié;

2. au contraire les échanges industriels étaient largement déficitaires : là où l'Allemagne fédérale avait plusieurs milliards d'excédent, la France avait un déficit de 40 milliards de francs;

3. le commerce extérieur français est excédentaire avec les pays du tiers monde, au prix d'un endettement des PVD qu'il faudra bien revoir un jour ou l'autre.

Solde du commerce extérieur (milliards de francs)

	Agro-alimentaire	*Ensemble du commerce*
1986	+ 28	– 28
1987	+ 31,7	– 30,7
1988	+ 41,6	– 33

d) La monnaie et les prix. Le bénéfice de la dévaluation du 6 avril a été vite effacé; elle était trop faible pour pouvoir compenser la différence d'inflation entre la France et la RFA dans les années précédentes, de sorte que la monnaie apparaissait toujours surévaluée par rapport au mark, encourageant les importations, pénalisant les exportations, permettant à la France de vivre au-dessus de ses moyens : elle continue à consommer plus qu'elle produit : en un an la production industrielle augmente de 1,5 % quand la consommation augmente de 3,4 %. Cette volonté des autorités françaises de maintenir le franc dans ses parités à l'intérieur du SME imposait d'imiter l'Allemagne fédérale, principal partenaire économique, dans sa politique de déflation; en novembre 1987, les ministres français et allemand pouvaient se féliciter «d'avoir contribué à la stabilisation des changes au sein du SME», et ils s'accordaient pour baisser les taux d'intérêt accordés aux entreprises; mais, quand ceux-ci étaient à 8 ou 8,5 % en France, ils étaient à 2 ou 3 % en Allemagne. Une petite éclaircie eut lieu le 11 janvier 1987 grâce à une réévaluation du mark et du florin de 3 %, de 2 % du franc belge, sans modifier les autres monnaies ni le franc.

L'industrie française était donc handicapée par la faiblesse des exportations, par la hauteur de son endettement, par la crise boursière qui frappait au même moment, puis aussi par les incertitudes du dollar, qui descendait au-dessous de 6 francs en novembre 1987, et aux fluctuations duquel les accords du Louvre conclus par les représentants des sept pays industrialisés en février ne purent pas apporter de solution.

En contrepartie, la lutte contre l'inflation était en voie d'être gagnée, et la différence avec la RFA s'amenuisait :

Prix à la consommation

	1985	*1986*	*1987*	*1988*
France	+ 4,7 %	+ 2,1 %	+ 3,1 %	+ 3,1 %
RFA	+ 1,8 %	− 1 %	+ 1 %	+ 1,6 %

Valeur du Deutschmark à Paris (100 en 1977)

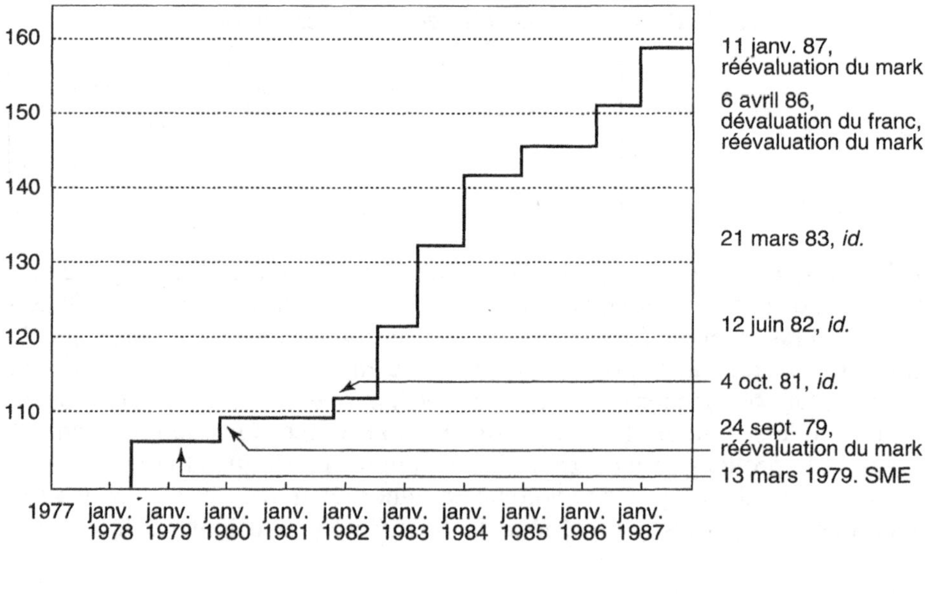

D. *Questions sociales*

1. *Les réformes*

La politique familiale resta limitée. On introduisit l'allocation de garde d'enfant à domicile pour les mères qui travaillent, l'allocation parentale d'éducation accordée à toute personne ayant trois enfants dont l'un de moins de 3 ans, d'abord pendant un an, puis jusqu'à l'âge de 3 ans du dernier enfant. Le gouvernement ne remit pas en cause les acquis des années antérieures et J. Chirac refusa de revenir sur l'IVG comme le demandait le Front national.

La réforme du *droit de licenciement* relève de l'espoir que les entreprises, libres de licencier en cas de sureffectif, embaucheraient plus aisément. Le projet prévoyait la suppression de l'autorisation administrative préalable sauf pour les salariés protégés (délégués syndicaux); la loi, votée suivant la procédure du 49-3, devait être complétée avant la fin de l'année : elle le fut par la loi du 30 décembre 1986, votée «pour assurer le respect des règles d'information et de consultation des représentants du personnel, et de l'élaboration des mesures de reclassement et d'indemnisation». Dans tous les cas, il doit y avoir consultation du comité d'entreprise et des délégués du personnel; dans les cas de licenciement économique important l'opération doit être accompagnée de conventions de conversion et de la notification à l'autorité administrative compétente.

La participation des salariés à la vie de l'entreprise est double : elle se situe sur le plan de la gestion et sur le plan financier, et fait l'objet de deux ordonnances d'octobre 1986 : la première étend à l'ensemble des sociétés la représentation des salariés au conseil d'administration; la deuxième vise à améliorer la participation des salariés aux résultats des entreprises. L'ordonnance du 17 août 1967 sur la participation aux fruits de l'expansion a permis de distribuer depuis cette date près de 60 milliards de francs, mais il y avait eu très peu d'accès à l'actionnariat : la nouvelle ordonnance favorise la participation aux bénéfices sous la forme de distributions d'actions. La véritable participation des salariés au capital se fera par les privatisations.

L'aménagement du temps de travail. La loi Delebarre de novembre 1985 liait l'aménagement du temps de travail à un accord par branche et à la réduction obligatoire de la durée. L'ordonnance de 1987 qui devait la corriger se heurta au refus du chef de l'État de la signer et dut être votée en forme de loi le 19 juin 1987. La modulation pour tous du temps de travail se fait par accord d'entreprise ou d'établissement et non plus par branche entière; la durée hebdomadaire peut être portée à 44 heures avec repos compensatoire, sous réserve que la moyenne annuelle ne soit pas supérieure à 39 heures; la loi autorise une durée de travail de 10 heures par jour sur 4 jours avec les mêmes conditions et la possibilité de cycles de travail de 6 à 12 semaines en cas de travail continu; de même le travail féminin de nuit (de 24 heures à 5 puis 7 heures) que la législation interdisait depuis le XIXe siècle est autorisé pour le travail en continu si la production l'impose et sous certaines conditions. Une loi ultérieure réglementera également les heures supplémentaires par des majorations de salaire et repos compensatoire.

La Sécurité sociale étant à la recherche de nouvelles ressources, Ph. Seguin annonça le 2 juillet 1986 20 milliards de ressources nouvelles comportant la hausse de la cotisation retraite et la contribution de 0,4 % sur les revenus imposables; cela ne suffit pas, puisqu'il fallut en 1987 un «plan de sauvetage» de la Sécurité sociale qui comportait simplement une hausse générale des cotisations, un prélèvement de 1 % sur les revenus financiers et immobiliers et le maintien du prélèvement de 0,4 %. Le problème était loin d'être résolu et la maîtrise des dépenses non abordée.

2. *La situation sociale*

Le pouvoir d'achat des agriculteurs, déterminé par les conditions climatiques, mais surtout par les décisions de Bruxelles, au mieux se maintient, en général se dégrade suivant les années; l'exode rural persiste donc; il aurait été de 3,6 % en 1986. Les prix agricoles ont tendance à baisser, alors que montent les prix des produits nécessaires à l'agriculture; la désertification des campagnes se poursuit.

Chez les salariés du secteur public, la masse salariale augmente de 2 à 3 % par an dans les années 1986-1988, compte tenu des promotions individuelles et changements de catégorie; ce qui signifie que le pouvoir d'achat individuel, à situation constante, se dégrade.

La situation est légèrement meilleure dans le secteur privé, ce qui permet, selon le Centre d'observation économique, à la consommation des ménages d'augmenter de 3,4 % en 1986, de 2 % en 1987, souvent aussi au détriment de l'épargne ou au prix d'un surendettement dont il faudra bientôt se préoccuper. Les mouvements sociaux y sont faibles, soit à cause de la menace d'inflation brandie par le pouvoir, soit par crainte du chômage, soit par suite de la moindre emprise des syndicats : entre 1975 et 1986, la CGT a perdu la moitié de ses adhérents, et ceux qui cotisent encore le font de façon très irrégulière; le taux de syndicalisation est tombé autour de 10 %; la participation aux élections des prud'hommes ne dépasse pas 45 %. Les grèves sévissent donc surtout dans le secteur public et nationalisé, celui où l'emploi est assuré, mais aussi celui où la situation matérielle se dégrade : grèves dans les Postes, à la RATP, à la SNCF, dans l'enseignement...

Le chômage reste le problème le plus aigu aux deux extrémités d'âge, parmi les jeunes, qui sortent souvent de leur cycle scolaire sans formation professionnelle, et chez les cadres âgés, pour qui un licenciement laisse peu d'espoir de retrouver un emploi, et qui fournissent la grande masse des chômeurs de longue durée. A vrai dire, les moyens de lutte n'ont guère été différents de ceux qui avaient été mis en place dans la période socialiste : on attendait la diminution du nombre des sans-emploi de la croissance, sans négliger pour autant le «traitement social» du chômage, car le réalisme obligeait à prévoir qu'un renforcement de l'activité industrielle s'accompagnerait d'abord d'une amélioration de la productivité et n'impliquait donc pas une reprise de l'embauche. L'activité économique avait perdu 135 000 emplois industriels en 1984 et

1985, et la main-d'œuvre industrielle diminuait au rythme de 3 % par an. Aussi le ministre, Ph. Séguin, mettait-il en avant les « petits boulots » qui avaient eu tant de succès aux États-Unis, mais qui n'étaient en fait que des palliatifs.

Pourtant, dès avril 1986, il obtint 4,5 milliards supplémentaires pour financer un plan d'emploi des jeunes : exonération à 100 % et pendant un an des cotisations patronales pour l'embauche des jeunes dans le cadre d'un contrat de qualification, d'adaptation, d'apprentissage, d'un stage d'initiation à la vie professionnelle ; exonération de 50 % si le contrat porte au moins sur 3 mois avec les mêmes conditions d'adaptation, institution de programmes d'insertion sociale (PIS) pour les chômeurs de longue durée qui continueraient à toucher l'allocation spéciale de solidarité. Le ministre étendait les contrats à durée déterminée, favorisait les mises en préretraite, les emplois à demi-service, espérait que la prime offerte aux mères de trois enfants les inciterait à rester au foyer. Les salariés à temps partiel seraient comptabilisés dans l'entreprise au prorata des heures effectuées. Partisan de la politique contractuelle, il cherchait à assouplir, avec l'aide des syndicats FO et CFDT, les contrats à durée déterminée, les conditions du travail temporaire et les TUC.

Les résultats sont minces : entre mai et décembre 1986, 840 000 jeunes ont été concernés par les différentes mesures, mais moins de 10 % des stages ont conduit à des embauches durables. Le nombre des demandeurs d'emploi inscrits à l'ANPE n'a commencé à se stabiliser qu'à partir de l'été 1987 à un peu plus de 2,5 millions.

Taux de chômage en % de la population active

	1985	*1986*	*1987*	*1988*	*1989*
France	10	10,3	11	10,8	10,5
RFA	8,6	7,8	8,9	7,8	7,8

E. L'élection présidentielle

La proximité de l'élection explique en partie la semi-paralysie qui frappe l'action gouvernementale à partir du second semestre 1987. Pourtant la vie politique bouillonne à travers les scandales qui déferlent depuis l'affaire du Carrefour du développement, association d'aide au tiers monde, à l'occasion de laquelle le ministre de la Coopération fut déféré en Haute Cour en octobre 1987? jusqu'aux découvertes ou accusations multiples de fausses factures municipales dont le profit aurait servi à alimenter les caisses des partis ou leurs campagnes électorales. L'émotion fut assez forte pour que le chef de l'État pensât y mettre fin et éviter dans l'avenir de pareilles tentations en prenant l initiative de proposer d'urgence en mars 1988 une loi sur le financement des partis (l'idée en sera reprise en décembre 1989). Cette série de scandales a desservi la classe politique tout entière plutôt qu'elle n'a favorisé tel ou tel parti et créé dans l'opinion une méfiance à l'égard du personnel politique et de la vie politique en général.

La *droite libérale* commença à s'agiter dès février 1987, quand on posa la question de la candidature de V. Giscard d'Estaing; le parti républicain, qui s'était débarrassé de l'influence de l'ancien président, hésitait entre F. Léotard et R. Barre, candidat du CDS et des adhérents directs de l'UDF. Le 25 mars, J. Chirac, paraissant à la télévision («Heure de Vérité»), fit l'éloge de l'action de son gouvernement, dont il vanta la solidarité et la cohésion, alors que nul n'ignorait la distance que prenaient ses ministres libéraux; il comptait sur les succès obtenus par son ministre de l'Intérieur dans le domaine de la sécurité, mais refusait tout ce qui aurait pu suggérer une politique «d'ordre moral». Sa candidature était implicitement suggérée, non encore déclarée (elle ne le sera que le 16 janvier 1988). Mais pouvait-il être élu sans les voix du Front national? La réponse fut donnée par M. Noir, soutenu par plusieurs membres éminents du RPR et de l'UDF dans *Le Monde* en mai 1987 : «... Serions-nous revenus au temps des faiblesses tragiques des années 30? Serions-nous prêts à sacrifier notre âme pour ne pas perdre des élections?... Il faut être capable de perdre des élections, fussent-elles présidentielles...» Après quelques hésitations entre compromis et modération vis-à-vis de l'extrême droite, la rupture définitive entre le RPR et le FN fut consommée en septembre-octobre, quand Ch. Pasqua s'efforça d'obtenir des maires qu'ils refusent leur signature pour que J.-M. Le Pen ne pût pas poser sa candidature. Il en résultait que dans la plupart des élections cantonales partielles l'ensemble des droites était majoritaire au premier tour et battue par le candidat socialiste au second tour.

Privé d'appui sur sa droite, J. Chirac était abandonné par l'UDF : F. Léotard revendiquait sa liberté d'opinion et de parole, bien qu'il fût membre du gouvernement, et l'on voyait reparaître chez les ministres la vieille condamnation de «l'État-RPR». «Nous n'avons pas l'intention de demander l'autorisation avant de nous exprimer». Sommé par le Premier ministre de se soumettre ou de se démettre, F. Léotard lui répondit le 6 juin au congrès du parti républicain à Fréjus en revendiquant la liberté de parole tout en restant ministre.

R. Barre annonça sa candidature aux journées parlementaires de l'UDF le 23 janvier 1988. L'homme qui s'est toujours voulu au-dessus des partis reçut, grâce à F. Léotard l'appui presque unanime du parti républicain et un soutien plus réticent de l'ensemble de l'UDF. Ce mouvement un peu disparate fit passer son libéralisme avant sa diversité et sa passion européenne avant les préoccupations intérieures; soutenue par le Comité Monnet, la Fondation Saint-Simon, la Trilatérale, l'UDF confirma sa vocation européenne en préconisant l'effacement des nations au profit de la patrie européenne, préliminaire à la citoyenneté mondiale.

Le Front national ne pouvait pas avoir les mêmes rivalités d'hommes; dès le 26 avril 1987, J.-M. Le Pen annonça sa candidature depuis sa ville natale et symbolique de La Trinité-sur-Mer. Il fut plébiscité par son parti à la convention de Nice les 8-10 janvier 1988, où il présenta son programme en dix points : inversion du courant migratoire; réforme du Code de la nationalité; rétablissement de la peine de mort; politique démographique et familiale; réforme de l'Éducation nationale; suppression en sept ans de l'impôt sur le économique et social, en communiant avec eux dans le même regret à l'égard du Front national et dans la même optique de la construction européenne.

Les uns et les autres verraient avec faveur une économie sociale de marché imitée de l'organisation allemande et ils pensent à une Europe fédérale plutôt que confédérale. On va jusqu'à imaginer une sorte de fusion dans un « libéral-pragmatisme ».

Encore faudrait-il que l'UDF ne se décompose pas ; or R. Barre déclare le 9 septembre qu'il approuvait « les grandes orientations du président de la République » ; le 8, il réunit la « Convention libérale européenne et sociale » (CLES) issue des réseaux REEL qu'il avait constitués pour l'élection présidentielle, dont le but était la « recomposition du paysage français » par la création d'un « grand rassemblement pluraliste » intégrant divers courants de pensée propres à la tradition française, refusant tout autant l'affrontement manichéen que la confusion entre majorité et opposition, concluant éventuellement des coalitions électorales et des « pactes durables de gouvernement ». C'était introduire au centre un diverticule supplémentaire venant s'ajouter au CDS, à l'Union du centre, qui avait son groupe à l'Assemblée, à l'Entente parlementaire libérale, sociale et européenne, à l'Association des démocrates, bientôt à la France unie formée par J.-P. Soisson, pour rejoindre la majorité présidentielle.

Une telle dispersion conduisait en quelque sorte à l'inertie une opposition plus attirée par le « consensus » que par son rôle naturel d'opposant. La désaffection des électeurs à l'égard des urnes, conséquence inévitable de cette confusion, s'exprima encore dans les *élections municipales* de mars 1989, pour lesquelles les partis socialiste et communiste avaient dressé des listes communes dans neuf dixièmes des villes de plus de 20 000 habitants. Au premier tour, le 12 mars, on notait une légère progression des socialistes, qui gagnaient quelques villes comme Nantes ; en revanche à Marseille l'emportait un dissident socialiste ; M. Noir, RPR, gagnait la majorité dans tous les secteurs de Lyon ainsi que, à Paris, J. Chirac, qui allait gagner le dernier arrondissement manquant au second tour. Mais on devait remarquer surtout :

1. Le nombre d'abstention, plus de 27 % (40 % à Paris), proportion anormale pour cette sorte de consultation, la plus proche des électeurs.

2. Le succès des écologistes, bénéficiaires de la prise de conscience d'un problème de l'environnement (la Conférence internationale sur la protection de la couche d'ozone a eu lieu la veille) mais surtout d'une sorte de vote blanc traduisant le désintérêt à l'égard des partis traditionnels. Le vote écologique n'est plus nécessairement un succédané du vote socialiste.

3. Les candidats de province secouent plus facilement la tutelle des états-majors parisiens ; on a vu des exclus ou des transfuges des partis élus à la place des candidats désignés, aussi bien chez les communistes, chez les socialistes que chez les libéraux (Orly, Angers, Marseille).

4. Le Front national n'a pas disparu, comme on l'avait pronostiqué ; il s'implante au contraire, même dans les régions rurales, et pénètre dans les

revenu; priorité d'emploi aux Français et membres de la Communauté; référendum d'initiative populaire.

Le parti communiste est en crise; G. Marchais a traité les réformateurs de «liquidateurs» et entend maintenir la ligne du parti malgré la popularité des réformateurs. Le 24 juin 1987, P. Juquin démissionne du Comité central comme l'avaient fait C. Poperen et M. Rigout, quand A. Lajoinie est désigné comme candidat à l'élection présidentielle. Puis P. Juquin annonce sa propre candidature le 12 octobre 1987 avec le soutien de SOS-racisme, de la Ligue communiste révolutionnaire, du PSU. Au XXVIᵉ congrès du PCF ouvert le 2 décembre, le parti désigne G. Marchais comme secrétaire général pour la cinquième fois.

L'extrême gauche aussi aura ses candidats : ces partis ultrarévolutionnaires, faibles en effectifs mais prêts à utiliser chaque occasion d'agir, forts par leur capacité à prendre en main, à organiser, à encadrer toute manifestation sous la forme de «coordinations» qui rappellent Mai 68, jouent un rôle occulte sans négliger l'action officielle des élections qui leur sert de plate-forme : Lutte ouvrière, d'A. Laguiller, la IVᵉ Internationale et ses multiples tendances, dont la plus importante, celle des trotskistes, le parti communiste internationaliste (PCI), le Mouvement pour un parti des travailleurs (MPPT), plus libertaire.

La position du *parti socialiste* est à la fois dominante et affaiblie par l'éclatement en «tendances» dont chaque chef de file se croit «présidentiable» : P. Bérégovoy et P. Quilès ont formé des équipes de travail avec leurs anciens collaborateurs; Ch. Hernu a constitué son propre groupe d'études; J. Lang a fondé le *Mouvement*; J.-P. Chevènement, candidat à la candidature, a créé un club, *République Moderne,* puis *Socialisme et Démocratie;* il fait paraître la *Lettre de la République moderne*; plus précis que les autres dans son programme, il s'oppose à l'ouverture au centre, veut reprendre les nationalisations et faire sortir la France du SME. L. Fabius a fondé un club, *Solidarités modernes,* orienté vers le tiers monde; M. Rocard a essaimé une cinquantaine de clubs à travers le pays et publie lui aussi une lettre *Convaincre.* P. Mauroy reste fidèle au socialisme orthodoxe, qui n'est pas seulement approfondissement de la démocratie, mais transformation sociale, et il rêve toujours de l'alliance avec les communistes; lui aussi réunit de nombreux élus.

Pourtant le 3 avril 1987, le congrès socialiste de Lille semble retrouver l'unanimité; les courants se dissolvent dans l'expression d'une vague social-démocratie et surtout dans un rassemblement autour de la personne de F. Mitterrand, s'il était candidat... En juin, le chef de l'État entame une série de tournées en province; partout il se pose en arbitre, en père de la nation. Au premier trimestre 1988, plusieurs enquêtes d'opinion montrent que les Français aspirent surtout à la sécurité, sécurité publique, sécurité sociale, sécurité de l'emploi.

Les idéaux socialistes de 1981 semblent abandonnés, mais leur oubli ne profite pas au libéralisme de R. Barre, qui paraît moins proche des électeurs, plus volontariste dans sa politique économique et sociale; on recherche le bouclier d'un Président protecteur plus que les hardiesses d'un économiste libéral. La popularité du chef de l'État en sort renforcée : un sondage effectué le 1er mars accordait à F. Mitterrand 38 % des intentions de vote (il n'est pas encore candidat), contre 20 % à J. Chirac comme à R. Barre, 10 % à J.-M. Le Pen, 5 % à A. Lajoinie.

Le 22 mars 1988, F. Mitterrand annonce sa candidature « pour que la France ne tombe pas aux mains d'esprits intolérants » ; il faut maintenir la paix civile et sociale. Il n'y aura pas de projet précis ni de programme comme en 1981, mais une *Lettre à tous les Français* du 7 avril 1988, où le Président-candidat s'exprime en termes très généraux ; il se veut rassembleur de « La France unie », s'élève contre « l'État-RPR » et, de façon générale, contre les « factions » ; il préparera l'application de l'Acte unique européen et l'ouverture du grand marché européen le 1er janvier 1993. Prenant acte du nouveau climat de dépolitisation qui avait dilué le clivage droite-gauche et s'appuyant sur les divisions qui minaient la droite, le Président se situe au-dessus des partis et développe l'image d'un homme sage guidé par une volonté d'ouverture et de stabilisation de la vie politique ; position qui épouse largement les souhaits de l'opinion.

2. Le second septennat de François Mitterrand (mai 1988-mai 1995)

A. Le retour de la gauche aux affaires

1. Le changement de majorité

• Le premier tour de l'élection présidentielle a lieu le 24 avril

Inscrits	38 128 507	
Votants	31 027 972	81,38
Exprimés	30 406 038	
	Voix	%
Mitterrand	10 367 220	34,09
Chirac	6 063 514	19,94
Barre	5 031 849	16,54
Le Pen	4 375 894	14,39
Lajoinie	2 055 995	6,76
Waechter	1 149 642	3,78
Juquin	639 084	2,1
Laguiller	606 017	1,99
Boussel (MPPT)	116 823	0,38

(1)

1. Résultats donnés par le Conseil constitutionnel le 27 avril.

Le scrutin permettait d'actualiser la géographie politique et la répartition des forces ; il témoigne de l'effondrement du parti communiste et de la disparition de la « ceinture rouge » qui cernait Paris ; le parti conserve la Seine-Saint-Denis et le Val-de-Marne. Le socialisme maintient ses points forts dans le Nord, dans l'Ouest et l'Est, zones de tradition catholique, dans les Pays-de-Loire, le Sud-Ouest et le Massif central. La position de Chirac est plus diffuse ; il a perdu ses places fortes de l'Ouest et de l'Est et s'appuie sur son bastion de Paris. L'échec de R. Barre est une surprise mais il permet d'éclairer l'audience du Centre, qui reste médiocre. Enfin le résultat du candidat du Front national, qui talonne R. Barre, représente un véritable séisme politique ; ses points forts coïncident à peu près avec les zones d'immigration, les Bouches-du-Rhône (26,4 %), le Var (25,1), les Alpes-Maritimes (24,2), le Vaucluse (23,1), et, sans doute pour des raisons plus complexes, l'Alsace (22 %).

Quoi que l'on puisse dégager de l'arithmétique, J. Chirac est déjà battu ; d'une part, en effet, de nombreux électeurs de l'UDF, du CDS en particulier, n'ayant pas oublié les rancœurs passées à l'égard de l'« État-RPR », répugneront à voter pour lui ; ils s'abstiendront ou même voteront pour F. Mitterrand ; d'autre part les électeurs du Front national, qui auraient peut-être voté pour J. Chirac si celui-ci avait fait quelque geste dans leur direction, s'abstiendront ou voteront « nul » par suite des marques d'hostilité réitérées par les personnalités gaullistes. Le 1er mai, à l'issue du traditionnel défilé des militants du Front national en l'honneur de Jeanne d'Arc, J.-M. Le Pen, tout en demandant à ses électeurs de ne pas voter pour F. Mitterrand, laissa chacun libre de voter en conscience pour le « candidat résiduel » ou de s'abstenir. Ch. Pasqua tenta bien dans une interview de faire passer le message selon lequel les « valeurs » du Front national et celles du RPR étaient les mêmes, mais sa déclaration provoqua un réflexe de rejet de la part de l'électorat centriste, ce qui profita au candidat Mitterrand.

Entre les deux tours, le 5 mai, deux événements auraient pu influer sur l'élection : Ch. Pasqua termina favorablement les négociations secrètes entamées depuis longtemps et obtint la libération des trois derniers otages prisonniers au Liban. Le même jour l'assaut était donné en Nouvelle-Calédonie à la grotte d'Ouvéa où les Mélanésiens détenaient 22 gendarmes et le procureur de la République ; leur libération entraîna la mort de deux gendarmes et de quinze Mélanésiens. Ces « coups de théâtre » à l'allure d'opérations de dernière heure ne semblent pas avoir eu d'incidence sur les résultats du second tour de l'élection.

• Deuxième tour : 8 mai 1988

	Voix	*%*
Mitterrand	16 710 723	54,02
Chirac	14 231 682	45,98

national, avait été élue le 3 décembre avec 61 % des voix contre une coalition de tous les appareils politiques de la droite à la gauche. Un Comité directeur de l'opposition fut formé, qui se réunit en avril 1990 et chercha à réaliser la construction d'un grand parti conservateur ou libéral dans la perspective de la construction de l'Europe ; V. Giscard d'Estaing le voyait en forme de confédération qu'il appelait L'Alliance ; ce fut en fin de compte *l'Union pour la France,* UPF (23 juin), qui se donna une structure dans les derniers mois de 1990, mais où les rancœurs et les ambitions n'avaient pas disparu, F. Léotard menaçant de former un groupe autonome du parti républicain à l'Assemblée.

Chez les socialistes régnait la même confusion dans la perspective du congrès de Rennes qui devait se tenir en mars 1990 ; le Comité exécutif, réuni le 1er juillet 1989, avait admis le besoin d'élaborer un nouveau programme fondé sur une nouvelle philosophie ; mais les universités d'été elles-mêmes ne parvenaient plus à édifier un corps de doctrine qui pût effacer les tendances incarnées dans des hommes plus que dans des idées. Dans ces conditions le congrès de Rennes (15-20 mars) donna lieu à de rudes empoignades où s'opposèrent les motions et les courants A-B-C-D, Jospin, Mauroy, Mermaz, Poperen, Chevènement, le seul qui eût un véritable programme, partisan de fermer la « parenthèse libérale », et Rocard, qui se situait de plus en plus au-dessus de la mêlée, porteur de la responsabilité gouvernementale, et attaqué de toutes parts pour sa politique sociale, jugée trop conservatrice. Les débats semblaient mettre davantage aux prises des hommes qui se croyaient des destinées présidentielles, que des idées. Qui contrôlerait le parti paraissait avoir les meilleures chances pour de plus hautes destinées. La motion de synthèse, très vague, demandait au gouvernement de « gauchir son action » « ... Un plus juste partage des richesses dans un contexte de croissance retrouvée répond à l'aspiration à une véritable réduction des inégalités... » P. Mauroy fut reconduit au poste de secrétaire général.

Le parti communiste lui-même ne pouvait pas dissoudre ses courants ; demeuré le plus conservateur des partis occidentaux, il doit subir le ferment des « reconstructeurs », des « refondateurs », de grandes personnalités comme M. Rigout, A. Le Pors, J. Ralite, Ch. Fiterman, qui ira jusqu'à soumettre un texte différent du texte officiel au Comité de septembre 1990. Le parti supporte de plus en plus mal ses convulsions internes à mesure que le communisme s'effondre en Europe de l'Est et que la réforme atteint l'URSS même ; G. Marchais est rendu responsable de l'effondrement électoral du parti ; ses dissidents, exclus du parti ou l'ayant quitté, rejoignent les ex-« Comités Juquin » formés au moment de l'élection présidentielle, renforcés dans une nouvelle gauche par le sabordage du PSU, qui avait été créé en avril 1960 pour « construire la VIe République, ou la Ire République socialiste ».

Tous les partis, enfin, de droite comme de gauche, se retrouvaient unis pour dénoncer le danger représenté par le Front national, reconstitué, renforcé par des transfuges venus du RPR et du Club de l'Horloge,

Le 8 mai 1988, F. Mitterrand est donc réélu pour un second mandat. Sa victoire répond à de multiples paramètres : il a bénéficié de la prime au sortant, du supplément de votants (84,1 %), d'un désistement très discipliné de l'extrême gauche, mais aussi d'une partie des voix barristes, amorce peut-être d'un rapprochement du centre vers les socialistes pour former une « majorité présidentielle ». J. Chirac n'a pas recueilli toutes les voix de droite bien qu'une partie des électeurs de J.-M. Le Pen ait néanmoins voté pour lui.

J. Chirac porta sa démission le mardi 10 mai à 15 h 30 et fut remplacé quelques heures plus tard par Michel Rocard.

Énarque lui aussi, ancien inspecteur des Finances, socialiste depuis son parcours universitaire, il avait quitté la SFIO en 1958, quand G. Mollet avait cautionné la Constitution gaullienne, pour adhérer au parti socialiste autonome (PSA), devenu le parti socialiste unifié (PSU) en 1960. Candidat à l'élection présidentielle en 1969, il avait recueilli 3,6 % des voix ; élu député des Yvelines, maire de Conflans-Sainte-Honorine, il rejoignit tard le parti socialiste, en 1974. En 1978, il avait dénoncé « l'archaïsme politique » de F. Mitterrand et la sclérose de la direction du parti, de laquelle il fut écarté au congrès de Metz en 1979. En 1981, il avait reçu le portefeuille du Plan, puis celui de l'Agriculture, qu'il avait abandonné en 1985 par hostilité envers le scrutin à la proportionnelle adopté pour les Législatives. Candidat à la candidature présidentielle pour 1988, il s'était effacé dès que F. Mitterrand s'était déclaré. Sa doctrine a été élaborée au Club des Jacobins, creuset idéologique dont il a exprimé la philosophie dans *Le Cœur à l'ouvrage* (O. Jacob, 1987).

Son premier ministère fut formé le 12 mai 1988 : trois ministres d'État, L. Jospin à l'Éducation nationale, P. Bérégovoy à l'Économie, Finances et Budget, M. Faure à l'Équipement et Logement ; les ministères clefs sont tenus par P. Joxe à l'Intérieur, R. Dumas aux Affaires étrangères, P. Arpaillange à la Justice, J.-P. Chevènement à la Défense. Les postes importants retrouvent leurs titulaires de la période socialiste précédente et sont attribués aux fidèles du président. L'« ouverture » attendue par les centristes existe, mais elle est faible : 2 UDF (Durafour et Pelletier) et 4 non-inscrits sur 27 ministres, l'UDF et 6 non-inscrits sur 15 secrétaires d'État.

Les députés de l'ancienne majorité avaient promis dès le 8 mai qu'ils ne voteraient pas de censure préalable et plusieurs d'entre eux étaient prêts à collaborer ; dès son élection F. Mitterrand avait reçu des offres de service venues du centre mais aussi des autres partis. Les hommes du centre pouvaient en effet espérer que F. Mitterrand, ayant prêché l'union durant sa campagne, aurait à cœur de combler le fossé droite gauche et de mettre fin à un système bipolaire qui, à vrai dire, était déjà singulièrement écorné ; ils soulignaient le courage que M. Rocard avait montré en cherchant à sortir la gauche des sentiers battus du dogmatisme, et ils étaient plus proches des socialistes que du RPR. F. Mitterrand mettra rapidement fin aux illusions et le confirmera dans une interview le 14 juillet : c'est la gauche qui a gagné, c'est elle qui doit gouverner, et il s'interrogeait avec ironie sur la nature et l'existence du centre.

Afin de s'appuyer sur une majorité stable, F. Mitterrand prononça la dissolution de l'Assemblée le samedi 14 mai 1988 en invoquant l'insuffisance des réponses positives à ses propositions d'ouverture. Les élections des

5 et 12 juin devaient se dérouler au scrutin uninominal à deux tours dans les 575 circonscriptions découpées par l'ancien ministre de l'Intérieur. J.-M. Le Pen menaçait : si le RPR et l'UDF (qui avaient déjà refusé tout accord avec lui) présentaient un candidat commun, il maintiendrait le sien au deuxième tour partout où il le pourrait. Passant outre la menace les deux formations libérales présentèrent un candidat unique de l'Union du rassemblement et du centre (URC) créée à cette occasion dans les neuf dixièmes des circonscriptions. Quant aux socialistes et aux communistes ils se mettaient d'accord pour un désistement mutuel.

• Premier tour : 5 juin 1988

Inscrits	37 945 582		
Votants	24 944 792		
Exprimés	24 432 095		
	Voix	*%*	*Siège(s)*
Extrême gauche	89 065	0,36	0
PCF	2 765 761	11,32	1
PS	8 493 702	34,76	37
Majorité prés.	403 690	1,65	1
MRG	279 316	1,14	2
Écologistes	86 312	0,35	0
Régionalistes	18 498	0,07	0
UDF	4 519 459	18,49	38
RPR	4 687 047	19,18	38
Divers droite	697 272	2,85	3
Front national	2 359 528	9,65	0
Extrême droite	32 445	0,13	0

Le scrutin appelle plusieurs remarques :

1. l'importance des abstentions (34,4 %); rare pour de telles élections, preuve du désarroi ou du désintérêt des électeurs;

2. le raz-de-marée socialiste, promis par tous les sondages, ne s'est pas produit;

3. la remontée du parti communiste, due à la position locale personnelle de plusieurs candidats, facteur important dans cette forme de scrutin, et à l'absence de l'extrême gauche;

4. l'affaissement du Front national; néanmoins dans les Bouches-du-Rhône les candidats du Front arrivent en tête dans la moitié des circonscriptions.

Le 7 juin une déclaration commune RPR-UDF rejetait une fois encore tout accord national avec le Front mais laissait entrevoir la possibilité d'accords locaux : de fait, dans cinquante circonscriptions où le nombre de voix le lui permettait le Front national ferait la décision. Le lendemain F. Mitterrand, à l'issue du Conseil des ministres, envoyait un message aux Français leur demandant de confirmer leur vote du 8 mai (sa propre élection) en lui donnant une majorité conforme ; il fut mal entendu.

• Le sursaut de l'électorat de gauche ne permit pas d'avoir plus qu'une légère avance en sièges pour les socialistes. Le deuxième tour ajouta en effet 26 députés communistes, soit au total 27 au lieu des 35 sortants.

236 députés socialistes, MRG, majorité présidentielle, soit au total 276 au lieu de 215.

179 députés URC (RPR + UDF), soit 255 au lieu de 282.

13 députés divers droite, soit 16 au lieu de 12.

1 député du Front national, qui va être exclu rapidement du parti, réduisant à rien la représentation du Front.

Il est clair que la majorité présidentielle peut difficilement se priver de l'apport des voix communistes, sauf à utiliser en permanence l'article 49-3 de la Constitution. Est-ce un échec pour le président de la République? Oui, dans la mesure où la victoire présidentielle pouvait lui laisser espérer une majorité absolue socialiste. Non, si l'on considère l'appoint des communistes, les perspectives de ralliement décelées surtout à l'UDF, et le désordre qui apparaît dans la droite libérale dès les premiers jours de la Législature. Tandis que L. Mermaz est facilement élu président du groupe socialiste, il faut deux tours pour le RPR : B. Pons l'emporte sur Ph. Séguin d'une voix. De plus, dès le 15 juin le CDS décide de constituer un groupe autonome centriste à l'Assemblée, tout en restant membre de l'UDF ; quant à V. Giscard d'Estaing, élu président de la commission des Affaires étrangères, et grand bénéficiaire de l'échec de J. Chirac, il ne trouverait pas déplacé un gouvernement socialo-centriste.

Le deuxième ministère Rocard fut formé le 28 juin ; il comprenait 49 ministres et secrétaires d'État. L'« ouverture » vers la « société civile » c'est-à-dire vers des personnalités de « sensibilité socialiste » ou vers des hommes politiques non socialistes était marquée par le choix de J.-M. Rausch (CDS) au Commerce extérieur, J.-P. Soisson (PR) au Travail, l'académicien A. Decaux à la Francophonie, le professeur Schwartzenberg, célèbre cancérologue, à la Santé (pour quelques jours seulement).

La signature, dès le 26 juin, de l'accord de Matignon sur le statut et l'avenir de la Nouvelle-Calédonie était de bon augure pour ce qu'on allait appeler la « méthode Rocard ». Cependant, face à l'agitation sociale qui marqua la période 1988-1991, le gouvernement adopta une politique qui privilégiait les réformes à long terme sans céder aux pressions. Ainsi la création à l'automne 1988 du Revenu Minimum d'Insertion, qui permettait une garantie de ressources aux plus défavorisés, illustrait la volonté d'adaptation aux réalités nouvelles de la société française. Le discours de politique générale de M. Rocard précisait bien la volonté de passer de « l'État producteur » et « État régulateur » à la conception d'un « État tutélaire vigie » et rappelait la volonté gouvernementale de recherche de consensus, hors des clivages politiques traditionnels.

2. *Le désordre des partis*

La période de la cohabitation a confirmé le rapprochement entre la gauche socialiste et la droite parlementaire ; adeptes l'une et l'autre de l'économie de marché, elles abordent également les problèmes de société dans la même optique, la défense des droits de l'homme et l'antiracisme, piliers d'une philosophie politique commune. Les anciennes valeurs que l'on attribuait plutôt à la droite, défense de la nation et identité nationale, défense de la famille et des classes moyennes sont estompées par la recherche d'une position « consensuelle » rejetant seulement aux deux extrémités le parti communiste en déclin et surtout le Front national.

Ce dernier apparaît, dans l'été 1988, en voie de liquidation ou en état de décomposition interne. Après avoir traité, en septembre 1987, les chambres à gaz de la dernière guerre de « détail », J.-M. Le Pen s'égarait à nouveau dans un mauvais calembour au sujet d'un ministre (ce qui lui vaudra la levée de l'immunité parlementaire par le Parlement européen à la demande du garde des Sceaux) provoquant une mini-tempête dans son parti, l'exclusion ou la démission de plusieurs de ses membres dirigeants, la disparition de l'unique député que la réforme du scrutin législatif lui avait permis de conserver. Le parti de J.-M. Le Pen, privé de toute représentation parlementaire, proche, semble-t-il, de l'effondrement, paraît non fréquentable à la droite parlementaire pour son racisme ou sa xénophobie.

La confusion se dessine lors de l'élection des présidents des conseils régionaux : le 11 juillet 1988, la présidence de la région Aquitaine reste RPR grâce aux voix des conseillers appartenant au Front national ; de même le 13 juillet en Champagne-Ardennes, le RPR est élu grâce aux cinq conseillers du FN. L'électeur, quant à lui, est désemparé, déçu, s'il est socialiste, par l'orientation économique et sociale du gouvernement, inquiet, s'il appartient à l'opposition libérale, par les mouvements de convergence désordonnés qui affectent les dirigeants des formations. Toutes ces incompréhensions conduisent à une redoutable abstention dans les élections partielles : 52,9 % d'abstentions aux élections qui touchent la moitié des cantons en octobre 1988, et qui n'apportent qu'un seul changement de majorité dans la Gironde, gagnée par les socialistes.

Le RPR a perdu sa force monolithique ; les vieux gaullistes disparaissent : M. Debré est au Sénat, Y. Guéna et Messmer n'ont pas été réélus ; J. Chirac, abattu par son échec, disparaît provisoirement de l'avant-scène politique. Les communistes, les socialistes, avaient déjà leurs « rénovateurs ». Le RPR et l'UDF découvrent à leur tour leurs contestataires, formés à la politique dans les mouvements de Mai 68, qui entendent secouer la tutelle de leurs aînés, Giscard, Chirac, Lecanuet et demandent une régénération qui est en fait, pour les gaullistes au moins, trop jeunes pour avoir connu les clivages anciens, un renversement de la philosophie politique du parti. M. Noir, M. Barzach, M. Barnier, A. Carignon se rapprochent des libéraux en reléguant au second plan le nationalisme, en abandonnant ce qui pouvait rester d'interventionnisme conseils municipaux, ce qui correspond à une forme de rejet des schémas traditionnels.

5. Les « affaires », scandales, ou les innombrables conflits sociaux n'ont pas eu d'incidence, sinon pour accroître peut-être le nombre des abstentions.

Le deuxième tour, le 19 mars, confirme l'émergence des Verts, qui ont un élu à Paris et 926 élus dans l'ensemble du pays. Les candidats du Front national se sont maintenus partout où ils le pouvaient (10 % des voix) devant le refus réitéré des libéraux de faire des listes communes ; il en est résulté des luttes triangulaires, qui ont entraîné la défaite des listes libérales ; les socialistes ont gagné Strasbourg, Mulhouse, Dunkerque, vingt villes de plus de 20 000 habitants ; les communistes, en recul partout, ont perdu Amiens, mais conservé Le Havre. Le Front national a 526 conseillers et un maire.

Ces élections, qui ont souvent conforté la position locale des « rénovateurs » libéraux, les incitent à poursuivre leur offensive : en avril 1989 ils lancent le *Manifeste des Douze* et menacent, s'ils n'obtiennent pas la rénovation de leur parti (mais en quoi consisterait-elle?) de présenter leur propre liste aux prochaines élections européennes. Le 9 avril les rénovateurs du RPR n'ont certes, obtenu que 13 % d'adhésions au Conseil national ; il n'en reste pas moins que ces actions fractionnelles au sein des partis de l'opposition parlementaire achèvent de désorganiser, donc d'affaiblir une opposition qui avait déjà montré sa fragilité. Il n'y a pas eu d'« Épinay de la droite », comme l'expression en avait un moment couru. En janvier-mars 1989 le chef de l'État avait été affaibli par les scandales qui avaient touché certains de ses proches ; en mai 1989 la situation est retournée et il domine à nouveau la scène politique.

Dans une telle atmosphère les *élections européennes,* qui devaient avoir lieu le 18 juin 1989, prenaient une tonalité politique plus grande que les précédentes, parce qu'elles permettraient peut-être de faire un reclassement des partis, étant donné le mode de scrutin à la proportionnelle nationale, d'autre part en orientant la finalité de la construction européenne, fédération à laquelle seuls les communistes et les partisans de Le Pen étaient nettement hostiles, confédération, ou Europe des nations, qui avait été jadis la vocation gaullienne de l'Europe. J. Chirac avait accepté de faire une liste commune avec l'UDF en laissant à V. Giscard d'Estaing la conduite de la liste, soit par souci d'unité et d'efficacité, soit dans le but de détourner vers une destinée européenne celui qui était redevenu un rival en politique intérieure. La liste socialiste était conduite par L. Fabius, président de l'Assemblée nationale ; les écologistes avaient choisi A. Waechter, les communistes M. Herzog, J.-M. Le Pen conduisant sa propre liste. Enfin S. Veil avait formé une liste spécifiquement centriste, la plus européenne de toutes, avec l'appui de R. Barre.

Les élections apportent plusieurs confirmations, mais aussi des résultats étonnants : confirmation de la tendance à l'abstention (51 %), de la poussée écologiste, de la chute du parti communiste ; échec surprenant de la liste socialiste, et, à travers elle, du chef de l'État, dont L. Fabius avait sans cesse invoqué le patronage durant la campagne ; échec inattendu aussi de S. Veil et

Élections européennes : 18 juin 1989

	Voix	%	Siège(s)
Inscrits	38 348 191		
Votants	18 686 419		
Exprimés	18 145 588		
Liste Giscard	5 241 354	28,88	26
Liste Fabius	4 284 734	23,61	22
Liste Le Pen	2 128 589	11,73	10
Liste Waechter	1 922 353	10,59	9
Liste Veil	1 528 931	8,42	7
Liste Herzog	1 399 939	7,71	7
Divers	1 639 688	9,06	0

des centristes ; résurgence du Front national, qui retrouve le nombre de ses députés. Le parti socialiste est néanmoins conforté par la composition du Parlement européen à majorité « rose-verte », qui lui permet de retrouver, à travers la diffusion du socialisme européen, l'espoir de sa confirmation tiers-mondiste et supranationale.

Après ces élections la guerre des chefs se durcit dans l'opposition libérale ; deux grandes tendances se dégagent au RPR, celle des rénovateurs, qui iraient jusqu'à une fusion avec l'UDF et en accepteraient les options européennes celle de Pasqua-Séguin qui donne la priorité à l'identité nationale et à la place de la France dans le monde, enlevant ainsi à J.-M. Le Pen ses meilleures armes. Il est patent que J. Chirac n'a pas encore retrouvé la force et le charisme qui lui ont permis jadis de réussir sa mainmise sur le parti.

Le rétablissement s'opéra aux Assises de février-mars 1990 avec la victoire de Chirac-Juppé, dont la motion recueillit 68 % des mandats et leur réconciliation avec Pasqua-Séguin. « L'Europe du XXIe siècle sera l'Europe des patries rassemblées, comme l'avait vue le général de Gaulle. » Mais, si J. Chirac retrouvait un ton gaullien, une forte minorité demeurait, qui tenta de poursuivre sa dissidence. A. Carignon et M. Noir avaient d'abord envisagé la formation d'un forum civique, comme il s'en créait au même moment dans les pays de l'Est, puis en mars, avec quelques députés libéraux, ils formèrent la *Coordination de la force unie* dont le programme comportait trois thèmes quelle société en France? (égalité des droits et liberté des cultures par la conclusion d'un contrat social) ; quelle France dans le monde? (dénonciation des manquements aux droits de l'homme, qui sont « la matrice des démocraties ») ; quelle démocratie pour la France? (décentralisation, pouvoir des juges et contre-pouvoir de la presse écrite et parlée).

Ces divergences, jointes à celles qui faisaient s'affronter F. Léotard et V. Giscard d'Estaing, rendaient nécessaire une recherche de l'union, devenue plus urgente encore depuis le nouveau « coup de tonnerre » de Dreux, où M.-F. Stirbois, veuve de l'ancien secrétaire général du Front

B. Mégret, J.Y. Le Gallou, Y. Blot, têtes pensantes qui allaient à la fois structurer un programme et tenter de donner sa respectabilité au mouvement.

3. *La vie parlementaire*

La vie parlementaire, déjà fortement restreinte sous les précédentes présidences, achève de s'étioler. L'initiative des députés est réduite à presque rien, toute proposition, ou même tout amendement devant recevoir l'approbation d'un ministre, puisque le gouvernement reste maître de l'ordre du jour. La chute d'un ministère est devenue quasiment impossible, et le gouvernement lui-même garde très peu d'initiative devant les ordres venus de l'Élysée, dont le personnel a été considérablement accru.

La fonction essentielle du Parlement, qui est le vote du budget, est elle-même amenuisée, d'une part parce que les neuf dixièmes du budget sont automatiquement reconduits, d'autre part parce qu'il ne contrôle pas le budget de la Sécurité sociale, enfin parce qu'une grande partie de la législation économique et sociale est élaborée à Bruxelles et à Strasbourg. Directives ou règlements de la Commission s'imposent aux autorités nationales. Le ministre des Finances a signé en juin 1988 la directive imposant la libre circulation des capitaux à partir de 1990, ce qui imposait une réforme de la TVA, donc de l'ensemble de la fiscalité et une harmonisation européenne des revenus de l'épargne. La participation française au budget européen est fixée par accord entre les gouvernements, les représentants ne discutant plus que des retombées internes. De façon générale, le droit communautaire s'impose au droit national. Le 20 octobre 1989, le Conseil d'État confirme : « En cas de conflit entre une loi et un traité international engageant la France c'est la règle imposée par la norme internationale qui doit prévaloir. » La Commission de Bruxelles peut toujours déférer une loi française devant la Cour de Justice des Communautés. Et un an plus tard, le 24 septembre 1990 le même Conseil d'État précise : « Une loi nationale ne peut faire obstacle à l'application d'un règlement communautaire, même si cette loi est postérieure au règlement. » Le rôle du Parlement est aussi diminué par l'intervention de plus en plus requise du Conseil constitutionnel, dont la compétence a été considérablement accrue par la référence constante aux déclarations des droits de l'homme énoncées depuis 1789, qui ouvrent la voie à toutes les interprétations. Aussi le Parlement, n'ayant plus ni pouvoir d'initiative, ni pouvoir de contrôle est-il le plus souvent déserté par ses membres, qui confient à l'un d'entre eux le soin de voter à leur place.

Un programme d'action législative fut néanmoins présenté par le Premier ministre en septembre 1989 ; ce que l'on appela par dérision les « onze travaux d'Hercule » tournait autour de la croissance et de la lutte contre le chômage négociation d'un pacte de croissance avec les salariés ; modernisation du secteur public ; application de la loi d'orientation de l'Éducation nationale ; développement du logement social ; réforme du financement de la Sécurité sociale ; lutte pour l'emploi ; aménagement de la région parisienne ; politique d'insertion des exclus ; réforme fiscale ; révision de la décentralisation et des limites régionales ; relance de la participation dans l'entreprise.

La vie politique se réveille à quatre reprises :

1. Le remplacement de la CNCL par le *Conseil supérieur de l'audiovisuel* (CSA). Le 17 septembre 1988, après son intervention à la télévision, F. Mitterrand avait convoqué des journalistes pour se plaindre de la CNCL : « La CNCL n'a rien fait jusqu'ici qui puisse inspirer ce sentiment qu'on appelle le respect. » La sanction en fut cette loi du 17 janvier 1989 qui créa le CSA, installé le 13 février. Composé de 9 membres à raison de 3 (dont le président) nommés par le chef de l'État, 3 par le président de l'Assemblée nationale, 3 par le président du Sénat, le Conseil, autorité indépendante, garantit la liberté de l'audiovisuel, nomme les présidents des chaînes publiques, contrôle les programmes, autorise les émissions privées.

2. Le problème de la *Nouvelle-Calédonie* est au centre de la vie politique pendant le deuxième semestre 1988. Un compromis conclu entre le représentant du FLNKS, J.-M. Tjibaou, et le député RPR local, J. Lafleur, le 26 juin, servit de base aux accords conclus à Matignon ; ils garantissaient des investissements importants, une large autonomie de l'île jusqu'à la consultation sur l'autodétermination par voie référendaire dans l'île en 1998. Ces accords de Matignon devaient être soumis en France même au référendum, et l'on craignait, à la lumière de la faible participation qui marquait chaque consultation, que les abstentions ne fussent nombreuses ; aussi le président de la République demanda à ses ministres de s'engager totalement pour le succès du « oui ». Dans l'opposition, le choix de la réponse fit éclater une nouvelle fois les divergences : le RPR se prononçait pour la non-participation ; le parti républicain voterait « oui » avec réticence. Dans la majorité M. Rocard fit une campagne active, et F. Mitterrand parut lui-même à la télévision. Mais les résultats ne furent pas ce qu'il en attendait : le « oui » l'emportait, certes, avec près de 10 millions de voix, mais il ne représentait que 37 % des inscrits, et, dans l'île même, le « non » obtenait 43 % des suffrages exprimés. L'accord fut du reste mal accepté par une partie des Mélanésiens ; l'assassinat de J.-M. Tjibaou le 4 mai 1989 en fut la tragique conséquence.

3. Les lois de décembre 1989 et du 15 janvier 1990 qui concernent le *financement des partis politiques* entraînèrent subsidiairement, par un amendement, l'amnistie « des infractions commises en relation avec le financement des campagnes électorales », autrement dit un blanchiment général pour les affaires de fausses factures municipales qui s'étaient multipliées au cours des mois précédents ; il fut complété par un non-lieu dans l'affaire du Carrefour du développement. A vrai dire, les mesures adoptées ne firent pas grand bruit au Parlement, mais elles troublèrent profondément les magistrats et l'opinion publique.

4. Le quatrième objet de l'activité politique fut la défense des droits de l'homme qui se superposait à la *lutte contre le racisme*. Le point de tension maximum fut atteint le 11 mai 1990 avec la violation du cimetière juif de Carpentras, qui fut attribuée à l'extrême droite par les instances officielles.

Le scandale soulevé entraîna de puissantes manifestations contre le racisme et l'antisémitisme, la plus importante se déroulant à Paris le 14 mai avec la participation du Premier ministre et du chef de l'État, qui lui apporta sa caution. L'émotion facilita le vote de la loi du 29 juin 1990 contre le racisme, qui ajoute une sanction nouvelle à l'encontre de toute personne condamnée au titre de la loi Pleven de 1972, et interdit le révisionnisme historique concernant les persécutions racistes de la Deuxième Guerre mondiale[1].

B. Grandeur et faiblesse de la France

1. *Une politique de prestige*

Si la vie politique était terne et brouillonne, F. Mitterrand travaillait à assurer la grandeur du régime par une politique active de grands travaux. Dès le début de son premier septennat le chef de l'État avait repris, modifié et prolongé les projets en cours comme l'aménagement du Musée d'Orsay, de la Cité des Sciences de La Villette ainsi que l'ambitieux projet de Grand Louvre. Entouré de conseillers comme P. Guimard, J. Lang, R. Quilliot et R. Lion, le président multipliait les projets tout en poursuivant un programme d'envergure en direction du patrimoine bâti. Ce sont des architectes de la nouvelle génération qui signèrent les grandes réalisations que sont l'Institut du Monde Arabe (J. Nouvel), le nouvel opéra de la Bastille (C. Ott) ou l'Arche de la Défense (O. von Spreckelsen). La province n'était pas oubliée avec le nouvel opéra de Lyon, les archives du monde du travail à Roubaix, les musées de Péronne ou d'Arles. Le point d'orgue du second septennat restait cependant le projet de la Bibliothèque de France, conçue par D. Perrault et destinée à abriter la nouvelle Bibliothèque nationale; son caractère novateur provoqua une polémique comme l'avait fait, en son temps, la pyramide de verre conçue par I. Ming Peï pour le Grand Louvre. Président bâtisseur, F. Mitterrand essuya critiques et commentaires acerbes de la part de ceux qui, au-delà du caractère avant-gardiste et dispendieux de certains projets, dénonçaient dans ces réalisations un dessein à dimension monarchique.

Un certain nombre de manifestations grandioses et hautement symboliques ont ponctué, dans un même esprit, la période Mitterrand. Il en est ainsi de la commémoration du bicentenaire de la Révolution française qui occupa toute l'année 1989 avec, en guise d'apothéose, le défilé insolite et fastueux organisé le soir du 14 juillet sur les Champs-Élysées par J.-P. Goude. La présence simultanée à Paris du 13 au 16 juillet de trente-trois chefs d'État et de gouvernement réunis pour le Sommet de l'Arche dans le cadre du G7 donna, durant

1. La loi Pleven condamne les associations ou groupements «qui provoqueraient à la discrimination, à la haine ou à la violence envers une personne ou un groupe de personnes à raison de leur origine ou de leur appartenance ou de leur non-appartenance à une nation, une ethnie, une race ou une religion déterminée».

quelques jours, l'illusion d'une France centre du monde, ayant retrouvé toute sa puissance, ce qui ne manqua pas d'alimenter la polémique sur la dérive « monarchique » du septennat. Cette année 1989 clôturait la décennie dans une atmosphère qui semblait consacrer les « années Mitterrand ».

2. *La politique extérieure*

La situation extérieure révélait cependant une grave contradiction entre le « rang » que la France s'attribuait dans les relations internationales et les moyens mis à la disposition de telles ambitions. Les faits ramenaient la France à un niveau de puissance seconde : dans la guerre du Liban, où la France avait historiquement disposé d'une position privilégiée et d'un rôle tutélaire, l'envoi d'une flotte réduite apparut comme un geste symbolique révélateur de réalités nouvelles en matière de puissance diplomatique ; il en fut de même lorsque des navires de guerre avaient tenté d'intimider l'Iran dans le golfe Persique.

La diplomatie française, forte d'une spécificité liée à son siège de membre permanent du Conseil de Sécurité de l'ONU, à son statut particulier dans l'OTAN et appuyée sur ses positions de 3e puissance militaire et 4e puissance commerciale et industrielle du monde, continuait cependant de prétendre, à travers la diplomatie mitterrandienne, à la vertu d'exemplarité.

La crise du Golfe, celle de l'ex-Yougoslavie et le drame du Rwanda permirent au chef de l'État d'entretenir l'idée que la France, plus qu'aucun autre pays, était habilitée à se mêler des questions internationales et à intervenir hors de ses frontières. La diplomatie française géra brillamment l'épisode de la guerre du Golfe de janvier 1991, où, sans paraître rien concéder aux Américains, elle engagea en réalité des forces restreintes dans le conflit. La France tira de cet épisode un bénéfice sans rapport avec la réalité de son action. Le consensus politique et l'adhésion massive de l'opinion à l'action menée constituèrent un moment rare de l'histoire de la Ve République : ni la démission fracassante du ministre de la Défense, J.-P. Chevènement, le 29 janvier 1991, ni les quelques voix communistes, Front national, ou venues de l'ultra-gauche pour dénoncer l'alignement français sur Washington, ne purent ébranler une opinion massivement rassemblée derrière les options choisies. La France semblait avoir retrouvé, après dix années de diplomatie mitterrandienne, un prestige comparable à celui de l'ère gaullienne.

L'éclat de la politique extérieure française reposait sur l'idée, largement présente dans la rhétorique présidentielle, selon laquelle la France restait dépositaire des valeurs universelles contenues dans la Déclaration des droits de l'homme, et se devait, forte de son génie fondateur, de jouer un rôle de premier plan. Ce principe, déjà énoncé lors du Sommet de l'Arche en juillet 1989, permettait à François Mitterrand de rappeler à la tribune de l'ONU à l'automne 1989 qu'« il reste bien des Bastille à prendre », référence verbale au tiers-mondisme, thème cher au président et au cœur des préoccupations du début des années 80, mais bien vite relégué au profit d'une vision plus traditionnelle et « gaullienne » du rôle international de la France.

Les bouleversements stratégiques, dus à la fin de la guerre froide avec l'implosion du système soviétique, avaient modifié le jeu diplomatique et limité le poids que la France devait à l'originalité de sa position entre l'Est et l'Ouest : la « monarchie nucléaire » française devait désormais changer de registre pour conserver son statut diplomatique.

Le redéploiement de la diplomatie s'appuya sur le thème du « devoir d'ingérence humanitaire », concept percutant et nouveau, en phase avec la tradition française et opportun pour donner à la politique étrangère de la France un nouvel éclat. L'intervention tous azimuts des forces françaises sur les « points chauds » de la planète, au-delà de la réalité évidente des besoins, permettait à la France, fidèle à sa tradition, de prétendre réveiller les consciences endormies des nations : c'est dans cet esprit que furent organisés la réception triomphale du sud-africain N. Mandela et de son épouse sur l'Esplanade des droits de l'homme à Paris le 6 juin 1990 et la réunion du XVIᵉ sommet franco-africain à La Baule du 19 au 22 juin, tandis que la France prenait la décision de saisir le Conseil de sécurité de l'ONU, le 5 avril 1991, en faveur des populations kurdes d'Irak au nom du « devoir d'ingérence humanitaire », devoir sur lequel s'appuyèrent encore les autorités françaises lors de l'intervention au Rwanda au printemps 1994.

Le « rattrapage humanitaire » pouvait-il cependant masquer les erreurs d'appréciation de la diplomatie française face aux rapides bouleversements qui affectaient l'Europe depuis l'automne 1989? Le décalage entre la pensée du Président, très tournée vers la volonté de faire l'Europe de Maastricht, et un espace européen en chantier depuis l'effondrement du système communiste, conduisait François Mitterrand à se montrer réservé vis-à-vis des mutations en cours et à privilégier toute action visant à stabiliser l'ordre en place. Cette politique, souvent décalée face aux réalités nouvelles, conduisait le chef de l'État à soutenir fermement M. Gorbatchev, comme de nombreux Occidentaux en 1990, alors que celui-ci cherchait encore à sauver un système soviétique pourtant en pleine implosion ; de même, l'annonce du putsch conservateur perpétré à Moscou le 18 août 1991 et visant à renverser M. Gorbatchev suscitait une réaction attentiste de François Mitterrand : celui-ci se contenta en effet de lire aux Français par l'intermédiaire de la télévision le texte que les putschistes lui avaient adressé. L'accueil particulièrement froid que la France avait réservé à B. Eltsine, fraîchement désigné comme président de la RSF de Russie au printemps 1991, participe de cette attitude conservatrice.

Face à l'unification allemande, la même logique prévalut. Après avoir jugée « prématurée » et « déstabilisatrice » toute modification des frontières en Europe, la diplomatie française était dépassée par le processus de réunification mené au pas de charge par le chancelier H. Kohl et ne cessait d'émettre des réserves soit sur la question de la pérennité de la frontière Oder-Neisse, soit sur l'obstacle que pouvait représenter l'intégration des deux Allemagnes à des alliances militaires opposées (OTAN et pacte de Varsovie). Les relations franco-allemandes s'en trouvèrent alors fortement affectées. On pouvait cependant comprendre les inquiétudes provoquées en France par la renaissance de l'Allemagne dans la mesure où cette unification ne pouvait que rapidement se traduire par une remise en cause évidente du rang de la France et par une redistribution des données économiques européennes.

Le conflit qui déchirait les territoires de l'ex-Yougoslavie suscita en France, comme chez ses partenaires européens, des réflexes historiques qui empêchèrent la mise en place d'un front commun sous égide franco-allemande, la volonté de neutralité reposant, d'un côté sur la traditionnelle amitié franco-serbe, et de l'autre sur le lien historique germano-croate ; mais en différant toute dénonciation officielle des responsabilités serbes, la France se trouvait en réalité dans une position qui servait leurs intérêts. Cette attitude diplomatique se trouvait par ailleurs impossible à concilier avec l'engagement affirmé de la France dans une politique de défense des droits de l'homme ; aussi l'activité diplomatique française se déploya-t-elle vers l'ONU qui multipliait les résolutions et vers une diplomatie de l'humanitaire, appuyée par le voyage de F. Mitterrand à Sarajevo le 28 juin 1992.

3. *La politique européenne de la France*

La volonté française de jouer un rôle de premier plan sur la scène internationale ne pouvait devenir réalité que par le renforcement d'une dynamique de construction européenne, articulée autour du couple franco-allemand ; la construction européenne constituait donc un axe fondamental de la diplomatie conduite par F. Mitterrand. Les options économiques et politiques choisies au début du premier septennat avaient marginalisé la France, mais, convertie au modèle libéral au milieu des années 80, elle pouvait depuis lors afficher son engagement européen comme une priorité.

Après l'élargissement opéré vers le Sud avec l'entrée de l'Espagne et du Portugal au sein de la Communauté en 1986, la construction européenne s'inscrivait désormais dans la perspective du Grand Marché à l'échéance du 1ᵉʳ janvier 1993. Cette perspective suscita un tel élan que, dès 1989, plus de la moitié des mesures nécessaires à la réalisation du Marché unique étaient adoptées par les Douze. L'action conjuguée du chancelier H. Kohl et du président Mitterrand, marquée par une volonté de relance et d'approfondissement, se trouva cependant confrontée aux bouleversements décisifs qui touchaient l'Europe centrale et orientale depuis l'automne 1989. La Communauté a en effet rapidement représenté, pour ces pays fragilisés par la transition, le seul pôle de stabilité, et ils ont manifesté leur volonté de s'y ancrer en posant leur candidature à l'intégration.

Face à cette situation imprévue, la diplomatie française adoptait une ligne fortement conservatrice, préférant opter avec ses partenaires pour le maintien de la stratégie d'intégration euro-occidentale en cours ; la diplomatie française s'attacha à accélérer la ratification du traité de Maastricht signé le 7 février 1992, et destiné à donner une impulsion décisive à l'Union économique et monétaire. Or, brutalement, la fragilité de l'édifice européen se trouvait à nouveau révélée, d'abord par le «non» danois lors du référendum du 2 juin 1992, puis lorsque le chef de l'État français décida de soumettre la ratification française à référendum. Alors que l'ensemble des sondages traduisaient une forte volonté d'ancrage à l'Europe au sein de l'opinion française, la campagne menée au cours de l'été par une partie des forces politiques françaises hostiles à Maastricht se solda par 51 % de «oui» et un fort taux d'abstention, ce qui traduisait une approbation pour le moins réservée des Français. Même si l'on peut interpréter ce résultat comme une volonté de l'opinion de sanctionner le gouvernement en place plutôt que le traité lui-même, le débat a provoqué un retour en force de l'euroscepticisme.

Trois mois après l'entrée en vigueur de l'Acte unique le 1er janvier 1993, le nouveau gouvernement, issu du scrutin de mars 1993, ne modifiait cependant pas les choix de la diplomatie française en matière de construction européenne : le couple franco-allemand restait l'élément moteur du chantier européen. Après la réalisation le 1er janvier 1993 de l'EEE (Espace Économique Européen) qui associait AELE et CEE, les instances européennes s'engageaient dans un élargissement à quinze (Autriche, Finlande et Suède) qui prit effet au 1er janvier 1995 tandis qu'en vertu de l'application du traité de Maastricht la CEE s'était transformée en Union européenne. Cependant, l'ardeur des deux partenaires s'était rapidement tempérée : du côté allemand, la fin de la guerre froide et les difficultés de l'unification modifiaient les priorités, tandis que du côté français les dissensions internes à la nouvelle majorité au sujet de la construction européenne réduisaient la marge de manœuvre des autorités; mais la logique de Maastricht restait maintenue malgré les tempêtes monétaires de l'automne 1992 et de l'été 1993.

Le fiasco européen en matière de règlement du problème bosniaque, finalement échu aux Américains (accords de Dayton), avait eu par ailleurs pour mérite de rappeler l'impérative nécessité d'aller de l'avant. La conférence de Madrid de décembre 1995 en prenait acte en maintenant l'échéance de la future Union Économique et Monétaire au 1er janvier 1999, qu'elles qu'en soient les conséquences sociales.

C. Le pouvoir socialiste dans la tourmente (1991-1995)

1. *L'instabilité*

La démission du gouvernement conduit par M. Rocard, le 15 mai 1991, inaugurait la période la plus difficile du second septennat de François Mitterrand. La victoire personnelle de 1988 se devait d'être assortie d'un redressement décisif de la situation française; or, le marasme économique dans lequel le pays s'enfonçait depuis la fin de l'année 1990, l'absence de résultats dans la lutte contre un chômage qui approchait la barre des trois millions de personnes et le renforcement des inégalités constituaient les éléments de fond d'un désaveu de plus en plus net de l'opinion. La perte de crédibilité de la classe politique était amplifiée par les divisions internes des dirigeants du parti socialiste, exposées ouvertement aux médias depuis le congrès de Rennes de mars 1990, au cours duquel il fut impossible d'aboutir à une motion de synthèse entre les courants rivaux menés par L. Jospin, P. Mauroy, L. Mermaz, J. Poperen, J.-P. Chevènement et M. Rocard, ce qui aboutit à l'éclatement du courant mitterrandiste.

La désignation d'É. Cresson pour succéder à M. Rocard était destinée à provoquer un sursaut et l'échéance des législatives de mars 1993 imposait au nouveau gouvernement de faire vite pour retrouver la crédibilité nécessaire auprès d'une opinion très sceptique vis-à-vis de la classe politique. Le pouvoir se trouvait en effet ébranlé à plusieurs reprises par toute une série d'« affaires » politico-financières qui occupaient le devant de la scène judiciaire et médiatique : à côté des épisodes à rebondissements de l'affaire du Carrefour du développement qui mettait en cause dès 1986 le ministre socialiste de la coopération C. Nucci, c'était l'entourage immédiat de F. Mitterrand qui était à son tour concerné avec l'inculpation de R.-P. Pelat, ami de longue date du Président, pour délit d'initié dans le cadre d'une instruction ouverte sur la privatisation de Péchiney, le 16 février 1989. Au même moment, « l'affaire du sang contaminé » prenait une dimension politique importante : la condamnation des responsables du Centre de transfusion sanguine et du directeur de la Santé le 23 octobre 1992 pour avoir poursuivi les transfusions de sang contaminé par le virus du sida jusqu'en 1985, se doublait en effet, en décembre 1992, de la mise en accusation devant la Haute Cour de justice de L. Fabius, Premier ministre au moment des faits, et de ses anciens ministres, E. Hervé et G. Dufoix. Le magistère moral dont la gauche avait bénéficié semblait s'effondrer pour laisser place à une profonde crise d'identité : le peuple de gauche ne reconnaissait plus les valeurs sur lesquelles il avait porté les socialistes au pouvoir.

La marge de manœuvre du nouveau gouvernement était limitée par l'échéance de l'Acte unique fixée au 1er janvier 1993, ce qui obligeait É. Cresson à opérer les mutations indispensables sans alternative, car la situation économique imposait la rigueur et n'autorisait le gouvernement qu'à procéder pas à pas. En conséquence, aucune des évolutions n'était inversée et le mécontentement de l'opinion se manifesta de manière significative : à la fin de l'année 1991, le gouvernement d'É. Cresson battait des records d'impopularité dans les sondages avec plus de 60 % de mécontents. Un tel niveau de rejet traduisait l'exaspération de l'opinion face aux maladresses répétées d'un Premier ministre qui devint rapidement la proie des médias : avec une attitude fougueuse et volontiers autoritaire qui tranchait avec le souci de concertation qui avait animé son prédécesseur, É. Cresson bousculait les habitudes établies dans la haute administration et les milieux politiques, et frôlait l'incident diplomatique à plusieurs reprises pour cause de dérapage verbal ; le Premier ministre se trouva donc rapidement isolée, y compris chez ses amis politiques. Le désastre électoral des socialistes aux élections régionales et cantonales des 22 et 29 mars 1992 conduisait F. Mitterrand, qui avait jusque-là assuré le Premier ministre de son soutien, à lui demander sa démission le 2 avril 1992.

C'est à P. Bérégovoy que le président confia la mission quasi impossible de redresser la situation à moins d'un an des élections législatives. Les élections cantonales avaient en effet assuré à l'opposition une victoire écrasante et la Gauche n'était parvenue à se maintenir que dans une région métropolitaine sur vingt-deux. Aux élections régionales, le PS n'obtenait que 18 % des suffrages et le PC 8 %, ce qui situait l'ensemble de la gauche sous les 30 %; au-delà de ce désastre, les élections étaient le reflet de la situation de crise qui touchait l'ensemble du monde politique : la répartition des suffrages révélait l'importance des votes de protestation avec la montée en puissance de mouvements se situant hors du système politique traditionnel, comme les écologistes qui recueillaient presque 15 % des voix, tandis que des mouvements extrémistes, comme le Front national avec14 % des voix, maintenaient leurs positions. Même si durant quelques mois (automne 1992) P. Bérégovoy bénéficia de la faveur de l'opinion et put imposer comme priorités le retour à la rigueur budgétaire et à la défense des grands équilibres, la victoire annoncée de l'opposition aux élections de mars 1993 paralysait la situation. Les sondages qui annonçaient un désastre pour la gauche ne furent pas démentis : la sanction était sévère; avec 31,3 % des suffrages, la gauche sortait exsangue de son expérience du pouvoir.

2. *La situation économique et sociale*

En matière économique, le second septennat de F. Mitterrand s'inscrivait à l'origine dans un contexte de reprise : depuis 1987 les indicateurs étaient à la hausse, ce que confirmait le retour à une croissance de l'ordre de 3,5 % pour l'année 1989. Ces résultats, attribués à la politique de rigueur menée depuis 1983, étaient le fruit d'une véritable conversion des socialistes au libéralisme et à ses règles orthodoxes; cette politique qui sacrifia bon nombre de leurs principes sur l'autel de la gestion économique était poursuivie, au-delà de la première cohabitation, par les gouvernements Rocard, Cresson et Bérégovoy afin de répondre aux exigences du traité de Maastricht. Il s'agissait en effet de maintenir un franc fort face au mark et de juguler l'inflation à hauteur de 3,4 % pour l'année 1990, tandis que le grand objectif était de préparer la voie de l'Union Économique et Monétaire. P. Bérégovoy, ministre de l'Économie et des Finances de 1984 à 1986, puis à nouveau en 1988, fut le grand artisan de cette politique qui aboutit à de réelles performances en matière de désinflation compétitive : avec une inflation qui ne dépassait pas les 2 % en 1992 et 1993, la France parvenait à rétablir la situation du commerce extérieur; le déficit commercial qui était encore de 45,7 milliards de Francs en 1990 fut d'abord contenu, puis transformé en excédent, avec 31 milliards de francs dès 1991 et 76 milliards de francs en 1993. La forte baisse des taux d'intérêt (3 %), la solidité de la monnaie et les performances économiques tangibles de certains secteurs stimulaient les marchés financiers : en toute logique, la Bourse enregistrait alors des hausses records.

Ces performances ne pouvaient cependant masquer une réalité économique sombre avec une croissance de la production qui tombait de 2,4 % en 1990 à 0,6 % en 1991 et qui se transforma en récession avec – 0,8 % en 1993 ; et surtout, ce marasme économique s'accompagnait d'une situation sociale désastreuse.

Le niveau de l'emploi qui s'était stabilisé sur la période 1988/1990 se traduisait à nouveau par une avancée du chômage dont le taux passait de 8,9 % à 9,4 % de la population active entre 1990 et 1991, tandis que la barre des 10 % de chômeurs était atteinte en 1992. En mars 1993, le seuil des 3 millions de chômeurs était officiellement franchi alors que des mutations qualitatives inquiétantes semblaient s'opérer : la forte poussée de la pauvreté, de la précarité et de l'exclusion sociale qui caractérisait le paysage social français se conjuguait avec des choix de politique économique qui accentuaient les inégalités ; l'éventail des salaires s'était ouvert vers le haut et les revenus du patrimoine connaissaient une forte rentabilité favorisée par la politique néo-libérale de déréglementation et de dérégulation financière. Le caractère massif des phénomènes d'exclusion plaça ce problème au centre des préoccupations sociales, mais les réponses apportées à tous les niveaux pour enrayer cette dynamique de fracture sociale semblaient sans effet significatif ; l'opinion désenchantée assistait à l'émergence d'une France duale en situation de crise profonde. Les manifestations de violence qui éclatèrent dans les banlieues à l'automne 1990 à Vaulx-en-Velin près de Lyon, puis à Sartrouville et Mantes-la-Jolie au printemps 1991, inauguraient une longue série d'épisodes de violence urbaine qui exprimaient la dérive d'un sentiment collectif de marginalisation, particulièrement exacerbé chez les jeunes. Le lien social semblait défait et l'absence de perspectives favorables pour les catégories les plus modestes comme pour les classes moyennes constituait un lourd handicap politique pour la gauche, traditionnellement porteuse de perspectives sociales. Ni la création d'un impôt de solidarité (Contribution Sociale Généralisée), ni le RMI (Revenu Minimum d'Insertion) créé en 1988 ne répondaient véritablement à une situation qui semblait inexorablement s'aggraver et qui plaçait la France en dernière position parmi les pays du G7.

3. *La seconde cohabitation et la fin du second septennat de F. Mitterrand*

Les élections législatives des 21 et 28 mars 1993 se traduisaient par une victoire écrasante de la droite RPR-UDF avec 460 députés élus et constituaient un désastre pour le parti socialiste qui ne conservait que 67 députés avec 19,2 % des suffrages. La gauche avec le parti communiste n'avait plus que 91 députés sur 576 élus et, compte tenu du retour au mode de scrutin majoritaire, les écologistes avec 7,6 % des suffrages et le Front national avec 12,4 % n'eurent aucun élu ; on ne pouvait cependant pas résumer cette contre-performance aux effets du mode de scrutin : le reflux de la vague écologiste résultait largement de la division du mouvement et des positions politiques confuses de ses leaders, tandis que le Front national était nettement marginalisé par les autres partis de droite qui avaient unanimement rejeté toute alliance électorale avec ses représentants lors du second tour.

Le retour de la droite aux affaires s'inscrivait donc dans un contexte politique très différent de celui de la première cohabitation de 1986/1988 ; la déroute de la gauche aux élections législatives fragilisait la position du président Mitterrand qui, de plus, n'était pas candidat à sa propre succession pour l'échéance présidentielle du printemps 1995.

J. Chirac, président du RPR et chef de l'opposition, ayant fait savoir qu'il ne souhaitait pas être rappelé à la tête du gouvernement, F. Mitterrand choisissait comme Premier ministre, É. Balladur, fidèle lieutenant du président du RPR. La déclaration de politique générale du nouveau Premier ministre, approuvée par 457 voix contre 81, le 8 avril 1993, inaugurait une période de succès personnel pour le nouveau chef du gouvernement : son caractère pondéré, sa volonté affirmée de ne rien cacher de la réalité de la crise aux Français et le climat d'entente et de respect mutuel qu'il parvenait à établir avec le Président, contribuèrent à rassurer les Français, ce qui permit à É. Balladur de connaître pendant presque un an une popularité exceptionnelle, traduction probable de l'adéquation entre un homme et une situation.

Le nouveau Premier ministre déployait cependant son action avec, en toile de fond, l'échéance des élections présidentielles du printemps 1995 : la formation d'un gouvernement d'ouverture, élargi à toutes les composantes de la majorité jusqu'au centre, en constitua un des premiers signes (le CDS P. Méhaignerie se vit confier le ministère de la Justice tandis que S. Veil était nommée aux Affaires sociales). L'ensemble des mesures de révision du code de la nationalité ainsi que la législation sécuritaire adoptée dès le 24 août et permettant le renforcement des contrôles d'identité, étaient largement interprétées comme destinées à répondre aux inquiétudes des Français, mais surtout comme visant à séduire un électorat de droite sensible à ces thèmes et volontiers enclin, dans ce domaine, à rejoindre les positions de l'extrême droite.

En matière de politique économique et sociale, le gouvernement opérait des choix qui s'inscrivaient largement dans la continuité des options socialistes antérieures. Les mesures d'austérité étaient même renforcées afin d'éponger des déficits devenus plus qu'inquiétants : les 341 milliards de francs de déficit budgétaire auxquels il fallait ajouter les 100 milliards de francs de déficit du système de sécurité sociale ainsi que les 36 milliards de francs de déficit de l'assurance chômage imposaient en effet une série de mesures d'urgence. Le redressement passait en priorité par une politique de réduction des dépenses de l'État, par le renforcement des prélèvements comme la CSG (Contribution Générale de Solidarité) qui passa de 1,1 % à 2,4 % et par l'engagement d'une série de réformes de structure visant à remodeler l'organisation des systèmes de santé et de retraite. Critiqué par les partenaires sociaux comme par sa propre majorité parlementaire pour avoir fait porter l'ensemble des efforts demandés sur l'assainissement des finances publiques au détriment de la relance de l'emploi et de la modernisation des équipements publics, le gouvernement annonça le 25 mai le lancement d'un large emprunt national de 40 milliards de francs destiné à financer la relance ;

le succès fut immédiat et les 110 milliards de francs récoltés permirent de prendre la mesure du climat nouveau de retour à la confiance.

Le gouvernement poursuivait parallèlement la politique de privatisations entamée lors de la première cohabitation : le 26 mai 1993, 21 sociétés étaient proposées à la privatisation, parmi lesquelles Elf-Aquitaine, UAP, Rhône-Poulenc, etc.

La crédibilité de la nouvelle équipe reposait par ailleurs sur l'attitude de fermeté adoptée de concert par le chef de l'État et par son Premier ministre lors des turbulences monétaires qui secouèrent le pays au cours du second semestre 1993 ; la France parvint à limiter les effets de la tempête monétaire, déclenchée contre le franc en juillet 1993, et obtint le maintien du principe de solidarité entre les monnaies européennes lors de l'adoption du « compromis de Bruxelles » le 2 août 1993, même s'il est vrai que cet accord, en portant la marge de fluctuation entre les devises de ± 2,25 % à ± 15 %, revenait en réalité à faire éclater le SME (Système Monétaire Européen). L'action conjuguée de F. Mitterrand et d'É. Balladur pour imposer, avec succès, l'exclusion de l'audiovisuel du champ des négociations commerciales en invoquant la « clause d'exception culturelle », lors du marathon final des négociations du GATT closes le 15 décembre 1993, ne fit que renforcer le crédit dont bénéficiait l'équipe au pouvoir.

De son côté, l'opposition se trouvait d'autant plus affaiblie que la période socialiste de gouvernement s'était tragiquement close par le suicide le 1er mai 1993 de l'ancien Premier ministre P. Bérégovoy : les circonstances de sa disparition provoquèrent un choc immense dans l'opinion et ce drame, intervenu un mois après la déroute électorale du parti socialiste, avec en arrière plan la multiplication d'« affaires » de corruption montées en épingle par la presse, semblait inaugurer une profonde crise qui, au-delà de la gauche, touchait l'ensemble de la classe politique et des médias accusés de dérapage. Au sein des instances du parti socialiste, les rivalités s'étaient exacerbées à l'approche de l'échéance des élections présidentielles, et L. Fabius, mis en examen dans l'« affaire du sang contaminé », était contraint d'abandonner son poste de Premier secrétaire du parti socialiste ; c'est l'ancien Premier ministre, M. Rocard, qui lui succédait à la direction du parti en octobre 1993 : porté par une volonté affichée de recomposer la gauche et ne cachant pas ses ambitions présidentielles, le nouveau Premier secrétaire était loin cependant de pouvoir calmer les rivalités internes au sein des instances dirigeantes du PS.

L'« état de grâce » dont avait bénéficié le gouvernement Balladur se dégrada au cours de l'automne 1993 avec le retour d'une forte poussée d'agitation sociale (Air France, Usinor, les marins-pêcheurs) et avec les réactions suscitées par les mesures prises dans le domaine de l'enseignement : la révision de la loi Falloux, dans un sens favorable à l'enseignement privé, provoqua une mobilisation massive de l'opinion qui obligea le gouvernement à ajourner le projet au profit d'une vaste consultation nationale sur l'école.

L'année 1994 renouait par ailleurs avec la multiplication d'affaires politico-financières, liées à des phénomènes de corruption qui éclaboussaient l'ensemble de la classe politique, avec des mises en examen d'élus locaux comme J.-M. Boucheron, ancien maire PS d'Angoulême et J. Médecin, ancien maire de Nice, accusés de corruption, tandis que le maire de Lyon M. Noir était à son tour mis en examen; les membres ou ex-membres de gouvernement n'étaient pas épargnés, ainsi B. Tapie, ancien ministre de la Ville était plusieurs fois mis en examen, A. Carignon, maire RPR de Grenoble, G. Longuet, président du PR et M. Roussin, ministres du gouvernement Balladur, comparaissaient en justice tandis qu'H. Emmanuelli, Premier secrétaire du PS depuis juin 1994 était inquiété dans l'«affaire Urba» concernant le financement du parti socialiste. Les actions judiciaires s'étendaient au monde des affaires et des procédures étaient engagées contre plusieurs dirigeants d'entreprises de premier plan (le PDG d'Alcatel-Alsthom, celui du groupe Schneider).

Les élections au parlement européen eurent donc lieu le 12 juin 1994 dans un climat particulièrement dégradé et la répartition des suffrages traduisit bien les aspirations de l'opinion à de nouveaux repères : le PS confirmait sa reculade avec 14, 49 % des voix alors que la droite RPR/UDF n'obtenait que 25,6 % des voix; le succès rencontré par la liste anti-européenne et conservatrice de Ph. de Villiers (12,3 % des voix) ou par celle du populiste et affairiste B. Tapie qui conduisait la liste MRG (12,3 % des voix), constituaient un signe tangible de volonté protestataire et traduisaient le désenchantement de l'opinion.

Dans ce contexte de discrédit vis-à-vis du monde politique traditionnel, É. Balladur réduisit de lui-même sa marge de manœuvre, lorsque, fort de son exceptionnelle popularité, il dévoila ses ambitions présidentielles pour l'échéance de mars 1995. Cette décision, largement soutenue par une partie de la droite qui voyait en É. Balladur un meilleur candidat que J. Chirac, était cependant lourde de conséquences, d'abord parce que dans les rangs de la droite le RPR criait à la trahison, ce qui ne pouvait guère rétablir le préjugé défavorable de l'opinion vis-à-vis des pratiques de la classe politique, et ensuite parce que le candidat Balladur devait renoncer à plusieurs projets pour ne pas compromettre ses chances. Ainsi, dès la fin de l'été 1994, la France semblait vivre au ralenti, toute décision majeure étant bloquée par la proximité de l'échéance présidentielle.

Le premier tour des élections présidentielles qui eut lieu le 23 avril 1995 vit donc s'opposer deux candidats concurrents issus du RPR : J. Chirac, candidat déclaré de longue date, et le Premier ministre en place, É. Balladur, tandis qu'à gauche le candidat du PS, L. Jospin, était finalement élu par les militants après que J. Delors, pourtant annoncé comme futur gagnant du scrutin présidentiel dans tous les sondages, eut décidé de renoncer dès novembre 1994.

Ce scrutin, fratricide pour la droite, vit arriver en tête de manière inattendue, compte tenu des défaites récentes des socialistes aux échéances électorales antérieures, le candidat socialiste L. Jospin avec 23,3 % des suffrages, tandis que, contre toute attente, J. Chirac devançait son concurrent

É. Balladur avec 20,8 % des voix contre 18,6 %, alors que les sondages d'opinion avaient accordé un score nettement plus favorable au Premier ministre. L'enracinement de l'extrême droite se trouvait confirmé avec 15 % des voix pour le Front national tandis que le parti communiste recueillait avec R. Hue 8,6 % des suffrages ; la surprise à gauche venait du score réalisé par A. Laguiller, « éternelle » candidate des trotskystes de Lutte ouvrière, qui obtenait 5,3 % des suffrages ; Ph. de Villiers avec 4,7 % des voix ne confirmait pas les succès enregistrés lors élections européennes de juin 1994 tandis que la candidate écologiste D. Voynet ne parvenait pas, avec 3,3 % des voix, à mobiliser de nouveau l'opinion autour du courant des Verts ; enfin, les 21,6 % d'abstentions constituaient un record pour une échéance électorale traditionnellement mobilisatrice en France, ce qui ne manqua pas d'alimenter les analyses politiques du scrutin.

A l'issue du second tour, le 7 mai 1995, ce fut donc J. Chirac, porté par une campagne particulièrement convaincante dans laquelle il réussissait à faire figure d'homme nouveau alors qu'il s'agissait de sa troisième candidature pour l'élection présidentielle, qui succéda au socialiste F. Mitterrand, terriblement affaibli, en cette fin de septennat, par la maladie qui devait l'emporter le 8 janvier 1996.

Bibliographie

J.-M. Colombani et J.-Y. Lhomeau, *Le Mariage blanc* (Grasset, 1986) ; Th. Pfister, *Dans les coulisses du pouvoir : la comédie de la cohabitation* (Albin Michel, 1986) ; J. Chapsal, *La vie politique sous la Ve République,* t. II, *1974-1987* (Thémis, PUF, 1987) ; H. Portelli, *La Ve République* (Paris, Grasset, Le livre de poche, 1994) ; D. de Montvalon et S. Pierre-Brossolette, *Le Couple impossible (Barre-Chirac)* (Belfond, 1987) ; H. Hamon et P. Rotman, *Génération,* t. II, *Les années de poudre* (Seuil, 1988) ; J. Daniel, *Les Religions d'un Président* (Grasset, 1988) ; Th. Pfister, *Lettre ouverte à la génération Mitterrand qui marche à côté de ses pompes* (Albin Michel, 1988) ; F. Furet, J. Julliard, P. Rosanvallon, *La République du Centre. La fin de l'exception française* (Calmann-Lévy, 1988) ; V. Giscard d'Estaing, *Le Pouvoir et la Vie* (Éd. Cie 12, 1988) ; A. Simonin et H. Clastres, *Le Débat, les Idées en France 1945-1988* (chronologie) (Folio-Histoire, Gallimard, 1989) ; E. Balladur, *Passion et Longueur de temps* (Dialogues avec J.-P. Elkabbach) (Fayard, 1989) ; S. Coignard et J.-F. Lacan, *La République bananière* (Belfond, 1989) ; Ph Boggio et A. Rollat, *L'année des masques* (O. Orban, 1989) ; S. Cohen, *La Défaite des généraux, le Pouvoir politique et l'argent sous la Ve République* (Paris, Fayard, 1994) ; F.O. Giesbert, *Le Président* (Seuil, 1990) ; C. Labrune et Ch. Toutain, *L'Histoire de France* (chronologie) (Nathan, 1990) ; Ph. Reinhard, *Le Revenant* (Giscard) (Albin Michel, 1990) ; P. Favier et M.-M. Roland, *La Décennie Mitterrand,* 1. *Les ruptures (1981-1984)* ; 2. *Les épreuves (1984-1988)* (Seuil, 1990-1991) ; A. Gaudino, *L'Enquête impossible* (sur les scandales) (Albin Michel, 1990) ; E. Balladur, *Douze lettres aux Français trop tranquilles* (Fayard, 1990) ; L. Fabius, *C'est en allant vers la mer* (Seuil, 1990) ; A. Duhamel, *De Gaulle-Mitterrand, La marque et la trace* (Flammarion, 1991) ; P. Pean, *Une jeunesse française, F. Mitterrand,* 1934-1947 (Fayard, 1994).

INDEX DES NOMS PROPRES

PAPIER À BASE DE FIBRES CERTIFIÉES

ARMAND COLIN s'engage pour l'environnement en réduisant l'empreinte carbone de ses livres. Celle de cet exemplaire est de :
1,900 kg éq. CO_2
Rendez-vous sur www.armand-colin-durable.fr

Achevé d'imprimer en France
par Dupli-Print à Domont (95)

Armand Colin Éditeur
21, rue du Montparnasse, 75006 Paris

11026923/12 – (XII) – (0,2) – OSB 80° – GLR
Dépôt légal : décembre 2013
N° d'impression : 2013120604